개정 2판
주역해의

나남

개정 2판

주역해의 2

2001년 12월 25일 초판 발행
2003년 1월 5일 초판 3쇄
2005년 12월 25일 개정판 발행
2025년 5월 15일 개정 2판 발행

저자　　南東園
발행자　趙相浩
발행처　(주) 나남
주소　　10881 경기도 파주시 회동길 193
전화　　(031) 955-4601 (代)
FAX　　(031) 955-4555
등록　　제 1-71호 (1979. 5. 12)
홈페이지　http://www.nanam.net
전자우편　post@nanam.net

ISBN　978-89-300-4200-0
ISBN　978-89-300-4202-4 (전 3권)

책값은 뒤표지에 있습니다.

개정 2판

주역해의 2
周易下經

남동원 지음

나남
nanam

개정 2판
주역해의 2
周易下經

차 례

• 64괘 일람표 · 8

☱☶ 택산함(澤山咸) · 11
☳☴ 뇌풍항(雷風恒) · 27
☰☶ 천산돈(天山遯) · 41
☳☰ 뇌천대장(雷天大壯) · 57
☲☷ 화지진(火地晉) · 75
☷☲ 지화명이(地火明夷) · 91
☴☲ 풍화가인(風火家人) · 107
☲☱ 화택규(火澤睽) · 123
☵☶ 수산건(水山蹇) · 139
☳☵ 뇌수해(雷水解) · 157
☶☱ 산택손(山澤損) · 175
☴☳ 풍뢰익(風雷益) · 191
☱☰ 택천쾌(澤天夬) · 209
☰☴ 천풍구(天風姤) · 225
☱☷ 택지췌(澤地萃) · 241

지풍승(地風升) · 259

택수곤(澤水困) · 275

수풍정(水風井) · 295

택화혁(澤火革) · 309

화풍정(火風鼎) · 325

진위뢰(震爲雷) · 341

간위산(艮爲山) · 357

풍산점(風山漸) · 373

뇌택귀매(雷澤歸妹) · 391

뇌화풍(雷火豐) · 407

화산려(火山旅) · 425

손위풍(巽爲風) · 441

태위택(兌爲澤) · 459

풍수환(風水渙) · 475

수택절(水澤節) · 493

풍택중부(風澤中孚) · 511

뇌산소과(雷山小過) · 529

수화기제(水火旣濟) · 547

화수미제(火水未濟) · 565

주역해의 1
周易上經 차례

- 개정 2판 서문
- 개정판 서문
- 서문
- 책머리에
- 역서의 요체
- 서설
- 64괘 일람표

☰ 건위천(乾爲天)
☷ 곤위지(坤爲地)
☵ 수뢰준(水雷屯)
☶ 산수몽(山水蒙)
☱ 수천수(水天需)
☲ 천수송(天水訟)
☷ 지수사(地水師)
☵ 수지비(水地比)
☴ 풍천소축(風天小畜)
☱ 천택리(天澤履)
☷ 지천태(地天泰)
☰ 천지비(天地否)
☲ 천화동인(天火同人)
☰ 화천대유(火天大有)
☷ 지산겸(地山謙)
☳ 뇌지예(雷地豫)
☱ 택뢰수(澤雷隨)
☶ 산풍고(山風蠱)
☷ 지택림(地澤臨)

☴ 풍지관(風地觀)
☲ 화뢰서합(火雷噬嗑)
☶ 산화비(山火賁)
☶ 산지박(山地剝)
☷ 지뢰복(地雷復)
☰ 천뢰무망(天雷无妄)
☶ 산천대축(山天大畜)
☶ 산뢰이(山雷頤)
☱ 택풍대과(澤風大過)
☵ 감위수(坎爲水)
☲ 이위화(離爲火)

주역해의 3 차례

- 64괘 일람표
- 서괘전
- 계사상전
- 계사하전
- 설괘전
- 잡괘전

  - 하도·낙서 및 기타 도설
  - 부록
  - 참고문헌

64괘 일람표

坤地	艮山	坎水	巽風	震雷	離火	兌澤	乾天	外卦 / 內卦
地天泰	山天大畜	水天需	風天小畜	雷天大壯	火天大有	澤天夬	乾爲天	乾 天
地澤臨	山澤損	水澤節	風澤中孚	雷澤歸妹	火澤睽	兌爲澤	天澤履	兌 澤
地火明夷	山火賁	水火旣濟	風火家人	雷火豐	離爲火	澤火革	天火同人	離 火
地雷復	山雷頤	水雷屯	風雷益	震爲雷	火雷噬嗑	澤雷隨	天雷无妄	震 雷
地風升	山風蠱	水風井	巽爲風	雷風恒	火風鼎	澤風大過	天風姤	巽 風
地水師	山水蒙	坎爲水	風水渙	雷水解	火水未濟	澤水困	天水訟	坎 水
地山謙	艮爲山	水山蹇	風山漸	雷山小過	火山旅	澤山咸	天山遯	艮 山
坤爲地	山地剝	水地比	風地觀	雷地豫	火地晉	澤地萃	天地否	坤 地

周易下經

_함咸은 _형亨하니 _{이정}利貞하고 _{취녀길}取女吉하니라

_{단 왈 함 감야}象에 曰 咸은 感也ㅣ니 _{유상이강하}柔上而剛下하여 _{이기감응이상여}二氣感應以相與하고
_{지이열}止而說하고 _{남하녀}男下女ㅣ라 _{시이}是以로 _{형리정취녀길야}亨利貞取女吉也ㅣ니라 _{천지}天地
_{감이만물}感而萬物이 _{화생}化生하고 _{성인}聖人이 _{감인심}感人心하여 _{이천하화평}而天下和平하나니
_{관기소감}觀其所感하여 _{이천지만물지정}而天地萬物之情을 _{가견의}可見矣니라

_{상 왈 산상유택}象에 曰 山上有澤이 _함咸이니 _{군자}君子ㅣ _이以하여 _{허수인}虛受人하나니라

_{초육}初六은 _{함기무}咸其拇ㅣ니라
　　_{상 왈 함기무 지재외야}象에 曰 咸其拇는 志在外也ㅣ니라
_{육이}六二는 _{함기비}咸其腓니 _흉凶하고 _{거길}居吉하니라
　　_{상 왈 수흉거길 순불해야}象에 曰 雖凶居吉은 順不害也ㅣ니라

　　　　　　구삼　　함기고　　　집기수　　　왕인
　　　九三은 咸其股ㅣ니 執其隨하여 往吝하니라
　　　　　　　　상　왈　함기고　　역불처야　　　지재수인　　소집하야
　　　　　　象에 曰 咸其股는 亦不處也ㅣ오 志在隨人은 所執下也ㅣ니라
　　　　　구사　　정길회망　　　　총총왕래　　　봉종이사
　　　九四는 貞吉悔亡하고 憧憧往來하면 朋從爾思ㅣ리라
　　　　　　　　상　왈　정길회망　　　미감해야　　　총총왕래　　미광대야
　　　　　　象에 曰 貞吉悔亡은 未感害也ㅣ오 憧憧往來는 未光大也ㅣ니라
　　　　　구오　　함기매　　무회
　　　九五는 咸其脢니 无悔하니라
　　　　　　　　상　왈　함기매　　지말야
　　　　　　象에 曰 咸其脢는 志末也ㅣ니라
　　　　상육　　함기보협설
　　　上六은 咸其輔頰舌이니라
　　　　　　　　상　왈　함기보협설　　　등구설야
　　　　　　象에 曰 咸其輔頰舌은 滕口說也ㅣ니라

咸은 亨하니 利貞하고 取女吉하니라
咸은 형통하니 貞함에 이롭고 取女하면 길하니라

    咸卦(함괘)는 艮下兌上(간하태상)의 괘다. 상태괘는 澤이고 하간괘는 山이다. 澤과 山과 괘명의 咸을 합해서 澤山咸(택산함)이라 하여 괘형과 괘명을 기억하게 한다.
    咸은 다 함. 皆와 같다. 또 咸 자는 感(느낄 감)에 心이 없는 글자다. 곧 無心之感(무심지감)이라 한다. 무심지감은 천리 본연의 感을 의미한다.
    상태괘는 澤 즉 못이고 하간괘는 山이다. 산 위에 못이 있는 것이 함괘의 상이다. 산 위에 못이 있으니 그 물기로써 산중의 초목과 금수 등은 윤택하게 되고 또 산중의 초목이 품고 있는 수분은 수증기가 되어서 비로 내리며 못 속에는 물이 고이게 된다. 곧 못과 山이 상조상부하니 이는 곧 자연의 감응이 된다. 그러므로 간하·태상의 괘명을 咸이라 하고 자연계의 무심지감응(無心之感應)을 의미한다.
    괘덕으로 말하면 하간괘는 멈추는 지덕(止德)을 가졌고, 상태괘는 화열(和悅)하는 덕을 가졌다. 또 하간괘는 소남(少男)이고, 상태괘는 소녀(少女)다. 소남이 소녀의 밑에 있으니 이것은 소남이 소녀에게 겸하하는 상이며 또한 소녀는 이 소남의 태도를 기뻐하는 상이 된다. 그러므로 소남과 소녀가 서로 감응하게 되니 이는 남녀의 감응이 된다. 그러므로 괘명을 咸이라 했다. 咸의 본뜻은 자연의 감응을 의미하나 사람에 있어서는 남녀의 감응, 상하, 군신, 붕우 등 모든 감응이 이 함괘에 속하는 일이다.
    함괘의 다음 괘는 항괘(恒卦)다. 항괘의 하손괘(下巽卦)는 장녀고 상진괘(上震卦)는 장남이다. 함괘는 소남과 소녀의 감응이니 연애로 발전하게 되고, 항괘는 결혼 후의 가정을 표현하고 있다. 아내의 하손괘는 가장이 되는 상진괘에 하손해서 평화로운 가정이 되며 부부의 길은 항구 불변해야 한다는 것을 보여 주고 있다. 곧 함괘와 항괘는 종괘가 된다. 그러므로 함괘, 항괘를 종합해서 남녀와 부부의 도리를 보여 주고 있다.

〈서괘전〉 하편 머리에 "有天地然後에 有萬物하고 有萬物然後에 有男女하고 有男女然後에 有夫婦하고 有夫婦然後에 有父子하고 有父子然後에 有君臣하고 有君臣然後에 有上下하고 有上下然後에 禮義有所錯ㅣ니라" 했다. 錯(조·착)는 措(둘 조)와 같다. 來註에는 錯을 섞일 착, 곧 교착(交錯)이라 했다. 즉 예의(禮義)가 교착한다는 해석이다. 반면 措 자로 해석하면 예의가 있게 된다는 해석이 된다. 錯(착) 자로도 해석이 안 되는 것은 아니나 대다수의 선유를 좇아 우리 또한 措 자로 해석한다. 정전(程傳)을 인용해 보자.

> 天地는 만물의 근본이요 부부는 인류의 시초다. 그러므로 上經은 乾坤으로부터 시작하고 下經은 咸恒으로 시작한다. 천지는 二物이니 건곤 두 괘로 천지지도를 나누게 되고, 남녀는 교합해서 부부가 되기에 咸卦와 恒卦의 二體를 합해서 부부지의(夫婦之義)가 된다. 咸은 느낀다는 의미니 悅이 主가 되고, 恒은 常道를 의미하니 正이 本이 된다.
> 天地는 萬物之本이요 夫婦는 人倫之始라 所以上經首乾坤하고 下經首咸繼以恒也라 天地는 二物故로 二卦分爲天地之道하고 男女交合而成夫婦故로 咸與恒은 皆二體合爲夫婦之義라 咸은 感也ㅣ니 以說爲主하고 恒은 常也ㅣ니 以正爲本이라

곧 少男, 少女는 기쁘게 연애해서 결혼한 후에는 常道를 항구히 지켜야 한다는 말이다.

咸卦와 恒卦는 人倫의 시초가 되기에 다음에는 인류의 大事를 간단히 살펴보자. 이 은하계에는 수천 억의 별들이 있고 이 은하계 외에도 다른 은하계가 또한 수천 억이 있다고 한다. 우주에 존재하는 이토록 무수한 별들이 각자의 궤도를 질서정연하게 운행하고 있다. 인류사회에도 현재 60억에 가까운 인구가 생존하고 있다. 전인류가 함께 행복한 생활을 도모하기 위해서는 무수한 별들의 질서정연한 운행과 같은 일정한 법도가 필요하다. 그것이 화도(和道)다. 화도의 요체는 예의에 있다. 남녀 상하가 각득기소(各得其所)함에 있어서는 불가불 예의가 중요하다. 전체 우주의 운행도 역시 禮에 속하는 일이다.

《논어》 안연(顔淵) 편에 공자는 "非禮勿視, 非禮勿聽, 非禮勿言, 非禮勿

動"이라 했다. 이것을 사물(四勿)이라 한다. 곧 視(시)·聽(청)·言(언)·動(동)의 기본이 禮(예)라는 의미다. 《중용》제 20장에 공자는 "文武之政이 布在方策하니 其人이 存則其政이 擧하고 其人이 亡則其政이 息이니라" 했다. 곧 문왕과 무왕의 정사(政事)가 문헌에 널리 기록되어 있으되, 그처럼 위대한 사람이 집정하였기에 그러한 정사가 거행된 것이고 그러한 위대한 사람이 없어지면 그 정사는 그친다는 것이다. 예는 화도의 요체가 되나 위대한 지도자 없이 저절로 행해지는 것은 아니다. 대유괘(大有卦)의 제5효에 '厥孚交如威如'(궐부교여위여)라 했다. 이는 정성이 지극한 성왕(聖王)의 용모 태도를 표현한 말이다. 또 대축괘(大畜卦)의 上九에는 '何天之衢'(하천지구)라 했다. 何는 荷(짊어질 하)와 같다. 衢(네거리 구)는 天衢, 곧 하늘 네거리. 사통팔달의 성도(聖道)를 의미한다.

이와 같이 지인지천(知人知天)의 성인이라야 능히 인류를 바르게 인도할 수 있다. 그러나 하루아침에 이 도리를 체득할 수는 없다. 절차탁마(切磋琢磨), 곧 금강석이 들어있는 바위를 잘라서 금강석을 발견해서 갈고 불순물을 쪼아버리고 또 갈아서 아름다운 광채를 발휘하게 된다. 수도(修道)도 이와 같다. 정자(程子)는 '廓然大公 物來順應'(확연태공 물래순응)이라 했다. 廓然(확연)은 마음이 넓고 거리낌이 없는 모양. 物來順應(물래순응)은 사물이 오게 되면 순응한다는 뜻. 청정한 명경(明鏡)과 지수(止水)처럼 사물이 오면 그대로 비추고 사물이 가버리면 형적(形跡)을 남기지 않는다. 즉 절차탁마로 명경지수의 심경에 이르게 된다. 공자는 〈繫下〉제5장에 '窮神知化는 德之盛也'라 했다. 窮神知化(궁신지화)는 유명(幽明)의 도리를 궁구(窮究)해서 생성화육의 법칙을 체득한다는 의미다. 절차탁마로 한 걸음 한 걸음 올라가서 窮理盡性(궁리진성 : 우주 자연의 理法과 사람의 성정을 궁구함)으로 궁신지화의 경지에 이르게 된다.

■ 咸은 亨하니 利貞하고 取女吉하니라

〈설괘전〉에는 '山澤通氣'(산택통기)라 했다. 山 위에 못이 있어서 산 전체가 윤택하게 되고 산 속의 못에는 물이 항상 고여 있게 된다. 이것은 산과 못이 서로 氣를 통한다는 뜻이니 곧 자연의 감응을 의미한다. 그러므로 '咸 亨', 곧 함괘☷는 형통하리라 했다(단사의 咸亨). 자연의 법칙은 貞함으로써 형통하게 된다. 日月이 교대하고 四時가 정연하게 순환함은 진실무망(眞實无妄), 곧 정도(貞道)다. 부정(不貞)은 불리하고 불형(不亨)하다. 그러므로 '利貞'이라 했다. '貞'은 천리(天理) 본연의 도리. 곧 진실무망(眞實无妄)을 의미한다. '利貞'(이정)은 진실무망의 도리〔貞道〕를 지켜야 이롭다는 의미다.

건괘외(乾卦外)의 각 괘의 利貞은 대략 계언(誡言)이 많다. '取女'(취녀)의 取 자는 娶(장가들 취)와 같다. 取女는 곧 결혼을 의미하니, '取女吉'은 결혼하면 길하리라는 의미다. 물론 '利貞'(이정)이 전제조건이 된다. 不貞은 不吉을 의미한다.

象에 曰 咸은 感也ㅣ니 柔上而剛下하여 二氣感應以相與하고
止而說하고 男下女ㅣ라 是以로 亨利貞取女吉也ㅣ니라 天地
感而萬物이 化生하고 聖人이 感人心하여 而天下和平하나니
觀其所感하여 而天地萬物之情을 可見矣니라

象에 가로되 咸은 느낌이니, 柔가 올라가고 剛이 내려와서 두 氣가 감응하기 때문에 서로 어우르고, 멈추어서 기뻐하고 男이 女에 아래함이라. 이로써 '亨利貞取女吉'이니라. 천지가 느껴서 만물이 화생하고, 성인이 인심에 느껴서 천하가 화평하나니, 그 느끼는 바를 봐서 천지만물의 정(실정)을 볼(알) 수 있느니라

■ 象에 曰 咸은 感也ㅣ니 柔上而剛下하여 二氣感應以相與하고

'咸은 感也'. 咸은 感과 같다는 뜻. 곧 함은 느끼다의 뜻이다. 자기가 무슨 사물을 보고 감정이 심중에 움직인다는 의미다. 또 타인이 나의 언행을 보고 그 사람의 감정이 그 심중에 움직인다는, 곧 자타(自他)가 서로 마음으로 느껴

응하는 것이 감응이다. 한편은 감동해도 상대편이 무관심하다면 이것은 감응이 아니다. 공자는 외국에 대해서 '厚往而薄來'(후왕이박래)라 했다. 곧 상대편을 후대하고 자신은 薄(박)하게 얻는다는 뜻이다. 이는 불리한 일 같으나 상대자로 하여금 회모(懷慕)하게 하여 서로가 화협(和協)하도록 하는 도리이니 작은 손실로써 서로가 막대한 이익을 얻게 하는 도리다. 곧 양편이 서로 감응하게 하는 도리인 것이다. 이런 것이 바로 함괘의 감응의 원리다. 남녀, 군신, 상하가 모두 감응함으로써 화도(和道)가 성립된다.

산택통기(山澤通氣)는 자연의 감응이고 남녀가 서로 사랑하는 것은 인류의 감응이다.

'柔上而剛下'(유상이강하). 함괘☱와 항괘☳는 종괘다. 뇌풍항괘(雷風恒卦)의 하손괘(下巽卦)가 위로 올라가서 함괘의 상태괘(上兌卦)가 되고(柔上) 항괘의 상진괘(上震卦)가 밑으로 내려와서 함괘의 하간괘(下艮卦)가 된다는(剛下) 의미다. 강유(剛柔)의 감응을 말하고 있다.

'二氣感應'(이기감응)은 산과 못 사이에 기가 통하는 것을 의미한다. 곧 자연계의 감응이다. '相與'(상여)는 서로 어우르다의 뜻. 산과 못은 二氣가 감응해서 서로 어우르고, 남녀가 감응해서 서로 어우르게 된다. 이런 것이 '二氣感應以相與'이다.

■ 止而說하고 男下女ㅣ라 是以로 亨利貞取女吉也ㅣ니라

'止而說'(지이열). 說은 悅. 하간괘는 멈추는 지덕(止德)을 가졌고 상태괘는 기뻐하는 열덕(悅德)을 가졌다. 곧 머물러 있어야 할 자리에 머물러 있어서 기뻐한다는 의미다. 소남, 소녀로 말하면 소남이 겸하니(止德) 소녀는 이것을 기뻐한다(悅德). 즉 '二氣感應而相與'(이기감응이상여)와 같은 의미다. 군자로써 말하면 자신이 지켜야 할 도리를 지키고 안토낙천(安土樂天)한다는 의미로 해석할 수도 있다. 〈大學傳〉 제3장에 "穆穆文王이여 於緝熙敬止라"[1]

---

[1] "유심현원(幽深玄遠)한 德을 가진 文王이여, 아아 그 德은 끊임없이 빛나고 늘 공경심으로써 머물러 있어야 할 바에 머물러 있구나." 穆穆(목목)은 심원한 덕을 가리키는 형용

했다. 이것은 '止而悅'의 극치다. '止而說'은 艮止(간지)・兌悅(태열)로 감응의 도리가 성립된다는 의미다.

'男下女'(남하녀)는 하간괘의 소남은 상태괘의 소녀에 겸하한다는 뜻. 하간괘는 상태괘의 밑에 있으니 下의 의미가 생긴다.

'亨利貞'(형리정)은 형통하되 정도(貞道)를 굳게 지켜야 이롭다는 뜻이다. 함괘에서는 利貞이 요체가 된다. 不貞은 흉을 의미한다.

'取女'는 娶女, 장가들다의 뜻. 곧 貞하면 '取女吉'이 된다.

'是以'(시이)는 '咸은 感也'로부터 '男下女'까지를 가리키는 말. 곧 이상과 같음으로써 함괘는 형통하고 이정하고 取女吉하다는 의미다. 곧 상하의 괘체(卦體)와 괘덕(卦德)으로써 단사를 해석했다. 다음은 천지(天地), 성인(聖人)의 감응을 설명했다.

■ 天地感而萬物이 化生하고 聖人이 感人心하여 而天下和平하나니

天地가 감응하기 때문에 만물이 化生한다. '聖人'은 아마도 聖王을 가리킨 말이다. 성왕이 백성과 감응해서 천하국가가 화평하다는 뜻이니 '何天之衢'(하천지구)와 같은 뜻이다.

■ 觀其所感하여 而天地萬物之情을 可見矣니라

천지에는 천지의 감응하는 바가 있고 성인에는 성인이 감응하는 바가 있으며 이는 일초일목(一草一木)에 이르기까지 매한가지다. '可見'(가견)은 '可知'(가지)와 같은 뜻이다. 함괘를 이기(二氣), 남녀의 감응으로부터 천지, 성인, 만물에까지 부연한 설명이다.

사. 於(오)는 감탄사로 '아아'와 같은 뜻. 緝(낳을 집)은 실(絲)을 잣다, 길쌈을 하다의 뜻. 곧 길이 계속한다는 뜻이 된다. 熙(빛날 희)는 光明. 敬止(경지)는 항상 공경심을 가지고 그 머물러 있어야 할 바에 머물러 있다는 뜻이다.

象에 曰 山上有澤이 咸이니 君子ㅣ 以하여 虛受人하나니라

象에 가로되 山 위에 澤이 있음이 咸이니, 군자는 이로써 虛하게(虛心으로) 사람을 받아들이느니라

'山上有澤'(산상유택)은 上兌·下艮을 달리 표현한 말. '澤下有山'(택하유산)이라 하지 않고 '山上有澤'(산상유택)이라 함은 山을 중심으로 했기 때문이다. 산이 있어서 못이 그 위에 있으니 산의 초목금수(草木禽獸)는 번성하게 된다. 곧 이기상감(二氣相感)을 의미한다.

'虛受'(허수)는 선입감이 없이 남의 말을 들음. '虛受人'(허수인). 군자는 겸허한 마음으로 타인의 선언선행(善言善行)을 받아들여서 자신을 절차탁마한다는 뜻이다. 거만이 앞서면 만사불성이 된다. 못은 겸허한 태도로써 山에 응하고 산은 겸허한 태도로써 못에 응하기에 二氣의 감응이 성립되고 군자도 겸허한 태도로써 남의 의견을 받아들이므로 자타의 감응이 성립된다. '虛'는 山의 실정(實情)을 표현한 말이다. 산은 대략 토사(土砂)로 되었고 그 사이에는 빈 공간이 있으므로 수분(水分)을 품게 된다. 산이 지닌 수분으로 말미암아 못에는 물이 고이게 되고 못의 물은 산을 윤택하게 한다. 虛는 이렇듯 중요한 요소다. 사람의 마음도 '方寸之虛'(방촌지허)라 한다. 심장(心臟)도 그 안에 빈 곳이 있기 때문에 활동하게 된다. 마음 속에 완고한 고정 관념이 꽉 차 있다면 유연성(柔軟性)이 없어서 남의 선언 선행도 받아들일 수 없게 된다. 그러므로 '虛受人'이라 했다.

初六은 咸其拇ㅣ니라

初六은 그 엄지발가락에 느낌이니라

拇(무)는 엄지손가락, 엄지발가락의 총칭이다. 여기서는 엄지발가락을 의미한다. 함괘의 육효사(六爻辭)는 그 상(象)을 사람의 몸에서 취했다. 初六은 최하위가 되니 엄지발가락에 해당한다. 六二를 腓(장딴지 비)라 하고 九三

을 股(넓적다리 고), 九四는 심장, 九五를 脢(등심 매, 즉 背肉), 上六을 口(입 구)라 해서 感(느낌)의 깊고 얕음을 표현했다.

初六은 함괘의 최하위가 되고 사람 몸으로 말하면 가장 밑이 된다. 그러므로 엄지발가락이 되고 느끼는 정도로 말하면 가장 얕은 상태다. 初六은 음효로서 양위에 있으니 위부정 지부정이 된다. 九四에게로 가고자 하는 생각은 가졌으나 아직은 느끼는 정도가 얕아서 주저하는 진퇴 미상(未詳)의 상태다. 그러므로 선악길흉을 정할 수 없는 상태며, 따라서 효사는 吉凶을 말하지 않았다. 초효와 제4효는 中에 불급하므로 결단성이 부족해서 주저하는 성질을 지녔다.

함괘䷞의 여섯 효는 모두 상응하고 있다. 初六은 九四와 六二는 九五와, 九三은 上六과 상응한다. 상응은 곧 서로 감응함을 의미하니 곧 함괘는 감응의 괘가 되고, 그 중 가장 예민한 것이 소남 - 소녀의 감응이다. 산택통기(山澤通氣)는 자연계의 감응이 된다. 咸卦는 감응의 괘이다.

象에 曰 咸其拇는 志在外也ㅣ니라
象에 가로되 '咸其拇'는 뜻이 밖에 있음이니라

'志在外'(지재외)는 곧 상응하는 외괘(外卦)의 九四에 뜻을 가지고 있다는 의미다. 사람이 거동할 때는 우선 발가락이 움직이게 되고 그런 발가락 중 가장 큰 것이 엄지발가락이다. 엄지발가락이 느낀다는 것은 전진하고자 하는 의사표시다. 그러므로 주공(周公) 효사는 '咸其拇'(함기무)라 했고 공자의 상전(象傳)에는 주공의 의사를 받아서 '志在外也'(지재외야)라 했다.

六二는 咸其腓니 凶하고 居吉하니라
六二는 그 장딴지에 느낌이니 凶하고 居하면 吉하니라

腓는 장딴지 비. 六二는 初六보다는 느끼는 정도가 조금 크니 장딴지에 느끼는 象이 된다. 그러나 장딴지는 자발적으로는 움직일 수 없다. 足과 股(넓적다리고)의 움직임에 따라서 움직이게 된다. 곧 六二는 자주성이 없고 남의 의사에 따라가는 象이 된다. 그러므로 凶하다 했다. '居吉'(거길)은 무슨 일을 도모하지 말고 자신이 있는 그 자리에 머물러 있으면 무사하고 吉하리라는 뜻.

六二는 음효로서 음위에 있고 하괘의 중효가 되니 곧 유순중정의 덕을 가진 이상적인 음효다. 그러나 咸時에서 그 지위가 낮고 느끼는 정도도 얕으며 자주성이 부족하다. 艮主의 九三과는 음양상비하고 강건중정의 덕을 가진 九五와는 음양상응하고 있다. 만일 九三에 比함으로써 응효인 九五를 버리면 흉하고(효사의 '咸其腓 凶'의 뜻) 九三의 유인(誘引)을 뿌리치고 九五의 정응(正應)을 취하면 吉하리라는 것이 '居吉'의 의미다. 그러나 九五가 음양상응으로 求하기까지 기다리지 않고 망진(妄進)하게 되면 흉하니, 곧 六二가 가진 유순중정의 덕을 지키면(居의 뜻) 吉하리라는 해석이 된다.

易에는 중정(中正)이 가장 중요한 덕목이 되나 시대에 따라서는 이 괘의 六二처럼 흉할 경우도 있다.

象에 曰 雖凶居吉은 順不害也ㅣ니라
象에 가로되 비록 凶하다 하더라도 '居吉'이라 함은 순하면 해롭지 않음이니라

順은 순리, 순종 등 여러 의미를 가졌다. 선인에 순종하면 길할 것이고 악인에 순종하면 흉할 것인데, 그 시대, 지위, 재덕에 적합한 행동, 곧 순리의 행동을 하면 무슨 해화(害禍)가 있겠는가. '順不害'(순불해)는 순리의 행동을 하면 해화는 생기지 않으리라는 의미다. 곧 유순중정의 도리를 굳게 지키며, 九五의 정응을 취함이 순리에 따르는 행동이 된다.

九三은 咸其股ㅣ니 執其隨하여 往吝하니라
九三은 그 넓적다리에 느낌이니, 그 따름을 執(固執)하여 가면 吝하니라

'咸其股'(함기고)는 넓적다리에 느낀다는 뜻. 股에 느낀다는 것은 '拇'(무)와

'腓'(비)보다는 낫다고 하나 그 감도(感度)는 여전히 얕은 것이 사실이다. 九三은 과중·부중하고 양효·양위로 과강(過剛)이 되고 고집이 심한 편이다. 執은 잡을 집. 고집한다는 뜻. 其는 九三 자신을 가리킴. 隨는 따를 수. '執其隨'(집기수)는 남의 의견에 따라감을 고집한다는 뜻. 곧 열주(悅主)가 되는 上六과 음양상응으로 호감을 가지고 그에 따라감을 고집한다는 뜻이다.

九三은 확고한 신념이 없고 부중 과중, 과강으로 지나친 행위를 하게 된다. 九三은 하간괘의 주효가 되니 응당 있을 자리에 있어야 한다. 확고한 신념이 없이 남의 의견에 따라가게 되면 吝하리라는 것이 '往吝'(왕린)의 의미다. 六二와 九三은 자주성이 없음이 비슷하여 때가 아직 이르지 않고, 상여자(相與者)의 요청도 없이 홀로 경망한 행동을 하면 凶·吝을 면치 못하리라. '止而說'이 咸時에 적응하는 도리다.

象에 曰 咸其股는 亦不處也ㅣ오 志在隨人은 所執下也ㅣ니라
象에 가로되 '咸其股'는 또한 處(靜處)하지 않음이요, 뜻이 수인(隨人)에 있음은 잡는 바가 낮음(卑下함)이니라

處는 곳 처. 머물러 있다는 뜻. '不處'(불처)는 정정(靜正)하게 머물러 있지 않다는 뜻. 곧 '止而說'을 못한다는 뜻. '所執下'(소집하). 즉 남의 의사에 따를 뿐이니 자신이 지키는 바 지조 또는 집념이 下卑하다. 初六과 六二는 음유하니 '志在隨人'(지재수인)이 부득이할 경우도 있겠으나 강건재덕을 가진 九三이 지재수인함은 지조가 하천함이다.

九四는 貞吉悔亡하고 憧憧往來하면 朋從爾思ㅣ리라
九四는 貞하면 吉해서 悔가 없어지고 총총하게 오고가고 하면 벗이 너의 생각에 따르리라

- **九四는 貞吉悔亡하고**

'貞吉悔亡'(정길회망). 貞하면 吉해서 悔가 없게 되리라는 뜻. 九四는 股의 위가 되고 脢(등심 매)의 밑이 되니 心 곧 심장의 위치가 된다. 心은 모든 것을 느끼는 곳이다. 여기서는 마음을 말하지 않고 다만 '貞吉悔亡'이라 했다. 九四는 양효·음위로 위부정이 되나 여기서는 음양충화(陰陽冲和)로 본다. 즉 음양이 어우러져 부드럽게 화했다는 것이다. 사람으로 말하면 내심은 강건하고 외모는 온유한, 곧 내강외유의 군자를 의미한다. 그러므로 貞吉이라 했고 음양충화로 위부정을 선보(善補)하게 되니 또한 '悔亡'(회망)이라 했다.

- **憧憧往來하면 朋從爾思 l 리라**

憧은 그리워할 총. 程子·朱子는 "憧은 昌容反이라" 했다. '憧憧'은 마음이 잡히지 않는 불안정한 상태를 나타내는 말이다. 朋은 동류, 곧 응효인 初六을 가리킨다. 九四가 응효인 初六을 그리워해서 총총히 오고가면 결국 初六은 그 의사에 따르게 되리라는 뜻. 그러나 初六은 '咸其拇'로서 지조와 감성이 하비(下卑)한 효다. '憧憧往來하면 朋從爾思'는 아녀자라면 혹시 모를까 강건재덕을 가진 대장부로서는 그 감응의 정도가 너무 얕다. 공자는 〈繫下〉 제5장에 이 九四 효사를 부연하여 '日月往來, 寒暑往來, 屈伸相感'을 설명하고, "精義入神은 以致用也ㅣ오 利用安身은 以崇德也ㅣ오 過此以往은 未之或知也ㅣ니 窮神知化는 德之盛也ㅣ라" 했다. 窮神知化(궁신지화)는 성인이 조화지역(造化之易)을 체득하여 얻는 천지와의 감응이니, 이야말로 감응의 극치다.

象에 曰 貞吉悔亡은 未感害也ㅣ오 憧憧往來는 未光大也ㅣ니라
象에 가로되 '貞吉悔亡'은 아직 감의 해가 없음이요, '憧憧往來'는 아직 光大하지 않음이니라

九四는 내강외유의 군자다. 그러므로 하비한 初六과 감응하여 그 해화를 받지 않는다. 初六의 '感害'(감해)를 받으면 '貞吉悔亡'(정길회망)이 되지 않는

다. '感害'는 感物의 害. '未感害'(미감해)는 아직 감해를 입지 않았다는 뜻. 이것은 진실한 貞을 의미하니 그러므로 '吉悔亡'(길회망)이 된다. 감응의 내용에 따라서 길흉회린이 생기게 된다.

'憧憧往來'(총총왕래)는 '止而說'(지이열)의 감응의 도리에 지나치게 된다. 곧 천리본연의 감응이 아니고 사사망념의 감응이 되기 때문이다. '未光大'(미광대)는 광대하지 않다는 뜻. 곧 광명정대(光明正大)하지 않다는 뜻이다. 정자가 말한 '廓然大公 物來順應'이 진실한 감응의 도리다.

九五는 咸其脢니 无悔하니라
九五는 그 등심에 느낌이니 悔가 없느니라

脢는 등심 매. 배육(背肉)을 의미한다. 이목구비, 심장 등 감각과 관련된 기관은 모두 신체의 전면(前面)에 있다. '咸其脢'(함기매)는 배육에 느낀다는 의미니 배육이라 하여 전혀 감각이 없는 것은 아니나 이목구비와 심장처럼 예민하지는 못하다. 사물에 감응할 능력도 거의 없고 사물을 감동시킬 능력도 지니지 못했다. 그러므로 기릴 일도 없고 悔될 일도 없다. 곧 무예무회(無譽無悔)가 된다. 九五는 강건중정의 대덕(大德)을 가졌고 밑으로는 유순중정의 덕을 가진 六二와 상응하니 길한 효가 될 것이나 때가 咸時이니 이처럼 무예무회가 된다. 이는 곧 세상을 숨어 사는 노장(老莊) 계열이나 멸지절정(滅智絶情)의 수행자 무리와 같다 할 수 있다.

정전(程傳)에는 "九五는 강건중정의 大德을 가졌고 尊位에 있으니 당연히 至誠之道로 천하를 감화시켜야 할 것이다. 하지만 '咸其腓'의 六二와 응하고 '咸其輔頰舌'(함기보협설)의 上六과 親比하고 있으니, 만약 六二에 계루(係累)되고 上六을 기뻐하면(上六은 兌少女의 主爻) 이는 사정(私情)에 치우치는 것이 된다. 더욱이 도량이 얕으니 인군(人君)의 도리가 아니다. 어찌 능히 천하민(天下民)을 감화시킬 것이냐"(九居尊位하니 當以至誠感天下而應二比上하니 若係二而說上이면 則偏私淺狹이니 非人君之道라 豈能感天下乎리오) 했다.

응·비가 있어서 길할 경우도 있고 이 九五처럼 응·비에 계루되어 불길할 경우도 있고 또한 응·비가 없어서 도리어 무계루로 길할 경우도 있다. 역리(易理)는 천시, 지리, 인화, 재능, 도덕에 따라서 길흉회린이 나뉜다.

象에 曰 咸其脢는 志末也ㅣ니라
象에 가로되 '咸其脢'는 뜻이 끝됨(卑下함)이니라

'志末'(지말)은 그 지조가 도리의 근본이 못되고 지엽말절(枝葉末節)처럼 하비하다는 뜻. '咸其脢'(함기매)는 무감응이 되기에 성인이 '志末'이라 했다. 성인군자는 항상 천하의 사람들을 행복으로 인도하고자 한다. 공자는 철환천하(轍環天下)로 최선의 노력을 하고, 그후 魯에 돌아가서 3천 제자를 교도함은 후세를 위해서 한 일이다.

上六은 咸其輔頰舌이니라
上六은 그 輔頰舌에 느낌이니라

輔는 광대뼈 보. 頰은 뺨 협. 舌은 혀 설. 輔, 頰, 舌은 모두 발음기관에 해당한다. '咸其輔頰舌'(함기보협설)은 발음하는 그 輔頰舌에 느낀다는 뜻이다. 上六은 상태괘의 주효가 되고 兌는 입(口)이다. 또 태괘의 주효가 되니 열주(悅主)가 된다. 또 함괘의 종극이 되니 그러므로 경망한 행위를 하게 된다. 무슨 감회가 있으면 나불나불 말썽이 많고 성의가 없으며 경망하다. 길흉을 말하지 않아도 흉인을 면할 수는 없다.

象에 曰 咸其輔頰舌은 膝口說也ㅣ니라
象에 가로되 '咸其輔頰舌'은 구설을 膝함이니라(올림이니라)

膝은 물 솟을 등. 〈주자본의〉에 "膝은 騰으로 通用이라"했다. 곧 "입을 벌려서 말을 하는 모양". '滕口說'(등구설)은 입이 싸서 물이 솟아오르는 것처럼 경망하게 말하고 신중한 태도가 없다는 뜻. 공자는 '君子 不重則不威'(군자 부중즉불위)라 했다. 군자는 신중하지 않으면 위엄이 없다는 뜻이다. 속담에 '침묵은 최대의 웅변이다'는 말이 있다.

澤山咸卦(택산함괘)䷞에는 궁신지화와 같은 감응의 극치에 해당하는 효가 없다. 천화동인괘䷌에 '同人于野'(동인우야)에 해당되는 효가 없는 것과 동일하다.
初六은 음효·양위로 위부정하고 하천하며 느끼는 정도도 얕아서 아직 길흉 미정의 상태다.
六二는 음효·음위로 하괘의 중효가 되니 유순중정의 덕을 가졌으나 咸時에 있어서 '咸其腓'(함기비)의 상태가 되니 자주성이 없고 느끼는 정도도 얕다. 그러나 유순중정의 덕을 굳게 지키면 길할 것이고 경망한 행위를 하면 흉하리라.
九三은 양효·양위로 부중 과중, 중강(重剛)이 되니 上六을 따르는 데 집착하면 吝하리라. 그러나 하간괘의 주효가 되니 '止而說'(지이열)하면 길할 것이다.
九四는 양효로서 음위에 있으니 음양충화로 정길(貞吉)한 효다. 그러나 사정에 치우쳐 지나친 행위를 하면 吝하리라.
九五는 양효·양위로 상괘(上卦)의 중효가 되니 강건중정의 덕은 가졌으나 咸時에서 '咸其脢'(함기매)의 상태로 무예무회(無譽無悔)한 효가 된다.
上六은 과중 부중하고 함괘의 궁극이 되며 상태괘의 悅主가 되니 경망한 爻다. 이런 상태로 나아가면 흉화를 면하지 못하리라. 도리를 어기면서도 행복할 수는 없다.

雷風恒

巽下
震上

恒은 亨하니 无咎하고 利貞하고 利有攸往하니라

彖에 曰 恒은 久也ㅣ니 剛上而柔下하고 雷風이 相與하여 巽而動하고 剛柔皆應이 恒이니라 恒 亨 无咎利貞은 久于其道也ㅣ새라 天地之道는 恒久而不已也ㅣ오 利有攸往은 終則有始也ㅣ니라 日月이 得天而能久照하고 四時變化而能久成하고 聖人이 久于其道而天下化成하나니 觀其所恒하여 而天地萬物之 情을 可見矣니라

象에 曰 雷風이 恒이니 君子ㅣ 以하여 立不易方하나니라

初六은 浚恒이니 貞凶하고 无攸利하니라

象에 曰 浚恒之凶은 始求深也ㅣ새니라

九二는 悔亡하리라
　　　　구 이　　회 망

　　象에 曰 九二悔亡은 能久中也일새니라
　　　　상　왈　구이회망　　　능구중야

九三은 不恒其德이라 或承之羞ㅣ리니 貞吝하니라
　　　구 삼　　불항기덕　　　혹승지수　　　　정 린

　　象에 曰 不恒其德은 无所容也ㅣ니라
　　　　상　왈　불항기덕　　　무소용야

九四는 田无禽이니라
　　　　구 사　전무금

　　象에 曰 久非其位어늘 安得禽也ㅣ리오
　　　　상　왈　구비기위　　　안득금야

六五는 恒其德貞이니 婦人은 吉하고 夫子는 凶하니라
　　　　육 오　　항기덕정　　　부인　　길　　　부자　　흉

　　象에 曰 婦人貞吉은 從一而終也일새요 夫子는 制義어늘
　　　　상　왈　부인정길　　　종일이종야　　　　부자　　제 의

　　從婦凶也ㅣ니라
　　　종부흉야

上六은 振恒이니 凶하니라
　　　상 육　　진항　　　흉

　　象에 曰 振恒在上은 大无功也ㅣ니라
　　　　상　왈　진항재상　　　대무공야

<u>恒</u>은 <u>亨</u>하니 <u>无咎</u>하고 <u>利貞</u>하고 <u>利有攸往</u>하니라
<small>항　　형　　　무구　　　이정　　　　이유유왕</small>

恒은 형통하니, 무구하고 貞함에 이롭고 갈 바가 있음에 이로우니라

　　恒卦(항괘)는 巽下震上(손하진상)의 괘다. 상진괘는 雷고 하손괘는 風이다. 雷와 風과 괘명의 恒을 합해서 雷風恒(뇌풍항)䷟이라 하여 괘형과 괘명을 기억하게 한다.
　　앞의 澤山咸卦䷞에서 감응한 소남, 소녀가 이 항괘에 이르러 부부가 되었다. 恒은 항상 항. 常과 같다. 곧 항상(恒常)의 의미다. 항괘는 부부의 길을 말했다. 예절을 지키고 항구히 변함이 없어야 한다. 그것이 부부의 道다.
　　함괘는 하간괘의 소남이 상태괘의 소녀에게 겸하해서 구혼하는 상이 되고, 항괘는 震·長男이 위에 있고 巽·長女가 밑에서 손하(巽下)하는 상이 되니 이는 정당한 부부관계를 보여 주고 있다. 항구불변(恒久不變)이 곧 부부관계다. 그러므로 괘명은 恒이라 했다.
　　상하의 괘덕으로 말하면 상진괘는 동괘(動卦)고 하손괘는 손순하다. 상괘는 외괘(外卦)니 남편되는 상진괘는 바깥 활동을 하고 하괘는 내괘니 아내인 하손괘는 집안에 있어서 남편에 손순하며 가정을 지키는 상이 된다. 이것이 인간의 상도요 부부의 정도다.
　　〈서괘전〉에는 "夫婦之道는 不可以不久也ㅣ니라 故로 受之以恒하니 恒者는 久也ㅣ니라" 했다. 곧 부부의 길은 오래도록 변해서는 안 된다는 의미다. 그러므로 함괘 다음에 항괘로서 받았으니 恒은 항구의 의미라 했다. 함괘와 항괘는 종괘가 되기에 이와 같이 말했다. 〈잡괘전〉에는 "咸은 速也ㅣ오 恒은 久也ㅣ니라" 했다. 곧 소남 소녀의 감도(感度)는 예민하니 연애관계가 급속히 이루어지나 부부의 길은 바른 도리를 오래도록 지켜야 한다는 말이다.
　　형통하는 원인이 利貞에 있다. 부부의 길도 利貞으로써 항구불변하게 되고 행복한(亨) 가정이 된다. '利有攸往'(이유유왕)은 무엇을 함에는 이롭다는 의미이니 곧 利貞의 효과다. 또한 하손괘의 손덕(巽德)과 상진괘의 動으로 '巽而動'(손이동) 곧 공손한 태도로써 행동하므로 그러한 결과가 나타난다. 함괘

雷風恒

는 '止而說'로 '取女吉'이 되고 恒卦는 '巽而動'하기에 '利有攸往'이 된다. 《주역절중》에 서기(徐幾)는 이렇게 말한다.

> 恒에는 두 가지의 뜻이 있으니 不易之恒과 不已之恒이다. 利貞은 不易之恒이고 利有攸往은 不已之恒이다. 합해서 말하면 常道다. 한편에 치우치면 道가 아니다.
> 恒有二義하니 有不易之恒하고 有不已之恒이다 利貞者는 不易之恒也ㅣ오 利有攸往者는 不已之恒也ㅣ니 合而言之하면 乃常道也ㅣ오 倚於一偏則非道矣라

'不易'(불역)은 변하지 않는다는 의미니 貞道가 이에 해당하고, '不已'(불이)는 마지않는다 또는 쉬지 않는다는 뜻이니 곧 일월운행과 사시순환(四時循環)이 이에 해당한다. 日月이 교대하여 밝히고 四時가 순환하면서 항구히 그 도리를 지킨다는 의미다.

象에 曰 恒은 久也ㅣ니 剛上而柔下하고 雷風이 相與하여 巽而動하고 剛柔皆應이 恒이니라 恒亨无咎利貞은 久于其道也ㅣㄹ새라 天地之道는 恒久而不已也ㅣ오 利有攸往은 終則有始也ㅣ니라 日月이 得天而能久照하고 四時變化而能久成하고 聖人이 久于其道而天下化成하나니 觀其所恒하여 而天地萬物之情을 可見矣니라

象에 가로되 恒은 오래함이니 剛이 올라가서 柔가 내려오고, 우뢰와 바람이 서로 어우러서 공손함으로써 움직이고 剛과 柔가 모두 응함이 恒이니라. '恒亨 无咎 利貞'은 그 도에 오래하기 때문이라. 천지의 도는 항구해서 마지아니함이요, '利有攸往'은 끝나면 곧 시작이 있음이니라. 日月이 天을 얻어서 능히 오래 비추고, 사시가 변화해서 능히 오래 이루고, 성인이 그 도를 오래해서 천하를 화성하나니, 그 항구한 바를 봐서 천지만물의 실정을 알 수 있느니라

■ 象에 曰 恒은 久也ㅣ니 剛上而柔下하고 雷風이 相與하여 巽而動하고 剛柔皆應이 恒이니라

'恒은 久也'는 항은 항구, 영구의 의미라는 뜻. '剛上而柔下'(강상이유하). 함괘와 항괘는 종괘다. 함괘의 하간괘가 위로 올라가서 항괘의 상진괘가 되고(剛上) 함괘의 상태괘가 밑으로 내려와서 항괘의 하손괘가 된다(柔下)는 뜻이다.

'雷風 相與'(뇌풍 상여). 상진괘는 雷고 하손괘는 風이니, 이 양자가 서로 어우러진다. 즉 雷와 風이 서로 도와서 성대하게 되는, 곧 '亨 无咎'를 설명한 말이다. '巽而動'(손이동). 하손괘는 손순을 의미하고 상진괘는 동괘(動卦)이니, 곧 손순한 덕으로써 행동한다. 이것이 곧 항괘의 요체가 되고 利有攸往의 원동력이 된다.

'剛柔皆應'(강유개응). 이 괘는 여섯 효가 모두 유응(有應)이 된다. 初六은 九四와 응하고 六二는 九五와 응하며 九三은 上六과 응하고 있다. 이는 상하가 일치협력한다는 의미가 된다.

이상은 항괘의 괘상(卦象), 괘덕(卦德), 괘종(卦綜)으로서 괘명을 설명했다. '恒久也'(항구야)는 恒의 글자 뜻을 설명했고 '剛上而柔下'(강상이유하)는 괘종설(卦綜說)이며 '雷風相與'(뇌풍상여)는 상하의 괘상으로 상조상부를 설명한 말이다. '巽而動'(손이동)은 상하의 괘덕이다.

■ 恒 亨 无咎 利貞은 久于其道也ㄹ새라 天地之道는 恒久而不已也ㅣ오

'久于其道'(구우기도)는 그 도를 오랫동안 행하기 때문이라는 뜻. 단사의 '恒 亨 无咎 利貞'을 설명한 말이다. '恒久而不已'(항구이불이)는 그 도를 오랫동안 행하여 마지않는다는 뜻. 已는 말 이. 止와 같다.

■ 利有攸往은 終則有始也ㅣ니라

'終則有始'(종즉유시)는 천행(天行)을 의미한다. 시즉유종(始則有終)은 시작이 있으면 종말이 있다는 의미니 유한성(有限性)을 표현한 말이고 종즉유시는

무한(無限)을 의미한다. 그러나 실상 이 현상계에는 무한이라는 말은 적용되지 않는다. 무한은 신(神)의 이념이다.

■ 日月이 得天而能久照하고 四時變化而能久成하고

日月이 천상에서 항구히 비추고 있고 사시의 변화도 항구히 이루어지고 있다는 뜻이다. 이 구절은 不已의 恒을 의미한다.

■ 聖人이 久于其道而天下化成하나니

성인의 道도 천지, 일월, 사시의 不易之恒(불역지항), 不已之恒(불이지항)과 같다. 성인은 곧 천지지도(天地之道)를 체득했기 때문이다. 문왕의 '純亦不已'(순역불이)는 순수지성으로 마지않는다(쉬지 않는다)는 뜻이니 곧 천도(天道)이다.

■ 觀其所恒하여 而天地萬物之情을 可見矣니라

'觀其所恒'(관기소항)은 그 항구성을 관찰한다는 뜻. 곧 그 항구성을 관찰하면 천지는 항구불변하고 만물은 시시변화하면서도 생생불이(生生不已)함을 알 수 있다. 見은 知와 같다. 천지는 대우주가 되고 만물은 소우주가 된다. 소우주는 대우주의 일부분이 되며, 서로가 일원(一源)으로 연결되고 있다. 그러므로 일원이만수(一源而萬殊)라 하고 천인일리(天人一理)라 한다. 실재계(實在界)가 있어서 현상계(現象界)가 있고 도리로 말미암아 형기(形器)가 나타나게 된다. 역서는 궁리(窮理), 진성(盡性), 지명(至命)의 책이다. 즉 우주와 인생의 모든 도리를 궁구하며 인성, 물성을 극진히 하고 천명을 준봉(遵奉)하여 자신의 사명을 완수한다. 곧 궁리진성으로 지명에 이른다. 선비는 군자가 되기를 원하고 군자는 성인이 되기를 원하며 성인은 천도(天道)를 선망(羨望)한다.

象에 曰 雷風이 恒이니 君子ㅣ 以하여 立不易方하나니라
象에 가로되 雷風(上震下巽)이 恒이니 군자는 이로써 立하되 方을 바꾸지 아니 하느니라

　　상진괘는 雷고 하손괘는 風이다. 그러므로 '雷風'(뇌풍)이 항괘의 상이 된다. '立'(입)은 곧 항도(恒道)를 굳게 지킨다는 의미가 된다. '不易'(불역)은 바뀌지 않는다는 뜻. 方은 바른 도리. 곧 군자는 항괘의 도리를 본받아서 그 도리를 굳게 지키고 바른 도리를 바꾸지 않는다는 의미다.
　　'方'(방)에 대해서 來註에는 "성대하고 지극한 中正의 덕이다"(方者는 大中至正之理라) 했다. 또 "巽性은 入이니 들어가서 안에 있고(하손괘는 내괘) 震性은 動이니 나가서 밖에 있다(上震卦는 外卦). 巽, 震의 二物이 각각 그 바른 자리에 있는 것은 不易方의 象이다. 그러므로 不易方이라 한 것이다"(巽性入이니 入而在內하고 震性動이니 出而在外라 二物이 各居其位는 不易方之象也ㅣ라 故로 曰不易方이라) 했다.

初六은 浚恒이니 貞凶하고 无攸利하나니라
初六은 浚恒이니 貞해도 凶하고 이로운 바가 없느니라

　　浚은 깊을 준. 深과 같은 뜻. 浚渫(준설: 샘·도랑을 쳐냄)의 그 浚 자다. 우물을 쳐내어 더 깊게 하는 것을 浚井이라 한다. '浚恒'(준항)은 恒을 깊이 한다는 뜻. 初六은 恒初가 되니 恒道가 아직은 얕은 때다. 그럼에도 불구하고 갑자기 깊이 하려 하니 설사 바른 일일지라도 흉할 것이며(貞凶), 이래서는 하는 일이 이로운 바가 없으리라는 뜻이다.
　　항괘는 여러 가지의 의미를 품고 있다. 상괘를 남편으로 하괘를 아내로 해석할 수도 있고, 각각 군왕과 신하로 해석할 수도 있으며, 상괘를 상층계급의 사람으로 보고 하괘를 하류의 비천한 사람으로 해석할 수도 있으니 기타 여러 가지로 부연하여 해석해야 한다.

인간만사는 하루아침에 이루어지는 것은 아니다. 일신월장(日新月長)으로 점점 쌓여서 비로소 이루어진다. 국정(國政)에서도 제도와 법규 등을 제정하여 공포하더라도 즉시로 전국민이 이해해서 전국적으로 잘 시행되는 것은 아니다. 전국민과 잘 협의해서 잘못된 제도나 법규가 있으면 즉시 개정하고 모자라는 바가 있으면 덧붙여야 한다. 그리하면 전 국민은 고지무지(鼓之舞之)하여 점차 흥왕(興旺)할 것이다. 부부관계로 말하면 결혼 초에(初六은 初爻) 남편에게 무리한 요구를 한다면 비록 바른 일이라도 화목하기는 어려운 경우가 생기리라. 말하자면 남편의 성정과 시가(媤家)의 사정을 유의해서 원만한 상태를 유지하도록 해야 한다.

初六은 음효로서 양위에 있으니 위부정 지부정이 되고 음효니 음유하며 최하위가 되니 하천한 지위요 恒初가 되니 항도가 아직은 얕은 상태다. 九四와 음양상응이 되니 初六을 婦로 보면 九四는 夫가 된다. 이 初六은 九四에 무리한 요구를 하는 상이다. 그러므로 '浚恒, 貞凶, 无攸利'라 했다. 군신 또는 붕우관계로 보더라도 역시 이와 같다. 浚恒(준항), 振恒(진항)은 효명이다.

象에 曰 浚恒之凶은 始求深也글새니라
象에 가로되 '浚恒之凶'은 처음에 구함이 깊기 때문이니라

'始求深也'(시구심야). 처음부터 깊이(지나치게) 요구하기 때문이라는 의미다. 그러므로 '貞凶, 无攸利'가 된다. 여기서는 浚 자를 深 자로 표현했다. 來註에는 그 구하는 것이란 "中饋의 酒漿器皿(주장기명)과 의복과 비녀 따위다"(求者는 中饋之酒漿器皿과 衣服首飾之類也ㅣ라) 했다(饋는 먹일 궤. 음식을 대접한다는 뜻. 中饋는 婦女子가 집안에서 음식을 만드는 일). 首飾(수식)은 머리의 장식. 곧 비녀 따위.

九二는 悔亡하니라
九二는 悔가 없게 되리라

'无悔'(무회)는 悔가 없다는 뜻이고 '悔亡'(회망)은 悔가 있었으나 善補過(선보과 : 허물을 잘 보충해서 완전하게 함)로 사라진다는 의미다. 九二는 양효로서 음위에 있으니 위부정으로 '有悔'(유회)가 된다. 그러나 九二는 유순중덕을 가진 六五와 응해서 항덕(恒德)을 오랫동안 굳게 지키게 된다. 곧 하괘의 중효니 중덕을 항구히 지키기에 悔亡이 된다. 九二는 주효가 되고 여섯 효 중에서도 가장 좋은 효다. 중덕을 항구히 지켜서 吉하고 또 유순중덕을 가진 六五와 호응해서 무슨 일을 해도 吉하고 悔亡이 된다.

象에 曰 九二悔亡은 能久中也글새니라

象에 가로되 '九二悔亡'은 능히 中에 오래하기 때문이니라

'能久中也'(능구중야)는 능히 중덕을 오랫동안 지키기 때문이라는 뜻이다. 그러므로 九二는 悔亡이 된다.

九三은 不恒其德이라 或承之羞ㅣ리니 貞吝하니라

九三은 그 덕을 항상하지 못함이라 혹은 수치(羞恥)를 받으리니 貞해도 吝하니라

'不恒其德'(불항기덕)은 항덕을 오랫동안 지키지 못한다는 뜻. 곧 절개를 지키지 못하는 것(改節)을 의미한다. 九三은 양효·양위로 강과(剛過)가 되고 하괘의 상효가 되니 부중 과중이 되며 손극(巽極)이 되니 개절(改節)의 상이 된다. 來註에는 "不恒其德은 改節이다. 九三은 下巽卦의 궁극이 되고 또 進退의 괘가 되고 과감하지 않은 괘가 되니 절개를 지키지 못하는 상이다."(不恒其德者는 改節也ㅣ라 居巽之極하여 爲進退오 爲不果니 改節之象이라) 했다. '爲進退'는 나아가려 하다가 도로 물러가다. 곧 경망하다는 의미다. '爲不果'는 과감하지 않고 미온적으로 행동한다는 의미다.

承은 받을 승. 羞는 수치 수. '或承之羞'(혹승지수)는 혹은 수치를 받게 되리라는 의미다. 곧 不恒其德의 원인으로 或承之羞, 貞吝의 결과가 생긴다.

'貞吝'은 貞해도 吝하다는 뜻. 《논어》자로(子路)편에 "不恒其德이면 或承之羞라 하여늘 子曰 不占而已矣니라" 했다. 항덕을 못 가진 사람은 神이 고한 것을 항구히 지키지 못하게 되니 그러므로 도리어 불행하게 된다. 그러므로 점을 치지 말아야 한다는 것이다.

象에 曰 不恒其德은 无所容也ㅣ니라
(상) (왈) (불항기덕) (무소용야)
象에 가로되 '不恒其德'은 용납할 바가 없느니라

'无所容也'(무소용야)는 허용할 바가 없다는 뜻. 곧 어디를 가도 뉘라도 허용하지 않으리라는 의미다.

九四는 田无禽이니라
(구사) (전무금)
九四는 사냥 갔으나 새가 없음이니라

田은 獵(사냥 렵)을 뜻한다. '田无禽'(전무금)은 사냥 갔으나 아무런 수확(收獲)이 없다는 뜻이다. 옛날에는 조수(鳥獸)를 함께 일러 禽이라 했다.
九四는 양효로서 음위에 있으니 위부정이고 상괘의 하효가 되니 中에 미치지 못한다. 유순중덕을 가진 六五와는 비효 사이가 되나 九四는 응효인 初六을 사모하게 된다. 初六은 九四의 처와 같다. 그러나 이 初六은 '浚恒'(준항)의 아내가 되니 이런 아내와는 금슬화지(琴瑟和之 : 부부화합)할 수는 없다. 그러므로 '田无禽'이라 했다.
初六, 九三, 九四는 모두 '不恒其德'(불항기덕)의 효가 되고 九二는 중덕을 항구히 지켜서 悔亡(회망)하고 길한 효다.

象에 曰 久非其位어늘 安得禽也ㅣ리오
(상) (왈) (구비기위) (안득금야)
象에 가로되 그 位가 아닌데 오래하거늘 어찌 새를 얻으리오

'久非其位'(구비기위)는 오랫동안 그 있어야 할 자리에 있지 않다는 뜻. '安得禽也'(안득금야) — 어찌 금(禽)을 얻을 수 있으리오. 九四는 양효로서 음위에 있으니 위부정하고 상진괘의 주효가 되니 움직임이 심한 효다. 그러므로 항상 있어야 할 곳에 있지 못한다. 또 위부정한(浚恒) 初六에 계루되어 항덕을 지키지 못한다. 그러므로 '久非其位'(구비기위)라 했다. 安은 어찌 안. 何와 같은 뜻이다. '安得禽'(안득금)은 곧 收獲(수획)이 없으리라는 뜻이다.

六五는 恒其德貞이니 婦人은 吉하고 夫子는 凶하니라
六五는 그 덕을 오래해서 貞하니, 부인은 吉하고 夫子는 凶하니라

'恒其德貞'(항기덕정)은 중덕을 오랫동안 굳게 지키니, 하는 일이 모두 正道(貞)에 맞다는 의미다. 六五는 강건중덕을 가진 九二와 상응하고 있다. 九二는 손괘의 한 효이니 女가 되고 六五는 진괘의 한 효이니 男이 된다. 六五를 夫라 하면 九二는 妻가 된다. 六五는 음효니 유순하고 상괘의 중효로서 중덕을 가졌다. 곧 유순중덕을 가졌다. 또한 이 六五는 유순중덕을 지니고 강건중덕을 가진 九二와 상응하고 있으니, 그러므로 정덕(貞德)을 오랫동안 굳게 지키게 된다.

'婦人 吉'. 六五가 婦人(부인)이라면 이것은 바른 도리가 되고 길하나, '夫子 凶'. 六五가 夫子(부자)라면 흉하다. 곧 六五의 남편이 강건한 九二의 처의 의사에 좇아서 유순하기만 한다면 이것은 대장부의 도리가 아니므로 흉한 것이다. 항괘는 부부의 길을 상징했기에 도리상 이와 같다. 또한 이 괘에서는 六五를 천자위로 보지 않는다.

來註에는 "丈夫는 用剛用柔하여 各適其宜니 以柔順爲常은 是因人成事矣니 所以凶이라" 했다. 곧 장부는 때에 따라서 剛도 쓰고 柔도 써서 적의한 도리를 취하니, 이것이 대장부의 도리다. 항상 유순하기만 하면 이는 남으로 인하여 일을 이루는 것이니 흉한 까닭이 된다.

象에 曰 婦人貞吉은 從一而終也ㄹ새요 夫子는 制義어늘 從婦
凶也ㅣ니라

象에 가로되 '婦人貞吉'은 하나를 좇아서 마치기 때문이요. 夫子는 義를
마름하거늘 婦를 좇음은 凶함이니라

'從一而終也'(종일이종야). 부인은 결혼 후에는 남편을 좇아 일생을 마친다는 뜻. 곧 일부종사(一夫從事)를 말하고 있다.

'制義'(제의)는 의에 따라 행한다는 뜻. 남자는 강건함과 과단성을 가지고 스스로 도의에 가부(可否)를 판단해서 적의한 처사를 해야 한다. '從婦凶也'(종부흉야). 오로지 처의 의견에 순종함은 夫子의 도리가 아니며 흉하다. 곧 六五가 부인이라면 길하고 대장부라면 '從婦凶'(종부흉)이 된다는 의미다.

上六은 振恒이니 凶하니라

上六은 振恒이니 凶하니라

上六은 부중 과중이 되고 항괘의 종극이며 상진괘의 상효가 되니 진동(진괘는 震動, 곧 진동의 괘)이 심한 효가 된다. 그러므로 '振恒'(진항)이라 하고 흉하다 했다. 振恒은 효상(爻象)이고 凶은 점사다.

來註에는 "上六은 음유하니 본시 恒道를 굳게 지킬 수 없다. 또 항괘의 종극이 되고 상진괘의 종극이 되니 恒極하면 反常하고 震終하면 過動한다. 그러므로 振恒의 象이 된다"(上六은 陰柔하니 本不能固守其恒者也ㅣ라. 且居恒之極하고 處震之終하니 恒極則反常하고 震終則過動故로 有振恒之象이라) 했다. 대체로 震卦(소성괘)의 중효는 승강(乘剛)이 되고 상효는 진극(동극)이 되기에 불길할 경우가 많다.

<ruby>象<rt>상</rt></ruby>에 <ruby>曰<rt>왈</rt></ruby> <ruby>振恒在上<rt>진항재상</rt></ruby>은 <ruby>大无功也<rt>대무공야</rt></ruby>ㅣ니라

象에 가로되 '振恒在上'은 크게 공이 없음이니라

'大无功'(대무공)은 功이 없음이 크다는 의미니 곧 대실패를 의미한다. 上六은 음유하면서도 상위에 있고 恒極, 震極에 처하여 있으니 대실패하고 흉하리라는 의미다.

雷風恒卦(뇌풍항괘)의 여섯 효를 다시 간략히 정리해 보자.

初六은 음효·양위로 위부정이 되고 하손괘의 주효도 되니 곧 내유외강의 소인의 상이 된다. 그러므로 사람과 사귈 때 친하기도 전에 상대편에게 무리한 요구를 하는 탐욕자가 되어 흉하다.

九二는 양효로서 음위에 있어 위부정이 되니 응당 유회(有悔)할 것이나 강건중덕을 지녔고 하손괘의 중효로서 손순한 덕을 가졌으며 위로는 유순중덕을 가진 六五와 상응해서 서로 돕기에 회망(悔亡)이 된다. 곧 스스로는 강건중덕과 손덕을 지녔고 유순중덕을 가진 六五의 응원을 받아서 항덕을 굳게 지키기에 길하고 항괘의 주효가 된다. 단사는 주로 이 九二를 말했다.

九三은 양효·양위로 강과하고 부중 과중하며 하괘의 상효로서 항덕을 지키지 못하는 효가 되어 吝하다.

九四는 양효·음위로 위부정이 되고 응효인 비천한 初六에 계루되기에 역시 흉한 효가 된다.

六五는 유순중덕을 가졌으니 부인이라면 吉하나 남자라면 모든 것을 妻의 의견에 순종하는 '從婦凶'(종부흉)의 상이 된다.

上六은 부중 과중하고 음유하면서도 항종(恒終)·진극(震極)에 처하여 있고, 응효인 九三 또한 항덕을 지키지 못하는 효가 되니 그러므로 흉한 효가 된다.

이와 같이 여섯 효로 나누어서 보면 길흉회린이 모두 다르게 되나 항괘의 전체상은 '亨无咎利貞'(형무구이정)이 되고 '利有攸往'(이유유왕)이 된다. 항괘에는 중정의 효는 없으나 단전에 말한 '久于其道'(구우기도)와 '恒久而不已'(항구이불이)라야 '亨无咎利貞'(형무구이정)이 되고 '利有攸往'(이유유왕)이 된다.

_돈 _형 _소 _{이정}
遯은 亨하니 小는 利貞하니라

_단 _{왈 돈형} _{돈이형야} _{강당위이응} _{여시행야}
彖에 曰 遯亨은 遯而亨也ㅣ니라 剛當位而應은 與時行也ㅣ오
_{소리정} _{침이장야} _{돈지시의} _{대의재}
小利貞은 浸而長也ㄹ새니 遯之時義ㅣ 大矣哉ㄴ저

_상 _{왈 천하유산} _돈 _{군자} _이 _{원소인} _{불오이엄}
象에 曰 天下有山이 遯이니 君子ㅣ 以하여 遠小人하되 不惡而嚴
하나니라

_{초육} _{돈미} _여 _{물용유유왕}
初六은 遯尾니 厲하고 勿用有攸往이니라
_상 _{왈 돈미지려} _{불왕하재야}
象에 曰 遯尾之厲는 不往何災也ㅣ리오
_{육이} _{집지용황우지혁} _{막지승탈}
六二는 執之用黃牛之革이니 莫之勝說이니라
_상 _{왈 집용황우} _{고지야}
象에 曰 執用黃牛는 固志也ㅣ니라
_{구삼} _{계돈} _{유질려} _{휵신첩길}
九三은 係遯이니 有疾厲하고 畜臣妾吉하니라

象에 曰 係遯之厲는 有疾憊也ㅣ오 畜臣妾吉은 不可大事也ㅣ니라

九四는 好遯이니 君子는 吉하고 小人은 否하니라
象에 曰 君子는 好遯하고 小人은 否也ㅣ니라

九五는 嘉遯이니 貞吉하니라
象에 曰 嘉遯貞吉은 以正志也ㅣ니라

上九는 肥遯이니 无不利하니라
象에 曰 肥遯无不利는 无所疑也ㅣ니라

$\underset{돈}{遯}$은 $\underset{형}{亨}$하니 $\underset{소}{小}$는 $\underset{이\ 정}{利貞}$하니라

遯은 형통하니 小는 貞하면 이로우니라

遯卦(돈괘)는 艮下乾上(간하건상)의 괘다. 상건괘는 天이고 하간괘는 山이다. 天과 山과 괘명의 遯을 합해서 天山遯(천산돈)☰☶이라 하여 괘형과 괘명을 기억하게 한다.

遯은 물러날 돈, 달아날 둔. 주자는 '徒困反'(도곤반)이라 했으니 '돈'으로 읽으라는 지시다. 隱遯(은돈, 또는 은둔), 즉 물러나서 피한다는 뜻이다. 괘형으로 말하면 밑에는 2 음이 있고 위에는 4 양이 있어서 아래 2 음의 세력은 점점 성해지고 위 4 양의 세력은 점점 미약해 가는 괘상(卦象)이다. 그러므로 위의 4 양은 아래 2 음을 피해서 은둔해야 할 괘상이 된다. 아래 2 음을 소인으로 보고 위 4 양을 군자로 보면(陰小陽大) 소인의 세력은 위를 향해서 점점 성하게 되니 군자는 이 소인들을 피해서 은둔해야 할 처지에 이르렀다. 그러므로 군자는 그 세태를 살펴서 관위(官位)를 버리고 은둔해서 소인들의 폐해를 멀리하게 된다. 돈괘는 이런 상태를 설명했다.

돈괘☰☶의 상건괘는 天이고 하간괘는 山이다. 山은 지상에 높이 솟아 있어서 天을 능가하는 듯 보이지만 그러나 天은 山보다도 훨씬 높은 곳에 멀리 떨어져 있다. 이것이 간하건상(艮下乾上)의 돈괘의 괘상이다. 인사로 말하면 소인이 군자를 능가하는 것 같으면서도 실은 군자는 훨씬 높은 차원에서 소인을 내려다보는 상이다. 군자는 소인들의 소행(所行)을 悉知(다 앎)하고 그에 대한 마땅한 도리를 취한다. 곧 遯時에 처한 군자는 일시적이나마 부득이 은둔(隱遯)하게 된다. 돈괘는 이 은피(隱避)를 잘하느냐 잘못하느냐의 여부에 따라 길흉회린이 나누어진다. 설사 군자일지라도 소인들에게 거만한 태도를 취하든가 또는 멸시하고 증오하는 태도를 가진다면 필연코 소인들로부터 피해를 입게 되니, 그러므로 아무것도 모르는 양 개의치 않으면 소인들도 구차히 이 군자를 해치지는 않을 것이고 또 소인들을 멀리 피해 버리면 일체의 화(禍)를 피할 것이다. 군자는 이런 경우에는 산간벽지에 은피해서 후세를 위해 힘쓰는 것이 오히려 도리상 타당할 경우가 많다.

돈괘를 1년 열두 달에 배당하면 구력 6월의 괘가 된다. 舊 11월 동지에 1 양이 되돌아오니 곧 지뢰복괘(地雷復卦)가 그것이고, 그후 점점 양이 성하게 되어 舊 12월은 지택림괘(地澤臨卦)에 해당하고, 舊 정월은 아래 3 양의 지천태괘(地天泰卦), 舊 2월은 아래 4 양의 뇌천대장괘(雷天大壯卦), 舊 3월은 아래 5 양의 택천쾌괘(澤天夬卦), 舊 4월은 순양(純陽)의 건위천괘(乾爲天卦), 舊 5월 하지는 밑에 1 음이 생기는 천풍구괘(天風姤卦)에 해당한다. 이와 같이 양이 극성할 때에 1 음이 밑에 생기게 된다.

舊 6월은 아래 2 음의 천산돈괘(天山遯卦)가 되고 舊 7월은 아래 3 음의 천지비괘(天地否卦)가 되며 舊 8월은 아래 4 음의 풍지관괘(風地觀卦), 舊 9월은 아래 5 음의 산지박괘(山地剝卦), 舊 10월은 순음의 곤위지괘(坤爲地卦)가 된다. 그리고 음이 극성할 때에 1 양이 밑에 생기는 것이 1 양 내복(來復)의 동지의 지뢰복괘가 되는 것이다. 이와 같이 음이 극성하면 그 순간에 1양이 밑에 생기고 양이 극성할 때에 1 음이 밑에 생기게 되어 연년세세로 유구히 순환하게 된다. 이는 선유가 정한 1년 열두 달의 소식괘(消息卦)다. 모든 사물은 이와 같이 변화, 순환하고 있다.

전체 우주에 무슨 낮밤과 춘하추동, 1년 열두 달이 있는 것은 아니다. 태양을 중심으로 해서 이 지상에 이와 같은 소식영허(消息盈虛)가 생길 뿐 전체 우주에는 다만 원형이정(元亨利貞)의 대원칙이 적용되고 있을 뿐이다.

시작이 있으면 점점 성해지고 성한 다음에는 쇠미(衰微)해지는 것이 우주 인생의 대원칙이다. 괘상(卦上)으로 말하면 지뢰복괘는 장차 성해질 전조의 괘가 되니 주대(周代)의 문무시대(文武時代)와 한조(漢朝)의 창건기에 해당하고, 천풍구괘는 장차 쇠해질 전조의 괘가 되니 주대로 말하면 周 왕조의 창건 후 약 120년~170년경이 되고 한조로 말하면 무제(武帝)의 시대에 해당하리라는 선유의 지적이 있다.

진퇴존망(進退存亡)이 모두 유수(有數)하니 건괘(乾卦) 문언전 未章에 "나아갈 줄만 알고 물러갈 줄은 모르고 생존할 것만 알고 죽을 것은 모르며 얻을 것만 알고 잃을 것은 모르니 오직 성인이라야 진퇴존망의 도리를 알고 그 正道를 잃지 않는다. 오직 성인이어야 그러하다"(知進而不知退하며 知存而不知

亡하며 知得而不知喪이니 其唯聖人乎아 知進退存亡而不失其正者ㅣ 其唯聖人乎ㄴ저) 했다.

〈서괘전〉에는 "恒者는 久也ㅣ니라 物不可以久居其所리라 故로 受之以遯이니 遯者는 退也ㅣ니라" 했다. 곧 '恒者'(항자)는 항괘를 가리키고 그 괘덕은 '久'(구)가 된다. 모든 사물은 쉬지 않고 시시로 변역(變易)하고 있다. 그 변역 가운데서 진퇴존망의 바른 도리를 찾아서 행동하는 것이 곧 성인군자의 도리고 지행(至幸)이 된다.

〈잡괘전〉에는 "遯은 退也ㅣ라" 했다. 즉 遯은 물러감(退)의 의미라는 것이다. 천화동인괘☰의 경우 상건괘는 天이니 天은 건행(健行 : 天行健)하고 있고 하리괘는 火니 火는 天을 향해 타오르고 있어 이로써 '뜻을 한가지로 하다'의 의미로 괘명을 天火同人이라 했다. 천산돈괘☰는 하간괘는 山이니 산은 움직이지 않고 멈추어 있어서 오히려 天을 능가하는 태도를 보이고 있으나 天은 개의치 않고 멀리 달아나고 있는 상이 된다. 遯은 달아나다, 물러가다의 의미다.

■ 遯은 亨하니 小는 利貞하니라

이 구절은 '遯亨하고 小利貞하니라'로 읽을 수도 있다. '遯은 亨하니라'라고 읽으면 '遯卦는 형통하리라'의 의미가 되고, '遯亨'으로 읽으면 은둔함으로써 형통하리라는 해석이 된다. 어떻든 내용상으로는 같은 의미가 된다. 遯은 은둔, 은퇴의 뜻. 소인의 세력이 점점 커지고 있으니 군자는 그 도를 행하기 어렵게 되었다. 이에 군자는 소인들에게 빌붙어서 그 지위를 보전해야 할 것인가. 그렇다면 이것은 실도(失道)가 된다. 그러므로 군자는 소인들을 피해서 은퇴하면 그 몸은 비록 곤궁할지라도 그 뜻하는 바의 군자지도(君子之道)는 형통하게 된다. '遯 亨'은 이런 것을 설명한 말이다.

'小利貞'(소리정)은 그 일이 소사(小事)라면 정도(貞道)를 굳게 지킴으로써 이하리는 의미다. 결국 대사(大事)는 정도(貞道)를 굳게 지켜도 불리하다는 의미를 품고 있다. 소인이 득세한 시대에 군자가 대사를 도모하면 필연코 소인들의 방해로 대실패하리라는 의미가 된다. 이 '小利貞'에 대해서 《주자본의》에는 小 자를 소인으로 해석해서 소인이 수정(守正)해서 利하다고 해석하니, 곧 소인이 군자를 침범하여 핍박하면 난세에 이르게 되고 소인도 재화(災禍)를 입게 되리라는 설명이다. 그러나 소인은 이와 같은 심원한 도량을 지니지 못한다. 또 易은 항상 군자의 도를 말할 뿐 소인의 도는 말하지 않는다. 그러므로 주자의 설은 취하지 않는다.

象에 曰 遯亨은 遯而亨也ㅣ니라 剛當位而應은 與時行也ㅣ오
小利貞은 浸而長也ㄹ새니 遯之時義ㅣ 大矣哉ㄴ저

象에 가로되 '遯亨'은 물러나서 형통하느니라. 剛이 位에 마땅해서 응함은 때와 함께 行함이요 '小利貞'은 (陰이) 스며들어서 성해지기 때문이니, 遯의 때와 의의(意義)가 큼일진저

■ 象에 曰 遯亨은 遯而亨也ㅣ니라

'遯而亨也'(돈이형야). 은둔해서 형통하리라는 뜻. 단사의 '遯亨'(돈형)을 설명한 말이다. 而는 '… 해서'의 뜻. 결국 은퇴한 君子之道가 형통하리라는 의미다. 遯時에 군자가 소인들에게 아첨하면 비록 녹위(祿位)는 보전할지라도 군자의 도리는 잃어버릴 것이고 소인을 피해서 은퇴한다면 비록 녹위는 잃을지라도 그 뜻을 굽히지 않아 君子之道는 형통하리라.

■ 剛當位而應은 與時行也ㅣ오

'剛當位而應'(강당위이응). 강건중정의 덕을 가진 九五는 유순중정의 덕을 가진 六二와 음양상응으로 서로 돕고 있다.

'與時行也'(여시행야). 때와 함께 행한다는 것은 때에 적합한 도리로써 행세(行世)한다는 의미다. 與는 함께 여. '與時行'(여시행)은 時中(시중)을 의미하니 중요한 문구다. 《중용》에 "中者는 天下之大本이라" 했다. 天下의 大本이

中이니 '時中'은 시시로 변역하는 세상에서 천하의 대본에 어김이 없는 적절한 행위를 한다는 의미다. 건괘 문언전에서 말한 대로 그때그때 적절한 진퇴존망의 도리를 알고 그 정도를 잃지 않는 일이 곧 時中이다. 이 도리를 알면 遯時에 취할 도리는 스스로 알게 되고 적절한 행세를 하게 되리라.

돈괘▤를 여섯 효로 나누어서 말하면 아래의 2음은 점점 세력이 성해지고, 위의 4양은 아래 2음의 침장으로 말미암아 멀리 은피해야 할 상이 되니 곧 소인의 도가 커지고 군자의 도는 잠식(蠶食)되는 상이 된다. 그러나 九五는 강건중정의 대덕을 가졌고(여기서 九五는 천위로 보지 않는다. 곧 천자가 은둔할 수는 없기 때문이다), 六二는 유순중정의 덕을 가져서 음양상응으로 서로 돕고 있으니 이 두 현인은 장차 기울어 가는 사회를 구하는 원동력이 될 것으로 간주된다.

程傳에는 "비록 성현은 천하에 도가 장차 폐색될 것을 알고 있다 하나 어찌 그 난을 좌시하고만 있을 것인가. 필연코 구구히 최선의 노력을 하리라"(聖賢之於天下에 雖知道之將廢라도 豈肯坐視其亂而不救리요 必區區致力이리라) 했다. 정자(程子)의 이 말에서 공자의 철환천하(轍環天下 : 수레를 타고 두루 천하를 설교하여 다님)도 상기(想起)되는 바가 있으나, 그러나 이것은 성인의 심정이고 단사의 '小利貞'으로 추리한다면 대사는 불가능하지 않을까 싶다.

■ 小利貞은 浸而長也 ㄹ새니

'浸而長'(침이장). 浸은 스며들 침. 長은 성할 장. 종이의 한 끝을 물에 적시면 차츰 물이 스며들어 종이 전부가 젖는 것처럼 소인의 세력이 이와 같이 커진다는 의미다. 이런 상황에서는 작은 일도 바른 도리를 굳게 지켜야 이롭다. 천시, 지리, 인화, 재덕, 지위, 환경에 적중해야 길하고 부적중하면 흉화(凶禍)를 받게 된다. 선행이라 해서 다 길한 것도 아니고 악행도 일시적으로는 득세할 경우가 있으나 종말을 완수할 수는 없으며 마침내 화를 면치 못함은 인간 세상의 통례다. 선·길·악·화는 자연의 섭리다.

■ 遯之時義ㅣ 大矣哉ㄴ저

　小人의 세력이 날로 커지는 遯時에 군자의 취할 도리는 진실로 중대하다는 의미다. '矣哉'(의재)는 영탄 조사. 《주역절중》에 곽옹(郭雍)은 "돈괘의 小利貞과 규괘(睽卦)의 小事吉을 모르는 사람은 종내는 작은 일이라 하여 염두에 두지 않는다. 그래서 공자는 '時義大矣哉'(시의대의재)라 하여 그 중대성을 밝혔으며 그리하여 비로소 小利貞과 小事吉이 중대한 의의를 가졌다는 것을 알게 했다"(遯之小利貞과 睽之小事吉을 不知者는 遂以爲小而不思也ㅣ라 故로 孔子 明其大而後에 知小利貞과 小事吉者ㅣ 有大用이 存焉이라) 했다. 이 괘는 군자의 진퇴존망의 도리와 시대의 치란(治亂)의 중대성을 품고 있다.

　　象에 曰 天下有山이 遯이니 君子ㅣ 以하여 遠小人하되 不惡而嚴하나니라
　　象에 가로되 하늘아래에 산이 있음이 遯이니 군자는 이로써 소인을 멀리하되 미워하지 아니하고 엄하게 하느니라

　건상(乾上)·간하(艮下)가 돈괘의 괘상이다.
　군자는 소인을 멀리하되 그 소인을 미워하는 표정을 보여서는 안 되고 스스로 지켜야 할 도리를 엄정하게 지켜야 한다. 어느 시대라도 군자가 모두 없어지는 수는 없고 소인 또한 모두 없어지지 않는다. 밤낮이 갈마드는 것과 같이 인간세상에는 치란이 번갈아 든다. 군자는 때에 적절한 도리를 취할 뿐이다. 곧 '不怨天不尤人이요 反求諸身'이다. 하늘을 원망하지 않고 남의 허물로 돌리지도 않으며 스스로 반성해서 바른 도리를 지킬 뿐이다.

　　初六은 遯尾니 厲하고 勿用有攸往이니라
　　初六은 遯尾니 위태하고 갈 바 있어도 쓰지 말지니라

돈괘☶는 아래 2음의 세력이 날로 커져 위 4양은 은둔해야 할 괘상이다. 이 괘상을 그대로 적용하면 아래의 2음은 위 4양을 침범하여 압박하는 것으로 해석하게 되겠지만, 그러나 경문은 전체가 어디까지나 遯時인지라 6효 전부의 은둔상태를 말했다. 하괘는 艮卦니 지덕(止德), 곧 멈추고 머물며 그치는 성질을 가졌다. 따라서 아래 3효는 그 止性(艮止)으로 말미암아 은피를 과행(果行)치 못하여 주저하는 상이 되고, 위의 3효는 건괘니 건성(健性)을 지녀 과감하게 멀리 은피하는 것으로 효사는 말했다. 6효는 그 지위와 재덕, 환경에 따라서 은피의 方道가 다를 뿐이다.

여타의 괘에서는 초효를 시초(時初)로 보고 중간 4효를 중엽으로 보고 상효를 종말로 본다. 그러나 돈괘에서는 상효를 首(前)라 하고 초효를 尾(後)로 보고 계사했다. 돼지(豚)로 말하면 上九는 머리(豚首)가 되고 初六은 꼬리(豚尾)가 된다. '遯尾'(돈미)는 달아나는 꼬리라는 뜻이니 꼬리(尾)는 뒤를 의미한다. 도망칠 경우에는 上九는 豚首가 되니 빨리 은피하게 되어 '肥遯'(비돈)이라 했다. 반면에 꼬리는 달아나는 것도 느리니 위태로운 것이다.

初六은 하간괘의 초효가 되고 음효로서 양위에 있어 위부정하며 유약하고 하천한 효가 된다. 六爻는 밑에서 위로 올라가기에 시대로 말하면 初六은 시대의 초엽이 되고 上九는 시대의 종말이 된다. 전후(前後)로 말하면 上九는 앞이 되고 初六은 뒤가 된다. 그러므로 初六을 遯尾라 했다. 六爻辭는 모두 피돈(避遯)의 상태를 말했다.

'勿用有攸往'(물용유유왕)은 가지 말라 또는 하지 말라는 의미다. 初六은 은피해야 할 때에 주저하다가 遯尾가 되어 가장 뒤졌으니 은피할 때를 잃은 가장 위태로운 상태다. 그렇다 해서 무리한 은피를 하려하면 소인들의 박해를 받기 쉬우니 그 자리에 머물러 있어 세사(世事)에 개의치 않고 겸허한 태도를 취해야 한다. 이런 것이 '厲 勿用有攸往'의 의미다. 殷末 성인 기자(箕子 : 기자조선의 시조)는 광인이 되어서 화란(禍亂)을 피했다 한다.

곧 初六은 음유, 위부정, 재덕 부족, 하천하니 조심해서 무리한 행위를 하지 말라는 당부다.

象에 曰 遯尾之厲는 不往何災也ㅣ리오
象에 가로되 '遯尾之厲'는 가지 않으면 무슨 재앙이 있으리오

'不往何災也'(불왕하재야)는 가지(행동하지) 않으면 재앙은 없으리라는 뜻. 길흉회린은 행동함으로써 생기니 행동하지 않으면 재화(災禍)는 생기지 않는다. 경문에 '勿用有攸往'이라 한 것을 공자는 한층 더 명백하게 '不往何災也'라 했다.

六二는 執之用黃牛之革이니 莫之勝說이니라
六二는 이것을 잡음에 黃牛의 가죽을 씀이니, 잘 벗기지 못하느니라

執은 잡을 집. 之는 대명사로서 此와 같다. 즉 '執之'(집지)는 이것을 잡다 또는 이것을 잡아매다의 뜻이다. 黃은 木・火・土・金・水 오행(五行)의 중앙을 차지하는 황색(黃色)이다. 六二는 하괘의 중효니 중덕을 가졌다는 의미로 黃이라 했고 또한 음효여서 유순하다는 의미로 牛라 했다. '黃牛'(황우)는 곧 유순중정의 덕을 가졌다는 의미로 통하는 것이다. '執之用黃牛之革'(집지용황우지혁)은 六二가 유순중정의 덕을 스스로 굳게 지킨다(執之)는 의미와, 또한 강건중정의 덕을 가진 九五와 음양상응해서 굳게 결탁한다는 두 가지의 의미로 해석하게 된다.

六二는 단전(彖傳)의 '剛當位而應'(강당위이응)의 '應'에 해당되는 효다. 아마 六二는 九五와 황우(黃牛)의 가죽으로 묶듯 굳게 결탁한다는 해석이 온당할 듯하다. 六二는 음효여서 유순하고 음효・음위로 위정하며 하괘의 중효로서 중덕을 지녔으며 또한 지덕(止德)을 지닌 하간괘의 중효이니 경망한 행동을 하지 않는다. 또 강건중정의 덕을 가진 九五와 음양상응하여 서로 돕고 있으니 길한 효다. 다만 소인의 세가 침장하고 있으니 이것을 제어할 도리가 있으면 진심갈력(盡心竭力)할 심정을 가졌으나 급히 은피하려는 생각은 먹지 않는다. 그러나 부득이한 경우에는 응효인 九五와 함께(執之用黃牛之革) 은피하

려 한다. 그러므로 六二의 효사에는 '遯尾'(돈미)니 '繫遯'(계돈)이니 하는 말이 없다. 곧 단전의 '與時行也'(여시행야)의 뜻을 품고 있다.

'莫之勝說'(막지승탈)의 莫은 없을 막. '莫之'는 부정(否定)의 '…할 수는 없다'의 뜻이다. 勝은 이길 승. 能과 같다. 잘 한다는 뜻. 說은 '脫'의 자동, 타동의 양의(兩義)를 가졌으니 곧 벗기다, 풀다의 뜻이다. 곧 '勝脫'(승탈)은 잘 벗긴다는 뜻으로서 '莫之勝說'은 잘 벗길 수는 없으리라는 의미가 된다. 六二의 굳은 결심(自守) 또는 九五와의 굳은 결탁을 누구도 쉬이 흩뜨릴 수는 없으리라는 의미다. 六二는 유순중정의 덕을 가졌고 강건중정의 덕을 가진 九五와 굳게 결탁하여 있으므로 효사는 이와 같이 절찬(絶讚)했다.

象에 曰 執用黃牛는 固志也ㅣ니라
象에 가로되 '執用黃牛'는 뜻이 굳음이니라

'執用黃牛'(집용황우)는 '執之用黃牛之革'(집지용황우지혁)을 줄인 말. '固志'(고지)는 지조가 굳다는 뜻. '莫之勝說'을 설명한 말이다.

九三은 繫遯이니 有疾厲하고 畜臣妾吉하니라
九三은 繫遯이니 병이 있어 위태하고, 신첩을 기르면 吉하니라

'繫遯'(계돈)은 물러나려 하나 무엇에 계루되어서 물러나지 못한다는 뜻. 繫는 맬 계. 여기서는 係(걸릴 계)와 같아서 즉 계루의 의미다. 九三은 六二와 음양 상비하기에 六二에 계루된다는 의미로 繫遯이라 했다. '有疾'(유질)은 사리사욕에 계루되어 마음이 심히 고뇌하고 있다는 뜻. 厲는 소인의 세력이 점차 성해지니 그 재화를 받게될 위험한 지위에 있다는 뜻이다.

'繫遯, 有疾厲'는 효상(爻象)을 말했고 '畜臣妾吉'(휵신첩길)은 점사(占辭)다. 畜의 音은 '휵'. 育과 같다. '臣妾'(신첩)은 初六, 六二를 가리키는 말. 내지덕은 '爲閽寺臣之象이요 又錯兌妾之象이라' 했다. ('閽寺'의 寺는 侍[모실 시]

와 같다. 閽은 문지기 혼. 閽寺〔혼시〕는 內廷에서 봉사하는 환관 곧 臣의 뜻. 初六을 가리킨 말이다) 즉 初六은 간괘의 초효가 되니 臣이라 했다는 뜻이다. 간괘의 착괘는 태괘(兌卦)니 태괘의 상은 妾이 된다. 그러므로 '臣妾'은 初六과 六二를 가리킨다는 내지덕의 해석이다. 신첩을 기르면 길하다는 뜻은 소인에 대하는 도리를 말했다.

《논어》양화(陽貨)편에 공자는 "唯女子與小人은 爲難養也ㅣ니 近之則不遜하고 遠之則怨이라"(오직 女子와 小人은 기르기 어렵다. 가까이하면 불손하고 멀리하면 원망한다) 했다. 그러므로 소인에 대하는 도리는 여자에 대하는 도리와 같다는 뜻이다. 곧 九三은 소인에 대하여 증오하는 태도를 버리고 너무 멀리하지도 않고 너무 친하게 하지도 않으며 대상전(大象傳)에 말한 '不惡而嚴'(불오이엄)의 태도로 임하면 길하리라는 것이 '畜臣妾吉'의 의미다. 관위(官位)와 작록(爵祿)에 연연해서 은피를 결단치 못하고 있으니 이래서는 위태하며(繫遯, 有疾厲), '畜臣妾'(휵신첩)의 도리를 취하면 길하리라는 성인의 당부다. 성언(聖言)은 절묘하다. 그러므로 〈繫下〉머리에 공자는 "繫辭焉以盡其言"(계사언이진기언)이라 했다. 곧 성인이 계사해서 그 말하고자 하는 바를 다 말했다는 의미다.

象에 曰 繫遯之厲는 有疾憊也ㅣ오 畜臣妾吉은 不可大事也ㅣ니라
象에 가로되 '繫遯之厲'는 병이 있어서 고달픔이요, '畜臣妾吉'은 큰일을 할 수 없느니라

'有疾'(유질)은 병이 있다는 뜻. 憊는 고달플 비. '有疾憊也'(유질비야)는 繫遯으로 위험한 것은 신병 아닌 심병(心病)으로 고달프고 고생한다는 의미다. '不可大事也'(불가대사야)는 큰 일을 할 수는 없다는 뜻. 九三은 부중 과중하고 강과(剛過)하며 하괘의 상효(종극)가 되니 매사를 지나치게 하기 쉽다. 또 하간괘의 주효로서 그 멈추는 성질 때문에 급히 은둔도 못하고 아래 2 효에 계루되어 있으니, 그러므로 효사는 '畜臣妾吉'(휵신첩길)이라 했고 공자는 한

걸음 더 나아가서 '不可大事'(불가대사)라 했다. 제3위와 상위는 과중했기에 대체로 지나친 행위를 하기 쉽다.

九四는 好遯이니 君子는 吉하고 小人은 否하니라
九四는 好遯이니 군자는 吉하고 小人은 그렇게 못하느니라(不然하니라)

■ 九四는 好遯이니

'好遯'(호돈)은 좋아하고 사랑하고 있어도 그것에 계루되지 않고 물러난다(은피한다)는 의미다. 아래 간괘의 세 효와 달리 위의 세 효는 건괘로서 그 강건함으로 과감하게 은둔을 결행하게 된다. 九四는 양효·음위로 상괘의 하효(下爻)가 되어 다소 주저하는 성격을 가졌고, 또한 初六과 응효 사이여서 그에 계루되어 현재의 환경을 좋아하고(好遯의 好의 뜻) 있으나 때가 때인 만큼 어쩔 수 없이 은둔하게 된다. 이런 것이 '好遯'의 의미다.

九五에는 '嘉遯'(가돈)이라 하고 上九에는 '肥遯'(비돈)이라 했으니, 효상으로 말하면 九五, 上九에 못 미치므로 '好遯'이라 했다.

■ 君子는 吉하고 小人은 否하니라

'否'는 아닐 부. 不然, 곧 그렇게 못 한다는 뜻. 來註에 "否者는 不也ㅣ라" 했다. 이 九四는 군자라면 길하나 소인은 군자처럼 好遯하기 어려우니 그러므로 부정했다. 군자는 비록 初六과 친응(親應)하고 현재의 환경이 마음에 들어도 은둔해야 할 경우에는 과감하게 은둔하므로 길하다.

반면 九四가 小人일 경우에는 친응하는 初六과 여태까지의 좋은 환경도 다 버리고 은둔하기에는 결단성이 부족하니 군자처럼 은둔하기 어렵고 그리하여 주저하다가 화를 받게 되리라. 그러므로 성인이 '小人 否'라 했다. 사리사욕이 많은 소인은 時中의 도리를 지키지 못하기 때문이다.

象에 曰 君子는 好遯하고 小人은 否也ㅣ니라
象에 가로되 군자는 '好遯'하고 小人은 그렇게 못하느니라

'君子는 好遯'. 군자는 자신이 좋아하고 사랑하는 일이라 해도 의리상 물러나야 할 때는 그것에 계루되지 않고 결연하게 물러난다는 뜻. '小人 否也'는 소인은 사리사욕 때문에 군자처럼 그렇게는 안 된다는 뜻이다.

九五는 嘉遯이니 貞吉하니라
九五는 嘉遯이니 貞해서 吉하니라

嘉는 아름다울 가. '嘉遯'(가돈)은 곧 선미(善美)한 은둔이라는 뜻이다. '貞吉'(정길)은 정도를 지켜서 길하다는 뜻. 은둔함에 미적거리는 것은 선미할 수 없다. 九五는 양효로서 양위에 있고 상괘의 중효니 강건중정의 덕을 가졌다. 九五는 본시 천자의 자리나 천자가 은퇴할 수는 없으니 이 돈괘의 九五는 천자로 보지 않는다. 九五는 유순중정의 대덕을 가진 六二와 음양상응으로 서로 협력해서 소인들의 세력이 날로 커가는 사회를 평화사회가 되도록 최선의 노력을 하나 여의치 못하여 時中의 도리에 따라 흔연히 嘉遯하게 된다. 단사의 '遯亨'(돈형), 곧 은둔해서 형통한다는 것은 이 九五를 가리키고 있다. 또 단전의 '剛當位而應'(강당위이응)에서 '剛當'은 九五를 가리키고 '應'은 六二를 가리킨 말이다. '嘉遯'은 효상이 되고 '貞吉'은 점사다.

象에 曰 嘉遯貞吉은 以正志也ㅣ니라
象에 가로되 '嘉遯貞吉'은 뜻을 바르게 하기 때문이니라

'以正志'(이정지)는 뜻을 바르게 하기 때문이라는 뜻. 以는 소이 곧 까닭, 때문의 뜻. 九五는 강건중정의 대덕을 가져서 嘉遯하게 되고 貞道를 굳게 지켜서 길하게 된다는 의미다.

上九는 肥遯이니 无不利하니라
_{상구} _{비돈} _{무불리}

上九는 肥遯이니 이롭지 않음이 없느니라

'肥遯'(비돈)은 너그럽게 물러난다(은둔한다)는 의미다. 肥는 살찔 비. '만족하다'의 뜻. 주자는 "肥는 寬裕自得之義라" 했다. 즉 이 肥에 대해 너그러이 스스로 즐기는 것으로 해석한 것이다. 정자 또한 "充大寬裕之義라" 했다. 가득히 크고 너그럽다는 뜻이라는 것이다.

上九는 양효·음위로 강유(剛柔)조절이 되고 응·비가 없으니 계루되는 바가 없다. 그러므로 은둔해서 관유자득(寬裕自得)하고 无不利(무불리)하게 된다. 初六이 '遯尾'(돈미)인 데 반해 上九는 '遯首'(돈수)다. 그러므로 가장 빨리 여유롭게 은둔하게 되고 无不利하게 된다. 상효는 대략 은서(隱棲)하는 성현의 지위가 되고 세상 밖에서 초연히 소요(逍遙)하는 상이 된다.

遯尾(돈미), 繫遯(계돈), 好遯(호돈), 嘉遯(가돈), 肥遯(비돈)은 모두 효상도 되고 효명도 된다. 건괘의 潛龍, 飛龍, 亢龍 등과 같은 예다. 양이 극성한 건위천괘☰의 하지(夏至)에 1 음이 밑에 생기니 이것이 천풍구괘☰다. 곧 음의 세력을 경계해야 할 때다. 그런데 이것이 한층 더 진행된 상태가 천산돈괘(아래 2 음의 괘)다. 이처럼 음의 세가 성해지면 현인군자의 여하한 노력도 보람 없이 무익한 것이 되고 그 세력에 반항하던 현인군자들은 모두 재화를 입어 멸문지화(滅門之禍)를 당할 수도 있다. 이럴 때는 비록 현인군자라도 은둔해서 시기를 기다려야 한다. 이것이 遯時에 처하는 현인군자의 도리다.

象에 曰 肥遯无不利는 无所疑也ㅣ니라
_상 _왈 _{비돈무불리} _{무소의야}

象에 가로되 '肥遯无不利'는 의심할 바가 없음이니라

'无所疑也'(무소의야). 의심되는 바가 없다는 뜻. 上九는 계루되는 바도 없고 느긋하게 은둔하니 따라서 혐의받을 일도 없다. 肥遯은 '无所疑'(무소의)하기에 无不利하게 된다.

天山遯卦(천산돈괘)☰☶의 여섯 효를 다시 간략히 정리해 보자.

初六은 음효·양위로 하천한 지위고 음유하며 재부족한 효다. 은피해야 할 遯時에 은피하지 못하고 遯尾가 되었으니, 무리한 행동을 하지 않고 남을 좋게 대하면 화는 면할 것이다.

六二는 음효로서 음위에 있고, 하괘의 중효로서 유순중정의 덕을 가졌으며, 강건중정의 대덕을 가진 九五와 상응하니 길한 효다.

九三은 아래 2음에 계루되어서 은둔하지 못하고 있으니 관유한 태도로 사람을 대하면 화는 면하리라.

九四는 양효·음위로 주저하는 성질을 지녔으나 응효인 初六에 계루되지 않고 好遯하면 吉하리라.

九五는 六二와 음양상응해서 상조상부하고 嘉遯하므로 대길한 효다.

上九는 강건재덕을 가졌고 무응무비로 무계루하기에 肥遯으로 초연히 세상 밖에서 逍遙自適(소요자적)하는 군자다. 无不利하다.

《주역절중》에 강보(姜寶)는 "九四의 好遯은 九五의 嘉遯만 못하고 九五의 嘉遯은 上九의 肥遯만 못하다. 上九는 初六, 六二의 2음과는 無應比가 되니 係累되는 바가 없다. 그러므로 肥遯이라 했으니, 肥는 九三의 疾憊와는 정반대가 된다"(四之好는 不如五之嘉요 五之嘉는 不如上之肥라 上은 與二陰無應無係라 故로 肥니 肥者는 疾憊之反也ㅣ라) 했다.

또 항안세(項安世)는 "아래 세 효는 간괘니 간괘의 성정은 止다. 그러므로 초효에는 '勿用有攸往'(물용유유왕)이라 했고 六二에는 '執之黃牛之革'(집지황우지혁)이라 했으며 九三에는 '繫遯'(계돈)이라 했다. 위의 세 효는 건괘니 乾性은 건행(健行)이다. 그러므로 九四는 好遯이 되고 九五는 嘉遯이 되며 上九는 肥遯이 된다"(下三爻는 艮也ㅣ니 主於止라 故로 爲不往 爲執革爲係遯이요 上三爻는 乾也ㅣ니 主於行이라 故로 爲好遯 爲嘉遯 爲肥遯也ㅣ라) 했다. 두 사람의 말은 참고할 만하다.

^{대장} ^{이정}
大壯은 利貞하니라

^단 ^왈 ^{대장} ^{대자장야} ^{강이동} ^고 ^장 ^{대장이}
象에 曰 大壯은 大者壯也ㅣ니 剛以動이라 故로 壯이니라 大壯利
^정 ^{대자정야} ^{정대} ^{이천지지정} ^{가견의}
貞은 大者正也ㅣ니 正大요 而天地之情을 可見矣니라

^상 ^왈 ^{뇌재천상} ^{대장} ^{군자} ^이 ^{비례불이}
象에 曰 雷在天上이 大壯이니 君子ㅣ 以하여 非禮弗履하나니라

^{초구} ^{장우지} ^{정흉} ^{유부}
初九는 壯于趾니 征凶하고 有孚하니라
^상 ^왈 ^{장우지} ^{기부궁야}
象에 曰 壯于趾는 其孚窮也ㅣ니라
^{구이} ^{정길}
九二는 貞吉하니라
^상 ^왈 ^{구이정길} ^{이중야}
象에 曰 九二貞吉은 以中也ㅣ니라
^{구삼} ^{소인} ^{용장} ^{군자} ^{용망} ^{정려} ^{저양촉번}
九三은 小人은 用壯이요 君子는 用罔이니 貞厲하고 羝羊觸藩하여
^{이기각}
羸其角이니라

象에 曰 小人은 用壯하고 君子는 罔也ㅣ니라

九四는 貞吉悔亡하리니 藩決不羸하고 壯于大輿之輹이니라

象에 曰 藩決不羸는 尙往也ㅣ니라

六五는 喪羊于易이니 无悔하니라

象에 曰 喪羊于易은 位不當也ㄹ새니라

上六은 羝羊觸藩하여 不能退요 不能遂ㅣ니 无攸利요 艱則吉하리라

象에 曰 不能退不能遂는 不詳也ㅣ오 艱則吉은 咎不長也ㄹ새니라

大壯은 利貞하니라
大壯은 貞함에 이로우니라

　大壯卦(대장괘)는 乾下震上(건하진상)의 괘다. 상진괘는 雷고 하건괘는 天이다. 雷와 天과 괘명의 大壯을 합해서 雷天大壯(뇌천대장)이라 하여 괘형과 괘명을 기억하게 한다.

　易에서는 陽을 大라 하고 陰을 小라 한다. 壯은 성할 장. 大壯은 양이 성하다는 뜻. 대장괘는 밑에 4 양이 있고 위에 2 음이 있으니, 밑에 있는 4 양이 성한 세력으로 전진하여 위의 2 음이 점점 쇠하는 괘상이 된다. 소식괘로 말하면 舊 11월 동지에 1 양이 되돌아와 舊 12월 下 2 양의 지택림괘, 舊 정월 下 3 양의 지천태괘를 거쳐 舊 2월 춘분에서 약 한달 동안이 곧 下 4 양의 뇌천대장괘에 해당된다. 下 1 양의 지뢰복괘는 양이 아직 미약한 상태고 下 3 양의 태괘(泰卦)는 음양이 균등한 상태며 下 4 양의 뇌천대장괘는 양이 과중(過中)한 상태가 되니 곧 양세(陽勢)가 성대하다는 의미로 괘명을 大壯이라 했다. 이와 반대로 대장의 착괘(이괘)는 풍지관괘(風地觀卦)가 되니 이 괘는 음이 성대하고 양이 쇠미한 괘가 된다.

　음이 성해지면 양이 쇠해지고 양이 성해지면 음이 쇠하는 것이 음양소장(陰陽消長)의 도리다. 가령 양성(陽盛)을 군자의 시대로 본다면 음성(陰盛)은 소인들의 시대가 된다. 어느 시대라도 군자가 전혀 없는 경우란 없고 소인이 전혀 없는 경우도 없다. 정도(正道)를 지키면 군자가 되고 사리사욕에 빠져서 정도를 잃으면 곧 소인이 될 뿐이다. 우주(태양계)의 법칙은 하루의 반은 낮이고 나머지 반은 밤이다. 인간사회의 선악도 이와 같다. 선즉길행(善則吉幸)이요 악즉흉화(惡則凶禍)는 인과응보의 법칙이다.

　상하의 괘덕으로써 말하면 하건괘는 건성(健性)을 가졌고 상진괘는 동성(動性)을 가졌다. 그러므로 강건하게 활동하는 것이 대장괘다. 이것을 요약하면 '剛以動'(강이동)이 되고 이 괘의 요점이 된다. 아래 4 양이 剛以動, 곧 성대한 활동을 한다는 의미로 괘명을 대장이라 했다.

〈서괘전〉에는 돈괘(遯卦) 다음에 대장괘를 둔 이유에 대해 "遯者는 退也ㅣ니라 物不可以終遯이리라 故로 受之以大壯이니라" 했다. 즉 만물은 영구히 은둔하고 마치는 것이 아니기 때문에 다음에 대장괘로서 받았다는 것이다. 돈괘는 어느 지위, 환경에서 은퇴한다는 괘고, 대장괘는 성대하게 진행한다는 의미를 지닌다. 은피(隱避)는 한편으로는 휴식을 의미하기도 한다. 휴식의 시기에 몸과 재덕을 길러서 때를 기다려 크게 활동하는 경우도 있다. 은퇴와 은피의 경우도 마찬가지다. 자신이 가진 재덕을 사회적으로 인정받지 못해서 부득이 은퇴, 은피한 경우도 있고 또는 상대편으로부터 시의(猜疑: 새암하고 의심함)를 사서 배척당한 경우도 있을 것이나 그가 가진 재덕이 탁월하다면 필연코 초빙받는 일이 있으리라. 중국의 삼국시대에 사마의(司馬懿)는 한때 한직(閒職)으로 좌천되었으나 그후 제갈량(諸葛亮)의 군대를 방어하도록 초빙되어 총사령관에 임명되어 많은 공적을 세우게 되었다. 이런 것이 돈괘 다음에 대장괘를 둔 괘서(卦序)의 의의가 된다.

〈잡괘전〉에는 '大壯則止'(대장즉지)라 했다. 대장괘☳는 아래 4 양이 성대한 세력을 가지고 진행하는 상이다. 지천태괘는 3 음 3 양이 잘 조화된 천하태평의 상태를 보여 주고 있으나 대장괘는 양이 지나치게 성하니, 곧 아래 4 양이 성대한 세력을 가지고 진행하고 있으니 강유(剛柔)조절이 못 되어 위험한 상태다. 그러므로 대장의 상태에 이르면 즉시 멈춘다(止). 곧 그 상태에 머물러 현상유지를 도모하라는 의미로 '大壯則止'라 했다.

괘서에 의하면 대장괘 다음으로는 화지진괘(火地晋卦)☷와 지화명이괘(地火明夷卦)☷가 뒤를 잇는다. 화지진괘는 대장괘보다도 더욱 급진(急進)하는 괘고 급진한 결말이 지화명이괘에 이르게 되니 지화명이괘는 곧 암흑사회를 의미한다. '大壯則止'는 이런 의미를 암시하고 있다. 과불급이 없는 중용지도(中庸之道)를 지켜야 행복을 누리게 된다. 양 셋 음 셋인 지천태괘의 단사에는 '吉亨'(길형)이라 했고, 아래 4 양이 성대한 뇌천대장괘의 단사에는 다만 '利貞'(이정)이라 했다. 곧 元亨, 吉亨을 말하지 않았다.

■ 大壯은 利貞하니라

'大壯'은 '大者壯也', 곧 양이 성대하다는 의미다. 사물은 지나치면 불행을 초래하기 쉬우므로 貞道를 굳게 지켜서 이롭다 했다. 문왕은 경계하여 특히 '利貞'의 두 글자로 대장괘를 설명했다. 이 '利貞'을 공자는 부연해서 '大壯則止'(대장즉지)라 했다.

象에 曰 大壯은 大者壯也ㅣ니 剛以動이라 故로 壯이니라 大壯 利貞은 大者正也ㅣ니 正大요 而天地之情을 可見矣니라

象에 가로되 大壯은 큰 것이 성함이니, 剛함으로써 동한다. 그러므로 성하느니라. '大壯利貞'은 큰 것이 바름이니 正大해서 천지의 情(실정)을 볼(알) 수 있느니라

■ 象에 曰 大壯은 大者壯也ㅣ니

괘명의 의의를 설명한 말이다. 壯은 성할 장. '大者壯也'는 양의 세력이 성대하다는 의미다.

■ 剛以動이라 故로 壯이니라

상하의 괘덕으로써 大壯의 내용을 설명한 말이다. '剛'(강)은 하건괘의 괘덕이요 '動'(동)은 상진괘의 괘덕이다. '剛以動'(강이동). 강건한 성격을 가지고 크게 활동한다는 의미다. '故로 壯'은 그러므로 壯하다, 곧 세력이 성대하다는 뜻이다.

■ 大壯利貞은 大者正也ㅣ니

'利貞'(이정)을 설명하고 있다. '大者正也'(대자정야). 즉 양이 정도를 지킨다. 정도가 아닌 비도로 활동하면 재화를 초래한다. 설혹 요행으로 성대하게 되더라

도 그 상태를 오래도록 보전할 수는 없다. 대장괘는 陽의 大와 貞의 正 곧 大와 正의 2덕을 가졌다. 그러므로 단사는 '大壯利貞'(대장이정)이라 했다.

■ 正大요 而天地之情을 可見矣니라

'正大'(정대)는 '大者正也'(대자정야)를 가리킨 말이고, '大者正也'는 '大壯利貞'을 설명했으니, 正大는 곧 '大壯利貞'을 가리킨 말이다. 正과 大의 二德을 구비한 연후에 비로소 진실무망인 천지운행의 정태를 알게 된다. 見은 일단 知와 같은 것으로 보나 그보다는 차라리 체득의 의미에 가깝다. 성인에 가까운 사람이라야 능히 성인을 이해할 수 있다. 심중에 한 점의 사욕도 없고 천지와 같이 정대한 진실무망의 덕을 가져야 비로소 천지의 만물을 생성화육하는 유심현원한 도리를 체득할 수 있을 것이다.

象에 曰 雷在天上이 大壯이니 君子ㅣ 以하여 非禮弗履하나니라
象에 가로되 우뢰가 天上에 있음이 大壯이니 군자는 이로써 禮가 아니면 밟지(행하지) 않느니라

■ 象에 曰 雷在天上이 大壯이니

대장은 乾下震上(건하진상)의 괘다. 건괘(天)위에 진괘(雷)가 있는 것이 大壯의 괘상이다.

■ 君子ㅣ 以하여 非禮弗履하나니라

弗은 不. 履는 밟을 리. 履는 진괘(震卦)의 상이다. 진괘의 상은 足이다. 足은 밟는 것이니 履의 의미가 생긴다. 乾天 위에 震足이 있으니 곧 震足이 乾天을 밟고 있는 괘상이다. 무상정대(無上正大)한 天(天道)을 밟고 있는 象이 되니 곧 바르고 큰 도리를 이행하는 象이 된다. 그러므로 '非禮弗履'(비례불이)라 했다. 禮는 일상생활에서 사람 사이의 응대는 물론 사회질서를 정한

규율, 법률, 관제, 헌법 등 모든 제도를 포함하며, 크게는 일월성신의 운행도 모두 禮에 속하는 일이다. 禮는 우주와 인생의 조화를 의미한다.

初九는 壯于趾니 征凶하고 有孚하니라
(초구) (장우지) (정흉) (유부)
初九는 발에 성함이니, 가면 凶하고 정성이 있느니라

'壯于趾'(장우지). 趾는 발 지. 복사뼈 이하의 부분. 初九는 최하위가 되기에 趾라 했다. 움직여서 걷는 것이 발이다. '壯于趾'는 곧 발이 성하게 움직인다는 의미다.

대장괘의 효상은 양의 세력이 크게 성하니 성할 경우에는 자칫 과행(過行)할 염려가 있다. 그러므로 효사는 그것을 경계한 것이다. 대개의 다른 괘에서와는 달리 이 괘에서는 양효·양위를 강과(剛過)라 하여 좋지 못한 효로 보고 음효·음위 역시 불길한 효가 된다. 이 점은 택풍대과괘(澤風大過卦) ䷛ 와 비슷하다. 대장괘와 대과괘는 모두 4양 2음의 괘가 되니 양과(陽過)의 의미로 大壯, 大過라 했다.

'征凶'(정흉). 初九는 양효·양위로 과강이 되고 최하위니 趾가 되며 乾의 한 효가 되니 강건한 성질을 가졌다. 그러므로 '壯于趾'가 되니 강성(剛性)을 견디지 못해 강행하게 되면 흉하리라는 것이 '征凶'의 의미다. 또 初九는 응효가 없으니 고립무원의 상태가 되어 더욱 위험하다. 그러므로 '征凶'이라 했다.

'有孚'(유부). 성실한 마음을 가졌다는 뜻. 初九는 하천한 지위이나 건괘의 한 효로서 성실한 마음을 가졌다. 비록 하천하기는 하나 일부의 사람들에게는 그 성실성을 인정받을 수 있지만, 그렇다해서 '壯于趾'하게 되면 역시 (비록 有孚라도) 征凶이 되리라는 의미다. 이럴 경우에는 근신해서 몸과 덕을 기르며 때를 기다려야 한다. '征凶'의 반대는 '不征則無凶'(부정즉무흉)이 된다. 행동으로 말미암아 길흉회린이 생기게 되니 그러므로 '不征則無凶'이 된다. 來註에는 이렇게 씌어 있다.

初九는 양강(陽剛)으로 최하위에 있으니 壯時에 성하게 나아가고자 하는 사람이다. 그러므로 '壯于趾'의 상이 된다. 이로써 강진(剛進)하게 되면 흉하리라. 그러나 양효로서 양위에 있어 위정(位正)하고 건괘의 한 효가 되니 본시 그 덕(有孚)을 가졌다. 그러므로 점자를 가르쳐서 오직 스스로 그 덕(有孚)을 믿게 할 것이며 비록 곤궁할지라도 剛進은 불가하니 만일 강진하게 되면 흉하리라.

> 初九는 陽剛處下하니 當壯之時에 壯于進者也ㅣ라 故로 有壯趾之象이라 以是而往은 凶之道也ㅣ라 然이나 陽剛居正하니 本有其德이라 故로 敎占者에 唯自信其德하여 以其窮困에도 不可有所往이요 往則凶矣라

이는 건괘 初九에 말한 '潛龍勿用'(잠룡물용)과 비슷한 내용이 된다.

象에 曰 壯于趾는 其孚窮也ㅣ니라
象에 가로되 '壯于趾'는 그 정성이 궁해짐이니라

'其孚窮也'(기부궁야). 壯于趾를 하게 되면 비록 성실한 마음(孚)을 가져도 마침내 곤궁하리라는 의미다. 따라서 壯于趾를 하지 않으면 곤궁하게 될 이유도 없다는 뜻을 품고 있다. 더러 '其孚窮也'의 孚 자를 '진실로' 또는 '정말로'로 해석해서 "壯于趾는 진실로 窮困하다"고 해석하는 학자(程傳 및 《周易折中》의 王申子說)도 있으나 잘못이다.

九二는 貞吉하니라
九二는 貞해서 吉하니라

'貞吉'(정길)은 바른 도리를 굳게 지켜서 길하다는 의미다. 九二는 하괘의 중효가 되니 강건중덕을 가졌다. 건괘 九二의 '見龍在田'(현룡재전)과 비슷한 내용이다. 양효·음위로 위부정이 되니 다른 괘에서는 부당한 경우도 있으나 대장괘에서는 過壯(壯에 지나침)하지 않고 오히려 음양이 조화된 것으로 본다. 강(剛)에 지나치지도 않고 유(柔)에 지나치지도 않으며 하건괘의 중효로서 곧

강건중덕을 가졌으니 그러므로 貞吉이라 했다. 단사에 '大壯 利貞'이라 한 것은 이 九二를 가리킨다.

〈정전〉(程傳)에는 "九二는 비록 양강으로서 大壯時에 당면하고 있지만, 강효로서 유위(柔位)에 있고 중위(中位)에 처하니 이는 강유가 조절되고 中을 얻음이요 그 壯함에 지나치지 않으니 貞正해서 吉하다"(二雖以陽剛으로 當大壯之時라. 然이나 居柔而處中하니 是는 剛柔得中이요 不過於壯이니 得貞正而吉也ㅣ라) 했다.

_{상 왈 구이정길   이중야}
象에 **曰 九二貞吉**은 **以中也**ㅣ니라
象에 가로되 '九二貞吉'은 中하기 때문이니라

'以中也'(이중야)는 중도를 지키기 때문이라는 뜻. 以는 소이. 때문이라는 뜻. 〈정전〉(程傳)에는 "人能識時義之輕重이면 則可以學易矣라"했다. 곧 시대가 지닌 의의의 경중(輕重)을 능히 알게 되면 곧 易을 배웠다 할 수 있다는 것이다. 學易者는 時義의 경중을 알 수 있게 된다.

_{구삼   소인   용장   군자   용망   정려   저양촉번}
九三은 **小人**은 **用壯**이요 **君子**는 **用罔**이니 **貞厲**하고 **羝羊觸藩**하여
_{이 기 각}
羸其角이니라
九三은 소인은 壯을 쓰고 군자는 罔이 없음이니 貞해도 위태하고, 숫양이 울타리를 떠받아서 그 뿔이 괴로우니라

■ **九三**은 **小人**은 **用壯**이요 **君子**는 **用罔**이니

罔은 없을 망. 無 또는 不과 같은 뜻이니 곧 없다, 아니다의 뜻. 九三은 부중 과중이 되고 하건괘의 상효로서 위험한 지위가 되며 또 大壯時에 양효·양위로 過壯이 되니 이는 소인도(小人道)다. 이것이 九三의 효상(爻象)이 된다. '小人用壯'(소인용장)은 소인이기 때문에 大壯時에 壯의 행세를 한다는 뜻

이며, '君子用罔'(군자용망)은 大壯時에 도리를 아는 군자는 用罔, 곧 壯을 쓰지 않는다는 뜻이다. 九二는 '君子用罔'에 해당한다.

■ 貞厲하고 羝羊觸藩하여 羸其角이니라

'貞厲'(정려)는 '用壯'을 가리킨다. 用壯을 이용하려 하면 설사 그것이 정도라 할지라도 위태하다는 뜻.

羝는 숫양 저. 양의 수컷. 觸은 떠받을 촉. 藩은 울타리 번. '羝羊觸藩'(저양촉번)은 숫양이 울타리를 떠받는다는 뜻. 羸은 괴로울 리. 困과 같은 뜻. '羸其角'(이기각)은 숫양이 울타리를 떠받아 그 뿔이 울타리에 걸려서 곤궁하다는 뜻이니 곧 '小人用壯 貞厲'의 결과가 되는 셈이다.

來註에는 "본괘의 大象은 兌라 中爻爲兌니 皆羊之象이라" 했다. 곧 본괘의 대상(大象)2)은 태괘다. 중효(3, 4, 5효의 호괘)도 태괘가 되니 모두 羊의 상이라는 것이다. 〈說卦傳〉에서도 태괘는 羊의 상이라고 했다(兌爲羊). 來註의 설명 중에 중효라는 것은 九三, 九四, 六五의 호괘를 가리킨다. 이 호괘 또한 兌가 되므로 大壯의 상은 羊의 상이 되고 여기에 九三은 양효이니 그러므로 羝羊(양의 수컷)이라 했다.

來子의 해석에 따르면 九三 이상에서 전부 羊을 말한 것은 바로 이런 까닭이다. '사출어상'(辭出於象)의 한 예라 하겠다. 來子는 또한 "震은 爲竹爲葦니 藩之象也ㅣ라" 했다. 즉 〈설괘전〉에 진괘(震卦)는 竹, 葦(갈대 위)의 상이라 했으니 藩(울타리 번)은 이 진괘의 상에서 취했다는 설명이다. 상괘는 진괘가 되기 때문이다.

---

2) 대상(大象)은 6효를 3효의 소성괘로 보는 상을 말한다. 곧 아래 두 효를 초효(初爻)로 보고 3, 4효를 중효(中爻)로, 위의 두 효를 상효(上爻)로 본 상이다. 대장괘는 아래 두 효는 양효고 3, 4효도 양효며 위의 두 효는 음효가 되니 그러므로 대장괘의 대상은 태괘(兌卦)☱가 된다.

$$\overset{상}{象}에\ \overset{왈}{曰}\ \overset{소인}{小人}은\ \overset{용장}{用壯}이요\ \overset{군자}{君子}는\ \overset{망야}{罔也}ㅣ니라$$

象에 가로되 소인은 壯을 쓰고 군자는 (壯을 씀이) 없음이니라

  소인은 用壯을 하기에 비록 바른 일이라 해도 위태하고, 군자는 壯을 쓰지 않으므로 위태롭지 않다는 의미다.

$$\overset{구사}{九四}는\ \overset{정길회망}{貞吉悔亡}하리니\ \overset{번결불리}{藩決不羸}하고\ \overset{장우대여지복}{壯于大輿之輹}이니라$$

九四는 貞해서 吉하고 悔가 없게 되리니, 울타리를 끊어도 (뿔이) 괴롭지 않고, 큰 수레의 복토에 성함이니라

- 九四는 貞吉悔亡하리니

  '貞吉'은 貞해서 吉하다는 뜻. '悔亡'은 본디 悔가 있었으나 허물을 보완하여 悔가 없게 된다는 의미다.
  九四는 양효·음위로 위부정으로 '有悔'(유회)가 되지만 그러나 양강재덕을 가졌고 상괘의 초효가 되며(다소 주저함) 또한 강유 조화하여 過壯하지 않는다. 그러므로 위부정의 悔는 없어지고 貞吉하게 된다. 九三은 양효·양위로 '用壯'이 되고 九四는 양효·음위로 강유가 알맞게 조절이 되기에 '貞吉悔亡'이 된다.

- 藩決不羸하고 壯于大輿之輹이니라

  決(터질 결)은 터지게 하다, 또는 끊다의 뜻. '藩決不羸'(번결불리)는 울타리를 끊고 나아가도 뿔이 걸리어 곤궁하지 않다는 뜻. 곧 일이 잘 수행된다는 의미다. 輿는 수레 여. '大輿'(대여)는 큰 수레. 輹은 복토 복. '壯于大輿之輹'(장우대여지복). 복토가 견고한 큰 수레로 성하게 나아간다는 뜻. 곧 일이 잘 수행된다는 의미다. 《주자본의》에는 이렇게 씌어 있다.

九四에 藩決不羸(번결불리)라 한 것은 윗 구절(羝羊觸藩 羸其角)을 이어서 한 말이다. 決은 '열다'의 의미다. 九三의 앞에는 九四의 강효가 (견고한 울타리처럼) 가로막고 있으니 이는 떠받아도 걸리는 상이 되고 九四의 앞에는 유약한 두 유효(2음)가 있으니 곧 떠받아서 열리는 상이다. '壯于大輿之輹'(장우대여지복)은 또한 나아갈 수 있는 상이다. 九四는 양효로서 음위에 있으니 강유 조화가 되어서 過壯하지 않는다. 그러므로 九四의 象占이 이와 같다.

> 藩決不羸는 承上文而言也ㅣ라 決은 開也ㅣ라 三前有四는 猶有藩焉이요 四前二陰은 則藩決矣라 壯于大輿之輹은 亦可進之象也ㅣ오 以陽居陰은 不極其剛이라 故로 其象占이 如此라

九二와 九四는 함께 양효·음위로 동덕(同德)이 되나 九二는 하괘의 중효니 九四보다는 지위가 낮고 또 위에는 九三, 九四의 강건한 두 양효가 (견고한 울타리처럼) 놓여 있어 상진(上進)을 못하는 효상이 된다. 이와 반대로 九四는 위에 유약한 두 음효가 (약한 울타리처럼) 있으니 그러므로 '藩決不羸'(번결불리)의 상이 된다. 九二와 九四의 차이다. 九三 또한 九四의 강효에 가로막혀서 전진하지 못하는 것은 마찬가지고 오직 九四만이 양효·음위(剛柔조화)로 '壯于大輿之輹'처럼 나아갈 수 있게 된다. 九四는 상진괘의 주효도 되고 본괘의 주효도 되는 대길한 효다.

象에 曰 藩決不羸는 尚往也ㅣ니라
象에 가로되 '藩決不羸'는 감을 숭상함이니라

'尙往'(상왕)은 나아감을 숭상한다는 뜻. 여기서는 위 두 음(혹은 소인들)을 평정시키다, 또는 복종시키다의 뜻이다. 이와 같이 처사함을 숭상한다는 것이 尙往의 의미다. 효사의 '藩決不羸'를 공자는 바로 尙往이라 했다.

六五는 喪羊于易이니 无悔하니라
六五는 양을 易(경계)에서 잃음이니 悔가 없느니라

羊은 본시 유약한 동물이나 떼지어 살면서 뿔로 떠받아 자신을 지키는 동물이다. 뿔 달린 동물은 모두 이처럼 유순한 한편으로 강포성(强暴性)을 띤다. 易은 곧 場(국경 역 ; 場과 다른 글자)으로 본디는 밭두둑, 즉 밭과 밭의 경계를 가리키는 글자다. 그러므로 국경의 의미가 생긴다. 여기서 易(역)은 아래 4 양과 위 2 음의 경계를 의미한다. '喪羊于易'(상양우역)은 즉 아래 4 양과 위 2 음의 경계에서 강폭성을 지닌 양을 잃는다는 의미다.

六五는 음효·양위로 위부정이 되니 응당 '有悔'(유회)가 되나, 그러나 상괘의 중효니 중덕을 가졌고 음효·양위로 오히려 강유 조화가 되어 過壯하지 않는다. 그러므로 无悔(무회)가 된다. 羊의 過壯한 성질이 변해 강유 조화가 되었으니 그러므로 '喪羊'이라 했고 아래 4 양과 위 2 음의 경계가 되므로 易이라 했다. 또한 六五는 강건중덕을 가진 九四와 비해서 그 현인들의 지도를 받아 바른 도리를 굳게 지키게 된다. '喪羊于易'은 효상이 되고 '无悔'는 점사다. 來註에는 이렇게 말하고 있다.

> 이 괘는 4 양이 밑에 있다. 그러므로 괘의 이름을 大壯이라 했는데, 六五에 이르러서는 无陽이 되니 그 이름인 大壯을 상실한 것이다. 그러므로 喪羊于易의 象이 된다. 이미 그 壯을 잃었으니 능히 전진할 수 없고 겨우 无悔가 될 뿐이다. 그러므로 그 象占이 이와 같다.
>
>   本卦四陽이 在下라 故로 名大壯이요 至六五無陽則喪失其所謂大壯矣라 故로 有喪羊于易之象이라 旣失其壯則不能前進이요 僅得无悔而已라 故로 其象占이 如此라

존위(尊位)에 있는 六五의 비세(非勢)를 설명한 말이다. 九四의 위에 六五가 있으니 이런 것을 승강(乘剛)이라 하여 六五의 무력을 표현한다.

상　 왈　 상양우역　　위부당야
象에 曰 喪羊于易은 位不當也글새니라

象에 가로되 '喪羊于易'은 位가 부당하기 때문이니라

雷天大壯

'喪羊于易'(상양우역)은 '位不當'(위부당), 즉 位가 마땅하지 않기 때문이라는 뜻. 六五는 승강(六五는 九四를 타고 있음)했기에 周公은 '喪羊于易'이라 했고, 공자는 효상(음효·양위, 승강)으로 위부당이라 했으니 두 성인의 말은 상호보완이 된다. 六五는 이유거존(以柔居尊) 곧 유효로써 제 5위에 있다. 화천대유괘☲의 六五 효사에는 "厥孚 交如 威如요 吉하니라" 했다. 이는 화재천상(火在天上) 곧 태양이 하늘 위에 있는 상이 되므로 이처럼 숭고한 효사가 되니, 같은 음효·양위로도 그 시대에 따라 이처럼 차이가 난다.

상육　　저양촉번　　불능퇴　불능수　　무유리　간즉길
上六은 羝羊觸藩하여 不能退요 不能遂ㅣ니 无攸利요 艱則吉하리라
上六은 숫양이 울타리를 떠받아 물러날 수 없고 나아갈 수도 없으니, 이로운 바가 없고 艱하면 곧 吉하리라

■ 上六은 羝羊觸藩하여 不能退요 不能遂ㅣ니 无攸利요

'羝羊觸藩'(저양촉번)은 숫양이 울타리를 떠받는다는 뜻. '不能退'(불능퇴)는 물러날 수 없다는 뜻. 遂는 이룰 수. 나아갈 수. 進과 같다. 곧 完遂(완수)의 의미다. '不能遂'(불능수)는 전진할 수 없다는 뜻. '不能退 不能遂'는 물러나지도 못하고 나아가지도 못하고 곧 진퇴양난의 뜻이다. '无攸利'(무유리)는 이로운 바가 없다. 곧 불길하다는 의미다.

六五는 음효·양위로 강유가 조화되어 无悔가 되거니와, 上六은 음효로서 음위에 있으니 여타 괘에서와는 달리 이 大壯時에서는 柔에 치우쳐 자못 도량이 작은 효가 된다. 또 上六은 大壯時의 종극이 되고 상진괘(動卦)의 상효로서 동극(動極)이 되니 過壯한 효상이 된다. 음유·재부족하면서도 이와 같은 효상이니 그러므로 '羝羊觸藩'(저양촉번)이 되고 그 행위는 '不能退 不能遂 无攸利'의 결과에 이르게 된다. 불길한 효다.

■ 艱則吉하리라

艱은 어려울 간. 곧 간난신고(艱難辛苦)를 의미한다. '艱則吉'(간즉길)은 간

난신고 속에서 반성하여 개과천선하면 길하리라는 의미다. 〈정전〉에는 "用壯則不利하고 知艱而處柔則吉也ㅣ라" 했다. 用壯하게 되면 불리하고 반성해서 온유한 마음으로 처신하면 길하리라는 설명이다. 來註를 인용해 보자.

> 六五는 이미 喪羊으로 길하다. 上六도 같은 음효인데 '羝羊觸藩'이라 한 것은 六五에는 六五 한 효의 상을 말했고 上六은 대장괘의 종말이 되니 한 괘를 종합해서 말했기 때문이다. 또 九三은 하강괘(下剛卦)의 剛極이 되고 上六은 상진괘의 동극이 되니 효상이 모두 같다.
> 六五已喪羊矣 而上六又羝羊觸藩者는 蓋六五는 以一爻言也ㅣ오 上六則合一卦而言也ㅣ라 三則剛之極이요 上則動之極이니 所以爻象이 皆同이라

그러므로 '羝羊觸藩'을 함께 말했다는 것이다.

象에 曰 不能退不能遂는 不詳也ㅣ오 艱則吉은 咎不長也ㄹ새니라
象에 가로되 '不能退 不能遂'는 자세하지 않음이요, '艱則吉'은 허물이 오래하지 않기 때문이니라

■ 象에 曰 不能退不能遂는 不詳也ㅣ오

詳은 자세할 상. '不詳'(불상)은 사리에 자세하지 않다, 또는 불명하다는 뜻. 來註에는 "詳은 신밀(愼密)함을 뜻하니, 不詳이란 대장의 종말이요 상진괘의 동극의 때에 당면하여 시세를 촌탁(忖度)해서 행동하거나 기미를 자세히 살펴 나아가지 못한다는 뜻이다"(詳者는 愼密也ㅣ라 不詳者는 當壯終動極之時에 不能度勢而行하여 審幾而進也ㅣ라) 했다.

■ 艱則吉은 咎不長也ㄹ새니라

효사에 '艱則吉'(간즉길)이라 함은 개과천선을 하게 되면 그 허물은 멀지 않

雷天大壯

아 사라지고 길하게 되기 때문이라는 의미다.
 《주역절중》에서 항안세(項安世)는 이렇게 지적한다.

사리득중(事理得中)으로 正이 되는 경우와 음양당위(陰陽當位)로 正이 되는 경우가 있다. 剛은 柔로써 중화(中和)하고 柔는 剛으로써 중화해서 그 정도를 잃지 않도록 함은 곧 사리의 正이며, 양효·양위와 유효(柔爻)·유위로 위정이 됨은 곧 효위(爻位)의 正이다. 大壯의 시의(時義)를 말함에 이른바 '利貞'은 사리의 정도를 지켜서 利한 것이고 효위로써 말함이 아니다. 이리하여 九二, 九四, 六五의 세 효는 부당위(不當位)로도 강유중화로 모두 利하고 初九, 九三, 上六의 三爻는 당위로도 강유중화가 못 되므로 모두 불리하다. 또한 九二와 九四의 효사에는 貞吉을 밝혀 말하고 初九, 九三의 효사에는 征凶, 貞厲를 밝혀 말했다. 이에 성인이 그 진의가 명확히 전달되지 않을까 걱정하여 또 소상전으로써 석명(釋明)했으니, 九二 효사의 '貞吉'을 상전에는 '以中也'라 하여 중덕으로써 貞吉하게 된다는 의미라 했는데 이는 효위로써의 해석이 아니고 강유중화를 말한 것이다. 六五 상전에 '位不當'이라 함은 또한 六五 효사의 '无悔'와 중위에 있음에도 不在位(位不當)함을 밝혔다. 易의 시의는 이토록 자주 옮겨진다.

有以事理得中爲正者하고 有以陰陽當位爲正者라 剛以柔濟之하고 柔以剛濟之하여 使不失其正은 此事理之正이오 以剛處剛하고 以柔處柔하여 各當其位는 此爻位之正也ㅣ라 大壯之時義 其所謂利貞者는 利守事理之正이오 不以爻位言也ㅣ라 是故로 九二九四六五三爻는 不當位而皆利하고 初九九三上六三爻는 當位而皆不利하고 又於九二九四爻辭엔 明言貞吉하고 於初九九三爻辭엔 明言征凶貞厲하니 聖人이 猶恐其未明也하여 又以小象釋之하니 於九二則曰九二貞吉을 以中也는 明正吉以中而不以位也ㅣ오 於六五則曰位不當也는 亦明无悔在中不在位也ㅣ니 易之時義 屢遷如此라

雷天大壯卦(뇌천대장괘)는 아래 4 양이 성대한 세력으로 진행하는 상이다. 그러므로 過壯은 실패하기 쉽다.
 우선 初九가 壯初에 양효·양위로 過壯이 되니 행사하면 실패하기 쉽다.
 九二는 양효·음위로 음양 조화가 되고 강건중덕을 가져서 貞吉한 효다. 행사하면 성공하리라. 물론 過壯은 불가하다.

九三은 양효·양위로 過壯이 되니 행사하면 실패하기 쉽다.

九四는 양효·음위로 강유 조화가 되고 상진괘(동괘)의 주효가 되며 대장괘의 주효가 되니 행사하면 대성하리라.

六五는 음효·양위로 음양 조화로 无悔할 것이나 승강으로 큰일을 주모(主謀)하여 행사하면 실패하리라.

上六은 음효·음위로 柔에 치우치고 대장괘의 종말이며 동극이 되니 매우 위험한 지위다. 간난신고를 견디고 반성해서 개과하면 길하게 될 것이나 행사하면 실패하기 쉬우니 상심(詳審)해야 한다. 過壯은 흉화를 부르게 된다. 시대가 바로 大壯時이기 때문이다.

晉은 康侯ㅣ 用錫馬蕃庶하여 晝日三接이니라

彖에 曰 晉은 進也ㅣ니 明出地上하여 順而麗乎大明하고 柔進
而上行이라 是以로 康侯用錫馬蕃庶 晝日三接也ㅣ니라

象에 曰 明出地上이 晉이니 君子ㅣ 以하여 自昭明德하나니라

初六은 晉如摧如ㅣ니 貞吉하고 罔孚로되 裕无咎하니라
象에 曰 晉如摧如는 獨行正也ㅣ오 裕无咎는 未受命也ㄹ새니라

六二는 晉如愁如ㅣ니 貞吉하고 受玆介福于其王母ㅣ리라
象에 曰 受玆介福은 以中正也ㅣ니라

六三은 衆允이니 悔亡하니라

　　　　　　상　왈　중윤지　　지상행야
　　　象에 曰 衆允之는 志上行也ㅣ니라
　구사　진여석서　　　정려
九四는 晉如鼫鼠ㅣ니 貞厲하니라
　　　　　상　왈　석서정려　　위부당야
　　　象에 曰 鼫鼠貞厲는 位不當也ㄹ새니라
　육오　회망　　　실득물휼　　왕길　　무불리
六五는 悔亡하니라 失得勿恤하고 往吉하여 无不利하니라
　　　　　상　왈　실득물휼　　왕유경야
　　　象에 曰 失得勿恤은 往有慶也ㅣ리라
　상구　진기각　　유용벌읍　　여길무구　　정린
上九는 晉其角이니 維用伐邑이요 厲吉无咎로되 貞吝하니라
　　　　　상　왈　유용벌읍　도미광야
　　　象에 曰 維用伐邑은 道未光也ㅣ니라

<u>晉</u>은 <u>康侯</u>ㅣ <u>用錫馬蕃庶</u>하여 <u>晝日三接</u>이니라
　진　　강후　　용석마번서　　　주일삼접

晉은 康侯가 錫馬함이 蕃庶함으로써 낮에 세 번 接(접견)함이니라

　晉卦(진괘)는 坤下離上(곤하리상)의 괘다. 상리괘는 火고 하곤괘는 地다. 火와 地와 괘명의 晉을 합해서 火地晉(화지진)☲☷이라 하여 괘형과 괘명을 기억하게 한다.

　晉은 나아갈 진. 進과 같다. 하곤괘는 地, 즉 땅이고 상리괘는 火, 곧 불이며 태양이다. 진괘는 태양이 지상에 나타나서 성대한 세력으로써 급진하는 괘상이다. 進은 다만 전진(前進)한다는 글자인 데 반해 晉의 본자(本字)는 臸(珡+日)이니, 이는 해가 나타나면 지상은 따뜻하게 되어 만물이 자라난다는 의미를 가졌다. 晉, 進 모두 '나아가다'의 의미를 가졌으나 괘명을 進이라 하지 않고 晉이라 한 것은 이런 연유이다. 곧 태양이 지상에 나타난 괘상인 것이다.

　인사로써 말하면 상리괘는 명덕을 가졌으니 이는 명군의 덕이 진행해서 성대하게 되는 괘상이고, 하곤괘는 유순한 덕을 가졌으니 이는 신하와 서민의 유순한 덕이 명군의 덕에 호응해서 국운이 크게 융성해진다는 의미를 가졌다. 한 가정으로 말하면 상리괘의 부모는 명덕으로써 자녀들을 양육하고 하곤괘의 자녀들은 그 부모의 가르침을 순순히 받아 가정이 크게 번성하는 괘상이 된다.

　그러나 태양은 아침에 동쪽 하늘에 올라와 정오 경에는 지상을 널리 밝혀 만물에 혜택을 주지만 어언간 서쪽으로 기울어 사양(斜陽)이 된다. 곧 급속히 진행하는 것은 급속히 쇠한다는 의미도 가졌다. 易에는 삼진괘(三進卦)가 있으니 晉卦 외에 지풍승괘(地風升卦)☷☴와 풍산점괘(風山漸卦)☴☶가 그것이다. 晉·升·漸을 삼진괘라 한다. 지풍승괘는 초봄에 땅속에서 풀싹이 터서 땅위로 뚫고 올라와 점점 성장하나 가을에는 조락(凋落)하는 것을 상징한 괘다. 풍산점괘는 산 위에 난 나무가 여름의 맹렬한 태양열과 엄동설한 폭풍우에도 견디며 조금씩 조금씩 성장해서 장구한 수명(壽命)을 가지게 됨을 상징한 괘

다. 급진하는 晉卦는 성대한 괘가 되나 하루를 상징하고 중진(中進)하는 升卦는 진괘처럼 성대하지는 않으나 1년을 상징한 괘가 되며, 점진하는 漸卦는 장구한 세월의 누림을 상징한 괘가 된다. 우리나라의 전안례(奠雁禮)는 이 점괘에서 취한 예법이다. 모든 사물은 이처럼 급진하면 급쇠하게 되고 점진하면 장구한 세월을 누리게 된다는 것을 이 삼진괘가 보여준다.

晉卦의 종괘는 다음에 오는 지화명이괘(地火明夷卦)다. 진괘는 낮을 의미하고 명이괘는 밤을 의미한다. 곧 낮이 가면 밤이 오게 된다는 것을 암시하고 있다. 진괘를 문명사회로 보면 명이괘는 암흑사회가 된다. 낮밤이 합해서 하루가 되고 고락이 합해서 일생(一生)이 되며 치란이 갈마들어 역사가 이루어진다.

〈서괘전〉에는 "物不可以終壯이리라 故로 受之以晉이니 晉者는 進也ㅣ니라" 했다. 대장괘는 성대한 괘이나 사물은 성해지면 성한 그대로 멈추어 마치는 것은 아니다. 성해지면 필연코 전진하게 된다.

〈잡괘전〉에는 "晉은 畫也ㅣ라" 했다. 晉卦는 지상에 태양이 떠오른 괘상이다. 진괘와 명이괘는 종괘다. 진괘가 낮이라면 명이괘는 밤이 된다. 주야(晝夜), 고락은 천리본연의 도리니 苦를 견디지 못하는 사람은 樂을 길이 향유할 수 없다. 苦의 연장(延長)이 樂이요 樂의 연장이 苦이기 때문이다.

■ 晉은 康侯用錫馬蕃庶하여 晝日三接이니라

'康侯'(강후)는 '평안한 제후'라는 뜻. '康侯'에 대해 주자는 '安國之侯'(안국지후)라 했고 정자는 '治安之侯'(치안지후)라 했다. '錫馬'(석마)는 말을 하사하다. 또는 말을 상납하다의 뜻. 錫은 주석 석. 줄 사. 賜(줄 사)와 같다. 이 '錫'에 대해 더러 하사와 상납의 두 의미로 쓰는 용어라고 주장하는 학자도 있다. 그러므로 賜라 하지 않고 錫이라 했다는 것이다. 蕃은 번성할 번, 많을 번. 庶는 여러 서, 많을 서. 따라서 '蕃庶'(번서)는 수가 많다는 뜻이다. '晝日'(주일)은 낮, 곧 하루라는 뜻.

唐代 이정조(李鼎祚)의 《주역집해》에 우번(虞翻)[3]은 이렇게 말하고 있다.

坤象은 康이니 康은 평안하다는 의미고 하곤괘의 初爻變은 屯卦가 되니 震卦象은 侯다. 그러므로 '康侯'라 했다. 또 震象은 馬고 坤象은 用이다. 그러므로 '用錫馬'라 했다. 2, 3, 4효의 호괘는 艮卦니 艮象은 多요 하곤괘의 象은 衆이다. 그러므로 '蕃庶'라 했다. 상괘는 離卦니 태양의 상이다. 지상(곤괘의 위)에 태양(上離卦는 곤괘의 위에 있음)이 있으니 '畫日'이라 했다. 하곤괘의 3 음이 밑에 있다. 그러므로 제후(하곤괘)가 천자(상리괘는 君象)에게 '三接'하는 象이 된다.

　　坤爲康이니 康은 安也ㅣ라 初動體屯이니 震爲侯라 故로 曰 康侯라 震爲馬요 坤爲用이라 故로 用錫馬라 艮爲多요 坤爲衆이라 故로 蕃庶라 離日在上이라 故로 晝日이요 三陰在下라 故로 三接矣라

역시 '辭出於象'(사출어상)의 한 예다. 漢易에는 상수(象數)로 역리를 해석했으나 정자 이후로는 주로 의리(義理)로 해석하고 明代 내지덕은 象數로써 易을 해석했으니 후학자는 상수, 의리의 양면으로 공부하기 바란다. 그러나 상수로 지나치게 해석하면 억지로 끼워 맞추는 것이 되기 쉬우니 대의를 파악하도록 노력해야 한다. 한편 明代의 하해(何楷)는 《고주역정고》(古周易訂詁)에서 또한 이렇게 말한다.

坤下離上이 晉卦니 태양이 지상에 떠오르는 상이다. 그러므로 괘의 이름을 晉이라 했다. 하곤괘는 臣道고 상리괘는 君象이다. 하곤괘가 나아가서 上離卦를 우러러보는 것은 제후가 천자에 조향(朝享)하는 상이다. 離日(태양)이 급진해서 중천에 이르러 아래 곤토(坤土)를 비추니 천자가 제후를 예접(禮接)하는 상이 된다. '康侯'(강후)는 안민하는 제후다. 〈고공기〉(考工記 : 周禮六篇의 하나)에 이른 바의 '寧侯'(영후)다. 준괘(屯卦)와 예괘(豫卦)에서는 震卦를 일러 侯라 했다. 그러나 晉卦에는 곤괘로써 侯라 했다. 곤괘는 국토, 국민의 상이다. 그러므로 侯의 상이다. 民功을 康이라 한다. 《서경》에 말한 '康功'(강공)이다. 錫은 밑에서 상납함을 이른다. '신하가 큰 거북을 納錫(납석)하다와 禹王은 玄圭를 하사하다'의 錫과 같다. 坤은 牝馬다. 3, 4, 5효의 호괘는 감괘(坎卦)니 이 말은 등마루가 아름다운 말이다. 그러므로 馬라 했다. 坤卦象은 衆이다. 그러므로 '蕃庶'(번서)의 상이 된다. 생각건대[按] 覲禮(근

---

3)　漢末 삼국시대의 吳나라 사람. 역학자로 유명하다.

례 ; 제후가 천자를 뵙는 예식)에 속백필마(束帛匹馬)를 봉납하여 九馬로 뒤를 좇다 하니 이것이 '錫馬蕃庶'의 증거다. 離의 태양이 위에 있으니 '晝日'이 된다. 〈잡괘전〉에는 '晉은 晝也ㅣ라' 했다. 坤 3효가 밑에 있으니 모두 예접함이 된다. 그러므로 '三接'이라 했다. 또는 離는 乾・兌・離・震・巽・坎・艮・坤의 세 번째에 있으니 三의 象이라(來知德)했으나 역시 통하는 말이다. 2, 3, 4효의 호괘는 간괘니 手의 상이요 相接의 상이다. 생각건대 王이 제후를 접견하는 觀禮에는 제후를 이끌어서〔延〕승당(升堂)하게 함이 하나고, 觀禮가 끝나고 향연을 벌일 때 제후가 다시 올라가 치명(致命)함이 둘이고, 향연이 끝나고 왕이 위로의 말을 할 때 또 다시 올라가서 왕에게 배례함이 셋이 된다. 이것이 三接이다. 단사에는 卦中의 4 음을 주로 말했으니 六五는 괘주(주괘의 주효)가 된다.

> 爲卦 坤下離上은 象日出地上이라 故名爲晉이라 坤은 臣道요 日은 君象이라 下坤이 進而上瞻離日은 有諸侯朝享天子之象이라 離日進麗天中하여 下照坤土는 有天子禮接諸侯之象이라 康侯는 安民之侯ㅣ니 猶考工記所稱寧侯也ㅣ라 屯豫엔 言侯以震이오 晉言侯以坤이라 坤은 有土有民이라 故로 有侯象이라 民功을 曰康이니 書所謂康功이 是也ㅣ라 錫은 下錫上也ㅣ니 如納錫大龜와 禹錫玄圭之錫이라 坤爲牝馬요 中爻坎爲美脊之馬라 故로 有馬象이오 坤爲衆이라 故로 有蕃庶象이라 按컨대 觀禮엔 奉束帛匹馬요 九馬隨之라하니 此는 錫馬蕃庶之證也ㅣ라 離日在上은 爲晝日이라 雜卦에 曰 晉은 晝也ㅣ라 坤三爻在下하여 皆所禮接이라 故로 云三接이라 或云離居三이니 三之象이라하니 亦通이라 互體艮爲手니 相接之象이라 按컨대 王接侯의 觀禮엔 延升이 一也ㅣ오 觀畢致享에 升致命이 二也ㅣ오 享畢에 王勞之하여 升成拜ㅣ 三也ㅣ라 彖辭는 主卦中四陰言인데 而五爲卦主라

漢末 우번과 明朝 하해의 兩說을 제시했으니 대조하여 참고하기 바란다.

象에 曰 晉은 進也ㅣ니 明出地上하여 順而麗乎大明하고 柔進而上行이라 是以로 康侯用錫馬蕃庶 晝日三接也ㅣ니라

象에 가로되 晉은 나아감이니, 명이 땅 위에 나와서 순해서 大明에 붙고, 柔가 나아가서 위로 행함이라. 이로써 '康侯用錫馬蕃庶 晝日三接'이니라

■ 象에 曰 晉은 進也ㅣ니 明出地上하여 順而麗乎大明하고 柔進而上行이라

'晉은 進也'는 晉은 진행한다는 뜻이다. '明出地上'(명출지상). 明은 이괘(離卦)의 상. 地는 곤괘의 상. 이괘가 곤괘(坤卦)의 위에 있으니 태양이 땅 위로 떠오른 상이다.

'順而麗乎大明'(순이리호대명). 하곤괘는 종순한 덕을 가졌으니 그러므로 '順'(순)이라 했고 상리괘의 태양은 크게 밝다는 의미로 '大明'이라 했다. 麗는 붙을 리. 곧 종순한 신하와 백성들(下坤卦)은 명덕을 가진 군왕(상리괘)에 순종한다는 의미다. 상하의 괘덕을 설명한 말이다.

'上行'(상행)은 올라가다의 뜻. '柔進而上行'(유진이상행). '柔'는 음괘(상리괘) 또는 음효(六五)를 가리킨다. 여기서는 특히 六五를 지적한 말이다. 晉卦의 종괘는 명이괘(明夷卦)다. '柔進而上行'(유진이상행)은 명이괘의 六二가 위로 올라가서 晉卦의 六五가 되었다는 것, 곧 명덕을 가진 군왕(六五)이 즉위했다는 의미다. 괘상으로 말하면 '明出地上'(명출지상)이 되고 사회의 정태로 말하면 '順而麗乎大明'(순이리호대명)이 된다. '晉 進也'는 괘명을, '明出地上'은 괘상을, '順而麗乎大明'은 상하의 괘덕을 각각 설명했고 '柔進而上行'(유진이상행)은 괘종설(卦綜說)이다.

■ 是以로 康侯用錫馬蕃庶 晝日三接也ㅣ니라

'是以'(시이)는 '이로써 … 하다'의 뜻. 곧 '晉은 進也'로부터 '柔進而上行'까지의 이유로 단사는 '康侯用錫馬蕃庶 晝日三接'(강후용석마번서 주일삼접)이라 했다는 설명이다.

象에 曰 明出地上이 晉이니 君子ㅣ 以하여 自昭明德하나니라
象에 가로되 명이 땅 위에 나옴이 쯥이니 군자는 이로써 스스로 明德을 밝히느니라

태양이 땅 위에 나타난 것이 晋卦의 괘상이다. 명덕은 사람의 천부(天賦)의 性이다. 주자는 인성은 옥구슬과 같으니 흐린 물 속에서는 흐리게 보이고 맑은 물 속에서는 빛난다 했다. 고유의 명덕도 물욕(物慾)에 사로잡히면 어둡게 된다는 의미다. 군자는 격물(格物), 치지(致知), 성의(誠意), 정심(正心), 수신(修身)으로 명덕을 밝히도록 노력한다. '自昭明德'(자소명덕)은 《대학》에 말한 '明明德'(명명덕)과 같은 의미다.

초육　　　진여최여　　　정길　　망부　　　유무구
初六은 晉如摧如ㅣ니 貞吉하고 罔孚로되 裕无咎하니라
初六은 晉如하고 摧如하니 貞하면 吉하고 믿음이 없더라도 너그럽게 하면 无咎하리라

■ 初六은 晉如摧如ㅣ니

　晋卦는 2양4음의 괘다. 晋時에서는 급진(急進)은 화(禍)를 부르기 쉬우므로 유순한 음효는 모두 길하고 강건한 양효는 모두 위태한 효가 된다. 유화(柔和)하고 종순한 덕으로써 도리에 따라 천천히 나아가야 吉하게 된다.
　'晉如'(진여)는 나아가다는 뜻. 如 자를 넣어서 미묘한 의미를 보여 주고 있으니 곧 급진을 부정한 표현이다. 摧는 꺾을 최. 기가 꺾인다는 뜻. '摧如'(최여)는 기세가 꺾이고 억눌리는 것과 같다는 뜻. 우번(虞翻)은 "摧는 憂愁也ㅣ라" 했다. 初六은 나아가려 해도 무엇에 억눌린 것처럼 기세가 꺾여서 나아가기 어렵다는 것이 '晉如摧如'의 의미다.
　初六은 음효로서 양위에 있으니 위부정이다. 또 비효는 없고 九四와 음양상응의 관계가 되나 初六은 양효·음위로 지부정한 이 九四를 싫어한다. 따라서 九四도 初六을 싫어하게 되고, 그러므로 初六은 나아가려 하나 九四에 억제되어 나아가기 어려운 상태다. 그러므로 '晉如摧如'라 했다.

■ 貞吉하고 罔孚로되 裕无咎하니라

　'罔'은 없을 망. 無 또는 不과 같은 뜻. 孚는 정성 부. 여기서는 '신용'을 의

미한다. '裕无咎'(유무구)는 너그러움 마음으로 때를 기다리면 실패하지 않고 무구하리라는 의미다. 우번은 "初六은 나아가는 듯하나 失位로(음효·양위) '꺾인다' 했고, 하곤괘(下坤卦)의 初爻變은 진괘(震卦)로서 초효가 양효·양위로 득위(得位)가 되므로 '貞吉'(정길)이라 했다. 初六은 九四와 응위가 되나 初 爻變은 같은 陽爻로 無應(爲罔)이 되고 3, 4, 5효의 호괘는 감괘가 되니 그러므로 '孚'를 말했고 하곤괘는 음약(陰弱)하니 裕가 된다"(晉如에 失位故로 摧如요 動得位故로 貞吉이요 應離爲罔이요 四坎稱孚요 坤弱爲裕라)했다.

象에 曰 晉如摧如는 獨行正也ㅣ오 裕无咎는 未受命也ㄹ새니라
象에 가로되 '晉如摧如'는 홀로 바르게 행함이요, '裕无咎'는 아직 命을 받지 아니했기 때문이니라

■ 象에 曰 晉如摧如는 獨行正也ㅣ오

'獨行正也'(독행정야)는 지부정한 九四의 정응을 버리고 홀로 정도를 행한다는 뜻. 初六은 '晉如摧如'(진여최여)의 효상이니 홀로 정도를 굳게 지키면 貞吉할 것이나 스스로 절조(節操)를 굽혀서 윗사람에게 아첨하면 '失道'(실도)가 되고 흉하리라. 곧 九四의 유인을 거절하고 정도를 굳게 지키면 길하리라는 의미다.

■ 裕无咎는 未受命也ㄹ새니라

'未受命'(미수명)은 아직 왕명을 받아 관위에 오르지 못한다는 의미다. 初六은 하천하고 위부정이 되니 명을 받을 도량을 지니지 못했다. 그러나 유순하니 그 본분을 지키고 너그러운 마음으로 처신하면 吉하리다는 의미다. 사람은 그 재덕, 지위, 환경에 적중하는 행위를 하면 吉하게 된다.

六二는 晉如愁如ㅣ니 貞吉하고 受玆介福于其王母ㅣ리라
六二는 晉如 愁如하니 貞하여 吉하고 이에 큰 복을 그 王母에서 받으리라

■ 六二는 晉如愁如ㅣ니 貞吉하고

'晉如愁如'(진여수여). 나아가고자 하나 나아가지 못하고 걱정한다는 뜻이다. 六二는 음효·음위로 하괘의 중효니 유순중정의 대덕을 가진 효다. 그러나 응효도 비효도 없으니 나아가고자 해도 응원자가 없다. 그러므로 근심하는 효상이 되나, 정도를 굳게 지키면 길하리라.

■ 受玆介福于王母ㅣ리라

'受玆'(수자)는 '이에 … 을 받으리라'는 뜻. '介福'(개복)은 큰 복. '王母'(왕모)는 조모(祖母). 곧 六五를 가리킨다. 六五는 왕위이고 조부모의 지위가 되니 그러므로 王母라 했다. 其는 六五 王母를 가리키는 대명사. 곧 六二는 유순중정의 덕을 굳게 지키면 貞吉하고 장차 六五의 왕모로부터 큰 복을 받으리라는 뜻. 六五는 음효가 되니 王이라 하지 않고 王母라 했다. 큰 복은 아마 작록(爵祿)을 의미하리라. 또는 단사에서 말한 '錫馬蕃庶'(석마번서)로 해석할 수도 있다. 六五를 왕으로 보고 六二를 제후로 보면 이런 해석이 된다. 구가역(九家易 : 荀爽九家易)에는 "五動得中正故로 二受大福矣라 大福謂馬與蕃庶之物是也ㅣ라"했다. 動은 효변(爻變)을 의미한다. 곧 六五變이면 상리괘의 지괘(변괘)는 건괘가 되고 제 5위는 강건중정의 효가 된다. 그리하여 六二는 강건중정의 5위와 음양상응하게 되므로 六二는 큰 복을 받게 된다 했다. 즉 '큰 복'이란 象에서 이르는 馬와 '蕃庶'(번서)의 物을 가리킨다는 설명이다.

象에 曰 受玆介福은 以中正也ㅣ니라
象에 가로되 '受慈介福'은 中正하기 때문이니라

'以中正也'(이중정야)는 중정하기 때문이라는 뜻. 以는 까닭, 때문의 뜻.

^{육삼} ^{중윤} ^{회망}
六三은 **衆允**이니 **悔亡**하니라
六三은 많은 사람(衆)이 믿음이니 悔가 없어지느니라

允은 진실로 윤. 신실하다해서 믿는다는 의미다. '衆允'(중윤)은 初六과 六二의 아래 두 음을 말하며, 또한 하괘는 곤괘니 衆의 상이기도 하다. 또 곤괘는 유순한 음효가 중첩되었으니 六三은 가장 중후한 효가 된다. 그러므로 衆允이라 했다. '悔亡'(회망). 六三은 음효·양위로 위부정이니 이는 '有悔'(유회)가 될 것이나, '衆允'으로 말미암아 悔亡이 된다. 아래 세 효는 유순한 덕을 가지고 급진(急進)하지 않으니 모두 貞吉하고 후회로울 일이 없다.

^상 ^왈 ^{중윤지} ^{지상행야}
象에 **曰 衆允之**는 **志上行也**ㅣ니라
象에 가로되 '衆允之'는 뜻이 올라감이니라

'志上行也'(지상행야)는 뜻이 (위로) 올라간다는 의미. 곧 신실한 뜻을 가진 아래 세 음이 무리하게 급진하지 않고 천천히 상진(上進)한다는 의미다. 아래 세 음은 상진해서 명덕을 가진 六五 천자에 순종하고자 한다.

^{구사} ^{진여석서} ^{정려}
九四는 **晉如鼫鼠**ㅣ니 **貞厲**하니라
九四는 晉如하고 鼫鼠이니 貞해도 위태하니라

鼫은 석서 석. 鼠는 쥐 서. '鼫鼠'(석서)는 다람쥐를 말한다. '晉如鼫鼠'(진여석서)는 다람쥐(날 다람쥐)처럼 민첩하게 나아간다는 뜻. 《주역술의》에는 "鼫은 碩과 같다. 2, 3, 4효의 호괘는 艮卦니 鼠가 되고 九四는 양효니 大가 되므로 碩鼠다" 했다. 즉 '鼫鼠'를 큰 쥐로 해석한 것이다. 唐代 이정조의 《주역집해》에는 "큰 쥐는 낮에 숨고 밤에 다닌다"(碩鼠는 晝伏夜行이라) 했다. 이렇듯 다람쥐 또는 큰 쥐의 두 가지로 해석할 수 있으나 큰 의미의 차이는 없어 보인다. '貞厲'(정려)는 비록 바른 도리라 해도 위험하다는 뜻. 貞吉은 貞해서

吉하다는 의미고 貞吝은 貞해도 吝하다는 의미다. 不貞은 물론 不吉이 되나 貞道도 時中이 아니면 貞吝, 貞厲가 되는 경우가 많다.

　九四는 양효·음위로 지부정한 효다. 2, 3, 4효의 호괘는 艮卦니 鼠의 상이 되고 陽大로 大鼠가 된다. 아래 세 효는 위로 나아가 六五 천자에 순종하고자 하나 이 지부정한 九四의 대신은 그것을 방해한다. 初六에 '摧如'(최여)라 하고 六二에 '愁如'(수여)라 함은 모두 이 九四의 방해를 받는다는 의미다. 비록 대신이라도 이처럼 지부정하면 貞厲가 됨은 물론이다. '晉如鼫鼠'(진여석서)는 효상이고 '貞厲'는 점사다.

　　象에 曰 鼫鼠貞厲는 位不當也ㄹ새니라
　　象에 가로되 '鼫鼠貞厲'는 位가 부당하기 때문이니라

　'位不當'(위부당)은 위부정과 같다. 九四는 晉時에서 강건한 양효로서 음의 자리에 있으니 그러므로 위부당이라 했다.

　　六五는 悔亡하니라 失得勿恤하고 往吉하여 无不利하니라
　　六五는 悔가 없어지니라. 失得을 근심하지 말고, 往하면 吉하여 이롭지 않음이 없느니라

　六五는 晉卦의 주효가 되고 또 상리괘(大明)의 주효도 된다. 음효·양위로 위부정이 되니 응당 悔가 되나 유순한 덕을 가진 음효로서 상괘의 중효가 되니 유순중덕을 지녔다. 또 제5위는 천위가 되고 上離卦의 明主가 넓은 국토에 많은 국민이 순종하고 晉時에 급진하지 않고 유진(柔進)하니 그러므로 '悔亡'(회망)이 된다.

　'失得勿恤'(실득물휼)은 곧 성사여부를 염려하지 말라는 뜻. 六五는 晉卦의 주효(主爻)인 동시에 상리괘(大明)의 주효가 되고 유순중덕을 가진 천자다. 만일 자신의 총명만을 과신해서 전후 좌우의 화협(和協)이 모자라거나 현신(賢

臣)들을 소홀히 하는 바가 있으면 '失得'(실득)의 失이 되고 원만히 화협하면 得이 되리니 大明의 六五 天子는 그런 失得을 근심하기보다는 오히려 자신의 유순중덕을 굳게 지키면 往吉이 되고 无不利하리라는 의미다. 无不利는 불리함이라곤 없다는 뜻이니 곧 매사가 잘 성취되리라는 의미다. 程子는 "不患其不能明照하고 患其用明之過라" 했다. 곧 자신의 明照가 불가능할까 근심하지 말고 用明에 지나침을 고려하라는 당부다. 晉時에는 지나친 행위를 조심하라는 의미다. 참고로, 來註에는 이렇게 씌어 있다.

易書에서 離卦(小成卦)나 또는 錯離(坎錯離) 또는 互卦의 離卦에는 모두 失得의 二字를 말했다. 比卦 九五의 錯離, 隨卦 六三變離, 噬嗑의 九四, 六五, 坎卦의 六二錯離, 明夷 九二, 解卦 九二의 錯離, 鼎卦 初六, 震卦 六二變 互卦는 離卦, 漸卦 六四의 互卦는 離卦, 豊卦 六二, 旅卦 九四, 巽卦 上九變은 坎卦니 그 錯卦는 離卦가 되니 모두 같은 의미를 지닌다.

凡易中에 遇離或錯離 或中爻離에 皆言失得二字라 如比卦九五錯離 (…) 隨卦六三變離 (…) 噬嗑九四 (…) 六五 (…) 坎卦錯離六二 (…) 明夷九三 (…) 解卦九二錯離 (…) 鼎卦初六 (…) 震卦六二變中爻爲離 (…) 漸卦中爻離六四 (…) 豊卦六二 (…) 旅九四 (…) 巽上九變坎錯離皆 (…) 皆一意也ㅣ라

이상 열세 괘를 들어서 모두 '失得'을 말했다는 설명이다.

象에 曰 失得勿恤은 往有慶也ㅣ니라
象에 가로되 '失得勿恤'은 往하면 경사가 있으리라

往은 '가다'의 뜻과 더불어 무슨 행위 또는 행사를 한다는 뜻을 지닌다. 慶은 경사 경. 유순중덕을 가졌고 大明의 주효가 되는 六五 천자는 신실한 신하들에게 진심으로 국정을 위임하여 그 실득을 근심하지 않으니 군신이 화협해서 큰 경사 곧 큰 공적을 세우게 되리라.

^{상구} ^{진기각} ^{유용벌읍} ^{여길무구} ^{정린}
上九는 晉其角이니 維用伐邑이요 厲吉无咎로되 貞吝하니라
上九는 그 뿔에 나아감이니 다만 읍을 침을 쓸 뿐이요, 위태하나 吉해서 허물은 없으되 貞해도 吝하니라

角은 뿔 각. 上九는 맨 위의 효가 되고 이괘(離卦)는 牛이므로 '晉其角'(진기각)이라 했다. 上九는 양효·음위로 위부정이고 晉卦의 종극이며 또한 상리괘의 종극이니, 그러므로 '晉其角'의 상으로 불리한 효가 된다.

維는 다만 유. '維用'(유용)은 '다만 …할 뿐'이라는 뜻. '維用伐邑'(유용벌읍). 다만 그 영역 내의 불순분자를 정벌한다는 뜻이다. 邑은 영지(領地) 읍. 영외(領外)의 사방을 정벌함은 외벌(外伐)이 되고 영내의 정벌은 내치가 되니 내치의 과정에서 불순자를 정벌하는 일은 비록 위태하나 吉无咎하다는 것이 '維用伐邑이요 厲吉无咎'의 의미다. '貞吝'은 비록 바른 일이라 해도 부끄러운 일이라는 뜻. 곧 자기의 영내에 불순자가 있어서 그들을 정벌하게 되는 사태 자체가 부끄러운 일이다. 上九는 부중, 과중, 진극(晉極), 명극(明極)이 되니 점사가 이와 같다. 晉時에 급진하는 효가 되므로 象占이 이러하다.

來註에는 "維는 維繫也ㅣ니 繫戀其三之陰私也ㅣ라" 했다. 즉 '維'를 묶을 유로 해석하여 上九가 응효 사이인 六三의 음효에 연연한다는 뜻으로 해석한 것이다. 그러나 晉卦에는 經文과 전문(傳文)이 모두 응비를 말하지 않고 유진(柔進)과 강진(剛進)을 말했으니, 음효는 모두 유진하기에 '吉无咎'(길무구)하다 했고 양효는 강진하기에 '貞厲'라 했다. 維는 '다만'으로 해석하는 것이 옳다고 본다.

^상 ^왈 ^{유용벌읍} ^{도미광야}
象에 曰 維用伐邑은 道未光也ㅣ니라
象에 가로되 '維用伐邑'은 道가 아직 光大하지 않음이니라

光은 光大, '道未光'(도미광)은 도가 아직 광대하지 않다는 뜻. 순상(荀爽)은 "陽雖在上이나 動入冥豫라 故로 道未光也ㅣ라" 했다. 곧 양효가 비록 상

위에 있어도 변하면 예괘(豫卦) 上六의 '冥豫'(명예)가 된다. 그러므로 '道未光'이라 했다는 설명이다. 괘변설(卦變說)이다.

火地晉卦(화지진괘)는 급진하여 급쇠하는 괘다. 곧 하루의 운명을 단정한 괘다. 영화(榮華)를 오랫동안 누리려면 바른 도리를 굳게 지키고 유순해야 한다.

아래 세 음(初六 六二 六三)은 '拔茅茹'(발모여 : 泰卦와 否卦의 단사)처럼 견연(牽連)해서 바른 도리를 굳게 지키고 유진하므로 모두 길한 효가 된다.

九四는 양효·음위로 위부정하고 강진하기에 올곧아도 위태롭다.

六五는 晉卦의 주효가 되고 상리괘의 명주(明主)가 되며 유순중덕을 가진 성천자다. 그러므로 효사에는 '往吉无不利'(왕길무불리)라 했고 상전(象傳)에는 '往有慶也'(왕유경야)라 했다.

제5 위가 음효인 경우에는 길한 효도 있고 불길한 효도 있다. 화천대유괘의 六五에는 '厥孚 交如 威如 吉'이라 하여 곤괘 六五의 '黃裳元吉'(황상원길)과 함께 대길하고, 대장괘 六五에는 '喪牛于易'(상우우역)이라 했으니 같은 유순중덕을 지녔어도 시대에 따라 이와 같은 차이가 있다.

또 五位가 양효인 경우에도 건괘 九五에는 '飛龍在天'이라 했고, 준괘(屯卦) 九五에는 '屯其膏'(준기고)라 했으니 역시 시대의 차이다. 64괘는 모두 그 시대에 적중한 도리를 취하면 길하고 부적당하면 불길하게 되니 곧 그 시대와 지위, 재덕에 부합하는 도리를 취해야 吉하게 된다.

上九는 양효·음위로 위부정하고 진극, 명극으로 불길한 효가 되나 반성해서 개과천선하면 길하리니 효사의 '維用伐邑'(유용벌읍)은 내성개과(內省改過)를 권유하는 말이다. 정자는 "건괘의 자강불식을 하면 守道가 더욱 견고하게 될 것이고 進極하면 개과천선이 더욱 빠를 것이다"(剛極則守道愈固하고 進極則遷善愈速이라) 했다. 강극(剛極), 진극(進極)을 수도(修道)에 견주어 설명한 것이다.

地火明夷
☷☲
離 下
坤 上

　　　　명 이　　이 간 정
　　明夷는 利艱貞하니라

　　　　　단 왈 명입지중　　명이　　내문명이외유순　　　이몽대난
　　象에 曰 明入地中이 明夷니 內文明而外柔順하여 以蒙大難은
　　　　문 왕　　 이지　　이간정　　회기명야　　　내난이능정기지
　　文王이 以之하고 利艱貞은 晦其明也ㅣ니 內難而能正其志는
　　　　　기 자　이지
　　箕子ㅣ 以之니라

　　　　　상 왈 명입지중　　명이　　군자　이　　이중　　용회이명
　　象에 曰 明入地中이 明夷니 君子ㅣ 以하여 涖衆에 用晦而明하
　　나니라

　　　초 구　 명이　 우비　수기익　　 군자우행　　삼일불식
　　初九는 明夷니 于飛에 垂其翼이요 君子于行은 三日不食이요
　　　유유왕　 주인유언
　　有攸往엔 主人有言이리라
　　　　　상 왈 군자우행　 의불식야
　　象에 曰 君子于行은 義不食也ㅣ니라
　　　육 이　 명이　 이우좌고　　용증마장　 길
　　六二는 明夷니 夷于左股로되 用拯馬壯하면 吉하리라

象에 曰 六二之吉은 順以則也ㅣ니라

九三은 明夷니 于南狩에 得其大首로도 不可疾이요 貞이니라

象에 曰 南狩之志는 乃大得也ㅣ니라

六四는 入于左腹하여 獲明夷之心하고 于出門庭이니라

象에 曰 入于左腹은 獲心意也ㅣ니라

六五는 箕子之明夷니 利貞하니라

象에 曰 箕子之貞은 明不可息也ㅣ니라

上六은 不明晦니 初登于天이요 後入于地니라

象에 曰 初登于天은 照四國也ㅣ오 後入于地는 失則也ㅣ니라

明^{명이}夷는 利^{이간정}艱貞하니라
明夷는 艱貞이 이로우니라

明夷卦(명이괘)는 離下坤上(이하곤상)의 괘다. 상곤괘는 地고 하리괘는 火(태양)다. 地와 火와 괘명의 明夷를 합해서 地火明夷(지화명이)☷☲라 하여 괘형과 괘명을 기억하게 한다.

夷는 오랑캐 이. 痍(다칠 이)와 같다. 곧 '傷하다'의 뜻으로 해석한다. 明夷는 明이 傷하다, 명덕군자(明德君子)가 상해를 입다, 태양이 땅밑으로 들어가다의 의미다. 즉 상곤괘는 地고 하리괘는 火(태양)로서 태양이 땅밑에 들어간 상이 되니 그러므로 明이 傷한다는 의미로 괘명을 明夷라 했다.

화지진괘☷☳는 태양이 지상에 올라와 성대한 세력으로 급진하는 의미의 괘고 명이괘는 이와 반대로 태양이 지하에 들어갔으니 지상은 밤이 된다. 晉卦는 낮을, 明夷卦는 밤을 상징한다. 진괘는 문명사회를 의미하고 명이괘는 암흑사회를 의미한다. 진괘는 명덕을 가진 군왕이 위에 있어서 문명사회를 이루고 있으니 천하의 제후 신민들은 모두 그 군왕을 앙모해서 태평성세를 이루는 반면, 명이괘는 혼암(昏暗)한 군왕(上六)이 위에 있어 명덕을 가진 제후 신민이 모두 간난신고(艱難辛苦)하는 상으로 곧 암흑사회를 의미한다. 晉卦와 明夷卦는 종괘가 되기에 그 내용이 정반대로 된다. 명이괘는 암흑 시대에 처신하는 도리를 말했다.

어느 괘라도 그 성괘(成卦)의 원인과 처신하는 도리가 괘상에 나타나 있다. 상하의 괘덕으로써 말하면 하리괘는 태양 곧 문명을 의미하고 명덕을 의미한다. 상곤괘는 유순한 덕을 의미하고 (여기서는) 암흑사회를 의미하기도 한다. 내괘(하괘)는 문명, 명덕의 괘가 되니 이것은 內文明(내괘가 되므로) 곧 내심에 명덕을 가진 것이 되고 외괘(상괘)는 유순한 덕을 가졌으니 그러므로 '內文明而外柔順'(내문명이외유순)이 된다. 곧 내심에는 명덕을 가지면서 외모는 유순하다는 괘덕이 된다.

상하의 괘상으로써 말하면 하리괘는 태양이 지하에 들어간 상이 되니 상곤괘의 지상은 암흑사회가 된다. 그러므로 암흑사회에 처신하는 도리도 괘상에 나타나고 있다. 곧 내심에 가진 명덕(하리괘)은 외모에 나타내지 않고 晦其明(회기명 : 그 명덕을 감춤)해서 난(難)을 피하는 괘상이 된다(상곤괘를 암흑으로 봄). 고사로써 말하면 은말(殷末) 주왕(紂王)시절에 문왕은 '內文明而外柔順'으로 대처하고 箕子(기자 : 箕子朝鮮의 시조)는 '內文明而晦其明'(내문명이회기명)으로 화를 피했다 한다. 기자의 聖으로도 주왕 시절에는 광인이 되어서 화를 피했다 하니 이것이 晦其明의 의미다.

괘상으로 말하면 태양이 지하에 들어갔으니 이른바 明夷가 되고 명이 상해됨이 성괘의 원인이 되며, '內文明而外柔順(文王)'과 '內文明而晦其明(箕子)'이 明夷時에 처신하는 도리다. 시대상황에 따라서 대처하는 도리가 다름은 물론이다. 그러므로 괘에는 성괘의 원인과 처신하는 도리가 함께 그 가운데 나타난다.

〈서괘전〉에는 "晋卦는 급진하는 괘다. 급진하면 필연코 상해를 당하기 쉬우리라. 그러므로 진괘 다음에 명이괘로서 받았으니 夷는 傷한다는 의미다"(晋者는 進也ㅣ니라 進必有所傷이리라 故로 受之以明夷니 夷者는 傷也ㅣ니라)했다. 〈잡괘전〉에는 "明夷는 誅也ㅣ라" 했다. 誅는 벨 주. 죽인다는 의미로서 여기서는 곧 毁傷(훼상 : 헐어 상하게 함)과 같은 의미다. 문명이 극성하면 필연코 내부적으로 자괴(自壞)작용이 일어나게 된다. 낮이 가면 밤이 오는 것이 자연의 이법이요 천행이다. 단전에는 문왕과 기자(箕子)의 二聖이 明夷時에 처신하는 도리를 설명했다.

■ 明夷는 利艱貞하니라

'艱貞'(간정)은 비록 간난신고를 겪을지라도 정도를 굳게 지킨다는 의미다. 明夷 시대는 악덕 소인들이 득세한 암흑시대다. 성인군자는 만약에 바른 도리를 지키지 못하고 소인들에 협조하게 되면 세악(世惡)에 빠져서 설사 그 몸은 보전하게 되더라도 군자지도(人道)는 잃게 될 것이고, 또 소인들에 반하여 공격한다면 때로는 생명까지도 위험한 경우도 있으리니 艱貞으로 그 道를 굳게 지켜야 利하리라는 것이 '利艱貞'의 의미다. 곧 艱貞으로써 화를 면한다는 의미다.

단사는 대략 주괘의 주효, 또는 성괘의 주효를 들어서 말했다. '利艱貞'(이간정)은 주로 六五에 대한 말이다. 내심에 가진 명덕을 숨기고 외면에 나타내지 않도록 하고 몹시 곤란한 처지에 이르러서도 견디고 정도를 굳게 지켜서 화를 피하라는 것이 단사의 주된 뜻이다.

象에 曰 明入地中이 明夷니 內文明而外柔順하여 以蒙大難은 文王이 以之하고 利艱貞은 晦其明也ㅣ니 內難而能正其志는 箕子ㅣ以之니라

象에 가로되 明이 地中에 들어감이 明夷니, 內는 文明하고 外는 유순해서 이로써 大難을 만남은 文王이 이것을 썼고(이러하고) '利艱貞'은 그 明을 감춤이니 內難함에 그래도 능히 그 뜻을 바르게 함은 箕子가 이것을 썼느니라(이러함이니라)

■ 象에 曰 明入地中이 明夷니

晉卦는 離上坤下(이상곤하)의 '明出地上'(명출지상)이 되고, 명이괘는 坤上離下(곤상리하)의 '明入地中'(명입지중)이 된다. 곧 상하의 괘체로써 괘명을 설명했다.

■ 內文明而外柔順하여 以蒙大難은 文王이 以之하고

'內文明而外柔順'(내문명이외유순). 내괘인 이괘의 덕은 문명이고 외괘인 곤괘의 덕은 유순이다. 곧 상하의 괘덕을 설명한 말이다. '蒙'(몽)은 입다, 만나다. 逢(봉)과 같다. '文王以之'(문왕이지)의 以는 用과 같다. 곧 문왕은 內文明而外柔順의 덕을 이용한다, 또는 그 덕을 가진다는 뜻. 곧 문왕이 이와 같다는 뜻이다. 문왕은 바로 그러한 덕으로써 주왕(紂王)을 천자로 섬기었으나 도

리어 紂의 미움을 받아 유리옥(羑里獄)에 갇히게 되었다. 그러나 문왕은 또한 그 덕으로써 화를 면하게 되었다는 것이 '文王以之'의 의미다.

■ 利艱貞은 晦其明也ㅣ니 內難而能正其志는 箕子ㅣ以之니라

晦는 그믐 회. 여기서는 '감추다'의 뜻이다. '晦其明'(회기명)은 그 명덕을 감춘다는 뜻. '內難'(내난)은 나라 안에 재난이 있다는 뜻. '能正其志'(능정기지)는 그 뜻을 바르게 지킬 수 있다 또는 그 바른 도리를 굳게 지킨다는 뜻이다. '箕子以之'(기자이지)는 기자가 이것을 쓰다. 곧 기자가 이렇게 했다는 뜻이다. 기자는 주왕의 諸父(제부 즉 숙부)가 된다. 미자(微子)는 주왕의 형이 되고 기자는 미자를 은천자(殷天子)의 후사(後嗣)로 삼고자 했다고 한다. 주왕은 젊을 때는 건강하고 총명하며 용모도 단정하고 변설(辯舌)도 우수했으니, 천자 제을(帝乙)이 특히 총애하여 기자의 의견을 거절하고 막내인 紂를 태자로 정하여 후계자로 삼았다 한다. 그 후 紂는 즉위하고 나서 기자를 늘 미워했으니 기자는 양광(佯狂 : 미친 척함)이 되어 주왕에 잡혀서 노예가 되었다 한다. 그 후 周 무왕이 주왕을 토벌하여 천하통일을 이룬 후에 무왕에게 천하를 경륜하는 홍범구주(洪範九疇)를 전수했다 한다. 단사는 주로 六五를 설명했고, 기자와 같은 도리를 취해서 재화(災禍)를 피하라는 당부다.

단전은 주로 문왕과 기자를 말했으나, 상하의 두 괘를 나누어서 보면 하리괘는 문명의 덕을 가진 괘고 상곤괘는 세 효가 모두 음효이니 따라서 암흑의 괘가 된다. 하리괘를 周初로 보면 상곤괘는 殷末이 된다.

6효로 나누어서 보면 아래의 다섯 효 곧 初九, 六二, 九三, 六四, 六五의 각 효는 명덕을 가진 爻로 보고 上六은 암흑의 주로 본다. 또 六爻를 은말 주초의 인물에 견주어서 보면 初九는 백이숙제(伯夷叔齊), 태공망(太公望)에 해당하고, 六二는 周 문왕에, 九三은 周 무왕, 六四는 은미자(殷微子 : 주왕의 兄), 六五는 기자(주왕의 諸父)에 해당하며 上六이 주왕에 해당한다. 이 上六의 효가 있어서 은말의 암흑사회가 이루어졌으니 이 上六이 성괘의 주효가 된다.

六二는 유순중정의 덕을 가졌으니 그러므로 단전에는 '內文明而外柔順 以

蒙大難'(내문명이외유순 이몽대난)이라 했고 六五는 유순중덕을 가졌으나 上六의 바로 밑이 되므로(紂王에 臨迫함) '利艱貞 晦其明也 內難而能正其志'라 했다. 곧 간난신고에 견디고 명덕을 감추어 바른 도리를 굳게 지킨 효로서 기자에 해당한다. 문왕의 수난은 주나라의 대난(大難)이 되기에 '以蒙大難'이라 했고 기자의 수난은 말하자면 가족 내의 수난이 되니 그러므로 '內難'이라 했다. 六二, 六五가 주괘의 주효가 된다.

아래 세 효는 周初의 인물들이고 위의 세 효는 殷末의 인물들로 본 설명이 되니, 다른 괘에서 대략 초효는 서민, 제2효는 士의 지위 등으로 보는 것과는 달라 명이괘는 특수한 해석이 된다.

象에 曰 明入地中이 明夷니 君子ㅣ 以하여 涖衆에 用晦而明하나니라

象에 가로되 明이 지중에 들어감이 明夷니, 군자는 이로써 衆에 임함에 晦를 써서 밝히느니라

■ 象에 曰 明入地中이 明夷니

태양이 지중(地中)에 들어간 것이 明夷의 괘상이다. 晉과 明夷는 종괘가 되니 晉卦 대상전(大象傳)의 '明出地上'(명출지상)과는 정반대의 내용이 된다.

■ 君子ㅣ 以하여 涖衆에 用晦而明하나니라

涖는 다다를 리. 어떤 자리에 임(臨)한다는 뜻. 곧 臨과 같은 뜻이다. 衆은 대중, 만민의 뜻. 晦는 회덕(晦德). 명덕을 감춘다는 뜻. '用晦而明'(용회이명)은 알면서도 때로는 모르는 척해서 관대한 마음으로 임하면 만민은 장차 깨닫게 되고 대국적으로는 크게 밝힘이 되리라는 뜻. 이것은 명덕을 감춘다는 의미에서 나온 말이니 '晦其明'(회기명)을 뒤집어 '用晦而明'이라 했다. 분주하게 간섭하지 않는 것이 때로는 좋은 성과를 얻는 경우가 많다. 明出地上의 시대에는 '自昭明德'(자소명덕)을 말했고, 明入地中의 시대에는 '用晦而明'이라 했다.

初九는 明夷니 于飛에 垂其翼이요 君子于行에 三日不食이요
有攸往엔 主人有言이리라
初九는 明夷니 날아감에 그 날개를 드리우고, 군자가 감에 삼일을 먹지 아니
함이요, 갈 바 있음에는 주인이 말이 있으리라

■ 初九는 明夷니 于飛에 垂其翼이요

'明夷'(명이)는 명덕이 훼상(毁傷)된다는 뜻이니 明入地中 곧 암흑시대라는 의미다. 初九는 양효로서 강건재덕을 가졌고 양효·양위로 위정하며 하리괘의 한 효가 되어 명덕을 가진 군자다. 明夷初에 이 군자는 장차 재화가 생길 것을 예측하고 있다. 于는 어조사이나 여기서는 行과 같은 뜻.

于飛(우비)는 날아간다는 뜻이다. '垂其翼'(수기익). 높이 날면 눈에 띄기 쉬우니 初九의 군자는 날개를 드리우고 낮게 날아간다. 즉 기미(幾微)를 아는 군자는 은밀하게 행동한다는 의미가 된다. 이괘(離卦)의 상은 새가 되니 그러므로 '于飛 垂其翼'(우비 수기익)이라 했다.

'垂其翼'에 대해서 정자, 주자, 내자 등의 선유는 날개가 상해서(明夷時의 재화로 해석함) 드리운다는 해석을 했으나 《주역절중》에 항안세는 "垂其翼은 夷를 말함이 아니요 傷이 아니다. 六二에 夷于左股(이우좌고)라 했으니 이것은 이미 傷을 말함이다. '以垂其翼('이수기익)'으로 날개가 다쳤다고 설명하는 이들도 있으나 잘못이다. 곧 날개를 거두어서 낮게 날아감은 화를 피하는 상이다"(垂其翼은 不言夷요 未傷也ㅣ라 夷于左股는 言已傷也ㅣ라 說者ㅣ 以垂其翼으로 爲傷翼은 非也ㅣ라 斂翼而下飛者는 避禍之象也ㅣ라) 했다.

우리는 항안세의 설을 취하기로 한다.

■ 君子于行에 三日不食이요 有攸往엔 主人有言이니라

범인(凡人)은 앞날의 재화(災禍)를 예측 못하나 강명(剛明)한 初九의 군자는 기미(幾微)를 알고 사흘을 먹지 못할지라도 은피(隱避)를 단행한다.

來註에는 "三日不食은 離卦가 팔괘정위(八卦正位：乾·兌·離·震·巽·坎·艮·坤)의 세 번째에 있으니 三의 상이 되고, 또한 이괘는 日의 상이므로 三日의 상이 된다. 이괘는 중허(中虛：1 음이 중위에 있음)하니 또 대복(大腹), 공복(空腹)으로 불식(不食)의 상이다"(三日不食者는 離居三이니 三之象也ㅣ오 離爲日은 三日之象也ㅣ라 離中虛하니 又爲大腹 空腹 不食之象也ㅣ라) 했다.

강명한 初九의 군자가 갑자기 은퇴하니 만나는 지인(주인)은 그 기미를 모르고 初九의 군자를 비난한다. 여기서는 길흉을 말하지 않았으나 明夷初의 긴박한 상태가 효사에 나타나고 있다. 곧 빨리 은피하면 무구하리라는 의미를 품고 있다. 선유는 이 初九를 백이·숙제와 태공망과 같은 존재라 했다. 강태공과 문왕의 일화는 유명하다.

象에 曰 君子于行은 義不食也ㅣ니라
象에 가로되 '君子于行'은 義(의리)로 먹지 아니함이니라

'于行'은 官位를 버리고 은둔한다는 뜻. '食'은 식록(食祿：봉록을 받음)을 의미하기도 한다. '義不食'(의불식)은 의리상 봉록을 받지 않는다는 뜻. 군자는 도의를 중시하므로 부정한 행위로 봉록을 받지 않는다.

백이와 숙제는 '수양산 채미(採薇)'로 유명하다. 採薇는 고비를 캔다는 뜻. 조선때 사육신 성삼문(成三問)은 "초목도 모두 周나라의 비와 이슬로 자란 것이니 수양산의 고비만을 먹었다 하나 그도 부끄러운 일이다"(草木亦霑周雨露 愧君猶食首陽薇)라 했다 한다. 엄숙한 말이다.

六二는 明夷니 夷于左股로되 用拯馬壯하면 吉하리라
六二는 明夷니 왼쪽 다리를 상하되 구조(拯)함에 馬壯을 쓰면 吉하리라

오른쪽이 아닌 왼쪽 넓적다리를 다쳤다 했으니 비교적 정도가 가벼움을 암시한 말이다. 初九는 上六(暗君)과 가장 먼 곳에 있으므로 '有攸往'(유유왕)으

로 다치지 않는 상이 되고 六二는 初九보다는 上六에 가까우므로 '夷于左股'(이우좌고)의 상이 된다. '用拯馬壯 吉'은 구조(救助)하는 데 건장한 말을 쓰면 길하리라는 뜻이다. 拯은 도울 증. 구조의 뜻이다.

六二는 음효·음위로 위정 지정하고 하리괘의 중효로서 유순중정의 덕을 가졌으며 문명의 주효요 주괘의 주효가 된다.

殷末의 인물로 말하면 周 문왕과 같은 존재다. 문왕은 당시에 천하의 3분의 2를 가지고도 紂를 천자로 섬기고 신하의 예의를 다해서 紂의 개과천선을 기대했다. 그러나 紂는 도리어 유리옥에 문왕을 유폐시켰으니 '夷于左股'(이우좌고)는 이런 사실(史實)을 암시하는 듯싶다. 그 후 산의생(散宜生), 굉요(閎夭)등의 현신(賢臣)들이 미녀와 진귀한 보물을 바치니 紂는 크게 좋아해서 문왕을 사면하고 서백(西伯：首諸侯)으로 정했다 한다. '用拯馬壯 吉'이 가리키는 내용이다.

六二가 吉을 얻는 데에는 유순중정의 대덕을 가진 것과 또 '用拯馬壯'(용증마장)의 두 가지가 요점이 된다. 來註에는 "此爻變乾은 爲健 爲良馬니 馬健壯之象也ㅣ라" 했다. 곧 六二가 변하면 하괘는 건괘가 되니 건괘는 健이고 양마(良馬)다. 그러므로 말이 건강하다는 상이 된다는 것이다.

象에 曰 六二之吉은 順以則也ㅣ니라
象에 가로되 '六二之吉'은 순해서 법(則)이 있기 때문이니라

'順以則也'(순이칙야)는 순해서 법이 있기 때문이라는 뜻. 以는 까닭을 나타낸다. 六二는 음효여서 순덕(順德)을 가졌고 또한 중정(中正)으로써 '則'이 된다. 來註에는 "順은 외유순(外柔順)의 의미고 則은 법칙이니 외모는 비록 유순하나 내심은 진실하고 문명하여 법칙을 가졌다는 의미다"(順者는 外柔順也ㅣ오 則者는 法則也ㅣ니 言外雖柔順而內實文明有法則也ㅣ라) 했다.

구삼　　명이　　우남수　　　득기대수　　　불가질　　정
九三은 **明夷**니 **于南狩**에 **得其大首**로도 **不可疾**이요 **貞**이니라

九三은 明夷니 남쪽으로 가서 사냥함에 그 大首을 얻을지라도 빨리함이 可하지 않고 貞함이니라(바르게 함이니라)

南은 밝은 곳, 文明한 곳이라는 뜻이 된다. 狩는 사냥 수. 전답에 해를 끼치는 산짐승을 잡는다는 뜻. '于南狩'(우남수)는 남쪽으로 가서 사냥한다는 뜻. 于飛, 于行, 于南狩의 于자는 모두 行의 뜻이다. '大首'(대수)는 암흑 사회를 만든 괴수, 곧 上六을 가리킨다. 서주(西周)로 말하면 은도(殷都)는 남방이 되므로 '于南狩'라 했고 紂王을 정벌한다는 의미로 '得其大首'(득기대수)라 했다. '得其大首'는 '雖得其大首'(수득기대수)의 뜻이니 비록 大首를 얻을 수 있더라도의 뜻. '不可疾'(불가질)은 빨리 정벌함은 불가하다는 뜻. 疾은 빠를 질. '貞'은 정도(貞道)를 지켜야 한다는 뜻.

九三은 양효·양위로 위정하고 하리괘의 상효가 되니 명덕이 지극한(九三은 明極) 효다. 그러나 과중, 강과가 되니 지나친 행위를 하기 쉽다. 그러므로 '不可疾 貞'이라 했다. 〈정전〉(程傳)에는 '如商周之湯武'(여상주지탕무)라 했다. 곧 殷 탕왕(湯王)과 周 무왕에 해당하는 효라는 의미다.

무왕으로 말하면 紂를 정벌해서 승리하게 될 것이나 여론이 성숙한 다음에 바른 도리로써 행사해야 한다는 계언(戒言)이다. 혁괘(革卦)에 '革言三就'(혁언삼취)라 한 것도 같은 의미다. 주왕의 포학무도함에 신음하다가 盟津(맹진 : 지금의 河南省 孟縣)에 모인 8백 제후는 紂를 치도록 무왕에게 간권(諫勸)했으나 무왕은 "아직은 안 된다. 너희들은 아직 천명을 모른다" 했다고 한다. 이런 것이 곧 '不可疾'의 의미다. 그 2년 후에 주왕의 포학이 더욱 심해져서 기어코 무왕은 주왕을 정벌해서 은나라를 멸망시켰다 한다.

상　왈　남수지지　　내대득야
象에 **曰 南狩之志**는 **乃大得也**ㅣ니라

象에 가로되 '南狩'의 뜻은 곧 크게 얻음이니라

地火明夷

'乃大得也'(내대득야)는 곧 크게 얻게 되리라. 대성공하리라는 뜻. 乃는 곧 卽과 같다. '南狩之志'(남수지지)는 九三이 지닌 남방출정의 뜻.

來註에는 "천하를 얻는 데에는 도리가 있으니 그 국민을 얻을 것이요 국민을 얻는 것은 곧 그 민심을 얻는 것이다. 잔포(殘暴)를 제거함은 필연코 크게 민심을 얻는 일이 된다"(得天下有道하니 得其民也ㅣ오 得其民者는 得其心也ㅣ라 除殘去暴은 必大得民心이라) 했다.

_{육사} _{입우좌복} _{획명이지심} _{우출문정}
六四는 入于左腹하여 獲明夷之心하고 于出門庭이니라
六四는 왼쪽 배에 들어가서 明夷의 마음을 얻고 문정을 나감이니라

來註에는 "이 六四는 미자(微子)를 가리킨 말이니, 대개 初九는 백이와 숙제를 가리키고 六二는 문왕을 가리키며 九三은 무왕을, 六五는 기자를, 상효는 紂를 가리킨다"(此爻는 指微子言이라 蓋初爻는 指伯夷하고 二爻는 指文王하고 三爻는 指武王하고 五爻는 指箕子하고 上爻는 指紂라) 했다.

하리괘의 세 효는 명덕을 가진 효로 보고(周 왕조 발상기의 인물들), 상곤괘의 세 효는 어리석은 군왕을 가진 은말의 조정(朝廷), 친족에 관한 일을 말한 것으로 해석한다.

'入于左腹'(입우좌복). 左腹은 왼쪽 배. '入于左腹'은 왼쪽 배에 들어간다는 뜻이다. 〈설괘전〉에 '坤은 腹이 된다' 했다. 六四는 곤괘의 한 효가 되니 그러므로 腹이라 했다. 사람의 몸으로 말하면 초효는 足이 되고 六二는 股가 된다. 그러므로 六二에는 '夷于左股'(이우좌고)라 했다. 九三은 腰(허리)가 되고, 六四는 腹, 六五는 胸, 上六은 首가 된다. 六四는 上六의 腹心의 효가 되니(微子는 紂의 實兄) 그러므로 '入于左腹'이라 했다.

'獲明夷之心'(획명이지심). 明夷, 즉 上六 주왕의 심지(心志)를 잘 알게 된다는 뜻. 미자는 紂의 친형으로 그의 복심지신(腹心之臣)이 되기 때문이다.

'于出門庭'(우출문정). 于는 行과 같은 뜻. 于出門庭은 문 밖으로 나가다, 곧 조정(朝廷)을 떠나서 피신한다는 뜻이다. 미자는 紂의 심지를 잘 알기에

이대로는 자신이 살해를 당하게 됨은 물론이고 조선봉사(祖先奉祀)할 사람도 없게 되니 그러므로 왕자 비간(比干)과 기자와 상의해서 피신하기로 했다 한다. 그 후 周 천하가 확립되고 나서 미자는 宋國에 봉하게 되어 周에서 빈객 대우를 받게 되었다.

　六四는 음효·음위로 위정 지정하고 음효니 유순하며 곧 유순득정(柔順得正)으로 明夷時에 거스르는 행위를 하지 않으니 그러므로 難을 피하고 吉을 얻게 된다.

象에 曰 入于左腹은 獲心意也ㅣ니라
象에 가로되 '入于左腹'은 心意를 얻음이니라

'獲心意也'(획심의야)는 그 심의(心意)를 잘 안다는 뜻. 그러므로 微子는 피신득길(避身得吉)했다는 뜻이다.

六五는 箕子之明夷니 利貞하니라
六五는 箕子의 明夷니 貞함에 이로우니라

'箕子之明夷'(기자지명이)는 기자의 명덕이 상해를 당한다는 뜻. '利貞'은 기자의 처지로는 貞해야 이롭다는 뜻. 六五는 음유하기에 그것을 경계해서 利貞이라 했다. 일반적으로는 제5위를 천위(天位)로 해석하나 이 괘에서는 上六을 천자위로 본다. 上六은 음암(陰暗)하고 明夷의 종극, 곧 明夷가 극심한 효가 되기 때문이다. 六五는 암군(暗君:上六)에 가장 가까운 효이며 기자는 주왕의 숙부이니 암군에 가장 가까운 친족이 된다. 그러므로 기자는 양광(佯狂)하여 紂의 노예가 되었으니, 그러는 중에도 기자는 정도를 굳게 지키고 殷朝 멸망 후에 조선왕(기자조선)으로 봉하게 되었다.

　단사의 '利艱貞'(이간정)은 주로 이 六五에 대한 말이다. 또 六五는 六二와 함께 주괘의 주효도 된다.

^상 ^왈 ^{기자지정} ^{명불가식 야}
象에 曰 箕子之貞은 明不可息也ㅣ니라

象에 가로되 '箕子之貞'은 明이 可히 쉬지 않음이니라

'箕子之貞'(기자지정)은 기자의 명덕. '明不可息'(명불가식)은 紂의 포악함으로도 기자가 지닌 명덕을 그치게 할 수는 없다는 의미다. 기자를 극찬한 말이다.

^{상육} ^{불명회} ^{초등우천} ^{후입우지}
上六은 不明晦니 初登于天이오 後入于地니라

上六은 밝지 아니하여 어둠이니, 처음에는 天에 오르고 나중에는 땅에 들어감이니라

上六은 명이괘의 성괘의 주효다. 이 上六이 있어서 명이괘가 성립되고 명덕자(明德者)가 상해를 당한다. 즉 암흑사회를 만드는 주인공이니 殷末 주왕에 해당하는 효다. '不明晦'(불명회). 밝지 못하여 어둡다는 것은 곧 명덕이 없어 암매(暗昧)하다, 어리석다는 뜻이다. 晦는 그믐 회. 그믐밤과도 같은 암흑사회를 시사하고 있다.

'初登于天'(초등우천). 처음에는 하늘로 오른다. 곧 지위로 말하면 가장 높은 천자위에 즉위한다는 뜻이다. '後入于地'(후입우지). 나중에는 지옥에 들어간다. 즉위시에는 천하 만국을 호령했으나 그 후 덕을 잃어 멸망당한다는 뜻이다. 《맹자》 離婁(이루)편(註 : 離婁는 황제(黃帝) 시대의 명목자(明目者), 婁는 거둘 루. 收와 같은 뜻)에는 이렇게 씌어 있다.

滄浪水가 맑으면 나의 갓끈을 씻으리라, 滄浪水가 흐리면 나의 발을 씻으리라 했거늘 孔子는 '小子들아 들어라. 맑으면 갓끈을 씻고 흐리면 발을 씻으리라 했으니 이것은 自取다. 곧 스스로 선택한 것이다' 하셨다. 대체로 사람은 필연코 스스로 자신을 업신여긴 다음에 남이 나를 업신여기게 되고 가정도 자기가 스스로 훼손한 연후에 남이 훼손하게 되며 국가도 스스로를 친(伐) 다음에 남이 侵伐하게 된다. 商書太甲에 '하늘이 내린 재앙은 차라리 어길 수 있어도 스스로 만든 재앙은 피할 수 없다' 했으니 이를 이름이다.

滄浪之水淸兮여 可以濯我纓이로다 滄浪之水濁兮여 可以濯我足이라하여늘 孔子ㅣ 曰 小子아 聽之어라 淸斯濯纓이요 濁斯濯足矣라하니 自取之也ㅣ라하시니라 夫人必自侮然後에 人侮之하고 家必自毁然後에 人毁之하고 國必自伐而後에 人伐之니 太甲에 曰 天作孽은 猶可違어니와 自作孽은 不可活이라하니 此之謂也ㅣ니라

象에 曰 初登于天은 照四國也ㅣ오 後入于地는 反則也ㅣ니라
象에 가로되 '初登于天'은 四國을 비춤이요, '後入于地'는 법을 잃음이니라

'初登于天'(초등우천)은 처음에는 하늘에 오른다는 뜻. '後入于地'(후입우지)는 나중에는 땅으로 들어간다는 뜻.

'照四國'(조사국). 곧 천하에 군림한다는 뜻. 처음엔 태양이 천상에서 천하 사방을 비추는 것처럼 천하를 호령하는 천자로 즉위한다.

'反則'(반칙). 법칙을 위반한다는 뜻. 법도를 어겨 포악한 행동을 하다가 멸망당하여 마치 지옥에 떨어진 것과 같게 되었다. 주역의 64괘 384효의 길흉회린은 모두 공자가 말한 '自取之'(자취지)다.

《중용》 26장에 "'천명의 유심현원한 도리는 쉬지 않는다' 하니 말하자면 天의 天됨의 소이이고 '아아 어찌 나타나지 않을 것이냐, 문왕의 순수한 덕(明德)이여' 하니 말하자면 문왕의 文되는 소이는 순일부잡(純一不雜)하고 불이(不已)하기 때문이다. 만물을 생생불이(生生不已)하는 문왕의 순일부잡한 명덕도 천도와 같이 쉬지 않는다"(詩云維天之命이 於穆不已라하니 蓋曰天之所以爲天也ㅣ오 於乎不顯가 文王之德之純이여하니 蓋曰文王之所以爲文也는 純亦不已니라)[4] 했다.

《대학》에 '明明德'(명명덕)이라 함은 명덕, 곧 천부물수(天賦物受)의 명덕을 밝힌다는 의미다. 지성(至誠)이라야 지행(至幸)을 향유한다. 맹자 진심편에

---

[4] 詩는 周頌 維天之命(유천지명) 篇을 가리킨다. 維(바 유)는 어조사. 於(탄식할 오)는 於乎(오호)와 같은 의미의 감탄사. '아아'와 같다. 穆(그윽한 모양 목)은 심원하다는 뜻. 維深玄遠(유심현원), 곧 天道를 의미한다.

"盡其心이면 知其性이요 知其性이면 知其天이라"(그 마음을 다하면 인성을 알게 되고 인성을 알면 天을 알게 된다) 했다. 한없이 선망되는 말이다.

地火明夷卦(지화명이괘)를 다시 정리해 보자. 하리괘의 세 효는 명덕을 가진 효로서 周初의 창건기를 상징하고, 상리괘는 殷末의 친족조정(親族朝廷)을 상징한다.

初九는 양효·양위로 지정하고 강건재덕을 가진 군자다. 明智로써 잘 처신하기에 화를 면하게 된다.

六二는 음효·음위로 하리괘의 중효가 되니 유순중정의 덕을 가졌다. 비록 柔에 편파되어 다소의 재난은 있을지라도 나중에는 대길하리라.

九三은 양효·양위로 지정하고 명극(明極:이괘의 상효)이 되니 장차 큰 공을 세우게 될 것이다. 과강(過剛)이 되니 도리를 살펴서 신중히 처사(處事)하면 吉하리라.

六四는 음효·음위로 지정(志正)은 되나 柔에 편파되니 큰일은 도모하지 말아야 하고 근신해야 허물이 없게 된다.

六五는 음효로서 양위에 있어 강유가 조화되고 중덕을 가졌으니 장차 吉하리라.

上六은 明夷의 성괘의 주효가 되고 괘의 종극이 되니 암매(暗昧), 즉 어리석음이 심한 효가 된다. 대흉한 효가 되나 근신, 개과하여 바른 도리를 굳게 지키면 화를 면하게 되리라.

風火家人

離下
巽上

_{가인} _{이녀정}
家人은 利女貞하니라

_{단 왈 가인} _{여정위호내} _{남정위호외} _{남녀정}
象에 曰 家人은 女正位乎內하고 男正位乎外하니 男女正이
_{천지지대의야} _{가인} _{유엄군언} _{부모지위야} _{부부}
天地之大義也ㅣ라 家人에 有嚴君焉은 父母之謂也ㅣ니라 父父
_{자자} _{형형} _{제제} _{부부} _{부부} _{이가도정} _{가이천정하}
子子 兄兄 弟弟 夫夫 婦婦하여 而家道正이요 正家而天下
_{정의}
定矣니라

_{상 왈 풍자화출} _{가인} _{군자 이} _{언유물이행유항}
象에 曰 風自火出이 家人이니 君子ㅣ 以하여 言有物而行有恒
하나니라

_{초구} _{한유가} _{회망}
初九는 閑有家ㅣ니 悔亡하니라
_{상 왈 한유가} _{지미변야}
象에 曰 閑有家는 志未變也ㅣ니라
_{육이 무유수 재중궤 정길}
六二는 无攸遂요 在中饋니 貞吉하니라

　　　　　　상　왈　육이지길　　순이손야
　　　象에 曰 六二之吉은 順以巽也ㅣ니라

　　구삼　　가인학학　　회려길　　　부자희희　　종린
　九三은 家人嗃嗃은 悔厲吉하고 婦子嘻嘻는 終吝하리라

　　　　　　상　왈　가인학학　　미실야　　　부자희희　　실가절야
　　　象에 曰 家人嗃嗃은 未失也ㅣ오 婦子嘻嘻는 失家節也ㅣ니라

　　육사　　부가　　　대길
　六四는 富家ㅣ니 大吉하니라

　　　　　　상　왈　부가대길　　순재위야
　　　象에 曰 富家大吉은 順在位也ㄹ새니라

　　구오　　왕격유가　　　물휼길
　九五는 王假有家ㅣ니 勿恤吉하니라

　　　　　　상　왈　왕격유가　　교상애야
　　　象에 曰 王假有家는 交相愛也ㅣ니라

　　상구　　유부위여　　　종길
　上九는 有孚威如하니 終吉하리라

　　　　　　상　왈　위여지길　　반신지위야
　　　象에 曰 威如之吉은 反身之謂也ㅣ니라

家人은 利女貞하니라
家人은 여자의 貞함이 이로우니라

    家人卦(가인괘)는 離下巽上(이하손상)의 괘다. 상손괘는 風이고 하리괘는 火다. 風과 火와 괘명의 家人을 합해서 風火家人(풍화가인)이라 하여 괘형과 괘명을 기억하게 한다.
    家人은 '한 가정의 사람'이라는 뜻. 가정에는 부모가 계시고 자녀들이 함께 생활한다. 이것이 가인의 의미다. 이 괘는 초효에서 제5위까지는 모두 바른 지위에 있다. 특히 六二는 음효·음위로 유순중정의 덕을 가졌으니 곧 하리괘(明德)의 주효가 되고 六四도 음효·음위로 위정하며 상손괘(巽德)의 주효가 된다. 단사에는 "家人은 利女貞하니라" 했으니 이때 '利女貞'의 女貞은 이 두 개의 음효를 가리킨 말이다.
    가정에서는 대체로 부인들끼리의 불화로 풍파가 일어나기 쉽다. 이 다음 괘의 화택규괘(火澤睽卦; 家人과 睽는 종괘)는 '서로 노려보다', 곧 가정불화를 의미하는 괘다. 곧 중녀(上離卦)와 소녀(下兌卦)가 서로 노려보며 대립하는 상이고, 초효 외의 다섯 효는 모두 위부정이 된다. 특히 六三과 六五의 2 女가 위부정(지부정)하기에 서로 다투는 상이 된다. 그에 반해서 가인괘는 六二와 六四의 2 女가 위정 지정해서 바른 도리를 지키기에 家道正(가도정)이 된다. 그러므로 단사는 '利女貞'(이녀정)이라 했다.
    九五는 강건중정의 대덕을 가졌으니 가정으로 말하면 위대한 아버지가 된다. 이 위대한 아버지가 가인을 잘 가르쳐 이끌어 가내가 잘 다스려지게 된다. 《주역절중》에 안지추(顔之推)는 '敎子嬰孩요 敎婦初來라' 했다. 嬰孩(영해)는 어린아이. 곧 자녀 교육은 어릴 때가 가장 중요하고 며느리는 처음 시집왔을 때에 잘 가르쳐야 한다는 의미다. 가인괘는 九五의 강건중정의 대덕을 가진 남편과 유순중정의 대덕을 가진 부인이 화합해서 행복한 가정을 이루는 상이다.
    이 가인괘는 초위(初位)에서 5위까지의 다섯 효가 모두 위정이 된다. 다만 上九는 양효·음위로 위부정이 된다. 64괘 중에 수화기제괘(水火旣濟卦)

가 여섯 효 모두가 위정이 되는 유일한 괘다. 1효만이 위부정이 되는 괘는 가인괘 외에 수천수(水天需)☰☵, 수뢰준(水雷屯)☵☳, 택화혁(澤火革)☱☲, 지화명이(地火明夷)☷☲ 등 다섯 괘가 있으나 그 중에 이 가인괘가 가장 선한 괘가 된다. 위정은 좋은 일이나 그렇지 않은 경우도 있으니 時(괘는 시대를 의미함)에 따라서 선악이 나누어진다. 그러나 이 가인괘는 특히 六二, 六四의 두 음효와 九五 양효의 위정이 그 선한 까닭으로 된다.

　상하의 괘덕으로 말하면 하리괘는 문명의 덕을 가졌고 상손괘는 손순한 덕을 가졌으니 '內文明而外巽順'(내문명이외손순)이 된다. 곧 내심에는 문명의 덕을 가졌고 외모는 손순해서 무슨 일을 해도 화협하고 행복한 가정이 이루어진다. 또 하리괘는 火고 상손괘는 風이다. 불이 성하게 타오르면 바람이 일어나서 점점 성하게 되고 風火가 상승작용으로 더욱 성하게 된다. 〈상전〉(象傳)에는 '風自火出'(풍자화출)이라 했다. 離火로 말미암아 巽風이 일어나게 되니 이것은 '自內至外'(자내지외), 곧 안에서부터 일어나 외부에 미친다는 의미로서 곧 치국평천하의 기본이 제가(齊家)에 있다는 해석도 된다. 공자의 道는 '自近而至遠'(자근이지원)이라 한다. 齊家의 기본은 물론 '正心 修身'이다.

　〈서괘전〉에는 "進必有所傷이리라 故로 受之以明夷니 夷者는 傷也ㅣ니라 傷于外者ㅣ 必反其家ㅣ리라 故로 受之以家人이니라" 했다. 곧 화지진괘는 세력이 성대해서 급진하는 괘다. 세력이 성대하게 되면 급진, 외진(外進)하기 쉽다. 급진으로 강건의 길을 가면 실패하기 쉽다. 그러므로 '進必有所傷'(진필유소상)이라 했다. 밖에서 상해를 당하면 자기의 집으로 돌아가서 심신의 요양을 하고자 한다. 그러므로 명이괘 다음에 가인괘를 둔다는 것이다. 가인괘를 한 가정의 일로 해석한 것은 괘명이 家人이기 때문이다. 그러나 한 국가로 해석할 수도 있고 한 개인으로 해석해도 내용은 같다. 한 개인으로 해석하면 하리괘는 명덕을 가졌고 상손괘는 손덕을 가졌으니 곧 내심에는 명덕을 가졌고 외모는 손순하니 그러므로 무슨 일을 해도 남과 잘 화협하게 되고 일이 잘 수행된다.

　〈잡괘전〉에는 "睽는 外也ㅣ오 家人은 內也ㅣ니라" 했다. 규괘(睽卦)와 가인괘는 종괘다. 外는 외면한다는 의미니 곧 상반(相反)을 의미하고 內는 내친(內親), 곧 상친(相親)을 의미한다. 가인괘에서 하리괘는 중녀고 상손괘는 장녀다. 巽長女는 離中女를 손순하게 받아들이고 離中女는 (明德으로써) 巽長女를 존경하는 象이 된다. 그러므로 상친을 의미한다. 규괘의 上離火는 위에 있으니 위로 불이 타오르는 상이 되고 下兌水는 밑에 있으니 밑으로 물이 흘러가는 상이 된다. 그러므로 상하의 의사가 다르고 서로 반목하는 상이 된다. 곧 家人은 家道正(가도정)을 의미하고 睽는 家道窮(가도궁)을 의미한다.

■ 家人은 利女貞하니라

家人 곧 齊家의 도리는 가내의 부인들이 바른 도리를 굳게 지켜야 利하다. 이는 특히 六二와 六四의 '女貞'(여정)을 말하고 있다. 가내의 부인들이 바른 도리를 지키도록 하려면 우선 가장(家長)이 바른 도리를 지켜야 하고 바른 도리로써 부인들을 가르쳐야 한다. 단사에 '利女貞'(이여정)이라 하여 九五의 강건중정의 대덕을 말하지 않음은 특히 女貞이 있어야 가도가 완성되기 때문이다.

來註에는 "女貞은 家人의 근본이며 집안을 다스리기 위해 먼저 이루어져야 할 일이다. 올바름이란 비록 여인에 있다 해도 그 바르게 하는 원동력은 곧 장부(丈夫)에 있다. 가장이 집안을 잘 다스리면 자연히 女貞이 되고 女貞으로 말미암아 행복한 가정이 이루어진다. 그러므로 단사는 '利女貞'이라 했다"(女貞은 乃家人之本이요 治家者之先務라 正은 雖在女나 而所以正之者는 則在丈夫라 故로 曰 利女貞이라)고 설명한다. 《주역술의》에는 이렇게 씌어 있다.

九五 남자와 六二 여인이 내외에 각각 바른 자리에 있어 가인이라 이른다. 六二와 六四의 두 음효는 모두 위정이다. 그러므로 '女貞'이라 했다. 남녀가 방에 있음은 생민(生民)의 시초요 만복의 근원이다. 부부가 있은 연후에 부자(父子)가 있고 부자가 있은 연후에 형제가 있게 되니 여자는 성가(成家)의 원인이 되고 또 패가(敗家)하는 까닭도 된다. 가도(家道)의 성패는 모두 여자에 유래(由來)한다. 그러므로 '利女貞'이라 했다. 婦의 순덕을 중히 여김은 齊家의 실정을 나타나게 함이다. 수신제가해서 천덕왕도(天德王道)의 근본이 선다.

九男二女 內外各正曰 家人이라 二四兩陰이 皆得其正하니 曰 女貞이라 男女居室은 生民之始요 萬福之原也ㅣ라 有夫婦然後에 有父子하고 有父子然後에 有兄弟

니 女者는 家之所由成이요 亦家之所由敗也ㅣ라 家之成敗는 皆由於女라 故로 利女貞이라 重婦順也는 著齊家之實也ㅣ라 修身以齊其家하여 而天德王道之本 立矣라

본시 평천하(平天下)는 쉬우나 齊家는 어려운 일이라 한다. 또 齊家도 어려우나 부녀를 바르게 가르쳐 이끌기는 더욱 어렵다 한다. 공자는 "女子與小人은 難爲養이다" 했다. 곧 여자와 소인은 기르기 어렵다는 말이다.

象에 曰 家人은 女正位乎內하고 男正位乎外하니 男女正이 天地之大義也ㅣ라 家人에 有嚴君焉은 父母之謂也ㅣ니라 父父 子子 兄兄 弟弟 夫夫 婦婦하여 而家道正이요 正家而天下定矣니라

象에 가로되 家人은 여자가 안에서 位를 바르게 하고 남자가 밖에서 位를 바르게 하니, 남녀가 바르게 함이 천지의 大義다. 家人에 嚴君이 있음은 부모를 이름이니라. 아비는 아비답고 자식은 자식답고 형은 형답고 동생은 동생답고 남편은 남편답고 아내는 아내다워서 그래서 家道가 바르게 되고 집을 바르게 해서 천하가 정해지느니라(안정되느니라)

- 象에 曰 家人은 女正位乎內하고 男正位乎外하니 男女正이 天地之大義也ㅣ라

가인괘는 여자(六二)가 내괘의 정위(正位 : 음효·음위, 중효)에 있고 남자(九五)가 외괘의 정위(양효·양위, 중효)에 있으니, 이는 부녀가 가정내(내괘)에서 바른 도리로 집안 일을 잘 처리함이 되고, 남자 곧 장부(九五)는 바깥일(외괘의 뜻)을 바른 도리로 잘 다스리는 상이 된다. 이 여내남외(女內男外)로 매사를 바른 도리로써 잘 처사함은 '天尊地卑'(천존지비 : 繫辭 首章)의 천지의 대의와 같다는 의미다.

- 家人에 有嚴君焉은 父母之謂也ㅣ니라

'嚴君'(엄군)은 嚴한 군왕이라는 의미나 여기서는 아버지를 높이는 말이다. 때로는 부모의 존칭으로 쓰기도 하는데 이 경우가 바로 그렇다.

- 父父 子子 兄兄 弟弟 夫夫 婦婦하여 而家道正이요 正家而天下定矣니라

'父父'라 하여 '父'자를 거듭한 것은 곧 아버지는 아버지다운 바른 행위를 한다는 뜻이다. 이하 아들은 아들답게, 형은 형답게… 등 각기 바른 행위를 하면 그럼으로써 家道가 바르게 되고 모든 가정이 바른 도리를 지키면 천하는 저절로 평정되리라는 의미다. 곧 《대학》에 말한 '誠意 正心 修身 齊家 治國 平天下'의 도리와 같다.

단전에 의하면 父는 九五에 해당하고 母는 六二에 해당하는 것 같다. 그러나 父子, 兄弟, 夫婦의 효(爻)로 특정하기는 어렵다. 또한 상하괘를 상응(相應)으로 해석한 경우가 많으니 그런 의미로는 강건중정의 대덕을 가진 九五를 聖王 문왕으로 해석할 수도 있고 유순중정의 덕을 가진 六二를 태사(太姒: 문왕의 妃)로 볼 수 있다. 또한 강건한 九三을 무왕으로, 또 강건지정한 初九를 주공단(周公旦)으로, 上九를 왕계(王季)로 해석하면 문왕 일가(一家)에 비슷한 괘가 된다.

唐代 이정조의 《주역집해》에 순상(荀爽)은 "父謂五요 子謂四요 兄謂三요 弟謂初ㅣ라 夫謂五요 婦謂二也ㅣ니 各得其正故로 天下定矣라" 했다. 곧 九五는 父, 六四는 子, 九三은 兄, 初九는 弟가 된다. 九五는 夫가 되고 六二는 婦가 되니 각 효는 모두 위정 지정하여 그러므로 정천하(定天下)가 된다는 것이다. 《주자본의》에는 "上은 父, 初는 子, 九五와 九三은 夫, 六二와 六四는 婦. 五는 兄, 三은 弟라" 했다. 그러나 반드시 이와 같이 정할 것도 아니다. 易理는 특정해 버리면 제반사에 병통(幷通)하지 않을 경우가 생긴다. 변화무궁한 것이 易理다. 〈繫下〉제8장에 "그 사람이 아니면 易道는 虛靈하게 행해지지 않는다"(苟非其人이면 道不虛行이라) 했다. 여기서 其人(그 사람)은 총명예지를 가진 聖人을 가리킨 말이다.

위에서 가인괘를 문왕 일가에 비해 말한 것은 하나의 예에 불과하다. 하나의 괘는 한 개인으로 볼 수도 있고 한 국가로 볼 수도 있으며 한 가정으로도 볼 수 있다. 또한 하루, 6일, 1년, 6년, 60년으로 볼 수도 있고 동서남북으로 해석할 수도 있으며 전체 우주로 해석할 수도 있다.

象에 曰 風自火出이 家人이니 君子ㅣ 以하여 言有物而行有恒하나니라
象에 가로되 바람이 불로부터 나는 것이 가인이니 군자는 이로써 말에는 物(진실)이 있고 그래서 행에는 恒(恒德)을 가지게 하느니라

■ 象에 曰 風自火出이 家人이니

하리괘는 火고 상손괘는 風이다. 화로에 불을 태우면 주위의 공기는 열기로 상승하여 찬 공기와 교체하게 된다. 즉 불의 열로 바람이 생기는데, 離火의 위에 巽風이 있는 것은 이런 상이다. 그러므로 '風自火出'(풍자화출)이라 했고, 이것이 家人의 괘상이다. 한 가정의 미풍〔齊家〕이 점점 퍼져나가 마침내 치국평천하가 되리니 그 기본은 역시 각 가정의 미풍으로 말미암아 이루어진다.

■ 君子ㅣ 以하여 言有物而行有恒하나니라

'言有物而行有恒'(언유물이행유항). 程傳에 "物은 謂事實이요 恒은 謂常道法則이ㅣ라" 했다. 곧 '言有物'(언유물)의 物은 사실, 곧 진실, 실정(實情)을 말하는 것이요 '行有恒'(행유항)의 恒은 상도(常道)의 법칙 곧 항상 지켜야 할 바른 도리라는 설명이다. 《중용》末章에는 "不顯惟德을 百辟其刑之라하니 是故로 君子는 篤恭而天下平이니라" 했다. 곧 문왕의 유심현원한 명덕을 스스로 자랑하지도 않고 외면에 나타내지 않아도 제후〔百辟〕는 스스로 감화되어 자신의 법도〔刑〕로 삼으니 그러므로 군자는 독공(篤恭: 돈독하고 공손함)해서 천하는 저절로 평정된다는 것이다. 聖人의 무위이치천하(無爲而治天下)를 설명한 말이다.

初九는 閑有家ㅣ니 悔亡하니라
_{초구} _{한유가} _{회망}

初九는 집을 바르게 함이니 悔가 없어지느니라

有는 접두사로서 의미는 없다. '有宋'(유송), '有夏'(유하)의 有 자와 같다. 閑은 막을 한, 바르게 할 한. 문 안에 木이 있으니 木으로 문을 막는다는 뜻. 곧 횡목(橫木)으로 문을 막아서 자유로이 출입하지 못하도록 한다는 의미다. 그러므로 금지의 의미와 법률과 규칙의 의미가 생긴다. 결국 '閑有家'(한유가)는 가정에서 바른 도리를 가르치고 규율을 정하여 좋지 못한 행위가 없도록 한다는 의미다. 이 괘는 양효는 모두 男으로 보고 음효는 모두 女로 보아 계사(繫辭)했다.

初九는 가인괘의 初가 되니 그러므로 齊家의 도리를 말했다. 初九는 양효·양위로 강건재덕을 가진 지정한 군자다. 이 군자는 규율을 정해서 가족에게 바른 도리를 가르치고 잘못이 없도록 이끈다. 그러므로 '閑有家 悔亡'이라 했다. 《주역술의》에는 "人之處家에 易失而多悔는 以恩掩義故也ㅣ라" 했다. 곧 평범한 사람들이 집안 일에 처신할 때 실수해서 후회할 일이 많게 되는 까닭은 사랑하는 마음에 도의(道義)가 가리워지기 때문이라는 것이다. 가족을 사랑해야 하는 것은 물론이나 도의를 가르치지 않으면 뉘우칠 일이 생기게 된다. 初九는 '閑有家'로 悔亡이 된다. 또 이 初九를 막내로 해석하면 강건중정의 대덕을 가진 아버지(九五)와 유순중정의 덕을 가진 어머니(六二)가 이 막내를 가르쳐 이끔에 규율을 정하여 바른 도리를 가르친다(閑有家) 의미로 해석할 수도 있다. 부모는 늘 자녀들을 사랑하는 한편으로 도의심을 함양해야 한다. 부모 자신이 바른 도리를 지켜야 함은 물론이다. 윗물이 고와야 아랫물도 곱게 된다.

《주역술의》에는 "初九는 강정(剛正)하니 禮를 지키고 閑其家를 할 수 있다. 가정(규문) 내에서 모두 법도를 유지하면 곧 걱정거리를 미리 막을 수 있고 미묘한 즈음에 가르쳐서 恩義를 해치는 悔는 모두 없어지게 된다. 이것이 제가를 위해 무엇보다 먼저 해야 할 일이다. 그러므로 於初, 즉 시초에 發明했다"(初九剛正하여 能守禮以爲閑이라 閨門之內에 皆有法度하면 則防患於預하고 起敎於微하여 而傷恩害義之悔 皆亡矣리니 此齊家之首務라 故로 於初發之也ㅣ라) 했다.

^상 ^왈 ^{한유가}   ^{지미변야}
象에 曰 閑有家는 志未變也ㅣ니라
象에 가로되 '閑有家'는 뜻이 아직 변하지 않음이니라

'志未變'(지미변)은 심지(心志)가 아직 변하지 않은 것을 말한다. 어릴 때에 잘 가르쳐 이끌어야 하고 때를 놓치면 몇 곱절의 공을 들여도 허사가 되기 쉽다. 來註에는 "九五爲男 剛健得正하고 六二爲女 柔順得正하여 在初之時는 正志未變故로 易防閑也ㅣ라" 했다. 곧 九五의 남성은 강건중정의 덕을 가졌고 六二의 여성은 유순중정의 덕을 가져서 時初에는 '志未變'을 바르게 하는 때다. 그러므로 '防閑'(방한 : 閑有家의 뜻)이 쉽다는 것이다. 즉 來註는 九五와 六二가 家人을 閑有家하는 것으로 해석했다.

^{육이} ^{무유수}   ^{재중궤} ^{정길}
六二는 无攸遂요 在中饋니 貞吉하니라
六二는 이루는 바가 없고, 中(家內)에 있어서 饋함이니 貞해서 吉하니라

遂는 이룰 수. '无攸遂'(무유수)는 무슨 일을 스스로 경영해서 완수하지 못한다는 뜻. 주자는 六二를 九三의 처(妻)라 했고 순상(荀爽)은 九五의 처라 했다. 순상의 설을 취한다. 六二는 음효·음위로 유순지정하고 하괘의 중효가 되니 중덕을 가졌다. 곧 유순중정의 덕을 가진 부인이다. 처도(妻道)는 모든 일을 남편의 뜻에 따라 행사하고 독자적으로 일을 경영함이 아니니 그러므로 无攸遂라 했다. 곤괘의 六三에 '或從王事 无成有終'(혹종왕사 무성유종)과 같은 의미다.

饋는 드릴 궤, 올릴 궤. 음식이나 제수를 드리다, 올리다의 뜻. 곧 음식을 조리해서 가족, 손님에게 드리거나 제수를 올린다는 뜻. '在中'은 家內와 같다. '在中饋'는 집안에 있어서 그런 일을 한다는 의미다. '无攸遂 在中饋'는 유순중정의 덕을 가진 처도를 설명한 말이다. 貞吉은 정도를 굳게 지켜서 吉하다는 뜻. 六二는 강건중정의 덕을 가진 九五와 음양상응하고 初九와 九三과는 음양 상비(相比)하고 있으니 원만하고 吉한 효다. 그러므로 '貞吉'이라

했다. 단전의 '女正位乎內'(여정위호내)는 이 六二를 가리킨 말이다. 來註에는 이렇게 씌어 있다.

> 攸는 所(바 소)와 같다. 遂는 오로지 성취한다는 의미다. 无攸遂는 말하자면 문지방(閫; 문지방 곤)밖의 모든 일은 다 남편의 명을 들어서 할 뿐 스스로 마음대로 (단독으로) 하는 바는 없다는 것이다. 饋는 餉(먹일 향)과 같다. 먹고 마시는 일을 다스리는 것이니 곧 사람들에게 음식을 준다는 뜻이다. 饋食은 집안의 일이다. 그러므로 中饋라 했다. 2, 3, 4효의 호괘는 감괘인데, 이 감괘는 음식의 象이다. 다시 말하면 六二는 단독으로 이루어내는 바가 없고 오직 中饋의 일뿐이다. 中饋의 일 말고는 단독으로 이루는 바가 하나도 없다.
> 攸者는 所也ㅣ라 遂者는 專成也ㅣ라 无攸遂는 言凡閫外之事는 皆聽命于夫요 无所專成也ㅣ라 饋者는 餉也ㅣ니 以所治之飮食而與人飮食也ㅣ라 饋食內事故로 曰 中饋라 中爻坎은 飮食之象也ㅣ라 言六二无所專成이요 惟中饋之事而已요 自中饋之外는 一无所專成也ㅣ라

象에 曰 六二之吉은 順以巽也ㅣ니라
(상) (왈) (육이지길) (순이손야)

象에 가로되 '六二之吉'은 순하고 공손하기 때문(以)이니라

'順以巽'(순이손)은 순하고 공손하기 때문이라는 뜻. 六二의 유순중정의 덕을 설명한 말이다.

九三은 家人嗃嗃은 悔厲吉하고 婦子嘻嘻는 終吝하리라
(구삼) (가인학학) (회려길) (부자희희) (종린)

九三은 家人이 嗃嗃함은 뉘우치며 위태하나 吉하고 부녀자가 嘻嘻함은 마침내 吝하리라

嗃은 엄할 학, '嗃嗃'(학학)은 매우 엄한 모양. 심히 엄정하다는 의미의 형용사다. 九三은 양효로서 강건재덕을 가졌고 양효·양위로 지정한 효다. 또 하리괘의 상효가 되니 명덕을 가졌다. 그러나 과중 부중, 강과(剛過)의 효로서, 그러므로 지나친 행위를 하기 쉽다. 齊家를 함에 심히 엄정하니 가족들은

風火家人

견디기가 어려워 고민하게 된다. 悔는 곧 후회를 뜻하고 厲는 위태함이니, 즉 九三은 자신의 지나친 행위를 후회할 것이고 또 가정 불화가 일어나서 위험한 상태에 이를지도 모른다. 그러나 명덕을 가진 九三은 가족들을 진심으로 사랑하고 도의심을 가르침에 엄정한 태도를 취하고 있으니 나중에는 가족들이 이해하고 온 가족이 바른 도리를 지키게 되어 吉하다는 의미다. 그러나 역시 지나침은 옳지 않다. 중용지도라야 바른 도리다.

참고로 말하자면 九三은 또한 하리괘의 상효가 되니 맹렬히 타오르는 火上의 상이 된다. 그러므로 뜨거워서 못 견디는 효상이 된다. 그러므로 효사는 '嗃嗃'이라 했으니 '嗃'은 '熇'(불꽃 일 학)으로 통용(通用)한다. 곧 九三은 '熇熇'의 상으로 해석할 수 있다.

嘻는 웃을 희. 嗃과 반대다. '嘻嘻'는 즐거워하며 웃는 소리. 이정조의 《주역집해》에 후과(侯果)라는 이는 "嗃嗃은 嚴也ㅣ오 嘻嘻는 笑也ㅣ라" 했다. 곧 嗃嗃은 엄숙한 모양, 嘻嘻는 웃는 모양이라는 것이다. 嗃嗃, 嘻嘻는 모두 中節을 잃은 행위니 時中의 도리가 아니다. 家人嗃嗃과 반대로 婦子嘻嘻는 치가(治家)에 있어서 너무나 관대하다 할까, 가인이 하는 대로 두는 무관심의 상태가 되니 장차 아녀자들은 실절(失節)하게 되어 나중에는 吝하리라는 의미다. 곧 嘻嘻는 실절에 이르고 嗃嗃은 엄숙하기는 해도 가족들이 실절을 하지 않고 나중에는 길하게 된다. 嗃嗃, 嘻嘻는 齊家에 가장 중요한 의미를 가졌고 참고해야 할 말이다.

象에 曰 家人嗃嗃은 未失也ㅣ오 婦子嘻嘻는 失家節也ㅣ니라
象에 가로되 '家人嗃嗃'은 아직 잃지 않음이요 '婦子嘻嘻'는 집의 절도를 잃음이니라

'未失'(미실)은 아직 잃지 않았다는 뜻. '失家節'(실가절)은 가정의 절도를 잃는다는 뜻. 家節은 관대하면서도 엄숙한 규율이 있어야 한다. 과불급이 없는 家節이라야 훌륭한 가정이 이루어진다.

<ruby>六四<rt>육사</rt></ruby>는 <ruby>富家<rt>부가</rt></ruby>ㅣ니 <ruby>大吉<rt>대길</rt></ruby>하니라
六四는 집을 富하게 하니 크게 吉하니라

'富家'(부가)는 집을 富하게 한다는 뜻. 六四는 음효·음위로 위정하고 上巽卦의 주효가 되니 손순한 덕을 지녔다. 初九와는 음양상응하고 九五, 九三과는 음양 상비하고 있다. 六二보다 지위가 위가 되니 이 六四는 온 가족을 손순한 덕으로 화목하게 하여 대길한 효가 되고 '富家'의 상이 된다.

《주역절중》에 이광지는 "四位는 여타의 괘에서는 신도(臣道)가 되나 가인괘에서는 처도가 된다. 夫는 주로 일가를 가르치고 婦는 주로 일가를 기른다. 노자가 이른바 교부(敎父)와 식모(食母)가 이것이다. 六二의 '在中饋'(재중궤)로부터 나아가서 六四에 이르러 富家(부가)가 되었으니 내권(內眷:婦女)의 직분이 거행되었다"(四在他卦엔 臣道也ㅣ오 在家人卦則亦妻道也ㅣ라 夫는 主敎一家者也ㅣ오 婦는 主養一家者也ㅣ라 老子所謂敎父食母 是也ㅣ라 自二之在中饋로 進而至於四之富家則內職擧矣라) 했다. 곧 六四를 妻라 하여 처도를 말했다.

<ruby>象<rt>상</rt></ruby>에 <ruby>曰<rt>왈</rt></ruby> <ruby>富家大吉<rt>부가대길</rt></ruby>은 <ruby>順在位也<rt>순재위야</rt></ruby>ㄹ새니라5)
象에 가로되 '富家大吉'은 순해서 位에 있기 때문이니라

'順在位也'(순재위야)는 손순해서 바른 지위에 있기 때문이라는 뜻. 六四는 손괘의 주효가 되니 손순한 덕을 가졌다. '在位'(재위)는 음효·음위로 위정하다는 뜻. 곧 六四가 富家로서 대길하게 됨은 손순하고 위정 지정하기 때문이라는 의미다.

---

5) 六二 象傳에는 "順以巽也ㅣ니라"로 읽는 반면 여기서는 "順在位也ㄹ새니라"로 읽는 까닭은 '順在位也'에 以자가 생략됐기 때문이다. 뜻을 명시하기 위해서 'ㄹ새니라'로 읽는다.

風火家人　119

九五는 王假有家ㅣ니 勿恤吉하니라
_{구오   왕격유가   물휼길}

九五는 왕이 집을 지극히 하니 근심하지 말라. 吉하니라

假는 거짓 가. 여기서는 格(이를 격), 至와 같은 뜻이다. 지극하다는 의미다. 五位는 천자위다. 그러므로 王이라 했다. 有는 접두사. 初九의 '閑有家'의 有자와 같다. '王假有家'(왕격유가)는 왕이 지극한 도리로써 제가한다는 뜻이 된다. 恤은 근심할 휼. '勿恤'(물휼)은 근심하지 말라는 뜻.

九五는 양효·양위로 위정하고 상괘의 중효가 되니 곧 강건중정의 대덕을 가졌고 상손괘의 중효로서 손순한 덕도 가졌다. 단전에 말한 '男正位乎外'(남정위호외)는 이 九五를 이름이다. 또 유순중정의 덕을 가진 六二와 음양상응하고 六四와는 음양 상비하고 있으니 이상적인 효다. 가족들은 이 위대한 九五에 감화되어 단전에 말한 '父父 子子 兄兄 弟弟 夫夫 婦婦'의 이상적 가정이 이루어진다. 이상적 가정이 모여서 이상적 국가, 인류사회를 이루게 된다. 문왕과 같은 성왕이라야 이 九五에 해당될까 싶다. 문왕의 父는 王季고 母는 太任이고 文王妃는 太姒며 武王, 周公旦과 같은 위대한 아들을 가져서 이상적 가정을 이루어 드디어 중국을 통일해서 周 왕조를 창건하게 된다. '王假有家'에 대해 왕이 곧 국가를 한 가정을 이끌듯 선치(善治)한다는 의미로, 즉 有家를 국가로 해석하는 학자도 있으나 이 괘는 가인괘이니 왕가 일족으로 해석함이 온당하리라 생각한다. 치국평천하의 근원은 齊家에 있기 때문이다. 來註에는 이렇게 씌어 있다.

'有家'는 곧 初九의 有家다. 그러나 初九의 有家는 가도(家道)의 시초가 되고 九五의 有家는 곧 가도의 성취다. 大意는 初九에는 閑有家를 말하고 六二에는 中饋를 주로하고 九三에는 家嚴을 다스리고 六四에는 손순함으로써 그 가정을 보전하게 되니 그러므로 모두 吉하다. 그러나 걱정[憂恤]이 전혀 없는 것은 아니지만 나중에는 吉하게 된다(初九로부터 六四까지는 다소의 걱정은 있다는 뜻). 九五의 지극한 왕의 有家에 이르러서는 不恤하니 그래서 그 吉함을 알게 된다. 2, 3, 4효의 호괘는 감괘니 憂恤의 상이다. 그러나 六五는 호괘인 감괘의 밖에 나가 있다. 그러므로 勿恤이라 했다.

有家는 卽初之有家也ㅣ라 然이나 初之有家는 家道之始요 五之有家는 家道之成이라 大意는 謂初閑有家요 二主中饋요 三治家嚴하고 四巽順以保其家하니 故皆吉이라 然이나 不免有憂恤而後吉也ㅣ라 若王者ㅣ 至于有家하여는 不恤而知其吉矣라 蓋中爻坎이니 憂恤之象이라 此爻는 出于坎之外라 故로 勿恤이라

象에 曰 王假有家는 交相愛也ㅣ니라
象에 가로되 '王假有家'는 사귀어 서로 사랑함이니라

'交相愛也'(교상애야)는 서로 친밀하고 사랑한다는 뜻. 九五 성왕의 지극한 윤리 도덕으로 말미암아 온 가족이 감화되어서 부자, 부부, 형제가 모두 진심으로 친밀하게 되고 사랑한다는 의미다.

上九는 有孚威如하니 終吉하리라
上九는 정성을 가져서 威如하니 마침내 吉하리라

'有孚威如'(유부위여)는 위엄이 있으면서도 어딘가 온화하고 원만한 용모와 태도를 형용한 말이다. 대유괘 제5효의 '厥孚 交如威如'(궐부 교여위여)와 비슷한 말이다.

九五에서 이미 가도가 완성되었으니 上九에는 그 여덕(餘德)을 말했다. 치국평천하의 기본이 제가에 있고 제가의 기본이 수신(修身)에 있으며 수신의 기본이 誠이다. 誠이 지극한 성인은 그 용모와 태도가 황홀해서 온화한 분위기 속에서도 형용하기 어려운 위엄을 지니게 된다.

上九는 양효·음위로 有悔가 될 것이나 이 괘에서는 오히려 음양충화로 강유 조절이 되니 곧 내강외유의 군자로 본다. 또 응비가 없으니 무계루이다. 그러므로 효사는 '有孚威如 終吉'(유부위여 종길)이라 했다. 대체로 상위는 무관(無官)의 지위가 되니 은퇴한 천자 또는 산중에 은서(隱捿)한 현인군자의 지위로 본다. 九五를 문왕으로 보고 上九를 王季(문왕의 父)로 보면 이해하기 쉬우리라고 생각한다.

風火家人

象에 曰 威如之吉은 反身之謂也ㅣ니라
象에 가로되 '威如之吉'은 反身을 이름이니라

'反身'(반신)은 자신을 반성한다는 뜻. 《대학》에는 "日日新하며 又日新이라" 했다. 곧 나날이 새로운 마음으로 스스로를 반성해서 잘못이 없도록 한다는 의미다. 〈繫下〉제11장에 "문왕의 聖으로도 잘못이 있을까 우려해서 종시(항상) 자신을 반성해서 잘못이 없도록 요망하니 이것이 易道이다"(懼以終始하여 其要无咎하니 此之謂易之道也ㅣ라) 했다. '反身'의 의미가 바로 이러하다. 上九는 有孚하고 反身하기에 威如가 생기게 되고 그 결과가 終吉이 된다. 來註에는 "終吉은 장구히 吉을 얻음을 말한다"(終吉者는 長久得吉也ㅣ라) 했다.

風火家人卦(풍화가인괘)䷤를 다시 간략히 정리해 보자.

初九는 양효로서 양위에 있어 위정 지정하고 有家의 初에서 가인을 선도(善導)하여 悔亡이 된다.

六二는 유순중정의 덕을 가졌고 손순해서 길하다.

九三은 양효·양위로 위정은 되나 과중, 강과이고 하괘의 종말이니 위험한 지위다.

六四는 음효·음위로 지정하고 손괘의 주효가 되니 손순해서 집안을 화합하게 하니 대길하다.

九五는 강건중정의 대덕을 가져서 자연히 가인들을 감화시키게 되는 대길한 효다.

上九는 양효·음위로 剛에 지나치지도 않고 柔에 지나치지도 않아 늘 반신수덕(反身修德)해서 종길(終吉)한 효다.

_규 _{소사} _길
睽는 小事는 吉하리라

_{단 왈 규 화동이상 택동이하 이녀동거 기지}
彖에 曰 睽는 火動而上하고 澤動而下하며 二女同居에 其志
_{부동행 열이리호명 유진이상행 득중이응호강}
不同行이니라 說而麗乎明하고 柔進而上行하여 得中而應乎剛
_{이라 시이 소사길 천지규이기사동야 남녀규이기}
이라 是以로 小事吉하니라 天地睽而其事同也ㅣ오 男女睽而其
_{지통야 만물 규이기사류야 규지시용 대의재}
志通也ㅣ오 萬物이 睽而其事類也ㅣ니 睽之時用이 大矣哉ㄴ저

_{상 왈 상화하택 규 군자 이 동이이}
象에 曰 上火下澤이 睽ㅣ니 君子ㅣ 以하여 同而異하나니라

_{초구 회망 상마물축자복 견악인무구}
初九는 悔亡하니라 喪馬勿逐自復이요 見惡人无咎하리라
_{상 왈 견악인 이피구야}
象에 曰 見惡人은 以辟咎也ㅣ니라
_{구이 우주우항 무구}
九二는 遇主于巷이니 无咎하리라

123

象에 曰 遇主于巷은 未失道也ㅣ니라

六三은 見輿曳하니 其牛掣하고 其人天且劓하되 无初有終이리라

象에 曰 見輿曳는 位不當也ㅣ오 无初有終은 遇剛也ㅣ새니라

九四는 睽孤ㅣ니 遇元夫交孚하면 厲无咎하리라

象에 曰 交孚无咎는 志行也ㅣ니라

六五는 悔亡하리라 厥宗噬膚ㅣ니 往何咎ㅣ리오

象에 曰 厥宗噬膚는 往有慶也ㅣ리라

上九는 睽孤ㅣ니 見豕負塗하고 載鬼一車ㅣ라 先張之弧라가 後說之弧ㅣ라 匪寇婚媾ㅣ니 往遇雨則吉하니라

象에 曰 遇雨之吉은 群疑亡也ㅣ새니라

睽는 小事는 吉하리라
睽는 小事는 吉하리라

　睽卦(규괘)는 兌下離上(태하리상)의 괘다. 상리괘는 火고 하태괘는 澤이다. 火와 澤과 괘명의 睽를 합해서 火澤睽(화택규)☲☱라 하여 괘형과 괘명을 기억하게 한다.
　睽는 노려볼 규. 등지다, 배반하다의 뜻. 곧 서로의 의견이 어긋나서 반목하다, 노려본다는 의미다. 상리괘는 火고 하태괘는 澤水다. 불은 위로 타오르고 물은 밑으로 흘러가니 이것은 서로의 의사가 합쳐지지 않고 반목해서 서로 배반하는 상태다. 이것이 규괘의 괘상이다. 그러므로 괘명을 睽라 했다.
　또 하태괘는 소녀고 상리괘는 중녀다. 하괘는 內(內卦)라 하고 상괘는 外(外卦)라 한다. 곧 나이 어린 소녀는 총애를 받아서 내실에 있고 비교적 나이 많은 중녀는 소원하게 되어 외실(外室)에 있는 괘상이다. 그러므로 두 여자가 반목한다는 의미가 생긴다. 곧 이 편의 의사가 저 편에 통하지 않고 따라서 저 편의 의사도 이 편에 통하지 않으니 그러므로 반목이 생기게 된다. 또 위아래의 의사가 서로 통하지 않고 남녀의 의사가 통하지 않으면 가도(家道)가 궁곤(窮困)하게 된다. 규괘는 이에 대처하는 도리를 말했다.
　睽卦를 한 개인으로 보고 해석하면 곧 그 마음이 순일(純一)하지 못해서 사욕과 도리(道理)가 갈등하므로 생각이 통일되지 못해 바른 길을 못 찾는 상태다. 이래서는 원만한 인격을 이루기 어렵다. 집단이나 한 국가로 보고 해석해도 내용은 같다.
　가인괘☲☴와 규괘☲☱는 종괘다. 가인괘는 上九 외에는 모두 위정이 되지만 규괘는 初九만 예외일 뿐 모두가 위부정이다. 가인괘의 六二와 六四는 모두 음효·음위로 위정이 되는 데 반해 규괘의 六三, 六五는 모두 음효·양위로 위부정이다. 그러므로 가인괘가 원만한 가정의 상인데 반해 규괘는 반목상태인 가정의 象이 된다. 가인괘를 낮으로 보면 규괘는 밤이 된다. 낮과 밤이 합해서 하루가 된다. 종괘는 이런 의미로 종위일괘(綜爲一卦)라 한다. 곧 두 괘를 종합해서 하나의 괘가 된다는 의미다.

〈서괘전〉에는 "傷于外者ㅣ 必反其家ㅣ리라 故로 受之以家人이니라 家道窮이면 必乖리라 故로 受之以睽니 睽者는 乖也ㅣ니라" 했다. 민족도 국가도 급성장하면 필연코 외정(外征)하게 된다. 외정에 실패해서 상하게 되면 필연코 자기의 가정으로 돌아가서 심신을 요양한다. 그러나 그 가정도 여인들이 서로 화협하지 못하면 가도가 궁곤하게 되리라. 그러므로 晉卦 다음에 明夷卦를 두고 명이괘 다음에 家人卦를 두고 가인괘 다음에 睽卦를 둔다. 이처럼 대체적으로 인간도리를 말한 것이 서괘전이다.

〈잡괘전〉에는 "睽는 外也ㅣ라" 했다. 가인괘에서 이미 설명했듯 外는 외면하다의 의미다. 곧 서로 반목한다는 뜻이다. 하태괘의 澤水는 밑으로 흘러가고 상리괘의 火는 위로 타오르고 있으니 이것은 의사 불통, 반목의 상이 된다. 그러므로 '外也'(외야)라 했다.

■ 睽는 小事는 吉하리라

가인괘의 六二가 위로 올라가서 규괘의 존위(5위)에 있고 가인괘의 九五가 밑으로 내려와서 규괘의 九二가 되었으니 이는 곧 유득중(柔得中)과 강실위(剛失位)를 의미한다. 곧 강건중정의 덕을 가진 家人의 九五가 그 지위를 잃어 규괘의 九二가 되고 가인괘의 六二가 득세해서 규괘의 六五(尊位)가 되었으니 그러므로 대사는 불가하나 소사는 때로 이루어지고 길하리라는 의미다. 물론 규괘는 이 외에도 여러 가지 조건이 있으니 다시 단전(彖傳)에서 설명하기로 한다.

이정조의 《주역집해》에는 "六五와 九二가 상응하니 군덕(君德)은 음유하고 신덕(臣德)은 양강해서 君이 臣에게로 응하여 가는 상이다. 그러므로 '小事吉'이라 했다"(二五相應하니 君陰臣陽이요 君而應臣故로 小事吉이라) 했다.

　　　　　단 왈 규　　　　화동이상　　　　택동이하　　　　이녀동거　　　기지
象에 曰 睽는 火動而上하고 澤動而下하며 二女同居에 其志
　　부동행　　　　열이리호명　　　　유진이상행　　　　득중이응호강
不同行이니라 說而麗乎明하고 柔進而上行하여 得中而應乎剛
　　　　　　시이　소사길　　　　천지규이기사동야　　　　남녀규이기
이라 是以로 小事吉하니라 天地睽而其事同也ㅣ오 男女睽而其
　지통야　　만물　　규이기사류야　　　규지시용　　대의재
志通也ㅣ오 萬物이 睽而其事類也ㅣ니 睽之時用이 大矣哉ㄴ저

象에 가로되 睽는 불이 움직여서 올라가고 澤(못 물)이 움직여서 내려가며, 두 여자가 함께 삶에 그 뜻이 함께 행하지 아니함이니라. 기뻐하여 명에 붙고 柔가 나아가서 위로 행하여 中을 얻어서 剛에 응함이라. 이로써 '小事吉'하니라. 천지가 어긋났어도 그 일은 함께 하고, 남녀가 어긋났어도 그 뜻은 통하고, 만물이 어긋났어도 그 일은 類(類從 : 서로 따름)하니, 睽의 時와 用이 큼일진저

■ 象에 曰 睽는 火動而上하고 澤動而下하며 二女同居에 其志不同行이니라

이는 괘덕(상하의 괘덕, 火動而上 澤動而下)과 괘체(상하의 괘체, 二女同居 其志不同行)로 괘명과 괘사를 설명한 말이다. 상리괘는 불이니 위로 타오르고(火動而上) 하태괘는 澤水니 밑으로 흘러간다(澤動而下). 곧 아래위의 괘가 각기 지닌 성능(德)이 다르기에 睽의 상태가 생긴다는 의미다. 또 하태괘의 소녀는 총애를 받아서 내실(내괘)에 있고 상리괘의 중녀는 소원(疏遠)하게 되어 외실(외괘)에 있으니 서로 뜻이 맞지 않고 반목하므로 睽의 상태가 생긴다는 의미다. 同은 함께 할 동. '同居'(동거)는 함께 산다는 뜻. '不同行'(부동행)은 함께 행동하지 않는다는 뜻.

■ 說而麗乎明하고 柔進而上行하여 得中而應乎剛이라 是以로 小事吉하니라

하태괘는 열괘(說卦)고 上離는 명덕 또는 麗(붙을 리)의 성능을 가졌다. 곧 '說而麗乎明'(열이리호명)은 기뻐하면서 명덕에 붙는다는 의미가 되니 이것이 상하의 괘덕이다. '柔進而上行'(유진이상행)은 괘종설(卦綜說)이다. 가인괘의 六二가 위로 올라가서 규괘의 六五가 된다는 것이다. '得中而應乎剛'(득중이

응호강)은 규괘의 六五는 중위(상괘의 중효는 천위)를 얻어서 九二의 강효에 응한다는 의미다. 이것은 九二를 중심으로 한 말이다. 곧 유약한 六五가 강건한 九二에 응한다는 뜻이다. 그러므로 대사(大事)는 불리하고 소사(小事)라면 길하리라는 의미다. 곧 괘덕, 괘종, 괘체로써 괘사를 설명했다.

- 天地睽而其事同也ㅣ오 男女睽而其志通也ㅣ오 萬物이 睽而其事類也ㅣ니 睽之時用이 大矣哉ㄴ저

규괘가 지닌 의의의 광대함을 찬탄한 말이다. 睽는 어긋나다, 같지 않다는 의미를 가졌다. 곧 다르다는(不同而異) 의미다. 天은 순양(純陽)이고 地는 순음이 되니 그 성능은 다르다. 그러면서도 천지의 氣가 교합해서 만물을 생성 화육하게 되니 성능이 다르면서도 그 하는 일은 한 가지다. 남자와 여자도 성능이 다르면서도 그 뜻은 통하고 만물도 각자 성능이 다르면서도 원만한 생태계를 구성하고 있다. 類는 유사하다는 뜻. 곧 유종(類從 : 서로 따름)과 같다.
'睽之時用 大矣哉'(규지시용 대의재). 睽時에 대처하는 도리와 그 활용, 이용하는 길은 진실로 위대하다는 절찬의 말이다. 睽를 부연하면 이 인생과 우주의 모두가 이 규괘에 해당한다. 그러므로 '大矣哉'(대의재)라 했다. '矣哉'는 영탄 조사(助詞). 來註를 인용해 보자.

'事同'이라는 것은 乾知始하고 坤作成으로 化育의 일과 같다는(事同) 의미고, '志通'은 부창부수(夫唱婦隨)로 교감의 정이 통한다는 의미이며, '事類'는 同聲相應, 同氣相求로 감응의 기미(機微)가 유사하다는 것이다. 천지의 성능이 다르지 않으면 조화를 이룰 수 없을 것이고, 남녀의 성능이 다르지 않으면 인도를 이룰 수 없을 것이며, 만물이 각각 성능이 다르지 않으면 삼라만상을 형성할 수는 없으리니 이런 것이 그 時用의 광대한 까닭이다.

事同者는 知始作成하여 化育之事同也ㅣ오 志通者는 夫唱婦隨하여 交感之情通也ㅣ오 事類者는 聲應氣求하여 感應之機類也ㅣ라 天地不睽하면 不能成造化요 男女不睽하면 不能成人道요 萬物이 不睽하면 不能成物類리니 此其時用所以大也ㅣ라

象에 曰 上火下澤이 睽ㅣ니 君子ㅣ 以하여 同而異하나니라

象에 가로되 위에는 불, 아래는 못이 睽니 군자는 이로써 같되 다르게 하느니라

■ 象에 曰 上火下澤이 睽ㅣ니

상리괘의 火는 위로 타오르고 하태괘의 澤水는 밑으로 흘러간다. 그러므로 그 뜻하는 바가 다르기에 睽의 상태가 생긴다. 이것이 睽卦의 괘상이다.

■ 君子ㅣ 以하여 同而異하나니라

군자는 이 象을 법도로 삼아, 귀결되는 바는 설사 같다 할지라도 그 하는 일은 다르다는 것을 잘 알고 선처해야 한다. 부창부수로 그 뜻은 비록 같다 해도 직분이 각각 다르고, 성인군자가 인류를 사랑하는 마음은 비록 같다 해도 때와 위치에 따라 각각 다르며, 사람이 행복을 구하는 뜻은 비록 같다 해도 그 행위는 모두 다르다. '同而異'(동이이)는 이런 의미다.
다시 來註의 해석을 보도록 하자.

同이라는 것은 道理요 異라는 것은 行事다. 天下의 도리는 동일하되 행사는 같지 않을 수 있으니, 행사는 다르되 도리는 같은 것이 동이이의 까닭이 된다. 禹稷顔回는 同道理로도 出處는 다르고, 微子, 比干, 箕子는 同仁으로도 去就死生이 다르니 이와 같은 것이 同而異다. 彖傳에는 異而同을 말했고 象傳에는 同而異를 말했으니 이것이 진정 성인의 말이다.
　同者는 理요 異者는 事ㅣ라 天下无不同之理而有不同之事하니 異其事而同其理 所以同而異라 如禹稷顔回同道而出處異하고 微子比干箕子同仁而去就死生異 是也ㅣ라 彖傳엔 言異而同하고 象傳엔 言同而異하니 此所以爲聖人之言也ㅣ라

^{초구} ^{회망} ^{상마물축자복} ^{견악인무구}
初九는 悔亡하니라 喪馬勿逐自復이요 見惡人无咎하리라
初九는 悔가 없어지리라. 말을 잃고 쫓지 아니해도 스스로 돌아오고, 악인을 만나보면 无咎하리라

'悔亡'(회망). 初九는 양효로서 양강재덕을 가졌고 양효·양위로 지정한 효다. 睽時에 서로 도울 應比者가 없고 고립상태가 되니 응당 悔가 될 것이나 강건재덕을 가졌고 위정 지정하여 경망한 행동은 하지 않으며 바른 도리를 굳게 지켜서 후회로울 일이 사라진다.

이 괘는 상괘의 중녀와 하괘의 소녀가 서로 반목하는 괘상이고, 또 응효 지위에 있는 初九와 九四, 九二와 六五, 六三과 上九가 서로 반목 또는 오해를 가진 것으로 효사는 말했다. 睽 시대가 되기에 이런 일이 생긴다. 睽 시대뿐만 아니라 어느 시대라도 서로의 애정과 이해심이 부족해서 반목하는 경우가 많다. 그러나 서로가 이해하고 보면 후회가 생길 경우도 많을 것이다.

'喪馬勿逐自復'(상마물축자복). 잃은 말을 쫓지 않아도 스스로 돌아온다. 初九와 九四는 서로 응효가 될 자리이나 같은 양효여서 무응이다. 九四는 오히려 六三, 六五와는 음양 상비(相比)의 사이가 되니, 이로써 '喪馬'(상마)의 象이 된다. 곧 初九는 제외된다는 의미다. 하지만 六三은 上九와, 六五는 九二와 각기 응하므로 九四는 상대가 안 된다. 初九와 九四는 처음에는 같은 양효로서 반발하지만 결국 同德 상응으로 화협하게 된다. 이런 것이 '喪馬勿逐自復'(상마물축자복)의 의미다. 괘상으로 설명한 말이다.

'見惡人无咎'(견악인무구). 위의 설명과 같은 맥락에서 初九는 九四를 지부정한 효로 보고 또 악인으로 생각하게 된다. 하지만 '見惡人'(견악인), 初九는 악인으로 오해하던 이 九四를 만나서 화협하게 되면 허물이 없으리라는 의미다. 來註에서는 이렇게 말하고 있다.

初九는 睽時에 당면해서 위에 응비의 원조자가 없으니 有悔한 것 같지만 그러나 양강하고 위정하기 때문에 占者는 悔亡이 된다. 다만 시대가 睽時에 바로 처하니 남에게 반드시 합의(合意)하도록 강력히 요구할 수는 없다. 그러므로 필연코 가는

이를 쫓지 않고 그 스스로 돌아오기를 기다리며(聽 : 기다릴 청) 오는 이를 거절하지 않는다. 비록 악인이라 해도 또한 만나니 이는 睽時에 잘 처신하는 도리다. 능히 이와 같이 하면 悔亡해서 无咎하게 된다.

初九 當睽乖之時에 上无應與相援은 若有悔矣라 然이나 陽剛得正故로 占者悔亡이라 但時正當睽니 不可强求人之必合이라 故로 必去者不追하여 惟聽其自還이요 來者不拒하여 雖惡人亦見之하니 此善于處睽者也ㅣ라 能如是則悔亡而无咎矣라

象에 曰 見惡人은 以辟咎也ㅣ니라
象에 가로되 '見惡人'은 허물을 피하기 때문이니라

辟는 避(피할 피)와 같다. '以辟咎也'(이피구야)는 허물(원망)을 피하기 때문이라는 뜻. 睽時에서는 惡이라 하여 무리하게 거절하면 때로 원망을 사서 도리어 원수로 삼을지도 모르니 그러므로 君子는 원망을 피하기 위해 악인도 만나보고 석연한 태도로 응접해서 '辟咎'(피구)하게 한다. 또 외견상으로 경솔한 해석을 하는 것도 삼가야 한다. 군자는 명경지수의 심경으로 물래순응(物來順應)하고 왕사(往事)는 자취를 남기지 않는다.

九二는 遇主于巷이니 无咎하니라
九二는 主(임금)를 거리에서 만나니 无咎하리라

'遇主于巷'(우주우항)은 군주를 좁은 길거리에서 만나뵙다는 뜻. 巷은 거리 항. 곧 마을의 좁은 거리. 《주역절중》에 이광지는 "春秋之法에 備禮則曰會요 禮不備則曰遇라 睽卦皆言遇는 小事吉之意也ㅣ라" 했다. 춘추(春秋)의 법에 예절을 두루 갖추어 만나는 것을 會라 하고 예절을 갖추지 못한 만남을 遇라 하는 바, 睽卦에서 모두 遇를 말한 것은 '小事吉'(소사길)의 의미라는 것이다. 곧 九二는 예절을 갖추지 못한 채 좁은 골목에서 군왕을 만나뵙게 되어도 허물이 없다는 해석이다.

九二는 강건재덕을 가졌고 하괘의 중효가 되니 곧 강건중덕을 가진 군자다.

火澤睽   131

그러나 때가 睽時이므로 대응되는 효도 서로 믿지 못할 상태다. 곧 初九는 九四를, 九二는 六五를, 六三은 上九를 서로 의심하고 믿지 못하는 상태다. 九二는 유순중덕을 가진 六五와는 음양상응하는 사이가 되나 이 睽時에 六五의 심지를 확신하지 못하고 있다. 그러나 睽時를 해소(解消)하려는 六五의 군왕은 응효인 九二의 군자를 만나고자 스스로 그 누항(陋巷)을 찾게 된다. 비록 睽時라도 九二의 군자는 누항에 친히 내려오신 군왕을 만나뵙게 된다. '遇主于巷'(우주우항)은 이런 의미다.

곧 六五의 군왕을 만나뵙기에 无咎가 된다. 만일 遇主를 거절하면 有咎가 된다. 선유는 문왕이 위수(渭水)가의 태공망을 찾고, 유비가 남양 초당의 제갈량을 삼고초려(三顧草廬)한 것이 이런 예다 했다.

상 왈 우주우항 미실도야
象에 曰 遇主于巷은 未失道也ㅣ니라
象에 가로되 '遇主于巷'은 아직 도를 잃지 않음이니라

'未失道也'(미실도야)는 아직 도를 잃지 않다는 뜻. 누항에 스스로 찾아오신 군왕을 배알함은 失道가 아니다. 약례(略禮)로써 군왕을 뵙는 것은 도리에 벗어나는 일이나 때에 따라서는 失道가 되지 않는 경우도 있다.

육 삼 견여예 기우체 기인천차의 무초유종
六三은 見輿曳에 其牛掣하고 其人天且劓하되 无初有終이리라
六三은 수레 끎을 보니 그 소는 掣(쇠뿔 치솟을 체)하고 그 사람은 天하고 劓(코벨 의)하되, 처음은 없으나 마침은 있으리라

輿는 수레 여. 曳는 끌 예. '見輿曳'(견여예)는 '수레 끎을 보니'의 뜻. 掣는 억압할 체. 觢(쇠뿔 치솟을 체)와 같다. 說文에는 '한쪽 뿔은 위로 솟아나고 한쪽 뿔은 밑으로 향해서 나쁜 버릇을 가진 소'라 했다. 唐代 공영달(孔穎達)이 觢자를 掣자로 개자(改字)했다고 선유는 말한다.

'其人天且劓'(기인천차의)의 天은 이마에 입묵(入墨), 즉 문신한 것. 劓는

코벨 의. 코를 베는 형벌이다. '其人'(기인)은 수레를 끄는 사람.

'无初有終'(무초유종). 六三은 처음에는 上九를 크게 오해했으니 이것이 '无初'의 의미다. '有終'은 나중에는 上九의 진의를 알고 상응, 화목하게 되어 좋은 종말을 가져오게 된다는 것. 곧 처음에는 오해했으나 나중에는 이해하고 화목하게 된다는 의미다.

六三은 음효·양위로 위부정하고 과중 부중하며 하태괘의 주효가 되니 경망하고 구설이 많은 효다. 睽時에 응효인 上九를 악인으로 오해했으나 나중에는 강건재덕을 가진 上九와 화목하게 되어 무구하게 된다.

象에 曰 見輿曳는 位不當也ㅣ오 无初有終은 遇剛也ㄹ새니라
象에 가로되 '見輿曳'는 位가 부당함이요, '无初有終'은 剛을 만나기 때문이니라

'位不當'(위부당)은 六三은 음효로서 양위에 있고 과중 부중하다는 지적이다. 三位가 음효인 경우에는 대흉한 경우가 많다.

'遇剛'(우강), 즉 강한 것을 만난다는 것은 강건재덕을 가진 上九의 군자와 만나게 된다는 뜻. 六三이 上九를 오해했다는 의미로 无初라 하고 遇剛으로 无咎하게 된다는 의미로 '有終'(유종)이라 했다.

九四는 睽孤ㅣ니 遇元夫交孚하면 厲无咎하리라
九四는 睽孤니 元夫를 만나 정성으로 사귀면 위태하나 无咎하리라

'睽孤'(규고)는 배반해서 외롭게 된다는 뜻. 또는 뜻하는 바가 사람들과 다르기에 고립한다는 뜻으로 해석하기도 한다. '元夫'(원부)의 元은 '元者는 善之長也'의 元과 같은 뜻. 곧 善의 의미다. 元夫는 善夫. 선한 사람, 선한 대인의 뜻으로 곧 初九를 가리키는 말이다. '交孚'(교부)는 진실한 마음으로 사귄다는 뜻.

'厲无咎'(여무구). 初九와 九四는 같은 양효로 반발하기 쉬우므로 厲라 했으나 동덕상응(同德相應)은 큰일을 성취하는 경우가 많으니 곧 건괘의 九二와 九五의 관계와 비슷한 내용이 된다. 그러므로 '厲无咎'(여무구)라 했다.

九四는 양효·음위로 위부정이며 대신의 지위다. 상괘의 초효가 되니 주저하는 성질을 가졌다. 불급중(不及中)이 되기 때문이다. 六三, 六五와는 음양상비(相比)의 사이가 되나 六三은 上九와 응하고 있고(應은 比보다도 훨씬 강력함), 六五는 九二와 응하고 있으며, 初九와는 같은 양효로 반발하고 있으니 '睽孤'(규고)의 상이 된다.

初九는 九四와 반발하는 사이가 되나 이 初九는 양효·양위로 지정한 군자, 곧 '元夫'다. 고립된 九四는 다소 위험성은 있는 것 같기도 하나 진실한 마음으로 元夫와 교제하면 장차 初九의 元夫도 九四의 진심을 알게 되고 서로 화협하게 되어 무구하리라는 의미다. 하괘와 상괘가 서로 배반하는 睽時인지라 일시적인 오해는 있을지라도 진심으로 사귀게 되면 오해도 사라지고 无咎하게 된다. 이 효사는 初九의 효사와 조응(照應)하고 있다.

來註에는 "元은 大, 夫는 人이다. 양효는 대인이 되고 음효는 소인이 된다. '元夫'는 初九의 大人을 가리키고 있다. '交孚'는 同德을 서로 믿는다는 의미고 厲는 긍긍하여 위태한 마음으로써 대처해서 오직 交孚에 이르지 못하는 것이 아닐까 걱정한다는 의미다"(元者는 大也ㅣ오 夫者는 人也ㅣ라 陽爲大人이오 陰爲小人이라 指初爲大人也ㅣ라 交孚者는 同德相信也ㅣ오 厲者는 兢兢然危心以處之하여 惟恐交孚之不至也ㅣ라) 했다.

象에 曰 交孚无咎는 志行也ㅣ니라
象에 가로되 '交孚无咎'는 뜻이 행해짐이니라

'志行'(지행)은 뜻하는 바가 이루어진다는 의미. '交孚无咎'(교부무구)는 효사를 줄인 말이다. 初位와 四位는 中에 미치지 못하는 효가 되니 대개 주저하는 성질을 가졌고 三位와 上位는 과중이 되므로 지나친 행위를 하는 경우가 많다. 九四는 강건지정한 初九의 元夫와 交孚하게 되니 睽孤의 상태가 해소된다. 이것이 '志行'의 의미다.

六五는 悔亡하리라 厥宗噬膚리니 往何咎ㅣ리오
六五는 悔가 없어지리라. 그 宗(宗親)의 살을 씹음이니 往이 무슨 허물되리요(허물이 있으리요)

六五는 천자위다. 이 효사는 九二의 효사와 조응하고 있다. 厥은 그 궐. 其와 같다. 宗은 종족, 종친, 친족, 친밀하다는 뜻. 噬는 씹을 서. 膚는 살 부. '噬膚'(서부)는 연한 살(無骨肉)을 씹는다는 뜻이다. 연한 살은 쉽게 깊이 씹을 수 있으니 곧 쉽게 친밀하게 되리라는 비유의 말이 된다.

九二에는 '遇主于巷'(우주우항)이라 했고 여기서는 往이라 했으니, 곧 六五의 天子는 규괴(睽乖)를 해소하려고 九二의 현인을 누항으로 찾아가 그 조력을 청하게 된다. 이것은 睽時를 구하려는 행위니 '往'은 허물될 일이 아니라는 의미로 往无咎라 했다.

六五는 음효·양위로 위부정이 되고 睽時의 유약한 천자여서 천하를 경륜하기에는 재부족하다. 이것이 悔가 된다. 그러나 六五는 상괘의 중효니 중덕을 가졌고 상리괘의 문명의 주효가 되니 겸허한 태도로 누항에 九二의 현인을 찾아가서 그 원조를 얻어 睽乖된 천하를 해소하게 된다. 그러므로 悔亡이 되고 '厥宗噬膚, 往何咎'라 했다. 來註의 설명은 다음과 같다.

六五는 睽時에 당면하여 음유로서 존위에 있으니 마땅히 有悔하다. 그러나 본질은 문명의 덕을 가졌고 柔進으로 상행해서(睽는 가인괘와 綜卦) 유순중덕을 가졌고, 九二의 강중의 덕을 가진 현인과 상응해서 겸허한 태도로 下賢之心(賢人을 존경하는 마음)이 무척 돈독하니 그러므로 悔가 사라진다. 그리하여 厥宗噬膚의 象이 되니(쉽게 친밀하게 된다는 뜻) 오직 그 합의(合意)가 무척 쉽다. 이것이 悔亡의 까닭이다. 占者는 이와 같이 하면 睽時를 구제할(濟) 수 있다. 그러므로 无咎하다.

六五는 當睽之時에 以柔居尊하니 宜有悔矣라 然이나 質本文明하고 柔進上行

火澤睽　135

하여 有柔中之德하고 下應剛中之賢하여 而虛己下賢之心이 甚篤하니 故로 悔可亡이요 有厥宗噬膚之象이니 惟其合之甚易 所以悔亡也ㅣ라 占者ㅣ 以是而往하면 睽可濟矣라 故로 无咎也ㅣ라

象에 曰 厥宗噬膚는 往有慶也ㅣ리라
_{상 왈 궐종서부 왕유경야}

象에 가로되 '厥宗噬膚'는 가면 경사가 있으리라

'往有慶也'(왕유경야)는 가면 경사가 있으리라는 뜻. 곧 往은 九二의 현인과의 交孚를 의미한다. 往으로 睽時를 구제하게 되리니 이것이 가장 큰 경사다. 이것이 명군의 치천하(治天下)의 도리다.

上九는 睽孤ㅣ니 見豕負塗하고 載鬼一車ㅣ라 先張之弧라가
後說之弧ㅣ라 匪寇婚媾ㅣ니 往遇雨則吉하니라

上九는 睽孤니 돼지가 진흙을 지고 鬼를 한 수레에 실음을 보니라. 먼저는 활시위를 당기다가(활을 쏘려 하다가) 뒤에는 활시위를 풂이라

■ 上九는 睽孤ㅣ니 見豕負塗하고 載鬼一車ㅣ라

'睽孤'(규고)는 효명이다. 九四에도 睽孤라 했으니 이런 예는 겸괘에도 보인다(겸괘 六二에 鳴謙이라 하고 上六에도 鳴謙이라 했다). 睽孤는 곧 서로의 의사가 소통되지 않아 고립상태가 된다는 뜻이다. 上九는 양효·음위로 위부정이 되고 또 이미 과중을 하여 규극(睽極)이 된다. 상응하는 六三을 추한 악귀처럼 생각하는지라 의사소통이 안 되므로 睽孤의 상태가 된다.

見은 '보아하니 …하다'의 뜻. 豕는 돼지 시. 負는 질 부. 塗는 진흙 도. 載는 실을 재. '見豕負塗'(견시부도)는 上九가 보기에 응효인 六三은 돼지가 진흙칠을 하고 있는 것처럼 보인다는 뜻이다. 또 악귀(惡鬼)가 수레에 가득한 상태라는 것이 '載鬼一車'(재귀일거)의 의미다. 上九는 六三을 진심으로 깊이 이해하려는 생각이 부족해서 이렇듯 추하게 보인다는 것이다.

■ 先張之弧라가 後說之弧ㅣ라

'張之'(장지)는 射之와 같다. 곧 쏘려 한다는 뜻. 張은 베풀 장. 弧는 활호. 활시위의 뜻. 說은 脫(벗을 탈)과 같다. '脫之'(탈지)는 '解之'(해지)와 같다. 곧 풀다, 그치다의 뜻. 처음에는 六三을 크게 오해해서 활을 쏘려 했으나 나중에는 오해한 것을 알고 활시위를 푼다, 곧 서로 친밀하게 된다는 비유의 말이다.

■ 匪寇婚媾ㅣ니 往遇雨則吉하니라

'匪寇婚媾'(비구혼구). 산화비괘(山火賁卦)䷕의 六四에서도 같은 표현이 나온다. 匪는 아닐 비. 非와 같다. 원수가 되려는 것이 아니고 화친해서 혼인하고자 한다는 뜻이니 곧 서로 친밀하게 사귀고자 한다는 비유의 말이다.

'往遇雨則吉'(왕우우즉길). 上九가 六三을 만나러 가면 음양 상화(相和)로 비가 오게 되니 吉하리라는 의미다. '見豕負塗 載鬼一車 先張之弧'까지는 睽孤의 상태를 말했고 '後說之弧'(후탈지호) 이하는 서로 오해를 풀어 화목하게 된 상태를 말했다.

이 우주와 인생에는 시간과 공간, 환경의 변화 때문에 동일한 것이라곤 존재할 수 없다. 천부인수(天賦人受)의 인성(人性)도 비록 근원은 동일할지라도 말단에 이르러서는 상위(相違)가 생기는 것이 사실이다. 규괘는 이런 도리를 보여 주고 있다. 그 상위성을 인식하면서 화협(和協)의 도리를 찾아야 한다. 공자는 "소인은 완전을 요구하고 군자는 因其德, 곧 그 사람의 才德에 적의한 임무를 맡긴다"했다. 睽의 상태는 고왕금래에 인류사회에 면면히 계속되고 있다. 단전에는 '天地睽, 男女睽, 萬物睽'를 말하고 '異而同'(이이동)의 도리를 말했으며 대상전에는 '同而異'(동이이 : 대상전 참고)를 말했으니 이 도리를 터득하면 인간만사에 통용되어 큰 허물을 범하지는 않으리라고 생각한다. 그러므로 성인이 '睽之時用이 大矣哉'라 했다.

象에 曰 遇雨之吉은 群疑亡也ㄹ새니라
　　　　상　왈　우우지길　　　군의망야

象에 가로되 '遇雨之吉'은 모든 의혹이 없어지기 때문이니라

'群疑亡'(군의망). 모든 의혹이 없어지다의 뜻. 곧 上九와 六三이 음양 상화로 비가 오듯이 음양상응하니 서로의 오해가 해소된다는 의미다. '遇雨之吉'(우우지길)은 이런 의미다.

가인괘와 규괘는 종괘다. 그러므로 내용이 정반대가 된다. 가인괘는 上九 한 효만이 위부정이고 그 외의 다섯 효는 모두 위정이다. 규괘는 반대로 初九 外는 전부 位不正(志不正)하기에 서로 誤解하게 된다.

火澤睽卦(화택규괘)☲의 初九는 양효·양위로 위정 지정하고 양강재덕을 지니고 바른 도리를 굳게 지켜서 吉하다.

九二는 양효·음위로 위부정이 되나 강건중덕을 가졌고 음양상응으로 六五 천자를 보좌하므로 길한 효다.

六三은 음효·양위로 위부정하고 또 부중 과중이 되며 하태괘의 주효가 되니 경망한 효다. 그러나 上九의 현인과 음양상응으로 그 지도를 받으면 무구하게 된다.

九四는 양효·음위로 위부정이고 무응이니 '睽孤'의 상태다. 그러나 初九의 현인과 정성으로 사귀면 소원 성취하리라.

六五는 음효·양위로 위부정이 되나 유순중덕을 가졌고 상리괘의 주효가 되니 문명의 덕을 가졌다. 그러나 음유로 큰일을 경륜하기는 무리하니 九二의 현인의 원조를 받으면 경사가 있으리라.

上九는 규극(睽極)이 되기에 효명을 '睽孤'라 했다. 양효·음위로 위부정이나 바른 도리를 굳게 지키면 상대자(六三)의 협조를 얻어서 길하게 되리라. 규괘는 각 효가 서로 오해해서 다소의 풍파는 있으나 나중에는 모두 화협하게 되어 흉한 효는 없다. 그러므로 上九 상전에는 '遇雨之吉 群疑亡也'라 했다. 이것은 물론 上九에 대한 말이나 규괘 전체에 해당하는 말이기도 하다.

水山蹇

艮下
坎上

_건 _{이서남} _{불리동북} _{이견대인} _{정길}
蹇은 利西南하고 不利東北하며 利見大人하고 貞吉하니라

_{단 왈 건 난야} _{험재전야} _{견험이능지 지의재}
象에 曰 蹇은 難也ㅣ라 險在前也ㅣ니 見險而能止는 知矣哉ㄴ저
_{건리서남 왕득중야} _{불리동북 기도궁야} _{이견대인}
蹇利西南은 往得中也ㅣ오 不利東北은 其道窮也ㅣ오 利見大人
_{왕유공야} _{당위정길 이정방야} _{건지시용 대의재}
은 往有功也ㅣ오 當位貞吉은 以正邦也ㅣ니 蹇之時用이 大矣哉
ㄴ저

_{상 왈 산상유수 건 군자 이 반신수덕}
象에 曰 山上有水ㅣ 蹇이니 君子ㅣ 以하여 反身修德하나니라

_{초육 왕건래예}
初六은 往蹇來譽리라
_{상 왈 왕건래예 의대야}
象에 曰 往蹇來譽는 宜待也ㅣ니라
_{육이 왕신건건 비궁지고}
六二는 王臣蹇蹇은 匪躬之故ㅣ니라
_{상 왈 왕신건건 종무우야}
象에 曰 王臣蹇蹇은 終无尤也ㅣ니라

_{구삼} _{왕건래반}
九三은 往蹇來反이니라

_상 _왈 _{왕건래반} _{내희지야}
象에 曰 往蹇來反은 內喜之也ㅣ리라

_{육사} _{왕건래연}
六四는 往蹇來連이리라

_상 _왈 _{왕건래연} _{당위실야}
象에 曰 往蹇來連은 當位實也ㄹ새니라

_{구오} _{대건} _{붕래}
九五는 大蹇이니 朋來리라

_상 _왈 _{대건붕래} _{이중절야}
象에 曰 大蹇朋來는 以中節也ㅣ니라

_{상육} _{왕건래석} _길 _{이견대인}
上六은 往蹇來碩이니 吉하고 利見大人하니라

_상 _왈 _{왕건래석} _{지재내야} _{이견대인} _{이종귀야}
象에 曰 往蹇來碩은 志在內也ㅣ오 利見大人은 以從貴也ㅣ니라

_건 _{이 서 남} _{불 리 동 북} _{이 견 대 인} _{정 길}
蹇은 利西南하고 不利東北하며 利見大人하고 貞吉하니라

蹇은 서남에 利하고 동북에 不利하며 대인을 봄이 이롭고 貞함에 吉하니라

蹇卦(건괘)는 艮下坎上(간하감상)의 괘다. 상감괘는 水고 하간괘는 山이다. 水와 山과 괘명의 蹇을 합해서 水山蹇(수산건)䷦이라 하여 괘형과 괘명을 기억하게 한다.

蹇은 절 건. 절뚝거리다, 또는 절뚝발이라는 뜻. 그러므로 고생하다, 곤란을 겪다의 의미가 생긴다. 《주자본의》에는 "蹇은 곤란하다는 의미다. 절뚝발이여서 앞으로 잘 나아가지 못하니 행하기가 곤란하다는 의미다. 괘됨은 간하감상이니 산 너머 큰 강이 있는 괘상이다. 그 험난함을 보고 멈추게 된다. 그러므로 괘명을 蹇이라 했다"(蹇은 難也ㅣ니 足不能進은 行之難也ㅣ라 爲卦 艮下坎上은 見險而止라 故로 爲蹇이라) 했다. 곧 산험강난(山險江難)이 중첩된다는 의미로 괘명을 蹇이라 했고 곤란을 상징한 괘다. 절뚝발로 험난한 산을 넘고 강을 건너가는 괘상이다. 그러므로 괘명을 蹇이라 했다.

수뢰준괘는 풀싹이 땅속에서 위로 올라가려 하나 땅 위에는 얼음이 덮여 있어서 올라가지 못하고 곤궁하다는 괘다. 감위수괘(坎爲水卦 : 習坎)는 너무 지나친 행동을 하다가 구덩이(穴)에 빠져서 탈출하지 못해 곤란한 상태의 괘다. 택수곤괘(澤水困卦)는 너무 지나치게 올라가서 기진맥진하여 곤궁하다는 괘다. 수산건괘는 험한 산과 건너기 힘든 강이 앞길을 막고 있으니 나아가지 못하고 곤궁하다는 괘다. 이 네 괘는 모두 곤궁한 괘다.

그러나 그 괘의 성립된 내용을 잘 탐구하면 그 처방도 괘 속에 품고 있음을 알 수 있다. 즉 屯者伸也, 陷者麗也, 困者反也, 蹇者解也다. 곧 屯難은 진심으로 노력하며 때를 기다리면 크게 펼치게 될 것이고, 구멍에 빠지면 붙을 곳을 찾아 의지하면서 구출을 기다려야 하며, 너무 높이 올라가서 곤궁하면 밑으로 내려가면 안온하게 될 것이고, 山險江難도 지혜와 노력으로 해결할 수 있다. 易理는 궁해지면 변화를 취하고 잘 변화하면 통하게 된다. 통해도 오래(久)되면 또 궁하게 된다. 天行이다.

水山蹇卦를 상하의 괘상으로써 말하면 하간괘는 험한 산이고 상감괘는 큰 강의 물이다. 그러므로 험난을 의미한다. 상하의 괘덕으로 말하면 상감괘는 陷(빠질 함)이고 하간괘는 止(멈출 지)다. 곧 감괘는 넓고 깊어 빠질 위험이 많은 큰 강물이다. 하간괘는 멈춘다는 의미의 괘다. 앞에 큰 강물의 험난이 있으니 나아가지 못하고 멈추어 있는 괘상이 된다. 이는 곧 앞길에 험난이 있을 경우에는 멈추고 전진하지 말라는 괘상이다. 이런 경우에는 일시 멈추어 정세를 잘 판단하여 나아갈 수 있으면 나아가고 여의치 못할 때는 물러나서 때를 기다리며 처방을 강구하면 장차 해결책도 생기게 된다. 산험강난(山險江難)은 성괘(成卦)의 원인이 되고 그 험난을 보고 멈추는 것은 蹇卦의 건난(蹇難)에 대처하는 도리다. 그러나 영구히 멈추어 있어서는 건난을 해소할 수는 없다.

蹇難을 해소하는 길도 역시 괘 속에 품고 있다. 건괘를 六爻로 나누어서 말하면 九五는 천자위가 되나 험난 속에 빠져 있는 상이다(감괘는 험난의 괘고 九五는 상감괘의 중효가 되니 險中에 빠진 상이 된다). 그러나 강건중정의 대덕을 가졌고, 유순중정의 덕을 가진 六二와 상응해서 蹇難을 구하려 한다. 그러나 六二는 음유로 재력이 부족하다. 다행히 강건재덕을 가진 九三과 相比해서 서로 협력하게 되고 九三은 六四의 대신과 음양 상비(相比)로 서로 협력하고 또 六四는 九五 천자와 음양 상비로 서로 협력하며 九五 천자는 또한 上六과 음양 상비로 협력하게 되니 六二, 九三, 六四, 上六의 제효가 일치협력해서 九五의 천자를 보좌하니 드디어 蹇難을 해소하게 된다. 강건재덕을 가진 九三의 영걸(英傑)과 九五 천자는 서로 연고가 닿지 못하나 六二와 六四의 상비로 말미암아 서로 연락된다. 곧 상하의 일치협력으로 蹇難이 해소되는 것이다. 大難이 생기면 한두 사람의 힘으로는 해소하기는 어렵다. 그러므로 일시적으로 멈추어 때를 기다려서 上下의 일치협력으로 蹇難을 해소하게 된다는 것을 괘상은 보여 주고 있다.

〈서괘전〉에는 "家道가 곤궁하게 되면 서로가 睽乖(규괴)하게 된다. 가인들이 서로 睽乖하면 필연코 難이 생기게 마련이다. 그러므로 규괘 다음에 蹇卦로서 받았으니 蹇卦는 험난의 괘다"(家道窮이면 必乖리라 故로 受之以睽ㅣ니

睽者는 乖也ㅣ니라 乖必有難이리라 故로 受之以蹇이니 蹇者는 難也ㅣ니라) 했다. 서괘전은 꼭 그대로 진행된다는 단언은 아니나 인간사의 대체적인 진행 도리를 계시하고 있다. 〈계사상전〉 제 2장에는 "君子 所居而安者는 易之序也ㅣ라" 했다. 괘서는 이와 같이 중요한 의미를 가졌다.

■ 蹇은 利西南하고 不利東北하며 利見大人하고 貞吉하니라

'利西南 不利東北'(이서남 불리동북). 서남방은 유리하고 동북방은 불리하다. 문왕원도(文王圓圖)에 의하면 坎・艮의 방위는 東北이 된다. 그러므로 蹇難은 동북에 있으니 동북방은 불리하고 동북의 반대는 서남이 되니 그러므로 서남방이 유리하다는 의미다. 來註에서는 이렇게 쓰고 있다.

> 옛 주석에 말하길 坤方은 체(體)가 순(順)해서 평이하고 艮方은 체(體)가 험해서 멈추게 된다 했고 또한 西南은 평이하고 東北은 험조하다 했으니, 이는 모두 王弼이 비로소 해석한 말이다. 王弼이 말하기를 西南은 평지고 東北은 산악지대라 했다. 후유(後儒)가 이 말을 좇기에 드디어 이 설이 생겼으나 문왕의 괘사를 모르는 말이다.
> 舊註에 坤方은 體順而易하고 艮方은 體止而險이라 又云 西南은 平易하고 東北은 險阻라 하니 皆始于王弼이라 弼曰 西南爲地요 東北爲山이라하니 後儒從之하여 遂生此說이나 而不知文王卦辭라

來子는 문왕원도(文王圓圖; 坎艮은 東北方)로 '不利東北'을 해석했으니 온당한 해석이다. '大人'(대인)은 재능도덕이 탁월한 사람. 대인이 아니면 蹇難을 해소하기는 어렵다. 그러므로 '利見大人'(이견대인)이라 했다. 대인은 강건중정의 대덕을 가진 九五 천자를 가리킨 말이다. 六二, 九三, 六四, 上六이 모두 일치협력해서 九五 천자를 보좌하여 蹇難을 해소한다는 의미다. '貞吉'은 바른 도리를 굳게 지켜서 길하다는 의미다. 괘위로 말하면 初六 외에는 모두 위정이 되고 상호협력으로 蹇難을 해소하게 되어 吉하다는 의미도 가졌다. 《주역술의》에는 이렇게 씌어 있다.

天下의 大蹇(大難)은 필연코 사람(大人)을 얻어 일치협력함으로써 구제하게 된다. 九五는 강건중덕을 지녔고 九三은 강건 지정을 가졌으니 모두 대인이다. 下民에 蹇難이 있을 때에는 위에 있는 대인을 뵙고 주인을 얻음으로써 유리하고 위(上部, 君王)에 蹇難이 있을 때는 아래의 대인을 초빙해서 보좌함으로써 유리하다. 또 六二로부터 上六까지의 각 효는 모두 위정이 되니 이것은 정도로써 蹇難을 구제함이다. 강유가 치우치지 않고(六二로부터 上六까지 柔, 剛, 柔, 剛, 柔로 배열됨), 각 효가 힘을 모아 군왕을 보좌하는 상이고 또 守正(位正)으로써 더 보태게 되니 濟蹇(건난을 구제함)의 도리가 구비되었다.

> 天下之蹇은 必得人以共濟라 九五剛中하고 九三剛正하니 皆大人也ㅣ라 下有蹇엔 利見在上之大人으로 以得主也ㅣ오 上有蹇엔 利見在下之大人으로 以求輔也ㅣ라 又自二至上이 皆得正하니 是以로 正道濟蹇也ㅣ라 剛柔不偏하고 主輔皆得하고 又加之以守正하니 濟蹇之道備矣라

험난이 중첩되었을 때는 무리하게 모험해서는 안 되고, 그렇다고 좌시해서는 해소되지 않으니 일시적으로 멈추어서 적당한 처방을 강구해야 한다. 곧 利見大人으로 상하 일치협력해서 바른 도리를 굳게 지키면서 점차 蹇難을 해소하도록 노력해야 한다. 모험과 무모한 돌진은 화를 부르게 된다.

> 象에 曰 蹇은 難也ㅣ라 險在前也ㅣ니 見險而能止는 知矣哉ㅣ저 蹇利西南은 往得中也ㅣ오 不利東北은 其道窮也ㅣ오 利見大人은 往有功也ㅣ오 當位貞吉은 以正邦也ㅣ니 蹇之時用이 大矣哉ㅣ저

象에 가로되 蹇은 험난(險難)이다. 험난이 앞에 있으니 험난을 봐서 능히 멈춤은 지혜일진저, '蹇利西南'은 가서 中을 얻음이요, '不利東北'은 그 道가 궁함이요, '利見大人'은 가서 공이 있음이요 位에 마땅하여 '貞吉'함은 나라를 바르게 하기 때문(以)이니 蹇의 時와 用이 큼일진저

■ 象에 曰 蹇은 難也ㅣ라 險在前也ㅣ니 見險而能止는 知矣哉ㄴ저

상하의 괘덕을 말하고 있다. 상감괘는 험난한 큰 강물이 되니 그러므로 '險在前也'(험재전야)라 했고, 하간괘는 지덕(止德)을 가져서 험난이 있는 것을 보고 능히 멈추게 되니 이것은 지혜를 가진 행위다. 蹇은 험난이다. 험난에 당면해서는 모험하지 않고 일시 멈추어 정태를 잘 살펴서 해결책을 강구하는 것이 슬기로운 행동이다.

■ 蹇利西南은 往得中也ㅣ오 不利東北은 其道窮也ㅣ오 利見大人은 往有功也ㅣ오

이하는 괘사에 대한 해석이다. '往得中'(왕득중), 곧 가서 중위를 얻는다는 뜻. 뇌수해괘(雷水解卦)와 수산건괘는 종괘다. 해괘의 하감괘가 위로 올라가서 蹇卦의 상감괘가 되었다. 즉 해괘의 九二가 위로 올라가서 蹇卦의 九五가 되었으니 '往得中'은 이 九五를 가리킨 말이다. '不利東北'(불리동북), 즉 동북방은 불리하다 한 것은 '其道窮'(기도궁), 곧 동북방은 험난한 곳이니 그리로 가면 궁곤하리라는 것이다. 來註에는 "文王圓圖에 東北은 居圓圖之下하고 西南은 居圓圖之上이라 故로 往而上者는 則入西南之境矣라 往得中이라 來而下者는 則入東北之境矣라 故로 其道窮이라" 했다. 곧 문왕원도에서 東北은 원도의 밑에 있고 西南은 원도의 위에 있다(文王圓圖 참고). 그러므로 위로 올라가는 것은 곧 서남경(西南境)에 들어가는 것이니 '往得中'이라 했고 밑으로 내려가는 것은 동북경(東北境)으로 들어가는 것이니 '其道窮'이라 했다는 설명이다. 곧 문왕팔괘원도로 東北, 西南을 해석한 것이다.

'利見大人'(이견대인)은 大人을 만나보면 유리하다. 곧 蹇難을 구제하는 데에는 소인의 도량으로는 불가능하니 필연코 강건중정의 대덕을 가진 九五 천자를 뵙고 상하 일치협력해서 蹇難을 해소하게 되리라. 곧 '往有功也'(왕유공야), 그 대인에 협력하면 공을 세우리라는 의미다.

■ 當位貞吉은 以正邦也ㅣ니 蹇之時用이 大矣哉ㄴ저

'當位貞吉'(당위정길). '當位'는 위당(位當), 위정의 뜻. 곧 위정 지정해서 정도(貞道)를 굳게 지키니 그러므로 길하다. 제2위 이상의 다섯 효는 모두 당위(위정)가 된다. '正邦'(정방). 當位貞吉로써 나라가 바로 선다.

'蹇之時用이 大矣哉'. 蹇時를 다스리는〔用〕것은 진실로 중대한 일이다. 蹇難을 구제하는 도리는 상하가 일치협력해서 위대한 대인을 보좌하여 이루게 되니 그 의의는 중대하다는 의미다. 《주역절중》에 항안세는 이렇게 말하고 있다.

험해서 멈추는 蒙은 밖에서 멈추는 內險外止(內坎卦, 外艮卦)의 卦고, 險을 보고 멈추는 지혜로움(蹇卦)은 안에서 멈추는(內卦는 艮止) 것이다. 밖에서 멈추는 蒙卦는 막혀서 나아가지 못하고 안에서 멈추는 蹇卦는 소견(所見)이 있어 경망하게 나아가지 않으니 蒙卦와 蹇卦는 이런 것이 다르다. 屯卦와 蹇卦는 모두 險難을 훈계했으니 屯卦는 險中에 활동해서 難을 구제하고 蹇卦는 險中에 멈추어서 건난을 해소하게 되니 屯卦와 蹇卦는 이런 것이 다르다.

險而止爲蒙은 止於外也ㅣ오 見險而能止爲智는 止於內也ㅣ라 止於外者는 阻而不得進也ㅣ오 止於內者는 有所見而不妄進也ㅣ니 此蒙與蹇之所以分也ㅣ라 屯與蹇은 皆訓難하니 屯者는 動乎險中濟難者也ㅣ오 蹇者는 止乎險中涉難者也ㅣ니 此屯與蹇之所以分也ㅣ라

몽괘(蒙卦)와 건괘(蹇卦), 준괘(屯卦)와 건괘(蹇卦)를 대조해서 설명했으니 참고될 말이다.

象에 曰 山上有水ㅣ 蹇이니 君子ㅣ 以하여 反身修德하나니라

象에 가로되 山의 위에 水가 있음이 蹇이니, 군자는 이로써 몸에 돌려(반성하여) 덕을 닦느니라

■ 象에 曰 山上有水ㅣ 蹇이니

하간괘는 산이고 상감괘는 水다. 산험(山險)과 강난(江難)이 중첩된 것이

蹇卦의 괘상이다.

- **君子ㅣ 以하여 反身修德하나니라**

군자는 이 도리를 본받아 스스로 반성해서 수덕(修德)에 힘쓴다. '反身'(반신)은 하간괘의 상이다. 간괘의 덕은 止다. 곧 밖을 향해서 나아가지 않고 자신이 있어야 할 자리에 멈추어 있으니 자신을 반성한다는 의미가 생긴다. '修德'(수덕)은 상감괘의 상이다. 감괘는 水다. 水는 산과 산의 사이를 흘러가며 쉬지 않는다. 그러므로 감괘는 노괘(勞卦)가 된다. 즉 근면, 노고의 의미다. 수덕에 근면노고함은 곧 감괘의 象이다. 그러므로 反身修德이라 했다. 군자는 험난 중에 있더라도 '不怨天 不尤人'(불원천 불우인)하며 수덕에 근면노력한다. '不怨天 不尤人'은 하늘을 원망하지도 않고 남의 허물로 탓하지도 않는다는 의미다. 공자의 유명한 말이다.

初六은 往蹇來譽리라
초육은 가면 곤란하고 오면 명예로우리라

'往'은 앞으로 나아가다, 위로 올라가다의 뜻. '來'는 往의 반대다. 곧 앞으로 나아가지 않다, 그 자리에 머물다, 또는 밑으로 내려오다의 의미. 여기서는 그 자리에 머물러 있다는 의미다.

初六은 음효·양위로 위부정이 되고 최하위에 있으니 하천(下賤)하다. 또 六二와 六四 모두 같은 음효여서 무비(無比), 무응이 된다. 곧 응원자가 없다. 初六은 위부정하고 하천하며 응원자가 없고 고립상태에 있으니 만일에 왕진(往進)하면 험난에 빠지기 쉽다. 그러므로 나아가지 말고 그 자리에서 자신의 본분을 지키게 되면 명예를 얻게 되리라는 의미다. 곧 단전에 말한 '見險而能止 知矣哉'에 해당하니 그러므로 명예를 얻게 되리라는 것이다.

來註에는 "음효는 蹇難을 구제할 재덕을 갖고 있지 못하고 초효는 蹇難을 구제할 지위가 아니다. 그러므로 進往하면 蹇難을 모험하게 되고 그 자리에 머물러 있으면 명예를 얻는 상이다"(六非濟蹇之才요 初非濟蹇之位라 故로 有 進而往則冒其蹇이요 退而來則得其譽之象이라) 했다.

_상 _왈 _{왕건래예} _{의대야}
象에 曰 往蹇來譽는 宜待也ㅣ니라
象에 가로되 '往蹇來譽'는 기다림이 마땅하니라

來註에는 "待者는 待其時而可進也ㅣ라" 했다. '待'(대)는 때를 기다려서 나아가야 할 경우에는 나아간다는 의미다. 往時가 와도 기다리라는 의미가 아니다. 적시에 행동해서 공을 이루면 명예도 얻게 된다.

_{육이} _{왕신건건} _{비궁지고}
六二는 王臣蹇蹇은 匪躬之故ㅣ니라
六二는 王의 신하가 蹇蹇함은 몸(自身)의 일이 아니니라

'王臣蹇蹇'은 왕신이 건건함이니의 뜻. 곧 효상을 설명한 말이다. 王은 九五 천자를 말한다. '王臣'(왕신)은 九五와 음양상응하는 그 신하인 六二를 가리킨 말이다. '蹇蹇'(건건)은 蹇難이 중첩된다는 뜻. 匪는 非. 躬은 몸 궁. '匪躬之故'(비궁지고)는 자신을 위한 일이 아니라는 뜻.

六二는 음효로서 음위에 있고 하괘의 중효가 되니 곧 유순중정의 덕을 가진 이상적인 음효다. 위로는 九五 천자와 음양상응하고 九三의 현인과는 음양상비해서 함께 힘을 합해 건난을 해소하려고 노력한다. 그러나 下艮險(하간험), 上坎陷(상감함)으로 건난이 중첩되므로 蹇蹇이라 했다. 또는 상감괘는 노괘(勞卦)니 蹇이 되고 2, 3, 4효의 호괘도 감괘가 되니 蹇이 되어 이중의 蹇이니 그러므로 蹇蹇이라 했다는 설도 있다.

來註에는 "六二 當國家蹇難之時에 主憂臣辱이라 故로 有王臣蹇蹇之象이라" 했다. 곧 六二는 나라가 蹇難에 빠진 때에 군주에게 근심이 있으면 신하는 욕을 보게 되니 그러므로 군주와 신하가 蹇蹇의 상이라는 것이다.

'匪躬之故'(비궁지고)는 신하가 군주와 국가를 위한 蹇蹇이고 자신을 위한

일이 아니라는 의미다. 來註에는 "六二는 유순중정의 덕을 가져서 임금을 섬기는 데 몸을 바치는〔致〕 신하다. 그러므로 匪躬之象(비궁지상)이 된다"(六二 柔順中正하니 蓋事君能致其身者也ㅣ라 故로 又有匪躬之象이라) 했다. 길흉을 말하지 않음은 오직 진심갈력(盡心竭力)할 뿐이고 그 성패(成敗)는 염두에 두지 않기 때문이다.

象에 曰 王臣蹇蹇은 終无尤也ㅣ니라
象에 가로되 '王臣蹇蹇'은 마침내 허물이 없느니라

'終无尤也'(종무우야)는 마침내 허물이 없게 된다는 뜻. 왕신(王臣)이 蹇蹇해서 진심갈력하고 있으니 성불성(成不成)을 불문하고 허물〔尤〕로 삼을 수는 없다는 뜻. 六二의 충성을 찬양하는 말이다.

九三은 往蹇來反이니라
九三은 가면 곤란하고 오면 되돌아옴이니라

六二와 九五 외에는 모두 '往蹇'(왕건)을 말했다. 곧 위험이 앞에 있음을 경계한 말이다. 九三은 양효·양위로 위정하고 강건재덕을 가진 현인이다. 2, 3, 4효의 호괘는 감괘로서 이 九三은 그 陷中에 빠져 있는 효다. 곧 함험 속에서 전진할 수는 없으니 되돌아와서 유순중정의 덕을 가진 六二(음양 相比 관계)와 협력하게 되면 이 六二를 통해서 장차 九五 천자를 보좌하여 공을 세우게 되고 길하리라는 의미다. 來註에는 이렇게 씌어 있다.

九三은 이양거양(以陽居陽)으로 위정하고 양강(陽剛)의 덕을 가졌으니 蹇時에 당면해서 上六과 음양상응이 되나 다만 九五에 격절(隔絶)되고 있다. 그러므로 밑으로 내려가서 同體(같은 艮卦)의 六二와 相比하게 되니 九三은 六二의 巽順한 德을 취하고(資: 취할 자) 六二는 九三의 剛明한 德을 취해서 蹇難을 구제할 功을 이루리라. 그러므로 전진하면 험난에 빠지게 되니 來反의 象이다.

九三은 陽剛得正하니 當蹇之時에 與上六爲正應이나 但爲五所隔이라 故로 來反而比于同體之二니 三則資其二之巽順하고 二則資其三之剛明하여 可以成濟蹇之功矣라 故로 有往則蹇而來反之象이라

_상 _왈 _{왕건래반} _{내희지야}
象에 曰 往蹇來反은 內喜之也ㅣ리라
象에 가로되 '往蹇來反'은 內가 이것을 기뻐하리라

內는 내괘, 곧 六二와 初六을 가리킴. '內喜之'(내희지). 九三이 전진하면 험난에 빠지게 되고 밑으로 내려오면 初六과 六二의 두 음효는 기뻐하리라는 의미다. 즉 初六과 六二는 九三의 강건지정(剛健志正)을 기대해서 기뻐한다는 뜻.

_{육사} _{왕건래연}
六四는 往蹇來連이리라
六四는 가면 곤란하고 오면 이어지리라

連은 연합한다는 뜻. 九三을 주로 해서 初六, 六二와 연합한다는 의미다. 六四는 음효·음위로 위정(지정)한 재상(宰相)이다. 그러나 음유하며 재부족하다. 또 初六과는 음양상응의 사이가 되나 같은 음효로 무응이 된다. 강건재덕을 가진 九三과는 음양 상비(相比)의 사이가 되니 이 九三을 통해서 初六, 六二와 연합하게 된다. 왕진하면 蹇難에 빠지게 되고 내려와서 九三과 상비(相比)하면 장차 初六, 六二와도 연합해서 九五 천자를 보좌할 수 있으니 큰 공을 세우게 된다. '往蹇來連'(왕건래연)은 이런 의미다. 순상(荀爽)은 "來還承五則與至尊相連이라 故로 曰 來連也ㅣ라" 했다. 곧 귀환해 와서 九五를 받들게 되면 지존(至尊:九五)과 상연(相連)이 되니 그러므로 '來連'(내연)이라 했다는 것이다. 그러나 효사에서 '來'는 모두 위에서 밑으로 내려가는 것으로 되어 있으니 荀爽의 해석은 무리한 면이 있다.

^상 ^왈 ^{왕건래연} ^{당위실야}
象에 曰 往蹇來連은 當位實也ㄹ새니라

象에 가로되 '往蹇來連'은 位에 마땅하고 實(信實)하기 때문이니라

實은 진실하다, 곧 貞正하다는 의미다. 六四는 往蹇을 하지 않고 밑으로 내려가서 세 효와 연합하니 이는 곧 위정해서 貞正한 도리를 취함이다. 이 實자는 운자(韻字)다. 九五의 상전에는 '以中節也ㅣ라' 했으니 實자, 節자는 모두 운자다.

^{구 오} ^{대 건} ^{붕 래}
九五는 大蹇이니 朋來리라

九五는 大蹇이니 벗이 오리라

九五는 양효로서 양위에 있고 상괘의 중효가 되니 강건중정의 대덕을 가진 천자이며 주괘의 주효다. 이 위대한 九五 천자는 상감괘의 중효가 되니 바로 蹇難 속에 빠져 있는 상이 된다. 그러므로 '大蹇'(대건)이라 했다. 이정조의 《주역집해》에 간보(干寶)는 "在險之中而當王位故로 曰 大蹇이라" 했다. 곧 험난 속에 빠져 있는 군왕이므로 大蹇이라 했다는 설명이다. '大蹇'은 효명(爻名)이다.

朋은 여기서는 九五와 동덕(同德)인 九三을 가리키는 말이다. 九三은 양강재덕을 가졌으니 蹇 상태를 구제할 수 있는 영걸(英傑)이다. 그러므로 九五 천자에 대하여 九三을 '朋'(붕)이라 했다.

九五는 유순중정의 덕을 가진 六二와 음양상응의 사이가 되니 六二는 이 九五 천자에게 능히 몸을 바칠 수 있는 충신이다. 그러므로 六二는 강건지정하고 蹇상태를 구제할 수 있는 九三의 영걸과 음양 상비(相比)로 연합하게 되고, 九三은 上六과 음양상응으로 연합하며, 또 六四와는 음양 상비로 연합해서 마침내 六二, 九三, 六四, 上六(初六은 일반 서민으로 봄)이 일치 협력해서 九五 天子를 도와 마침내 蹇難을 수습(收拾)하게 된다.

《주역절중》에 호병문은 "여러 효들에서 모두 往으로써 건난하다 하니 성인

이 또 걱정하길 세상 사람들이 모두 不往하면 건난에서 벗어날 도리가 없게 되고 九五 천자와 六二 신하도 또 不往하면 누가 蹇을 구제할 것인가. 이런 연유로 성인이 六二에는 蹇蹇이라 했고 九五에는 大蹇이라 하여 不往(往蹇)을 말하지 않았다"(諸爻皆以往爲蹇하니 聖人이 又慮天下皆不往하면 蹇無由出矣요 二五君臣이 復不往이면 誰當往乎아 是以로 於二曰蹇蹇하고 於五曰大蹇이라) 했다. 來註에서는 이렇게 말하고 있다. (원문의 순서를 바꿔 정리함)

朋은 九三을 가리킨다. 九三과 九五는 比도 안 되고 應도 안 되니 九三은 九五와 연합할 수 없다. 九五로 말하면 단전에서 말하는 '當位貞吉 以正邦也'에 해당하고, 상하의 諸爻로 말하면 '利見大人 徃有功也'에 해당하니, 이것이 '大蹇朋來'의 의미이다. 九五는 尊位에 있어서 강건중정의 大德을 가졌고 蹇難時에 당면해서 六二와 상응하니 六二는 본시 몸을 돌보지 않는[匪躬] 충성심을 가져서 九三과 相比하고 九三은 六二에게로 내려와서 蹇 상태를 구제하게 된다. 일단 九三이 六二에게로 오면 九三과 응하는 上六도 六二에게로 내려오고 九三과 比하는 六四도 함께 내려와 연합하여 모두 翕然(흡연)하게 어울려 협력해서 蹇 시대를 구제하게 된다.
朋指三이라 (…) 三與五는 非比非應하니 不能合乎其五ㅣ라 (…) 自本爻言之하면 所謂當位貞吉 以正邦也ㅣ오 自上下諸爻言之하면 所謂利見大人徃有功也ㅣ니 所以大蹇朋來라 九五居尊하여 有陽剛中正之德하고 當蹇難之時에 下應六二하니 六二固匪躬矣而爲三者ㅣ 又來反乎二而濟蹇이라 三之朋이 旣來則凡應乎朋而來碩하고 比乎朋而來連하여 皆翕然竝至하여 以共濟其蹇矣니라

즉 九三이 밑으로 내려가 六二와 相比한다는 의미로 '朋來'를 설명하고 있으며 또한 모든 효가 연합해서 九五 천자를 보좌하여 蹇 상태를 구제한다는 해석을 하고 있다.

象에 曰 大蹇朋來는 以中節也ㅣ니라
象에 가로되 '大蹇明來'는 中節하기 때문(以)이니라

中은 중덕. 節은 절제. 節자는 운자다. 韻을 밟기에 '以中正也'(이중정야)를

'以中節也'(이중절야)라 한 것이다. 六四 상전에 '當位實也'(당위실야)의 實과 節은 같은 운자다. 九五는 강건중정의 덕을 가져서 '朋來'(붕래)로 말미암아 蹇難을 구제하게 된다.

上六은 往蹇來碩이니 吉하고 利見大人하니라
上六은 가면 곤란하고 오면 큼이니 吉하고 大人을 봄이 이로우니라

碩(클 석)은 '大'와 같은 뜻이니 양대음소(陽大陰小)로 九三을 가리킨 말이다. '來碩'(내석)은 내려가서 九三에게로 가라는 뜻. 그러면 吉하리라는 의미다. '利見大人'은 九五의 대인을 만나보면 이롭다는 뜻. 곧 九三과 상응하고 六二, 六四와 연합해서 곧 아래위 다섯 효가 연합해서 九五 천자를 보좌하면 (利見大人) 공을 세우게 되고 吉하리라는 의미다. 九三은 제건(濟蹇)의 재덕을 지녔으나 여타의 효들은 모두 음유하며 재력이 부족하니 九三과 연합해서 九五 천자를 보좌하면 吉하리라. 九五에 이미 '大蹇'(대건)이라 했으니 여기서는 '往蹇來碩'이라 했다. 《주자본의》에는 碩을 九五라 했으나 잘못이다. 來註에는 이렇게 씌어 있다.

> 碩은 大와 같다. 陽은 大고 陰은 小이니 九三은 양효이므로 크다 했다. 大라 하지 않고 碩이라 표현한 것은 九五에 이미 大자가 있기 때문이다. 來碩은 九三에게로 나아가라는 의미다. 吉하다 한 것은 諸爻가 모두 능히 蹇을 구제할 수 없으되 上六만은 九三과 상응해서 濟蹇할 수 있기 때문이다. 利見大人은 九五를 뵙는다는 의미다.
> 碩者는 大也ㅣ라 陽大陰小故로 言大라 不言大而言碩者는 九五에 已有大字矣라 來碩者는 來就三也ㅣ라 吉者는 諸爻皆未能濟蹇이나 此獨能濟也ㅣ라 見大人者는 見九五也ㅣ라

상전에도 '志在內也'(지재내야)라 했으니 內는 내괘(하괘)를 가리킨 말이다. 상전을 참고로 해도 '來碩'은 내지덕이 말한 '來就三'(내취삼)이 바른 해석이다.

象에 曰 往蹇來碩은 志在內也ㅣ오 利見大人은 以從貴也ㅣ
니라
象에 가로되 '往蹇來碩'은 뜻이 內에 있음이요 '利見大人'은 귀에 따라야하기 때문이니라

'志在內'(지재내)는 그 생각하는 뜻이 내괘, 즉 하괘의 九三에 있다는 의미다. 나아가면 험난에 빠지게 되고 내려가서 九三과 협력하면 공을 세우게 되리니 그러므로 上九는 내괘의 九三에 뜻을 둔다는 것이다. '從貴'(종귀)는 존귀한 九五의 천자에 순종한다는 의미다. 以 자는 윗 구절의 '志在內也'를 받아서 한 말이다. 上六은 음유하고 무력하기 때문에 九三과 상응 협력함으로써 '從貴'(종귀)해야 한다.

水山蹇卦(수산건괘)를 다시 간략히 정리해 보자.
初六은 음효·양위로 위부정하고 하천한 지위다(괘상으로는 일반 서민으로 봄). 응효도 없고 비효도 없으나 오히려 무계루가 되어 무리한 행동을 하지 않고 '見險而能止'(견험이능지)로 吉하게 된다.
六二는 유순중정의 덕을 가졌고 근면 노력하는 효다. 강건중정의 대덕을 가진 九五 천자와 상응하고 강건재덕을 가진 九三과 상비(相比)해서 큰 공을 세우게 되니 길한 효다.
九三은 강건재덕을 가졌고 양효·양위로 지정한 현인이다. 六二와 상비(相比)하고 上六과 상응하며 六四와도 상비해서 장차 蹇상태를 구제할 영걸이다.
六四는 음효·음위로 지정한 대신이다. 九三의 현인과 상비하고 九五 천자와도 상비해서 길한 효다.
九五는 강건중정의 대덕을 가진 천자요 주괘의 주효도 되고 위아래가 모두 보좌해서 대길한 효다.
上六은 음효·음위로 위정한 효다. 九三의 현인과 상응해서 蹇을 구제하는 데 조력하는 효다. 九五 천자와도 음양 상비(相比)로 길한 효다. 蹇卦는 六二 이상이 모두 위정하니 상호 견연하여 기어이 蹇을 구제하게 된다.

蹇卦가 서로를 이끌어 제건(濟蹇)에 진력하는 것을 뇌화풍괘(雷火豐卦)䷶의 경우와 비교할 만하다. 豐卦는 비록 성대한 괘이나 중간 4 효는 모두 위부정인 것이다. 험난하거나 궁곤할 때는 사람들은 서로 의지하고 돕지만 풍성한 때는 외견상으로 좋아 보이더라도 진정(眞情)이 희박하기 쉽다. 부자는 좋은 것이지만 뒤가 좋지 못할 경우가 많다.

雷水解

坎下
震上

解는 利西南하니라 无所往이어든 其來復吉하고 有攸往이어든 夙吉하니라

象에 曰 解는 險以動하고 動而免乎險이 解니라 解利西南은 往得衆也ㅣ오 其來復吉은 乃得中也ㅣ오 有攸往夙吉은 往有功也ㅣ니라 天地解而雷雨作하고 雷雨作而百果草木이 皆甲坼하나니 解之時ㅣ 大矣哉ㄴ저

象에 曰 雷雨作이 解니 君子ㅣ 以하여 赦過宥罪하나니라

初六은 无咎하리라
象에 曰 剛柔之際니 義无咎也ㅣ니라
九二는 田獲三狐하여 得黃矢니 貞吉하니라

象에 曰 九二貞吉은 得中道也글새니라

六三은 負且乘하여 致寇至리니 貞吝하니라

象에 曰 負且乘은 亦可醜也ㅣ오 自我致寇어니 又誰咎也ㅣ리요

九四는 解而拇하면 朋至斯孚ㅣ리라

象에 曰 解而拇는 未當位也글새니라

六五는 君子維有解니 吉하고 有孚于小人이니라

象에 曰 君子有解는 小人退也ㅣ니라

上六은 公用射隼于高墉之上하여 獲之니 无不利하니라

象에 曰 公用射隼은 以解悖也ㅣ니라

解^해는 利西南^{이서남}하니라 无所往^{무소왕}이어든 其來復吉^{기래복길}하고 有攸往^{유유왕}이어든 夙吉^{숙길}하니라

解는 서남이 이로우니라. 갈 바 없거든 그 내복(來復)함이 길하고 갈 바 있거든 빨리 함이 길하니라

解卦(해괘)는 坎下震上(감하진상)의 괘다. 상진괘는 雷고 하감괘는 水다. 雷와 水와 괘명의 解를 합해서 雷水解(뇌수해)☳☵라 하여 괘형과 괘명을 기억하게 한다.

解는 풀 해. 곧 해소, 해산, 해동, 해체, 해직, 해결 등에 쓰는 글자다. 또 자동사와 타동사의 양면으로도 쓰는 글자다. 경문(經文)은 타동사와 자동사의 양면으로 분별해서 해석하게 된다.

수산건괘☶☵와 뇌수해괘☳☵는 종괘다. 蹇卦의 건난(蹇難)이 해소된, 또는 그 건난을 해소한 상태가 해괘다. 건난이 자연적으로 해소되기는 어려우니 대체로 인위적으로 건난을 해소시키는 경우가 많으리라고 생각된다. 蹇卦의 경우 하간괘는 산이고 상감괘는 강물이니, 곧 산과 강의 험함이 중첩되어 건난의 상이었다. 해괘는 하감괘는 水고(雨, 氷, 雲이 모두 水로 되었다), 상진괘는 雷다. 곧 천상에는 우뢰가 진동하고 지상에 비가 오는 상태다. 계절로 말하면 해동기를 의미한다. 엄동설한이 풀려 해동된 상태가 해괘다.

뇌수해괘가 감하진상의 괘인데 반해 수뢰준(水雷屯)☵☳은 진하감상의 괘다. 이 두 괘는 모두 진괘와 감괘로 되었으나 준괘는 雷가 밑에 있으니 雷는 진목(震木 : 지하에 있으므로 곧 풀의 싹이다) 또는 양기(陽氣)로 해석한다. 坎은 水(겨울에는 氷)다. 곧 싹이 땅 위로 솟으려 하나 땅 위에는 얼음(坎水의 얼음)이 덮여 있어 위로 올라가지 못하는 곤궁한 상이 된다. 해괘는 坎水가 밑에 있고 雷가 위에 있으니 곧 천기와 지기가 충화해서 비가 오고 해동이 된 상태다. 屯卦는 엄동설한을 의미하고 解卦는 해동을 의미하니 같은 震卦와 坎卦로 된 괘라도 상하가 바뀌는 것으로 이처럼 상태가 다르게 된다. 해괘는 험난(屯難, 蹇難, 苦難 등)의 해소를 의미하고 1년 12월의 소식괘로 말하면 舊曆 2월 춘분

雷水解

에 해당하며, 준괘는 준난(屯難) 속의 곤궁을 의미하고 舊曆 12월 소한(小寒)절에 해당하는 괘다.

뇌수해괘를 여섯 효로 나누어서 보면 九二와 九四의 두 양효는 강건재덕을 가진 군자로 보고 六五는 유순중덕을 가진 천자로 보며, 初六, 六三, 上六은 세상을 어지럽히는 소인으로 본다. 역리는 대체로 양을 대인, 군자로 해석하고, 음을 음유하고 재부족하며 작란(作亂)하는 小人으로 보는 경우가 많다. 한 괘는 한 시대를 의미하니 어느 시대든 군자도 있고 소인도 있다. 작란자가 있으면 치란자(治亂者)도 있게 된다. 九二와 九四, 六五는 치란자로 해석한다.

〈서괘전〉에는 "物不可以終難이리라 故로 受之以解니 解者는 緩也ㅣ니라" 했다. 곧 사물은 험난으로써 마치는 것은 아니다. 그러므로 蹇卦(蹇難) 다음에 解卦(解消, 解決)로서 받았으니 解는 너그럽다〔緩〕는 의미라 했다. 고난이 해소되면 자연히 마음이 너그럽게 된다. 그러나 절도를 잃은 이완(弛緩)은 불가하다. 〈잡괘전〉에는 "蹇은 難也ㅣ오 解는 緩也ㅣ니라" 했다. 蹇卦와 解卦는 종괘다. 蹇卦는 험난을 의미하고 解卦는 이완을 의미한다. 고난의 시기에는 모두 열심히 노력하게 되나 고난이 해소되면 이완되어 지나친 행동을 하기 쉽다. 그리하여 고락(苦樂)이 번갈아 든다. 낮이 있으면 밤도 있게 된다. 이런 것을 주야지도(晝夜之道)라 한다.

■ 解는 利西南하니라

解는 평이한 서남방(西南方)이 이롭다는 뜻이니 즉 비유의 말이다. 蹇時에는 모두 험난 때문에 고민했으나, 그 험난이 해소되는 解時가 되었으니 평이하고 안온한 정사(政事)를 펼쳐 피폐해진 민심을 휴식케 하라는 의미다.

정자(程子)는 "殷 탕왕이 포학한 桀(걸)을 정벌한 후에 너그러운 정치를 폈고 周 무왕이 紂(주)를 친 다음에는 商代의 惡政을 개혁했으니 모두 寬大平易한 정사였다"(湯除桀之虐而以寬治하고 武王이 誅紂之暴而反商政이 皆從寬易也ㅣ라)했다. 이런 것이 '解利西南'의 의미다.

解卦에 '不利東北'(불리동북)을 말하지 않음은 이미 건난이 해소되었기 때문이다. 蹇卦의 '利西南'(이서남)은 평이한 도리로 蹇難을 해소해야 하니 모험은 안 된다는 의미고, 解卦의 '利西南'은 관대평이한 정치로 인민을 안정시키고 휴식시키라는 의미다. 이것이 난후(難後) 정사(政事)의 요체가 된다.

■ 无所往이어든 其來復吉하고

이미 蹇難이 해소되었으니 해야 할 일은 완수되었다는 것이 '无所往'(무소왕)의 의미다. '來復'(내복)은 자기가 있어야 할 자리에 돌아간다는 뜻. 곧 해야 할 일이 완수되었으니 자신이 있어야할 자리에 돌아가서 안정된 처신을 하면 吉하리라는 의미다. 사리사욕으로 안정된 바다에 풍파를 일으키는 그런 불순한 행위는 '來復吉'(내복길)이 아니라 화를 부르게 된다. 지인지천(知人知天)의 군자는 居易而俟命(거이이사명), 즉 도리에 따라 평이하게 머물고 행동하여 천명을 기다릴 뿐(또는 天命을 완수할 뿐), 그 외의 것은 바라지 않는다.

■ 有攸往이어든 夙吉하니라

夙은 일찍 숙. 早와 같은 뜻. 어려운 일이 대략 평정되었으나 아직도 불순분자들이 있다면 주저하지 말고 빨리 해결해야 吉하다는 의미다. 그대로 두면 언제 또 그들이 作亂할지 모르니 빨리 처치하라는 뜻이다.

이상을 요약하면, 고난의 시대가 지나가고 解時가 되었으니 백성들이 안온한 생활을 하도록 너그러운 정치를 하고, 결코 번잡하고 엄격한 제도와 법률 등으로 인민들을 괴롭혀서는 안 된다는 것이다. 또한 모든 어려운 일이 해소되었으면 위정자 자신도 안정된 자리로 돌아가서 안거(安居)하면 吉하고 만일 남아있는 어려운 일이 있으면 빨리 해결해야 吉하다는 의미다.

雷水解

象에 曰 解는 險以動하고 動而免乎險이 解니라 解利西南은 往得衆也ㅣ오 其來復吉은 乃得中也ㅣ오 有攸往夙吉은 往有功也ㅣ니라 天地解而雷雨作하고 雷雨作而百果草木이 皆甲坼하나니 解之時ㅣ 大矣哉ㄴ저

象에 가로되 解는 험함으로써 動하고 動해서 험을 면함이 解니라. '解利西南'은 가서 무리를 얻음이요, '其來復吉'은 곧 中을 얻음이요. '有攸往夙吉'은 가서 공이 있음이니라. 천지가 풀림에 우뢰와 비가 일어나고, 우뢰와 비가 일어나서 백과초목이 모두 싹이 트나니, 解의 때가 큼일진저

■ 象에 曰 解는 險以動하고 動而免乎險이 解니라

상하의 괘덕으로써 괘명을 설명한 말이다. 하감괘의 성질은 험난함이고 상진괘의 성질은 움직임(動)이다. 건괘와 해괘는 종괘다. 蹇卦는 상험(上坎險)하지(下艮止)의 괘다. 그러므로 '見險而能止 知矣哉'(견험이능지 지의재)라 했다. 解卦는 하감상진(下坎上震)의 괘다. 곧 상진괘는 움직여 나아가 험난의 밖에 있으니 곧 험난을 이미 면하게 되었다는 의미가 된다. 그러므로 '動而免乎險'(동이면호험)이라 했다. 곧 험난이 이미 해결되었다는 의미로 괘명을 解라 했다. 이 '險以動, 動而免乎險'은 해괘의 요체다.

■ 解利西南은 往得衆也ㅣ오 其來復吉은 乃得中也ㅣ오

단사를 해석한 말이다. '往得衆'(왕득중)은 곧 많은 백성들이 믿고 따르게 되어 천하가 평정되리라는 의미다. 이것은 九四에 관한 말이다. 곧 蹇卦의 九三이 위로 올라가서 해괘의 九四가 되어 곧 '往得衆'을 한다는 것이다. 이것은 괘종설이다. 蹇卦의 하간괘가 위로 올라가서 해괘의 상진괘가 되고 양강재덕을 가진 九四의 군자가 六五 天子를 도와서 만민의 신임을 얻는다.

'其來復吉'(기래복길)은 앞의 '无所往'(무소왕)을 생략한 표현이다. 來는 위

에서 밑으로 내려온다는 뜻이니 곧 건괘☰의 상감괘가 밑으로 내려와 해괘☷의 하감괘가 되는 것을 말한다. '乃得中也'(내득중야)는 중위를 얻는다는 의미다. 이것은 九二를 가리킨 말이다. 곧 건괘 상감괘의 중효인 九五가 '无所往'(무소왕)하기에 '來復'해서 하감괘의 중위를 얻는다는 의미다. 중덕을 가진 九二는 解時에서 가장 중요한 임무를 수행하므로 단사는 특히 이 九二를 들어서 말했다. 蹇時에는 상감괘의 九五가 중요한 임무를 수행했으나 解時에는 이 九五가 밑으로 내려와 하괘의 중효(중덕을 가짐)가 되어 관대하고 평이한 곧 '利西南'의 정치를 베푼다는 의미를 품고 있다.

■ 有攸往夙吉은 往有功也ㅣ니라

이것은 괘종설이 아니라 '解利西南'(해리서남)을 보완한 말이다. 태평성세(泰平盛世)라도 소인과 불순분자가 없어지는 것은 아니며 난시(亂時)라 하여 현인, 군자가 없어지는 것도 아니다. 대수롭지 않은 일이라면 그만 두어도 무방하나 후환의 염려가 있을 때에는 속히 처치해야 한다. 이렇게 하면 '有功'(유공)이 되리라는 의미다. 이는 九二에 대한 말이나 九四에도 관련된다. 九二는 성괘의 주효가 되니 '无所往' 이하는 모두 이 九二에 대한 말이다.

■ 天地解而雷雨作하고 雷雨作而百果草木이 皆甲坼하나니 解之時ㅣ大矣哉ㅣ저

이하는 천지의 解德을 찬탄한 말이다. 인간세상의 험난을 자연계에 비유하면 곧 엄동설한이 된다. 이 시절에는 천지의 양기와 음기가 잘 충화(沖和)되지 않고 동결상태가 되나 춘분 무렵이 되면 음양충화로 해동이 된다. 이런 상태를 '天地解'(천지해)라 했다. 이 시절이 되면 천상에는 우뢰가 진동하고 지상에는 비가 오게 되며 백과초목이 모두 싹트게〔甲坼〕된다. 甲은 껍질 갑. 곧 씨의 껍질. 坼은 터질 탁. 拆은 坼의 와자(譌字: 잘못된 글자)다. 천인일리(天人一理)다. 인간세상에서도 蹇難이 수습된 解時에는 백성들이 안정된 생활을 하도록 관대하고 평이한 정치를 베풀어야 한다.

'解之時大矣哉'(해지시대의재)는 解時는 이처럼 위대한 때라는 것을 성인이 찬탄한 말이다. 천지가 해동함으로써 만물이 생성화육함과 같이 대인은 화성천하(化成天下)를 해야 한다. 그러므로 解時는 위대하다 했다. 《주역절중》에 호병문(胡炳文)은 이렇게 말하고 있다.

> 解卦의 상괘와 하괘를 맞바꾸어 놓으면 진하감상(震下坎上)의 屯卦(준괘)가 된다. (下動上險이 屯卦니) 險中에서 움직여 나아가려는 것이 屯卦고 움직여 나아가 험난의 밖에 있는 것이 解卦다. 屯卦의 상은 싹이 땅을 뚫고 위로 올라가려 하나 땅 위에 얼음이 덮여 있어 나아가지 못하는 상이 되고 해괘는 뇌우가 일어 백과초목이 모두 싹트게 되니, 蹇難이 해소되지 못한 경우에는 필연코 움직여 험난의 밖으로 나가도록 노력해야 바야흐로 蹇難을 해소할 수 있다.
> 解上下體易이 爲屯이다 動乎險中이 爲屯이요 動而出乎險之外 爲解라 屯象은 草穿地而未申이요 解則雷雨作而百果草木이 皆甲坼하니 當蹇之未解면 必動而免乎險이라야 方可以爲解라

象에 曰 雷雨作이 解니 君子ㅣ 以하여 赦過宥罪하나니라
象에 가로되 우뢰와 비가 일어남이 解니 군자는 이로써 허물을 용서하고 죄를 너그럽게 하느니라

■ 象에 曰 雷雨作이 解니

水는 공중에 떠오르면 구름이 되고 지상에 내리면 비가 되며 얼면 얼음이 된다. 이것이 水의 세 가지 양태. 여기서는 '雷雨作'(뇌우작)이니 곧 감괘를 비(雨)라 했다. 뇌우로 말미암아 해동이 되고 백과초목이 싹트게 된다. 이것이 解卦의 괘상이다.

■ 君子ㅣ 以하여 赦過宥罪하나니라

赦는 용서할 사. 過는 허물 과. 宥는 너그러울 유, 용서할 유. '宥罪'(유죄)는 죄를 면해 준다는 의미가 아니라 그 벌을 경감해 준다는 뜻이다. 악의가

없이 우연히 과오를 범했을 경우에는 용서하고(赦過), 악의로써 범한 죄는 그 무지(無知)를 타일러서 벌을 내리되 가볍게 해준다(宥罪). '赦過宥罪'(사과유죄)는 곧 천지가 雷雨作으로 해동하여 만물을 생성 화육하는 도리를 본받아서 백성을 사랑하고 선정으로써 인민을 안정시킨다는 의미다. 來註에는 이렇게 씌어 있다.

> 무심히 도리를 어기는 것은 '過'라 하니 그 불급을 헤아려 동정해서 용서하고 그 잘못을 묻지 않으며, 스스로 인식하면서 못된 일을 행한 것을 罪라 하니 그 무지를 가엽게 여겨 용서해서 경감해 주는 것이다. '雷雨作'이란 天地가 그로써 만물의 屯難을 해소하는 것이요 '赦過宥罪'는 군자가 그와 같이 하여 만민의 험난을 해소함이니, 이는 바로 〈잡괘전〉의 '解는 緩也'(解는 너그러움)의 의미다.
> 無心失理之謂過니 恕其不及而赦之不問하고 有心爲惡之謂罪니 矜其無知而宥之從輕이라 雷雨交作은 天地以之하여 解萬物之屯이요 赦過宥罪는 君子以之하여 解萬民之難이니 此正雜卦解緩之意라

初六은 无咎하리라
初六은 허물이 없게 되리라

해괘에서는 九二와 九四가 양효고 나머지 네 효는 모두 음효다. 비록 음효이긴 하나 六五는 상괘의 중효가 되니 유순중덕을 가진 천자요 주괘의 주효가 된다. 初六과 六三, 上六의 세 음효는 간사한 소인이고 作亂하는 효로 보고, 강건재덕을 가진 九二, 九四의 두 양효는 군자로서 六五 천자를 도와 작난을 해소하는 주무자로 본다. 6 효사는 대략 이와 같이 되었다.

초육은 음효·양위로 위부정하고 음유하천하니 무지(無知) 때문에 다소의 허물을 범하게 되어 응당 '有咎'(유구)가 된다. 그러나 음양 상비(相比)하는 九二의 군자와 음양상응하는 九四 현인의 지도를 받아서 개과천선하게 된다. 그러므로 无咎하게 된다. 대상전에 말한 '赦過'(사과)에 해당하는 효다.

雷水解

^상 ^왈 ^{강유지제} ^{의무구야}
象에 **曰 剛柔之際**니 **義无咎也**ㅣ니라
象에 가로되 剛과 柔의 사귐이니 義로 허물이 없느니라

'剛柔'(강유)의 剛은 九二와 九四의 두 양효를, 柔는 初六을 가리킨다. 際는 사귈 제. 교제의 뜻. '剛柔之際'(강유지제)는 강효(九二, 九四)와 유효(初六)가 친밀하게 교제한다는 뜻이다. 義는 의리, 도리. 初六은 九二, 九四의 현인들의 지도를 받아서 개과천선하게 되니 의리상 허물로 삼을 수는 없다.

^{구 이} ^{전획삼호} ^{득황시} ^{정 길}
九二는 **田獲三狐**하여 **得黃矢**니 **貞吉**하니라
九二는 사냥을 해서 세 마리의 여우를 잡아서 누른 화살을 얻으니 貞해서 길하니라

田은 사냥〔獵〕을 의미한다. '田獲三狐'는 사냥을 해서 여우 세 마리를 잡는다는 뜻. 黃은 오행의 土色이 되고 중앙의 색이다. 九二는 하괘의 중효가 되니 중덕을 가졌다는 의미로 黃이라 했다. 즉 곤괘 六五의 '黃裳元吉'(황상원길)의 黃 자와 같다. '得黃矢'(득황시)는 누런 화살(中德의 뜻)을 얻다는 뜻이니 곧 중덕을 가진 九二는 사냥을 하러 가서 여우 세 마리를 잡고 여우를 잡을 때에 쓴 누런 화살도 회수(回收)한다는 것이 '田獲三狐 得黃矢'(전획삼호 득황시)의 의미다. 물론 비유의 말이다.

九二는 양효니 강건재덕을 가졌고 하괘의 중효로서 강건중덕을 가진 군자다. 양효·음위로 剛에도 柔에도 지나치지 않고 강유가 조화되니 곧 내강외유의 군자다. 소인과 악인들을 처치하는 데에 과격하지도 않고 이완되지도 않아 적절한 도리로 처리하게 된다. 위로는 음양상응으로 六五 천자를 도와서 건난을 해소시키는 곧 성괘의 주효가 된다. '田獲三狐'의 三狐는 初六과 六三, 上六의 세 爻. 곧 세 소인들을 가리킨다. 九二는 初六의 소인을 교화시켜 그 과오를 사(赦)하고 六三과 上六의 小人들에게는 유죄(宥罪)하게 된다. 그러므로 貞吉하다. 단사는 주로 성괘의 주효인 이 九二를 말했다.

來註에는 "黃은 가운데의 色이요 矢는 곧은 물건이다. 中이며 곧음은 곧

君子의 象이니, 곧 六五 효사에서 말한 바 군자라"(黃은 中色이요 矢는 直物이다. 中直者는 君子之象이라. 卽六五爻所言君子라) 했다.

象에 曰 九二貞吉은 得中道也일새니라
象에 가로되 '九二貞吉'은 中道를 얻기 때문이니라

九二는 중덕을 얻어 과격하지도 않고 이완되지도 않아 사리에 적합하게 처리한다. 그러므로 올곧아서 吉하다.

六三은 負且乘하여 致寇至리니 貞吝하니라
六三은 지고 또 타서 도적 이름을 이루리니, 貞해도 吝하니라

'負且乘'(부차승). 짐을 진 채 수레를 탄다는 의미. '致寇至'(치구지)는 도둑을 오게하다, 또는 도둑이 오도록 부르다의 뜻이다. '貞吝'은 비록 바른 일이라 해도 인색하고 부끄러운 일이라는 뜻.

六三은 하감괘(험난의 괘)의 상효가 되니 험극이 되고 부중, 과중이 되며 음효·양위로 위부정이 되고 또 음효니 재덕이 부족하다. 그러면서도 높은 지위(三位는 大夫, 사무차관 지위)에 있으니 그러므로 乘이라 했다. 負는 짐을 지는 일이니 곧 하천한 사람이 하는 일이다. 乘은 수레를 탄다는 뜻. 수레는 고관(高官)이 쓰는 탈 것이다. 곧 六三은 품행이 하천하니 마치 짐을 지고 수레를 타고 있는 상이 된다. 그러므로 '負且乘'이라 했다.

六三은 재덕이 부족하고 품행이 하천한데도 음양 상비(相比)로 九四의 도움을 받아 고위(高位)에 있으니 이는 자신의 앉을 자리와 설 자리도 모르는 어리석은 사람이다. 그러므로 아무도 이 사람을 응원하지는 않을 것이고 기회를 봐서 그 자리를 빼앗으려 할 것이다. 즉 스스로가 도둑을 부르는 것과 같다. 그래서 '致寇至'(치구지)라 했다. 이런 상태로서는 비록 바른 일을 한다 해도 남은 믿지 않을 것이니 심히 부끄러운 일이고 장차 자리를 잃게 되리라.

그러므로 貞吝이라 했다. 공자는 〈繫上〉제8장에 이 효사를 부연하여 "慢藏誨盜요 冶容誨淫이라 易에 曰 負且乘致寇至라하니 盜之招也ㅣ니라" 했다. '慢藏誨盜 冶容誨淫'(만장회도 야용회음)은 유명한 말이다. 창고를 어설프게 해서 잠그지 않고 그대로 두면 이는 도둑에게 훔치도록 가르치는 일이 되고(慢藏誨盜), 얼굴을 얄궂도록 요염하게 꾸미는 것은 음욕(淫欲)을 도발(挑發)하는 일(冶容誨淫)이라는 의미다.

_{상 왈 부차승 역가추야 자아치구 우수구야}
象에 曰 負且乘은 亦可醜也ㅣ오 自我致寇어니 又誰咎也리요
象에 가로되 '負且乘'은 또한 가히 추잡함이요, 나로부터 도적을 이르게 했으니 또 누구를 책망하리요

醜는 추할 추. 추잡스럽다, 더럽다는 뜻. '亦可醜'(역가추)는 또한 추잡스러운 일이 아니냐는 뜻. 咎는 책망할 구, 미워할 구, 허물 구. '又誰咎也'(우수구야). 달리 누구의 허물로 삼을 것인가. 자신이 한 일이니 남을 원망할 수는 없다. 즉 자작얼(自作孽 : 스스로 지은 재앙)을 말하고 있다.

_{구사 해이무 붕지사부}
九四는 解而拇하면 朋至斯孚ㅣ리라
九四는 너의 엄지발가락을 풀면 벗이 이르러 이에 믿으리라

'而'는 爾(너 이)와 같다. 拇는 엄지발가락 무. 六三은 足의 상인 상진괘의 바로 밑에 있으니 바로 拇(엄지발가락)에 해당한다. 즉 拇는 六三을 가리킨 말로서, 九四는 六三의 小人과 음양 상비(相比)하고 있으니 우선 그 小人과의 관계를 풀라는 의미로 '解而拇'(해이무)라 한 것이다.
'朋'(붕)은 동덕자(同德者), 곧 九二의 군자를 가리킨 말이다. 孚는 정성 부. 믿을 부. '朋至斯孚'(붕지사부). 九四가 '解而拇'(해이무)하면 同德의 九二 군자는 그대(九四)를 지극히 믿게 되리라는 의미. 또는 벗이 믿고 이르리라는 뜻으로도 해석이 가능하다. 수괘(隨卦) 六二의 '係小子 失丈夫'(小子에 계루

되면 丈夫를 잃게 된다)와 비슷한 의미다. 이 九四도 역시 六三의 小人에 계루 되면 九二의 군자를 잃게 되고 음양 상비(相比)하는 六五 천자도 잃게 된다. '解而拇'로써 비로소 六五 천자의 신임과 九二 군자의 믿음을 얻게 된다.

정전(程傳)에는 "拇는 밑에 있어 미천한 사람이니 곧 初六을 가리킨다"(拇는 在下而微者니 謂初也ㅣ라) 했다. 九四가 初六과 음양상응하고 있으므로 이렇게 본 것이나 이는 착오다. 初六 상전에는 '剛柔之際 義无咎也'(강유지제 의무구야)라 했는데, '剛柔之際'란 初六과 九四가 음양상응으로 교제한다는 뜻이니 정자의 설은 初六 상전과 모순된다.

來註에는 "而는 汝〔너 여〕다. 上震卦는 足이 되니 拇는 足下에 있다. 六三이 上震卦의 바로 밑에 있으니 拇의 象이다"(而者는 汝也ㅣ라. 震爲足이니 拇居足下라 三居震之下하니 拇之象也ㅣ라) 했다. 來子說이 정당하다.

象에 曰 解而拇는 未當位也ㄹ새니라
象에 가로되 '解而拇'는 아직 位가 마땅치 아니하기 때문이니라

'未當位'(미당위)는 위부정의 뜻. 九四는 양효·음위로 위부정이 된다. 효사는 六三의 소인을 해제하라 했으니, 곧 지부정으로 六三과 친비하고 있는 九四는 六三의 소인을 멀리하라는 뜻이다. 반성해서 지정(志正)이 되기를 바라는 말이다.

六五는 君子維有解니 吉하고 有孚于小人이니라
六五는 군자가 오직 품이 있어서 길하고 소인에게 믿음이 있느니라

군자는 六五 천자를 가리킨다는 설과 또는 九二, 九四의 2 양을 가리킨다는 두 가지의 해석이 있다. 維는 발어사(發語詞) 유. 此(차), 唯(유)와 같은 뜻. 또한 맬 유. 곧 줄로 얽어 매다는 뜻이기도 하다.

來註에는 뒤의 說을 취하여 "六五 천자는 허령중덕(虛靈中德)으로 현인들에

雷水解　169

게 몸을 굽혀 그들의 마음을 엮어 이으면 곧 동류의(六五도 음효이므로) 음은 모두 해제되리라"(六五는 若虛中下賢하여 此心이 能維繫之하면 則凡同類之陰이 皆其所解矣리라) 했다. 그러나 維자를 '얽어매다'로 해석하는 것은 무리가 있다. 취하지 않는다. 대다수의 선유는 維를 발어사 또는 此와 같은 의미로 해석했다. 즉 '維有解'(유유해)는 간단히 '解除하다'의 의미인 것이다. '君子維有解'(군자유유해). 군자가 소인들을 해제한다는 뜻이다.

　이 구절의 '君子'(군자)에 대한 선유의 두 가지 해석은 이러하다. 첫째, 君子는 六五를 가리킨다는 설. 六五는 유순중덕을 가졌고 음으로서 양의 자리에 있어 강유 중화가 되니 인덕으로 말하면 剛에 지나치지도 않고 柔에 지나치지도 않아 소인들을 어루만지어 달래는 일에 적임자가 되고 또한 천위의 위신을 가졌다. 그러므로 '君子'는 곧 六五를 가리킨다는 것이다. 정자는 "六五는 천위에 있어서 해괘의 주효가 되니 인군(人君)의 解다. 군자로써 통틀어 말하면 군자가 親比하는 이는 당연히 군자일 것이요 해제해야 할 이는 소인이다. 그러므로 효사에 '君子維有解吉'(군자유유해길)이라 했다"(六五居尊位하여 爲解之主요 人君之解也ㅣ라 以君子通言之하면 君子所親比者는 必君子也ㅣ오 所解去者는 必小人也ㅣ라 故로 君子維有解則吉也ㅣ라) 했다. 즉 한마디로 말하면 '君子'는 六五를 가리키고 九二와 九四는 六五가 친비하는 군자라는 해석이다.

　둘째, '君子'는 九二와 九四를 가리킨다는 설이 있다. 《성재역전》(誠齋易傳: 宋代 楊萬里)에는 "누가 어려움을 풀 주인공인가. 오직 첫째 둘째 가는 九二와 九四의 陽剛 대신들로부터 보좌를 받음으로써 소인들을 해산시킬 뿐이다. 효사의 '君子維有解吉'은 곧 풀어서 길하게 됨은 오직 군자를 등용하는 한 가지 방법뿐이라는 말이다"(孰爲解難之要오 維用 九二 九四 一二大臣陽剛之佐하여 以解散小人而已라 (…) 君子維有解吉은 言解之吉者는 維用君子一事而已라) 했다. 요컨대 군자를 등용한다고 한 이상 그것은 곧 九二와 九四를 가리킨다는 해석이다. 성인에 가까운 사람이라야 성인을 이해하게 되고 군자라야 군자를 이해하게 된다. 이런 의미에서 군자는 九二와 九四, 六五를 모두 가리키는 것으로 해석한다.

　'有孚于小人'(유부우소인). 孚는 '신복하다'의 뜻. 六五 천자는 유순중덕으로 소인들을 어루만져 달래니, 곧 상전에 말한 '赦過宥罪'(사과유죄)의 유화(柔和) 정책을 알맞게 써서 그리하여 소인들도 믿음으로 복종한다는 의미다.

象에 曰 君子有解는 小人退也 ㅣ니라
象에 가로되 '君子有解'는 소인이 물러감이니라

군자가 蹇難(건난)을 해소하면 소인은 자연히 물러가게 된다. 곧 군자 등용의 효과다. 영명한 인재를 등용하지 않으면 국가를 경륜하는 일은 불가능하다. 우수한 사람이 있으므로 가정도 국가도 행복하게 된다. 六五의 명군(明君)이 있고 九二, 九四의 현신이 있어서 '有解'(유해)가 된다.

上六은 公用射隼于高墉之上하여 獲之니 无不利하니라
上六은 공이 높은 담위의 새매를 쏨으로써 이를 잡으니 이롭지 않음이 없느니라

上六은 가장 간사한 소인이다. 괘극(卦極)이 되면 변화하게 되므로 불길한 爻가 많다. 화뢰서합괘(火雷噬嗑卦)☲☳의 上九에도 '何校滅耳 凶'(하교멸이 흉)이라 했으니 이와 같은 예다. 하괘의 소인을 狐(九二 효사의 田獲三狐)로 보면 上六은 가장 높은 자리가 되니 그러므로 새매[隼]라 했다. 《주역술의》에 오징(吳澄)은 "初六과 六三의 두 음은 지중(地中)에 있으니 狐의 상이 되고 上六의 음은 천제(天際)에 있으니 隼의 상이 된다"(初三之陰은 在地中故로 象狐요 上六之陰은 在天際故로 象隼이라) 했다.

上六은 천자위의 위가 되고, 또는 왕비의 친척되는 소인으로 볼 수도 있다. 來註에는 王莽(왕망：前漢末의 新의 國王. 後漢의 光武帝에 멸망당함)과 같다 했다. 墉은 담 용. '高墉'(고용)은 높은 담. 곧 궁전의 높은 성벽을 말한다. 公 즉 九四의 대신이 궁전의 높은 곳에서 새매처럼 민첩한 上六의 소인을 화살로 쏘아 잡으니 건난이 해소되고 무불리하다.

어느 괘라도 괘극이 되면 변화가 일어난다. 天을 상징한 건괘에서도 上九

에는 '亢龍有悔'(항룡유회)라 했으니 괘극이 되면 불길할 경우가 많다. 그러나 대유괘의 上九에는 '自天祐之 吉无不利'(자천우지 길무불리)라 했으니 그 역시 시대에 따라 다르다.

蹇卦는 건난을 해소하려고 위아래가 일치협력하므로 고난 속에서도 해결책이 생기고 불길한 효라고는 없다. 解卦에서는 건난을 완전 해결함에 작란하는 소인들을 해제해야 하니 그러므로 군자의 공과 소인의 죄가 분명하게 나타나게 된다. 射은 쏠 석. 《주자본의》(朱子本義)에서 "石亦反"이라 했으니 '석'으로 읽으라는 지시다.

象에 曰 公用射隼은 以解悖也ㅣ니라
象에 가로되 '公用射隼'은 거스름을 풀기 때문이니라

공(九四)이 새매를 쏘아 잡음으로써 이제까지 패역행위(悖逆行爲)를 하던 간사한 소인들을 완전히 해제(解除)하게 되었다. 이로써 해도(解道)가 완성되고 无不利하게 되었다.

蹇綜解(건종해), 즉 蹇卦와 解卦의 종괘관계를 구체적으로 설명하면 다음과 같다.

蹇卦初六이 解卦上六이 되고
蹇卦六二가 解卦六五가 되고
蹇卦九三이 解卦九四가 되고
蹇卦六四가 解卦六三이 되고
蹇卦九五가 解卦九二가 되고
蹇卦上六이 解卦初六이 된다.
(綜卦의 도리는 晝夜之道와 같다)

이상이 문왕종위일괘(文王綜爲一卦 : 문왕이 蹇卦와 解卦를 종합해서 1괘로 함)의 내용이다. 단전에 '往得衆'(왕득중)의 往은 蹇卦의 九三이 위로 올라가서 解卦의 九四가 된다는 의미고 '其來復吉'(기래복길)의 來는 蹇卦의 九五가 밑으로 내려와서 解卦의 九二가 된다는 의미다. 蹇卦 단전과 解卦 단전을 종합해서 탐구해 보면 역리를 터득하기가 한층 쉬우리라 한다.

　　雷水解卦(뇌수해괘)☳☵의 六爻를 간략히 정리해 보자.
　　初六은 음효·양위로 위부정한 소인이나 九二, 九四의 현인들과 비응(比應)해서 그 지도를 받아 허물이 없게 된다.
　　九二는 하괘의 중효니 중덕을 가졌고 양효·음위로 강유가 중화(中和)되니 소인들을 잘 다둑여서 건난(蹇難)을 해소할 성괘의 주효가 되니 길하다.
　　六三은 음효·양위로 위부정하고 부중 과중이 되며 하감괘의 상효이니 험극이 되어 불길한 효다.
　　九四는 강건재덕을 지녀 六五 천자의 신임을 얻게 되고 九二의 현인과 협력해서 소인들을 해산시키고 건난을 해소할 군자이니 길하다.
　　六五는 유순중덕을 가진 천자로 주괘의 주효도 되니 대길하다.
　　上六은 가장 불순한 소인이요 해극(解極)이 되니 시불리(時不利)의 효가 되고 흉하다.

```
         山澤損

         兌 下
         艮 上
```

　　　　손　　유부　　　원길　　　　무구　　　가정　　　이유유왕
　　　損은 有孚하니 元吉하고 无咎하고 可貞하고 利有攸往하니라
　　갈지용　　　이궤가용향
　　曷之用고 二簋可用享하니라

　　　　　　단　왈　손　　손하익상　　　　기도상행　　　　손이유부　원길
　　　　象에 曰 損은 損下益上하여 其道上行하나니라 損而有孚 元吉
　　　　무구　가정　이유유왕　갈지용　이궤가용향　　　이궤응유시
　　　　无咎 可貞 利有攸往 曷之用 二簋可用享은 二簋應有時하고
　　　　손강익유유시　　　손익영허　　여시해행
　　　　損剛益柔有時하니 損益盈虛는 與時偕行이니라

　　　　　　상　왈　산하유택　　손　　　군자　이　　징분질욕
　　　　象에 曰 山下有澤이 損이니 君子ㅣ 以하여 懲忿窒欲하나니라

　　　초구　기사천왕　　무구　　작손지
　　　初九는 己事遄往하면 无咎하고 酌損之니라
　　　　　　상　왈　기사천왕　　상합지야
　　　　象에 曰 己事遄往은 尚合志也일새니라
　　　구이　　이정　　　정흉　　불손익지
　　　九二는 利貞하고 征凶하고 弗損益之니라

　　　　　　상　　왈　구 이 이 정　　중 이 위 지 야
　　　　象에 曰 九二利貞은 中以爲志也ㅣ니라

　　　　　육 삼　　삼 인 행 즉 손 일 인　　　일 인 행 즉 득 기 우
　　　　六三은 三人行則損一人하고 一人行則得其友ㅣ니라

　　　　　　상　　왈　일 인 행　　삼 즉 의 야
　　　　象에 曰 一人行은 三則疑也글새니라

　　　　　육 사　손 기 질　　　사 천 유 희　　　무 구
　　　　六四는 損其疾이니 使遄有喜하고 无咎하니라

　　　　　　상　　왈　손 기 질　　역 가 희 야
　　　　象에 曰 損其疾은 亦可喜也ㅣ니라

　　　　　육 오　　혹 익 지　　　십 붕 지 귀　　　불 극 위　　원 길
　　　　六五는 或益之리니 十朋之龜로도 弗克違리니 元吉하니라

　　　　　　상　　왈　육 오 원 길　　자 상 우 야
　　　　象에 曰 六五元吉은 自上祐也ㅣ니라

　　　　　상 구　　불 손 익 지　　　무 구 정 길　　　이 유 유 왕　　　득 신 무 가
　　　　上九는 弗損益之니 无咎貞吉하고 利有攸往하고 得臣无家ㅣ리라

　　　　　　상　　왈　불 손 익 지　　대 득 지 야
　　　　象에 曰 弗損益之는 大得志也ㅣ니라

$\overset{손}{損}$은 $\overset{유부}{有孚}$하니 $\overset{원길}{元吉}$하고 $\overset{무구}{无咎}$하고 $\overset{가정}{可貞}$하고 $\overset{이유유왕}{利有攸往}$하니라
$\overset{갈지용}{曷之用}$고 $\overset{이궤가용향}{二簋可用享}$하니라

損은 정성이 있으니 크게 吉하고 허물이 없고 貞해야 가하고 갈 바 있음에 이로우니라. 무엇을 쓸꼬. 두 궤로써 향제(享祭)가 가하니라

損卦(손괘)는 兌下艮上(태하간상)의 괘다. 상간괘는 山이고 하태괘는 澤이다. 山과 澤과 괘명의 損을 합해서 山澤損(산택손)이라 하여 괘형과 괘명을 기억하게 한다.

損은 덜 손. 손해, 줄다, 잃다는 뜻. 한편이 줄고[減] 손해를 보면 또 한편은 늘고[增] 이익을 얻게 된다. 그러므로 손괘와 익괘(益卦)는 종괘다. 역도(易道)는 '下損上益'(하손상익) 곧 아래의 서민에 손실이 있고 상부 지배자들에게 이득이 있음을 損이라 하고, '上損下益'(상손하익) 곧 상부 지배자들에게 손실이 있고 아래 서민들에 이득이 있음을 益이라 한다. 일정한 분량을 나누어 가질 때 한편이 많이 가지면 반대편은 적은 양을 얻게 된다. 易道는 일반 서민을 중심으로 하여 손익을 구별한다. 물론 천재지변이나 전쟁 등으로 상하가 함께 손실할 경우도 있고 이와 반대로 상하가 함께 이득을 얻을 경우도 있을 것이나 여기서는 예외로 한다.

상하의 괘체로 말하면 상간괘는 山이고 하태괘는 澤이다. 山이 높으면 높을수록 澤은 깊어진다. 개천의 바닥을 파내면 개천의 깊이는 점점 깊어지고 상대적으로 둑은 더욱 높아진다. 이런 것이 곧 하손상익(下損上益)이다. 또 澤水의 물기는 늘 산중의 초목 등을 윤택하게 해주니, 이것도 하손상익에 속하는 일이다. 괘종설(卦綜說)로 말하면 익괘의 음허한 상손괘는 밑으로 내려와서 損卦의 하태괘가 되고 익괘의 양실(陽實)한 하진괘가 위로 올라가서 損卦의 상간괘가 되었으니, 이 또한 양실은 위로 올라가고 음허가 밑으로 내려왔다는 점에서 역시 하손상익이 된다.

또 하태괘는 소녀니 열덕(悅德)을 가졌고 상간괘는 소남이니 멈추어 있는 象이다. 아래의 소녀는 悅德으로써 下於男(하어남)하여 위 소남에게 미태(媚

態)로써 기쁘게 한다. 이것도 하손상익이 된다. 또한 하태괘의 세 효는 상간 괘의 세 효와 각각 음양상응이 되니, 그 悅德으로써 멈추어 있는 위 세 효에 각기 봉사하는 상이다. 이것도 하손상익이 된다.

　인사로 말하면 상부 지배층이 서민으로부터 세금을 걷고 부역(賦役)을 시키며 안일한 생활을 하는 상이고, 또 제후들이 천자에게 많은 공물(貢物)을 바치는 상이니 이 또한 하손상익이 된다. 그러므로 괘명을 損이라 했다.

　〈서괘전〉에는 "解者는 緩也ㅣ니 緩必有所失이리라 故로 受之以損이라" 했다. 곧 모든 험난과 고난이 해소되면 인심은 자연히 누그러진다. 마음이 누그러지면 태만하게 되고 또한 사치와 유흥으로 자연히 손실이 생기게 되므로 解卦 다음에 損卦를 두었다는 것이다.

　〈잡괘전〉에 "損益은 盛衰之始也ㅣ라" 했다. 곧 험난과 고난이 해소되면 인심은 자연히 누그러지고 마음이 누그러지면 자연히 손실이 생기게 된다. 손실이 점점 커지면 사람들은 이래서는 안되리라 해서 마음을 단속해서 노력하게 되니 그러므로 이익을 얻게 되고 점점 성하게 된다. 곧 損은 益을 부르게 되니 益은 盛의 始가 되고 多益은 또 태만을 낳는다. 태만은 곧 衰의 始가 된다. 그러므로 "損益은 盛衰之始也ㅣ라" 했다.

■ 損은 有孚하니 元吉하고 无咎하고 可貞하고 利有攸往하니라

　損은 정성이 지극해야 하는 것, 즉 '有孚'(유부)가 요체가 된다. 有孚가 아니면 不吉(불길), 有咎(유구), 不貞(부정), 不利有攸往(불리유유왕)이 된다.

　損卦는 하손상익을 의미하니 위정자(천자, 왕)의 진실무망의 정성이 심중에 충만하면 천하 만민은 그 정성을 진실로 믿고 하손상익하게 된다. 국가를 경륜하다 보면 有孚한 위정자가 어쩔 수 없이 서민들에게 下損을 요망하는 때도 있으니, 서민들은 그 진실성을 믿음으로써 손익을 가리지 않고 봉사하게 된다. 그러므로 나라의 행불행은 위정자의 有孚 여하에 달려 있는 것이다. 損時에는 損時에 대처하는 도리가 있고 益時에는 益時에 대처하는 도리가 있으니 智仁을 구비한 대인은 時中의 도리를 취한다. 이어 나오는 '二簋可用享'(이궤

가용향)은 바로 이런 도리를 말하고 있다.

■ 曷之用고 二簋可用享하니라

정성이 지극하면 사람들은 손익을 가리지 않고 협력하리라는 비유의 말이다. '曷之用'(갈지용)은 일종의 문사(問辭)이며 '二簋可用享'(이궤가용향)은 답사(答辭)에 해당한다. 曷은 어찌 갈. 何와 같다. 曷之用은 '어떤 것을 쓸 것이냐'의 뜻. 簋는 제기(祭器)이름 궤. 바깥은 둥그렇고 안은 네모꼴인 기물(器物)로서 나무나 대나무 또는 도기로 만든 제기라 한다. 곧 검소한 제기(祭器)를 의미한다. '二簋'(이궤)는 검소한 두 개의 제기. 享은 누릴 향. 享(드릴 향)으로 통용하는 글자다. 여기서는 드리다, 받다의 의미. '二簋可用享'(이궤가용향). 검소한 제수(祭羞)를 질박한 제기에 담아 제사를 받들어도 神은 흠향(歆饗 : 神明이 祭禮를 받음)하리라는 의미다. 정성이 지극하면 물 한잔이라도 神은 흠향한다고 한다.

《주역절중》에 채청(蔡淸)은 이렇게 말하고 있다.

하민들의 재력(財力)을 깎아서 군왕에 봉사하는 것으로 괘명을 썼는데도 그 괘사에 有孚, 元吉, 无咎, 可貞, 利有攸往이라 한 것은 다만 損字를 이어서 한 범설(泛說 : 널리 전체를 논함)이니 말하자면 손실을 입을 수밖에 없을 때 손실을 입음은 모든 사람에게 해당되는 것이요 딱히 상부(君王 등)를 지목하여 하층에게 손실을 입혔다는 내용은 아닌 것이다. 이익의 괘인 익괘에 '利有攸往 利涉大川'(이유유왕 이섭대천)이라 한 것도 역시 이 점에서는 마찬가지니 益時라 한들 어찌 하층에 이익되는 일만 있겠는가.
　剝民奉君之義로 只可用之卦名이나 然이나 其卦辭에 有孚 元吉 无咎 可貞 利有攸往은 只承損字之泛說이니 言損所當損은 人人이 皆可用이요 不專指上之損下也ㅣ라 益卦의 利有攸往 利涉大川도 亦然하니 豈專爲益下之事乎아

손하익상(損下益上)의 의미로 괘명을 損이라 했으나 항상 損下만이 있는 것은 아니요, 익하손상의 의미로 괘명을 益이라 했으나 항상 益下만이 있는 것도 아니어서 상하가 함께 손실할 경우도 있고 上이 이익될 경우도 있으리라는

해석이다.

　우주 인생의 모든 것은 원인이 있으므로 결과가 생긴다. 좋은 원인으로 좋은 결과가 생기며 좋지 못한 원인으로써 불행한 결과가 생긴다. 단사를 요약하면 有孚의 원인으로 '元吉 无咎 可貞 利有攸往'의 결과가 생긴다는 것이다. '二簋可用享'(이궤가용향)도 有孚가 원인이 됨으로써 가능하다.

　　　　단 왈 손　　　손하익상　　　　기도상행　　　　　　　손이유부 원길
　　象에 曰 損은 損下益上하여 其道上行하나니라 損而有孚 元吉
　무구 가정 이유유왕　갈지용　이궤가용향　　이궤응유시
　无咎 可貞 利有攸往 曷之用 二簋可用享은 二簋應有時하고
　　손강익유유시　　　손익영허　　여시해행
　　損剛益柔有時하니 損益盈虛는 與時偕行이니라
　　象에 가로되 損은 아래를 덜어 위를 더하여 그 도가 위로 행하느니라. '損而有孚 元吉 无咎 可貞 利有攸往 曷之用 二簋可用享'은 두 궤는 응당 때가 있고 剛을 덜어 柔에 더함이 때가 있으니 덜고 더하고 차고 빔은 때와 함께 행하느니라

■ 象에 曰 損은 損下益上하여 其道上行하나니라

　손하익상(損下益上)으로 군신상하가 서로 사귀고 천하만민의 의사가 위로 통하게 되니, 위아래의 의사가 소통해서 모두가 이익을 얻게 된다는 의미다. '損下益上 其道上行'(손하익상 기도상행)은 광대한 의미를 가졌으니 널리 추연(推衍)해야 한다.

■ 損而有孚 元吉 无咎 可貞 利有攸往 曷之用 二簋可用享은 二簋應有時하고 損剛益柔有時하니 損益盈虛는 與時偕行이니라

　단사를 설명한 말이다. 단사에 '損 有孚'라 한 것을 공자는 而자를 넣어서 '損而有孚'(손이유부)라 했다. 곧 손실을 입어 有孚하다는 의미다. 이는 곧 불순하고 지나친 행위를 억제해서 有孚하게 된다는 뜻으로 통한다. 損은 물질적 손실도 있고 정신적 손실도 있으니 정신면에서는 불순하고 지나친 바를 손

감(損減)해서 순수한 有孚로 한다는 의미다. 이것이 가장 중요한 손도(損道)다. 밑에 인용하는 정자의 설명은 이 단사에 대해 거의 완벽한 해석을 제시하고 있는 것으로 보인다.

> 損은 덜어 줄이는 것이다. 무릇 그 지나침(過)을 덜어 줄이고 억제해서 의리에 나아가도록(就) 하는 것이 모두 손도(損道)다. 손도에는 필연코 정성이 있어야 한다는 것은 지성심(至誠心)으로 도리에 순종해야 함을 말한 것이다. 덜어 줄여서 도리에 순종하면 대선(大善)하여 길하고 그 덜어 줄이는 바에 과불급이 없게 되며 일상의 행동을 한결같이 올곧게 지킬 수 있어서(可貞) '利有所往'이 된다. 평범한 사람들은 손해를 입을 때 더러는 過하고 더러는 불급하며 더러는 不常해서 모두 정리(正理)에 합당치 않으니 有孚가 아니다. 有孚가 아니면 곧 无吉하여 有咎가 되고 可貞의 道가 아니어서(非可貞) 不利有攸往이 된다.
> 損은 減損也ㅣ니 凡損抑其過하여 以就義理 皆損之道也ㅣ라 損之道 必有孚誠은 謂至誠順於理也ㅣ라 損而順理하면 則大善而吉하고 所損無過差하고 可貞固常行而利有所往也ㅣ라 人之所損에 或過, 或不及 或不常은 皆不合正理니 非有孚也ㅣ라 非有孚則无吉而有咎하고 非可貞之道니 不可行也ㅣ라

공자가 '二簋可用享'(이궤가용향)에 대해 설명하는 바는 곧 損(손), 益(익), 盈(영), 虛(허)도 때에 맞추어 행해야 한다는 것이다. 말하자면 時에 과불급이 없는 時中의 도리를 취해야 한다는 의미다. 자연계에는 영허(盈虛)가 있고 인간사회에는 손익(損益)이 있다.

象에 曰 山下有澤이 損이니 君子ㅣ 以하여 懲忿窒欲하나니라
象에 가로되 산 아래 못이 있는 것이 損이니 군자는 이로써(이를 써서, 이를 이용해서) 분을 그치게 하고 욕심을 막느니라

■ 象에 曰 山下有澤이 損이니

艮山 밑에 兌澤이 있는 것이 損卦의 괘상이다.

■ 君子ㅣ 以하여 懲忿窒欲하나니라

상간괘는 멈춤 또는 그침을 의미하는 괘니 '懲忿'(징분)은 간상(艮象)에서 취한 말이고 하태괘는 물이 흘러가지 않도록 둑을 쌓아서 막는 것이 澤이니 '窒欲'(질욕)은 兌澤의 상에서 취한 말이다. 忿은 성낼 분. 窒은 막을 질. '懲忿窒欲'(징분질욕)은 분한 생각을 그치게 하고 욕심이 생기지 않도록 막는다는 뜻이다. 懲은 징계할 징, 그칠 징. 여기서는 止와 같은 뜻.

물질적 이익으로 정신적 손실이 생길 수도 있고 정신적 이익으로 물질적 손실이 생길 수도 있으며 또 물심양면에 아무 손실도 없이 상대에게 이익을 주는 수도 있다. 이것을 '弗損益之'(불손익지)라 한다. '懲忿窒欲'은 수도(修道)의 첫 단계가 되니 적소성대로 有孚(진실무망)의 경지에 이르게 되면 단사에 말한 '元吉 无咎 可貞 利有攸往'을 향유하게 된다. 弗損益之는 진실무망의 도리를 체득한 성인의 능사(能事)다. 공자는 스스로는 그 어떤 손실도 입지 않은 채 수천 년 동안이나 인류사회의 경모(敬慕)를 받고 만대(萬代)의 스승이 되니 이것이 과연 불손익지다.

初九는 己事遄往하면 无咎하고 酌損之니라
초구   기사천왕   무구   작손지
初九는 내 일이니 빨리 往하면 无咎하고 참작해서 이를 더느니라

己는 자기 기. '己事'(기사)는 나의 일. 遄은 빠를 천. 速과 같은 뜻. '遄往'(천왕)은 빨리 감.

初九는 양효·양위로 강과(剛過)가 된다. 일반적으로 양효·양위(以陽居陽)는 위정으로서 길할 경우가 많으나 損時에서 강과는 '疾' 곧 병(病)이 되고 六四도 음효·음위(以陰居陰)로 또한 유과(柔過)가 되어 역시 병이 된다. 六四에는 '損其疾'(손기질)이라 하고 初九에는 '己事'(기사)라 했으니 初九에도 '損其疾遄往'(손기질천왕)이라 하면 알기 쉬울 것이나 말이 중복이 되므로 初九에는 '己事'(기사)라 했다. 효사의 절묘한 표현방식이다.

損卦는 상하괘의 각 효가 모두 음양상응하고 있다. 初九와 六四도 물론 음양

상응하고 있는데, 初九는 剛에 치우쳐 있고 六四는 柔에 치우쳐 있으니 이것을 疾이라 한 것이다. 九二와 六五, 六三과 上九도 역시 상응하고 있으나 이 네 효는 모두 양효·음위 또는 음효·양위가 되니(다른 괘에서는 위부정으로 불길하나) 곧 강유의 중화(中和)를 이룬 효로 본다. 이 네 효는 비록 損時라 할지라도 손실을 입게 되면 강유중화(剛柔中和)의 도리에 어기게 된다. 그러나 初九와 六四는 강과(剛過), 유과(柔過)로 중화(中和)의 도리를 어기고 있으니 상응해서 그 疾(剛過, 柔過의 疾)을 참작해(酌) 과불급이 없도록 덜어 줄여서 中和의 도리를 취하라는 것이 '己事遄往 酌損之'(기사천왕 작손지)의 의미다.

九二도 損時인 이상 응당 六五에 손기봉상(損己奉上 : 자기의 손실로써 上에 봉사함)을 해야 할 일이나 손기봉상은 강유중화의 도리를 거스르는 일이 되니 그러므로 '弗損益之 利貞, 征凶'이라 했다. 단전의 '懲忿窒欲'(징분질욕)으로 수도의 길에 들어가 강유중화(剛柔中和)의 도리를 수득하고 진실무망(有孚)의 경지에 이르게 되면 '元吉, 无咎, 可貞, 利有攸往'을 향유하게 된다. 효사와 단사는 그 맥락이 서로 관통하고 있다. 곧 하손상익의 시대라 해도 무조건 손감하는 것이 아니고 損己해야 할 경우에는 손감하고 그러하지 않을 경우에는 손감해서는 안 되니 그러므로 '酌損之'(참작해서 손감해야 할 경우에는 손감한다는 뜻)라 했다.

'己事'(기사)의 '己'를 《정자역전》, 《주자본의》에는 몸 기(己)로 읽어 일을 그만두고 빨리 가라는(己事遄往) 뜻으로 해석하고 있다. 물론 뜻이 성립되지 않는 것은 아니나 강유중화의 미묘한 周公의 효사를 이해하지 못한 것으로 보인다. 공영달의 《주역정의》에도 '竟事速往'(경사속왕)이라 했으니 정자 및 주자의 설과 내용이 같으나 한마디로 오해다. 損時라 한들 무조건 덜어 줄이라는 의미가 아니고 益時라 해서 무조건 증익(增益)하라는 것이 아니다. 진실무망, 중화의 도리에 부합해야 정도(正道)가 된다.

來註에는 "己는 '나'(我)요 이 괘에서의 손강익유(損剛益柔)과 손하익상(損下益上)이 곧 나의 일이다. 遄은 빠르다는 뜻이며 酌은 곧 '損剛益柔有時'(손강익유유시)의 時 자의 의미다"(己者는 我也ㅣ라 本卦損剛益柔과 損下益上은 乃我之事也ㅣ라 遄者는 速也ㅣ라 酌은 卽損剛益柔有時의 時字之意라)했다.

山澤損

象에 曰 己事遄往은 尙合志也일새니라
象에 가로되 '己事遄往'은 위와 뜻이 합하기 때문이니라

尙은 오히려 상. 여기서는 上(六四)의 뜻으로 본다. 정자와 주자, 내자 모두가 尙을 上으로 해석했다. '尙合志'(상합지)는 初九는 上(六四)과 뜻이 합일한다는 의미. '己事遄往'(기사천왕)은 효사의 '无咎 酌損之'를 생략한 표현이다. 곧 初九는 六四와 뜻이 합일해서 강유 중화(中和)를 이루게 되니 그러므로 무구하다는 의미다.

九二는 利貞하고 征凶하고 弗損益之니라
九二는 貞함이 이롭고 往하면 凶하고 손감(損減)하지 않고 이를 더하느니라

九二는 양효로서 음위에 있으니 陽에도 陰에도 지나치지 않아 강유중화를 이룬 효다. 여기서 만일 손익이 있다면 강유중화의 도리에 어긋나게 된다. 그러므로 利貞이라야 吉하고 征凶하다. '征凶'이란 九二는 六五와 음양상응의 사이가 되니 만일 망진(妄進)해서 六五를 증익(增益)하면 九二와 六五가 함께 凶하게 됨을 말한다. 곧 六五가 유순중덕을 지녀 음효·양위로 강유 중화를 이루는 한편으로 九二 또한 강건중덕을 지녀 양효·음위로 강유 중화를 이루니, 그러므로 효사는 '利貞征凶, 弗損益之'라 했다. '弗損益之'(불손익지)는 자신은 아무 손실도 없으면서 상대를 이롭게 한다는 의미다. 대상전(大象傳) 끝에 공자를 예로 불손익지를 설명했으니 참고하기 바란다.

象에 曰 九二利貞은 中以爲志也니라
象에 가로되 '九二利貞'은 中으로 뜻을 삼기 때문이니라

中은 중용지덕(中庸之德). 곧 中, 중덕, 중도라 하고 또는 중위(中位)로도

쓰는 말이다. 中은 또 중화(中和)를 의미하기도 한다. 《중용》 제1장에 "致中和하면 天地位焉하여 萬物이 育焉이라" 했다. 곧 中和의 도리에 이르면 天地人의 삼재지도에 참여하게 되고 만물을 생성화육하게 된다는 말이다. 상전에서는 즉 九二 효사의 '利貞 征凶 弗損益之'를 中(中庸之道)을 굳게 지키도록 전념해야 한다는 것으로 풀이했다. 九二는 크게 길한 효다.

_{육 삼} _{삼 인 행 즉 손 일 인} _{일 인 행 즉 득 기 우}
六三은 **三人行則損一人**하고 **一人行則得其友**ㅣ니라
六三은 세 사람이 가면 곧 한 사람을 덜고 한 사람이 가면 곧 그 벗을 얻느니라

六三과 上九는 이 괘의 성괘(成卦)의 주효가 된다. 세 사람이 함께 걸어갈 때 둘이 말을 나누면 한 사람은 소외된다. 이런 것이 '三人行則損一人'(삼인행즉손일인)의 의미다. 그러나 그 소외된 한 사람이 홀로 가면 그 짝(友)을 얻게 되리라는 것이 '一人行則得其友'(일인행즉득기우)의 의미다. 화합 일치하는 데에는 두 사람이면 몰라도 세 사람이면 한 사람은 소외되기 쉽다. 괘상으로 말하면 익괘의 하진괘가 위로 올라가는 것이 '三人行'(삼인행)이 된다(익괘와 손괘는 종괘). 三人行에 六五와 上九가 화합 일치하게 되면 六四는 소외되니 '損一人'(손일인)이 된다. 그러나 六四도 初九와 상응이 되므로 '得其友'(득기우)가 된다는 것이 來子의 해석이다.

六三은 실은 음효·양위로 위부정 과중이 되고 하태괘의 상효가 되니 열극(悅極)이 된다. 그러므로 일반적으로는 불길한 경우가 많으나 손괘에서는 강유 중화로써 무구한 효가 된다.

_상 _왈 _{일 인 행} _{삼 즉 의 야}
象에 **曰 一人行**은 **三則疑也**ㄹ새니라
象에 가로되 '一人行'은 셋이면 곧 의심하기 때문이니라

'一人行'(일인행)은 효사의 '三人行則損一人 一人行則得其友'(삼인행즉손일인 일인행즉득기우)를 줄여서 한 말이다. 사람이 셋이 가면 서로 의심이 생기고

뜻을 합치기 힘들다. 그러므로 '三則疑也'(삼즉의야)라 했다. 태극(太極)이 나누어져서 음양이 되고 음양이 합해서 태극이 된다. 곧 '一分爲二, 二合爲一'이 된다. '二合爲一'(이합위일)은 전일부잡(專一不雜)이 되고 三은 잡이부전(雜而不專)이 되니 그러므로 '三則疑也'라 했다. '二合爲一'(이합위일)은 치일(致一)을 의미한다.

〈繫下〉제 5장에 공자는 이 효사를 인용해서 "천지의 음양이 화합하여 만물이 화생하고 남녀(모든 생물의 雌雄牝牡를 가르침)가 정기를 구합해서 새 생명이 탄생하니 損卦 六三의 효사는 致一을 말했다" 했다. 치일은 '二合爲一'의 의미다. 六三의 효사는 인류와 만물에 해당되는 말이나 특히 이 六三에 말한 것은 六三은 제 3 위가 되고 또 상하교접의 효가 되기 때문이다.

六四는 損其疾이니 使遄有喜하고 无咎하니라
(육사) (손기질) (사천유희) (무구)

六四는 그 병을 덜어야 하니 빨리 하게 되면 기쁨이 있고 허물이 없느니라

疾은 병 질. 六四는 음효·음위로 위정이므로 일반적으로는 지정(志正)으로 길할 경우가 많으나, 이 損時에서는 과유(過柔) 또는 중음(重陰)이어서 이를 '疾'이라 했다. 初九도 양효·양위로 과강이 되니 역시 疾이 된다. 곧 강유의 중화를 이루지 못한 병이다. 初九와 六四는 음양상응의 사이가 되니 빨리 서로 사귀어 지나친 바(疾은 剛過柔過)를 함께 줄여 사라지게 해야 한다. 그럼으로써 강유 중화를 이루면 기쁨이 있으리라는 것이 '損其疾 使遄有喜'(손기질 사천유희)의 의미다. 이제까지는 함께 과강, 과유의 疾이 있어서 '有咎'(유구)이나 강유 중화로 그 병이 사라지게 되면 무구하게 된다. 初九의 '遄往'(천왕)에 대해 六四의 '使遄'(사천)은 初九가 빨리 오도록 시킨다는 의미다. '有喜'(유희). 군자가 지켜야 할 강유 중화를 얻게 되었으니 이보다 더 기쁜 일은 없다.

<small>상 왈 손기질 역가희야</small>
象에 曰 損其疾은 亦可喜也ㅣ니라

象에 가로되 '損其疾'은 또한 가히 기쁨이니라

'亦'자는 六四도 기쁜 일이고 初九도 또한 기쁜 일이라는 의미를 함축한다.

<small>육오 혹익지 십붕지귀 불극위 원길</small>
六五는 或益之리니 十朋之龜로도 弗克違리니 元吉하니라

六五는 혹 이를 이익되게 하리니 십붕(十朋)의 거북으로도 어길 수 없으리니 크게 길하니라

六五는 이 괘의 주괘의 주효다. 六五는 음효·양위로 강유 중화를 이룬 효다. 상괘의 중효니 중덕을 가진 천자다. 또 유순중덕을 가져서 허심평의(虛心平意)로 현인을 존경하고 강건중덕을 지닌 九二 군자와 음양상응해서 서로 돕고 있으니 천하의 사람들은 모두 이 六五 천자를 우러르며 심복하고 있다. '或益之'(혹익지)는 한두 사람이 아니고 많은 사람들이 六五 천자를 유익하게 한다는 의미다.

고대에는 조개〔貝〕를 화폐로 사용했다. 大貝 2개를 '一朋'이라 한다. '十朋'(십붕)은 大貝 20개가 되니 많은 액수다. 龜는 옛날 龜卜이라 해서 占의 용도로 썼다. '十朋之龜'(십붕지귀)는 값비싼(十朋) 거북. '弗克違'(불극위)는 어길 수 없다는 뜻. 元吉은 大吉. 곧 十朋의 龜로 占을 해서 神의 뜻을 물어도 틀림이 없고 元吉하리라는 의미다.

來註에는 "二貝가 一朋이다. 十朋之龜는 大寶다. 損卦의 대상은 離卦니 龜의 상이다"(兩貝爲一朋이니 十朋之龜는 大寶也ㅣ라 大象은 離龜之象也ㅣ라) 했다. 《주역절중》에 양간(楊簡)은 "'或'이란 하나가 아니라는 말이니 六五를 이익되게 해주는 사람이 하나가 아니라는 뜻, 곧 인심귀복(人心歸服)의 의미다. 십붕지귀도 어기지 않으니 天과 귀신의 도움이다. 귀신이 도우니 귀서(龜筮)도 이를 좇아 따른다"(或者는 不一之辭니 益之者ㅣ 不一也ㅣ니 人心歸之也ㅣ라 十朋之龜 皆從而弗違는 天與鬼神이 祐之也ㅣ라 鬼神이 祐之故로 龜筮協從이라) 했다.

象에 曰 六五元吉은 自上祐也ㅣ니라
象에 가로되 '六五元吉'은 위로부터 도움이니라

上은 天을 말하며 祐는 도울 우. '自上祐'(자상우)는 天이 돕는다는 뜻이다. 六五 천자는 유순중덕을 가져서 허심으로 현인을 존경하니 많은 현인군자들이 신복(信服)하게 되고, 그로써 대길함은 天도 귀신도 이 六五 천자를 돕기 때문이다.

上九는 弗損益之니 无咎貞吉하고 利有攸往하고 得臣无家ㅣ리라
上九는 손감하지 않고 이를 더함이니 허물이 없고 貞해서 길하고 갈 바 있음에는 이롭고 无家의 신하를 얻으리라

■ 上九는 弗損益之니

'弗損益之'(불손익지)는 九二 효사에도 있는 말이다. 곧 자신의 강유 중화의 도리를 손감(損減)하지 않고 남에게 이익을 준다는 의미다. 《주자본의》에는 "上九는 損下益上時에 상위에 있으니 이익을 얻는 바가 무척 많으므로 스스로 손실을 입으며 사람들로 하여금 이익되게 하고자 하지만, 그러나 上位에서 아래를 이익되게 함은 《논어》에서 이르는 바 '惠而不費者'(혜이불비자)이니 손기(損己)한 연후에 익인(益人)을 기대함은 불가하다"(上九는 損下益上之時에 居卦之上하니 受益之極而欲自損以益人者也ㅣ라. 然이나 居上而益下는 有所謂惠而不費者요 不待損已然後에 可以益人也ㅣ라) 했다.

《논어》堯曰(요왈)篇에 "子ㅣ曰 君子는 惠而不費라 하여늘 子張이 曰 何謂惠而不費니잇고 子ㅣ曰 因民之所利而利之, 斯不亦惠而不費乎아" 했다. 공자가 말하길 '惠而不費'(혜이불비), 곧 '자신의 재화(財貨)를 쓰지 않고 사람들에게 혜택을 준다' 하자 자장(子張)이 어떻게 '惠而不費'가 됩니까 하고 물었다. 공자는 '사람들의 이로운 바에 인하여 이되게 한다' 했다. 곧 자신의 재산은 한도가 있어 한없이 많은 사람들에게 두루 나누어주기는 불가능하니 차라리 좋은 정책으로 백성들로 하여금 이익되게 하고 안정되고 행복한 생활을 하

도록 하는 것이 '惠而不費'라는 것이다. 주자는 《논어》의 이 말을 인용해서 위정자가 할 도리를 밝혔다.

■ 无咎貞吉하고 利有攸往하고 得臣无家ㅣ리라

'无咎'(무구). 불손익지로 허물이 없게 된다. '貞吉'은 말하자면 불손익지의 도리 또는 강유 중화의 도리를 굳게 지켜서 吉하다는 뜻. 그래서 '利有攸往' (이유유왕)하리라는 의미다. 上九는 손극(損極)이 되니 장차 변화하여 '損而不已면 必益'이 된다. 그러므로 利有攸往이 된다. 上九는 성괘의 주효가 된다. 그러므로 단사의 '无咎 可貞 利有攸往'은 이 上九에 대한 말이다. 上九는 이런 덕을 가져서 '得臣无家'(득신무가)하게 된다. 得臣无家는 신하를 얻는데, 그 신하는 몸도 집도 돌보지 않고 오로지 上九에 봉사한다는 뜻이다. 이는 손도(損道)의 극치를 의미한다. 이로써 손도가 완성되었다.

《중용》제20장에 공자는 '厚往而薄來'(후왕이박래)라 했다. '厚往'은 상대방을 후대(厚待)하고 자기는 박(薄)하게 취한다는 의미다. 이렇게 하면 자기만 늘 손실을 입을 것 같으나 그렇지 않다. 자기의 손실을 좋아하는 사람은 없다. 그러나 작은 손실로 서로가 화합 일치하면 어려운 일도 잘 타협하고 결과적으로 상호간에 막대한 이익을 얻게 된다. 得臣无家는 无家를 가능하게 하는 깊은 원인이 있기 때문이다. 원인이 있어서 결과가 생긴다. 좋은 원인을 가져야 좋은 결과가 생기게 된다.

象에 曰 弗損益之는 大得志也ㅣ니라
象에 가로되 '弗損益之'는 크게 뜻을 얻음이니라

'弗損益之'(불손익지), 곧 惠而不費로 천하 만민은 이 上九의 혜택을 받게 되니, 이것이 군자가 가장 원하고 뜻하는 바다. 그러므로 '大得志'(대득지) 곧 크게 그 뜻을 이루게 된다는 것이다.

損이 있으면 필연코 益도 생기게 되고 益이 있으면 필연코 損도 생기게 된다. 물질적 손실로 말미암아 정신적 이득을 얻을 수도 있고 물질적 이득으로 말미암아 정신적 손실이 생길 수도 있다. 또 낮이 있어서 밤이 있게 되고 밤이 있어서 낮이 있게 되니 손익지도(損益之道)는 주야지도(晝夜之道)와 같다. 곧 손익영허(損益盈虛)는 여시해행(與時偕行)이다.

단사는 損而有孚로 '元吉 无咎 可貞 利有攸往'이라 했으나 周公 효사는 강유중화(剛柔中和: 剛이나 柔에 치우치지 않음)로 단사의 有孚를 해석했다.

山澤損卦(산택손괘)䷨의 六爻를 간단히 정리해 보자.

初九는 양효·양위로 강과(剛過)가 되고 六四는 음효·음위로 유과(柔過)가 되니, 이 두 효는 서로 응교해서 初九는 柔를 보완하고 六四는 剛을 보완하면 중화의 도리를 이루게 되어 길하다.

九二는 양효·음위로 실은 위부정이 되고, 六五도 역시 음효·양위로 위부정이 되나 損卦에서는 강유 중화를 이룬 효로 보아 길한 해석이 된다. 다른 괘에서도 이 두 효는 음양상응으로 길한 효가 된다.

六三은 음효·양위로 위부정이 되고 하태괘의 주효가 되니 실은 불길한 효다. 그러나 손괘에서는 음효·양위로 강유 중화를 이룬 爻로 본다. 그러나 '三人行則一人損'(삼인행즉일인손)은 역시 원만한 처지는 못된다. 다만 上九와 음양상응해서 현인의 지도를 받아 무구하게 된다.

上九는 상간괘의 주효가 되고 성괘의 주효가 되며 양효·음위로 강유 중화를 얻고 또 유순중덕으로 원길한 六五 천자와 음양 상비하니 그러므로 길한 효다. 다만 六五에서 손도(損道)는 완성되었으나 그 여음(餘蔭)으로 '大得志'(대득지)의 효사가 된다. 대유괘 上九의 '自天祐之 吉无不利'(자천우지 길무불리)의 의미와 같다. 또 上九는 손극(損極)이 되니 곧 '損而不已 必益'(손이불이 필익)의 효가 되어 역시 길한 효가 된다.

風雷益

震下
巽上

益은 利有攸往하고 利涉大川하니라

彖에 曰 益은 損上益下하여 民說无疆하고 自上下下하여 其道
大光하니라 利有攸往은 中正有慶이요 利涉大川은 木道乃行
이니라
益動而巽하여 日進无疆하고 天施地生하여 其益无方하니 凡益
之道는 與時偕行이니라

象에 曰 風雷益이니 君子ㅣ 以하여 見善則遷하고 有過則改하나
니라

初九는 利用爲大作이니 元吉无咎하니라
象에 曰 元吉无咎는 下不厚事也ㄹ새니라

　　　　육이　　혹익지　　　　십붕지귀　　　불극위　　　영정길
　　六二는 或益之리니 十朋之龜로도 弗克違리니 永貞吉하고
　　　왕 용 향 우 제　　　길
　　王用亨于帝라도 吉하니라

　　　　　　상　왈　혹익지　　자외래야
　　　　象에 曰 或益之는 自外來也ㅣ니라

　　　육삼　익지용흉사　　　무구　　　유부중행　　　　고공용규
　　六三은 益之用凶事ㅣ니 无咎하고 有孚中行하여 告公用圭니라

　　　　　　상　왈　익용흉사　　　고유지야
　　　　象에 曰 益用凶事는 固有之也ㄹ새니라

　　　육사　중행고공종　　　이용위의천국
　　六四는 中行告公從이니 利用爲依遷國이니라

　　　　　　상　왈　고공종　　이익지야
　　　　象에 曰 告公從은 以益志也ㅣ니라

　　　구오　유부혜심　　　물문원길　　　유부혜아덕
　　九五는 有孚惠心하니 勿問元吉하고 有孚惠我德하리라

　　　　　　상　왈　유부혜심　　물문지의　　혜아덕　　대득지야
　　　　象에 曰 有孚惠心은 勿問之矣요 惠我德은 大得志也ㅣ니라

　　　상구　막익지　　혹격지　　입심물항　　흉
　　上九는 莫益之니 或擊之요 立心勿恒하니 凶하니라

　　　　　　상　왈　막익지　　편사야　　　혹격지　　자외래야
　　　　象에 曰 莫益之는 偏辭也ㅣ오 或擊之는 自外來也ㅣ니라

<small>익　　이 유 유 왕　　　이 섭 대 천</small>
益은 利有攸往하고 利涉大川하니라
益은 갈 바 있음에 이롭고 큰 강을 건넘에 이로우니라

　　益卦(익괘)는 震下巽上(진하손상)의 괘다. 상손괘는 風이고 하진괘는 雷다. 風과 雷와 괘명의 益을 합해서 風雷益(풍뢰익)䷩이라 하여 괘형과 괘명을 기억하게 한다.
　　益은 더할 익. 곧 더하여 붇게 한다는 의미다. 益 자는 水와 皿(기명 명)의 합자다. (仌은 ⿰와 같고 ⿰는 水 자를 눕힌 모양). 곧 빈 그릇에 물을 넣어 점점 붇게 한다는 의미의 상형문자다. 이 괘는 더해서 붇게 한다는 의미로 괘의 이름을 益이라 했다. 곧 증익(增益)의 도리를 설명한 괘다. 損卦는 손감(損減)을 설명한 괘로 익괘와 정반대의 괘다. 損益은 주야지도(晝夜之道)와 같다.
　　損·益은 종괘다. 손괘䷨의 공허한(음괘) 하태괘가 위로 올라가서 익괘䷩의 상손괘가 되고 손괘의 충실한(양괘) 상간괘가 밑으로 내려와서 익괘의 하진괘가 되었다. 곧 손괘의 공허한 것이 위로 올라가고 충실한 것이 밑으로 내려와 익괘가 되었으니 이것은 상손하익(上損下益)이 된다. 역도는 상손하익을 益이라 하고 하손상익을 損이라 한다. 익괘는 상손하익의 괘다. 그러므로 괘명을 益이라 했다.
　　상부 지배층이 증익하고 아래 서민들이 손감되면 백성들은 피폐해지고 그러한 피폐함이 궁극에 이르면 국가도 따라서 피폐하게 된다. 결과적으로는 하손상손이 된다. 익괘는 아래 서민이 증익하고 상부지배층에 손실이 있음을 뜻한다. 곧 아래 서민의 이익이 늘어나면 국가 전체의 이익이 점점 늘어나고 흥성하게 되니 결과적으로는 하익상익(下益上益)이 된다. 그러므로 괘명을 익이라 했다.
　　상하의 괘체를 말하면 상손괘는 風이고 하진괘는 雷다. 雷가 크게 진동하면 바람도 맹렬하게 불게 되고 雷와 風이 상승작용으로 서로 가세해서 더욱 더 세력이 증익하는 상이다. 그러므로 괘명을 益이라 하였다.
　　상하의 괘덕으로 말하면 상손괘는 손순한 덕을 가졌고 하진괘는 활동하는 성능을 가졌다. 곧 활동함에 손순한 태도로서 시대와 인화, 환경에 순응하고 자신의 재덕과 지위를 촌탁(忖度)해서 바른 도리로 행동하게 된다. 이것을 '動而巽'(동이손)이라 한다. '動而巽'하기에 일이 순조롭게 추진되고 증익하게 된다. 이것도 역시 익도(益道)다.

六爻로 나누어서 말하면, 六二는 유순중정의 덕을 가졌고 九五는 강건중정의 덕을 가졌다. 九五는 주괘의 주효다. 九五와 六二의 두 효는 음양상응으로 상부상조해서 익도를 성취하게 된다. 初九와 六四는 하익상손하는 성괘의 주효가 된다. 익괘는 손괘와 같이 六爻가 모두 상응하고 있다. 이것도 익괘의 장점이 된다.

〈서괘전〉에는 "損而不已하면 必益이리라. 故로 受之以益이라" 했다. 곧 손실해서 마지않으면 이래서는 안 되리라 생각하고 마음을 단속해서 노력하게 되리니 그러므로 점점 이익을 얻게 된다. 그러므로 損卦 다음에 益卦로서 받았다는 것이다.

■ 益은 利有攸往하고 利涉大川하니라

'利有攸往'(이유유왕). 상손하익의 益時에 이익을 얻고 있는 아래 백성들은 윗분의 은택에 심복하니 일을 벌이는 데 유리하다. 또 하진괘는 동괘(動卦)고 상손괘는 손순한 덕을 가져서 무슨 일에도 시세(時勢)에 순응하고 정도로써 행동하니 '利有攸往'(이유유왕)이 된다. 또 강건중정의 덕을 가진 九五와 유순중정의 덕을 가진 六二가 음양상응으로 서로 도와 六爻가 모두 상응하니 역시 利有攸往이 된다.

'利涉大川'(이섭대천). 본괘의 대상(大象)은 이괘(離卦)다. 이괘는 가운데가 비었으니 배(舟)의 상이 된다. 또 이괘의 착괘는 坎水(감수)다. 하진괘는 動卦고 상손괘는 巽風(손풍 : 손순한 바람)이다. 그러므로 坎水의 위에 巽風이 불어서 離舟(大象의 離卦象)가 움직여 나아가는(하진괘의 動) 상이 된다. 그러므로 '利涉大川'(이섭대천)이라 했다. 괘상으로 말하면 이런 해석이 되나 의리적(義理的)으로는 상손하익으로 하민은 상은(上恩)에 기뻐하며 심복하기에 利有攸往이 되고, 큰 강과 같은 험난이 있어도 민열심복(民悅心服)으로 그 험난을 극복하리라는 의미다. 곧 익괘의 상손하익의 괘체와 六爻 皆應과 '動而巽'의 상하의 괘덕으로 '利有攸往 利涉大川'이 된다.

象에 曰 益은 損上益下하여 民說无疆하고 自上下下하여 其道大光하니라 利有攸往은 中正有慶이요 利涉大川은 木道乃行이니라 益動而巽하여 日進无疆하고 天施地生하여 其益无方하니 凡益之道는 與時偕行이니라

象에 가로되 益은 위를 덜어 아래에 더하여 백성의 기뻐함이 한(限)이 없고 위로부터 아래로 내려와서 그 도가 크게 빛남이니라. '利有攸往'은 中正해서 경사가 있음이요 '利涉大川'은 木道가 이에 행함이니라. 益은 動해서 겸손하여 날로 나아감이 한이 없고 天이 베풀고 땅이 낳아서 그 益됨이 방소(方所)가 없으니 무릇 益의 도는 때와 함께 행하느니라

■ 象에 曰 益은 損上益下하여 民說无疆하고 自上下下하여 其道大光하니라

괘체와 괘종(卦綜)으로 괘명을 설명한 말이다. 곧 익괘䷩는 위에서 손해를 보고 아래에서 이익을 얻으니(損上益下) 백성들이 한없이 기뻐한다(說)는 뜻. '自上下下'(자상하하), 즉 손괘(損卦)䷨의 공허한(음괘) 하태괘가 위로 올라가고 충실한(양괘) 상간괘가 밑으로 내려와서 익괘의 하진괘가 되었으니 상손하익이 된 것이다. '自上下下 其道大光'. 위로부터 밑으로 내려와서 곧 임금의 은택이 천하 백성에 미치니 그 道(君王의 은택)는 크게 빛난다.

■ 利有攸往은 中正有慶이요 利涉大川은 木道乃行이니라

단사를 해석한 말이다. '中正有慶'(중정유경). 강건중정의 대덕을 가진 九五와 현신(賢臣)인 六二가 음양상응으로 서로 도와 익도(益道)가 완성되고, 하민들은 그 은택에 한없이 기뻐하고 심복하게 되니 군신 상하 모두에게 경사가 있으리라.

風雷益

'木道乃行'(목도내행). 상손괘와 하진괘는 오행으로는 목(木)이 된다. 상손괘는 음괘니 음목(陰木)이 되고 하진괘는 양괘니 양목이 된다. 그러므로 '木道'라 했다. 익괘의 대상(大象)은 離卦가 되니 가운데가 빈 배〔舟〕의 상이 된다. 離錯坎(이착감)이니 坎은 水다. 진괘(震卦)는 動, 손괘(巽卦)는 巽風이 되니 坎水의 위를 離舟가 巽風으로 움직여 나아가는 상이 된다. 그러므로 '利涉大川'은 '木道乃行'의 의미라 한 것이다.

정전(程傳)에는 이 '木道乃行'의 '木'에 대해 益자의 오자(誤字)라고('益誤作木') 주장했는데 이는 착오다. 또한 來註에서는 '木道'를 '水道'로 읽었으니 역시 잘못이다. 《주역술의》에는 "木道는 震巽也ㅣ라" 했다. 곧 손괘(巽卦)의 손순한 덕으로 時와 인정(人情)에 순응해서 震卦(動卦)의 성한 활동으로 큰 강을 건너 이롭게 된다는 뜻이다.

또 《주역절중》에 주진(朱震)은 "큰 강을 건너 이롭다 함에 나무〔木〕를 말한 괘가 셋인데 익괘와 환괘(渙卦), 중부괘(中孚卦)가 그것들이다. 모두 巽卦에서 비롯한다"(利涉大川에 言木者 三이니 益也 渙也 中孚也ㅣ니 皆巽也ㅣ라) 했다. 환괘의 단전에는 '乘木有功也'(승목유공야)라 했고 중부괘 단전에는 "乘木舟虛也ㅣ라" 했으니 모두 巽卦를 가리키고 있다. 또 다음 구에도 '益動而巽'(익동이손)이라 했으니 주진의 해석이 바른 것으로 생각한다.

■ 益動而巽하여 日進无疆하고

괘덕을 설명한 말이다. 하진괘는 動卦고 상손괘는 손순한 덕을 가졌다. 곧 인정, 시세, 정도에 손순해서 (巽卦) 활동하게(下震卦) 되니 日進无疆(일진무강), 즉 나날이 진보함에 끝이 없다.

■ 天施地生하여 其益无方하니

'天施地生'(천시지생)은 天이 양기(陽氣)를 베풀고 地는 천기를 받아서 만물을 생육한다는 뜻. '其益无方'(기익무방). 方은 방향, 방각(方角), 곧 동서남북과 상하의 모든 방향에 이익되게 한다는 뜻. 천기(天氣 : 天의 양기)가 하강하고 地는 천기를 받아서 만물을 생성화육하게 되며 그 이익은 모든 방향으로 널리 행해지리라는 의미다.

■ 凡益之道는 與時偕行이니라

偕는 함께 해. 춘생(春生) 하성(夏盛) 추실(秋實) 동고(冬枯)는 자연의 법칙이다. 곧 증익해야 할 때는 증익하고 손감해야 할 때는 손감한다. 무릇 益道도 때와 함께 행해진다. '與時偕行'(여시해행)을 손괘(損卦)와 익괘에 함께 말했으니 곧 손익은 때와 더불어〔與時〕이루어진다. 來註에는 이렇게 씌어 있다.

'動而巽'이란, 활동하되 분발하는 용기를 지니고, 유약하지는 않고 손순하면 점차 順人心해서 소홀하지 않으리니〔不鹵莽〕덕이 높아지고 업이 널리 퍼져 나날이 전진함에 끝이 없게 된다는 말이다. 이는 上下의 卦德을 설명한 말이다. 하진괘는 강괘(剛卦)니 天이 되므로(乾一索而得震) '天施'(천시)는 初九의 양효를 가리킨다. 상손괘는 음괘니 地가 되며(坤一索而得巽) '地生者'(지생자)는 六四의 음효를 말했다. 天이 1 양(初九)을 밑에 베푼 것은 곧 천도(天道)가 하제(下濟)하니 그를 받아서(資) 시작함이요, 땅으로부터 陰이 올라가는 것은 곧 지도(地道)가 상행하니 그를 받아서 생성화육함이니 이로써 品物이 함형(咸亨)하는 바가 되고 그 이익이 닿지 않는 곳이 없다. 이것은 괘체로써 설명한 말이다. '日進无疆者'(일진무강자)는 인사로써 말함이니 당연한 도리를 지켜서 증익되는 것이고 '其益无方者'(기익무방자)는 조화자연의 도리로써 증익되는 것이다.

動而巽者는 動而有奮發之勇而不柔弱하고 巽則有順人之漸而不鹵莽하니 所以 德崇業廣하여 日進无疆이라 此는 以卦德言也ㅣ라 震乃剛卦爲天이니 天施者는 初之陽也ㅣ오 巽乃柔卦爲地니 地生者는 四之陰也ㅣ라 天以一陽施于下는 則天 道下濟而資其始요 地以陰升于上은 則地道上行而資其生이니 所以品物咸亨而 其益无方이라 此는 以卦體言也ㅣ라 曰日進无疆者는 以人事當然之理而益也ㅣ 오 曰其益无方者는 以造化自然之理而益也ㅣ라

(鹵는 소금 로, 莽는 우거질 무. 鹵莽는 소홀히 하다의 뜻)

象에 曰 風雷益이니 君子ㅣ 以하여 見善則遷하고 有過則改하나니라

象에 가로되 바람과 우뢰가 益이니 군자는 (이 도리를) 이용하여 善을 보면 곧 옮기고 허물이 있으면 곧 고치느니라

■ 象에 曰 風雷益이니

익괘의 상손괘는 風이고 하진괘는 雷다. 이 風과 雷가 익괘의 괘상이다. 큰바람이 일고 우뢰가 진동해서 바람과 우뢰가 상승작용을 일으켜 그 세력이 점점 늘어나 성대하게 된다. 이것이 益卦의 괘상이다.

■ 君子ㅣ 以하여 見善則遷하고 有過則改 하나니라

'見善則遷 有過則改'(견선즉천 유과즉개). 즉 개과천선을 말하고 있다. '見善則遷'(견선즉천). 하진괘의 雷의 위세를 본받아 분발해서 遷善한다. '有過則改'(유과즉개)는 상손괘의 風을 본받아 허물을 고친다는 의미다. 바람은 음습함과 과열(過熱)을 분산시키니 곧 인심을 새롭게 한다는 의미가 된다. 來註에는 "善에 속히 따르면 허물이 더욱 적게 되고 이미 허물이 있으면 속히 고쳐서 善이 더욱 커지리라. 이것은 風雷가 사귀어 서로 도와 이익됨을 알맞게(節)함이다"(有善而速從則過益寡하고 已有過而速改則善益增이니 節風雷之交相助益矣라) 했다.

初九는 利用爲大作이니 元吉无咎하나니라

初九는 이로써(用) 대작(大作)을 함에 이로우니 크게 길하고 허물이 없느니라

손괘와 익괘는 종괘다. 손괘는 하손상익으로 아래 세 효가 위의 세 효에 봉사한다는 의미의 괘고, 익괘는 상손하익으로 위 세 효가 아래 세 효에 이익을 주는 것으로 해석하게 된다. 損과 益은 종괘가 되기에 손괘 上九의

크게 길한 효가 밑으로 내려와서 익괘의 初九, '元吉无咎'(원길무구)의 효가 된다. 또 손괘 六五의 '或益之 十朋之龜 弗克違'의 효가 밑으로 내려와서 익괘의 六二가 되었으니 역시 효사는 '或益之 十朋之龜 弗克違'라 했다.

初九는 양효·양위로 위정하고 하진괘의 주효가 되니 준괘(屯卦) 初九의 '磐桓'(반환)과 같은 효가 된다. 곧 하진괘의 동주(動主)가 되고 성괘의 주효도 된다. 음효·음위로 위정한 六四의 대신과 음양상응해서 많은 도움을 받게 되니 대길한 효다. 바로 손괘 上九가 대길한 것과 같다.

《주역술의》에는 "大作은 농사라" 했다. 옛날에는 '農者는 天下之大本'이라 했으니 大作은 곧 천하지대본을 의미한다. 六四 대신의 도움과 보호를 받는 初九는 대작으로써 六四에 보답하여 스스로를 이롭게 하고(元吉无咎) 남을 이롭게 하며 나라까지 이롭게 한다. 선유는 '농사'라고 규정했으나 이 '大作'은 반드시 농사로 한정할 필요는 없을 것이다.

단사의 '利有攸往 利涉大川'은 이 初九를 가리킨 말이다. 손괘 단사에서도 '无咎 可貞 利有攸往'은 손괘의 上九를 가리킨 말이었다. 이 역시 손괘의 上九가 밑으로 내려와서 익괘의 初九가 되었기 때문이다. 이 두 효는 모두 성괘의 주효가 되니 문왕 단사는 이 두 괘의 성괘의 주효를 들어서 말했다.

《주역절중》에 이광지는 "이 괘는 六四가 덜고 줄여서 初九에게 보태 늘려 주는 것으로 되어 있다. 곧 이 初九도 손괘의 上九와 마찬가지로 그 이익 얻는 바가 지극하고 성괘(成卦)의 주효가 된다. 그러므로 초효사(初爻辭)는 문왕 단사와 역시 같은 뜻이다"(卦以損四益初爲義하니 則初亦受益之極이요 卦之主也ㅣ라. 故로 其辭亦與卦同이라) 했다. '利用爲大作'(이용위대작)은 곧 단사의 이른바 '利有攸往 利涉大川'과 같은 의미라는 것이다.

象에 曰 元吉无咎는 下不厚事也일새니라
象에 가로되 '元吉无咎'는 下에 厚事하지 않기 때문이니라

'下不厚事'(하불후사)는 하민에게 무거운 부담을 지우지 않는다는 뜻. 아래

백성에게 무거운 세금을 받고 때를 가리지 않는 부역을 시키면 백성들은 농사 등의 생업에 전념할 수 없고 때를 잃게 된다.

효사에는 '利用爲大作'(이용위대작) 곧 큰 이익을 받는 아래 백성이 농사를 크게 지어 위에 보답한다 했고, 상전에는 '下不厚事'(하불후사) 곧 아래 백성에게 무거운 부담을 주지 말라 했다. 이는 곧 농사를 크게 짓는 일에 지장이 생기지 않도록 한다는 의미로서, 효사와 상전이 표리(表裏)일체가 된다.

六二는 或益之리니 十朋之龜로도 弗克違리니 永貞吉하고 王用亨于帝라도 吉하니라

六二는 혹 이를 益되게 하리니 십붕의 거북으로도 어길 수 없으리니 永貞해서 길하고 왕이 이로써 帝에 향사(享祀)하더라도 길하니라

이미 지적했듯 이 효사의 앞부분은 손괘 六五와 동일하다. 손괘의 六五가 밑으로 내려와서 익괘의 六二가 되었기 때문이다.

六二는 음효·음위로 위정한 하괘의 중효다. 곧 유순중정의 덕을 지니고 있다. 또한 강건중정의 덕을 가진 九五 천자와 음양상응해서 그 혜택을 크게 받게 되고 그를 도와 익도를 완성시키는 대길한 효이다. 그러므로 天人이 모두 이 六二의 吉을 의심하지 않는다.

'永貞吉'(영정길). 정도를 오랫동안 굳게 지켜야 吉하다는 의미다. 손괘의 六五에서 다만 '元吉'이라 하고 '永貞吉'을 말하지 않은 까닭은 천자의 지위였기 때문이다. 즉 이 六二는 신하의 지위로서 유효·유위로 유약하니 그러므로 경계한 말이다.

'王用亨于帝'(왕용향우제). 六二는 왕명(천자명)으로 천제(天帝)에 향사(享祀)한다는 뜻이다. 자의(字義)로는 이런 해석이 되나, 정자는 "'王用亨于帝吉'은 六二가 허심(虛心)으로 능히 길이 올곧으면 상제에 향사하여 응당 吉을 얻는 것과 같다는 말이다. 하늘에 제사 지내는 일은 천자의 일이므로 '王用'이라 했다"(王用亨于帝吉은 如二之虛中而能永貞이면 用以享上帝에도 猶當獲吉이라 祭天은

天子之事라 故로 云王用也ㅣ라)고 말한다. 곧 六二는 하늘에 제사 지낼 만한 德을 가졌다는 해석이다. 來註에는 "임금을 섬기되 하늘을 섬기는 것과 같이 한 연후에야 이러한 이익을 얻을 수 있다. 그러므로 '王用亨于帝'의 상이라 한 것이다"(事君如事天而後에 可以受此益也ㅣ라. 故로 有王用亨于帝之象이라) 했다. 二子의 설명은 곧 六二가 직접 하늘에 제사지낸다는 것이 아니라 제천(祭天)할 수 있는 허중무사(虛中無私)의 덕을 가졌다는 해석이 된다. 적절하다고 본다.

象에 曰 或益之는 自外來也ㅣ니라
象에 가로되 '或益之'는 밖으로부터 옴이니라

'外'는 외괘(外卦)를 가리킨다. '自外來'(자외래)는 六二와 상응하는 외괘의 九五가 이익을 준다는 의미다. 혹은 그 외에도 모든 사람들 또는 天이 이익을 준다는 의미가 된다. 來註에는 "어디서 그렇게 많은 이익이 오는지 알 수 없다는 말이니 上九(손괘)의 '自外來'와 같은 뜻이다"(言不知所從來也ㅣ니 與上九自外來同이라) 했다.

六三은 益之用凶事ㅣ니 无咎하고 有孚中行하여 告公用圭니라
六三은 이를 益되게 함에 흉사를 씀이니 허물이 없고 정성을 가져서 中을 행하여 公에 고함에 圭를 씀이니라

■ 六三은 益之用凶事ㅣ니 无咎하고

'益之'(익지)는 이익을 얻는다는 뜻. 이 구절에 대해 정자는 "凶事는 謂患難非常之事"라 했다. 곧 여기서의 '凶事'(흉사)는 환난, 간난 등의 비상(非常)한 일이라는 것이다. 來註에는 "凶은 험난한 일이 얽히고 설킨 것을 말하니 대장(大將)으로 하여금 출사토록 하는 일 또는 국난을 수습하도록 외국에 사신을 보내는 일과 같은 것이다"(凶者는 險阻盤錯也ㅣ니 如使大將出師及使至海外之

國이라) 했다. 어떻든 흉사는 험난을 의미한다.

六三은 음효·양위로 위부정하고 부중 과중하며 하진괘의 상효여서 동극이 된다. 그러므로 흉사를 말했다. 익괘에서 아래의 세 효는 이익을 얻는 효가 되는데 六三은 그 중 상효가 되니 받는 이익이 가장 크다. 그러므로 益之라 했으나, 동극, 위부정이고 부중 과중이 되기에 '益之'로되 '用凶事'(용흉사)라는 조건이 붙어 있다. 來註의 설명처럼 험조반착(險阻盤錯)을 잘 수습하게 되면 益之가 되고 무구하게 되리라는 의미다. 제 3 위는 대체로 불길한 경우가 많다.

■ 有孚中行하여 告公用圭니라

이 句는 어떻게 하여 '益之用凶事 无咎'에 이르는지를 말했다. 익괘의 대상은 이괘(離卦)가 되니 有孚 中行의 상이다. '告公'(고공)은 公에 告하다. 또는 公에 배알(拜謁)한다는 뜻이다. 圭는 옥홀 규. 곧 제후로 책봉되면서 천자로부터 받은 신인(信印)인 '홀'을 뜻한다. '用圭'(용규)는 바로 이 신실성의 증거인 규를 사용한다는 뜻이다. 六三은 동극(動極), 위부정, 부중, 과중으로 경망한 행위를 하기 쉬우니 '有孚中行 告公用圭'처럼 행동하면 '益之用凶事 无咎'가 가능하다는 비유의 말이다.

정자는 "무릇 제사와 조빙(朝聘 : 제후가 천자를 알현함)에 규옥(圭玉)을 사용함은 그로써 성신(誠信)을 통달하기 때문이다. 정성과 믿음으로 중도를 행하게 되면 능히 윗분으로 하여금 믿게 하리니, 이것이 告公上에 규옥을 사용함과 같아 그 정성이 능히 上에 통달하리라"(凡祭祀朝聘에 用圭玉은 所以通達誠信也ㅣ라 有誠孚而得中道則能使上信之니 是猶告公上用圭玉也ㅣ니 其孚能通達於上矣라) 했다. '告公用圭'(고공용규)의 公 자에 대해 제유(諸儒)는 六四와 九五를 가리킨다 하나 告公用圭는 비유의 말이다.

象에 曰 益用凶事는 固有之也ㄹ새니라
象에 가로되 '益用凶事'는 본시 이를 가졌기 때문이니라

'固有之'(고유지)는 본시 가지고 있다는 뜻. 제3위는 부중 과중이 되고 하괘의 종극이 되며 상괘와 접촉하고 있으니 늘 불리하고 흉할 경우가 많다. 그러므로 '凶'에 대하여 固有之라 한 것이다. 來註에는 이렇게 씌어 있다.

'固有之'라는 것은 본래 지니고 있다는 의미다. 三位에는 흉이 많다고 하니 곧 흉사는 본시 三位에 따르는 것이다. 공자가 繫下 제9장에 '三多凶'(삼다흉)이라 한 말은 본래 周公 효사에서 비롯한 것이다. 64괘 중에 오직 겸괘의 세 번째 효에 吉 자가 있을 뿐 그 외에는 어느 세 번째 효에도 吉 자가 없다. 그러므로 三位는 모두 흉이 많다.

> 固有之者는 本有之也ㅣ라 言三之爻位多凶하니 則凶事는 乃三之本有也ㅣ라 孔子三多凶之句는 本原于周公之爻辭다 六十四卦에 惟謙卦三爻에 有吉字하고 餘皆无라 故로 三多凶이라

六四는 中行告公從이니 利用爲依遷國이니라
六四는 中行으로 公에 고하여 좇게 함이니 이로써 依로 해서 國(都邑)을 옮김에 이로우니라

이 괘의 아래 세 효는 이익을 얻는 효인데 반해 위의 세 효는 스스로를 덜어 아래에 보태는 효가 된다. '中行'(중행)은 六三에서와 같은 의미다. 六四와 初九는 성괘의 주효가 된다. 六四는 음효·음위로 위정 지정한 재상이다. 九五 천자와는 음양 상비하고 지정한 初九의 대인과는 음양상응해서 下不厚事(하불후사)하고 利用爲大作(이용위대작)을 하도록 하는 군자요 재상이다. 그러나 상괘의 하효가 되니 중위에 미치지 못하여 적극성이 부족하다. 그러므로 한층 분발해서 중용지도를 행하게 되면 公(왕 또는 천자)도 六四를 믿고 따르리라는 것이 '中行告公從'(중행고공종)의 의미다. 依는 의지(依持) "利用爲依"는 의지할 바를 이용한다는 뜻. 公은 君公.

《주자본의》에서는 이렇게 말하고 있다.

六三과 六四는 中位를 얻지 못했다. 그러므로 모두 中行을 말하여 경계(警戒)했

다. 이 말은 아래에 보태기를 바라는 마음으로 中行에 합하면 곧 公에 告해서 믿고 따르리라 한 것이다. 傳에 말하기를 周가 도읍을 동쪽으로 옮긴 까닭은 晉國과 鄭國에 의탁하려 함이라[6] 했다. 대개 옛날에 나라를 옮겨서 아래 백성들을 이익되게 함에는 필연코 의지할 바가 있는 연후에 능히 이루어지는 일이니 此爻는 遷國의 吉占이 된다.

> 三四皆不得中故로 皆以中行爲戒하니 此言以益下爲心而合於中行則告公而見從矣라. 傳에 曰 周之東遷에 晉鄭爲依라하니 蓋古者遷國以益下에 必有所依然後에 能立이니 此爻爲遷國之吉占也ㅣ라

또한 《주역술의》에는 이렇게 씌어 있다.

하진괘는 공후(公侯)다. 초효는 하진괘의 주효다. 六四와 初九는 상응하고 있으니 그러므로 告公(初九를 公으로 봄)해서 따르게 된다. 2, 3, 4효의 호괘는 곤괘니 나라(國)의 상이다. 산택손괘의 九四가 밑으로 내려와서 풍뢰익괘의 初九가 되고 손괘의 初九가 위로 올라가서 익괘의 六四가 되었으니 이것은 천국(遷國)이 된다. 初九는 이익을 입어 무리를 얻게 되므로 이를 이용해서 의지하게 되니 周나라가 동쪽으로 천도할 때 晉國과 鄭國에 의지한 것이 이런 예다.

> 震爲公侯니 主爻在初라 四與初應故告公而見從也ㅣ라 坤爲國이니 初自四而下하고 四自初而上하니 是遷國也ㅣ라 初受益而得衆故로 可用以爲依니 周之東遷에 晉鄭焉依 是也ㅣ라

제유(諸儒)는 거의가 '公'을 九五로 해석한 데 반해 述義에서만은 初九로 해석한 것이 특이하다. '公'은 九五로 해석함이 마땅하다고 생각한다.

象에 曰 告公從은 以益志也ㅣ니라

象에 가로되 '告公從'은 益志하기 때문이니라

---

6) 周初에는 鎬京(호경 : 지금의 西安 근방)을 도읍으로 정했으나 그 후 洛邑(낙읍 : 지금의 洛陽)으로 옮겼다고 전해지는데, 이는 晉國과 鄭國의 원조를 얻어서 가능했다고 한다.

'告公從'(고공종)은 '中行告公從'(중행고공종)을 줄인 말이다. '益志'는 '益下'(익하)의 뜻. '以益志也'(이익지야)는 익하의 뜻을 가졌기 때문이라는 뜻. 六四의 지정한 재상은 益下의 뜻을 公에게 告해서 公도 믿고 따른다는 의미다. 六四의 재상은 하민에 이익이 있기를 원하는 뜻을 가졌기에 公도 그 말을 믿고 따르게 된다.

九五는 _{구 오} 有孚惠心_{유부혜심}하니 勿問元吉_{물문원길}하고 有孚惠我德_{유부혜아덕}하리라

九五는 정성과 惠心을 가졌으니 묻지 않아도 크게 길하고 성심(誠心)을 가지고 나의 덕을 惠하리라

■ 九五는 有孚惠心하니 勿問元吉하고

九五 천자에 대한 말이다. 九五는 六二와 함께 이 괘의 주괘의 주효가 된다. '惠心'(혜심)은 곧 백성들을 사랑하는 마음. '勿問元吉'(물문원길)은 점서로 문신(問神)하지 않아도 대길하다는 의미다.

九五는 양효로서 양위에 있고 상괘의 중효가 되니 강건중정의 대덕을 가진 천자다. 밑으로는 유순중정의 덕을 가진 六二와 음양상응하고 있으니 이상적인 爻다. 심중(心中)에 정성이 충만하고 백성들을 진심으로 사랑하고 있으니 이 九五 천자는 占筮로 문신할 필요도 없이 대길함이 확연하다.

■ 有孚惠我德하리라

여기서 '有孚'(유부)는 곧 백성들의 마음에 깃들인 정성을 가리킨다. 정성이 가득한 九五 천자는 진심으로 백성들을 사랑하고, 백성들 또한 이 九五 천자의 혜택에 대해 진심으로 감격하여 심복하게 된다.

《주자본의》에는 "上이 정성어린 믿음으로 下를 사랑하면 下도 역시 그러한 믿음로써 上에 순종하리니 문신(問神)하지 않아도 大吉을 알 수 있다"(上有信以惠於下則下亦有信以惠於上矣리니 不問而元吉을 可知라) 했다. 즉 여기서는 惠(순할 혜)를 순종(順從)으로 해석하고 있다. 淸朝 왕인지(王引之)도 惠 자를

順으로 해석했으니 '惠我德'(혜아덕)은 '나의 덕에 순종한다'는 의미로 해석했으나 惠는 감격하여 심복한다는 해석이 바르다고 생각한다.

象^상에 曰^왈 有孚惠心^{유부혜심}은 勿問之矣^{물문지의}요 惠我德^{혜아덕}은 大得志也^{대득지야}ㅣ니라
象에 가로되 '有孚惠心'은 이를 물을 것이 없고 '惠我德'은 크게 뜻을 얻음이니라

'有孚惠心'(유부혜심)하다면 점서로써 문신하지 않아도 대길을 알 수 있다는 것이 '有孚惠心 勿問之矣'(유부혜심 물문지의)의 의미다. '大得志'(대득지)는 그 뜻하는 바를 크게 얻는다는 의미다. 九五 천자는 아래 백성들을 진심으로 사랑하니 자신이 元吉함은 물론이요 그러한 은혜와 사랑을 입은 백성들도 진심으로 九五 천자의 혜택에 감격하고 심복하게 된다. 이는 곧 九五 천자가 자신의 뜻하는 바를 크게 얻음이다. 즉 상손하익이라기보다는 차라리 하익상익이며, 그러므로 '大得志'(대득지)라 했다.

上九^{상구}는 莫益之^{막익지}니 或擊之^{혹격지}요 立心勿恒^{입심물항}하니 凶^흉하니라
上九는 이를 益함이 없으니 혹은 이를 칠 것이요 마음을 세움에 항상하지 않으니 흉하니라

■ 上九는 莫益之니 或擊之요

上九는 양효·음위로 위부정 지부정하고 과중이며 상손괘의 극상이 되고 익괘의 종극이다. 그러므로 탐욕이 심한 효가 된다. 〈설괘전〉에는 '巽은 利近市三倍'(손은 이근시삼배)라 했다. 곧 시가(市價)의 세 배의 이익을 취한다는 의미다. 상손하익時에 남에게는 이익을 주지 않고 자신의 이익만을 취한다는 의미로 '莫益之'(막익지)라 했다. 그러므로 '或擊之'(혹격지) 즉, 더러 이 사람을 공격하리라, 또는 여러 사람이 공격하리라 했다.

■ 立心勿恒하니 凶하니라

'立心'(입심)은 곧 정심(正心)을 가리킨다. 곧 正心이 못 되니 恒道(항도)를 지킬 수 없다는 의미다. 이런 사람은 결국은 흉하게 된다. 〈설괘전〉에는 '巽은 其究爲躁卦'(손은 기구위조괘)라 했다. 곧 그 종극에는 경조(輕躁)한, 즉 경망한 괘라는 것이다. 또 '爲進退, 爲不果'라 했다. 상손괘가 바로 이러하니, 즉 나아가다가 물러서곤 해 과단성이 없다. 上九는 〈설괘전〉의 설명과 같은 효다. 그러므로 '立心勿恒 凶'(입심물항 흉)이라 했다.

象에 曰 莫益之는 偏辭也ㅣ오 或擊之는 自外來也ㅣ니라
象에 가로되 '莫益之'는 偏辭요 '或擊之'는 밖으로부터 옴이니라

'偏辭'(편사)는 편파(偏頗 : 치우쳐 불공평함)된 말이라는 뜻이다. 오직 자기의 이익만을 취하려는 한편에 치우치고 있다는 것을 형용한 말이라는 뜻이다. '或擊之는 自外來也'. 六二에도 나오는 이 '自外來'(자외래)에 대하여 來註에는 '不知所從來'(부지소종래 : 어디서 오는지 알 수 없음)라 했다. 응효인 六三이 공격할지 비효인 九五가 공격할지 모르고, 또다른 어디서 공격이 있을지 모른다는 뜻이다. 극흉(極凶)을 의미한다.

風雷益卦(풍뢰익괘)의 六爻를 간략히 다시 정리해 보자.
初九는 양효·양위로 지정한 군자다. 하진괘의 주효가 되고 六四의 재상과 음양상응해서 '大作'을 하는 길한 효다. 또 六四와 함께 성괘의 주효도 된다.
六二는 음효·음위로 유순중정의 덕을 가졌고 음양상응으로 九五 천자의 은택을 받아서 하늘과 사람이 모두 복을 주어 대길한 효다.
六三은 음효·양위로 강유 중화가 되고 大夫의 지위다. 유부중행(有孚中行)을 하면 큰 이익을 얻게 될 것이나 진극(震極)이 되니 경망한 행동을 하게 되면 흉하리라.
六四는 음효·음위로 지정한 재상이다. 初九의 현인과 상응해서 큰일을 이

루어낼 수 있는 손덕(巽德)을 가져서 吉하다.

　九五는 양효·양위로 상괘의 중효가 되니 강건중정의 대덕을 가진 성천자다. 신하와 백성들을 크게 사랑하고 혜택을 베풀기에 그들도 그 은혜에 진심으로 보답하게 되니 대길하고 益時의 주괘의 주효다.

　上九는 양효·음위로 위부정 지부정이 되고 또 익괘의 종극이며 상손괘의 상효이니 자신의 이익만을 도모하고 타인들의 이익에 반한다. 모든 사람들의 신망을 잃어 결국은 흉하게 되는 효다. 損이 있으면 益도 있게 되고 益이 있으면 損도 생기게 되니 이 上九는 손익의 도리를 모르고 자신의 욕심만을 좇는 어리석은 효다. 그러므로 극흉(極凶)이 된다.

^쾌 ^{양우왕정} ^{부호} ^{유려} ^{고자읍} ^{불리즉융}
夬는 揚于王庭하여 孚號하니 有厲ㅣ라 告自邑하며 不利卽戎하고
^{이유유왕}
利有攸往하니라

^단 ^왈 ^쾌 ^{결야} ^{강결유야} ^{건이열} ^{결이화}
彖에 曰 夬는 決也ㅣ니 剛決柔也ㅣ오 健而說하고 決而和
^{양우왕정} ^{유승오강야} ^{부호유려} ^{기위내광야}
하니라 揚于王庭은 柔乘五剛也ㅣ오 孚號有厲는 其危乃光也
^{고자읍불리즉융} ^{소상} ^{내궁야} ^{이유유왕}
ㅣ오 告自邑不利卽戎은 所尙이 乃窮也ㄹ새요 利有攸往은
^{강장내종야}
剛長乃終也ㄹ새니라

^상 ^왈 ^{택상우천} ^쾌 ^{군자} ^이 ^{시록급하} ^{거덕즉기}
象에 曰 澤上于天이 夬니 君子ㅣ 以하여 施祿及下하며 居德則忌
하나니라

^{초구} ^{장우전지} ^{왕불승} ^{위구}
初九는 壯于前趾니 往不勝하고 爲咎ㅣ리라
^상 ^왈 ^{불승이왕} ^{구야}
象에 曰 不勝而往이 咎也ㅣ니라

九二는 惕號ㅣ니 莫夜有戎이라도 勿恤이어다

象에 曰 有戎勿恤은 得中道也ㄹ새니라

九三은 壯于頄하면 有凶하고, 君子夬夬하여 獨行遇雨에
若濡有慍이라도 无咎ㅣ리라

象에 曰 君子夬夬는 終无咎也ㅣ니라

九四는 臀無膚하고 其行次且하니 牽羊悔亡하고 聞言不信이리라

象에 曰 其行次且는 位不當也ㅣ오 聞言不信은 聰不明也ㅣ니라

九五는 莧陸夬夬니 中行无咎ㅣ니라

象에 曰 中行无咎는 中未光也ㅣ니라

上六은 无號ㅣ어다 終有凶하리라

象에 曰 无號之凶은 終不可長也ㅣ니라

夬는 揚于王庭하여 孚號하니 有厲ㅣ라 告自邑하며 不利卽戎하고 利有攸往하니라

夬는 왕의 뜰에서 드날리면서 부호(孚號)하니 위태함이 있다. 자읍(自邑)에 고하며 즉융(卽戎)은 이롭지 아니하고 갈 바 있음에 이로우니라

夬卦(쾌괘)는 乾下兌上(건하태상)의 괘다. 상태괘는 澤이고 하건괘는 天이다. 澤과 天과 괘명의 夬를 합해서 澤天夬(택천쾌)라 하여 괘명과 괘형을 기억하게 한다.

夬(정할 쾌)는 決(결)과 같다. 즉 끊다, 터지다, 무너지다의 뜻이다. 곧 결궤(決潰), 제거(除去)의 뜻.

택천쾌괘는 1음 5양의 괘다. 곧 아래 5양이 上六의 1음을 제거하려는 괘다. 양의 세력이 갈수록 커지고 음의 세력은 극히 쇠해진 상태다. 인사로 말하면 군자의 세력은 커지고 소인의 세력은 극히 쇠퇴한 상태. 경문은 주로 이 上六의 소인을 제거하는 도리를 말했다.

아래위의 괘를 나누어서 보면 상태괘는 澤이고 하건괘는 天이다. 곧 澤水(택수)가 하늘 위에 있는 상이 되니 이 澤水는 지나치게 높은 곳에 올라가 있어 장차 터지게(決潰) 될 상이다.

여섯 효로 나누어서 말하면 아래의 세 효는 강건한 건괘고 위의 세 효는 화열(和悅)하는 태괘(兌卦)다. 上六은 태괘의 주효가 되니 교묘하고 아첨하는 말로 군왕(九五)의 환심을 사고 있으니, 쉽게 이 소인을 제거하기는 어렵다. 상위는 군왕의 외척(外戚)일 경우도 있으니 제거하기에 어려울 수도 있다. 그러므로 경문은 깊이 경계하고 있다.

1년 12월의 소식괘(消息卦)로 말하면 쾌괘는 舊3월의 괘다. 쾌괘의 1음이 제거되면 순양(純陽)의 건괘가 된다. 양이 극히 성할 때 1음이 밑에 생긴 것이 천풍구괘(天風姤卦)고, 다음이 천산돈괘(天山遯卦)며 이어서 천지비괘(天地否卦), 풍지관괘(風地觀卦), 산지박괘(山地剝卦)의 순서다. 산지박괘는 쾌괘와 정반대로 아래 5음이 위의 1양을 제거하려 하는 상이 된다. 산지

박괘 다음이 곤위지괘(坤爲地卦)의 순음의 괘가 되고, 음이 극도로 성할 때 다시 1양이 밑에 생기니 이것이 동지의 지뢰복괘(1양 來復의 괘)가 되고 그 후 점점 양의 세력이 성하게 된다. 복괘의 다음이 지택림괘(地澤臨卦)가 되고, 지천태괘(地天泰卦), 뇌천대장괘(雷天大壯卦), 택천쾌괘로 이어진다.

〈서괘전〉에는 "益而不已면 必決이리라 故로 受之以夬라" 했다. 곧 이익이 더욱 늘어나기를 그치지 않으면 필연코 터지고 무너질 것이다. 그러므로 익괘 다음에 쾌괘를 두었다는 것이다. 말하자면 못에는 물이 적당하게 고여 있어야 할텐데 제한 없이 물을 유입시키면 결국은 제방이 무너져서 터진다. 인사로 말하자면, 어떤 집단이 너무 비대해지면 의견 불일치 등의 이유로 자괴(自壞) 작용이 생기고 이럴 경우에는 외부의 사소한 공격으로도 붕괴되기 쉽다. 그러므로 익괘 다음에 쾌괘를 둔다는 것이다.

〈잡괘전〉에는 "夬는 決也ㅣ니 陽決陰也ㅣ라"(夬는 무너지게 한다는 뜻이니 곧 양〔아래 5양〕이 음〔위 1음〕을 무너지게 한다는 의미다) 했다. 決는 자동사로도 타동사로도 볼 수 있다.

■ 夬는 揚于王庭하여 孚號하니

揚은 오를 양, 드날릴 양, 곧 의기양양하다는 뜻이다. 來註에는 "'揚'이란 뜻대로 되어 만족하니 제멋대로 한다는 뜻이다"(揚者는 得意放肆之意라) 했다. '于王庭'(우왕정)은 '왕궁의 안에서'의 뜻. 來註에는 "于王庭은 在君側也ㅣ라" 했다. 곧 군왕의 측근임을 말한다는 것이다. 號는 부를 호. 呼와 같다. '孚號'(부호)는 믿고 부른다는 뜻. 孚는 '孚比九五'(부비구오)를 말한다. 上六은 九五와 음양상비하고 있으니 비효(比爻) 중에서 가장 강력한 상비(相比)가 된다. 그러므로 九五와 상비해서 그 힘을 믿는다는 뜻이다. 號는 '號應九三'(호응구삼)의 뜻. 上六은 九三과 음양상응하고 있으니 그 九三과 호응하고 있다는 뜻이다.

夬는 上六을 제거한다는 의미다. 그러나 이 上六은 상태괘(上兌卦)의 주효가 되니 兌는 입〔口〕이고 기뻐하는 성질을 가졌다. 口悅(구열) 곧 교언영색으로 九五 천자를 기쁘게 해서 그와 친비(親比)하고 九三의 현인과는 음양상응으로 호응하는 사이가 되니 이 간사한 上六의 소인을 제거하기는 무척 어려운 일이다. 이상은 上六의 소인에 관한 말이다.

■ 有厲 l 라 告自邑하며 不利卽戎하고 利有攸往하니라

이것은 上六의 소인을 제거하려 하는 아래의 다섯 양에 대한 분부다. '有厲'(유려)는 위태하다는 뜻. 上六은 九五 천자와 음양상비하여 교언영색으로 그를 기쁘게 하고 九三의 현인과 음양상응하여 호응하니 위태하다는 의미다. '告自邑'(고자읍)은 자신의 채읍(采邑 : 卿大夫의 封邑)에 미리 고해서 그들의 협력을 얻은 후에 점차 다른 읍의 협력을 얻게 하라는 뜻. 곧 동류의 양(陽)에 고해서 일치 협력을 하라는 의미다.

卽은 나아갈 즉. 戎은 병기 융. '卽戎'(즉융)은 용병(用兵)을 의미하니 '不利卽戎'(불리즉융)은 무력을 쓰거나 용병을 하면 국란이 일어나기 쉬우니 불리하다는 뜻이다. 곧 정당한 도리로써 上六의 소인을 제거하라는 의미다. 소인들을 제거하려 하다가 군자들이 멸망을 당한 예는 역사에 허다하니 신중히 대처하라는 당부다.

'利有攸往'(이유유왕). 上六 소인을 제거하려고 아래 5양이 일치협력해서 (위의 당부를 지키며) 나아가면 유리하리라. 곧 소원성취하리라는 의미다.

〈정전〉(程傳)에는 "上六 소인의 악행을 공조(公朝)에서 널리 알려 사람들로 하여금 그 선악을 명백하게 알도록 한다는 의미로 '揚于王庭'이라 했다. 孚는 정성의 뜻이고 號는 대중에게 명령하는 말이다"(當顯行之於公朝하여 使人明知善惡故로 云揚于王庭이요 孚는 誠意也 l 오 號者는 命象之辭라) 했다. 대다수 선유의 설은 정자의 설과 비슷하나 우리는 취하지 않는다.

澤天夬

　　　　　　단　왈　쾌　결야　　　강결유야　　　건이열　　　결이화
　　　象에 曰 夬는 決也ㅣ니 剛決柔也ㅣ오 健而說하고 決而和하니라
　　　　양우왕정　　　유승오강야　　　부호유려　　기위내광야　　　고자
　　　揚于王庭은 柔乘五剛也ㅣ오 孚號有厲는 其危乃光也ㅣ오 告自
　　　읍불리즉융　　소상　　내궁야　　　　이유유왕　　　강장내종야
　　　邑不利卽戎은 所尙이 乃窮也ㄹ새요 利有攸往은 剛長乃終也
　　ㄹ새니라
　　象에 가로되 夬는 결단함이니 剛이 柔를 결단함이요, 굳세면서 기뻐하고
　　결단해서 화합하니라. '揚于王庭'은 柔가 五剛을 탐(乘)이요, '孚號有厲'는
　　그 위험성이 곧 큼이요, '告自邑不利卽戎'은 숭상하는 바가 곧 궁하기 때
　　문이요, '利有攸往'은 剛이 성(盛)하면 곧 마치기 때문이니라

■ 象에 曰 夬는 決也ㅣ니 剛決柔也ㅣ오

　이 구절은 〈잡괘전〉에서 말한 바와 같다. 곧 夬는 決, 즉 제거한다는 의미다. '剛決柔'(강결유)는 아래의 5 양이 위의 1 음을 제거한다는 뜻. 이상은 괘명을 설명한 말이다.

■ 健而說하고 決而和하니라

　상하의 괘덕을 설명한 말이다. 說은 悅. 하괘는 강건한 건괘고 상괘는 화열(和悅)하는 태괘(兌卦)다. 그러므로 '健而悅'(건이열)이라 했다. 곧 강건하고 화열한 덕을 구비해서 일을 잘 수행하게 된다는 의미다. '決而和'(결이화)는 아래 5 양의 현인군자들이 上六의 소인을 제거해서 천하의 사람들은 안온한 생활을 하고 화협하게 된다는 의미다.

■ 揚于王庭은 柔乘五剛也ㅣ오

　'乘'(승)은 강효 위에 유효가 있는 것을 말한다. '柔乘五剛'(유승오강)은 上六의 유효가 아래 5 강효를 타고 있다는 뜻. '揚于王庭'(양우왕정)을 설명한 말이다.

■ 孚號有厲는 其危乃光也ㅣ오

'孚號有厲'(부호유려)는 上六은 九五의 천자와 상비(相比)하고 九三의 현인과 호응하고 있으므로 이 소인을 제거하는 일은 매우 위험하다는 뜻. '其危乃光也'(기위내광야)는 곧 上六은 九五天子와 상비하고 九二賢人과 상응하고 있어서 그 위험성이 곧 크다는 뜻. '光'은 클 광.

■ 告自邑不利卽戎은 所尙乃窮也ㅣ오

'所尙乃窮也'(소상내궁야)는 하건괘는 강건하니 그 강건의 덕을 숭상하면 '乃窮'(내궁) 곧 궁곤하게 되리라는 뜻이다. 上六 소인을 제거하는 데 무력과 병력을 쓰게 되면 소인들도 역시 똑 같이 대응하리니 결국 국란이 일어나게 될 것이다. 따라서 무력을 사용하면 궁하게 되리라. '告自邑不利卽戎'(고자읍불리즉융)을 설명한 말이다.

■ 利有攸往은 剛長乃終也ㄹ새니라

'剛長乃終也'(강장내종야). 上六의 소인은 제거해야 하니 5양의 현인들이 일치협력해서 위의 1음을 제거하면 양의 세력은 커지고 군자의 道가 완성(乃終)하리라는 의미다. 곧 '剛長'(강장)은 음의 쇠퇴를 의미하고 '乃終'(내종)은 소인도(小人道)의 종말과 군자지도의 완성을 의미한다. 이것은 '利有攸往'(이유유왕)을 설명한 말이다. 1년 12월 소식괘로 말하면 쾌괘의 위 1음을 제거하면 순양의 건괘가 된다. 단전은 이런 것을 말했다.

象에 曰 澤上于天이 夬니 君子ㅣ 以하여 施祿及下하며 居德則忌하나니라

象에 가로되 澤이 하늘에 오름이 夬니 군자는 이로써 녹을 베풀어 아래에 미치게 하며 덕을 둠(不施)은 곧 꺼리느니라(싫어하느니라)

澤天夬

■ 象에 曰 澤上于天이 夬니

澤水가 천상에 있는 것이 쾌괘의 괘상이다. 가장 높은 곳에 있는 澤水가 둑이 무너져 밑으로 흘러내리면 그 밑에 있는 모든 생물은 그 은택을 받게 된다. 쾌괘는 이런 괘상이다.

■ 君子ㅣ 以하여 施祿及下하며 居德則忌하나니라

'施祿及下'(시록급하). 祿을 베풀어 아래에 미치게 하다. 이것은 澤上于天이 決潰(결궤 : 물에 밀리어 둑이 터짐)된 상에서 취한 것이다. 居는 施의 반대. 곧 둔 채로 남에게 주지 않는다는 뜻. '居德則忌'(거덕즉기). 자신에게 쌓여 있는 은덕을 사람들에게 베풀지 않는 일은 군자가 가장 싫어한다. '施祿及下'가 곧 군자의 도리다.

초구   장우전지   왕불승   위구
初九는 壯于前趾니 往不勝하고 爲咎ㅣ리라
初九는 발이 나아감에 성하니 가면 이기지 못하고 허물이 되리라

이 괘의 6 효사(爻辭)는 아래의 5 양을 군자로 보고 上六의 1 음을 소인으로 보아 아래 다섯 양이 위의 한 음의 소인을 제거하는 것으로 말했다. 來註에는 "四陽爲壯이요 五陽爲夬라" 했다. 곧 아래 4 양, 위 2 음으로 된 것은 대장괘(大壯卦)고, 아래 5 양, 위 1 음으로 된 것은 쾌괘라는 지적이다. 이 두 괘의 하괘는 모두 강건한 건괘다. 그러므로 대장괘의 初九에는 '壯于趾'(장우지)라 했고 쾌괘의 初九에는 '壯于前趾'(장우전지)라 했으니 비슷한 내용이 되고 또 이 두 괘의 아래 세 효 역시 비슷한 내용의 효사로 되어 있다.

初九는 최하위가 되니 사람의 몸으로 말하면 발(趾)이 된다. 壯은 성할 장. 前은 進, 나아간다는 뜻. '前趾'(전지)는 곧 진행하다, 나아가다의 뜻이다. 初九는 강건한 건괘의 1 효가 되고 양효·양위로 강과(剛過)가 된다. 또 초효(趾의 象)가 되니 그러므로 '壯于前趾'(장우전지)라 했다. 이것이 初九의

효상이다.

'往不勝'(왕불승)은 나아가서도 이길 수는 없다. 곧 무슨 일을 해도 이루어지지 못하리라는 뜻이다. 그러므로 '爲咎'(위구), 곧 스스로 허물을 만들 뿐이다. 初九는 양효·양위로 위정하니 실은 无咎일 것이나 '往不勝'(왕불승)으로 스스로가 허물을 만든다.

初九가 전진해서 上六의 소인을 제거하려는 그 뜻은 가상할 수 있으나, 그러나 최하위가 되니 하천하고 비위(比位)에 있는 九二도 양효니 무비(無比)가 되며 응위(應位)에 있는 九四 또한 양효여서 무응이 된다. 그러므로 응원자가 없는 고립상태다. 初九는 이러한 자신의 조건도 인식 못하고 강경하게 上六의 간사한 소인과 적대하려 한다면 이길 수는 없을 것이고 도리어 스스로 허물을 만들어 때로는 큰 화를 입게 될지도 모른다. 자신이 놓여 있는 처지를 잘 파악한 다음 상대를 충분히 알고 나서 적절히 행해야 일을 이루게 된다.

《주역절중》에 채청(蔡淸)은 "못 이긴다는 것은 스스로가 못 이기게 하는 것이다. 그러므로 '爲咎'(위구)라 하여 때가 아니고 세가 불리함을 밝힌 것이다"(其不勝者는 自爲不勝也ㅣ라 故로 曰爲咎로 明非時 勢不利也ㅣ라) 했다.

象에 曰 不勝而往이 咎也ㅣ니라
象에 가로되 이기지 못함에도 가는 것이 허물이니라

모사(謀事)에는 지·인(知仁)을 구비하고 시대와 인화(人和)에 적합해야 일이 이루어진다.

九二는 惕號ㅣ니 莫夜有戎이라도 勿恤이어다
九二는 두려워서 부르짖음이니 깊은 밤에 싸움이 있더라도 걱정하지 말아라

惕은 두려워할 척. 惕은 심중에 두려워하여 경계한다는 의미를 가졌고, 號

는 사람들에게(동류의 賢人들은 물론이고) 사태의 중대성을 알려서 경계하도록 한다는 의미다. 莫은 暮(저물 모)와 같다. '暮夜'(모야)는 밤, 깊은 밤. 戎은 전투 융, 싸움 융. '莫夜有戎'(모야유융)은 밤에 전투가 일어난다는 뜻. 恤은 근심할 휼.

　九二는 양효·음위로 剛에도 柔에도 지나치지 않아 강유 중화가 된 효다. 또한 하건괘의 중효로서 강건중덕을 지녔다. 또한 初九는 양효·양위로 과강이 되나 九二는 양효·음위로 강유중화가 된다. 九二는 上六의 소인을 제거함에 항상 지나침이 없도록 조심하며 신변을 경계한다. 사람들에게도 사태의 중대성을 알려서 경계하도록 하며 혹은 불시에 전투가 일어나더라도 태연하게 일을 처리하니 매사에 순조롭게 대처하게 된다. 곧 단사의 '有厲 告自邑 不利卽戎'(유려 고자읍 불리즉융)은 이 九二에 대한 말이다. 대장괘의 九二에도 '貞吉'이라 하고 상전에는 "九二貞吉은 以中也ㅣ라" 했으니 쾌괘 九二의 효사와 비슷하다.

　《주역절중》에 오왈신(吳曰愼)은 이 九二에 대해 "양강중덕(陽剛中德)을 가지고 음위에 있어서 강유중화를 얻은 효다. 그러므로 능히 憂惕號呼하니 곧 단사의 '孚號有厲, 告自邑 不利卽戎'은 九二를 가리킨 말이다"(剛中居柔하여 能憂惕號呼하니 卽彖辭之孚號有厲 告自邑 不利卽戎者也ㅣ라) 했다. 來註에는 '孚號'(부호)는 上六을 가리킨 말이다 했다.

象에 曰 有戎勿恤은 得中道也ㄹ새니라
　象에 가로되 '有戎勿恤'은 中道를 얻었기 때문이니라

　九二는 하괘의 중효니 '得中道'(득중도)가 된다. 九二는 得中道로 태연하게 일을 처리하므로 밤중에 전투가 일어나도 '勿恤'(물휼)의 상이 된다. 九五는 주괘의 주효이나 양효·양위로 과강이 되고 '得中道'로 음양충화를 이룬 것은 이 九二가 유일한 효다.

$\overset{구삼}{九三}$은 $\overset{장우규}{壯于頄}$하면 $\overset{유흉}{有凶}$하고 $\overset{군자쾌쾌}{君子夬夬}$하여 $\overset{독행우우}{獨行遇雨}$에 $\overset{약유유}{若濡有}$
$\overset{온}{慍}$이라도 $\overset{무구}{无咎}$ㅣ리라

九三은 광대뼈에 성하면 흉이 있고, 군자는 쾌쾌하여 홀로 행하여 비를 만나 젖음과 같이 해서 성냄이 있더라도 허물이 없으리라

■ 九三은 壯于頄하면 有凶하고

頄는 광대뼈 규. 낯, 얼굴의 뜻. '壯于頄'(장우규)는 장렬한 심지(心志)가 얼굴, 곧 용모와 태도에 나타난다는 뜻이다.

九三은 양효·양위로 과강이 되고 부중 과중이 되며 하괘의 상효여서 지나친 행위를 하게 된다. '壯于頄'(장우규)는 九三의 효상을 말했다. 적수(敵手)에게 표정이나 태도로써 사전에 계획을 드러내면 필연코 모사(謀事)는 실패할 것이고 흉함은 물론이다. 九三은 이런 효상이다. 곧 도량이 작은 사람의 행위다. 九二의 군자처럼 태연하면서도 주밀(周密)한 계획을 가지고 일에 임해야 한다.

■ 君子夬夬하여 獨行遇雨에 若濡有慍이라도 无咎ㅣ리라

앞의 구절은 도량이 작은 사람이 일에 임하는 태도를 말했고 이 구절은 군자의 처신을 말했다. '夬夬'(쾌쾌)는 '決又決'(결우결), 곧 결단하여 의심하지 않는 것을 가리킨다.

'獨行遇雨'(독행우우)는 홀로 나아가서 비를 만난다는 뜻. 비유의 말이다. 九三은 上六과 음양상응으로 교제하면서 좋은 기회를 기다린다. '遇雨'(우우)는 음양충화를 의미하니 九三과 上六이 음양상응한다는 의미다. 음양충화가 되면 비가 온다. 濡는 젖을 유. '若濡'(약유)는 젖은 것과 같다는 뜻. 곧 九三은 上六의 小人에 계루된 것이 아닌가 하고 사람들은 의심하고 九三의 행동에 대해 성을 낸다는 것이 '有慍'(유온)의 의미다. 慍은 성낼 온.

이상을 요약하면, 九三의 군자는 上六 소인을 제거하려는 결심으로(夬夬) 上六과의 음양상응을 이용해 그와 교제하면서 上六을 제거할 기회를 엿보고

澤天夬

있으니 사람들은 九三을 上六에 계루된 절도(節度) 없는 사람으로 오해해서 성낼지도 모르나 그것은 일시적인 오해에 불과하여 无咎하다는 의미다.

九三은 한편은 도량이 작은 사람으로 해석되고 또 한편으로는 군자의 夬夬한 처신을 말했으니 곧 '壯于頄'(장우규)하면 실패하고 夬夬하면 무구하다는 의미다. 역리(易理)는 길하다 해도 잘 이용하지 못하면 悔, 吝, 凶이 될 수도 있고 비록 흉하다 해도 잘 이용하면 길하게 된다. 궁변통구(窮變通久)가 역리의 기본 원리다.

象에 曰 君子夬夬는 終无咎也ㅣ니라
象에 가로되 '君子夬夬'는 마침내 허물이 없느니라

'君子夬夬'(군자쾌쾌)는 효사의 '獨行'(독행) 이하를 생략한 말이다. '壯于頄'는 소인의 도량이니 흉하고 夬夬는 군자지도니 일시적인 오해가 있더라도 마침내 허물이 없게 된다.

九四는 臀无膚하고 其行次且하니 牽羊悔亡하고 聞言不信이니라
九四는 볼기에 살이 없고 그 행함이 자저하니 양을 끌면 悔는 없고 말을 들어도 믿지 않으리라

■ 九四는 臀无膚하고 其行次且하니

臀은 볼기 둔. 膚는 살갗 부(外皮). '臀无膚'(둔무부)는 볼기에 살갗이 없다, 곧 볼기의 피부가 벗겨졌다는 뜻이다. '次且'(자저; 趑趄와 같다)는 머뭇거리고 나아가지 못하는 모양. '주저'(躊躇)와 같은 뜻이다.

九四는 양효로서 음위에 있으니 위부정이 된다. 또 상괘인 兌悅卦의 한 효가 되니 연약한 성질을 가졌고 중위(中位)에 미치지 못하고 상괘의 하효여서 본시 주저하는 성질을 가졌다. 그러므로 결단성이 부족해서 머뭇거리고 있는

데 강경한 하건괘의 세 효가 임박해 오니 마음이 불안정하다. 그 상태가 마치 볼기살이 찢어진 듯 앉아 있을 수 없는 것과 같다(臀无膚). 또한 上六 소인을 제거하려고 나아가려니 上六과 친비하는 강건한 九五에 가로막혀서 나아가지 못하고 머뭇거리게 된다(其行次且). 九四는 이런 효상이다.

■ 牽羊悔亡하고 聞言不信이니라

'牽羊悔亡'(견양회망). 九四는 위의 설명과 같이 결단성이 부족한 효로서 선두에 서서 일할 능력이 없고 주체성이 없으니 이는 有悔(유회)가 된다. 그러나 강건한 아래 3 양이 위로 올라오고 있으니 끌려가는 양처럼 3 양의 뒤를 따라가게 되면 뉘우칠 일은 없어진다는 의미다. '聞言不信'(문언불신)은 말을 들어도 믿지 않는다는 뜻. 九四는 어쨌거나 강효여서 주체성은 없더라도 강건한 성질을 띠고 있고 또한 재상의 지위가 되니 남의 말을 들어도 그대로 따르지 않는다. 슬픈 노릇이니 반성을 분부한 말이다.

象에 曰 其行次且는 位不當也 ㅣ오 聞言不信은 聰不明也 ㅣ니라
象에 가로되 '其行次且'는 位가 不當함이요, '聞言不信'은 귀 밝음이 밝지 않음이니라

九四는 中에 못 미치고 상괘의 하효가 되며 兌悅卦의 한 효가 되므로 '位不當'(위부당)이라 했다. '聞言不信'(문언불신)에 대해서는, 이 九四는 上六 소인이 九五 천자와 친비하고, 또 上六의 간지(奸智)에 현혹되므로 그러할 경우도 있으리라고 생각한다. 그러나 재상의 자리에 있으면서 대국적인 전망이 없다면 이는 총명이 부족한 것이다. '聰不明'(총불명)은 총명하지 않다는 뜻.

九五는 莧陸夬夬니 中行无咎ㅣ니라
九五는 현륙이 쾌쾌니 中을 행하면 허물이 없느니라

澤天夬 221

莧은 자리공 현. 또는 비름 현. 일명 '商陸'(상륙)이라 하고 한방에서 약제로 쓰는 데 음습(陰濕)을 좋아하는 식물이라 한다. '夬夬'(쾌쾌)는 단연히 제거한다는 뜻. '中行'(중행)은 중도(中道)를 행한다는 뜻.

양과 양, 음과 음은 서로 반발하나 양효와 음효는 쉽게 뜻을 합하니 곧 남녀의 구합(媾合)과 같다. 上六은 이 괘의 유일한 음효로서 천풍구괘의 初六과 같은 의미를 지닌다. 또 제5위와 상위는 비효 중에서도 가장 강력한 비효가 된다. 上六은 지위가 없는 효가 되니 곧 천자의 고문 또는 외척에 해당하는 효가 된다. 九五 천자는 이 上六과 음양 상비하여 있으니 그러므로 '莧陸'(현륙)이라 했다. 그러나 九五 천자는 上六의 간사함을 알고 아래 4 양과 협력해서 上六의 소인을 제거하게 된다. '夬夬'는 九三에서와 같다. 九三은 上六과 음양상응의 사이가 되니 '夬夬'라 했다. 곧 단연히 제거할 결심을 품는다는 의미다. 곧 九三에는 上六과 음양상응이 되니 그러므로 '夬夬'라 하고 九五는 上六과 음양상비하니 그러므로 '夬夬'라 했다.

'中行无咎'(중행무구). 中行은 중도를 행한다는 뜻이니 곧 강·유의 한편에 치우치지 않는다는 의미다. 九五 천자는 일시적으로는 上六 소인과 음양 상비로 그 영향을 받게 되었으나 上六의 간사함을 알고 아래 4 양과 협력해서 제거하게 된다. 그러나 그 제거함에 있어서는 강·유의 한편에 치우치지 않고 중도로써 처리하게 되니 그러므로 허물이 없게 된다. 만일 과격하게 처치한다면 이것은 중행이 아니며 따라서 有咎가 된다.

象에 曰 中行无咎는 中未光也ㅣ니라
象에 가로되 '中行无咎'는 中이 아직 光大하지 않음이니라

'中未光'(중미광). 중덕이 아직 광대(光大)하지 않다는 의미이니 일시적이라도 '莧陸'(현륙)의 영향을 받아 그것이 흠이 되는 것이다. 화천대유의 六五 효사처럼 '厥孚 交如 威如'(궐부 교여 위여)의 상태에는 미치지 못하니 애석하게 여긴 말이다.

^{상육} ^{무호} ^{종유흉}
上六은 无號ㅣ어다 終有凶하리라
上六은 부르짖지 말아라 마침내 흉이 있으리라

'无號'(무호)는 부르짖지 말라는 뜻. 號는 부르짖을 호. 큰 소리로 구원을 요청하더라도 이 上六의 소인을 구원해 줄 이는 아무도 없으리라는 뜻이다. 上六은 잔악한 소인이며 그 외에는 모두 양효니 구원자가 없다. 그러므로 '无號'(무호)라 했다. '終有凶'(종유흉)은 마침내 대흉(大凶)에 빠지게 되고 멸망하리라는 의미다. 上六은 5 양을 타고 있으니 (乘剛) 멸망할 운명이다.

^상 ^왈 ^{무호지흉} ^{종불가장야}
象에 曰 无號之凶은 終不可長也ㅣ니라
象에 가로되 '无號之凶'은 마침내 長久할 수 없느니라

'終不可長'(종불가장). 곧 머지않아 멸망하리라는 의미다. '无號之凶'(무호지흉)은 '无號 終有凶'(무호 종유흉)을 줄인 말이다.

澤天夬卦(택천쾌괘)☱의 6 효를 간단히 정리해 보자. 다섯 양이 위의 1 음을 제거하는 일이란 손쉬울 듯도 하나 실은 上六 소인은 군왕의 근처에 있어서 간사한 지혜와 교언영색으로 그의 환심을 사고 있으니 그 일이 과연 어려운 일이다. 예로부터 실패함으로써 큰 화를 당한 예는 수없이 많다. 쾌괘는 바로 이런 상태에 대처하는 도리를 말했다.

初九는 양효·양위로 과강(過剛)이 되니 하천한 지위에 있으면서 경망한 행위를 하면 화를 받게 되리라.

九二는 양효·음위로 강유의 중화(中和)를 얻은 효고 하건괘의 중효가 되니 강건중덕을 가진 군자다. 夬時를 구제함에 크게 공을 세우게 되는 길한 효다.

九三은 양효·양위로 과강이 되나 上六과는 호응하는 사이가 되니 과격한 행위를 삼가하고, 상호관계를 이용해서 잘 대처하면 공을 세우게 되어 길하리라.

九四는 양효·음위로 위부정이 되고 中에 불급한 효이며 상태괘의 하효로서 무응하니 응원자가 없다. 결단성이 부족하고 자주성이 없으니 큰 공을 이룰 수는 없으나 지나친 행위를 하지 않으면 화는 면하리라.

　九五는 주괘의 주효가 되고 강건중정의 대덕을 가진 천자다. 上六 소인을 제거함에 과격하지 않은 중도로써 처치하니 길하다.

　上六은 성괘의 주효가 되고 쾌괘의 종극이며 悅卦(兌卦)의 주효이니 교언영색의 소인이다. 머지않아 멸망할 운명 아래 있다. 악은 일시적으로는 융성할 경우도 있으나 영구히 幸을 누릴 수는 없다. 악을 벌하는 데도 죄를 미워할 뿐 그 사람을 미워해서는 안 된다. 처벌하는 데에 과격은 금물이다.

_{구 여장   물용취녀}
姤는 女壯이니 勿用取女ㅣ니라

_{단 왈구 우야   유우강야   물용취녀   불가여장야}
彖에 曰 姤는 遇也ㅣ니 柔遇剛也ㅣ오 勿用取女는 不可與長也
_{천지상우   품물   함장야   강우중정   천하}
ㄹ새니라 天地相遇하여 品物이 咸章也ㅣ오 剛遇中正하여 天下
_{대 행야   구지시의   대의재}
大行也ㅣ니 姤之時義ㅣ 大矣哉ㄴ저

_{상   왈 천하유풍   구   후   이   시명고사방}
象에 曰 天下有風이 姤ㅣ니 后ㅣ 以하여 施命誥四方하나니라

_{초육   계우금니   정길   유유왕   견흉   이시부척촉}
初六은 繫于金柅하면 貞吉하고 有攸往하면 見凶하리니 羸豕孚蹢躅
하니라
_{상   왈 계우금니   유도견야}
象에 曰 繫于金柅는 柔道牽也ㄹ새니라
_{구이   포유어   무구   불리빈}
九二는 包有魚하면 无咎하고 不利賓하니라
_{상   왈 포유어   의불급빈야}
象에 曰 包有魚는 義不及賓也ㅣ니라

九三은 ^{둔무부}臀无膚하고 ^{기행자저}其行次且하니 ^{여무대구}厲无大咎하니라

　　象에 曰 ^{기행자저}其行次且는 ^{행미견야}行未牽也ㅣ니라

九四는 ^{포무어}包无魚ㅣ나 ^{기흉}起凶하니라

　　象에 曰 ^{무어지흉}无魚之凶은 ^{원민야}遠民也ㅣ새니라

九五는 ^{이기포과}以杞包瓜하고 ^{함장}含章하니 ^{유운자천}有隕自天이리라

　　象에 曰 ^{구오함장}九五含章은 ^{중정야}中正也ㅣ오 ^{유운자천}有隕自天은 ^{지불사명야}志不舍命也ㅣ새니라

上九는 ^{구기각}姤其角이니 ^{인무구}吝无咎ㅣ리라

　　象에 曰 ^{구기각}姤其角은 ^{상궁린야}上窮吝也ㅣ니라

姤는 女壯이니 勿用取女ㅣ니라
_{구   여장   물용취녀}

姤는 여자의 성(盛)함이니 여자를 取(娶)함에 쓰지 말지니라

姤卦(구괘)는 巽下乾上(손하건상)의 괘다. 상건괘는 天이고 하손괘는 風이다. 天과 風과 卦名(괘명)의 姤를 합해서 天風姤(천풍구)☰☴라 하여 괘형과 괘명을 기억하게 한다.

姤는 만날 구. 해후(邂逅)와 같은 뜻으로서 곧 기약하지 않고 우연히 만난다는 의미다. 곧 위의 5 양이 우연히 初六의 1 음을 만난다는 것이다.

인사로써 말하면 다섯 남자가 있는 곳에 우연히 한 여인이 나타나니 이 다섯 남자들은 그 여인을 탐내서 자기의 짝으로 삼으려 한다. 그러나 이 巽女(하손괘의 初六)는 손순하고 바람처럼(風은 손괘의 상) 틈만 있으면 어디라도 들어가게 되고 임기응변으로 사람들의 비위에 맞추게 된다. 그러므로 이 巽女는 다섯 남자들의 환심을 사게 되고 여태까지의 질서정연한 사회가 문란해지기 쉽다.

來註에는 "周나라 유왕(幽王)이 포사(褒姒)를 얻고 당나라 고종이 무소의(武昭儀 : 측천무후)를 세움은 학을 버리고 무수리를 기른 것과 같으니 모두 한때 생각을 한번 잘못 먹은 차이요 어찌 뒷날 막대한 화근이 될 것을 알았겠는가 (幽王之得褒姒와 高宗之立武昭儀에 養鶩棄鶴은 皆出于一時一念之差而豈知後有莫大之禍哉리오)"했다. 곧 來子는 이 初六을 周 유왕(幽王)의 포사와 唐 고종의 무소의에 비교한 것이다. 그러므로 단사는 '女壯 勿用取女'(여장 물용취녀)라 했다.

사물은 시작이 있으면 점점 성해지고 성한 다음에는 쇠해진다. 중국 한대(漢代)에 크게 성해진 무제 시대에 이미 쇠퇴의 조짐이 나타났고 당대 현종 시대에도 또한 그러했다 한다. 이 괘의 初六은 곤괘 初六에 해당한다. 곤괘 初六의 효사에 '履霜堅氷至'(이상견빙지)라 했다. 곧 초겨울에 서리를 밟게 되면 차츰 엄동설한에 이르게 된다는 의미이니, 음성(陰盛)을 경계한 말이다. 성인이 구괘의 단사에 "女壯이니 勿用取女라" 한 것도 포사와 무소의 같은 여인을 경계하라는 말이다.

소식괘로 말하면 순양의 건괘는 舊4월 중순 경에서 舊5월 중순의 하지에 해당하는 괘고, 천풍구괘는 건괘 다음 곧 하지 이후의 약 1개월에 해당하는 괘다. 양의 세력이 극성한 하지에 1음이 밑에 생기고 그 1음이 점점 성해져서 舊10월에는 순음의 절기가 되고 동지(冬至)에는 1양이 밑에 생기게 되니 이것이 지뢰복괘☷다. 지뢰복괘는 천풍구괘와 정반대의 괘다. 양이 성하여 음이 소멸되는 것도 아니고 음이 성해서 양이 소멸되는 것도 아니다. 주야가 교대하는 것과 같다.

택천쾌괘☰와 천풍구괘☰는 종괘다. 그러므로 이 두 괘는 효사가 비슷하다. 쾌괘의 위 1음이 밑으로 내려와서 구괘의 初六(女壯)이 되고, 쾌괘 九五가 밑으로 내려와서 구괘 九二가 되었으니 효사가 비슷하고, 쾌괘의 九四가 밑으로 내려와서 구괘의 九三이 되었으니 역시 효사가 비슷하다.

〈서괘전〉에는 "夬는 決也ㅣ니라 決必有所遇ㅣ리라 故로 受之以姤ㅣ니 姤者는 遇也ㅣ니라" 했다. 夬는 결괴(決壞), 곧 제방이 무너지면 못 속에 고여 있던 물은 밑으로 쏟아지고 그 흘러간 물은 밑에서 다시 서로 만나 모이게 된다. 한 집단으로 말하면 그 규모가 너무 지나치게 커지면 의사통일이 제대로 되기 어렵고, 자괴(自壞)작용으로 분열되며 그리하여 또 서로 일치점을 가진 사람들끼리 모이게 된다. 이런 것이 '決必有所遇'(결필유소우)의 의미다. 만난다는 것은 모두 우연처럼 보이나 원인이 있어서 결과가 생기는 것이니 이런 의미로는 필연적인 것이라 할 수 있다. 모든 것이 서로 만나기에 길흉회린(吉凶悔吝)이 생긴다.

〈잡괘전〉에는 "姤는 만나는 것이니 柔가 剛을 만남이다"(姤는 遇也ㅣ니 柔遇剛也ㅣ라) 했다. 강·유를 남녀로 해석하면 여인이 남성을 만난다는 의미다. 강·유는 남녀지도(男女之道), 주야지도(晝夜之道)와 같으니 곧 음양지도(陰陽之道)의 다른 이름이다.

■ 姤는 女壯이니 勿用取女ㅣ니라

'女壯'(여장)은 여자가 힘이 세다는 것이 아니라 성질이 드세다는 의미다.

取는 娶(장가들 취)와 같다. '勿用取女'(물용취녀)는 아내로 맞아들이지 말라는 뜻. 하손괘는 장녀, 風의 상이다. 손덕(巽德)을 지니고는 있으나 시삼배(市三倍)의 이익을 취하려는 탐욕의 괘다. 初六은 손괘의 주효가 되니 사람들에게 손순하면서도 그들의 비위에 맞추어 임기응변으로 폭리를 취하려는 탐욕을 가졌고, 따라서 불의, 부정의 女壯으로 본다. 그러므로 성인이 '勿用取女'라 했다.

또한 이 初六을 남성으로 보면 간사한 소인이 된다. 인사로 말하면 장차 사회를 문란케 할 존재고, 자연계로 말하면 1 음이 점점 성해져서 양을 해소하기 때문이다. 이것은 괘효로써 하는 설명이고 실은 어느 시대라도 선과 악은 남자와 여자처럼 반반이다. 하루의 반은 낮이고 반은 밤이어서 낮과 밤이 합해서 하루가 되는 것과 같다. 곧 일분위이(一分爲二)요 이합위일(二合爲一)이 된다.

彖에 曰 姤는 遇也ㅣ니 柔遇剛也ㅣ오 勿用取女는 不可與長也ㅣ새니라 天地相遇하여 品物이 咸章也ㅣ오 剛遇中正하여 天下大行也ㅣ니 姤之時義ㅣ 大矣哉ㄴ저

彖에 가로되 姤는 만남이니 柔가 剛을 만남이요 '勿用取女'는 오래 상여(相與)할 수 없기 때문이니라. 천지가 서로 만나서 품물이 다 성하고 剛이 中正을 만나서 천하가 크게 행함이니 姤의 때와 의가 큼일진저

■ 彖에 曰 姤는 遇也ㅣ니 柔遇剛也ㅣ오

〈잡괘전〉과 동일하다. 곧 괘명을 해석한 말이다.

■ 勿用取女는 不可與長也ㅣ새니라

'不可與長也'(불가여장야)는 오랫동안 상여(相與)할 수는 없다는 뜻. 初六을 소인으로 해석하면 간사한 소인이다. 더불어 어울리면 배신할 것이고 장차 화

를 받게 되리라는 의미다.

- **■ 天地相遇하여 品物이 咸章也 ㅣ오**

章은 성할 장. 咸章은 천지상우로 만물이 함께 성하게 된다는 뜻이다. 인사로 말하면 남자가 있는데 여자가 없거나 또는 여자는 있어도 남자가 없다면 구합(媾合)은 이루어지지 못한다. 단사의 '女壯 勿用取女'와 같은 경우도 있겠으나 천지상우(天地相遇), 남녀구합(男女媾合)으로 우주와 인생은 무궁한 변화를 이룬다. 종류가 많다는 의미로 品이라 하고 수가 많다는 의미로 物이라 한다.

- **■ 剛遇中正하여 天下大行也 ㅣ니**

'剛遇中正'(강우중정)의 剛은 九二를, 中正은 九五를 가리킨 말이다. 곧 강건중덕을 가진 九二는 강건중정의 덕을 가진 九五와 서로 만나 일치협력해서 그 도를 천하에 크게 행한다는 의미다. 이 두 강효는 같은 양효로서 상응이 못되나 이 괘에서는 동덕 상응이 된다. 이는 건괘의 九二와 九五의 관계와 같다.

정전(程傳)과 來註 등의 해석도 대체로 이와 같다. 程傳에는 "군왕은 강하고 중덕을 지닌 신하를(九二) 얻고 臣은 중정의 군왕을(九五) 만나서 그 도가 가히 천하에 크게 행해진다"(君得剛中之臣하고 臣遇中正之君하여 君臣이 以剛陽遇中正하여 其道可以大行於天下矣라) 했다. 來註에는 "양덕(陽德)의 九二가 중정의 九五를 만났다"(九二之陽德이 遇乎九五之中正也이라) 했다.

그러나 唐代 이정조의 《주역집해》에 적원(翟元)은 "剛謂九五遇中處正하여 敎化大行於天下也ㅣ라" 했다. 곧 剛은 九五가 中을 만나고 正에 처(處)한다는 뜻이라는 것이니 곧 '剛'을 九五로 보고 있는 것이다. 또 공영달의 《주역정의》에는 "천지가 배필이 되어서 품물을 능히 이루게 되니 이로 말미암아서 말하면 만약에 剛이 유순중정을 만나고 男이 심지 깊고 정숙한 여인을 얻으면 천하인륜의 化가 크게 행해지리라"(天地匹配則能成品物이니 由是言之하면

若剛遇中正之柔하고 男得幽貞之女則天下人倫之化ㅣ 乃得大行也ㅣ라) 했다. 곧 若(약)자를 임의로 넣어서 해석하고 있으나, 우리는 程子와 來子說을 취하기로 한다.

- ■ 姤之時義ㅣ 大矣哉ㄴ저

구괘의 아래 1음이 5양을 만남에 '勿用取女'(물용취녀)라 했으니 실은 좋지 못하다. 그러나 천지음양과 강유남녀가 서로 만나고 군왕과 신하가 만나니 변화가 생기고 길흉회린이 생기게 된다. 이것이 현실이고 역리(易理)다. 그러므로 姤時의 의의는 크다.

象에 曰 天下有風이 姤ㅣ니 后ㅣ 以하여 施命誥四方하나니라
象에 가로되 하늘 아래 바람이 있음이 姤이니 임금은 이로써 命을 베풀어 사방에 고하느니라

- ■ 象에 曰 天下有風이 姤ㅣ니

구괘는 상건천(上乾天), 하손풍(下巽風)의 괘다. 그러므로 '天下有風'(천하유풍)이니, 하늘 아래 바람이 불면 지상의 만물은 모두 이 바람을 만나게 된다. 이것이 구괘의 괘상이다.

- ■ 后ㅣ 以하여 施命誥四方하나니라

后는 임금 후. 王의 뜻. '施命'(시명)은 명령을 발(發)한다는 뜻. 誥는 고할 고. 告와 같다. 바람이 불어서 지상의 만물과 만나는 것처럼 군왕은 명령을 통해서 만민과 상접(相接)한다. 이것이 군왕과 만민이 상우(相遇)하는 도리다. 后는 건괘의 상이고 命은 손괘(巽卦)의 상이며 施는 다시 건괘의 상(天施의 뜻)이다. '誥四方'(고사방)은 바람이 널리 사방에 부는 象에서 취한 말이다.

_{초 육} _{계 우 금 니} _{정 길} _{유 유 왕} _{견 흉} _{이 시 부 척}
初六은 繫于金柅하면 貞吉하고 有攸往하면 見凶하리니 羸豕孚蹢

_촉
躅하니라

初六은 쇠말뚝에 매어두면 貞해서 길하고 갈 바 있으면 흉을 보리니 여윈 돼지가 진실로 척촉(蹢躅)하니라

■ 初六은 繫于金柅하면 貞吉하고

柅는 무성할 니. 여기서는 수레바퀴의 회전을 멈추게 하는 장치를 말한다. 곧 杙(말뚝 익)과 같다.

이 괘의 6 효사는 初六의 음 1 효가 위에 있는 5 양효의 환심을 사려하고 위의 5 양은 모두 이 初六의 음효를 자기 밑에 두려 한다는 의미로 말했다.

初六은 이 괘의 성괘(成卦)의 주효가 되고 또 하손괘의 주효가 된다. 음효·양위로 위부정하니 곧 지부정한 여자다. 탐욕자로서 손순한 태도로 사람들의 비위를 맞추고 바람처럼 틈만 있으면 어디라도 들어갈 기회를 엿보는 불의, 부정의 여인으로 본다. 단사의 '女壯 勿用取女'는 곧 성괘의 주효가 되는 이 初六을 두고 말한 것이다. 初六은 소인으로 해석해도 내용은 같고 곤괘(坤卦) 初六의 '履霜堅氷至'(이상견빙지)와 같은 의미가 된다.

소식괘로 말하면, 陰이 제 2 위에 올라가면 천산돈괘 ䷠가 되고 3 위까지 올라가면 천지비괘 ䷋가 되며, 5 위까지 올라가면 산지박괘 ䷖가 되고, 上位까지 가면 陽이라곤 없는 곤괘가 된다. 그러므로 성인이 '繫于金柅'(계우금니)라 했다. 곧 견고한 쇠말뚝에 매어 두고 경망한 행동을 못하게 하면 정도(貞道)를 지키게 되어 吉하리라는 것이 '繫于金柅 貞吉'의 의미다.

■ 有攸往하면 見凶하리니 羸豕孚蹢躅하니라

'有攸往'(유유왕)은 쇠말뚝에 매어 두지 않고 자유롭게 둔다는 뜻. '見凶'(견흉)은 흉화(凶禍)를 입게 되리라는 뜻. 羸는 여윌 리, 약할 리. 豕는 돼지 시. '蹢躅'(척촉)은 도량(跳梁), 즉 제멋대로 날뛴다는 뜻이다.

이 初六의 불의, 부정한 여인 또는 간사한 소인을 쇠말뚝에 매어 두지 않고 제멋대로 행동하도록 버려두면 설사 여위고 약한 돼지처럼 보이더라도 도리와 분수를 모르고 제멋대로 경망한 행동을 하게 되어 장차 흉화가 생기리라는 의미다. 그 흉화는 初六 자신은 물론이고 위의 5 陽까지에도 두루 미치게 된다. 그러므로 단사는 '勿用取女'(물용취녀)라 하고 효사는 '繫于金柅'라 했다. 《주역술의》에는 이렇게 씌어 있다.

> 巽象은 새끼줄〔繩〕이므로 맨다〔繫〕고 했고 柅는 말뚝이고 乾象은 金이니, 그러므로 金柅라 했다. 巽卦의 아래 半은 坎이므로(巽卦를 이렇게 해석하는 수도 있다) 그러므로 羸豕가 된다. 巽卦의 究極은 성급함〔躁〕의 괘다. 그러므로 蹢躅이라 했다. 初六 1 陰이 위의 5 陽을 만나는 바다. 이미 관여하여 만나게 되었다면 마땅히 억제해야 한다. 억제하는 도리는 과격하지도 않고 이완하지도 않고 매어 둘 뿐이다. 쇠말뚝에 매어 두어 그로 하여금 貞靜하여 스스로 안정토록 하면 吉하다. 만약 매어 두지 않고 멋대로 하게 하면 곧 즉시로 凶禍를 입게 되리라. 말하자면 二位에 가면 天山遯卦가 되고 三位에 가면 天地否卦가 되며 五位에 가면 山地剝卦가 된다. 初六은 羸豕처럼 비록 지금은 힘이 약해 보이나 실은 蹢躅의 재주를 갖추고 있으니 곧 달아나 멋대로 날뛸 것이고 필연코 불상사가 생기게 되리라. 그러므로 陽에 경계해서 수시로 더욱 삼가도록 시키고 한번 매어서 그대로 두어서는 안 되리라.
>
> 巽爲繩故로 曰繫요 柅는 杙也ㅣ라 乾爲金故로 曰金柅라 巽은 下半坎故로 爲羸豕요 巽之究는 爲躁卦故로 蹢躅也ㅣ라 初六一陰이 五陽所遇也ㅣ라 旣與之遇則當制之니 制之道는 不激不弛요 繫之而已라 繫之金柅하여 使其貞靜自安則吉矣라 若不繫而縱之使往則其凶立見이라 往于二則遯이요 往于三則否요 往于五則剝矣니 此如羸豕하여 雖目前力弱而實具蹢躅之才는 則奔逸跳梁事所必有리니 戒陽使隨時加謹하여 不可一繫而遂已也ㅣ라

象에 曰 繫于金柅는 柔道牽也ㄹ새니라

象에 가로되 '繫于金柅'는 유도(柔道)를 견제하기 때문이니라

'柔道'(유도)는 음도(陰道), 여도(女道), 소인도(小人道)를 말한다. 牽은 끌

견. 곧 견제한다는 뜻. 도리를 모르는 女人과 小人은 견제해야 한다는 것이 '繫于金柅'의 의미라는 해석이다.

구이　　　포유어　　　무구　　　불리빈
九二는 包有魚하면 无咎하고 不利賓하니라
九二는 포저에 고기가 있으면 无咎하고 손(賓)에게는 이롭지 아니하니라

'包有魚하면 无咎하고'의 '包'에 대해서는 苞苴(포저), 곧 물고기를 넣어두는 기물(器物)로 보는 해석과 포주(苞廚), 즉 주방으로 보는 두 가지 해석이 있으나 결국은 물고기를 싸서 둔다는 의미다. 물고기는 음물(陰物)로서 또한 물 속에 숨어 있으니 손괘(巽卦)의 상이다. 그러므로 初六(하손괘)을 魚라 했다. 姤는 만난다는 뜻이다. 九二는 初六과 음양 상비의 사이다. 初六은 최초에 九二와 만나게 된다. 강건중덕을 지닌 九二의 군자는 이 비린 물고기(初六)를 포저에 넣어 두게 된다. 또는 간사한 初六의 小人을 수중에 얽어매서 화해(禍害)가 만연되지 않도록 한다. 그러므로 허물이 없게 된다.

九二는 양효·음위로 강유조절이 되고 하괘의 중효니 강건중덕을 가진 군자다. 이 初六의 소인(또는 부정한 여인)을 대우함에 그 해화가 만연되지 않도록 자기의 수중에 묶어 둔다. 그리하여 과격하지 않은 관대한 도량, 곧 중용의 도리로써 포용한다. 곧 비린 물고기를 포저에 넣어두는 것과 같은 도리를 취해서 제멋대로 경망한 행동을 취하지 않도록 하니, 그러므로 허물이 없게 된다.

'不利賓'(불리빈). 初六의 비린 물고기를 귀한 손님에게 선물하면 이롭지 않다. 곧 初六의 소인이 다른 군자들을 유혹하도록 버려두는 것은 불리하다는 뜻이다. 九二는 음양 상비로 初六을 자기의 수중에 넣어 포용하고 다른 君子들과 만나지 못하도록 해야 허물이 없다. 初六을 제멋대로 행동하도록 버려두면 해화가 만연되고 有咎가 된다.

상　왈　포유어　　의불급빈야
象에 曰 包有魚는 義不及賓也ㅣ니라
象에 가로되 '包有魚'는 義로 손에게 미치지 못하게 함이니라

初六은 九二와 음양상비하고 九四와 음양상응하니 來註에는 '四爲賓矣'(사위빈의)라 했다. 곧 九四를 賓이라 했다. 그러나 음이 제3 위까지 올라가면 천지비괘가 되고, 5위까지 올라가면 산지박괘가 되며, 上位까지 올라가면 곤위지괘가 되니 이런 점에서 '賓'은 九二 외의 모든 양효를 가리키는 듯하다.

_{구 삼   둔 무 부   기 행 자 저   여 무 대 구}
九三은 **臀无膚**하고 **其行次且**하니 **厲无大咎**하니라
九三은 볼기에 살이 없고 그 행함이 주저하니 위태하나 큰 허물은 없느니라

臀은 볼기 둔. '臀无膚'는 볼기의 피부가 찢어져서 조용히 앉아 있을 수 없다는 비유의 말이다. '其行次且'(기행자저)의 '次且'는 '越趄'(자저)와 같다. 그 행동이 주저주저하다는 뜻. 곧 불안정한 상태. '厲无大咎'(여무대구)는 위태하나 큰 허물은 없다는 뜻.

쾌괘☱와 구괘☴는 종괘다. 곧 쾌괘의 九四가 밑으로 내려와서 구괘의 九三이 되었으니 그러므로 이 九三의 효사는 쾌괘 九四의 것과 비슷하다.

九三 또한 '드센 여자'인 初六을 자기의 밑에 두고자 하나 初六은 이미 九二의 '包有魚'(포유어)가 되어 있다. 그런데도 九三은 初六에 미련을 두어 심정이 불안정하니(둔무부의 상태), 이런 심정을 '其行次且'(기행자저)라 했다. 九三은 부중 과중이 되고 양효·양위로 중강(重剛)이 되니 지나친 행위를 하기 쉽다. 본시 初六은 九二와 음양상비하고 九四와 음양상응하는 사이에 있으니 九三과는 인연이 없다. 그럼에도 初六에 미련을 두어 九二와 싸우게 되면 위태한 일이며 또 의리상 부당하니 결국은 단념하게 된다. 그러므로 '厲无大咎'라 했다. 九二와 다투게 되면 '厲大咎'가 된다.

_{상   왈   기 행 자 저   행 미 견 야}
象에 **曰 其行次且**는 **行未牽也**ㅣ니라
象에 가로되 '其行次且'는 行이 아직 계루(係累)되지 않음이니라

'行未牽'(행미견)은 행동이 계루되지 않다는 뜻. 牽은 끌 견. 곧 初六에 계

루되지 않다는 뜻이다. 九三은 지정(志正)한 군자다. 내심에는 初六에 미련을 가지면서도 九二와 다투지도 않고 初六과 만나지도 않는다. 그러므로 상전은 '行未牽'이라 했다.

<ruby>九四<rt>구 사</rt></ruby>는 <ruby>包无魚<rt>포 무 어</rt></ruby>ㅣ나 <ruby>起凶<rt>기 흉</rt></ruby>하니라
九四는 포저에 고기가 없으나, 일어나면 흉하니라

初六은 이미 九二에 '包有魚'가 되어서 九四가 비록 初六과 음양상응이 된다 할지라도 包无魚의 상이 된다. 그러므로 들고일어나 九二와 다투게 되면 흉하리라는 의미다.

강건중덕을 가진 九二의 군자는 初六을 이미 쇠말뚝에 매어 두듯 견제하고 있으니 九四는 화를 면하게 된다. 初六은 포사(褒姒)와 무소의(武昭儀)와 같은 여인이다. 미녀는 누구라도 탐내기 쉬우니 九四가 만일 初六을 탐내서 들고일어나 九二와 다투게 되면 흉하리라는 것이 '起凶'(기흉)의 의미다. 그러나 九四는 양효·음위로 강유의 조화가 되고 상괘의 하효가 되니 결단성이 부족해서 주저하는 효상이 된다. 그러므로 '包无魚'의 현실에 대해서도 분개하지 않고 멈칫거리다가 단념하므로 역시 '无大咎'하게 된다.

<ruby>象<rt>상</rt></ruby>에 <ruby>曰<rt>왈</rt></ruby> <ruby>无魚之凶<rt>무 어 지 흉</rt></ruby>은 <ruby>遠民也<rt>원 민 야</rt></ruby>ㄹ새니라
象에 가로되 '无魚之凶'은 백성을 멀리하기 때문이니라

'无魚之凶'(무어지흉)은 효사의 '包无魚 起凶'을 생략한 말이다. '遠民'(원민)은 民을 멀리한다는 뜻. 民은 곧 하민이니 가장 아래의 자리인 初六을 가리킨 말이 된다. 현명한 九四의 군자는 初六과 음양상응의 인연을 가지면서도 구차이 初六을 얻고자 하지 않고 그 부정한 여인, 또는 소인을 오히려 멀리 하므로 흉화를 면한다는 의미다. 民은 운자(韻字)다.

_{구 오} _{이 기 포 과} _{함 장} _{유 운 자 천}
九五는 以杞包瓜하고 **含章**하니 **有隕自天**이리라
九五는 갯버들로써 오이를 싸고 문채를 품으니 하늘에서 저절로 떨어짐이 있으리라

杞는 갯버들 기. 기류(杞柳)의 뜻. 瓜는 오이 과. 일년생의 넝쿨에 여는 오이나 참외, 수박 따위를 이른다. '以杞包瓜'(이기포과). 杞는 큰 갯버들. 곧 九五를 상징한 말이다. 瓜는 달콤한 말로 아첨하는 女人과 小人을 비유한 말. '含章'(함장)은 아름다운 문채 곧 중덕을 내심에 품고 있다는 뜻. 隕은 떨어질 운. '自天'(자천)은 九五가 천위이므로 비롯한 표현이다. '有隕自天'(유운자천)은 天에서 저절로 떨어진다는 의미다.

九五는 양효로서 양위에 있고 상괘의 중효이며 천위다. 곧 강건중정의 대덕을 가진 천자다. 또 이 괘의 주괘의 주효다. 곧 이 괘를 주재하는 효다. 杞는 크고 견실한 갯버들, 곧 九五. 천자를 비유한 말이고 瓜는 달콤한 과물, 곧 初六을 가리킨 말이다. 비록 달콤한 오이의 넝쿨이 갯버들에 감기며 차츰 뻗어나가 九五의 천위까지 이른다 해도 크고 견실한 갯버들은 그 넝쿨을 자신의 가지와 이파리 속에 포용하고 결코 해를 입지 않는다. 곧 강건중정의 대덕(함장)을 지닌 九五 천자는 初六(女壯, 또는 소인)의 유혹에 빠지지 않고 또 그들을 과격하게 배척하지도 않아 너그럽게 포용해서 때가 오기를 기다린다. 어언간에 때가 이르면 자연히 小人의 세력은 쇠퇴하여 사라지게 된다. 九五는 주괘의 주효가 되니 그러므로 치구(治姤)의 도리를 말했다.

_상 _왈 _{구 오 함 장} _{중 정 야} _{유 운 자 천} _{지 불 사 명 야}
象에 **日 九五含章은 中正也**ㅣ오 **有隕自天은 志不舍命也**ㄹ새니라
象에 가로되 '九五含章'은 中正함이요 '有隕自天'은 뜻이 命을 버리지 않기 때문이니라

■ 象에 日 九五含章은 中正也ㅣ오

'九五含章'(구오함장)은 곧 '九五 以杞包瓜 含章'을 생략한 말이고 '中正也'

天風姤 237

(중정야)는 이 효사를 설명한 말이다. 周公이 '含章'이라 한 것을 공자는 바로 '中正'이라 했다.

■ 有隕自天은 志不舍命也 ㄹ새니라

舍는 捨(버릴 사)와 같다. 命은 사명(使命). '有隕自天'(유운자천)은 두 손 놓고 그저 마냥 기다린다는 의미가 아니다. 공자는 사람들이 이를 오해할까 우려해서 '志不舍命'(지불사명)이라 했다. '志不舍命'은 그 뜻은 스스로 사명(使命)을 버린 것이 아니라는 뜻이다.

上九는 姤其角이니 吝无咎하니라
上九는 그 뿔에 만남이니 吝하되 허물이 없느니라

上九는 양효니 양강하고 부중 과중이 되며 상건괘의 상효이고 또한 구괘의 종극이 되니 과강한 효가 된다. 그러므로 '姤其角'(구기각)의 효상이 된다. 즉 올라갈 때까지 간 것이다.

구괘의 상괘는 건괘가 되니, 그러므로 건괘 上九의 효사에 '亢龍有悔'(항룡유회)라 한 것과 비슷하게 된다. 上九는 姤其角의 상이 되니 완고하여 和를 이루기 어려운 효다. "堯舜도 舍己從人이라" 한다. 즉 자기의 의견을 보류하고 남의 의견에 따른다는 뜻이니, 이와 같이 너그러운 태도로 서로를 좇아야 화도(和道)가 성립된다. '姤其角'은 이와 반대다. 그러므로 吝하게 된다. 그러나 上九는 양효니 강직하여 부정한 여인 또는 교언영색의 소인들의 유혹에 빠지지 않는다. 그러므로 무구하게 된다. 또 上九는 初六과는 응비가 되지 않으므로 인연이 없고 만날 기회도 없으니 이 또한 无咎의 원인이 된다.

象에 曰 姤其角은 上窮吝也ㅣ니라
象에 가로되 '姤其角'은 상에 궁해서 吝함이니라

上은 상효. 窮은 궁극. 上九는 구괘의 상효이고 궁극에 처하여 있으니 그러므로 '上窮'(상궁)이라 했고 姤其角의 효상이 되니 그러므로 吝하다 했다.

天風姤卦(천풍구괘)䷫의 六爻를 다시 간략히 정리해 보자.

初六은 음효・양위로 위부정, 지부정한 女壯(또는 소인)의 상이 되니 장차 사회에 해화(害禍)를 미칠 효다. 그러나 너그럽고 온유한 군자에 포섭되면 길하리라.

九二는 양효・음위로 강유의 조절이 되었고 강건중덕을 지녀서 初六의 小人(女壯)도 잘 포섭하는 길한 효다.

九三은 양효・양위로 중강이 되고 하손괘의 상효가 되니 위태로운 자리다. 지나친 행동을 하지 않으면 허물은 없으리라.

九四는 양효・음위로 위부정이고 상괘의 하효가 되니 주저하는 성격을 가졌다. 허욕을 부리지 않으면 허물이 없으리라.

九五는 양효・양위로 상건괘의 중효가 되니 곧 강건중정의 대덕을 가진 천자요 주괘의 주효도 되니 모든 일에 적의한 도리로 처신하는 대길한 효다.

上九는 양효・음위로 위부정이고 상건괘의 상효로서 구극(姤極)이 되니 姤其角의 상이 되고 위태한 지위다. 그러나 경망한 행위를 하지 않으면 허물은 없으리라.

澤地萃
坤下
兌上

萃_취는 亨_형하니라 王假有廟_{왕격유묘}하니 利見大人_{이견대인}하고 亨_형하고 利貞_{이정}하고 用大牲吉_{용대생길}하고 利有攸往_{이유유왕}하니라

象_단에 曰_왈 萃_취는 聚也_{취야}ㅣ니 順以說_{순이열}하고 剛中而應_{강중이응}이라 故_고로 聚也_{취야}ㅣ니라 王假有廟_{왕격유묘}는 致孝享也_{치효향야}ㅣ오 利見大人亨_{이견대인형}은 聚以正也_{취이정야}일새요 用大牲吉_{용대생길} 利有攸往_{이유유왕}은 順天命也_{순천명야}ㅣ니 觀其所聚_{관기소취}하고 而天地萬物之情_{이천지만물지정}을 可見矣_{가견의}니라

象_상에 曰_왈 澤上於地_{택상어지}ㅣ 萃_취니 君子_{군자}ㅣ 以_이하여 除戎器_{제융기}하여 戒不虞_{계불우}하나니라

初六_{초육}은 有孚不終_{유부불종}하여 乃亂乃萃_{내난내취}니 若號_{약호}하면 一握爲笑_{일악위소}ㅣ리니 勿恤_{물휼}하고 往无咎_{왕무구}하니라

241

　　　　　　상　　왈　내 난 내 취　　기 지 난 야
　　　　象에 曰 乃亂乃萃는 其志亂也ㄹ새니라
　　육 이　　인 길 무 구　　　부 내 이 용 약
　　六二는 引吉无咎하고 孚乃利用禴이리라
　　　　　　상　　왈　인 길 무 구　　중 미 변 야
　　　　象에 曰 引吉无咎는 中未變也ㄹ새니라
　　육 삼　　취 여 차 여　무 유 리　　왕 무 구　　소 린
　　六三은 萃如嗟如니 无攸利요 往无咎하되 小吝하니라
　　　　　　상　　왈　왕 무 구　　상 손 야
　　　　象에 曰 往无咎는 上巽也ㄹ새니라
　　구 사　　대 길 무 구
　　九四는 大吉无咎하니라
　　　　　　상　　왈　대 길 무 구　　위 부 당 야
　　　　象에 曰 大吉无咎는 位不當也ㄹ새니라
　　구 오　　취 유 위　무 구　　비 부　　　원 영 정　　회 망
　　九五는 萃有位니 无咎하고 匪孚라도 元永貞하면 悔亡하리라
　　　　　　상　　왈　취 유 위　　지 미 광 야
　　　　象에 曰 萃有位는 志未光也ㄹ새니라
　　상 육　　재 자 체 이　　무 구
　　上六은 齎咨涕洟니 无咎하니라
　　　　　　상　　왈　재 자 체 이　　미 안 상 야
　　　　象에 曰 齎咨涕洟는 未安上也ㄹ새니라

$\overset{취}{萃}$는 $\overset{형}{亨}$하니라 $\overset{왕격유묘}{王假有廟}$하니 $\overset{이견대인}{利見大人}$하고 $\overset{형}{亨}$하고 $\overset{이정}{利貞}$하고
$\overset{용대생길}{用大牲吉}$하고 $\overset{이유유왕}{利有攸往}$하니라

萃는 형통하니라. 王이 사당에 있어서 지극(정성이)하니 대인을 봄에 이롭고 형통하고 貞함에 이롭고 큰 희생을 씀이 길하고 갈 바 있음에 이로우니라

萃卦(취괘)는 坤下兌上(곤하태상)의 괘다. 상태괘는 澤이고 하곤괘는 地다. 澤과 地와 괘명의 萃를 합해서 澤地萃(택지취)☷라 하여 괘형과 괘명을 기억하게 한다.

萃는 모일 취. 사람이나 사물이 많이 모인다는 뜻. 萃의 본디 의미는 풀이 많이 모여 무성하다는 뜻으로 사람이나 사물에 전용되어 쓰인다. 이 괘의 3, 4, 5효의 호괘는 손괘가 되니 부드러운 음목의 상이 된다. 위의 澤水는 아래의 坤上에 널리 흘러가서 지상에는 草木(巽木)이 무성하게 되는 상이다. 그러므로 괘명을 萃라 했다.

상하괘로 나누어서 말하면 상태괘는 열덕(說德)을 가졌고 하곤괘는 순덕(順德)을 가졌다. 곧 하민들이 순종하므로(下坤順) 위쪽 사람들은 그것을 기뻐한다(上兌說). 곧 하순상열(下順上說)의 상이 된다. 이렇듯 '順以說'(순이열)하기에 사람과 사물들이 많이 모이게 된다. 그러므로 성대하게 되니, '順以說'이 바로 요체가 된다.

六爻로 나누어서 말하면 강건중정의 덕을 가진 九五 천자는 유순중정의 덕을 가진 六二의 현신(賢臣)과 음양상응해서 서로 돕기에 萃의 사회를 이루게 된다. 또 九五는 주괘의 주효가 되고 九四도 역시 강건재덕을 가졌으니 九五에 다음가는 주효가 된다. 이 두 양효가 중심이 되어서 네 음효를 통솔하게 되니 권력이 양분(兩分)된다. 수지비괘(水地比卦)☷의 경우 1 양이 5 음을 통솔하여 권력이 九五에 집중되는 데 비해 취괘의 九五는 권력이 그토록 강력하지는 못한 것이다. 九四는 재상의 지위가 되고 강건재덕을 지녀서 천하의 인심을 끌어모으게 되나 결코 九五 천자에 대하여 배신행위를 하는 것은 아니다. 대체로 국가 창건 시에는 천자에 권력이 집중되나 평화가 지속되면 현명한 재상이 민심을 모아

신금(宸襟 : 천자의 마음)을 너그럽게 하여 평화사회를 이루는 경우가 많다. 그러므로 재상을 승상(丞相)이라 했다. '丞相'은 천자를 돕는다는 의미다.

〈서괘전〉에는 "姤者는 遇也ㅣ니라 物相遇而後聚리라 故로 受之以萃니라" 했다. 곧 姤는 만난다는 의미니 사람이나 사물이 서로 만나게 되면 모이게 되고 점점 성대하게 된다. 그러므로 姤卦 다음에 萃卦로서 받았다는 것이다.

〈잡괘전〉에는 '萃聚'(취취)라 했다. 聚는 모일 취. 즉 萃를 聚의 뜻으로 풀이한 것이다. 萃의 본디 뜻은 풀이 많이 모여 있다는 뜻이니 택하(澤下)의 땅 위에 풀이 많이 모인 것을 가리킨다.

■ 萃는 亨하니라

萃는 형통하다. '利見大人'(이견대인)의 밑에도 '亨利貞'(형이정)이라 했으니 亨자가 중복되어 있다. 정자는 이 萃亨의 亨자를 연문(衍文), 즉 쓸데없이 끼인 글자로 보고 있다. 《주자본의》 또한 같은 견해를 보이며, 來註에는 "위의 亨자는 점자가 이 괘를 얻으면 형통하리라는 뜻의 점사고, 아래의 亨 자는 대인을 접견해서 형통한다는 뜻이다"(上亨字는 占得此卦者亨也ㅣ오 下亨字는 見大人之亨也ㅣ라) 했다. 단전에는 "萃 聚也 順以說 剛中而應"이라 해서 萃자 밑에 亨자가 없으니 萃亨의 亨자는 연문같다. 그러나 來子說을 좇기로 한다. 또 《주역술의》에서는 이렇게 말하고 있다.

物은 필연코 모이고 나서 형통하게 된다. 정성이 모이는 곳에는 반드시 감응이 통하리니 이것은 무형의 모임으로서 그 막대함이란 格廟(王格有廟)에 만국의 환심을 모아 선왕(先王)을 섬기는 것과 같으니 이것은 사람과 신(神) 사이에 마음이 통하는 것이다. 有形의 모임이란 大人을 뵙고 만물의 性情을 모아 위의 군왕을 섬기는 일이 크게 이로우니 이는 임금과 백성 사이에 마음이 통하는 것이다. 그러므로 萃는 필연코 형통한다. 萃而亨하는 것은 또 정함에 이롭다.
物必萃而後亨이니 精誠所聚에 有感必通也는 無形之萃니 莫大於格廟聚萬國之 歡心하여 以事先王은 神人之心通也ㅣ오 有形之萃는 莫利於見大人하여 聚萬物 之性情하여 以事其上은 君民之心通也ㅣ라 故로 萃必亨也ㅣ오 萃而亨者는 又 利於貞이라

이 말도 來子說과 같다. 또 단전에도 '利見大人亨'이라 했다. 곧 무형의 萃는 사람과 神의 마음이 통하는 일이요, 유형의 萃는 임금과 백성의 마음이 통하는 일이라 했으니 주목할 만한 말이다.

■ **王假有廟하니 利見大人하고 亨하고 利貞하고**

假는 이를 격. 至(지), 格(격)과 같다. 정성이 지극하다는 뜻이다. 有는 별 의미 없는 접두사다. 廟는 사당 묘, 宗廟(종묘)는 조상을 모시는 사당(祠堂). 宗廟社稷(종묘사직)은 왕실과 국가를 아울러 이르는 말이다.

'王假有廟'(왕격유묘). 천자가 종묘에 이르러 지극한 공경심으로 제사를 모신다는 뜻. 여기에는 제정일치(祭政一致) 사상이 나타나 있으며, 《주역술의》에 말한 '無形之萃'(무형지취), 즉 사람과 신의 감통을 의미한다. 제사를 모시는 데 가장 중요한 것이 假, 곧 지극한 정성이다. 정성이 없으면 무물(無物)이다. 《중용》제33장에 '奏假無言 時靡有爭'(주격무언 시미유쟁)이라 했다. 제주(祭主)가 술잔을 올리고 선조신(先祖神)이 임격(臨格 : 강신)할 때(奏假)에는 말이 없고 정성이 지극할 뿐이고 그때는 다투는 사람이 없다는 뜻이다. 또한 제사가 끝나면 제수(祭羞)로써 모두 화목하게 먹고 마시니 평소에 소원(疎遠)하던 사이도 친밀하게 되고 일족이 모두 화목하게 된다. 가정이든 국가든 도리는 같다. '王假有廟'는 천하의 사람과 사물을 모으는 萃道의 극치를 의미한다.

'利見大人'(이견대인)은 강건중정의 대덕을 가진 九五천자를 우러러 받들고 따르면 이롭다는 뜻. '亨利貞'(형이정)은 利見大人으로 형통할 것이나 필연코 貞道를 굳게 지켜야 이롭다는 뜻이다. 사람과 사물이 많이 모이면 장차 당연히 성대하게 될 것이나 인취(人聚), 물취(物聚)에는 사고가 일어나기 쉬우니 모두가 正道를 굳게 지켜야 이롭다는 의미다. 부정은 문란을 의미한다.

■ **用大牲吉하고 利有攸往하니라**

'用大牲'(용대생)이란 곧 제사에 큰 짐승을 잡아 바친다는 뜻이다. 사람과 사물이 모여 성대한 나라가 이루어졌으니 제례(祭禮)도 성대하게 해야 길하다는 의미다. 坎時(坎卦)에는 이와 반대로 '用缶 納約自牖'(용부 납약자유)라 해서 임금과 신하가 상견(相見)함에 간소한 음식으로 은밀하게 만나는 것을 말했다. 곧 盛時에는 성대히 해야 길하고 쇠퇴하는 시기에는 간소하게 해야 허물이 없다.

來註에는 "취괘의 대상(大象)은 감괘니 돼지고 외괘(상괘)는 태괘(兌卦)니 양이며 내괘(하괘)는 곤괘(坤卦)니 소다. 그래서 '大牲'의 상이다"(大象坎爲豕요 外卦는 兌爲羊이요 內卦는 坤爲牛니 大牲之象也ㅣ라) 했다.

'利有攸往'(이유유왕). 행사(行事)하면 유리하다. 곧 '王假有廟, 利見大人, 亨利貞, 用大牲'으로 利有攸往이 된다는 의미다. 이 네 가지 조건에 빠진 것이 있으면 不利有攸往이 된다. 단사는 주괘의 주효가 되는 九五에 대한 말이다.

象에 曰 萃는 聚也ㅣ니 順以說하고 剛中而應이라 故로 聚也ㅣ니라 王假有廟는 致孝享也ㅣ오 利見大人亨은 聚以正也일새요 用大牲吉 利有攸往은 順天命也ㅣ니 觀其所聚하고 而天地萬物之情을 可見矣니라

象에 가로되 萃는 모임이니 순함으로써 기뻐하고 剛中해서 응함이라. 그러므로 모이느니라. '王假有廟'는 효성을 극진히 해서 향사(享祀)함이요 '利見大人亨'은 모임에 정도로서 하기 때문이요 '用大牲吉 利有攸往'은 천명에 순종함이니 그 모이는 바를 살펴서 천지만물의 실정을 알 수 있느니라

■ 象에 曰 萃는 聚也ㅣ니 順以說하고 剛中而應이라 故로 聚也ㅣ니라

'萃는 聚也'. 萃는 모일 취. 풀이 많이 모이다. 곧 자연적으로 모이다라는 뜻. 聚는 모으다는 뜻. 곧 인위적으로 모이게 하다는 의미다. '萃는 聚也'는 萃자는 聚의 뜻이라는 의미다.

'順而說'(순이열). 說은 悅(기뻐할 열). 하곤괘는 순덕을 가졌고 상태괘는 열덕을 가져서 사람을 대하거나 일을 함에 '順而說'하므로 사람과 사물이 모인

다. '萃 聚也'는 괘의(卦義)를 설명했고 '順而悅'은 상하의 괘덕을 설명한 말이다. '剛中而應'(강중이응). 강건중정의 덕을 가진 九五와 유순중정의 덕을 가진 六二가 상응하여 서로 돕는다. 그러므로 사람과 사물이 모여 성대하게 된다는 것이다.

이상은 괘덕과 괘체로써 괘명을 설명한 말이다. 이하 '王假有廟'로부터 '順天命也'까지는 단사에 대한 설명이다.

■ 王假有廟는 致孝享也ㅣ오

致는 盡(다할 진)과 같은 뜻. 선조신(先祖神)에 대한 천자의 정성이 지극하여 천하의 제후와 신하 백성은 이 천자의 덕을 우러르며 심복하므로 萃道가 크게 행해진다. 享은 제사 지낼 향. '致孝享也'(치효향야)는 정성껏(孝心으로) 제사를 모신다는 뜻.

■ 利見大人亨은 聚以正也ㅣ글새요

'利見大人亨'(이견대인형)은 '利見大人亨 利貞'을 줄인 말이다. '聚以正'(취이정)은 人과 物이 많이 모이고 성대하게 됨에 있어서는 정도(正道)로써 해야 형통하다는 뜻. 부정은 불성(不成)을 의미한다.

■ 用大牲吉 利有攸往은 順天命也ㅣ니

萃時에 큰 짐승을 잡아 성대히 제사를 모시는 것과 坎時에는 간소하게 처사(處事)하는 것 모두 때에 순응함이니 곧 '順天命'(순천명)이 된다. 천도와 인도는 하나의 이치로 연결된다. 시중(時中)의 도리를 취하는 것이 바로 '順天命'이다.

■ 觀其所聚하고 而天地萬物之情을 可見矣니라

'觀其所聚'는 그 모이는 바를 관찰하다는 뜻. 곧 천상에는 일월성신이 회명박식(晦明剝食)을 거듭하고 지상에는 온갖 동식물이 서식하고 있다. 지역에 따라 각기 적합한 동식물이 살고, 또는 경우에 따라 무리를 지어 함께 서식한다. 이처럼 그 모이는 바를 관찰하여 그 정태(情態)를 볼 수 있는 것이다. 또한 군자는 군자와 더불어 상종하고 소인은 소인과 서로 상종한다. 이런 것을 "君子는 樂其樂而小人은 利其利"라 한다.

見은 知와 같다. 곧 '可見'(가견)은 알 수 있다는 의미다. 易을 공부하는 이는 그 하나를 알면 百이고 千이고 萬이고 그에 비슷한 것을 유추(類推)하여 문일지십(聞一知十), 문일지천(聞一知千), 문일지만(聞一知萬)이라야 한다. 우주 삼라만상은 일원이만수(一源而萬殊)다.

象에 曰 澤上於地ㅣ 萃니 君子ㅣ 以하여 除戎器하여 戒不虞하나니라
象에 가로되 澤이 땅 위에 있음이 萃니 군자는 이로써 병기를 수리하여 불우(不虞)를 경계하느니라

■ 象에 曰 澤上於地ㅣ 萃니

'澤上於地'(택상어지). 취괘는 兌上坤下(태상곤하)로 되어 있다. 곧 못이 땅 위에 있는 것이 萃의 괘상이다.

■ 君子ㅣ 以하여 除戎器하여 戒不虞하나니라

'除戎器'(제융기). 除는 덜 제. 여기서는 제구취신(除舊取新), 곧 묵은 것은 버리고 새 것을 취한다는 뜻, 수리하고 정비한다는 의미다. 戎은 병기 융. '戒不虞'(계불우). 戒는 경계할 계. 虞는 근심 우. '不虞'는 뜻밖에 생기는 사변 따위를 말한다.

사람이 많이 모이면 분쟁이 일어나기 쉽고 물자가 많이 모이면 강탈하려는 침입자가 있기 쉬우니 그런 뜻밖의 사변을 경계해서 군자는 萃卦의 상을 본받아 병기 등을 수리 정비해서 경계한다는 의미다. 비록 평화시대라 해도 불의

의 사변 등을 경계해서 일정한 군비(軍備)와 치안부대를 유지해야 한다. 못 속에 물이 지나치게 모여들면 넘쳐서 제방이 터지기 쉽고 사람과 사물이 많이 모이게 되면 뜻밖의 사변이 일어나기 쉽기 때문이다.

初六은 有孚不終하여 乃亂乃萃니 若號하면 一握爲笑ㅣ리니 勿恤하고 往无咎하니라

初六은 정성을 가져서도 끝내지 못해서 곧 난(亂)하고 곧 모임이니 만약에 부르짖으면 한 번 잡고서 웃게 되리니 근심하지 말고 가면 허물이 없느니라

■ 初六은 有孚不終하여 乃亂乃萃니

역리(易理)는 소수자(小數者)가 중심이 되어서 모든 사태가 전개되는 것으로 되어 있다. 천풍구괘☰의 경우 1음 5양의 괘니 初六이 성괘의 주효가 되어 단사는 初六을 주로 하여 말했다. 또 수지비괘☷는 1양 5음의 괘니 단사는 九五를 주로 말했다.

이 취괘☱는 2양 4음의 괘여서 2양이 4음을 분할하는 상이 된다. 그러므로 복잡하여 알기 어렵다. 위아래의 네 음효는 九五와 九四의 두 양효를 좇아 모이게 된다. 일단 모든 음효는 천위며 주괘의 주효도 되는 九五를 직접 좇으려 하나 이 九五와 인연이 있고 없음에 따라 복잡해진다. 또 九四에 인연이 있는 효는 결국 九四를 좇게 되고 그러므로 길흉회린이 생기게 된다.

初六은 음유(陰柔)하고 하천하며 음효·양위로 위부정이다. 본시 九四와 음양상응할 사이임에도 주괘의 주효로서 강건중정의 대덕을 지닌 九五 천자를 앙모하여 좇으려 하지만 九五 천자와는 직접 인연이 없으니 어려운 일이다. 즉 '有孚'는 九五 천자를 앙모한다는 뜻이고, '不終'(부종)은 불성사(不成事)를 의미한다. '乃亂'(내난)은 그러므로 그 마음이 어지러워진다는 의미다. 그러나 '乃萃'(내취), 나중에는 九四의 재상을 통해서 九五 천자와 취합(萃合)하게 되리라는 것이다.

澤地萃

■ 若號하면 一握爲笑ㅣ리니 勿恤하고 往无咎하니라

號는 부르짖을 호. 여기서는 호읍(號泣 : 목놓아 욺)의 뜻이다. 만약 九五 천자를 직접 좇으려 하던 잘못을 반성해서 목놓아 울면(若號) 九四의 재상도 양해할 것이고, '一握爲笑'(일악위소) 곧 서로 손잡고 웃게 되리라. 握은 쥘 악. '勿恤'(물휼)은 근심하지 말라는 뜻. '往无咎'(왕무구)는 나아가면 허물이 없으리라는 뜻. 곧 근심하지 말고 九四의 재상을 좇게 되면 장차 九五 천자와 취합하게 되리니 허물이 없다는 의미다.

初六은 음유하천하고 음효·양위로 지부정하기에 九四의 정응을 버리고 九五를 직접 좇으려는 잘못을 범해 '有孚不終 乃亂'이 되나 반성해서 九四를 좇아 허물이 없게 된다.

象에 曰 乃亂乃萃는 其志亂也ㄹ새니라
象에 가로되 '乃亂乃萃'는 그 뜻이 어지럽기 때문이니라

初六은 음효·양위로 위부정하여 정응인 九四를 버리고 인연도 없는 九五를 좇으려 하니 그 마음이 어지러워진다. 初六은 음유하고 하천하며 지부정한지라 분수를 모르고 스스로 마음을 어지럽히고 있다. 수지비괘☷의 다섯 음은 모두 九五의 1 양으로 쏠려 추종하는 상이 되나 萃卦는 九五와 九四의 2 양이 있기 때문에 4 음의 심정은 더욱 복잡하게 된다. 그러므로 初六은 '乃亂乃萃'(내난내취)의 상이 된다.

六二는 引吉无咎하고 孚乃利用禴이리라
六二는 (上이) 끌면 길하여 허물이 없고 정성이 있어 이에 약(禴)을 쓰면 이로우리라

'引'에 대해서 정자는 '서로 끄는 것'이라 했다. 곧 음양상응에서 비롯하는 六二와 九五의 '相牽'(상견)을 가리킨다는 것이다. 張子는 '引而後往'(인이후왕)이라 했다. 곧 위의 군왕이 끌어주면 그때 간다는 뜻으로 해석한 것이다.

《주역절중》에서 이광지는 "이 引자는 위의 초빙을 받는다는 뜻이지 자기편으로 상대를 끌어당긴다는 뜻이 아니다"(此引字는 是汲引之引이요 非援引之引이라) 했다. 여기의 引자는 汲引(급인)의 引자이고 援引(원인)의 引자가 아니다. 汲引은 물을 끌어올리다의 뜻이니 곧 上의 초빙(招聘)을 받다는 뜻이고 援引은 자기 편으로 끌어당기다는 뜻이다. 引자에 대해서는 張子의 설을 좇기로 한다.

'引吉无咎'(인길무구). 유순중정의 덕을 가진 六二는 강건중정의 대덕을 가진 九五 천자와 음양상응의 사이다. 이 六二의 현인이 九五 천자의 초빙을 받아 자신과 동류인 初六, 六三을 이끌고 九五 천자에 췌종(萃從)하면 길하고 무구하다. 하괘는 곤괘니 태괘(泰卦)와 비괘(否卦)의 '拔茅茹에 以其彙니라'와 같은 의미를 가졌다. 곧 띠(茅)를 뽑으니 그 동류(彙)가 함께 뽑힌다는 뜻으로, 하곤괘의 세 음은 무리를 이루고 있기 때문이다.

본디 初六은 九四와 음양상응하고 六三은 九四와 음양상비하는 사이다. 그러면서도 六二는 동류의 初六과 六三을 이끌고 나란히 九五 天子에 萃從하려하니 다소 허물이 되기는 하나 이는 단사의 '利見大人'에 부합하는 도리다. 그러므로 无咎하게 된다.

'孚乃利用禴'(부내이용약). 孚는 정성, 신실. 六二는 유순중정의 덕을 가졌고 상응하는 九五 천자는 강건중정의 대덕을 가졌으니 그것이 孚가 된다. 禴은 종묘 제사이름 약. 하제(夏祭)를 이른다. 禴은 約, 곧 간약(簡約)하다는 뜻이니 비유의 말이다. '孚乃利用禴'은 간소한 夏祭처럼 불필요한 문식(文飾)을 버리고 진심으로 사귀면 이롭다는 의미다.

六二는 初六과 六三의 동류를 이끌고 九五에게 萃合함에 九四의 체면도 생각해야 한다. 그러니 성대한 문식을 버리고 진심으로 상조상부해야 한다. 그러면 九四에 대한 자극도 완화될 것이고 허물이 없게 되리라. 이 괘는 九五와 九四로 세력이 나누어진 상이니 유순중정의 덕을 가진 六二에 대하여도 효사는 명쾌한 말을 하지 않는다. 淸朝 이광지는 《주역절중》에서 이렇게 말하고 있다.

　　象辭에 대인을 만나서 이롭다 했는데, 九五는 萃卦의 卦主가 되는 大人이고 六二

가 그와 음양상응하니 이로써 곧 대인을 뵘이 된다. 그러나 대인을 뵘에는 필히 正道를 취해야 하니, 위에서 끌어주기(招聘)를 기다려서 그에 좇으면 곧 吉하고 허물이 없게 된다. 대개 不正으로 聚하면 곧 不亨이 된다. '孚乃利用禴'이란 곧 서로 모이는 道理에 誠이 근본임을 말한 것이니 진실로 현명하고 신실하다면(明君과 信臣) 비록 간소한 祭羞로도 가히 제사지낼 수 있으니 하물며 큰 희생물을 제수로 쓰면 당연히 큰 복을 받게 될 것이다. 이는 또한 卦義를 근본으로 하여 그 反語를 쓴 것이다. 易(井卦의 九三 爻辭)에 말하기를 이 물을 이용해야 하니 王이 영명하여 그리하면 모두가 그 복을 받게 되리라 했고, 傳(中庸傳 제14장)에는 아래 자리에서 위를 끌어당기지 않는다 했으니 이 引字는 汲引의 引字요 援引의 引字가 아니다.

　　象言利見大人하니 九五者는 卦之大人也ㅣ오 六二應之하니 得見大人之義矣라. 然이나 見大人者는 聚必以正故로 必待其引而從之하면 乃吉而无咎리라 蓋聚而不正은 則不亨也ㅣ라 孚乃利用禴者는 言相聚之道 以誠爲本이니 苟有明信하면 雖用禴可祭矣니 況大牲乎아 亦根卦義而反其辭也ㅣ라 易에 曰 可用汲이니 王明竝受其福이라하고 傳에 曰 在下位不援上이라하니 此引字는 是汲引之引이요 非援引之引이라 (汲引(급인)은 사람을 끌어올려 씀. 援引(원인)은 자기편으로 끌어당김.)

　　　　　　상　왈　인길무구　　　중미변야
　　　　象에 曰 引吉无咎는 中未變也ㅣ새니라
　　　　象에 가로되 '引吉无咎'는 中이 아직 변하지 않기 때문이니라

'中未變也'(중미변야)는 유순중정의 도리가 변하지 않는다는 뜻. 六二는 다소 복잡한 일도 있으나 유순중정의 德을 굳게 지키니 그러므로 '引吉无咎'(인길무구)가 된다. 中은 유순중정의 덕.

　　　　육삼　　취여차여　　무유리　왕무구　　소린
　　　　六三은 萃如嗟如니 无攸利요 往无咎하되 小吝하니라
　　　　六三은 萃如하고 嗟如하니 이로운 바가 없고, 가면 허물이 없으되 조금 吝하니라

사람들이 모두 동류를 얻어 서로 모이고 있는 이 때에 六三도 역시 相萃하

고자 한다. '萃如'(취여)는 그런 의사를 가졌다는 것을 가리킨다. 그러나 初六이 九四와 음양상응해서 萃合하고 六二가 九五와 음양상응해서 萃合하는 데 반해 六三은 上六과 같은 음효여서 무응이 된다. 이렇듯 六三은 萃如하고자 하나 응효가 없으니 그러므로 嗟如(차여), 곧 탄식하게 된다. 嗟는 탄식할 차. 如 자는 조사(助辭)다.

'无攸利'(무유리). 그러니 이로울 바가 없다. '往无咎'(왕무구). 六三은 응효는 없으나 다행히 九四와 음양 상비의 사이가 된다. '往无咎'. 그러므로 九四에게 나아가서 萃合하게 되면 허물이 없으리라. 곧 비효인 九四를 통해서 九五 천자에 萃合하려 하니 바로 '小吝'(소린)이 된다. 九四를 통해 九五에 萃合하려 함은 初六과 같은 처지가 되는 셈이지만 六三은 初六처럼 하천한 지위가 아닌 대부(大夫)의 지위이니 그러므로 小吝이 된다. '萃如嗟如'(취여차여)는 효상이고 '无攸利' 이하는 점사다.

象에 曰 往无咎는 上巽也ㄹ새니라
象에 가로되 '往无咎'는 上이 손순(巽順)하기 때문이니라

'上巽'(상손)의 上 자는 위에 있는 효, 곧 九四를 가리킨다. 上六이 아니다. 3, 4, 5효의 호괘는 손괘(巽卦)이므로 上巽이라 한 것이다.

六三이 九四에게 음양상비로 나아가면 九四도 이 六三을 손순하게 받아들인다. 六三은 곤괘의 한 효가 되니 유순하게 九四에게 나아가면 상태괘는 열괘(悅卦)로서 곧 下順上悅(하순상열)이 되어 허물이 없게 된다. 그러므로 효사의 '往无咎'는 九四는 손순해서 六三을 받아들이리라는 의미다.

九四는 大吉无咎하니라
九四는 크게 길하고 허물이 없느니라

九四는 양효니 강건재덕을 가진 재상(宰相)이다. 양효로서 음위에 있으니

澤地萃　253

실은 위부정으로써 불길하겠으나, 강유가 조절된 것으로 해석하면 大吉无咎가 된다. 九四는 때로는 불길이 되고 때로는 '大吉无咎'가 된다. 어느 편으로 기울지는 九四의 심덕 여하에 있다.

이 九四는 初六과 상응하고 六三과 상비하니 천하의 많은 사람들이 이 재상에 萃合하여 권력과 세력이 성대하다. 九四가 이와 같이 성대함으로써 初六, 六三을 거느리고 九五 천자에 충성을 다하면 '大吉无咎'가 될 것이나, 만약 자신의 힘을 믿고 오만한 태도로 천자에 반항하면 대흉하게 되리라. 來註에서는 이렇게 말하고 있다.

> 萃卦의 여섯 효를 보면, 初六은 어지러이 모이고 六二는 끌어 주어 모이며 六三은 탄식하고 九五는 후회할 일 있고 上六은 눈물을 흘리되 오직 九四만은 不中, 不正으로도 자연스레 相萃하니 모으느라 애쓸 것도 없고 마음 고생할 일도 없다. 그러므로 大吉하다. 이는 때와 위치가 그러하여 자연히 이루어진 것이요 九四가 힘쓰고 애써서 구한 것이 아니다. 그러므로 허물이 없다.
> 六爻는 初亂萃하고 二引萃하고 三嗟如하고 五有悔하고 六涕하되 惟四不中不正而自然相萃하니 聚之에 不勞心力이라 故로 大吉하고 時位自然하여 非四勉强求之故로 无咎라

象에 曰 大吉无咎는 位不當也일새니라
象에 가로되 '大吉无咎'는 位가 마땅하지 않기 때문이니라

九四는 상괘의 하효가 되니 부중(不中)이고 양효로서 음위에 있어 위부정이 된다. 곧 부중 부정이다. 그러므로 '位不當'(위부당)이라 했다. 이러한 상태로는 대길이 아닌 불길에 가깝고 '无咎'가 아니라 '有咎'가 될 것이다. 그러나 周公의 효사에는 '大吉无咎'(대길무구)라 했다. 곧 周公은 九四가 재상자리에 있으면서 사람들의 무리를 萃合해서 九五 천자에 충성을 다한다는 의미로 '大吉无咎'라 했고, 공자가 말하는 '位不當'은 부중 부정의 역리상 해석이다. 九四의 심덕여하에 따라서 '大吉无咎'(대길무구)하게 될 수도 있고 불길할 수도 있다. 두 성인은 이러한 양 측면을 설명했다.

<small>구오   취유위   무구   비부   원영정   회망</small>
九五는 萃有位니 无咎하고 匪孚라도 元永貞하면 悔亡하리라
九五는 位에 모이니 허물이 없고 믿지 아니하더라도 元하고 永하고 貞하면 悔는 없어지리라

■ 九五는 萃有位니 无咎하고

'萃有位'(취유위)의 有자는 접두어로서 별다른 의미는 없다. 九五는 강건중정의 대덕을 가진 천자고 하괘의 유순중정의 덕을 가진 六二와 음양상응하니 대길한 효다. 그러므로 천하의 많은 사람과 물자가 모여들게 되고 허물될 일이 없다. 萃有位는 萃位, 곧 萃天下之位(취천하지위)의 뜻. 곧 취괘의 주괘의 주효라는 의미다.

■ 匪孚라도 元永貞하면 悔亡하리라

匪는 非와 같다. '匪孚'(비부)는 신복(信服)하지 않는다는 뜻. 곧 九五 천자에 믿고 따르지 않는다는 뜻이다. 九四의 재상에게도 많은 사람과 물자가 모이고 있으니 아직은 천하의 사람들 모두가 九五 천자에게 신복된 것은 아니다. 그러므로 '匪孚'(비부)라 했다.

'元永貞'(원영정)은 수지비괘에도 보인다. '元永貞 悔亡'. 元은 元亨利貞의 元. 곧 인덕(仁德)이다. 永은 영구불변하는 덕. 貞은 정덕(貞德). 바른 도리를 굳게 지키는 것. 이 元永貞의 3덕을 굳게 지키면 '悔亡'(회망)이 되리라. 만약 九四의 권력과 세력을 미워해서 재상과 다투고 그를 배척하면 오히려 대란이 일어나기 쉽고 대흉을 부를지도 모른다. 그러므로 元永貞의 3덕을 굳게 지키고 넓은 도량으로 대처하면 자연스레 천하의 모든 사람들이 귀순(歸順), 신복하게 되고 悔亡하리라는 의미다. 천하가 九五, 九四에 양분(兩分)되었으니 이로써 '匪孚 悔'가 되나 천하인이 모두 신복하게 되면 匪孚(비부)가 有孚로 되고 悔가 悔亡으로 된다. 來註에는 이렇게 씌어 있다.

九五는 天子位요 萃主가 되니 臣民 모두가 모이게 되어 가위 허물이 없다. 그러

나 九四가 그 모이는 바를 나누고 있으니 匪孚를 면치 못하고, 또한 上六의 陰爻와 사사로이 親比하니 그 후회할 바를 면치 못한다(九五와 上六은 음양 상비하며 上六은 上兌卦의 悅主다). 그러므로 스스로 반성하고 수양하여 元善中正의 德을 오래도록 올곧게 지키면 이에 후회로울 일은 사라지고 사람들이 믿게 되리라.

　　九五當天下之尊爲萃之主로 臣民이 皆萃하니 可以无咎矣라 然이나 四分其萃하니 未免匪孚하고 上溺陰私하니 未免有悔라 故로 必反己自修하여 俾元善中正之德으로 長永貞固하면 斯悔亡而人孚矣라(俾는 하여금 비, 시킬 비. 使와 같다)

　《주역술의》에는 元永貞에 대하여 이렇게 말한다. "比之象에 曰 原筮元永貞이라하고 比卦九五以此而顯比라하니 故로 萃五亦如之하니 元永貞之德은 乃萃人心之本也ㅣ라." 곧 비괘의 단사에 '原筮元永貞'(원서원영정)이라 했고 비괘의 九五 효사에는 이로써 '顯比'(현비)라 했는데, 취괘의 九五 효사에도 역시 元永貞이라 했으니 그러므로 元永貞의 덕은 인심을 한 데 모으는 근본이라는 것이다. 原은 근본을 캐서 찾는다는 뜻. '原筮'(원서)는 점서처럼 근본을 찾는다는 뜻이다.

　　　　　　상　왈 취유위　　　지미광야
　　　象에 曰 萃有位는 志未光也ㅣ새니라
　　象에 가로되 '萃有位'는 뜻이 아직 光大하지 않기 때문이니라

　'志未光'은 九五와 九四가 천하를 양분한 상이 되니 九五의 위신이 크게 빛나지는 않는다는 뜻이다. 수지비괘☷☵는 1 양(九五)이 5 음을 통솔하는 상이어서 九五 효사에 '顯比'라 했고 이 괘의 九五에는 '萃有位'라 했으니 비교해 보면 그 우열을 알게 되리라.
　來註에는 "九五와 上六이 상비해서 서로 기뻐하니 이로써 '未光'이 된다. 음양이 서로 모여야할 이때에 기뻐하고(上兌卦는 悅卦) 또 動하며(五爻變은 震) 또 유순하고(下坤卦) 화락하니(九五와 上六은 음양 상비) 어찌 능히 그 뜻의 光明함을 보전할 것이냐. 그러므로 '志未光'이라"(陰陽相悅하니 此未光也ㅣ라〔中略〕陽與陰이 相聚會之時에 又悅又動하고 又順又和樂하니 安能保其志之光明

哉리오 故로 曰 志未光이라) 했다.

上六은 齎咨涕洟니 无咎하니라
上六은 齎咨涕洟(재자체이)함이니 허물이 없느니라

齎는 가질 재, 탄식하는 소리 재. 咨는 탄식할 자. '齎咨'(재자)는 탄식하는 소리. '아아'의 뜻. 涕는 눈물 체. 洟는 콧물 이. '齎咨涕洟'(재자체이)는 '아아' 하며 탄식하고 눈물과 콧물을 흘리며 탄식하고 슬퍼한다는 뜻.

初六은 九四와 응취(應萃)하고 六二는 九五와 응취하나 오직 六三과 上六은 같은 음으로 무응이 된다. 六三은 '萃如嗟如'(취여차여)로 九四와 비취(比萃)하게 되나 上六은 취괘의 종극이 되고 상태괘의 열극(悅極)이 된다. 그러므로 '齎咨涕洟'라 했다. 來註는 齎咨를 咨嗟로 여겨 "咨嗟涕洟는 哀求于五而已라" 했다. 곧 울며 탄식함이란 곧 上六이 九五에게 슬퍼하며 애구(哀求)하는 의미라는 것이다. 그러함으로써 上六은 九五에 대해 음양상비로 萃合하게 되니 결국 무구하게 된다는 것이다.

象에 曰 齎咨涕洟는 未安上也ㄹ새니라
象에 가로되 '齎咨涕洟'는 아직 上에 안정(安定)되지 않기 때문이니라

'未安上'(미안상)은 上六은 그 자리에 안거(安居)할 처지가 아니라는 뜻. 上位는 한 괘의 종극이니 늘 불안한 지위가 된다.

이미 九四에 來註를 인용해서 설명했으나 澤地萃卦(택지취괘)☱☷의 여섯 효를 다시 간략히 정리해 보자.

初六은 음효·양위로 위부정하고 하천한 지위가 되니 萃時라 하여 분수를 모르고 지나친 행위를 하지 않으면 무구하리라.

六二는 유순중정의 덕을 가져서 길한 효다. 그러나 천하가 이분(二分)되고

있는 상황에 있으니 반대편에도 아량으로써 대해야 하고 조심해야 한다. 장차 九五 천자의 초빙을 받아 대길하리라.

六三은 應萃할 상대자는 없으나 순덕으로 위에 순종하면 无咎하리라. 그러나 위험한 지위가 되니 조심해야 한다. 곧 부중 과중이 되고 상괘와 인접해 있기 때문이다.

九四는 양효·음위로 위부정이 되니 실은 불길한 효다. 또 九五와 천하를 양분하는 세력을 가졌으니 심덕여하에 따라서는 대흉이 된다. 그러나 자신이 가진 세력을 이용해서 九五 천자에 진력하여 충성하면 대길하리라.

九五는 강건중정의 대덕을 가진 천자요 주괘의 주효도 되고 유순중정의 덕을 가진 六二의 현인의 보좌를 얻어서 대길할 것이나 九四와 천하를 양분한 이때에 元永貞의 덕을 굳게 지키면 천하만민이 모두 귀순하여 믿고 따르게 되리라.

上六은 萃極이 되고 상태괘의 열극이니 불안한 지위다. 진심으로 九五 천자를 섬기게 되면 무구하리라. 來註를 인용해서 이미 설명했으나 澤上於地(택상어지)의 萃卦 六爻는 澤水의 은택으로 모두 无咎하게 된다.

巽下
坤上

_승 _{원 형} _{용 견 대 인} _{물 휼} _{남 정 길}
升은 元亨하니라 用見大人하고 勿恤하며 南征吉하니라

_단 _{왈 유 이 시 승} _{손 이 순} _{강 중 이 응} _{시 이} _{대 형}
象에 曰 柔以時升하여 巽而順하고 剛中而應이라 是以로 大亨
_{용 견 대 인} _{물 휼} _{유 경 야} _{남 정 길} _{지 행 야}
하나니라 用見大人 勿恤은 有慶也ㅣ오 南征吉은 志行也ㅣ니라

_상 _왈 _{지 중 생 목} _승 _{군 자} _이 _{순 덕} _{적 소 이 고}
象에 曰 地中生木이 升이니 君子ㅣ 以하여 順德하며 積小以高
_대
大하나니라

_{초 육} _{윤 승} _{대 길}
初六은 允升이니 大吉하니라
_상 _{윤 승 대 길} _{상 합 지 야}
象에 允升大吉은 上合志也ㄹ새니라
_{구 이} _{부 내 이 용 약} _{무 구}
九二는 孚乃利用禴이오 无咎하니라
_상 _왈 _{구 이 지 부} _{유 희 야}
象에 曰 九二之孚는 有喜也ㅣ리라
_{구 삼} _{승 허 읍}
九三은 升虛邑이니라

　　　　　　　상　　왈　승허읍　　　무소의야
　　　　象에 曰 升虛邑은 无所疑也ㅣ니라
　　육사　　왕용향우기산　　　길무구
　　六四는 王用亨于岐山이니 吉无咎하니라
　　　　　　　상　왈　왕용향우기산　　　순사야
　　　　象에 曰 王用亨于岐山은 順事也ㅣ니라
　　육오　정길　　　승계
　　六五는 貞吉하니 升階니라
　　　　　　　상　왈　정길승계　　대득지야
　　　　象에 曰 貞吉升階는 大得志也ㅣ니라
　　상육　명승　　이우불식지정
　　上六은 冥升이니 利于不息之貞이니라
　　　　　　　상　왈　명승재상　　소부부야
　　　　象에 曰 冥升在上은 消不富也ㅣ니라

<u>升</u>은 <u>元亨</u>하니라 <u>用見大人</u>하고 <u>勿恤</u>하며 <u>南征吉</u>하니라
<small>승   원형   용견대인   물휼   남정길</small>

升은 크게 형통하니라. 이로써(승괘의 덕으로써) 大人을 보고 근심하지 말며 남으로 가면 길하니라

    升卦(승괘)는 巽下坤上(손하곤상)의 괘다. 상곤괘는 地고 하손괘는 風이다. 地와 風과 괘명의 升을 합해서 地風升(지풍승)䷭이라 하여 괘형과 괘명을 기억하게 한다.

    升은 오를 승. 상곤괘(上坤卦)는 땅이고, 하손괘는 나무(木)다. 이 나무는 땅속에서 싹이 터서 점점 성장하여 땅을 뚫고 지상으로 커 올라가게 된다. 이것이 승괘의 상이다. 또 달리 보면 3, 4, 5효의 호괘는 진괘(震卦)니 역시 나무의 상이다. 손목(巽木)은 음목(陰木)이니 연한 나무가 되고 진목(震木)은 양목이니 강한 나무가 된다. 下巽木은 양목, 음목의 양면으로 해석해도 무방하다. 승괘는 승진(升進)하는 도리를 말했다.

    상하의 괘체로써 말하면 하손괘는 木이고 상곤괘는 地다. 하괘의 손목은 初六이 나무뿌리가 되고 九二와 九三은 나무줄기로 해석하며 이 나무가 점점 커져서 땅을(상곤괘) 뚫고 땅 위로 올라가 크게 성장하게 된다. 하손괘의 初六이 있어서 승괘가 성립되었으니 이 初六이 성괘의 주효가 된다.

    상하의 괘덕으로 말하면 하손괘는 손순한 덕을 가졌고 상곤괘는 유순한 덕을 가졌다. 곧 손순해서 바른 도리에 순종하게 된다. 즉 '巽而順'(손이순)이 승괘의 괘덕이 된다. 승괘는 이 손이순의 괘덕을 가져서 크게 승진하게 된다. 또 九二는 강건중덕을 가졌고 六五는 유순중덕을 가졌으니 이 두 효가 음양상응으로 서로 도와 일이 순조롭게 진행되고 크게 승진하게 된다. 그러므로 승괘는 '元亨'(원형)하다. 곧 크게 형통한다.

    그러나 재능과 도덕이 없으면 승진하기는 어렵고, 설사 지니고 있더라도 응원자가 없으면 크게 승진하기는 어렵다. 升時에 강건중덕을 가진 九二는 유순중덕을 가진 六五 천자와 음양상응으로 그 응원을 받아서 크게 승진하게 된다. 곧 시대와 재덕, 응원자가 구비되어 元亨하게 된다.

화지진괘(火地晉卦)☷의 경우는 태양이 동쪽 하늘에 떠올라서 점점 진행하여 서쪽 하늘로 들어가는, 곧 하루를 상징한 괘가 되니 급진을 의미했다. 이 승괘는 위의 설명과 같이 땅속으로부터 나무가 점점 성장하는 괘의(卦義)를 가졌으니 중진(中進)을 의미하는 괘다. 한편 풍산점괘(風山漸卦)☷는 산 위의 나무의 상이다. 이 나무는 이미 성장하였으나 점점 더 자라 수백 년, 또는 천여 년의 수명을 가지는 상이 되고 점진하는 괘상이 된다. 곧 급진하는 진괘(晉卦), 중진하는 승괘(升卦), 점진하는 점괘(漸卦) 이 세 괘를 역서의 삼진괘(三進卦)라 한다. 급진하는 진괘는 성대하기는 하나 하루로 그 수명이 끝나고, 중진하는 승괘는 진괘와 점괘의 중간에 해당하는 수명을 지니며 점진하는 점괘는 장구한 수명을 가지게 된다. 모든 사물은 급진하면 그만큼 급속히 쇠하게 되고 점진하면 장구한 수명을 보전하게 된다. 삼진괘는 이런 도리를 보여주고 있다.

〈서괘전〉에는 "聚而上者ㅣ 謂之升이라 故로 受之以升이니라" 했다. 손실이(損卦) 심해지면 사람들은 이래서는 안되리라 생각하여 마음을 단속해서 노력하고 그래서 점점 이익을(益卦) 얻게 되며, 또 소득이 막대하면 그럴수록 더욱 허욕을 부려 결국은 제방이 터지는(夬卦의 뜻) 것과 같은 상태에 이르기 쉽다. 이와 같이 사람들의 집단도 그 구성원이 모여 커지면 자괴작용으로 분열하게 되고, 분열하면 분열한 그들끼리 다시 만나서(姤卦) 친목을 도모하니 서로 정답게 모이게(萃卦) 되고 사람과 사물이 많이 모이게 되면 또 크게 승진하려 한다. 升卦가 바로 이러한 의미의 괘다. 그러므로 취괘 다음에 승괘를 두었다는 것이다.

〈잡괘전〉에는 '萃聚而升不來'(취취이승불래)라 했다. 즉 萃로써 모여서 올라가면 되돌아오지 않는다는 의미니, 풀의 싹이 크게 자라 승진(升進)한 후에 다시 땅속에서 맹동(萌動)하는 싹의 상태로 되돌아올 수는 없다. 곧 취괘의 택수(澤水)는 밑으로 흘러갈 뿐이고 승괘의 손목(巽木)은 위로 승장(升長)할 뿐이다. 萃卦와 升卦는 종괘가 되니 그 내용이 정반대로 된다.

■ 升은 元亨하니라

巽木은 땅속의 양분을 취해서 크게 성장하게 되니 이것이 升卦의 상이다. 손목처럼 승괘는 大亨하리라. 또한 '巽而順'의 괘덕을 가진 데다 강건중덕을 지닌 九二와 유순중덕을 지닌 六五가 음양상응으로 서로 돕게 되니, 곧 升時의 時와 '巽而順'의 괘덕과 九二와 六五의 상응으로 時, 德, 응원(應援)이 구비되므로 승괘는 元亨(大亨)하게 된다.

■ 用見大人하고 勿恤하며 南征吉하니라

'大人'은 강건중덕을 가진 九二를 가리키는 말이다. 일반적으로 下가 上을 알현(謁見)할 때에는 '利見'(이견)이라 하고, 上이 下를 접견(接見)하는 것을 '用見'(용견)이라 한다. 여기서의 '用見大人'(용견대인)은 六五 천자가 升卦의 괘덕 곧 '巽而順'의 德으로써 九二의 대인을 접견한다는 의미다. '用'은 外卦의 괘덕인 '巽而順'의 德을 이용한다는 의미다.

《정전》(程傳)에서는 "이 도(卦才之善, 즉 巽而順)를 이용해서 대인을 접견한다"(用此道以見大人)라고 했다. 《述義》에는 "九二를 강건중덕을 가진 在下의 大人이다. 六五와 상응하니 用見함이 마땅하다. 順而巽은 下於賢(尊賢)하는 성한 예절(盛節)이다"(九二는 剛中在下之大人也ㅣ라 五與之應하니 宣用見之라 順而巽者는 下賢之盛節也ㅣ라)했다. 《주역절중》에 대연(代淵)은 "尊爻(九五)에 此人(大人)이 없어서 '利見'을 말하지 않았다"(尊爻無此人故로 不云利見이라) 했다. 또 이광지는 "利見大人이라 하지 않고 用見을 말한 데 대한 것은 代淵의 주장이 옳다"(不曰利見大人而曰用見은 代氏之說이 得之라) 라고 했다.

'勿恤'(물휼)에 대하여 來註에는 "승괘의 대상(大象)은 감괘가 되니 걱정 근심의 상이다. 그러므로 근심하지 말라고 타일렀다"(本卦大象은 坎이니 有憂恤之象이라 故로 敎之以勿恤이라) 했다. 이 '勿恤'은 九二에 대한 당부다.

'南征吉'(남정길). 征은 行의 뜻. 따라서 南征은 남행(南行), 곧 升進의 뜻이다. 문왕팔괘원도(文王八卦圓圖)에 의하면, 하손괘는 동남방이 되고 상곤괘는 서남방이 되니 동남쪽(巽方)에서 서남쪽(坤方)으로 갈 때는 필시 남쪽(離

方)을 거쳐서 가게 된다. 그러므로 '南征吉'이라 했다. 곧 하손괘에서 상곤괘로 승진하는 것을 가리키고 있다.

강건중덕을 가진 九二의 大人은 유순중덕을 지닌 六五 천자와 음양상응으로 그 응원을 받아서 승진하니 곧 '用見大人'의 의미가 된다. 六五 천자의 응원을 받아 승진하니 '勿恤'(물휼)이라 했고, 손방(巽方)에서 곤방(坤方)으로 가는 데에는 이방(離方: 남쪽)을 거쳐서 가게되니 '南征'(남정)이라 했다. 그리하여 승괘는 吉하고 元亨한다는 의미다. 단사는 대략 이런 의미다. 《주역절중》에 이광지는 이렇게 쓰고 있다.

괘사(단사)에서 곧바로 元亨이라 할 뿐 다른 말이 없는 괘로 대유괘와 정괘(鼎卦)가 있고, 비록 다른 말이 있으나 경계하는 내용이 아닌 것은 승괘가 그러하다. 64괘에서 가려서 뽑으면 오로지 이 세 괘뿐이다. 대개 대유괘와 비괘(比卦)는 서로 유사하나, 그러나 比하는 바는 음이고 민(民)이며 소유자는 양이고 현인이다. 鼎卦와 井卦는 서로 비슷하나 그러나 왕래에 우물로 사용하는 이는 民이고 大烹으로써 기르는 이는 현인이다. 升卦와 漸卦는 서로 비슷하지만 그러나 점괘는 현인이 기다려서 나아가고 승괘는 현인이 막히는 바가 없어 승진하게 된다. 易道는 현인을 숭상하는 바가 그지없이 크니 현인이 때를 얻는 괘로는 이 세 괘(大有, 鼎, 升)가 가장 융성하다. 그러므로 그 단사에는 모두 '元亨'이라 했고 경계하는 말이 없다.

> 卦直言元亨而無他辭者는 大有 鼎也ㅣ오 雖有他辭而非戒辭者는 升也ㅣ라 歷選易卦唯此三者라 蓋大有與比相似나 然이나 所比者는 陰也ㅣ오 民也ㅣ오 所有者는 陽也ㅣ오 賢也ㅣ라 鼎與井相似나 然이나 往來井井者는 民也ㅣ오 大烹以養者는 賢也ㅣ라 升與漸相似나 然이나 漸者는 賢之有所需待而進者也ㅣ오 升者는 賢之無所阻碍而登者也ㅣ라 易道는 莫大於尙賢而賢人得時之卦 莫盛於此三者라 故로 其象에 皆曰元亨而無戒辭也ㅣ라

비교적 상세하게 6괘를 비교하고 있으며, 특히 大有와 鼎, 升의 세 괘의 단사에 모두 '元亨'이라 하여 경계하는 말이 없음을 지적한 것은 참고할 바가 크다.

象에 曰 柔以時升하여 巽而順하고 剛中而應이라 是以로 大亨하나니라 用見大人 勿恤은 有慶也ㅣ오 南征吉은 志行也ㅣ니라
象에 가로되 柔가 때로써 올라가서 손순해서 유순하고 剛中해서 응함이라. 이로써 크게 형통하느니라. '用見大人 勿恤'은 경사가 있음이요 '南征吉'은 뜻이 행해짐이니라

■ 象에 曰 柔以時升하여

'柔'는 유효, 유괘. 하손괘는 유괘고 初六은 유효며 또 이 괘의 성괘의 주효가 된다. '以時升'(이시승)은 때를 이용하여 승장(升長)한다는 뜻. 初六은 나무 뿌리가 되고 九二와 九三은 줄기가 되니 승괘는 뿌리가 승장해서 줄기가 되고 점점 더 자라게 된다. 또 '以時'(이시)는 적시(適時)와 같고 적시는 時中(시중)을 의미하기도 한다. 초목은 춘하에는 성장하고 추동에는 조락한다. 우주 삼라만상은 시간과 공간 속에 존재하고 있으니 때가 가장 중요하다.

■ 巽而順하고 剛中而應이라 是以로 大亨하나니라

'巽而順'(손이순). 하손괘와 상곤괘의 괘덕을 말했다. 상하괘로 나누면 '巽而順'이 되고, 종합하여 한 괘로 보아도 승괘는 손순한 덕을 가졌다는 의미다. 그러므로 승괘는 때와 환경에 순응하고 인사에 순응한다. 그러므로 元亨하게 된다. '剛中而應'(강중이응). 강건중덕을 가진 九二와 유순중덕을 가진 六五가 음양상응으로 서로 돕는다. '是以'(시이)는 '柔以時升, 巽而順, 剛中而應'을 가리킨다. 곧 時(柔以時升)와 德(巽而順), 應(剛中而應)의 세 조건이 구비되니 이로써 大亨하다는 의미다. 以上은 단사의 '升 元亨'을 설명한 말이다.

■ 用見大人 勿恤은 有慶也ㅣ오 南征吉은 志行也ㅣ니라

'勿恤'(물휼)은 근심하지 말라는 뜻. 승괘의 대상(大象)은 감괘(坎卦)니 우휼(憂恤)의 상이 된다. 六五천자는 음양상응으로 필연코 九二대인을 '用見'(용

견)하고 응원하리니 그러므로 근심하지 말라는 의미다. '南征吉 志行也'(남정길 지행야)는 南征하면 뜻을 얻어 길하리라는 뜻. 곧 하손괘의 손목이 땅위로(坤方) 승진해서 뜻하는 바를 이루게 되리라는 의미다. '有慶'(유경). 喜는 개인적 기쁨을 의미하고, 慶은 많은 사람들의 기쁨을 의미한다.

象에 曰 地中生木이 升이니 君子ㅣ 以하여 順德하며 積小以高大하나니라

象에 가로되 땅 가운데에 나무가 생기는 것이 升이니 군자는 이로써 덕에 순하며 小를 쌓음으로써 高大하느니라

■ 象에 曰 地中生木이 升이니

'地中生木'(지중생목). 상곤괘는 地고 하손괘는 木이다. 곧 땅속에서 나무가 올라오는 상이다.

■ 君子ㅣ 以하여 順德하며 積小以高大 하나니라

'順德'(순덕)은 덕에 순종함. 덕은 여기서는 하손괘의 손순한 덕과 상곤괘의 유순한 덕 또는 九二의 강건중덕과 六五의 유순중덕 등을 가리킨다. '積小以高大'(적소이고대)는 적소성대(積小成大)와 같은 뜻.

初六은 允升이니 大吉하나니라
初六은 允升이니 크게 길하나니라

允은 진실로 윤. '允升'은 효명(爻名). 사물은 진실성이 없으면 허위가 된다. 자연의 도리는 진실무망이다. 진실무망을 誠이라 하고 誠은 천도다. 《중용》에 "誠者는 天之道也ㅣ오 誠之者는 人之道也ㅣ라" 했다.
하손괘는 손목(巽木)이고 初六은 그 나무의 뿌리 또는 종자(種子)가 된다.

九二와 九三은 줄기다. 뿌리가 있어서 줄기가 생기고 잎사귀도 생기게 된다. 이 初六의 뿌리가 있어서 巽木은 진실로 크게 성장한다. 그러므로 '允升 大吉'(윤승 대길)이라 했다. 初六은 升時의 시의(時宜)와 손순한 덕을 가져서 九二와 음양상비로 친비하고 그 九二와의 친밀한 정의(情誼)로 六五천자에게 배알하여 대길하게 된다. 初六은 하손괘의 주효도 되고 升卦의 성괘의 주효도 된다.

《주역절중》에서 하해(何楷)는 "初六은 하손괘의 주효로써 손하하고 있으니 (또는 밑에 있으니) 나무의 뿌리와 같다. 그래서 지기(地氣)를 얻어 무성하게 되고 그 승진(升進)이 진실하다, 승진하게 하는 것은 손순한 덕이요 손순한 까닭은 초효 곧 손괘(巽卦)의 주효이기 때문이다. 그 대길함이 무엇이 이와 같겠는가"(初六巽主居下하니 猶木之根也ㅣ니 而得地氣以滋之하여 其升也ㅣ 允矣라. 所以爲升者는 巽也ㅣ오 所以爲巽者는 初也ㅣ니 大吉孰如之리오) 했다.

象에 允升大吉은 上合志也 일새니라
象에 가로되 '允升大吉'은 上이 뜻을 합치기 때문이니라

'上合志'(상합지)의 上은 九二를 가리킨다. 初六은 손순한 덕을 가져서 九二(上)와 음양상비하여 서로의 의지가 합일하게 된다. 그러므로 初六은 '允升大吉'하게 된다.

九二는 孚乃利用禴이오 无咎하니라
九二는 정성이 있어서 곧 약제(禴祭)를 씀이 이롭고 허물이 없느니라

孚는 정성 부. '孚乃利用禴'(부내이용약)은 취괘(萃卦)의 六二에도 나온 말이다. 萃 六二의 경우는 음효니 허심하여 심중에 조금도 사욕이 없다는 의미로 孚라 했고, 升의 九二는 양효니 誠이 속에 충만하다는 의미로 孚라 했다. 곧 誠이 속에 충만하니 간소한 제사로도 神은 흠향(歆饗: 神明이 祭禮를

받음)하리라는 의미다.

九二는 양효·음위로 강건중덕을 가졌고 주괘의 주효가 된다. 다만 위부정이어서 유구(有咎)가 된다. 상응하는 六五는 유순중덕을 가진 유약한 천자다. 강건한 九二는 유약한 六五 천자를 섬김에 거짓 꾸밈 따위는 버리고 지극한 성심으로써 섬기게 된다. 이를 검소한 제사에 비유한 말이 '孚乃利用禴'이다. 그렇게 임금을 섬기면 허물이 없을 것이다. 《주역절중》에 張淸子는 이렇게 말하고 있다.

> 萃卦의 六二는 중허(中虛)로써 孚가 되고 九五 천자와 응하고, 승괘의 九二는 중실(中實)로써 孚가 되고 六五 천자와 상응하니 이 두 효는 허실(虛實)이 비록 다르다 해도 그 孚는 동일하다. 孚가 지극하면 비록 검약한 제사로도 또한 유리하다. 그러므로 二爻에는 모두 '孚乃利用禴'이라 했다. 象傳에 '剛中而應'(강중이응)이라 함은 이 효를 가리킨 것이다.
> 萃六二는 以中虛爲孚而與九五應하고 升九二는 以中實爲孚而與六五應하니 二爻虛實雖殊로되 其孚則一也ㅣ라 孚則雖用禴而亦利라 故로 二爻皆曰孚乃利用禴이라 象言剛中而應은 指此爻也ㅣ라

〈정전〉(程傳)에는 "六五는 비록 음유하나 존위에 있고, 九二는 비록 강양(剛陽)하나 위의 군왕을 섬기는 자다. 당연히 정성이 속에 충실하니 밖으로 치장하는 일을 빌리지 않으리라. 정성이 안에 쌓이면 곧 스스로 바깥 치장을 일삼지 않으리라. 그러므로 '利用禴'(이용약)이라 했으니 성경(誠敬)을 숭상함을 이름이다"(五雖陰柔나 然이나 居尊位하고 二雖剛陽이나 事上者也ㅣ라 當內存至誠하여 不假文飾於外라 誠積於中이면 則自不事外飾이라 故로 曰 利用禴이니 謂尙誠敬也ㅣ라) 했다.

象에 曰 九二之孚는 有喜也ㅣ리라
象에 가로되 '九二之孚'는 기쁨이 있으리라

九二는 강건중덕을 가진 대인이다. 지성으로 六五 천자를 섬기니 무구할

뿐만 아니라 그 덕택이 천하에 미치게 되어 큰 기쁨이 있으리라. 周公 효사에 '无咎'(무구)라 한 것을 공자는 부연하여 '有喜'(유희)라 했다. 九二는 대길한 효가 되기 때문이다. '有喜'는 기쁨이 있으리라는 뜻.

九三은 升虛邑이니라
九三은 빈 읍에 오름이니라

상곤괘는 음허한 괘다. 그러므로 '虛邑'(허읍)이라 했다. 곧 九三의 위는 음허한 곤괘다. 升時에 이 九三은 빈 마을에 들어가는 것처럼 아무 저항도 없이 들어간다는 것이 '升虛邑'(승허읍)의 의미다. 이는 九三의 효상이고 점사는 말하지 않았다.
　九三은 양효·양위로 중강(重剛)이 되고 부중 과중하며 하괘의 상효가 되니 지나친 행위를 하게 된다. 그러나 初六은 나무 뿌리요 九二와 九三은 줄기가 되어 升時에 처한 이 九三의 줄기는 과감하게 승진하게 된다. 그리고 이는 오히려 시세(時勢)에 순응함이 되니 길하다. 九三은 하손괘의 한 효가 되니 손순한 덕을 가져서 시대에 순종하여 '升虛邑'처럼 승진하게 되고 길하다. 《주역절중》에 이광지는 이렇게 말한다.

> 升卦의 모든 효에는 다 吉하고 利하다는 점사가 있으나 유독 이 九三에만은 없다. 虛邑에 올라간다는 것은 다만 용감하게 나아가고 의심이나 두려움이 없다는 것을 말한 것일 뿐이다. 바야흐로 升時인지라 그러므로 凶咎의 말이 없다. 그러나 九三은 마침내 九二·六五의 得中과 初六·六四의 順德과 같지 못하다. 九三은 양효로서 양위에 있어 과강이 되니 단전의 '柔以時升'(유이시승)의 의의와 상반된다. 그러므로 그 효사는 선(善)을 다함이 아니다 했다.
> 　諸爻皆有吉利之占이요 三獨無之하니 則升虛邑者는 但言其勇於進而無所疑畏耳요 方升之時라 故로 無凶咎之辭라 然이나 終不如二五之中과 初四之順也ㅣ라 九三過剛은 與柔以時升之義反이라 故로 其辭非盡善이라

^{상 왈 승허읍 무소의야}
象에 曰 升虛邑은 无所疑也ㅣ니라
象에 가로되 '升虛邑'은 의심할 바가 없음이니라

'无所疑'(무소의)는 의심할 바가 없다는 뜻. 升時에 승진함은 도리상 부당한 일이 아니니 의심하고 두려워할 필요가 없다. 그러나 天時는 地利에 불여(不如)하고 지리는 인화(人和)에 불여하다. 이 도리를 알고 신중히 처사하면 흉화를 면하고 길을 얻게 된다.

^{육사   왕 용 향 우 기 산   길 무 구}
六四는 王用亨于岐山이니 吉无咎하니라
六四는 왕이 이로써(用) 기산에서 향사(享祀)함이니 길하고 허물이 없느니라

여기서 '王'은 周 문왕(文王)을 가리킨다. 亨은 享(드릴 향). 곧 향사(享祀), 제사 지내는 일. '岐山'(기산)은 周의 서방에 있는 명산. '王用亨于岐山'(왕용향우기산)은 주 문왕이 자기 영토 내의 岐山에서 향사한다는 뜻. 곧 천자의 禮를 취하지 않는다는 뜻.

六四는 상곤괘의 초효이고 음효니 유순하고 음효·음위로 지정한 효다. 또 제5위에 가까우니 제후의 지위다. 곧 서백(西伯)인 문왕을 가리키고 있다. 문왕은 천하의 3분의 2를 영유한 후에도 紂(주)를 천자로 섬기며 유순지정한 도리를 지켰고, 자기 영토 내의 岐山에서 향사하며 조금도 지나친 행위를 하지 않았다. 공자는 '周之盛德'(주지성덕)이라 했다. 문왕은 이런 성덕을 가져서 길하며 허물이 없다는 것이다. 程傳에는 이렇게 씌어 있다.

옛날 문왕이 岐山 밑에 도읍을 정하여 있을 때 위로는 殷 천자에 순종해서 그에 道를 지니도록 지극히 원하고 밑으로는 천하의 현인들에 순응해서 升進시키도록 했으며, 자신은 유순하고 겸손해서 그 지위를 넘어서지 않았으니 (천자되기를 원하지 않음) 그 지극한 덕이 이와 같다. 周의 왕업이 이로써 형통하게 되었다.
昔者文王之居岐山之下에 上順天子而欲致之有道하고 下順天下之賢而使之升進

하고 己則柔順謙恭하여 不出其位하니 至德이 如此라 周之王業이 用是而亨也
ㅣ라

象에 曰 王用亨于岐山은 順事也ㅣ니라
象에 가로되 '王用亨于岐山'은 순해서 섬김이니라

'順事'(순사)는 유순하게 殷 천자를 섬긴다는 뜻이다. 程傳에는 "위로는 군상(君上)에 순종하고 밑으로는 下에(현인의 뜻) 순응하며 자신은 그 도의에 순응하여 처신한다. 그러므로 '順事'라 했다"(上順於上하고 下順於下하며 己順處其義故로 云順事也ㅣ라)고 씌어 있다. 來註에는 "以柔居柔로 得正하여 順事乎五라" 했다. 곧 음효·음위로 정위(正位)를 얻어서 九五(천자)를 도리를 좇아 섬긴다는 것이다. 來子說을 취한다.

六五는 貞吉하니 升階니라
六五는 貞해서 吉하니 계단에 오름이니라

六五는 천위가 되고 九二와 함께 주괘의 주효이다. 상곤괘의 중효니 유순중덕을 가진 천자다. 貞吉은 정도를 굳게 지키면 길하다는 의미다. 곧 六五는 유순중덕을 가졌으나 음유하니 그것을 경계해서 '貞吉'이라 했다.

程傳에는 "六五는 강건중덕을 가진 아래의 九二와 상응함으로써 능히 존위(尊位)에 안거해서 길하다. 그러나 본시 그 자질이 음유하니 필연코 정도(貞道)를 굳게 지켜야 吉을 얻게 된다. 만약 정도를 굳게 지키지 못하면 곧 현인의 믿음이 독실하지 않게 될 것이고 현인을 임용해도 끝까지 가지 않으리니 어찌 능히 길할 수 있겠는가"(五以下有剛中之應故로 能居尊位而吉하다 然이나 質本陰柔하니 必守貞固하여 乃得其吉也ㅣ라 若不能貞固則信賢不篤하고 任賢不終이리니 安能吉也리오) 했다.

'升階'(승계). 階는 섬돌 계. 계단의 뜻이니 곧 차례, 순서의 의미도 가졌다.

升階는 계단을 하나씩 차례로 올라간다는 뜻이다. 상괘의 坤 3효는 층층(層層)으로 되었으니 계단의 상이 된다. 《주역술의》에는 이렇게 씌어 있다.

    곤괘는 土인데 세 효가 층층으로 올라가니 계단의 상이다. 유순중덕을 지닌 六五는 강건중덕을 가진 九二와 응해서 사심(私心)을 버리고 현인에게 겸하니 인군(人君)의 정도. 이 도리를 올곧고 굳게 지키면 곧 현인을 등용함에 한결 같으리니 그 어떤 일에 불길할 것이냐. 또 九二가 升進하면 모두가 승진한다. 初六은 九二를 신뢰해서 승진하고 九三은 九二와 덕이 같으므로 승진하며 六四는 九二와 功이 같아 승진하며 현인이 모두 승진하면 곧 치도(治道)의 승진이 계단을 올라감과 같아서 기댈 바가 있고 또 차례가 있으리라.
      坤爲土라 三爻層上하니 階象也ㅣ라 五以柔中으로 應二剛中하여 虛己下賢하니 人君之正道也ㅣ라 貞固守此則任賢勿貳니 何事不吉이리요 且二升則無不升矣라 初允二而升하고 三與二同德而升하고 四與二同功而升하여 賢人이 皆升則治道之升이 如升階然하여 有憑而又有序也ㅣ라

象에 曰 貞吉升階는 大得志也ㅣ니라
象에 가로되 '貞吉升階'는 뜻을 크게 얻음이니라

'大得志'(대득지)는 곧 대망(大望) 성취를 의미한다. 삼진괘(三進卦)의 입장에서 보면, 승괘 六五와 진괘(晉卦) 六五는 天位다. 하지만 점괘(漸卦)의 九五는 天位로 보지 않는다.
    《朱子本義》에는 '當升而居尊位라' 했고, 程傳에는 '能居尊位而吉이라' 했다. 저자는 程子, 朱子說을 따르기로 한다.

上六은 冥升이니 利于不息之貞이니라
上六은 冥升이니 쉬지 않는 貞이 이로우니라

冥은 어두울 명. '冥升'(명승)은 어둠 속에서, 즉 무지하면서도 승진한다는

뜻이다. '冥升'은 효명이다. 上六은 음효니 유약하고 재능이 없으면서 升極(승괘의 종극)에 있으니 심지가 명암(冥暗)한 효다. 升時라 하여 올라갈 줄만 알고 멈출 바를(知其所止) 모른다. 이래서는 흉화를 면할 수 없다. '利于不息之貞'(이우불식지정)은 바른 도리를 쉬지 않고 굳게 지켜야 이롭다는 의미다. 不息은 천리(天理)의 불이(不已)와 같다. 不息之貞은 천도(天道)의 불이지정(不已之貞) 곧 誠과 같다.

《주역절중》에 이광지는 다음과 같이 말하고 있다.

'冥升'(명승)과 '晉其角'(진기각)의 의미는 같다. 모두 나아갈 줄만 알고 물러갈 줄은 모르는 자다. 晉卦의 上九는 강효이므로 角이라 했고 승괘 上六은 유효이므로 冥이라 했다. 不息之貞이 이롭다는 계언(戒言) 역시 晉卦 上九 효사의 '維用伐邑'(유용벌읍)과 같은 뜻이다. 모두 스스로를 다스리는 일에 애써야 하고 감히 성대함에 만족하여 자거(自居)할 것이 아니다. 晉卦의 上九는 강효이므로 '伐邑'을 말했고 升卦의 上六은 유효이므로 '不息之貞'이라 했다.

> 冥升與晉其角之義同하니 皆進而不能退者也ㅣ라 以其剛也ㅣ라 故로 曰角이요 以其柔也ㅣ라 故로 曰冥이라 利于不息之貞은 其戒亦與維用伐邑之義同하니 皆勤於自治요 不敢以盛滿自居者也ㅣ라 以其剛也ㅣ라 故로 曰伐邑이요 以其柔也ㅣ라 故로 曰 不息之貞이라

건괘(乾卦)의 말미에 "知進而不知退하며 知存而不知亡하며 知得而不知喪이니 其唯聖人乎아 知進退存亡而不失其正者ㅣ 其唯聖人乎ㄴ저"(나아갈 줄만 알고 물러갈 줄은 모르며, 생존할 것만 알고 죽어 사라질 도리는 모르며, 얻을 줄만 알고 잃을 줄은 모르니 오직 성인이라야 진퇴존망의 도리를 알고 그 정도를 잃지 않으리니 오로지 성인뿐이다) 했다. 易書는 다름아닌 진퇴존망의 도리를 계시할 뿐이다. 이 진퇴존망의 도리를 알고 정도를 굳게 지키는 것이 행복이다. 易書는 幸을 계시한 신성한 경전이다.

象에 曰 冥升在上은 消不富也ㅣ니라

象에 가로되 '冥升'이 위에 있으니 사라져서 富하지 않음이니라

'冥升在上'(명승재상)은 上六은 심지가 명암(冥暗)하면서도 승진하여 상위에 있다는 뜻. '消不富也'는 높은 지위 등의 모든 것을 잃고 빈곤하게 되리라는 의미다.

地風升卦(지풍승괘)☷☴의 여섯 효를 다시 정리해 보자.
初六은 성괘의 주효가 되며 하손괘의 주효도 되니 손순한 덕을 가져서 대길하다.
九二는 양효·음위로 음양충화가 되고 강건중덕을 지녔고 성실한 初六과 음양 상비하고 유순중덕을 가진 六五와 음양상응해서 吉无咎하고 주괘의 주효가 된다.
九三은 양효·양위로 과강이 되나 하손괘의 상효이니 손덕(巽德)을 지닌다. 升時에 처해 정도를 굳게 지키고 동류와 함께 나란히 승진하기에 悔亡(회망)이 되고 길하게 된다.
六四는 음효·음위로 위정 지정하고 과분한 행위를 하지 않는 지기소지(知其所止)의 군자요 성심으로 천자를 모시는 제후다. 그러므로 무구하고 길하다.
六五는 유순중덕을 지녔고 강건중덕을 가진 九二와 음양상응하며 위정 지정한 六四의 현인과 함께 승진하게 되니 이에 승도(升道)를 완성하는 주괘의 주효다. 대길하다.
上六은 음유하고 승극(升極)이 되니 위험한 지위다. 不息之貞을 굳게 지키면 길하리라. 승괘의 여섯 효는 모두 无咎 또는 吉하다. 곧 '巽而順'(손이순)으로 질서있게 승진을 하기 때문이다.

澤水困

坎下
兌上

困은 ^{형정}亨貞하니라 大人은 ^{길무구}吉无咎하고 有言不信이리라

象에 曰 困은 剛揜也ㅣ니 險以說하고 困而不失其所亨은 其唯
君子乎ㄴ저 貞大人吉은 以剛中也ㅣ오 有言不信은 尚口乃窮也
ㅣ새니라

象에 曰 澤无水ㅣ 困이니 君子ㅣ 以하여 致命遂志하나니라

初六은 臀困于株木하고 入于幽谷하여 三歲不覿이니라
　象에 曰 入于幽谷은 幽不明也ㅣ니라

九二는 困于酒食이요 朱紱方來리니 利用亨祀하고 征凶하나 无咎
하니라
　象에 曰 困于酒食은 中有慶也ㅣ리라

六三은 困于石이요 據于蒺藜ㅣ니 入于其宮하여 不見其妻하니 凶하니라

象에 曰 據于蒺藜는 乘剛也ㅣ오 入于其宮 不見其妻는 不祥也ㅣ니라

九四는 來徐徐요 困于金車ㅣ니 吝하나 有終하리라

象에 曰 來徐徐는 志在下也ㅣ니 雖不當位로되 有與也ㅣ니라

九五는 劓刖이니 困于赤紱하되 乃徐有說하리니 利用祭祀하니라

象에 曰 劓刖은 志未得也ㅣ오 乃徐有說은 以中直也ㅣ오 利用祭祀는 受福也ㅣ니라

上六은 困于葛藟 于臲卼하니 曰動悔요 有悔征吉하리라

象에 曰 困于葛藟는 未當也ㅣ오 動悔有悔는 吉行也ㅣ니라

^곤 ^{형정} ^{대인} ^{길무구} ^{유언불신}
困은 亨貞하니라 大人은 吉无咎하고 有言不信이리라

困은 형통해야 貞하니라. 대인은 길하고 허물이 없고 말이 있어도 믿지 않으리라

困卦(곤괘)는 坎下兌上(감하태상)의 괘다. 상태괘는 澤이고 하감괘는 水다. 澤과 水와 괘명의 困을 합해 澤水困(택수곤)이라 하여 괘형과 괘명을 기억하게 한다.

困은 곤할 곤. 곧 곤궁하다는 뜻. 자의(字義)로 말하면 口은 圍(위)의 고자(古字)다. 즉 둘레 속에 木이 들어가 있는 것이 困 자다. 나무가 틀 속에 갇혀 있으니 가장 곤궁한 상태를 표현한 글자다. 괘체, 즉 괘의 형체로 말하면 하감괘의 강괘가 상태괘의 유괘의 밑에 있으니 이것을 정자(程子)는 '以剛爲柔所掩蔽也'(이강위유소엄폐야)라 했다. 곧 강괘가 유괘에 가려져 덮여 있다는 것이다. 이는 군자(대인)의 곤궁을 의미한다.

곤괘를 여섯 효로 나누어 보면 九二의 양효는 初六과 六三의 두 음효에 엄폐되어 있고 九四와 九五의 두 양효는 六三과 上六에 엄폐되어 있으니 곧 강건재덕을 가진 군자들이 간사한 소인들에게 엄폐되어 곤궁한 상이 된다. 또 상태괘는 澤이고 하감괘는 水다. 못 속에는 물이 고여 있어야 할 것을 물이 모두 못 밑으로 새 흘러가 버린 괘상이 된다. 이와 같은 연유로 괘명을 困이라 했고 곤궁함에 대처하는 도리를 말했다.

곤괘의 곤궁하게 되는 원인을 말했으나, 어느 괘에도 성괘의 원인이 있게 마련이고 반면 그에 대한 수습책과 발전시킬 도리도 그 속에 품고 있다. 곧 자급자족하게 되어 있는 것이다. 인간 사회도 모두 이와 같다.

다음은 困時를 수습, 발전시킬 도리를 찾아 보기로 한다. 하감괘는 험조간난(險阻艱難)의 괘고 상태괘는 화열(和悅)의 괘다. 곧 곤궁 속에 빠져있어도 그 마음은 기뻐한다는 의미다. 이것을 '險以說'(험이열)이라 하니 곧 신곤심열(身困心說), 몸은 곤궁하나 마음은 기뻐한다는 것을 의미한다. 來註에는 "不于其身于其心이요 不于其時于其道니 如羑里演易과 陳蔡絃歌와 顔子在陋

巷에 不改其樂이 是也ㅣ라" 했다. 곧 성인군자는 몸보다 그 마음을 고상하게 가지고 時보다도 道를 숭상한다. 문왕이 유리옥(羑里獄)에서 역서를 쓴 것이나 공자가 陳蔡之厄(진채지액 : 진채〔陳蔡〕에서 절량〔絶糧〕의 고액〔苦厄〕을 받음)에도 거문고를 퉁기며 노래한 것이나(絃歌) 안자(顔子)가 누항(陋巷)에서도 그 낙도(樂道)를 고치지 않은 것 등이 이에 해당한다는 것이다.

성인군자는 비록 곤궁해도 안토낙천(安土樂天)하며 늘 모든 사람들의 행복을 원하고 소인은 곤궁하면 도리에 어긋나게 된다. 소인은 참다운 행복을 모르기에 스스로 불행 속에 빠지게 된다. 군자를 엄폐하면 군자지도는 행해지지 않으니 물론 군자는 곤궁할 것이나 장차 국정이 문란해지고 대란이 일어나게 되면 군자보다 오히려 소인들이 더욱 곤궁하게 되어 해화(害禍)를 받게 되리니 이런 일은 역사상 허다하다. 初六, 六三, 上六은 어지러움을 낳는 효가 되나 강건재덕을 가진 九二, 九四, 九五의 세 양효는 '險以說剛中而應'(험이열강중이응)으로 困時를 구제하게 된다.

〈서괘전〉에는 "升而不已면 必困이리라 故로 受之以困이니라" 했다. 모든 사물에는 한도(限度)가 있다. 그 한도를 무시하고 승진만 하려 하면 반드시 곤궁하게 되리라. 그러므로 승괘 다음에 곤괘로서 받았으니 困은 곤궁하다는 의미다. 곤궁하게 되는 것이나 다행하게 되는 것은 모두 스스로 초래한 결과다. 공자는 '不怨天 不尤人'(불원천 불우인)이라 했다. 곧 하늘을 원망하지 말 것이며 남의 허물로 돌리지도 말라는 것이다.

〈잡괘전〉에는 '井通而困相遇也'(정통이곤상우야)라 했다. 정괘(井卦)와 곤괘는 종괘다. 정괘는 음괘인 손괘가 양괘인 감괘의 밑에서 손하기에 모든 일이 井通, 곧 화통하게 되고 곤괘는 이와 반대로 양괘인 감괘가 음괘인 태괘(兌卦)의 밑에 가려져 있으니 그러므로 곤궁하게 된다. '相遇'(상우)는 서로 만난다는 뜻. 곧 양괘와 음괘가 서로 만나더라도 그 위치에 따라서(井綜困) 정괘와 곤괘는 이와 같은 차이가 생긴다.

수뢰준괘, 감위수괘, 수산건괘, 택수곤괘는 모두 간난(艱難)을 의미하는 괘다. 그 내용은 각 괘에서 설명했으니 생략한다. 이 네 괘를 비교해서 깊이 살피면 각각의 내용이 다른 바가 드러날 것이다. 물론 각각의 성괘의 원인과 수습하는 도리도 괘중(卦中)에 품고 있다.

■ 困은 亨貞하니라

곤괘는 '險以說'(험이열), 곧 신곤심열(身困心說)의 도리를 터득해서 형통하게 되고 그리하여 正道(貞)를 얻게 되리라는 의미다.

來註에는 "能自亨其道則得其正矣라 他卦亨貞은 言不貞則不亨이니 是는 亨由于貞也ㅣ오 此卦亨貞은 言處困能亨則得其貞이니 是는 貞由于亨也ㅣ라" 했다. 곧 능히 스스로 그 道(樂天知命)에 형통하면 곧 정도(正道)를 얻게 된다. 다른 괘에서 '亨貞'(형정)이라 할 때는 부정(不貞)은 불형(不亨)한다는 말이니 이는 亨이 貞에서 유래한다는 의미고, 이 괘의 亨貞은 困時에 처해서 그 도가 형통해서 곧 貞을 얻게 됨이니 이는 貞이 亨에서 유래하는 의미라는 것이다. 困卦時에는 '險以說'(험이열) 또는 낙천지명(樂天知命)의 심형(心亨)으로 말미암아 정도(貞道)를 얻게 된다는 설명이다. 곧 亨은 '其心亨'(기심형)의 의미고 貞은 貞道를 가리킨다.

■ 大人은 吉无咎하고 有言不信이리라

大人은 九二와 九五를 가리킨다. 九二는 강건중덕을 가졌고 九五는 강건중정의 대덕을 가졌다. 그러므로 '險以說'(험이열) 곧 험중(險中)에 심열(心悅: 安土樂天)하고, 이 九二와 九五가 협력해서 장차 困時를 구제하게 된다. 본디는 양과 양, 음과 음은 반발하나, 그러나 같은 양효가 서로 협력하게 되면 대성하게 된다. 건괘 九二에 '利見大人'이라 하고 그 九五에도 '利見大人'이라 했으니 건괘의 九二와 九五는 상호 협력한다는 의미다. 64괘는 모두 건괘와 곤괘(坤卦)의 변화로 생겼으니 이 두 괘가 기본이 된다. 단사의 '困 亨貞'은 困卦 전체에 대한 말이고 '大人 吉无咎'는 九二와 九五에 대한 말이다.

'有言不信'(유언불신)은 곤궁 속에서 신음하면서 무슨 말을 하건 사람들은 믿지 않으리라는 뜻. 군자는 험중(險中)에 처하여 그 명덕(明德)을 밖으로 드러내지 않고 속에 감춘다. 기자(箕子)의 聖으로도 紂의 시대에는 회명(晦明)

했다 한다. 來註에는 "동파(東坡)는 困에 처해서 오히려 변설(辨舌)이 많았으니 그의 문장은 족히 사람을 속이는 것으로 들린다. 어찌 이것이 군자의 도리겠는가"(東坡處困에 尙多辨舌하니 文足欺人耳요 豈是君子아) 했다. 그 비난하는 바의 실제 내용은 알아볼 일이나 이런 것이 바로 '有言不信'(유언불신)의 예가 되지 않을까 싶다.

象에 曰 困은 剛揜也ㅣ니 險以說하고 困而不失其所亨은 其唯君子乎ㄴ저 貞大人吉은 以剛中也ㅣ오 有言不信은 尙口乃窮也글새니라

象에 가로되 困은 剛이 (柔에게) 가려짐이니 험해서도 기뻐하고 곤하되 그 형통하는 바를 잃지 아니함은 그 오직 군자일진저. 貞大人吉은 剛中하기 때문(以)이요 '有言不信'은 입을 숭상하면 곧 궁하기 때문이니라

■ 象에 曰 困은 剛揜也ㅣ니

揜은 가릴 엄. 가리어 덮다. 곤박(困迫)하게 한다는 뜻. '剛揜'(강엄)은 즉 강괘나 강효를 음괘 또는 음효가 가리운다는 뜻이다. 하감괘는 상태괘의 밑에 있으니 剛揜이 되고 九二는 初六과 六三에게, 九四와 九五는 六三과 上六에 가리워져 있다는 뜻이다. 이것은 괘체로써 괘명을 설명한 말이다.

■ 險以說하고 困而不失其所亨은 其唯君子乎ㄴ저

하감괘는 험난의 괘고 상태괘는 화열(和悅)의 괘다. 說은 悅. 그러므로 '險以說'(험이열)이라 했다. 곧 困時에 처해 군자는 신곤심열, 비록 몸은 곤궁하나 마음은 안토낙천한다는 의미다.

'困而不失其所亨'(곤이불실기소형)은 곤궁하면서도 그 형통한 바(安土樂天의 군자지도)는 잃지 않는다는 뜻. 來註에는 "所者는 指此心也ㅣ오 此道也ㅣ라 言身雖困이나 此心이 不愧不怍이면 心則亨也ㅣ라" 했다. 곧 '不失其所'(불실

기소)의 所 자는 心과 道를 가리킨다는 설명이다. 말하자면 몸은 비록 곤궁하되 그 마음이 부끄러워할 바가 없으면 마음은 형통한다는 것이다. 愧는 부끄러워할 괴. 怍은 부끄러워할 작. 자신의 언행에 부끄러워할 바가 없다면 가위 군자다. 그러므로 '其唯君子乎ㄴ저'라 했다. 이상은 괘덕으로써(險以說) 단사의 '亨'을 설명한 말이다.

■ 貞大人吉은 以剛中也ㅣ오

'貞'(정)은 정도(正道). '大人'(대인)은 九二와 九五를 가리킨다. 九二와 九五의 大人은 '險以說'(험이열)하고 강중(剛中)으로써 상응해서 困時를 구제하여 길하다. 九二와 九五는 같은 양효로서 응(應)이 되지 않으므로 '以'로써 설명했다. 來註에는 "貞字는 在文王卦辭엔 連亨字讀하고 彖辭엔 連大人者는 孔子 恐人認貞字爲戒辭也ㅣ라"했다. 곧 문왕 괘사에는 형자와 정자를 연이어 '困 亨貞'으로 읽었고 단전에는 大人에 '貞大人吉'(정대인길)로 붙이고 있는데 그 까닭인즉 공자는 사람들이 貞 자를 계사(戒辭)로 인정할까 걱정해서 그랬다는 것이다. 즉 貞 자는 '利貞'에서와 같은 계사가 아니고 '不失其所亨'(불실기소형)으로 정도를 얻다는 의미라는 설명이다.

■ 有言不信은 尙口乃窮也ㅣ새니라

이 구절은 상태괘의 주효가 되는 上六을 가리키고 있다. '尙口'(상구)는 입을 숭상한다는 말이니 곧 변설(辯說)로써 무엇인가를 기대하는 마음을 가리킨다. '尙口乃窮也'(상구내궁야)는 말이 많을수록 더욱 궁곤하리라는 의미다. 《주역절중》에 이광지는 "剛中之大人은 卽不失所亨之君子言ㅣ니 指二五言이요 尙口乃窮者는 處困之極에 務說於人이니 指上六言ㅣ라"했다. 곧 '剛中'(강중)의 대인은 단전의 '不失所亨之君子'(불실소형지군자)의 의미니 九二와 九五를 가리킨 말이고, '尙口乃窮'(상구내궁)이라 한 것은 곤극(困極)에 처하여 사람들에게 일삼아 변설함이니 上六을 가리킨 말이라는 것이다. 上六은 곤극이 되고 상태괘의 주효가 되므로 이렇게 계언했으나 困時에서는 上六 외의 다른

澤水困

효들에도 해당되는 말이다.

<ruby>象<rt>상</rt></ruby>에 <ruby>曰<rt>왈</rt></ruby> <ruby>澤无水<rt>택무수</rt></ruby>ㅣ <ruby>困<rt>곤</rt></ruby>이니 <ruby>君子<rt>군자</rt></ruby>ㅣ <ruby>以<rt>이</rt></ruby>하여 <ruby>致命遂志<rt>치명수지</rt></ruby>하나니라

象에 가로되 못에 물이 없음이 困이니 군자는 이로써 목숨을 다하여 뜻을 이루느니라

■ 象에 曰 澤无水ㅣ 困이니

'澤无水'(택무수)는 못 속에 물이 없다는 뜻. 못 속에 고여 있던 물이 모두 흘러가 버렸다. 이것이 困卦의 괘상이다.

■ 君子ㅣ 以하여 致命遂志하나니라

致는 이룰 치. 바칠 치. 끝까지 다한다는 뜻. '致命'(치명)은 신명을 바치다 또는 신명을 돌보지 않고 진심갈력한다는 의미다. 물론 반드시 죽는 것을 말하지는 않는다. 遂는 이룰 수. '遂志'(수지)는 뜻을 이루다, 목적을 달성한다는 뜻. 감괘는 험중에 빠진 괘다. 致命은 이 감괘의 상에서 취했다. 태괘(兌卦)는 화열(和悅)의 괘다. 뜻하는 바를 달성하면 기뻐하게 된다. 遂志는 태괘의 상에서 취했다. 곤궁하게 되는 원인은 여러 가지가 있을 것이나 대상전(大象傳)은 澤无水, 곧 상하의 괘상으로 말했다.

<ruby>初六<rt>초육</rt></ruby>은 <ruby>臀困于株木<rt>둔곤우주목</rt></ruby>하고 <ruby>入于幽谷<rt>입우유곡</rt></ruby>하여 <ruby>三歲不覿<rt>삼세불적</rt></ruby>이니라

初六은 볼기가 주목(나무 밑동)에 곤하고 유곡(깊은 산골)에 들어가서 삼 년을 보지 못함이니라

■ 初六은 臀困于株木하고

臀은 볼기 둔. 株는 그루터기 주. '株木'(주목)은 나무를 베어 낸 뒤에 남은 밑동. 서 있을 때는 발이 가장 밑이지만 앉아 있을 때는 우선 볼기〔臀〕다. 初

六은 최하위가 되니 그러므로 臀이라 하고 株木이라 했다. 初六은 음효로서 양위에 있으니 지부정한 소인이다. '臀困于株木'(둔곤우주목)은 나무의 밑둥에 걸터앉아 있으니 볼기가 아파서 곤란하다는 의미다. 이것이 初六의 효상이다.

困卦는 곤궁의 괘가 되니 이 여섯 효는 모두 곤궁한 효가 된다. 初六, 六三, 上六의 세 음효는 인사로 말하면 소인이고, 九二, 九四, 九五의 세 양효는 군자다. 세 음효의 소인은 세 양효의 군자를 가리우니 이 군자들은 모두 곤궁하게 된다. 그러나 군자지도가 행해지지 않으면 세상은 문란하게 되고 장차 대란이 일어나면 오히려 군자보다 소인들이 더욱 곤궁하게 되어 흉화를 받게 되리니 이런 예는 역사상에 허다하다. 이 괘의 六爻는 대략 이런 의미로 해석된다. 물론 그 외에도 다방면으로 해석해야 할 것이다.

■ 入于幽谷하여 三歲不覿이니라

幽는 그윽할 유. '幽谷'(유곡)은 깊은 산골. 깊은 산골에 들어간다는 것이 '入于幽谷'(입우유곡)의 의미다. 覿은 볼 적. '三歲不覿'(삼세부적)은 3년 동안이나 아무도 만나보지 못한다는 뜻. '臀困于株木하고 入于幽谷'은 효상이고 '三歲不覿'은 점사다.

初六은 음효·양위로 위부정이 되고 음유하고 지부족(智不足)한 효다. 소인의 사욕으로 六三과 공모해서 九二의 현인을 엄폐하게 된다. 또 初六은 하감괘의 하효가 되니 '臀困于株木'(둔곤우주목)의 상이 되고 하감괘는 穴의 상이다. 그러므로 '入于幽谷'(입우유곡)이라 했다. 九四와는 응위(應位)가 되니 初六은 九四와 상응하기를 원한다. 그러나 九二의 방해로 九四의 응효와 적견(覿見)하지 못한다. 그러므로 '三歲不覿'이라 했다. 이 모두 음유하고 무지한 初六이 스스로 부른 흉화다. 來註에는 '欲困君子而反自困'(욕곤군자이반자곤)이라 했다. 곧 九二의 군자를 곤궁하게 하려 하다가 도리어 자신이 곤궁하게 되었다는 것이다.

《주역술의》에는 다음과 같이 씌어 있다.

初六은 하위이므로 臀(둔)이 된다. 걸어갈 때는 발[趾]이 밑에 있고 앉았을 때는 볼기가 밑에 있다. 그러므로 大壯 初九의 '壯于趾'(장우지)는 앞으로 걸어간다는 말이고 '臀困'(둔곤)은 앉아 있어서 곤궁하다는 말이다. 감괘(하감괘)는 굳은 나무고 상태괘는 훼절 곧 꺾임이니 그리하여 株木이 된다. 初六은 작은 구덩이가 되므로 幽谷이라 했고 離의 수는 3(8괘 횡렬의 세 번째)이므로 '三歲'(삼세)라 했다. 이괘(離卦 : 2, 3, 4효의 호괘)는 目이 되고 初六은 이괘의 밖에 있다. 그러므로 '不覿'(부적)이 된다. 初六은 九四와 응위(應位)가 되나 가서 九四를 돕지는 않고 스스로 九二를 곤궁하게 만들려 하나 힘으로 능히 이기지 못한다. 그러므로 나무 밑동에 앉아서 곤궁하게 되고 또 깊은 골짜기에 들어가서 3년 동안이나 九四를 만나보지 못한다. 凶을 말하지 않음은 九四를 기다리고 있기 때문이다. 만약 골짜기로부터 나갈 수 있어서 키큰 나무로 옮기게 되면 應하는 바의 九四를 만나볼 수 있으리라. 그러므로 말하기를 화복(禍福)은 모두 자신이 초래하는 것이다.

初在下故로 爲臀하고 行則趾在下요 坐則臀在下故로 壯趾는 言前行也ㅣ오 臀困은 言坐困也ㅣ라 坎木堅하고 兌毁折故로 爲株요 初爲坎窞故로 曰幽谷이요 離數三故로 三歲요 又爲目이요 初在離外故로 不覿也ㅣ라 初與四應하여 不往助四而自欲困二하니 力不能勝故로 坐困于株木하고 且入幽谷하여 三歲而不與四覿也ㅣ라 不言凶者는 俟之也ㅣ니 若能出幽谷而遷喬木하면 所應猶可覿焉이라 故로 曰禍福은 無不自求之者라

象에 曰 入于幽谷은 幽不明也ㅣ니라

象에 가로되 '入于幽谷'은 그윽해서 밝지 않음이니라

幽는 곧 어둡다는 의미로 통한다. '幽不明'(유불명)은 지혜가 어둡고 어리석다는 뜻. 2, 3, 4효의 호괘는 離卦의 태양이다. 初六은 이괘(離卦)의 밖에 있으니 '幽不明'(유불명)의 상이 된다. 그러나 九四는 호괘(互卦)인 離의 안이 되니 九四와 음양상응으로 만나볼 수 있게 되면 幽가 明으로 변한다. 初幽四明이기 때문이다.

九二는 困于酒食이요 朱紱方來리니 利用亨祀하고 征凶하나 无咎
하니라
九二는 주식에 곤함이요 주불(朱紱)이 바야흐로 오리니 향사(제사)를 씀이 이롭고 가면 흉하고 허물이 없느니라

■ 九二는 困于酒食이요 朱紱方來리니

九二는 九五와 함께 이 괘의 주괘의 주효가 된다. 강건중덕을 지녀서 困時를 구제할 주효다. 비록 지금은 初六과 六三의 소인들에게 가리워져 있어 군자지도를 행하지 못하고 곤궁한 처지에 있으나 신곤심열(身困心說)한 대인이다. 그러므로 당분간 주식(酒食)으로 몸을 기르고 재덕을 기르면서 때를 기다리게 된다. 그러므로 '困于酒食'(곤우주식)이라 했다. 來註에는 "凡易言酒者는 皆坎也ㅣ오 言食者는 皆兌也ㅣ라" 했다. 무릇 易書에서 酒를 말한 것은 모두 감괘에서고 食을 말한 것은 모두 태괘에서라는 지적이다. 困卦는 상태하감괘(上兌下坎卦)다. 그러므로 酒食을 말했다는 것이다.

'朱紱方來'(주불방래). 紱은 인끈 불. 韍(폐슬 불)로 통용하고 고대(古代)의 조복(朝服), 제복(祭服) 등의 무릎을 가리는 것이라 한다. 천자의 색은 朱色이니 '朱紱'이라 한 것이다. 밑에서 위로 올라가는 것을 往이라 하고 위에서 밑으로 내려오는 것은 來라 한다. 方은 '방금'의 뜻으로 方來는 바야흐로 오리라, 이제 막 오리라는 의미다. 九五의 天子는 곧 九二의 현인을 찾아오리라는 뜻이다.

음과 양은 쉽게 화합하나 양과 양, 음과 음은 서로 반발하기 쉽다. 그러나 양과 양이 화협하게 되면 큰일을 이루게 된다.

來註에는 "'方來'는 곧 제갈공명의 일을 말함이요 '困于酒食'(곤우주식)은 남양(南陽)에 누워 있다는 의미고 '朱紱方來'(주불방래)는 유비의 삼고초려를 뜻하며 '利用亨祀'(이용형사)는 유비의 초빙에 응하는 것이고 '征凶'(정흉)은 죽을 때까지 誠을 다한다는 의미이며 '无咎'(무구)는 군신의 義가 허물이 없다는 것이다"(方來는 此則孔明之事요 困酒食者는 臥南陽也ㅣ오 朱紱方來者는 劉備三顧也ㅣ오 利用亨祀者는 應聘也ㅣ오 征凶者는 死而後已也ㅣ오 无咎者는 君

臣之義 无咎也ㅣ라) 했다. 곧 九二와 九五를 제갈공명과 유비에 비유해서 설명한 것이다.

■ 利用亨祀하고 征凶하나 无咎하니라

'利用亨祀'(이용향사). 제사를 드리는 것처럼 하라는 것은 곧 지극한 정성으로써 처신하라는 의미다. 誠은 군상(君上)에 대해서는 충성을 다 함이요 부모를 모심에는 孝가 되고 붕우(朋友)에는 믿음, 자녀에 대해서는 자애로움이 된다.

'征凶'(정흉)은 가게 되면 흉하다는 뜻. 천자의 초빙이 없이 스스로 나아가게 되면 흉하다는 뜻이다. 孔明이 유비의 삼고(三顧)를 기다려서 초빙에 응하듯 해야 한다. 그렇게 하면 무구하다는 의미다. 《주역술의》에는 "若不待朱紱之來而自往焉이면 則徒喪其所守而凶矣니 知其有凶而不征하면 可无咎也ㅣ라" 했다. 곧 만약 朱紱이 오는 것을 기다리지 않고 스스로 가게 되면 그 절개를 보람없이 잃게 되어 흉하니 그 흉함을 알고 가지 않으면 가히 허물이 없다는 것이다. 이 '利用亨祀'야말로 가장 중요한 요체가 된다.

象에 曰 困于酒食은 中有慶也ㅣ니라
象에 가로되 '困于酒食'은 중해서 경사가 있으리라

'中有慶'(중유경)은 九二는 강건중덕을 가져서 '有慶'(유경)하리라는 뜻. 효사에서는 여러가지 조건을 말하고 있으나 상전에는 단순하게 중덕을 말했다.

六三은 困于石이요 據于蒺藜ㅣ니 入于其宮하여 不見其妻하니 凶하니라
六三은 돌에 곤하고 질려(蒺藜)에 의거함이니 그 궁에 들어가서 그 아내를 보지 못함이니 흉하니라

- 六三은 困于石이오 據于蒺藜ㅣ니

據는 의거할 거. 蒺은 남가새 질. 藜는 명아주 려. 蒺藜(질려)는 독한 가시를 가진 만초(蔓草). 石은 九四를 가리키는 말이다. 九四는 강건한 양효니 돌처럼 견고하다는 뜻. 六三의 소인은 돌처럼 견고한 위의 九四를 가리고 나서려다 도리어 九四의 억압을 받아 곤궁하게 된다는 것이 '困于石'(곤우석)의 의미다. 또 강건중덕을 지닌 아래 九二의 大人을 엄폐하려 하다가 역시 독한 가시를 가진 '蒺藜'(질려)에 의존하는 양 곤궁하게 된다는 것이 '據于蒺藜'(거우질려)의 의미다. 六三은 九四의 아래에 있으니 바위에 눌린 꼴이요 九二의 위에 있으니 가시나무 위에 앉은 형국이다. 九二의 大人과 九四의 군자는 이 六三을 해치려는 생각이라곤 조금도 없으나 六三의 소인은 스스로 화를 부르고 있는 것이다.

六三은 음효로서 양위에 있으니 위부정한 소인이고 이미 과중을 한 상태로 감험괘(坎險卦)의 종극에 처하여 있으니 가장 간사한 小人이 된다. 얕은 지혜로 大人 군자를 엄폐해서 사리(私利)를 도모하려 하지만 도리어 大人 군자의 억압을 받아 곤궁 속에 빠지게 되었다. 이는 六三이 스스로 부른 재앙이다.

- 入于其宮하여 不見其妻하니 凶하니라

'其宮'(기궁)은 말하자면 其家와 같다. 곧 자기의 집이라는 뜻. 其妻는 자기의 처. 두 其 자는 六三을 가리킨다. 곧 집에 돌아가도 처를 만날 수 없으니 흉하다는 의미다. 《주역술의》에는 다음과 같이 씌어 있다.

兌卦는 강로(剛鹵 : 염분을 많이 품은 흙. 중국 사천성과 운남성 근방을 剛鹵之地라 한다)로서 돌의 상이 되고 감괘의 상은 가시나무며 2, 3, 4효의 호괘는 離卦니 宮이고 巽卦의 상은 入이다. 六三의 처(應位)가 되는 上六은 離宮의 밖에 있다(上六은 2, 3, 4효의 호괘의 밖에 있음). 그러므로 '不見其妻'라 했다. 六三은 부중 위부정하면서도 강위(六三은 양위)에 있으니 뜻은 강하나 음효여서 재주가 박약하다. 九四를 곤궁하게 만들려다가 오히려 돌처럼 견고한 九四의 억압을 받게 되고, 九二에 의거(依據)하려 하나 九二는 가시나무와 같아서 의거할 수 없고 그 집에 돌아가서 妻의 내조를 구하려 하지만 上六은 응하지 않는다. 또 만나지 못하고 안팎의 사귐이 모두 어렵게 되니 그 흉함을 알 만하다.

> 兌爲剛鹵니 有石象하고 坎爲蒺藜요 離爲宮이요 巽爲入이라 上爲妻는 在宮外 故로 不見其妻也ㅣ라 三不中正하고 志剛才弱하니 欲困四而四堅如石하여 反爲所困하고 欲據二而坎如蒺藜하여 不可據也ㅣ오 返于其宮하여 以求內助而上六 非應이라 又不得見하고 內外交困하니 凶可知也ㅣ라

象에 曰 據于蒺藜는 乘剛也ㅣ오 入于其宮 不見其妻는 不祥也ㅣ니라

象에 가로되 '據于蒺藜'는 剛을 탐이요 '入于其宮 不見其妻'는 상서롭지 못함이니라

'乘剛'(승강)은 유효가 강효의 위에 있다는 뜻. 六三은 강효인 九二의 위에 있으니 '據于蒺藜'(거우질려)라 했다는 말이다. '不祥'(불상)은 상서롭지 않다는 뜻이니 곧 흉화(凶禍)의 전조(前兆)를 의미하는 말이다. 길흉이 밖으로 나타나기 전에 벌써 인과응보로 그 전조가 나타나게 된다. 《중용》제24장에 "至誠之道는 可以前知니 國家將興에 必有禎祥이요 國家將亡에 必有妖孼이라 禍福將至에 善을 必先知요 不善은 必先知之라 故로 至誠은 如神이라" 했다. 곧 지성지도(至誠之道)는 앞날의 일을 可히 알게 되니 예로써 말하면 국가가 장차 흥성하려 할 때는 필연코 상서로운 일이 나타나고 장차 망하려 할 때는 필연코 재앙의 징조가 나타난다. 화복(禍福)이 장차 이를 때는 善에는 필연코 福이 올 것을 미리 알게 되고 惡에는 禍가 올 것을 필연코 앞서서 알게 된다. 그러므로 至誠은 如神(여신)이라는 것이다.

얼핏 권선징악을 말하는 듯 들리지만 그보다는 단지 인과응보를 설명한 말이다. 우리들의 일상 생활에 두루 적용되는 말이요 결코 계언이 아니다. 인간만사는 길흉과 선악의 두 길 외에 다른 길은 없다.

^{구 사} ^{내 서 서} ^{곤 우 금 거} ^인 ^{유 종}
九四는 來徐徐요 困于金車ㅣ니 吝하나 有終하리라

九四는 오는 것이 천천하고 금거(金車)에 곤함이니 인색하나 마침이 있으리라

■ 九四는 來徐徐요 困于金車ㅣ니

徐는 천천할 서. '徐徐'는 천천히 하다. 또는 의심하여 두려워하는 모양. 밑에서 위로 올라감을 往이라 하고 위에서 밑으로 내려옴을 來라 한다. '來徐徐'(내서서)는 의심하고 두려워하여 천천히 밑으로 내려간다는 뜻. '金車'(금거)는 쇠붙이로 만든 수레. 견고하다는 뜻으로 九二를 가리킨다. 九二는 강효다. 그러므로 金이라 하고 감괘는 거륜(車輪)이니 그러므로 '金車'(금거)라 했다. 《주역술의》에는 "坎爲車요 兌爲金이라 故로 曰金車라" 했다. 곧 감괘의 상은 車가 되고 태괘의 상은 金이다. 그러므로 '金車'라 했다.

九四는 初六과는 음양상응하는 사이다. 또 初六은 九二와는 음양 상비의 사이가 된다. 그러므로 九四는 初六의 뜻을 의심하기도 하고 또 쇠수레처럼 견고한 九二가 가로막고 있으니 두렵기도 하여 정응(正應)인 初六에게로 급히 가지 못하고 천천히 간다는 것이 '來徐徐 困于金車'(내서서 곤우금거)의 의미다. 九四는 양효·음위로 유위(柔位)가 되니 과단성이 부족하고 상괘의 초효가 되니 중미급(中未及)의 효가 된다. 대체적으로는 주저하는 성격을 가진 효가 된다. 이상은 효상(爻象)을 설명한 말이다.

■ 吝하나 有終하리라

이것은 점사다. 吝은 인색. '有終'(유종)은 끝이 있으리라는 뜻. 곧 九四는 응효가 되는 初六이 깊은 산골에서 괴로워하고 있으니 구하려는 생각은 가졌으나 과단성이 부족해서 빨리 구하지 못하고 주저하고 있으므로 이는 인색한 일이다. 그러나 마침내 서로 어울리게 되리라는 뜻. 來註에서는 이렇게 말하고 있다.

澤水困

九四는 初六과 正應이 되나 不中, 不正하다. 初六에 뜻을 가졌으니 그러므로 서서히 이 初六에게로 가는 象이다. 그러나 九二가 떨어뜨려 놓고 있으니, 그러므로 또 困于金車의 象이 된다. 대체로 陰이 陽을 곤궁시키는 때에 陽爻인 九四가 능히 그 도를 자형(自亨)하지 못하고 오히려 初六의 小人에 뜻을 가지게 되니 진실로 부끄러운 일이다.

九四與初爲正應이나 不中不正하고 志在于初故로 有徐徐而來于初之象이라 然이나 爲九二所隔故로 又有困于金車之象이라 夫以陰困陽之時에 不能自亨其道하고 猶志在于初하니 固爲可羞 | 라

象에 曰 來徐徐는 志在下也 | 니 雖不當位로되 有與也 | 니라
象에 가로되 '來徐徐'는 뜻이 아래에 있음이니 비록 位가 마땅치 않으나 어우름(與)이 있느니라

'志在下'(지재하)의 下는 初六을 가리킨다. 九四는 初六과 정응이 되니 그러므로 그 뜻이 初六에 있다는 의미다.

'有與'(유여)는 어우름이 있다. 곧 응여(應與)가 있다는 뜻. 九四는 양효·음위로 부중 부정이 되지만 그러나 初六의 응여하는 효가 있다는 의미다. 來註에는 "志在下者는 志在初也 | 오 有與者는 四陽初陰이 有應與也 | 라" 했다. 곧 '志在下'는 初六에 뜻을 가졌다는 의미고 '有與'는 九四와 初六의 응여를 말한다는 것이다.

九五는 劓刖이니 困于赤紱하되 乃徐有說하리니 利用祭祀하니라
九五는 의월(劓刖)이니 적불(赤紱)에 곤하되 곧 서서히 기쁨이 있으리니 제사를 씀이 이로우니라

■ 九五는 劓刖이니 困于赤紱하되

劓는 코 벨 의. 鼻는 코 비. 刂는 칼 도. 곧 칼로 코를 베는 상형문자다. '劓刖'(의월)은 고대의 오형(五刑)의 하나라 한다. 刖은 벨 월. 월형(刖刑)은

고대의 발꿈치를 베는 형벌로서 여기서는 어지럽히는 소인들을 제거한다는 비유의 말이다. 코처럼 높은 자리에 있는 上六과 발처럼 낮은 자리에 있는 初六과 六三을 제거한다는 의미로 劓刖이라 했다.

'赤紱'(적불)은 제후 또는 대관(大官)의 예복(禮服). 九二의 현인을 가리키는 말이다. 참고로 천자의 예복은 '朱紱'(주불)이다.

九五는 양효·양위로 상괘의 중효가 되니 강건중정의 대덕을 가진 천자다. 이 천자는 강건중덕을 가진 九二의 대인을 초빙해서 소인들을 제거하고 곤궁한 사회를 구하려 하나 같은 양효인 九二로부터 쉽게 그 보좌를 얻지 못하여 고민하고 있다. 九二는 赤紱이 되니 그러므로 '困于赤紱'(곤우적불)이라 했다.

■ 乃徐有說하리니 利用祭祀하니라

說은 悅. 乃徐有說(내서유열)은 곧 서서히 기쁨이 찾아오리라는 뜻. 차츰 九二의 대인과 어울리게 될 것이고 소원 성취하여 기쁨이 있으리라는 뜻이다.

'利用祭祀'(이용제사). 비유의 말이다. 천지신(天地神)이나 선조(先祖)에게 제사를 올릴 때에는 모두 정성을 다하게 되니 그와 같은 정성으로써 처사하게 되면 이롭다는 의미다. 九五 천자는 강건중정의 대덕을 가졌고 보좌하는 九二의 大人도 강건중덕을 지녔으니 힘을 모아 지극한 정성으로 처사하게 되면 无不利하게 된다. 단사는 주로 주괘의 주효가 되는 이 두 대인을 말했다. 당분간은 소인들의 엄폐로 곤궁사회가 되나 이 두 대인의 덕으로 '乃徐有說'(내서유열)하게 되고 복을 받게 되며 이 九五에 이르러서 곤궁 사회가 해소된다. 來註에는 "중정의 덕을 지킬 수 있고 제사 때의 성신(誠信)과 같이 하면 이로써 기쁨이 있고 복을 받게 된다"(能守此中正之德하고 如祭祀之誠信하면 此有悅而受其福矣라) 했다.

_상 _{왈 의월} _{지미득야} _{내서유열} _{이중직야} _이
象에 曰 劓刖은 志未得也ㅣ오 乃徐有說은 以中直也ㅣ오 利
_{용제사} _{수복야}
用祭祀는 受福也ㅣ니라

象에 가로되 '劓刖'은 뜻을 얻지 못함이오 '乃徐有說'은 中直하기 때문이오 '利用祭祀'는 복을 받음이니라.

■ 象에 曰 劓刖은 志未得也ㅣ오

'志未得'(지미득)은 곧 천하미평(天下未平)을 의미한다. 劓刖의 형벌을 쓴다는 것은 불안한 상태를 의미한다. '堯舜이 垂衣裳而天下治'라 했으니 곧 요순의 성왕은 옷자락을 그저 늘어뜨리고 있어도 천하는 절로 다스려지는 것과 같은, 그런 '無爲而治天下'(무위이치천하)의 상태는 못 된다. 그러므로 '志未得'이라 했다.

■ 乃徐有說은 以中直也ㅣ오

'中直'(중직)은 중정(中正). 운자를 밟기 위해 中直이라 했다. 九五는 강건 중정의 대덕을 지녔기에 '乃徐有說'(내서유열)이 된다.

■ 利用祭祀는 受福也ㅣ니라

제사를 지내는 것과 같은 정성으로 처사하면 복을 받게 된다.

_{상육} _{곤우갈루} _{우얼올} _{왈동회} _{유회정길}
上六은 困于葛藟 于臲卼하니 曰動悔요 有悔征吉하리라
上六은 칡덩굴과 위태함에 곤하니 가로되 動하면 뉘우치고 뉘우침이 있어서 가면 길하리라

■ 上六은 困于葛藟, 于臲卼하니

葛은 칡 갈. 藟는 등나무 덩굴 루. 葛藟는 칡덩굴. 칡덩굴이 감겨 있으니 곧 근심되고 곤란함을 비유한 말이다. 臲은 위태할 얼. 卼는 위태할 올. '臲

臲'(얼올)은 위태하고 불안함.

上六은 六三과 응위가 되니 칡덩굴이란 곧 六三을 가리킨다. 六三의 '入于其宮 不見其妻'(입우기궁 불견기처)에서 上六은 처에 해당되는 효다. 그러므로 上六은 六三에 감겨 얽혀서 곤란하고 위태하다는 것이 '困于葛藟, 于臲卼'(곤우갈루 우얼올)의 의미다. 이것은 上六의 효상이다. 上六은 음효니 유약하고 태괘의 주효가 되니 교언영색의 소인이며 곤극(困極)이 되니 이와 같은 효상이 된다.

■ 曰動悔요 有悔征吉하니라

'曰動悔'(왈동회)는 上六이 스스로 하는 말이다. 곧 독백(獨白)이다. 이런 상태로 행동하게 되면 후회가 있으리라는 뜻. '有悔'(유회)는 회오(悔悟), 즉 잘못을 뉘우쳐 깨닫는다는 뜻. 곧 회오하면 '征吉'(정길)하리라는 것이 '有悔征吉'('유회정길')의 의미다. 上六은 六三의 小人과 인연을 끊고 스스로 회오해서 나아가 대인들에게 순종하면 길하리라.

象에 曰 困于葛藟는 未當也ㅣ오 動悔有悔는 吉行也ㅣ니라
象에 가로되 '困于葛藟'는 位가 아직 마땅치 않음이요 '動悔有悔'는 길한 행위니라

'未當'(미당)은 부당(不當), 즉 마땅한 일이 아니라는 뜻. '吉行'(길행)은 회오(悔悟)해서 가서 군자에게 순종하면 吉하리라는 뜻이다. 곧 上六이 六三에 계루됨은 부당한 일이고 회오해서 군자에 순종하면 吉을 얻게 되리라는 의미다.

澤水困卦(택수곤괘)의 여섯 효를 다시 간략히 정리해 보자.
初六과 六三, 上六은 도리를 모르는 소인들이고, 九二와 九五는 困時를 구제할 대인이며 九四도 강건재덕을 가진 군자다.
初六은 음효·양위로 지부정한 소인이니 군자에 순종하면 허물없게 된다.
九二는 강건중덕을 가져서 주괘의 주효도 되고 장차 강건중정의 대덕을 가

진 九五와 협력해서 困時를 구제할 주효가 되어 대길하다.

　六三은 음효·양위로 지부정하고 부중, 과중이 되며 하감괘의 험난의 극이 되니 가장 간사한 소인이다. 대흉한 효다.

　九四는 양효·음위로 위부정한 효가 되니 인색하나 初六과 상응해서 서로 돕기에 큰 허물은 없으리라. 길흉은 모두 스스로 자초하는 일이다.

　九五는 九二와 협력해서 困時를 구제할 주괘의 주효고 곤궁사회를 완전히 해소하게 되는 대길한 효다.

　上六은 상태괘의 열극(悅極)이 되고 곤극(困極)이 되니 위험한 지위다. 개과해서 군자에 순종하면 吉하리라. 그러나 곤극이므로 또한 변화할 즈음이 되어 吉한 전조를 지니기도 한다.

水風井
巽下
坎上

　　　정　　개읍　　　불개정　　　무상무득　　　왕래정정
　　井은 改邑호대 不改井이요 无喪无得이요 往來井井이니라
　　　흘지　　역미율정　　　이기병　　흉
　　汔至요 亦未繘井이요 羸其甁이면 凶하니라

　　　단　왈　손호수이상수　　정　　　정　　양이불궁야　　　　개읍
　　彖에 曰 巽乎水而上水ㅣ 井이니 井은 養而不窮也ㅣ니라 改邑
　　불개정　　　내이강중야　　　흘지역미율정　　미유공야　　　　이
　　不改井은 乃以剛中也ㅣ오 汔至亦未繘井은 未有功也ㅣ오 羸
　　　기병　　시이　　흉야
　　其甁은 是以로 凶也ㅣ니라

　　　상　왈　목상유수　　정　　군자　이　　노민권상
　　象에 曰 木上有水ㅣ 井이니 君子ㅣ 以하여 勞民勸相하나니라

　　　초육　정니불식　　　구정무금
　　初六은 井泥不食이요 舊井无禽이니라
　　　상　왈　정니불식　　하야　　　구정무금　　시사야
　　象에 曰 井泥不食은 下也ㄹ새요 舊井无禽은 時舍也ㅣ니라
　　　구이　　정곡석부　　옹폐루
　　九二는 井谷射鮒요 甕敝漏ㅣ니라

295

　　　　　　상　왈　정곡석부　　무여야
　　　　象에 曰 井谷射鮒는 无與也ㄹ새니라

　　　구삼　　정설불식　　　위아심측　　　가용급　　왕명
　　九三은 井渫不食하니 爲我心惻이라 可用汲이니 王明하면
병수기복
並受其福이리라
　　　　　　상　왈　정설불식　　행측야　　구왕명　　수복야
　　　　象에 曰 井渫不食은 行惻也ㅣ오 求王明은 受福也ㅣ니라

　　육사　정추　　무구
　　六四는 井甃ㅣ니 无咎하니라
　　　　　　상　왈　정추무구　　수정야
　　　　象에 曰 井甃无咎는 修井也ㄹ새니라

　　구오　정렬　　한천식
　　九五는 井洌이니 寒泉食이니라
　　　　　　상　왈　한천지식　　중정야
　　　　象에 曰 寒泉之食은 中正也ㄹ새니라

　　상육　정수　　물막　　　유부원길
　　上六은 井收ㅣ니 勿幕이어다. 有孚元吉하니라
　　　　　　상　왈　원길재상　　대성야
　　　　象에 曰 元吉在上은 大成也ㅣ니라

井은 改邑호대 不改井이요 无喪无得이요 往來井井이니라
汔至요 亦未繘井이요 羸其甁이면 凶하니라

井은 읍(都邑)은 고치되 우물은 고치지 않고 잃음도 없고 얻음도 없고 감과 옴에 우물을 우물로 하느니라. 거의 이르고 또 아직 우물의 두레박줄이 없고 그 병을 깨면 흉하니라

井卦(정괘)는 巽下坎上(손하감상)의 괘다. 상감괘는 水고 하손괘는 風이다. 水와 風과 괘명의 井을 합해서 水風井(수풍정)이라 하여 괘형과 괘명을 기억하게 한다.

井은 우물이다. 우물 속에 빠지지 않도록 둘레에 틀을 만들어 놓으니 그 형태를 따서 '井'이 되었다. 곧 상형문자다. 우물을 파서 좋은 물이 솟아나도 그 물을 떠올릴 표단(瓢簞: 瓢는 박표, 簞은 대광주리 단), 곧 표주박이나 병이 없으면 물을 떠올릴 수 없다. '羸其甁'(이기병)의 甁은 물을 떠올리는 표주박 등의 도구를 의미한다. 좋은 샘물이 있고 표주박 같은 용기가 있어서 그 좋은 샘물을 떠올려 사람을 비롯한 모든 동식물을 기르게 한다. 천화지수(天火地水)가 있어서 모든 생물은 생존하게 된다.

井은 양인(養人), 양물(養物)의 덕을 가졌다. 좋은 샘물은 아무리 퍼올려도 물이 없어지지 않아 일정한 수량을 유지하며 또 퍼올리지 않아도 역시 일정한 수량을 유지한다. 곧 늘 무궁한 양인 양물의 덕을 가지고 있으니 이것을 井道라 이른다. 井은 빈부와 지위, 재덕, 선악의 일체를 가리지 않고 누구든 원하는 사람에게는 베풀어준다. 사욕이 있는 것이 아니고 조금도 저항하는 바가 없다. 곧 태양과 같은 덕을 가졌다. 인사로 말하면 지성(至聖)이라야 가능한 일이다. 설사 좋은 샘물일지라도 사용하지 않으면 아무런 효과를 얻을 수는 없고, 비록 지성이라도 이용하지 않으면 좋은 효험을 얻을 수 없다.

상하의 괘상으로 말하면 상감괘는 水고 하손괘는 곧 巽木이다. 巽木은 물을 길어 올리는 표주박 등의 도구가 된다. 그 용기(下巽卦의 巽木)가 상감괘의 물 속에 들어가서 물을 길어 올리는 괘상이 된다. 그러므로 상감 하손의 괘명

을 井이라 했다.

　상하의 괘덕으로 말하면, 하손괘는 손순한 덕을 가졌고 상감괘는 중심이 충실하니 곧 성실한 덕을 가졌다. 성실한 덕을 지니고 또 손순하니 그러므로 井道가 수행된다. 또 九二와 九五는 강건중덕을 가져서 井道가 잘 수행된다. 곧 손순한 덕, 성실한 덕, 강중(剛中)의 덕이 구비되어서 井道가 잘 수행된다.

　〈서괘전〉에는 "困于上者ㅣ 必反下라 故로 受之以井이라" 했다. 升卦는 위로 올라가는 의미의 괘다. 위로만 올라가다 보면 기진하여 곤궁하게 된다. 곤궁하면 밑으로 내려오게 되고, 그리하여 사람이 지켜야 할 바른 도리〔井道〕를 지키면 곤궁은 해소된다. 그러므로 곤괘 다음에 정괘로서 받았다는 것이다. 좋은 우물은 쓰건 안 쓰건 일정한 수량을 유지하고 누구에게나 순순히 응하여 양인 양물에 막대한 덕을 발휘하게 되니, 이것이 井道다.

■ 井은 改邑不改井이요

　'邑'은 고을 읍. 도읍(都邑) 또는 시촌(市村)의 뜻. '改'는 옮길 개. '改邑'(개읍)은 천도(遷都) 또는 주민이 다른 곳으로 이사함을 말한다.
　'不改井'(불개정)은 우물은 이사하지 않는다는 뜻. 사람들은 때로는 도읍을 버리고 이사가지만 우물은 여전히 그 자리에 있다는 뜻이다. 사람들이 이사를 가 버리건 새로이 살러 오건 우물은 그저 그 자리에서 사람들에게 물을 베풀 뿐이다.

■ 无喪无得이요 往來井井이니라

　'无喪无得'(무상무득). 喪은 잃을 상. 우물은 늘 일정한 수량을 유지하니 잃는 것도 없고 얻는 것도 없다. 성인의 덕도 이와 같다. 그 덕을 사람들이 이용하든 안 하든 성인의 덕은 잃고 얻음이 없고 변화가 없다.
　'往來井井'(왕래정정). 오는 사람 가는 사람이 모두 이 우물을 이용한다는 뜻. 성인의 덕도 이와 같다. 오래 전 사람들이나 지금 사람들이나 그 덕을 이용해서 행복한 사람이 되는 것은 마찬가지다. 무지와 허욕으로 사람들은 불행을 자초한다.

■ 汔至요 亦未繘井이요 羸其甁이면 凶하니라

이는 물을 긷는 일에 대한 말로서, 그대로 성도(聖道)를 이용하는 도리로 해석할 수도 있다. '汔至'(흘지)는 거의 이르다, 즉 표주박이 거의 물까지 이른다는 뜻. 繘은 두레박줄 율. 표주박에 맨 줄이다. '繘井'(율정)은 우물의 두레박줄. '未繘井'(미율정)은 아직 우물의 두레박줄이 준비되지 않았다는 뜻. 羸는 엎지를 리. 뒤집어엎다, 또는 깨뜨리다의 뜻이다. 곧 汔至(흘지), 亦未繘井(역미율정), 羸其甁(이기병)의 각각은 모두 물을 길어올리지 못하고 사용 못하게 됨을 말하니 흉하다는 의미가 된다. 물을 길어올리지 못하면 곧 양인 양물의 공을 이루지 못하게 되니 그러므로 흉하다.

《주역절중》에 이광지는 이 '汲井'(급정)을 왕도(王道)에 비유한 말로 해석하고 있다.

> 人事에서는 王이 백성을 기르는 정치가 바로 이러하다. 하지만 우물이 사람들에게 혜택을 베풀 수 있도록 길어 올리는 것은 器具다. 정치가 능히 백성을 길러서 행하는 것은 사람이다. 용기가 없으면 물의 공덕을 위로 올릴 수 없고 사람이 없으면 王된 이의 은택이 아래 백성에 다다르지 못한다. 그러므로 汔至 이하는 우물 물을 긷는 일을 말한 것이다.
> 在人事則王者養民之政이 是也ㅣ라 然이나 井能澤物而汲之者는 器요 政能養民而行之者는 人이라 無器則水之功이 不能上行하고 無人則王者之澤이 不能下究 故로 汔至以下는 又以汲井之事로 言之라

이렇게 보면 '汔至'(흘지)는 현인군자를 등용할 생각은 지녔으나 충분히 실천할 수 없는 상태를 말한다 할 수 있고 '亦未繘井'(역미율정)은 현인군자를 등용할 준비가 부족한 상태, '羸其甁'(이기병)은 현인군자를 등용하고도 간사한 참질(讒嫉 : 질투하여 참소함)로 폐직(廢職)한다는 의미가 된다. 이렇게 되면 국가와 국민이 모두 불행하게 되어 흉하다는 것이다.

水風井

象에 曰 巽乎水而上水ㅣ井이니 井은 養而不窮也ㅣ니라 改邑
不改井은 乃以剛中也ㅣ오 汔至亦未繘井은 未有功也ㅣ오 羸
其瓶은 是以로 凶也ㅣ니라

象에 가로되 물에 들어가서(巽 : 들어갈 손) 물을 올림이 井이니 井은 길러서 궁하지 않느니라. '改邑不改井'은 곧 剛中하기 때문이요 '汔至亦未繘井'은 아직 功이 있지 않음이요 '羸其瓶'은 이로써 凶함이니라

■ 象에 曰 巽乎水而上水ㅣ井이니

巽은 入. 곧 들어간다는 뜻이다. 물 속에 들어가서 물을 길어올린다는 것은 곧 井卦䷯가 하손상감(下巽上坎)으로 되어 있으니 그 괘상으로 괘명을 설명한 말이다. '巽乎水'(손호수)는 困卦䷮의 상태괘가 감괘의 자리로 들어가고 하감괘가 위로 올라간다는 것이 上水의 의미다. 그래서 정괘가 된다는 뜻이다. 곤괘와 정괘는 종괘니 이는 괘종설(卦綜說)이다.

■ 井은 養而不窮也ㅣ니라

즉 井은 무궁하게 양인양물(養人養物)한다는 뜻이다. 곧 '无喪无得 往來井井'을 말했다.

■ 改邑不改井은 乃以剛中也ㅣ오

'以剛中'(이강중). 이는 강건중덕을 가진 九五에 대한 말이다. '改邑不改井'(개읍불개정) 이하의 세 조건은 현인군자의 도리에 비유한 말이다. 改邑을 해도 井道는 변함이 없고 사람들이 이용해도 현인군자의 덕은 무상무득(无喪无得)하고 고왕금래(古往今來)에 변함이 없다. 급수무진(汲水無盡)은 현인군자의 강건한 덕과 같고 청렬(淸洌)함은 그 중덕과 같다. 그러므로 '以剛中也'(이강중야)라 했다.

■ 汔至亦未繘井은 未有功也ㅣ오

'未有功也'(미유공야)는 功을 이루지 못한다는 뜻. 물을 길어올려서 비로소 양인 양물의 공을 이루게 되나 물을 길어올리지 못하면 그 공을 이룰 수 없다. 현인군자도 등용하지 않으면 사회에 혜택을 베풀 수는 없다.

■ 羸其瓶은 是以로 凶也ㅣ니라

'汔至亦未繘井'(흘지역미율정)은 '未有功'이 될 뿐이나 '羸其瓶'(이기병)은 그 길어 올릴 용기(容器)를 파손했으니 더욱 흉하다. 이것은 용현(用賢)하고도 간사한 참질로 폐직한다는 말이다.

象에 曰 木上有水ㅣ 井이니 君子ㅣ 以하여 勞民勸相하나니라
象에 가로되 나무 위에 물이 있음이 井이니 군자는 이로써 백성을 위로하며 권하고 돕느니라

■ 象에 曰 木上有水ㅣ 井이니

'木上有水'(목상유수). 巽木의 위에 坎水가 있는 것이 정괘의 괘상이다.

■ 君子ㅣ 以하여 勞民勸相하나니라

군자는 정괘의 상을 본받아 열심히 애써 백성의 안태(安泰)한 생활을 위한 정치를 하고 백성들이 상조상부하도록 권유한다는 의미다. '勞民'(노민)은 감괘의 勞卦(노괘) 象에 취한 말이고 '勸相'(권상)은 손괘(巽卦)의 신명(申命 : 명령을 거듭함)에서 취한 말이다.

初六은 井泥不食이요 舊井无禽이니라
初六은 井泥(흐린 물)니 먹지 못하고 옛 우물(쓰지 않는 옛 우물)에는 새가 없느니라

水風井

'井泥不食'(정니불식). 泥는 진흙 니. '井泥'는 우물의 물이 흐리다는 뜻. 初六은 최하위이니 우물의 밑바닥이 된다. 우물 밑바닥의 흐린 물이라는 의미로 井泥라 했다. 2, 3, 4효의 호괘는 태괘의 口象이 된다. 初六은 그 밑에 있으니 불식(不食)의 상이 된다. 그러므로 井泥不食이라 했다.

'舊井无禽'(구정무금). 舊井은 곧 폐정(廢井)과 같다. 쓰고 있는 우물 주변에는 쌀 채소 육미 생선 등의 음식 찌꺼기 따위가 떨어져 있으니 새들은 그것을 먹기 위해 우물가에 모여든다. 폐정 가에는 그런 찌꺼기가 없으니 새들이 올 일이 없게 된다.

初六은 음효·양위로 위부정이 된다. 정괘(井卦)의 가장 아래의 효로서 '井泥'(정니)의 상이 되고, 응위인 六四도 같은 음효여서 무응이 된다. 위에 응원자가 없다는 것은 위로 올라가지 못한다는 것이다. 물은 위로 떠올려 쓰게 되나 初六은 위로 올라가지 못하니 폐정과 같은 상태가 되고 폐정에는 새가 모이지 않는다.

이 '舊井无禽'(구정무금)은 중요한 의미를 품고 있다. 지상의 모든 생물은 이 법칙 아래 있다. 사람과 새, 식물이 모두 하나의 도리로 연결되어 있고, 국정, 가정, 교우(交友)도 모두 마찬가지다. 행동함에는 필연코 어떤 목적이 있게 마련이다. 새가 모이고 사람이 모이는 도리를 알게 되면 무슨 일을 해도 필연코 성취하리라. 즉 '堯舜이 垂衣裳而天下治'라는, 곧 무위이성(無爲而成)의 도리를 알게 된다. '舊井无禽'은 간단한 말이나 근원은 우주원리의 일단(一端)이 된다.

象에 曰 井泥不食은 下也ㄹ새요 舊井无禽은 時舍也ㅣ니라
象에 가로되 '井泥不食'은 下되기 때문이요, '舊井无禽'은 때의 버림이니라

'下也'(하야)는 우물 밑바닥이라는 뜻. '時舍'(시사)는 그때의 사람들이 버린다는 뜻. 初六은 하위가 되니 오물이 섞인 진흙이다. 우물물은 밑바닥에는 오물이 고여 더럽지만 위로 올라갈수록 맑고 좋은 물이 된다. 이 괘 六爻의 효

사는 이와 같이 되어 있다. 또 양효는 물로 보되 음효는 물로 해석하지 않는다. 곧 初六은 井泥라 하고, 六四는 '井甃'(정추 : 우물 안을 싸올린 벽돌담)라 하며, 上六은 '井收'(정수)라 했다.

九二는 井谷射鮒요 甕敝漏ㅣ니라
九二는 井谷에서 붕어에 흐름이요 독이 깨져 샘이니라

射는 쏠 석. 《주자본의》에는 "石亦反"이라 했다. 射는 注와 같으니 곧 물이 흐른다는 의미다. 鮒는 붕어 부. 甕는 독 옹. 敝는 깨질 폐. 漏는 샐 루. '井谷'(정곡)은 샘물이 나오는 구멍. '射鮒'(석부)는 붕어에게로 물이 흐른다는 뜻.

九二는 강건중덕을 가진 군자다. 우물물로 말하면 井泥의 위가 되니 좋은 물이 된다. 샘물은 위에서 떠올려 유효하게 쓰게 되고 덕을 지닌 군자도 위로부터 초빙을 받아서 재덕을 발휘하게 된다. 이 九二가 위로는 같은 양효인 九三이 있어 무비(無比)가 되고 九五 또한 양효니 무응이 된다. 다만 初六과 음양 상비하게 되어 井谷(井泥의 위가 되니 샘물이 나오는 井谷이 된다)에 나오는 좋은 물을 겨우 初六의 鮒魚에게 흘려 보내주는 상이 된다.

九二는 강건중덕을 가지면서도 上에 응여가 없으니 그 재덕을 발휘할 수 없게 된다. 初六은 하손괘의 주효가 되니 물고기의 상이다. 곧 鮒魚다. '甕敝漏'(옹폐루)는 독이 깨져서 샘물이 샌다는 뜻. 2, 3, 4효의 호괘는 태괘(兌卦)니 훼절(毁折)의 상이다. 곧 꺾이고 깨지는, 그러므로 '甕敝'(옹폐)의 상이 되고 독이 깨지면 물은 흘러가 버린다. 甕은 단사의 '羸其甁'(이기병)의 甁과 같은 의미다. 표주박 또는 병이 깨지면 물은 밑으로 새버리게 된다. 九二는 이런 효상이 되니 그 가진 재덕을 사회에 크게 발휘하지 못하고 겨우 인근에 있는 사람들에게 약간의 혜택을 줄 뿐이다.

《주자본의》에는 "九二는 강중의 덕을 가졌으니 有泉(유천)의 상이다. 그러나 위로 정응이 없고 밑으로 初六과 상비하니 상행(上行)해서 공을 이루지 못한다. 그러므로 효상(爻象)이 이와 같다"(九二剛中하니 有泉之象이라 然이나

上无正應하고 下比初六하니 功不上行故로 其象如此라) 했다.

象에 曰 井谷射鮒는 无與也일새니라
_{상 왈 정곡석부   무여야}

象에 가로되 '井谷射鮒'는 응여(應與)가 없기 때문이니라

'无與'(무여)는 응여가 없다는 의미다. 九二는 강건중덕을 가진 善한 효가 되고 샘물로 말하면 井泥의 위여서 井谷에 좋은 물이 나오는 효상이 되나 위에 응원자가 없으니 이 현인은 등용되지 못하고 샘물로 말하면 위로 길어올려지지 않는다. 곧 九二는 강건중덕을 지녔으나 응여가 없어서 등용되지 않는다는 의미다.

九三은 井渫不食하니 爲我心惻이라 可用汲이니 王明하면 竝受
_{구삼   정설불식   위아심측   가용급   왕명   병수}
其福이리라
_{기 복}

九三은 井渫(우물을 청설함)하되 먹지 아니하니 나를 위해 마음을 슬프게 한다
길어 씀이 옳으니 王이 영명(英明)하면 아울러 그 복을 받으리라

渫은 칠 설. 청설(淸渫), 준설(浚渫)의 뜻이다. 惻은 슬퍼할 측.
　우물을 준설하여 깨끗한 샘물이 되었으나 사람들은 먹지 않으니 내 마음이 슬프다. 이 샘물은 쓸 수 있는 좋은 물이다. 王이 영명해서 이 물을 길어 쓰게 되면 모두가 복을 받게 되리라. 샘물로 말하면 九三은 九二의 위가 되니 한층 더 좋은 물이 된다. 그러나 九三은 九五(王位)와 응여가 못 되니 그것을 한탄하는 말이다.
　九三은 양효·양위로 위정하고 강건한 덕을 지녔으나 하괘에 있는지라 샘물로 말하면 윗물은 못 된다. 아직 본격적으로 길어 올릴 만한 대상이 못 되므로 '井渫不食'(정설불식)의 상이 되고 '爲我心惻'(위아심측) 이하는 원망하는 말이다.

來註에는 "'아울러 받는다'는 것은 九三이 영명한 왕에게 등용되면 양인(養人)의 복을 이루게 되고 九五도 현신을 얻어 양인을 대신하도록 함으로써 함께 양인의 복을 받게 된다는 의미다"(並受者는 九三이 得王明而成養人之福하고 九五得賢人하여 代其養人而並受養人之福矣라) 했다. 곧 '並受其福'(병수기복)은 九三과 九五가 함께 복을 받게 된다는 의미다.

_{상 왈 정설불식 행측야 구왕명 수복야}
象에 曰 井渫不食은 行惻也ㅣ오 求王明은 受福也ㅣ니라

象에 가로되 '井渫不食'은 행인(行人)의 슬퍼함이요, '求王命'은 복을 받음이니라

■ 象에 曰 井渫不食은 行惻也ㅣ오

'行惻'(행측)은 길가는 행인이 슬퍼한다는 뜻. 곧 '爲我心惻'(위아심측)은 길가는 행인이 나(샘물, 곧 九三)를 측은히 여긴다는 뜻이다. 즉 九三 자신이 슬퍼한다는 뜻이 아니라는 말이다.

■ 求王明은 受福也ㅣ니라

九五의 王이 총명하여 등용해 주기를 구하여 바라는 것은 만약 등용되면 위아래가 모두 복을 받게 되기 때문이다.

來註에는 "行惻은 길가는 사람이 또한 슬퍼한다는 뜻이고 求王明은 九五는 정응이 안 되니 그러므로 求 자로써 말한 것이다"(行惻者는 行道之人이 亦惻也ㅣ오 (…) 求王明者는 五非正應故로 以求字言之라) 했다.

_{육사 정추 무구}
六四는 井甃ㅣ니 无咎하니라

六四는 井甃(정추)니 허물이 없느니라

六四는 음효이니 샘물로 보지 않고 '井甃'(정추)라 했다. 甃는 벽돌담 추.

井甃는 우물벽을 쌓은 벽돌. 六四는 음효·음위로 위정 지정한 효다. 음효니 샘물로 보지 않는다. 그러나 위정 지정한 효가 되니 无咎라 했다. 九五 천자와 음양 상비해서 근신하며 임무를 굳게 다하니 비록 재덕은 부족하나 허물은 없게 된다.

《주자본의》에는 "六四는 음효로서 음위에 있으니 비록 위정은 되지만 그러나 음유하니 샘이 아니다. 곧, 다만 고쳐서 다스릴 뿐 공덕이 物에 미치지 못한다. 그러므로 그 상이 井甃가 되고 점자는 허물은 없다"(以六居四하니 雖得其正이나 然이나 陰柔不泉이니 則但能修治而无及物之功故로 其象이 爲井甃而占則无咎라) 했다.

象에 曰 井甃无咎는 修井也일새니라
象에 가로되 '井甃无咎'는 우물을 수리(修理)하기 때문이니라

來註에는 "修井畜泉은 能盡職矣니 安得有咎리오" 했다. 곧 우물을 수리하여 샘물이 모이게 함은 능히 직분을 다함이니 어찌 허물이 있겠느냐는 말이다. '修井'(수정)은 우물을 수리한다는 뜻.

九五는 井洌이니 寒泉食이니라
九五는 井洌이니 찬 샘물을 먹음이니라

'井洌'(정렬)은 맑고 차가운 샘물. 井泥(정니), 井谷(정곡), 井渫(정설), 井甃(정추), 井洌(정렬), 井收(정수)는 모두 효명. '寒泉'(한천)은 찬물이 솟는 샘.
九五는 이 괘의 괘주며 강건중정의 대덕을 가진 천자요 주괘의 주효다. 샘물로 말하면 井洌, 즉 맑은 우물의 상이 되고 '寒泉食'(한천식)으로 만인이 이 九五 천자의 혜택을 받게 된다. 곧 단전에 말한 "井養而不窮也, 改邑不改井, 乃以剛中也"는 이 九五를 가리킨 말이다.
來註에는 "인사로써 말하면 洌은 천덕의 순수요 食은 왕도의 드넓은 덕이

다. 황제(黃帝), 요순(堯舜), 우직(禹稷), 주공(周公), 공자(孔子)가 양인교인(養人敎人)의 도리를 세웠으니 만세가 힘입어 이익을 얻는다"(以人事論하면 冽者는 天德之純也ㅣ오 食者는 王道之溥也ㅣ니 黃帝 堯舜 禹稷 周孔이 立養立敎하니 萬世利賴라) 했다.

　　象에 曰 寒泉之食은 中正也ㄹ새니라
　　　　象에 가로되 '寒泉之食'은 中正하기 때문이니라

'中正也'(중정야)는 '以中正也'(이중정야)의 以 자를 줄인 말이다. 九五는 강건중정의 대덕을 가졌으니 샘물로 말하면 寒泉食(한천식)과 같이 만민이 그 혜택을 받게 된다는 의미다.

　　上六은 井收ㅣ니 勿幕이어다 有孚元吉하니라
　　　　上六은 井收니 덮지 말아라. 정성을 가져서 크게 길하니라

　　上六은 이 괘의 상효가 되니 곧 우물 쓰는 일의 완성을 의미한다. 收는 성취의 뜻. 來註에는 "收는 이룸이다. 만물은 가을에 이루어 거두니 그러므로 '秋收'(추수)라 한다. 井收는 井道가 이미 이루어졌다는 의미다"(收者는 成也ㅣ니 物成于秋故로 曰秋收라. 井收者는 井已成矣라) 했다. 幕은 막 막. 장막, 천막 또는 위에 덮여 씌우는 물건. '勿幕'(물막)은 우물 위를 덮지 말라는 뜻. 우물 위를 덮으면 샘물을 길어 올리지 못하기 때문이다.
　　'有孚元吉'(유부원길)은 정성이 충만하여 대길하다는 의미다. 대체로는 九五에서 井道가 완성되었으나 上六에는 그 여음(餘蔭)을 말했다. 대유괘 上九의 효사에 '自天祐之 吉无不利'(자천우지 길무불리)와 같은 의미다.

　　象에 曰 元吉在上은 大成也ㅣ니라
　　　　象에 가로되 '元吉在上'은 크게 이룸이니라

上六은 음효니 샘물로 보지 않는다. 九五의 한천수를 上六을 통해 길어 올리게 되니 곧 사람과 사물을 기르는 데 크게 유효하게 되고 그러므로 대성이라 했다.

水風井卦(수풍정괘)䷯의 六爻를 간단히 정리해 보자.

初六은 음효·양위로 위부정한, 곧 하천하고 도리를 모르는 우민의 상이니 현인의 지도를 받으면 무구하게 된다.

九二는 강건중덕을 가진 군자다. 그러나 응여가 없으니 재덕을 발휘할 수는 없고 가까운 사람들에 다소의 혜택을 베풀 뿐이다.

九三은 양효·양위로 위정 지정한 군자다. 그러나 부중 과중이 되고 손극(巽極)이 되니 때를 기다려야 한다(곧 六四와 음양상비가 되니 六四를 통해서 九五에 접견을 도모하면 가능하다).

六四는 음효·음위로 위정 지정하나 음유하여 큰 공을 세울 수는 없으나 근신하면 길하리라.

九五는 양효로서 양위에 있고 상감괘의 중효가 되니 곧 강건중정의 대덕을 가진 천자요 주괘의 주효가 된다. 이 九五에 이르러서 井道가 완성된다. 대길한 효다. 井道는 '改邑不改井 无喪无得 往來井井'(개읍불개정 무상무득 왕래정정)이니 곧 성도(聖道)와 같다. 聖道는 단전에 말한 '井養而不窮'(정양이불궁)의 井道와 같다.

上六은 음효·음위로 위정 지정하니 상위에 있으되 겸양한 처신을 하면 吉하리라.

澤火革
離下
兌上

革은 己日乃孚하리라 元亨利貞하고 悔亡하니라

象에 曰革은 水火相息하고 二女同居에 其志不相得曰革이니라
己日乃革은 革而信之요 文明以說하여 大亨以正하고 革而當
하여 其悔乃亡하나니라 天地革而四時成하고 湯武革命하여 順
乎天而應乎人하니 革之時ㅣ 大矣哉ㄴ저

象에 曰 澤中有火ㅣ 革이니 君子ㅣ 以하여 治歷明時하나니라

初九는 鞏用黃牛之革이니라

象에 曰 鞏用黃牛는 不可以有爲也ㅣ니라

六二는 己日乃革之니 征吉无咎하리라

　　　　　　상　왈　기일혁지　　　행유가야
　　　象에 曰 己日革之는 行有嘉也ㅣ니라
　구삼　　정흉정려　　　혁언삼취　　　유부
　九三은 征凶貞厲하니 革言三就하면 有孚하리라
　　　　　상　왈　혁언삼취　　　우하지의
　　　象에 曰 革言三就어늘 又何之矣오
　구사　회망　　유부　　개명길
　九四는 悔亡하고 有孚하니 改命吉하리라
　　　　　상　왈　개명지길　　신지야
　　　象에 曰 改命之吉은 信志也ㄹ새니라
　구오　　대인호변　　미점유부
　九五는 大人虎變이니 未占有孚하니라
　　　　　상　왈　대인호변　　기문병야
　　　象에 曰 大人虎變은 其文炳也ㅣ니라
　상육　군자　표변　　소인　혁면　　정흉　　거정길
　上六은 君子는 豹變이요 小人은 革面이니 征凶하고 居貞吉하니라
　　　　상　왈　군자표변　　기문울야　　　소인혁면　　순이종군야
　　　象에 曰 君子豹變은 其文蔚也ㅣ오 小人革面은 順以從君也
ㅣ니라

革은 己日乃孚하리라 元亨利貞하고 悔亡하니라

革은 己日(기일)이면 곧 믿게 되리라. 크게 형통하고 貞함에 이롭고 悔가 없어지느니라

革卦(혁괘)는 離下兌上(이하태상)의 괘다. 상태괘(上兌卦)는 澤이고 하리괘(下離卦)는 火다. 澤과 火와 괘명의 革을 합해서 澤火革(택화혁)이라 하여 괘형과 괘명을 기억하게 한다.

革은 가죽 혁. 이 괘는 짐승의 털가죽(모피)의 털을 뽑아 버리고 다루어서 革을 만든다는 것이 본디 의미다. 즉 모피가 전혀 다른 것으로 개신되는 것이다. 그러므로 革은 변혁, 개혁의 의미를 가지게 되고 그러한 중에서 가장 큰 것이 혁명이다. 혁괘는 개혁, 혁명에 대한 도리를 말하는 괘다. 〈잡괘전〉에는 "革은 去故也ㅣ라" 했다. 곧 革이란 여태까지의 구폐(舊弊)를 버리고 새로운 제도, 규율 등을 정한다는 의미다. 개신(改新), 혁신(革新), 혁명(革命)등이 모두 이러한 범위에 든다.

상하의 괘상으로 말하면 상태괘는 택수(澤水)고 하리괘는 火다. 물은 밑으로 흘러내리는 성질을 가졌고 火는 위로 타오르는 성질을 가졌으니 火가 성하면 택수는 증발해 버리고 택수가 성하면 밑에 있는 火는 꺼지고 만다. 水火는 상극이 되니 생멸 변화를 일으키게 된다. 그러므로 개혁의 의미가 생긴다.

또 상태괘는 소녀고 하리괘는 중녀다. 밑에 있어야 할 소녀가 중녀의 위에 있으니 2女의 의(誼)가 좋지 못해서 서로 다투게 되니 개혁과 혁명이 일어나게 된다. 화택규괘(火澤睽卦)의 경우는 중녀가 위에 있고 소녀가 밑에 있어 택수는 밑으로 흘러가고 이화(離火)는 위로 타오르니, 혁괘처럼 충돌하지는 않는다. 그러나 혁괘는 태소녀(兌少女)가 위에 있고 이중녀(離中女)가 밑에 있기에 서로 충돌하게 되고 개혁과 혁명이 일어나게 된다.

상하의 괘덕으로 말하면 하리괘는 문명의 덕을 가졌고 상태괘는 화열의 덕을 가졌다. 하중녀와 상소녀의 충돌과 같이 대개혁이나 혁명에는 기득권자들의 맹렬한 반항이 따른다. 그러나 이 괘가 지닌 문명의 덕과 화열의 덕으로

대처하며 도리에 지나친 수단을 취하지 않는다면 순조롭게 일이 수행된다. '文明以說'(문명이열)이 대개혁을 순조롭게 실천에 옮기는 요체가 된다.

六爻로 나누어서 말하면 九五는 강건중정의 대덕을 가져서 유순중정의 덕을 가진 六二와 음양상응으로 상호 협조하기에 대개혁이 순조롭게 수행된다.

水火가 충돌하고 태·소녀와 이·중녀가 충돌해서 혁명이 일어나게 되고, '文明以說'(문명이열)의 괘덕과 강건중정의 덕을 가진 九五와 유순중정의 덕을 가진 六二가 상호협조해서 혁도(革道)가 완수된다.

〈서괘전〉에는 "井道는 不可不革이리라 故로 受之以革이니라" 했다. 우물은 오랫동안 사용하면 그 속에 오물이 고이게 되니 그것을 쳐내야 깨끗한 샘물이 된다. 그러므로 井卦 다음에 革으로써 받았다는 것이다. 인사로 말하면 국가가 제정한 규율, 법도도 때가 경과하면 시대에 맞지 않을 경우가 생긴다. 그러므로 불가불 개혁이 필요하게 된다. 일신상으로 말하면 지나간 일을 항상 반성해서 잘못이 없도록 노력해서 점점 덕업이 대성하게 된다. 그러므로 《대학》에는 '日日新 又日新'이라 했다. 매일같이 마음을 혁신한다는 의미다. 자연계로 말하면 일분 일초도 쉬지 않고 변역(變易), 교역(交易)을 하고 있다. "물은 흐르기 때문에 썩지 않는다". 고여 있으면(개신하지 않으면) 물은 썩어 버린다. 이것이 자연의 법칙이고 易理다.

■ 革은 己日乃孚하리라

己는 十干의 己 자로서 '信'(신)과 같고 過半을 의미한다. 대개혁 또는 혁명을 행하는 데에는 시기가 가장 중요하니 때에 앞서도 안되고 때에 뒤져도 안 된다. 적합한 때를 선택해서 성실한 마음으로(文明以說) 행사하면 모든 사람들은 그 진실성을 믿고 응원하고 기뻐하게 된다. 孚는 정성 부. 자신이 진실한 마음을 가지고 행사하면 모든 사람은 그 진심을 믿게 된다는 의미다. 곧 진심으로 상호 대응하게 된다.

己日은 甲乙丙丁戊己의 己日이다. 곧 십간(十干)의 반(半)이 지났으니 혁신의 시기가 이르렀다는 의미로서, 그 시기가 이르러 혁신 또는 혁명을 단행하면 사람들도 모두 믿게 되고 잘 수행되리라는 뜻이다. 즉 '己日乃孚'(기일내부)의 의미다. 來註에는 이렇게 씌어 있다.

> 己는 音은 紀. 己는 十干의 己다. 己는 信이니 仁・義・禮・智・信의 五性의 信이다. 信은 오로지 水・火・金・木・土 가운데 土에 속하니 그러므로 己라 했다. '己日乃孚'는 세상 사람들이 나를 믿은 후에 혁신한다는 뜻이니 말하자면 사람들 마음이 마땅히 나를 믿어서 진심이 서로 부합된 연후에 혁신이 가능하고 경솔하게 혁신을 해서는 안 된다는 뜻이다.
> 己는 音은 紀 己는 十干之名이라 己者는 信也ㅣ니 五性仁義禮智信이니 唯信屬土故로 以己言之라 (…) 己日乃孚者는 信我後革也ㅣ니 言當人心信我之時에 相孚契矣然後에 可革也ㅣ오 不輕于革之意라

■ 元亨利貞하고 悔亡하니라

元亨利貞은 4덕으로 보기도 하고 크게 형통하고 貞해서 利하다는 의미로 해석하기도 한다. 시기가 이르러서 대개혁을 하면 크게 형통하고 정도를 굳게 지켜야 이롭다는 의미다. 그렇게 하면 悔는 사라지고 吉하리라는 것이다. 대혁명을 단행하면 반대하는 세력도 있게 마련이니 인명(人命)의 손상이나 후회될 일이 필연코 생기게 된다. 그러나 강건중정의 대덕을 가진 九五와 유순중정의 덕을 가진 六二가 협력해서 '文明以說'로 격렬한 개혁을 하지 않고 인심에 순응하여 대개혁을 하게 되니 元亨利貞하고 悔亡이 된다는 뜻이다. 탕무(湯武)의 혁명이 비록 만민을 위한 대혁명이기는 했으나 손상이 전무한 것도 아니었으니 성인이 부득이 혁명을 하되 후회로울 일이 없는 혁명이라야 한다는 의미다.

다시 來註를 인용하면 " '元亨利貞 悔亡'은 폐해를 제거하고 일소하여 고치는 일이니 크게 형통하는 도리다. 그러나 필연코 利正(이정), 亨正(형정)이라야 혁신이 가당하고 뉘우칠 일이 없게 된다"(元亨利貞悔亡者는 言除弊去害하여 掃而更之는 大亨之道也ㅣ라 然이나 必利于正 亨于正則革之當其可而悔亡이라) 했다.

澤火革

단사를 요약하면, 국민들의 고민이 매우 심해지고 위정자에 대한 원망이 자자(藉藉)하여 부득이 혁명을 해야 할 경우에 이르러서(이상은 '己日'의 뜻) 혁명을 단행하면 국민들은 믿고 지원하리라(乃孚의 뜻) 희생이 생기는 혁명은 有悔가 된다. 그러나 모든 국민을 위한 혁명이라면 元亨利貞하고 悔는 없어지리라는 의미다.

象에 曰 革은 水火相息하고 二女同居에 其志不相得曰革이니라 己日乃革은 革而信之요 文明以說하여 大亨以正하고 革而當하여 其悔乃亡하나니라 天地革而四時成하고 湯武革命하여 順乎天而應乎人하니 革之時ㅣ 大矣哉ㄴ저

象에 가로되 革은 水火가 서로 멸(息)하고 二女가 同居함에 그 뜻을 서로 얻지 못함을 革이라 이른다. '己日乃革'은 혁신(革新)해서 이를 믿음이요, 문명함으로써 기뻐하여 바르기 때문(以)에 크게 형통하고 혁신해서 마땅하여 그 悔가 곧 없어지느니라. 천지가 개혁(改革)해서 사시가 이루어지고 탕무가 혁명하여 天에 순종하고 사람에 응하니 혁의 때는 큼일진저

■ 象에 曰 革은 水火相息하고 二女同居에 其志不相得曰革이니라

괘상으로 괘명을 설명한 말이다. '相息'(상식)은 상멸(相滅), 곧 서로를 제거한다는 뜻이다. 불의 세가 성하면 물은 말라붙고 물이 성하면 불은 꺼지게 된다. 곧 물과 불은 서로를 없앤다. 또 두 여자가 함께 지내며 뜻이 맞지 않으니 서로 싸운다. 그러므로 혁신이 일어나게 된다. 따라서 괘명(卦名)을 革이라 했다.

■ 己日乃革은 革而信之요 文明以說하여 大亨以正하고 革而當하여 其悔乃亡하나니라

'己日乃革'(기일내혁)은 '革而信之'(혁이신지) 곧 혁신을 해서 모든 사람들이 믿는다는 의미다. '文明以說'(문명이열) 곧 하리괘의 문명의 덕과 상태괘의 화

열의 덕으로써, '大亨以正'(대형이정) 곧 정도로써 혁신을 하여 大亨하게 되고 '革而當'(혁이당) 곧 당연한 혁신을 하니 '其悔乃亡'(기회내망) 곧 회(悔)될 일은 전혀 없게 된다. 괘덕으로 괘사를 설명한 말이다.

■ 天地革而四時成하고 湯武革命하여 順乎天而應乎人하니 革之時ㅣ 大矣哉ᅟᅵᆫ저

천지가 혁신해서 춘하추동의 四時가 이루어지고 殷 탕왕과 周 무왕이 혁명해서 천도에 순종하고 인도에 순응하니 革時의 의의는 크다.
《주역술의》에는 "천지와 성인은 때에 인하여 혁신하니 때가 아직 이르지 않으면 앞서는 불가능하고 때가 이미 이르면 감히 뒤져서는 안되니 그러므로 革時의 의의가 크다고 한 것이다"(天地聖人이 因時而革이니 時未至不能先이요 時旣至不敢後故로 曰革之時大矣哉라) 했다.

象에 曰 澤中有火ㅣ 革이니 君子ㅣ 以하여 治歷明時하나니라
象에 가로되 못 가운데에 火가 있음이 革이니 군자는 이로써 역법을 다스리고 때를 밝히느니라

■ 象에 曰 澤中有火ㅣ 革이니

離下兌上(이하태상)의 혁괘를 '澤下有火'(택하유화)라 하지 않고 '澤中有火'(택중유화)라 한 것은 수화상식(水火相息)을 표현한 말이다. 이것이 곧 혁괘의 괘상이라는 말이다.

■ 君子ㅣ 以하여 治歷明時하나니라

'治歷'(치력)은 역법(曆法), 즉 달력을 제정한다는 뜻. '明時'(명시)는 때를 명백히 한다는 뜻. 곧 춘하추동의 사시를 명확히 하여 천지변화에 순응해서 그 때에 적당한 일을 하도록 한다는 의미다. 《논어》에도 '告朔之禮'(곡삭지례)

라는 말이 있다. 매월 초하룻날(朔日)에 양(羊)을 제물로 바치고 나라 안에 달력을 사용하게 했다고 한다. 고대에는 이처럼 달력을 중시했다.

來註에는 이렇게 씌어 있다.

물 속에 불이 있으니 만약 물이 성하면 불이 사라지고 불이 성하면 물이 사라진다. 이것이 相革의 象이다. 歷은 經歷이니 곧 차례요 혜아림이요 가는 것이요 지나침이다. 말하자면 日月과 五緯(金木水火土의 五星)가 운행하는 궤적이다. 또 歷時를 만드는 것은 四時니 책력을 만들어서 때를 명백하게 했다. 晝夜는 하루의 革新이고 晦朔(그믐과 초하루)은 한 달의 혁신이며 춘분, 추분과 하지, 동지는 계절의 革新이고 元會運世(원회운세)7)는 만고(萬古)의 革新이다.

    水中有火하니 水若盛則息火하고 火或盛則息水니 此相革之象也ㅣ라 歷者는 經歷也ㅣ니 次也數也行也過也ㅣ오 蓋日月五緯之躔次也ㅣ라 又作歷時者는 四時也ㅣ니 治曆以明其時라 晝夜者는 一日之革也ㅣ오 晦朔者는 一月之革也ㅣ오 分至者는 一季之革也ㅣ오 元會運世者는 萬古之革也ㅣ라

初九는 鞏用黃牛之革이니라
초구는 묶음에 황우의 가죽을 쓰느니라

鞏은 묶을 공. 初九와 六二, 九三의 아래 세 효는 개혁이 아직 이루어지지 않는 때로 보고 九四, 九五, 上六의 위의 세 효는 개혁을 행하거나 또는 이미 개혁이 성취된 것으로 해석한다.

  初九는 양효·양위로 위정하고 강건재덕을 지녀서 사회개혁을 할 수 있는 爻다. 그러나 초효가 되니 하천하고 위에는 응여가 없어 개혁할 때가 아직 이르지 않은 상이다. 그러므로 자신의 재덕을 믿고 경망한 행위를 하면 흉화를

---

7) 宋代 邵康節의 元會運世說.
   1世: 30년
   1運: 12世, 즉 360년.
   1會: 360年×30運 = 10,800년
   1元: 10,800年×12會 = 129,600년

스스로 부르게 된다. 오직 유순중정의 덕을 가진 六二와 음양 상비의 사이가 되니 六二의 지도를 받아 때를 기다려야 한다.

牛는 이괘(離卦)의 상이다. 黃은 토색(土色), 곧 중색(中色)이다. '黃牛'(황우)는 六二를, 革은 견고한 것 곧 이괘의 바깥에 있는 양효인 初九를 가리킨다. 初九는 곧 하리괘의 바깥이 되니 '黃牛之革'(황우지혁)이 된다. 그 黃牛之革으로 견고하게 묶어서 잘 움직이지 못하게 하고 六二의 지도를 받아서 때를 기다리라는 것이 '鞏用黃牛之革'(공용황우지혁)의 의미다.

《주역술의》에는 "이괘(離卦)의 상은 牛다. 六二는 이괘의 중효다. 그러므로 黃牛가 된다. 初九와 九三은 六二인 黃牛의 피부가 된다. 그러므로 革이라 한 것이다"(離爲牛요 二得中故로 爲黃이라. 初與三은 其皮也ㅣ라 故로 曰革이라) 했다. 來註에는 이렇게 씌어 있다.

初九는 革時에 당면해서 陽剛才德을 가졌으니 혁신할 재능을 갖췄다. 그러나 비천한 初位에 있으니 개혁할 권세가 없고 상위에 함께 개혁할 應與가 없으니 기필(其必) 일을 벌일 수는 없다. 다만 陽性은 上行하고 火性은 上炎하니 그 不革의 뜻을 능히 고수하지 못할까 우려하여 그러므로 聖人이 占者를 가르쳐서 革道는 용이한 것이 아니니 망동하지 말고 견고한 黃牛의 가죽으로 묶듯이 해서 때를 기다림이 가하니 그 爻象이 이와 같기 때문이다.

初九當革之時에 以陽剛之才로 可以革矣나 然이나 居初位하니 卑無可革之權하고 上无應與로 无其革之人하니 其不可有爲也ㅣ 必矣라 但陽性上行하고 火性上炎하니 恐其不能固守其不革之志故로 聖人이 敎占者曰革道匪輕하니 不可妄動이요 必固之以黃牛之革而後可하니 所以其象如此라

象에 曰 鞏用黃牛는 不可以有爲也ㅣ니라

象에 가로되 '鞏用黃牛'는 행(行)함이 있으면 不可하기 때문이니라

'不可以有爲也'(불가이유위야). 初六은 하천하고 上에 응여가 없으니 움직이지 말라는 뜻이다. 爲는 行할 위. '有爲'(유위)는 '행사하게 되면'의 뜻.

_{육 이} _{기일내혁지} _{정길무구}
六二는 己日乃革之니 征吉无咎하리라
六二는 己日에 곧 이를 혁신함이니 가면 길해서 허물이 없으리라

六二는 하리괘의 주효가 되니 문명지주(文明之主)가 되고 음효로서 음위에 있으니 유순중정의 덕을 가졌다. 강건중정의 대덕을 가진 九五 천자와 음양 상응으로 장차 대개혁을 보좌할 길한 효다. 六二는 유순중정의 덕으로써 행사하니 모두가 이 六二를 믿게 된다. 이 도리로써 나아가게 되면 길하고 허물이 없다는 의미다. 다만 己日에 이르러 개혁을 단행해야 모두가 정성으로 믿으리라는 것이 '己日乃革之'(기일내혁지)의 의미다. 往은 간다는 의미의 일반적 용어고, 征은 바른 도리로써 가다. 행사하다는 뜻이다.

六二는 선한 효다. 그러나 '己日乃革之'(기일내혁지)의 조건이 붙어 있다. 단사의 '己日乃革'(기일내혁)은 이 六二를 가리킨 말이다. 己는 甲乙丙丁戊己의 己 자다. 곧 과반(過半)을 의미한다. 六二는 殷 탕왕을 보좌한 이윤(伊尹)과 周 문왕과 무왕을 보좌한 태공망과 같은 효다. 곧 개혁의 주동자를 보좌할 뿐이고 스스로 개혁의 주동자는 못 된다.

《주자본의》에는 "六二는 유순중정의 덕을 가졌고 문명지주(이괘의 중효)가 되며 위로는 九五의 응여가 있으니 이로써 개혁할 수 있다. 그러나 필연코 己日이 지나 개혁하면 征吉하고 무구하다"(六二柔順中正而爲文明之主요 有應於上하니 於是可以革矣라 然이나 必己日然後에 革之則征吉而无咎라) 했다.

_상 _{왈 기일혁지} _{행유가야}
象에 曰 己日革之는 行有嘉也ㅣ니라
象에 가로되 '己日革之'는 가서 아름다움이 있느니라

《주역절중》에 유염(兪琰)은 "마땅히 革時가 아직 이르지 않았는데 갑자기 가게 되면 폐단이 거듭될 뿐이니 어찌 아름다움이 있겠는가. 필연코 己日의 革時에 당도해서 가면 곧 그 行事가 嘉美의 功을 세우리라. '行有嘉'의 行 자는 '征吉'의 征 자를 해석하고 嘉 자는 '征吉无咎'의 吉无咎를 해석한 말이다"

(未當革而遽往은 適以滋弊耳니 何嘉之有리요. 必往於己日當革之時則其行이 有 嘉美之功라. 行釋征字요 嘉釋吉无咎라) 했다.

_{구 삼}　　_{정흉정려}　　_{혁언삼취}　　_{유부}
九三은 征凶貞厲하니 革言三就하면 有孚하리라

九三은 가면 흉하고 貞해도 위태하니 혁언(革言)이 세 번 이루어지면(就) 미쁨(孚)이 있으리라

■ 九三은 征凶貞厲하니

'征凶'(정흉)은 곧 혁신을 단행하면 흉하리라는 뜻이고 '貞厲'(정려)는 비록 도리상 바르다 해도 위태롭다는 의미다.

　九三은 양효로서 양위에 있으니 위정은 되나 부중 과중 과강이 되니 지나친 행위를 하기 쉽다. 또 하괘의 상효가 되어 위험한 지위다. 대개혁에는 신중히 임해야 하고 적절한 시기를 선택해서 거행해야 한다. 비록 강건재덕을 가졌고 革時가 되니 개혁하려는 그 뜻은 이해할 수 있으나 그 시기를 잘 선택하고 또 지나친 행위는 불가하다. 만일에 재덕만을 믿고 경망한 행위를 하면 흉하고 또 비록 正道라 해도 위태하다.

■ 革言三就하면 有孚하리라

'革言'(혁언)은 혁신하라는 여론. 就는 이룰 취. 成과 같은 뜻이다. '三就'(삼취)는 실은 여러 번 또는 다수를 의미하니, '革言三就'(혁언삼취)는 대다수의 여론이 혁신하기를 원한다는 뜻이 된다. 대다수의 사람들이 혁신 또는 혁명을 지지할 때 일을 단행하면 신뢰를 얻게 되리라는 것이 '革言三就 有孚'의 의미다. 이는 도리상 당연한 일이나 九三의 부중 과중 강과하고 또 離(火)卦의 상효가 되니 과열을 경계하는 의미도 가졌다. 대체로 九三까지는 때가 아직 무르익지 않았다는 의미를 지닌다.

澤火革

상 왈 혁언삼취 우하지의
象에 **曰 革言三就**이늘 **又何之矣**리오
象에 가로되 '革言三就'이늘 또 어디에 갈 것이냐

혁명에 대한 여론이 자자(藉藉)하거늘 그 외에 다른 길은 없다는 말이다. '革言三就'(혁언삼취)라면 필연코 혁명을 해야 한다. 혁명의 시기가 도래했다.

구 사　　회 망　　유 부　　개 명 길
九四는 **悔亡**하고 **有孚**하니 **改命吉**하리라
九四는 悔가 없어지고 믿음이 있으니 命을 고쳐서 길하리라

九四는 혁괘가 이미 과반이 되었으니 혁신 또는 혁명을 단행할 때가 이르렀다. 바로 단사의 '己日乃革'(기일내혁)에 해당하는 효다. 六二에 '己日乃革之'(기일내혁지)라 한 것은 己日에 이르면 단행하라는 의미고 이 九四는 己日이 이미 이르렀으니 혁신을 단행한다는 것이다. 물론 九四가 주동자가 되는 것은 아니고 九五를 보좌해서 혁신을 단행하라는 의미다. '有孚'는 九三의 有孚와 같다. 천하 백성이 모두 신뢰하리라는 뜻이다. '改命吉'(개명길)은 개혁, 혁명이 吉하다는 뜻.

九四는 양효로서 음위에 있으니 강건재덕을 가졌고 음양 조절이 이루어진 爻다. 재상의 지위 또는 제후로써 5위를 도와서 과격하지 않은 순리로써 혁신을 단행하니 그러므로 '悔亡'(회망)이 되고 '有孚 改命吉'(유부 개명길)이라 했다. 來註에는 "九四는 命을 고칠 대신의 지위니 伊尹이나 태공망과 같다"(九四之位는 則改命之大臣이니 如伊尹太公이 是也ㅣ라) 했다.

《주역절중》에 호병문은 "제3위에서 제5위까지 모두 '有孚'라 했으니 3위는 '革言三就'(혁언삼취) 後에 유부하고, 4위는 유부 後에 개혁하니 그 깊고 얕음의 순서이다. 5위는 점으로 문신하지 않아도 유부하다 했으니 이는 孚를 쌓은 공업 때문이다"(自三至五, 皆言有孚하니 三議革而後孚하고 四有孚而後改는 深淺之序也ㅣ오 五未占而有孚는 積孚之素也ㅣ라) 했다.

象에 曰 改命之吉은 信志也ㄹ새니라
象에 가로되 '改命之吉'은 뜻을 믿기 때문이니라

'信志'(신지)는 그 뜻을 신뢰한다는 뜻. 효사에 '改名吉'(개명길)이라 한 것은 九四의 대신은 천하 만민을 위해 혁명을 할 뿐 사리사욕이라곤 조금도 없다는 점을 모두가 믿는다는 의미다.

九五는 大人虎變이니 未占有孚하니라
九五는 대인이 호변(虎變)함이니 점을 아니해도 미쁨이 있느니라

九五는 주괘의 주효다. 양효로서 양위에 있고 상괘의 중효가 되니 강건중정의 대덕을 가진 대인이다. 이 九五에서 대혁명이 완수된다. 상태괘는 호상(虎象)이 되니 그러므로 '虎變'(호변)이라 했다. 범은 여름에서 가을로 들어서면 묵은 털이 빠지고 새털이 나서 찬란한 색채로 변하게 된다. 곧 九五는 천명을 받아 천자위에 올랐으니 문물과 제도를 혁신해서 국정(國情)이 일변(一變)한다는 것이 '大人虎變'(대인호변)의 의미다.

'未占有孚'(미점유부)는 천하 백성들의 신뢰 여부를 문신하지 않아도 그 믿고 따름은 의심할 바 없다는 의미다. 九四에서 혁명의 시기가 도래했고 九五에서는 혁명이 완수되었다. 六二, 九四의 현인들이 보좌해서 혁명이 완성된 것이다.

象에 曰 大人虎變은 其文炳也ㅣ니라
象에 가로되 '大人虎變'은 그 무늬가 빛남이니라

炳은 빛날 병. '其文炳也'(기문병야)는 그 무늬가 빛난다는 뜻.

澤火革

上六은 君子는 豹變이요 小人은 革面이니 征凶하고 居貞吉하리라

上六은 군자는 표변(豹變)하고 소인은 얼굴을 고치니 가면 흉하고 貞에 居하면 길하리라

■ 上六은 君子는 豹變이요 小人은 革面이니

九五에서 이미 혁명이 완성되었으니 上六은 혁명 완성 후의 세상의 정황을 말했다. 군자는 윗 계급에 속하는 이고 소인은 아래 서민들이다. 豹는 표범 표. 표범도 가을에는 털을 벗고 새 털이 생겨 아름다운 색채를 띠게 된다. '君子豹變'(군자표변). 윗 계급은 九五 천자의 위대한 덕에 감화해서 표변하듯 도덕군자가 된다는 뜻이요 '革面'(혁면)은 얼굴을 바꾼다는 뜻. 아래 서민들은 군자처럼 표변하지는 못하고 甲에 면종(面從)하던 것을 乙에 면종할 뿐이다.

來註에는 "小人革面(소인혁면)이란 옛날 걸주(桀紂)에 거짓으로 섬기던 것을 혁신함을 말한다"(小人革面者는 革其舊日之詐僞也ㅣ라) 했다. 또 "힘으로써 사람에게 복종하면 이는 面從이요, 덕으로써 사람을 따르게 함은 심중에 기뻐하여 성심으로 복종케 함이니 곧 심종(心從)이다"(以力服人者는 面從者也ㅣ오 以德服人者는 中心悅而誠服也ㅣ니 心從者也ㅣ라) 했다. 이 一句는 혁명 후 상하의 세정(世情)을 설명한 말이다.

■ 征凶하고 居貞吉하리라

'征凶'은 이미 혁명이 완성되었으니 다소간 그에 불복하는 자가 있다 해서 정벌하려 하면 흉하다. 시간이 경과하면 자연히 심복하게 되리니 또 다시 민심을 소란케 할 필요가 없는 것이다. '居貞吉'(거정길)은 곧 정도를 굳게 지키면 길하다는 의미니, 더러 옛 기득권자들이 혁신을 좋아하지 않을 수도 있으나 벌여 놓고 바른 도리를 굳게 지키면 장차 그들도 심복하여 길하게 되리라는 뜻이다. 천하 백성 모두를 완전히 심복시킬 수는 없다는 점을 가르친 말이다.

공영달의 《주역정의》에는 "'革面'은 다만 그 안면과 용색을 바꾸어 위에 순종할 뿐이다"(革面者는 但能變其顔面容色하여 順上而已라) 했다. 어느 시대라도 '군자는 樂其樂而'하고 '소인은 利其利'할 뿐이다. 소인에게 안토낙천을 기대하는 것은 무리다.

象에 曰 君子豹變은 其文蔚也ㅣ오 小人革面은 順以從君也ㅣ니라
象에 가로되 '君子豹變'은 그 무늬가 성함이요, '小人革面'은 순함으로써 임금에 따름이니라

■ 君子豹變은 其文蔚也ㅣ오

蔚은 아름다울 울. 蔚은 아름다운 상태를 형용한 말이나 炳처럼 성한 상태는 못된다. 곧 군자는 표변하는 것처럼 九五 천자의 덕에 감화해서 용모태도가 울연(蔚然)하다는 의미다.

■ 小人革面은 順以從君也ㅣ니라

소인이 얼굴을 고친다는 것은 곧 甲에 면종(面從)하던 것을 乙에 면종한다는 것을 말한다. 上이 하자는 대로 순종할 뿐이라는 뜻. 곧 "君子는 樂其樂하고 小人은 利其利"와 같은 의미다.

澤火革卦(택화혁괘)☱☲의 六爻를 간단히 정리해 보자.
初九는 양효·양위로 위정하고 비록 강건한 덕은 가졌으나 上에 응여가 없으니 유순중정의 덕을 가진 六二와 음양 상비로 그 지도를 받아 잡념을 버리고 바른 도리를 굳게 지키면 吉하다.
六二는 유순중정의 덕을 가졌으니 革時에 이르러 강건중정의 대덕을 가진 九五를 보좌해서 대개혁을 보좌할 수 있는 길한 효다.
九三은 양효·양위로 위정은 되나 부중 과중 과강이 되니, 革時가 아직 도래하지 않았는데도 만일 지나친 행위를 하면 흉하다.

九四는 양효·음위로 내강외유의 군자요 강유가 조화를 이룬 대신이다. 九五 천자를 보좌해서 혁명을 성취할 효로서 대길하다.

　九五는 강건중정의 대덕을 가진 대인이요 괘주다. 九四, 六二 등의 여러 현인들의 보좌를 얻어서 혁명을 완수하고 찬란한 문물과 제도를 제정하는 대길한 효다.

　上六은 음효로서 음위에 있으니 위정 지정한 효다. 잡념을 버리고 정도를 굳게 지키면 吉하다.

火風鼎

巽下
離上

鼎은 元(吉)亨하니라

彖에 曰 鼎은 象也ㅣ니 以木巽火하여 亨飪也ㅣ니라 聖人이 亨하여 以享上帝하고 而大亨하여 以養聖賢하나니라 巽而耳目聰明하고 柔進而上行하여 得中而應乎剛이라 是以로 元亨하니라

象에 曰 木上有火ㅣ 鼎이니 君子ㅣ 以하여 正位凝命하나니라

初六은 鼎顚趾니 利出否하고 得妾以其子하니 无咎하니라
象에 曰 鼎顚趾는 未悖也ㅣ오 利出否는 以從貴也ㅣ니라

九二는 鼎有實이니 我仇有疾하여 不我能卽하면 吉하니라
象에 曰 鼎有實은 愼所之也ㅣ오 我仇有疾은 終无尤也ㅣ니라

　　　　구삼　　 정이혁　　　 기행색　　　 치고불식　　　 방우휴회
九三은 鼎耳革하여 其行塞하고 雉膏不食이니 方雨虧悔하면
　종 길
終吉하리라
　　　　　　 상　 왈 정이혁　　 실기의야
　　　　象에 曰 鼎耳革은 失其義也글새니라
　　구사　 정절족　　 복공속　　 기형악　 흉
九四는 鼎折足하여 覆公餗하고 其形渥하니 凶하니라
　　　　　　 상　 왈 복공속　　 신여하야
　　　　象에 曰 覆公餗은 信如何也오
　　육오　 정황이　 금현　　 이정
六五는 鼎黃耳요 金鉉이니 利貞하니라
　　　　　　 상　 왈 정황이　　 중이위실야
　　　　象에 曰 鼎黃耳는 中以爲實也ㅣ니라
　　상구　 정옥현　　 대길　　 무불리
上九는 鼎玉鉉이니 大吉하고 无不利하니라
　　　　　　 상　 왈 옥현재상　　 강유절야
　　　　象에 曰 玉鉉在上은 剛柔節也ㅣ니라

정 원 길 형
鼎은 元(吉)亨하니라
鼎은 크게 형통하니라

　鼎卦(정괘)는 巽下離上(손하이상)의 괘다. 상리괘는 火고 하손괘는 風이다. 火와 風과 괘명의 鼎을 합해서 火風鼎(화풍정)☲☴이라 하여 괘형과 괘명을 기억하게 한다.
　鼎은 솥 정. 음식물을 삶는 기구다. 鼎으로 음식물을 요리해서 천지신과 종묘 신령에게 제수(祭羞)로 쓰고 또 천하의 제후와 현인의 향응을 베푼다. 고대에는 鼎을 천자 제일의 보기(寶器)라 했다. 설문(說文)에는 "하우씨(夏禹氏)가 구정(九鼎)을 만들어 왕위 전승(傳承)의 보기로 사용해서 하(夏), 은(殷), 주(周), 진(秦)까지 전해졌으니 그러므로 鼎은 왕위와 제업(帝業)을 칭하는 것으로 전용(轉用)되었다" 했다. 곧 제왕을 상징하는 보기인 것이다. 鼎은 천자의 보물인 동시에 음식물을 요리해서 천지신과 조선(祖先) 신령에 제수로 쓰고 천하의 현인을 기르니 그러므로 기른다〔養〕는 의미가 생긴다. 곧 양현(養賢)과 양민(養民)의 기물이 되는 것이다.
　이 괘는 곧 솥의 형상이다. 初六은 솥의 발이 되고 九二, 九三, 九四는 솥의 몸체가 되며 六五는 솥귀, 上九는 鼎鉉(정현), 즉 솥의 손잡이줄이 된다. 이렇듯 鼎의 상이 되므로 괘명을 鼎이라 했다.
　아래위의 괘상으로 말하면 상리괘는 火고 하손괘는 木이다. 鼎의 안에 음식물을 넣어서 그 밑에 섶나무(薪木)를 두고 불을 붙이니 섶나무에 불이 타올라 鼎의 안에 있는 내용물이 삶아지고 날것과는 전혀 다른 것으로 바뀐 음식이 된다. 그러므로 鼎에는 취신(取新), 즉 새로운 것을 취한다는 의미가 생긴다.
　〈잡괘전〉에는 "革은 去故也ㅣ오 鼎은 取新也ㅣ니라" 했다. 혁괘와 정괘는 종괘다. 혁괘는 구폐(舊弊)를 없앤다는 의미고 정괘는 새것을 취한다는 의미가 된다. 혁괘는 전 왕조를 멸망시키고 정괘는 새 조정(朝廷)을 창건한다는 의미니, 이렇듯 혁괘와 정괘는 서로 연결되고 있다.
　상하의 괘덕으로 말하면 하손괘는 손순한 덕을 가져서 사람들에게 하손하게 되고, 상리괘는 문명의 덕을 가졌으니 총명과 예지(聰・明・叡・智는 성인의 네 가지 덕이다)를 가졌다. 또 유순중덕을 가진 六五는 강건중덕을 가진 九二의 보좌를 얻어 鼎道를 이루게 된다.

〈서괘전〉에는 "革物者ㅣ 莫若鼎이리라 故로 受之以鼎이니라" 했다. 혁신하는 것으로는 鼎만한 것이 없다. 그러므로 혁괘 다음에 정괘로서 받았다는 것이다. 역성혁명으로 새 제왕이 天命을 받는다는 의미로써 '鼎革'(정혁)이라 이른다. 천명을 받은 새 제왕은 솥으로 음식물을 요리해서 천지신과 조선신령에게 제사를 지내고, 또한 그로써 현인을 키우고 천하 백성을 기르니 이러한 천자의 직무를 鼎으로 상징한 것이다. 그러므로 鼎은 천자에게 제일가는 보물이 된다.

來註에는 "鼎은 익혀 삶는 器具다. 이 괘는 巽下離上이다. 初六의 음효는 발이 되고 2, 3, 4효의 세 양효는 배〔腹〕가 되고 음효인 六五는 귀가 되며 上九는 줄〔鉉〕이 되니 곧 솥의 상(象)이다. 또 하손괘의 섶나무가 상리괘의 불 속으로 들어가서 음식물을 삶게 되니 鼎의 용(用)이다"(鼎者는 烹飪之器라 其卦 巽下離上이라 下陰爲足이요 二三四陽은 爲腹이요 五陰爲耳요 上陽爲鉉이니 鼎之象也ㅣ라 又以巽木入離火而致烹飪하니 鼎之用也ㅣ라) 했다. 鼎의 象과 鼎의 用을 아울러 설명한 말이다.

■ 鼎은 元(吉)亨하니라

정자와 주자는 吉 자에 대해 연문(衍文), 즉 필요없는 글자라 했다. 《주역절중》에 이광지는 "단전에 바로 '元亨'이라 했으니 대유(大有) 괘사의 '元亨'과 같다"(其辭直曰元亨하니 與大有同이라) 했다. 來註에는 "단사는 공자의 단전에 '是以元亨'(시이원형)을 보면 명백하니 곧 《주자본의》의 연문 설이 당연하다" (彖辭는 明觀孔子彖傳에 是以元亨이라하니 則吉字는 當從本義作衍文이라) 했다. 이제 제현설(諸賢說)을 좇아 "鼎은 元亨하니라"로 정정한다.

이미 설명한 바와 같이 鼎卦는 大亨(元亨)하다는 의미다. 64괘 중에 조건 없이 '元亨'이라 한 괘사는 화천대유괘와 이 정괘뿐이다. 이로써 보더라도 정괘의 대길함은 쉽게 이해할 수 있다. 亨은 烹의 의미도 지닌다. 옛날에는 이 亨 자를 '烹', '享', '亨'으로 통용했다. 烹은 삶을 팽. 亨은 형통할 형. 享은 누릴 향, 드릴 향(제사를 드리다, 올리다).

　　　　　단　왈　정　　상야　　　이목손화　　팽임야　　　　성인　　팽
　　象에 曰 鼎은 象也ㅣ니 以木巽火하여 亨飪也ㅣ니라 聖人이 亨
　　　　　이향상제　　　　이대팽　　　　이양성현　　　　　　손이이목총
하여 以享上帝하고 而大亨하여 以養聖賢하나니라 巽而耳目聰
　명　　　유진이상행　　　　득중이응호강　　　시이　　원형
明하고 柔進而上行하여 得中而應乎剛이라 是以로 元亨하나니라
象에 가로되 鼎은 象이니 나무로써 불에 넣어서 삶음이니라. 성인이 (음식을) 삶아서 이로써 상제께 향사(享祀)하고 그래서 크게 삶아서 이로써 성현을 기르느니라. 손순해서 귀와 눈이 총명하고 柔가 나아가서 위로 행하여 中을 얻어서 剛에 응함이라. 이로써 크게 형통하느니라

■ 象에 曰 鼎은 象也ㅣ니 以木巽火하여 亨飪也ㅣ니라

鼎卦가 솥의 형상이라는 점은 이미 밝힌 그대로다. 즉 그 괘상으로 괘명이 설명되는 것이다. '以木巽火'(이목손화)의 巽 자는 入(들어감)의 뜻이니 곧 섶나무가 불 속에 들어간다는 의미다. 飪은 익힐 임. '亨飪'(팽임)은 삶음. 또는 삶은 음식. '亨飪'의 亨은 삶을 팽, '烹'과 같다. 이하 '聖人亨'(성인팽), '大亨'(대팽)의 亨 자도 모두 같다.

■ 聖人이 亨하여 以享上帝하고 而大亨하여 以養聖賢하나니라

'聖賢'(성현)은 성덕(聖德)을 지닌 현명한 신하를 가리킨다. 성왕이 鼎을 이용해서 우선 천제에게 향사하고 또 성현을 길러서 그들로 하여금 천하 만민을 기르게 한다. 천제를 향사하고 성현을 기르는 것이 정치의 근본이 된다. 이 성왕은 천제의 은택으로 많은 성현을 키우게 되고 그 성현들의 보좌로 말미암아 천하 만민을 기르게 되며, 그리하여 천하태평을 이루게 된다. '以享上帝'(이향상제)의 享은 드릴 향, 향사의 뜻. '以木巽火'로부터 '以養聖賢'(이양성현)까지

는 鼎의 공용(功用)을 설명했다.

- 巽而耳目聰明하고

상하의 괘덕을 설명했다. '巽'은 하손괘가 손순한 덕을 가졌다는 뜻. '耳目聰明'(이목총명)은 위의 이괘(離卦)는 문명의 괘이기 때문이며 곧 총명예지의 의미다. '聰'(총)은 모든 사람의 의견을 잘 이해함을 뜻하고, '明'(명)은 모든 사리에 명백하다는 것. '叡'(예)는 통하지 않는 바가 없는 지혜이며 '智'(지)는 무소부지의 지혜다. 이와 같은 4덕을 가지면서도 손순하고 겸하니 곧 '無爲而治天下'(무위이치천하)의 성덕을 의미한다. 그러므로 정괘는 원형하게 된다.

- 柔進而上行하여 得中而應乎剛이라 是以로 元亨하나니라

'柔進而上行'(유진이상행). 이것은 괘종설이다. 혁괘와 정괘는 종괘다. 혁괘의 하리괘가 위로 올라가서 정괘의 상리괘(上離卦)가 되었다는 의미다.

'得中而應乎剛'(득중이응호강). 혁괘의 하리괘가 위로 올라가서 상리괘의 六五는 중효가 되고(得中) 또 혁괘의 상태괘가 밑으로 내려와서 정괘의 하손괘가 되어 九二는 강중(剛中)의 덕을 가졌다는 뜻. 곧 위로 올라간 유효는 유순중덕을 지닌 六五가 되었고 밑으로 내려간 강효는 강건중덕의 九二가 되었으니 이 두 효가 음양상응해서 서로 도우므로 곧 이로써 大亨하다는 의미다. '巽而耳目聰明'(손이이목총명) 이하는 공자가 상하의 괘덕과 六五, 九二의 상응으로 단사의 원형을 설명했다.

來註에서는 이렇게 쓰고 있다.

정괘는 혁괘와 종괘를 이루니 두 괘는 동체다. 문왕이 종합해서 하나의 괘로 하였으니 그러므로 잡괘전에 "혁괘는 묵은 것을 버림이고 정괘는 새로운 것을 취함이라" 했다. 말하자면 혁괘의 하리괘가 나아가서 정괘의 상괘가 된 것이다. 곧 위로 나아가 六五의 중위에 있게 되고 강중의 덕을 가진 九二와 상응한다. 가령 인사로써 논의하면, 內巽(하손괘의 손순을 말함)하고 外聰(상리괘 총명을 말함)하여 그 덕을 가졌고 하리괘가 상행해서 가운데 자리를 얻게 되며 강중의 덕을 가진 九二와 응해서 그 보좌를 얻는다. 이로써 大亨한다.

　　鼎綜革하니 二卦同體라 文王이 綜爲一卦故로 雜卦曰 革은 去故也ㅣ오 鼎은 取新也ㅣ라 言革下卦之離ㅣ 進而爲鼎之上卦也ㅣ라 進而上行하여 居五之中하고 應乎二之剛也ㅣ라 若以人事論하면 內巽外聰하여 有其德하고 進而上行하여 有其位하고 應乎剛하니 有其輔라 是以로 元亨이라

象에 曰 木上有火ㅣ 鼎이니 君子ㅣ 以하여 正位凝命하나니라
象에 가로되 나무위에 火가 있음이 鼎이니 군자는 이로써 位를 바르게 하고 命을 이루느니라

■ 象에 曰 木上有火ㅣ 鼎이니

'木上有火'. 巽下離上이 정괘(鼎掛)의 괘상이다.

■ 君子ㅣ 以하여 正位凝命하나니라

'正位'(정위)는 바른 지위. 곧 지위를 바르게 한다는 뜻. 또는 정도(貞道), 정덕(貞德)으로써 바른 지위에 있다는 뜻이다. '命'(명)은 천명. '凝'은 엉길 응. 여기서는 이룰 응으로 곧 成(성)과 같다. '凝命'(응명)은 천명을 이루어 굳게 지켜서 안정되고 마음이 흔들리지 않는다는 의미다. 솥의 모양은 단정하니 세 발로써 버텨 안정한다는 의미를 가졌다. 발이 네 개라면 불안정한 구석이 있고, 따라서 鼎足은 안정하도록 셋으로 되었다 한다. 군자는 이 솥의 상을 본받아서 정도(正道)로써 정위(正位)에 있어 자신에 맡겨진 천명을 성취하여 굳게 지킨다.

　《주역절중》에 호병문은 "鼎之器正然後에 可凝其所受之實이오 君之位正然後에 可凝其所受之命이라" 했다. 곧 鼎器가 안정된 연후에 그 받은 바의 실물을 머무르게 되고 왕의 지위가 안정된 연후에 그 받은 바의 천명을 성취하고 안정된다는 것이다.

初六은 **鼎顚趾**니 **利出否**하고 **得妾以其子**하니 **无咎**하니라
<small>초육   정전지   이출비   득첩이기자   무구</small>

初六은 솥이 발을 거꾸로 함이니 否(오물)를 버림에 이롭고 첩으로써 그 아들을 얻게 하니 허물이 없느니라

顚은 뒤집을 전. 넘어지다, 거꾸로 되다의 뜻. 趾는 발 지. 否는 나쁠 비. 나쁘다, 천하다, 좋지 않다는 뜻. 곧 솥 안에 고인 오물을 의미한다.

易書에 '養'(양)을 말한 괘가 세 괘가 있으니, 산뢰이괘(山雷頤卦)는 턱으로 음식물을 씹어 먹음으로써 몸을 보양한다는 것이 본디의 뜻이고, 정괘(井卦)는 물로써 사람을 양생한다는 뜻이며, 정괘(鼎卦)는 불을 이용해서 음식을 삶아 양인(養人)한다는 괘다.

井卦는 하손상감(下巽上坎)의 괘고 鼎卦는 하손상리(下巽上離)의 괘다. 상괘가 각기 물과 불로서 상위(相違)가 되니 井卦는 汲水養人(급수양인)의 의미를 가졌고 鼎卦는 烹飪養人(팽임양인)의 괘가 된다. 물과 불로서 다르다 하나 효사는 비슷하다. 곧 井卦와 鼎卦는 위로 갈수록 善하게 된다. 井卦 初六에는 '井泥不食'(정니불식)이라 했고 鼎卦 初六에는 '鼎顚趾'(정전지)라 한 데 반해 井卦 上六에는 '井收勿幕有孚'(정수물막유부)라 하고 鼎卦 上九에 '鼎玉鉉'(정옥현)이라 했으니 밑에서 위로 올라 갈수록 이 두 괘는 점점 길하게 된다.

'鼎顚趾'(정전지)는 솥이 뒤집어져 발[趾]이 위를 향하고 있다는 의미다. 솥이 뒤집어졌으니 오랫동안 솥 안에 고여있던 찌꺼기를 내버리고 씻고 닦아 깨끗이 하기에 마땅하다는 것이 '利出否'(이출비)의 의미다. 否는 나쁠 비. 오물의 뜻이다.

'得妾'(득첩)은 첩을 얻는다는 의미가 아니라 첩이 됨을 얻다, 곧 첩이 된다는 의미다. 初六은 비위(卑位)가 되니 첩이라 했고 九四와 음양상응하니 그 九四의 첩이 되며 그럼으로써 子를 얻게 된다는 것이 '得妾以其子'(득첩이기자)의 의미다. 곧 첩이 됨으로써 그 아들을 얻는다는 뜻이다.

初六은 음효로서 양위에 있으니 위부정이 된다. 九四와 음양상응하는 효가 되니 九四에게로 향하여 가면 발이 위를 향하게 된다. 그러므로 '鼎顚趾'(정전지)라 했다. 이왕 솥이 뒤집힌 바에야 속에 고여 있던 더러운 잡물들을 씻어내

는 데 편리하다는 것이 '利出否'(이출비)의 의미다. 이는 비유의 말이다. 혁괘에서 혁명이 성취되었으나 아직도 구폐가 여기저기 남아 있으므로 '鼎顚趾'의 즈음에 그러한 구폐를 일소하기에 좋다는 뜻이다. 혁괘의 혁신을 잇는 鼎卦의 '取新'(취신)을 의미하기도 한다.

初六은 하천하니 九四의 첩으로 보고 상응한다는 의미로 '以其子'(이기자)라 했다.

象에 曰 鼎顚趾는 未悖也ㅣ오 利出否는 以從貴也ㅣ니라
象에 가로되 '鼎顚趾'는 아직 (법도에) 거스르지 않음이요 '利出否'는 貴에 따르기 때문이니라

'未悖'(미패). 솥 안을 청소하기 위해서는 솥을 거꾸로 뒤집어야 하니 도리에 거스름이 아니다. 혁명 후에 남아 있는 구폐를 일소하는 일이니 도리에 거스름이 아니라는 의미다.

否는 곧 비천한 것들을 의미하고 貴는 썩 맛이 좋은 귀한 음식을 가리킨다. 더러운 잡물들을 청소하여 씻어 내고 솥 속에 귀한 음식물을 집어넣는다는 뜻이다. 곧 初六은 스스로 마음을 깨끗이 함으로써 '從貴'(종귀), 곧 九四의 존귀함에 순종하기 때문이라는 뜻이다.

九二는 鼎有實이니 我仇有疾하여 不我能卽하면 吉하니라
九二는 솥에 實物이 있으니 내 짝이 병이 있어서 나에게 능히 따르게 아니하면 길하니라

九二는 강건재덕을 가졌고 하괘의 중효가 되니 곧 강건중덕을 가졌다. 유순중덕을 지닌 六五 천자와 음양상응으로 보좌해서 장차 새 제도를 완성하는 데에 공을 세울 수 있는 효다. '實'은 실물(實物). 곧 진수(珍羞)를 의미한다. 2, 3, 4효의 양효는 鼎腹(정복)을 의미하니 솥 속에 이미 진수가 들어있다는 의

미다. 初六에서 솥 안을 깨끗이 씻어 냈으니 九二는 이미 솥 안에 진수가 들어 있다는 의미로 '鼎有實'(정유실)이라 했다.

'我仇有疾'(아구유질). 仇는 원수 구. 짝 구. '我仇'(아구)는 '나의 짝'이라는 뜻. 九二는 初六과 음양 상비의 사이가 되니 그러므로 我仇라 했다. 有疾(유질)은 음유한 병(病)을 가졌다는 뜻. 비유의 말이다. 鼎初에 찌꺼기를 씻어 낸다고는 했으나 初六은 유약하여 구폐를 완전히 일소하지는 못하니 그것을 '有疾'(유질)이라 했다.

'不我能卽'(불아능즉). 卽은 나아갈 즉. 나아가다, 따르다의 뜻이다. 初六은 구폐를 완전히 벗어나지 못하고 있으니 내가(九二) 初六을 가까이 하지만 않으면 吉하다는 뜻. 鼎腹이라는 점에서 말하면 솥 안에 진수가 이미 들어 있으니 그것을 初六의 오물로 더럽혀서는 안 된다는 의미다. 인사로 말하면 初六의 소인과 친밀하여 그 악영향이 미치지 않도록 하면 吉하다는 의미다. 九二는 강건중덕을 지녔으니 初六의 小人에 계루되지는 않을 것이나 성인이 걱정하여 '我仇有疾 不我能卽'으로 경계했다.

《주자본의》에는 "九二는 강건중덕을 가졌으니 '鼎有實'(정유실)의 상이다. '我仇'(아구)는 初六을 이른다. 음양이 서로를 구하니 정도(正道)가 아니면 곧 함께 악에 빠지게 되고 원수 사이가 된다. 九二는 강중의 덕을 스스로 지킬 수만 있다면 初六이 비록 가까운 사이라 해도 능히 따르지 않으리라. 이로써 그 효상이 이와 같다"(以剛居中하니 鼎有實之象也ㅣ라 我仇는 謂初라 陰陽相求而非正則相陷於惡而爲仇矣라 二能以剛中自守則初雖近이나 不能以就之矣라 是以로 其象如此라) 했다.

來註에는 "卽은 나아간다는 의미다. 말하자면 初六이 비록 병이 있다 해도 九二는 강중의 덕을 스스로 지켜 자신으로 하여금 初六과 상여하여 나아가지 않는다. 이것은 九二가 해낼 수 있는 일이요 경계하는 말이 아니다"(卽은 就也ㅣ니 言初雖有疾이나 九二則剛中自守하여 不能使我與之卽就也ㅣ니 此는 九二之能事요 非戒辭也ㅣ라) 했다.

象에 曰 鼎有實은 愼所之也ㅣ오 我仇有疾은 終无尤也ㅣ니라
象에 가로되 '鼎有實'은 갈 바를 조심함이요 '我仇有疾'은 마침내 허물이 없음이니라

'愼所之也'(신소지야). 갈 바를 삼가다 또는 조심하다의 뜻. 솥 안에 진수가 들어 있으니 경솔한 행동을 해서는 안된다. 인사로 말하면 비효인 初六에게로 가서는 안되고 상응하는 六五 천자에게로 가서 보좌하여 새 제도를 완성해야 한다. 그러므로 갈 바를 조심해야 한다는 의미다.

尤는 허물 우. '終无尤'(종무우)는 마침내 허물이 없으리라는 뜻. 비효의 初六이 비록 '有疾'(유질)하다 해도 九二가 강중의 덕을 굳게 지키면 그들이 접근해서 이 九二를 더럽힐 수는 없으니 마침내 허물은 없으리라는 의미다. 來註에서 '我仇有疾 不我能卽'(아구유질불아능즉)이 戒辭(계사)가 아니라 한 것은 이 '終无尤'로 말미암은 말 같다.

九三은 鼎耳革하여 其行塞하고 雉膏不食이니 方雨虧悔하면 終吉하리라
九三은 솥귀가 변하여 그 길이 막히고 꿩 기름을 먹지 못함이니 바야흐로 비가 와서 悔가 이지러지면 마침내 길하리라

■ 九三은 鼎耳革하여 其行塞하고 雉膏不食이니

革은 변한다는 뜻. '鼎耳革'(정이혁), 즉 솥의 귀가 변한다는 뜻이다. '其行塞'(기행색)은 길이 막힌다는 뜻. 雉는 꿩 치. 膏는 살찔 고. '雉膏不食'(치고불식)은 맛이 좋은 꿩기름을 먹을 수 없다는 뜻이다.

九三은 양효로서 양위에 있으니 위정이 된다. 그러나 부중 과중이 되고 과강이며 下巽木(하손목)의 상효가 된다. 그러므로 지나친 행위를 하게 된다. 하손목의 상효여서 불 속에 섶나무를 너무 많이 집어넣어 솥 안에 든 꿩고기는 끓어올라서 솥귀까지 뜨겁게 되었으니, 따라서 꿩고기가 든 솥을 옮길 수

없고 그 맛좋은 꿩고기를 두루 먹일 수 없다는 의미다.

- ■ 方雨虧悔하면 終吉하니라

'虧悔'(휴회)는 悔가 이지러진다는 뜻. '方雨虧悔'(방우휴회)는 바야흐로 비가 오면 悔가 이지러진다는 뜻이다. 虧는 무너질 휴. 이지러질 휴.

《주역술의》에는 "2, 3, 4효의 호괘는 건괘(乾卦)고 3, 4, 5효의 호괘는 태괘(兌卦)이니 이는 천상에 택수가 있는 象이다. 이 澤水가 내려와 비가 되면 그 은택이 아래에 다 미치게 됨으로써 '鼎耳革 其行塞'의 후회로울 일은 모두 이지러지고 모두가 꿩기름을 먹게 되리니 그러므로 마침내 길하다"(互乾兌니 澤上於天하여 降而成雨則膏澤이 得以下究而耳革行塞之悔 皆虧矣요 雉膏普食故로 終吉也ㅣ라)했다. 來註에는 다음과 같이 씌어 있다.

九三은 양강재덕을 가져서 정복(鼎腹)의 중효(2, 3, 4효는 鼎腹이 되고 九三은 그 중효)가 되니 본시 미실(美實 : 雉膏)의 덕을 가졌다. 다만 응위의 上九는 火極(上離卦의 上爻)이 되고 九三자신은 木極(下巽卦의 上爻)이 되니 팽임(烹飪 : 삶음)이 크게 지나쳐서 '鼎耳革 其行塞, 雉膏不食'의 상이다. 그러나 九三은 양강재덕을 가졌고 위정(이양거양)하니 또 '方雨虧悔'(방우휴회)의 상이다. 점자는 이와 같으면 처음에는 비록 불리한 것 같으나 나중에는 吉하리라.
九三은 以陽剛居鼎腹之中하니 本有美實之德이라 但應與木火之極하여 烹飪太過故로 有耳革行塞 雉膏不食之象이라 然이나 陽剛得正故로 又有方雨虧悔之象이라 占者如是면 始雖若不利라도 終則吉也矣라

象에 曰 鼎耳革은 失其義也글새니라
_{상 왈 정이혁 실 기 의 야}
象에 가로되 '鼎耳革'은 그 마땅함을 잃기 때문이니라

義는 宜(마땅할 의)와 같다. 음식을 삶아 익힐 때는 불기운을 적당히 하여야 한다. 불길이 너무 심하면 내용물이 넘치고 솥귀까지 뜨거워진다. 九三은 부중과중하고 과강이 되기에 지나친 행위를 하기 쉽다. 그러므로 '失其義'(실기의)라

했다. 아무리 좋은 개혁이라도 과격하게 되면 '鼎耳革'(정이혁)과 같은 결과를 낳게 된다.

<u>九四</u>는 <u>鼎折足</u>하여 <u>覆公餗</u>하고 <u>其形渥</u>하니 凶하니라
　　구 사　　정 절 족　　복 공 속　　기 형 악　　흉
九四는 솥발이 꺾어져서 公의 죽을 뒤집히고, 그 얼굴이 젖음이니 흉하니라

折은 꺾을 절. 覆은 뒤집힐 복. 餗은 죽 속. 渥은 붉을 악, 적실 악. '公餗'(공속)은 공용(公用)의 팔진미 음식. '覆公餗'(복공속). 천자가 천지신에 향제하고 천하의 현인의 향연에 베풀 팔진미의 음식이 뒤집혔다는 뜻이다. '其形渥'(기형악)은 온몸이 젖었다는 뜻.

이 '其形渥'에 대해서는 여러 설이 있다. 《주자본의》에는 "晁氏曰 形渥은 諸本에 作刑剭하니 謂重刑也ㅣ라하니 今從之라" 했다. 곧 조씨(晁氏)가 말하길 자기가 읽은 제본에는 '刑剭'(형옥)이라 씌어 있는 바 곧 중형(重刑)을 일컫는 것이라 했으니 이 입장을 따른다는 것이다. 《주역절중》에 왕필(王弼)은 "渥은 沾濡之貌也ㅣ라 旣覆公餗하여 體爲沾濡라" 했다. 곧 渥(악)은 젖은 모양이라는 것이다. 來註에는 "渜濡는 沾濡와 같아서 모두 젖는다는 뜻이다"(渥者는 渜濡也ㅣ라) 했다. 우리도 이 후자의 설을 따르기로 한다. '其形渥'은 곧 온몸이 젖는다는 뜻이다. 그러므로 흉하다 했다.

九四는 양효·음위로 위부정하다. 初六에는 솥이 뒤집힌다 했고 九四는 솥의 발이 부러진다 했으니, 이는 九四의 지부정한 대신이 음유하고 재부족한 初六과 음양상응해서 곧 사정(私情)으로 初六을 중용(重用)했으나 재덕이 부족한 初六은 그 임무에 실패하게 될 것이다. 곧 솥의 발이 부러져서 솥 안에 든 팔진미의 음식이 쏟아져 대실패한 것과 같은 상태라는 의미다. 이러니 대흉을 면할 수 없다. 〈繫下〉제5장에 공자는 "德薄而位尊하고 知小而謀大하고 力小而任重이면 鮮不及矣니라 (…) 言不勝其任也ㅣ니라" 했다.

火風鼎

象에 曰 覆公餗은 信如何也오
象에 가로되 '覆公餗'은 믿음은 어찌하느냐

팔진미를 뒤집어엎었다니 그에 대한 믿음은 어찌되겠는가? '信如何也'(신여하야)에 대해 《주자본의》에는 '言失信也'(언실신야)라 했다. 곧 신임을 잃었다는 의미의 해석이다. 우리도 주자의 설을 좇기로 한다. 信은 仁義禮智信의 信자다.

六五는 鼎黃耳요 金鉉이니 利貞하니라
六五는 솥의 黃耳요 金鉉이니 貞함에 이로우니라

'鼎黃耳'(정황이)는 누른 솥귀. '金鉉'(금현)은 솥귀에 꿰어서 솥을 들 때 쓰는 줄이다. 利貞은 貞道를 굳게 지켜야 이롭다는 뜻. 六五는 음효로 양위에 있으니 그것을 경계한 말이다.

六五는 상괘의 중효가 되니 유순중덕을 가졌다. '黃耳'(황이)의 黃은 중앙의 색(土色)이고 耳는 겸허해서 현인의 말을 잘 듣다는 의미를 지닌다. '金鉉'은 上九를 가리킨다. 六五는 上九와 음양 상비하고 강건중덕을 가진 九二의 賢人과 음양상응해서 이 현인들의 간언(諫言)을 잘 받아들이게 된다. 그러므로 黃耳가 된다. 비록 黃耳가 있어도 金鉉이 없거나 또는 金鉉이 있어도 黃耳가 없으면 솥을 들어올려 쓸 수가 없다. 그러므로 효사는 "鼎黃耳요 金鉉이라" 했다.

六五와 上九는 이 괘의 주괘의 주효가 된다. 井卦와 鼎卦는 위로 올라갈수록 길하니 六五와 上九는 대길한 효다. 來註에는 "솥의 위에 있어 줄을 받아들여 솥을 들게 하는 것이 耳고, 솥 바깥에서 귀를 꿰어 솥을 들게 해주는 것이 鉉이다. 대개 줄은 솥에 매어서 그 귀에 거는 것이니 솥귀와 줄의 이 둘은 서로 떨어질 수 없다. 그러므로 아울러서 말했다"(在鼎之上하여 受鉉以擧鼎者는 耳也ㅣ오 在鼎之外하여 貫耳以擧鼎者는 鉉也ㅣ라 蓋鉉爲鼎之繫하여 繫于其耳니 二物은 不相離故로 並言之라) 했다.

象에 曰 鼎黃耳는 中以爲實也ㅣ니라
　　象에 가로되 '鼎黃耳'는 中해서 實(充實)하기 때문이니라

　'爲實'(위실)은 충실하다는 뜻. 곧 충실한 덕을 말한다. '中以爲實也'(중이위실야). 六五는 상괘의 중효가 되니 그 중용지덕으로써 자신의 진실한 덕으로 하다, 또는 삼는다는 의미다.

上九는 鼎玉鉉이니 大吉하고 无不利하니라
　　上九는 솥의 玉鉉이니 크게 길하고 이롭지 않음이 없느니라

　上九도 六五와 함께 이 괘의 주괘의 주효가 된다. 上九는 솥의 줄 또는 고리에 해당하는 효다. 六五에는 '金鉉'(금현)이라 했으니 곧 강직한 현이라는 의미다. 즉 六五는 上九의 강직한 간언을 받아들인다는 의미로 金鉉이라 했다. '玉鉉'(옥현)은 玉으로 만든 줄. 上九는 六五의 신하가 되니 온유한 태도로써 충간(忠諫)한다는 의미로 玉鉉이라 했다. 즉 上九는 강정(剛正)하면서도 온유한 덕을 가졌다. 上九는 양효·음위로 강유의 조절이 잘 된 내강외유의 군자다. 그러므로 玉鉉이라 했다. 이러한 上九는 대길하고 무불리(无不利)한 효이니 화천대유의 '自天祐之 吉无不利'(자천우지 길무불리)의 효와 비슷하다.
　《주역절중》에 역불(易祓)은 "鼎卦와 井卦는 그 실용(實用)은 제5위에 있고 그 공(功)은 모두 상위(상효)에 있다. 井卦는 상효에 이른 후에 원길(元吉)하고 鼎卦는 상효에 이른 후에 대길하니 모두 양인(養人)의 리를 완수했기 때문이다"(鼎與井은 其用이 在五而其功은 皆在上이라 井至上而後에 爲元吉하고 鼎至上而後에 爲大吉하니 皆所以全養人之利者也ㅣ라) 했다.

象에 曰 玉鉉在上은 剛柔節也ㅣ니라
　　象에 가로되 '玉鉉在上'은 剛과 柔가 조절(調節)함이니라

上九 효사에 '玉鉉'이라한 것은 上九는 양효·음위로 강유 조절이 잘 된 내강외유의 군자이기 때문이라는 설명이다.

火風鼎卦(화풍정괘)䷱의 六爻를 간단히 정리해 보자.
初六은 음효·양위로 위부정하고 음유하천한 효다. 九四의 대신과 음양상응해서 그 애호를 받게 되어서 대실패하게 되나 여태까지의 잘못을 반성해서 개과하면 길하다.

九二는 강건중덕을 가진 군자다. 음양 상비하는 初六의 소인을 멀리하고 유순중덕을 가진 六五 천자를 보좌해서 새로운 문물제도를 창건하는 데 공을 세우게 되고 대길한 효다.

九三은 부중 과중하고 과강하니 지나친 행위를 하기 쉽다. 양효 양위로 위정하니 바른 도리를 굳게 지키면 마침내 길하리라.

九四는 양효·음위로 위부정한 대신이다. 六五와 음양 상비의 사이가 되나 정응인 初六의 소인을 사정(私情)으로 중용(重用)하다가 대실패를 하게 되니 공명정대한 마음을 가지면 허물이 없게 된다.

六五는 유순중덕을 가진 천자요 주괘의 주효다. 강건중덕을 가진 九二의 현인과 내강외유의 덕을 가진 上九의 군자의 보좌를 얻어서 새로운 문물제도를 창건하게 되고 이에 鼎道를 완성하는 대길한 효다.

上九는 양효로서 음위에 있으니 강유 조절이 잘 된 내강외유의 군자다. 六五 천자와 음양 상비해서 그를 보좌하여 鼎道를 완성시키는 효이고 六五와 함께 주괘의 주효다. 대길한 효다.

震爲雷
震下
震上

震은 亨하니라 震來虩虩이라가 笑言啞啞하고 震驚百里라도 不喪匕鬯이니라

彖에 曰 震은 亨하니라 震來虩虩은 恐致福也ㅣ오 笑言啞啞은 後有則也ㅣ오 震驚百里는 驚遠而懼邇也ㅣ니 出可以守宗廟社稷하여 以爲祭主也ㅣ니라

象에 曰 洊雷ㅣ震이니 君子ㅣ 以하여 恐懼脩省하나니라

初九는 震來虩虩이라가 後笑言啞啞하리니 吉하니라
象에 曰 震來虩虩은 恐致福也ㅣ오 笑言啞啞은 後有則也ㅣ니라

六二는 震來厲하니 億喪貝하고 躋于九陵하여 勿逐七日得이리라

象에 曰 震來厲는 乘剛也ㄹ새니라

六三은 震蘇蘇ㅣ니 震行无眚하리라

象에 曰 震蘇蘇는 位不當也ㄹ새니라

九四는 震遂泥니라

象에 曰 震遂泥는 未光也ㄹ새니라

六五는 震往來厲ㅣ나 億无喪有事ㅣ니라

象에 曰 震往來厲는 危行也ㅣ나 其事在中하여 大无喪也ㅣ니라

上六은 震索索하여 視矍矍하니 征凶하고 震不于其躬이요 于其隣이니 无咎하고 婚媾有言하리라

象에 曰 震索索은 中未得也ㄹ새요 雖凶无咎는 畏隣戒也ㅣ니라

_{진 형   　 진래혁혁   　소언액액 　 진경백리}
震은 亨하니라 震來虩虩이라가 笑言啞啞하고 震驚百里라도
_{불 상 시 창}
不喪匕鬯이니라

震은 형통하니라. 우뢰가 옴에 혁혁(虩虩)하다가 웃음소리가 액액(啞啞)하고
우레가 百里(千里)를 놀라게 하더라도 시창(匕鬯)을 잃지(落喪) 않느니라

　　震爲雷(진위뢰)는 震下震上(진하진상)의 괘다. 상하괘가 모두 震卦니 소성
괘의 震卦와 구별해서 괘명을 震爲雷(진위뢰)☳☳라 하여 괘형과 괘명을 기억
하게 한다.
　　震은 벼락 진. 천둥, 놀라다, 떨다. 또는 진괘의 상은 雷(뢰), 動(동), 장남
이 되고 방위는 동방이며 오행으로는 木이 된다. 진괘(소성괘)는 2 음의 밑에
1 양이 있으니 이 1 양은 盛한 세력으로 활동하여 위의 2 음을 뚫고 올라가려
는 象이다. 자연계의 현상으로 말하면 雷가 되고 인사로 말하면 장남이 되며
또 놀라다, 떨다의 의미를 가졌다. 또 시기로 말하면 봄이 된다. 가을과 겨울
은 음기(陰氣)가 성한 계절이고 봄철에 양기(陽氣)가 점점 성해져서 그것이 雷
가 되어 성대한 천둥 벼락〔震〕이 일어나게 된다. 상괘와 하괘가 모두 진괘로
되었으니 더욱 성대한 활동을 한다는 의미를 가졌고 그럴수록 사람들은 놀라
고 떨게 된다. 이 괘는 이런 경우에 대처하는 도리를 말했다.
　　자연계와 인간 세상은 간단없이 활동 변화하고 있으나 이 괘는 그러한 활동
과 변화 중 가장 성대한 활동을 할 때에 해당한다. 인사로 말하면 이 괘는 격
렬한 활동 변화가 있을 경우에는 어떠한 처신을 해야 하는지에 대해서도 가르
치고 있다. 곧 계신공구(戒愼恐懼)해서 스스로 반신수덕(反身脩德)하며 적당
한 준비를 해야 하고 또 그 어떤 사변이 돌발하더라도 공포에 사로잡혀 당황
해서는 안 되고 침착한 마음으로 종용처사(從容處事)해야 하는 것이다. 곧 공
구계신과 종용처사의 이 두 가지의 도리를 단사는 가르치고 있다.
　　〈서괘전〉에는 "主器者ㅣ 莫若長子ㅣ리라 故로 受之以震이니 震者는 動也
ㅣ니라" 했다. 곧 鼎은 천자의 보기(寶器)다. 그 보기를 주관하는 데는 장자
(長子)가 가장 적당하니 그러므로 鼎卦 다음에 震卦로서 받았다는 것이다. 또

震은 동괘(動卦), 곧 활동하는 괘라는 의미다. 雷도 크게 활동하고 장남도 크게 활동한다.

〈잡괘전〉에는 "震은 起也ㅣ오 艮은 止也ㅣ니라" 했다. 震과 艮은 종괘다. 진괘는 아래의 1 양이 기동하여 위로 나아가는 것을 의미하고 간괘는 위의 1 양이 정지하여 있다는 것을 의미한다. 사물은 활동한 다음에는 쉬고〔止〕쉰 다음에는 또 활동〔動〕하게 된다. 震과 艮은 반대의 개념을 지니고 있다.

■ 震은 亨하니라

음이 극성한 舊 11월 동지에 1 양이 되돌아와 봄철이 되면 양의 세력은 크게 성해져서 천둥 번개가 진동하고 만물은 크게 생성화육하게 된다. 자연계로 말하면 양기가 떨쳐 일어나는 것이 震이다. 인사로 말하면 장남이 성대한 세력으로 크게 활동하는 의미다. 그러므로 진괘는 형통한다.

革卦는 개혁과 혁명의 괘고, 鼎卦는 혁신, 취신의 괘다. 震卦도 역시 큰 변화와 변동을 의미하는 괘다. 물과 불이 서로를 소진시켜(水火相息) 상대를 없애려는 것이 혁괘고, 불과 바람으로 익혀 삶는 것이 정괘며, 천둥 번개가 잇달아 그 세력과 위력이 성대한 것이 진괘다. 이 세 괘는 대변동의 괘가 되나 그 성괘의 원인과 해소하는 도리 또한 모두 괘중에 품고 있다. 실제 사회의 정태도 이와 같다. 깊이 연구하면 터득할 바 있으리라.

■ 震來虩虩이라가 笑言啞啞하고

'虩'은 두려워하는 모양 혁. '虩虩'은 두려워하는 모양. '啞'는 웃을 액. '啞啞'은 웃음소리. '震來虩虩'(진래혁혁). 큰 우뢰가 진동할 때는 두려워하여 근신하고 계구(戒懼)해서 반신수덕하게 된다. 옛날 사람들은 천둥을 무척 두려워했다. 상괘도 震이고 하괘도 震이다. 하진(下震)이 지나가고 또 상진(上震)이 거듭하여 오니 크게 두려워한다는 의미다. '笑言啞啞'(소언액액). 큰 천둥 번개가 일단 지나가면 사람들은 안심하여 웃으면서 이야기하고 화락(和樂)한다.

무릇 큰 변동이 일어나면 震來虩虩 곧 공구계신해야 한다. 그리하여 대변동 중에 무사히 난을 피한 후에는 모두 화락하여 笑言啞啞하게 된다. 공구계신으로써 笑言啞啞의 결과를 얻게 된다.

■ 震驚百里라도 不喪匕鬯이니라

匕는 비수 비. 즉 단검(短劍)을 뜻하나 여기서는 匙(순가락 시)의 의미다. 來註에서는 "匕는 匙也ㅣ니 以棘爲之요 長二尺이라" 했다. 곧 匕는 숟가락인데 멧대추나무(棘)로 만들고 길이는 2척이라는 것이다. 鬯은 울창주 창. 바로 울창주(鬱鬯酒)를 뜻한다. 흑서(黑黍 : 검은 기장)를 재료로 하여 울금향(鬱金香 : 좋은 향기를 가진 다년초)을 넣어 빚은 술이다. '匕鬯'의 독음은 '시창'. 棘은 멧대추나무 극, 가시나무 극.

천자 또는 황태자가 종묘제례를 할 때에는 길이 2척의 숟가락으로 솥 안의 제수를 떠서 도마 위에 바치고, 그 다음 울창주를 지상에 뿌리며(강신을 맞는 예) 신령을 영접하게 된다. '匕鬯'(시창)은 이렇듯 조선신령을 영접하는 중요한 제례다. 이럴 때에 비록 '震驚百里'(진경백리)라 할지라도 당황하거나 경악해서 이 匕鬯을 낙상(落喪)해서는 안 된다는 의미다. 즉 그 어떤 대사변이 일어나더라도 태연자약하여 조금도 동요하지 않는다는 의미다.

대개 다급한 때는 누구든 당황하고 몹시 놀라 평상심을 잃게 된다. 냉정히 대처하면 무사히 처리할 방법도 있으려니와 스스로 당황하고 겁내서 대실패하는 경우가 많다. '震驚百里 不喪匕鬯'(진경백리 불상시창)은 대변동에 대처하는 도리를 말했다.

象에 曰 震은 亨하니라 震來虩虩은 恐致福也ㅣ오 笑言啞啞은 後有則也ㅣ오 震驚百里는 驚遠而懼邇也ㅣ니 出可以守宗廟社稷여 以爲祭主也ㅣ니라

象에 가로되 震은 형통하니라. '震來虩虩'은 두려워하여 복을 이룸이요, '笑言啞啞'은 뒤에 법칙이 있음이요, '震驚百里'는 먼 데서는 놀라게 해서

가까운 데서는 두려워하게 함이니, 나가서 종묘와 사직을 지키기 때문에 이로써 祭主가 됨이 可하니라

■ 象에 曰 震은 亨하니라 震來虩虩은 恐致福也ㅣ오 笑言啞啞는 後有則也ㅣ오

'恐致福也'(공치복야). 대변동이 일어나면 공구계신하고 반신수덕해야 한다. 그리해야 복을 받게 된다. 오만한 마음에 조심하는 바가 부족하면 화를 부르게 된다.

'後有則'(후유칙)은 뒤에는 법칙이 있다는 뜻. 來註에는 "則은 법칙이며 곧 예에 어기지 않고 분수를 넘지 않음이니 매일같은 자기 몸가짐의 常度(상도)다"(則者는 法則也ㅣ니 不違禮하며 不越分하여 卽此身日用之常度也ㅣ라) 했다. 常度는 영구불변의 법도(法度). '笑言啞啞'(소언액액)은 공구계신(恐懼戒愼)하고 반신수덕(反身脩德)하여 영구불변의 법도를 지키기에 나중(後有則)에는 笑言啞啞하게 된다는 의미다.

■ 震驚百里는 驚遠而懼邇也ㅣ니 出可以守宗廟社稷하여 以爲祭主也ㅣ니라

'驚遠而懼邇也'(경원이구이야)는 대변동에는 원근(遠近)을 막론하고 모두 놀라고 두려워한다는 의미다.

'出可以守宗廟社稷'(출가이수종묘사직). 정자는 出 자의 앞에 '不喪匕鬯'(불상시창)의 네 글자가 탈락되었다 했다. 주자와 내자 또한 모두 같은 의견이니 우리 또한 이 삼현의 설을 따라 "不喪匕鬯은 出可以守宗廟社稷하여 以爲祭也ㅣ니라"로 읽기로 한다. '出可以守宗廟社稷하여 以爲祭主也'는 震長男은 前天子를 계승해서(出) 종묘와 사직을 지키기 때문에 이로써 제주가 됨이 가(可)하다는 뜻이다.

'出'(출)에 대해 주자는 "出은 황태자가 천자위를 계승해서(繼世) 제주가 됨을 말한다"(出은 謂繼世而主祭也ㅣ라) 했다. 내자도 "出은 장자(震長男)가 이

미 천자위를 이은 것을 말한다"(出者는 長子己繼世而出也ㅣ라) 했다. 出은 곧 '繼世'(계세)의 의미다.

宗廟(종묘)는 선조묘. 社稷(사직)의 社는 토지신, 稷은 곡물신을 모신 곳을 각각 말한다. 토지신과 곡물신에게 제사를 지내서 풍작을 기원하며 또한 감사한다. 그러므로 후세에 '사직'은 '국가'의 의미로 쓰게 되었다.

象에 曰 洊雷ㅣ 震이니 君子ㅣ 以하여 恐懼脩省하나니라
象에 가로되 '洊雷'가 震이니 군자는 이로써 놀라고 두려워하여 반성하고 수양하느니라

■ 象에 曰 洊雷ㅣ 震이니

'洊'은 자주 천. 연거푸, 거듭거듭의 뜻. 곧 하진괘가 끝나면 또 상진괘가 오는 것이 진괘의 괘상이다. 그러므로 '洊雷'(천뢰)라 했다. '洊雷'는 雷가 거듭된다는 뜻이다. 이것이 진괘의 상이다.

■ 君子ㅣ 以하여 恐懼脩省하나니라

군자는 진괘의 상을 본받아서 대변동이 있을 때는 공구하면서 그 상황을 주시하며 스스로 반성하고 재덕을 기른다. 대변동 후에 대처하기 위해서다. '脩省'(수성)은 반성하고 수양한다는 뜻.

初九는 震來虩虩이라가 後笑言啞啞하리니 吉하니라
초구는 우뢰가 옴에 혁혁하다가 뒤에 웃음소리가 액액하리니 길하니라

단사와 같은 내용이다. 단사의 '震驚百里 不喪匕鬯'(진경백리 불상시창)은 천자위인 六五에 대한 당부다. 《주역술의》에는 初九를 괘주라 했으나 程傳과 《주자본의》와 來註에서는 初九를 성괘의 주효로 보았고 六五를 주괘의 주

효라 했다. 정자와 주자의 견해를 따라서 初九를 성괘의 주효로 해석한다.

震卦에서 初九와 九四는 양효니 함께 성괘의 주효가 되나 九四는 양효·음위로 위부정하고 음의 무리 속에 빠져 있어 初九에 대하여는 역부족인 효가 된다. 初九는 양효로서 양위에 있으니 위정하고 강건재덕을 가져서 대변동을 이루는 원동력, 곧 성괘의 주효다. 그러므로 효사는 '震來虩虩 後笑言啞啞 吉'이라 했다. 다만 後자가 들어 있으나 이것은 단전에서 말한 '後有則也'(후유칙야)의 後자다. 또 소상전에도 "後笑言啞啞은 後有則也ㅣ라" 했다. 初九는 대변동의 원동력이 되는 효이지만 그러나 효사는 震來에 대응하는 도리를 말했다. 이 점에서는 六爻 모두가 같다. 곧 효상으로 대응하는 도리를 말한 것이다. 괘의 전체상으로 말하면 初九와 九四는 대변동을 이루는 원동력의 효가 되고 2, 3, 5, 上의 네 음효는 대변동에 당황하고 경악하는 효가 되나 6효사는 모두 震來에 대응하는 도리를 말했다.

初九는 두려워할 줄 알아 신중히 경계하고, 반성하며 스스로 덕을 닦으니 (大象傳의 恐懼脩省의 뜻) 대변동이 지나간 후에는 화락하게 담소(談笑)하고 길하게 된다. 初九는 하진괘의 주효가 되고 성괘의 주효도 되며 양효·양위로 위정하고 강건재덕을 가져서 대변동에도 적응하여 길하게 된다.

來註에는 "初九와 九四는 양효니 곧 진괘의 진동함에 원동력이 되는 효고 2, 3, 5, 上의 네 음효는 진동하는 양효 등에 두려워 떠는 효들이다. 初九는 성괘의 주효로 震初에 대처(對處)하니 그러므로 그 占이 이와 같다"(初九와 九四는 陽也ㅣ니 乃震之所爲震者니 震動之震也ㅣ오 二三五上은 陰也ㅣ니 乃爲陽所震者니 震懼之震也ㅣ라 初乃成卦之主로 處震之初故로 其占如此ㅣ라) 했다.

象에 曰 震來虩虩은 恐致福也ㅣ오 笑言啞啞은 後有則也ㅣ니라
象에 가로되 '震來虩虩'은 두려워하여 복을 받음이요, '笑言啞啞'은 뒤에 법칙이 있음이니라

이 상전은 단전과 그대로 중복된다. 어떤 대변동이 일어나도 두려움을 갖고 스스로를 수신하며 반성하면 필연코 吉을 얻게 된다. 일을 꾸미는 것은 사람

이요 이루는 것은 하늘이라(謀事在人이요 成事在天이라) 하나 이 말은 천하대사에 관한 것일 뿐 일상사는 대상전의 공구수성으로 성취하게 된다.

六二는 震來厲하니 億喪貝하고 躋于九陵하여 勿逐七日得이리라
_{육이 진래려   억상패   제우구릉   물축칠일득}

六二는 우뢰가 옴에 위태하니 헤아려 재물(貝)을 버리고(喪) 구릉에 올라가서 쫓지 말면 칠일에(칠일 후에) 얻으리라

'震來厲'. 六二는 진괘의 원동력이 되는 初九의 바로 위로서 진뢰(震雷)의 행로(行路)가 된다. 그러므로 진뢰가 오니 위태롭다 했다. 億은 憶(생각할 억), 度(헤아릴 탁)과 같은 뜻이고, 貝는 재화(財貨)를 가리킨다. '億喪貝'(억상패)는 촌탁(忖度)하여 재물을 버린다는 뜻. 震來가 임박하여 피난하느라 바쁘니 재물도 버린다는 의미다.

躋는 오를 제. 升과 같은 뜻이다. 九는 가장 큰 것을 나타내는 수다. '九重'(구중), '九天'(구천) 등의 九자다. 陵은 큰 언덕 릉. '九陵'(구릉)은 높은 언덕. '躋于九陵'(제우구릉)은 재물을 전부 버리고 震의 행로를 피해서 높은 언덕, 즉 안전한 곳으로 피난한다는 뜻.

'勿逐'(물축)은 쫓지 말라는 뜻이니 즉 버린 재물을 아까워해서 쫓으면 위험하다는 의미다. '七日得'(칠일득). 이레 후에는 잃은 재물을 다시 얻게 되리라는 뜻. 실은 이 '七日'이란 딱히 이레를 의미하지는 않는다. 易은 六爻로 되었으니 한 효를 하루로 치면 일곱 날만에 본래 자리로 돌아오는 셈이 되는 것이다. 易書에 七日得(칠일득), 七日來復(칠일래복), 天行(천행) 등은 모두 이런 의미다. 곧 대변동이 지나가면 전의 그 재물을 다시 얻게 되리라는 의미다.

六二는 음효로서 음위에 있으니 위정 지정하고 하괘의 중효가 되니 중덕을 가졌다. 곧 유순중정의 덕을 가진 길한 효다. 그러나 바로 震動의 원동력이 되는 初九의 위에 있으니(승강이 됨) 震雷의 행로가 된다. 그러므로 위태하니 재물을 버리고 안전지대에 피난하는 것이다. 그 대변동이 지나간 후에는 다시 되돌아와 잃었던 재물도 다시 얻게 되니 吉하다. 六二는 유순중정의 덕을 가

져서 나중에는 吉하게 된다. '震來厲'(진래려)는 효상이고 이하는 점사다.

來註에는 "六二는 震動時에 당면해서 初六의 강효를 타고 있으니 그러므로 '喪貝'(상패)의 상이 된다. 그러나 六二는 유순중정의 덕을 지녔으니 이것은 无妄의 災, 즉 우연(偶然)의 재난이다. 그러므로 '七日得'의 상이 된다"(六二 當震動之時에 乘初九之剛故로 有此喪貝之象이라 然이나 居中得正하니 此는 无妄之災耳라 故로 又有得貝之象이라)했다.

象에 曰 震來厲는 乘剛也릴새니라

象에 가로되 '震來厲'는 강(剛)을 타기 때문이니라

'乘剛'(승강)은 剛을 타고 있다는 뜻. '乘剛'이란 유효가 강효의 위에 있는 모든 경우에 해당되지만 특히 진괘(소성괘)에서 강조되는 측면이 있다. 震長男은 크게 활동하기 때문이다.

六三은 震蘇蘇ㅣ니 震行无眚하리라

六三은 震에 소소함이니 동(震)해서 行하면 재앙이 없느니라

蘇는 차조기 소. '蘇蘇'(소소)는 당황하고 몹시 겁이 나서 정신을 잃은 상태를 말한다. 이에 대해 정자는 '神氣緩散自失之狀'(신기완산자실지상)이라 했다. 곧 정신과 기력이 느즈러지고 흩어져서 얼이 빠진 상태라는 것이다. 주자 또한 같은 의견이다. 震은 진구(震懼) 즉 두려워 떤다는 의미가 된다. 眚은 재앙 생. '震行无眚'(진행무생). 진동(震動)이 지나가면 재앙은 없을 것이다. 곧 六三은 初九의 성대한 활동에 진동되나 공구수성해서 정도를 지키면 재화는 면하리라는 의미다.

《주자본의》에는 "六三은 음효로서 양위에 있으니 震時에 그 거처가 정당치 않아서 이렇다. 점자는 만약 두렵고 위태롭게 여겨 바른 도리를 行함으로써 그 不正을 버리게 되면 곧 可히 재앙이 없으리라"(以陰居陽하여 當震時而居不

正하니 是以로 如此ㅣ라 占者ㅣ 若因懼而能行하여 以去其不正則可以无眚矣라) 했다. 六三은 음효로서 양위에 있으니 위부정하고 부중 과중이 되고 하진괘의 진극이어서 진동이 심한 효다. 천둥 벼락을 두려워하여 여태까지의 부정을 버리고 바른 도리를 굳게 지키면 재앙은 없을 것이다.

象에 曰 震蘇蘇는 位不當也ㄹ새니라
象에 가로되 '震蘇蘇'는 位가 당치 않기 때문이니라

'位不當也'(위부당야). 六三은 음효·양위가 되고 또 하진괘의 극이 되니 동극이 된다. 그러므로 위부당이라 했다. '震蘇蘇'(진소소)는 효상(爻象)이고 '震行无眚'(진행무생)은 점사다. 주공(周公)은 "震蘇蘇"라 했으나 공자는 효상으로 "位不當"이라 했다.

九四는 震遂泥니라
九四는 震이 진흙에 빠짐이니라(떨어짐이니라)

遂는 이룰 수. 여기서는 墜(떨어질 추)와 같다. 정자와 주자, 내자는 "遂는 无反之意라" 했다. 즉 되퉁겨 나오지 않음을 뜻한다는 것이다. 다시 말하면 반발하거나 반박할 용기가 없다는 뜻.
震卦는 동괘고 九四는 상진괘의 주효가 되니 動主가 된다. '震遂泥'(진수니)는 九四의 動主(震主)가 마침내 진흙 속에 빠졌다는 의미다. 3, 4, 5효의 호괘는 坎水(감수)고 위아래의 네 음효는 坤土(곤토)다. 坤土 속에 물이 있으니 곧 진흙이다. 그러므로 泥라 했다.
九四는 양효로서 음위에 있으니 위부정하고 부중이 되며 불급중이 되고 음효 속에 빠져 있으니 그러므로 '震遂泥'(진수니)의 상이다. 震遂泥는 효상이고 길흉을 말하지 않았으나 이 효상만으로 그 가부를 알 수 있다. 來註에서는 이렇게 말하고 있다.

九四는 이강거유(以剛居柔)하고 부중 부정해서 2음 사이에 빠져있다. 震懼(진구: 진을 두려워함)에 처해서는 능히 自守하지 못하고 震動(진동 : 震主로써 활동함)하고자 하나 분발할 능력도 없다. 이는 이미 能爲(능위 : 뛰어난 능력)의 才德도 없으면서 宴安(연안 : 편안히 지냄)의 사욕에 빠져있다. 그러므로 진흙 속에 빠져 다시 반복 못하니 곧 효상으로 미루어서 길흉을 알 수 있다.

> 九四 以剛居柔하고 不中不正하여 陷于二陰之間이라 處震懼則莫能守하고 欲震動則莫能奮이라 是旣无能爲之才而又溺于宴安之私也ㅣ라 故로 遂泥焉而不復反이니 卽象而占可知矣라

결국 九四는 수동적이건 능동적이건 어느 쪽으로도 제대로 대처하지 못하니 종내 길할 수 없는 효다.

象에 曰 震遂泥는 未光也ㅣ새니라

象에 가로되 '震遂泥'는 아직 광대(光大)하지 않기 때문이니라

'未光'(미광)은 未正大光明(미정대광명) 곧 정대광명하지 않다는 뜻. 初九는 양효·양위로 천하를 진동시키고 성대한 활동을 하는 데 반해 九四는 같은 震主이면서도 양효·음위로 부중 부정하고 2음 사이에 빠져 있어 떨쳐 일어날 능력도 용기도 못 가졌으니 震遂泥의 상이 된다. 그러므로 '未光'이라 했다.

六五는 震往來厲ㅣ나 億无喪有事ㅣ니라

六五는 진이 가고 와서 위태하나 헤아려 유사(有事)를 잃지 않느니라

'震往來厲'(진왕래려). 初九의 천둥 벼락이 지나간 후에 또 九四의 震動이 오게 되니 위험하다는 의미다. '億无喪有事'(억무상유사)는 헤아려서 '有事'를 잃지 않는다는 뜻. 有事(유사)는 종묘사직의 대사를 말한다.

六五는 음효니 유약하고 재능이 부족하다. 그러나 상괘의 중효가 되니 중덕을 가진 천자요 주괘의 주효다. 그러나 성대한 활동을 하는 初九의 천둥 벼

락이 지나간 후에 또 九四의 진동을 거듭 맞게 되니 매우 위험하다. 그러나 六五는 중덕을 굳게 지키니 정사(政事)와 종묘사직의 제사도 손상시키지 않고 능히 국체를 보존할 것이다.

   六二와 六五는 함께 승강(乘剛)이 되지만 六二는 初九 '震來虩虩'(진래혁혁)의 승강이 되니 '億喪貝 躋于九陵'(억상패 제우구능)의 상이 되고, 六五는 九四 '震遂泥'(진수니)의 승강이 되니 '億无喪有事'(억무상유사)가 된다. 六二는 하위가 되니 피난해도 무방하나 六五는 천자위여서 종묘사직을 버리고 피신할 수 없으니 그러므로 震往來厲라도 중덕을 지켜서 '億无喪有事'하게 된다. 來註에는 이렇게 씌어 있다.

  初九의 첫 천둥 벼락이 지나가고 九四의 천둥 벼락이 거듭하여 온다. 六五는 천자의 지위요 진괘의 주효이므로 가건 오건 모두 위태롭다. 億无喪은 크게 잃음이 없다는 의미다. (…) 六五는 재능이 부족하면서도 人君의 지위에 있고 국가 대변동의 때에 당면하고 있다. 그러므로 오고 감이 모두 위태한 상이다. 그러나 중덕으로써 대처하니 비록 변란을 구제할 재능은 부족하나 차라리 중덕으로 스스로를 지키게 된다. 그러므로 大无喪이 되고 오히려 有事를 능히 감당하게 된다.
    初始震爲往하고 四涖震爲來라 五乃君位요 爲震之主故로 往來皆厲也ㅣ라 億无喪者는 大无喪也ㅣ라 (…) 六五以柔弱之才로 居人君之位하고 當國家震動之時라 故로 有往來危厲之象이라 然이나 以其德中하니 才雖不足以濟變而中德猶可以自守故로 大无喪而猶能有事也ㅣ라

象에 曰 震往來厲는 危行也ㅣ나 其事在中하여 大无喪也ㅣ니라
  象에 가로되 '震往來厲'는 위행(危行)이기는 하나 그 일이 中에 있어서 크게 잃음이 없느니라

  '危行'(위행)은 나아감도 위태하고 물러감도 위태하다. 곧 천둥 벼락이 거듭되니 진퇴양난일 수밖에 없다. '其事'(기사), 즉 그 일이란 政事 또는 종묘사직의 제사 등을 가리킨다. '在中'(재중)은 가운데 있다는 뜻이니 곧 六五 천자는 모든 일을 중덕으로써 베푼다는 뜻. '大无喪'(대무상)은 크게는 잃지 않는

다, 다시 말해 대사를 잃는 일은 없다는 의미가 된다.

來註에는 이렇게 씌어 있다.

'危行'(위행)이란 가는 것도 위태하고 오는 것도 위태하다는 말이니 一往一來가 모두 위험하다. '其事在中'(기사재중)은 그 행할 바가 비록 위태하다 할지라도 오히려 有事(유사)를 능하게 하는 까닭은 그 중덕을 가졌기 때문이라. 이 중덕을 지녀서 유사를 능히 행하니 그러므로 '大无喪'(대무상)이 된다.

> 危行者는 往行危하고 來行危하니 一往一來ㅣ 皆危也ㅣ라 其事在中者는 言所行이 雖危厲而猶能以有事者는 以其有中德也ㅣ라 有是中德而能有事故로 大无喪이라

上六은 震索索하여 視矍矍하니 征凶하고 震不于其躬이요 于其隣이니 无咎하고 婚媾有言하리라

上六은 진에 삭삭하여 봄이 확확하니 가면 흉하고 震이 그 몸에서가 아니고 그 이웃에서 함이니 허물이 없고 혼구에 말썽이 있으리라

■ 上六은 震索索하여 視矍矍하니 征凶하고

索은 동아줄 삭. 새끼를 꼰다는 뜻으로 '索索'(삭삭)은 두려워서 불안해 하는 모양을 말한다. 공영달(孔穎達)은 '不安之貌'(불안지모), 來註에는 '不自安寧也'(부자안영야)라 했다. 곧 스스로 편안하지 않다 했다. 矍은 두리번거릴 확. '矍矍'은 불안하게 눈을 두리번거리는 모양을 가리킨다.

上六은 응효도 비효도 없고 상진괘의 상효가 되며 또 진극에 있으니 가장 진동하는 효가 된다. 이런 상태로 천하의 대변동에 당면하여 있으니 '震索索 視矍矍'(진삭삭 시확확), 즉 극도의 불안에 사로잡힌 상이 된다.

'征凶'(정흉). 이런 상태로는 무엇을 도모하면 흉하다.

■ 震不于其躬이요 于其隣이니 无咎하고 婚媾有言하리라

'震不于其躬 于其隣'(진불우기궁 우기린)은 진동이 자신에 미치지 않고 그 이웃에 있을 때라는 뜻. '无咎'는 그러한 상태에서 스스로 두려워하며 반성하여 수덕(修德)하면 허물이 없게 되리라는 의미다. '婚媾有言'(혼구유언)은 혼인의 상대가 자신을 원망하리라는 의미다. 그 상대란 곧 六三을 가리킨다. 上六과 六三은 응위가 되나 같은 음효여서 응여가 못되므로 上六은 곧 六三에 대한 응원을 거절한다. 그러므로 六三은 上六을 원망한다는 것이다.

《주자본의》에서는 이렇게 쓰고 있다.

上六은 음유로서 진극에 처하여 있으니 그러므로 '索索矍矍'(삭삭확확)의 상이 된다. 이런 상태로써 무슨 일을 행하면 흉할 수밖에 없다. 그러나 그 대변동이 아직 자신에 미치지 않았을 때 두려워하고 반성하여 정도를 지키면 허물이 없게 될 것이나 혼구(六三)의 원망은 면치 못하리라. 점자는 당연히 이와 같이 해야 한다는 계언이다.
以陰柔處震極故로 爲索索矍矍之象이라 以是而行하면 其凶必矣라 然이나 能及其震未及身之時에 恐懼脩省하면 則可以无咎而亦不能免於婚媾之有言이니 戒占者ㅣ 當如是也ㅣ라

象에 曰 震索索은 中未得也ㄹ새요 雖凶无咎는 畏隣戒也ㅣ니라
象에 가로되 '震索索'은 중을 아직 얻지 못함이요 '雖凶无咎'는 이웃을 두려워하여 경계함이니라

■ 象에 曰 震索索은 中未得也ㄹ새요

'中未得'(중미득). 上六은 부중 과중이 되니 중덕을 얻지 못했다. 곧 上六은 中未得이 되고 진극이 되기에 무서워 떨고 두리번거리는 효상이 된다는 의미다.

■ 雖凶无咎는 畏隣戒也ㅣ니라

'畏隣戒也'(외린계야)는 대변동이 인근에 이르렀을 때 두려워하여 공구수성

(恐懼脩省)한다는 뜻. '雖凶无咎'(수흉무구)는 이렇게 하면 비록 '征凶'(정흉)이라 해도 허물은 없다는 것이다. 곧 자신의 몸에 다다르기 전에 공구수성(恐懼脩省)해야 한다. '無遠慮하면 必有近憂'라는 말이 바로 이러한 뜻이다. 재화가 아직 멀리 있을 때 미리 걱정하여 대비하지 않으면 막상 임박해서는 어쩔 도리가 없게 된다.

震爲雷卦(진위뢰괘)䷲의 六爻를 다시 간략히 정리해 보자.

初九와 九四는 震動의 원동력이다. 初九는 양효·양위로 위정하고 진괘의 성괘의 주효다. 성대한 활동을 하는 주동자로서 震에 처하여서는 공구수성하므로 대길한 효다.

六二는 음효·음위로 유순중정의 덕을 가져서 대변동에 민첩하게 순응하니 일시적으로는 손실을 입게 되나 나중에는 회복하는 길한 효다.

六三은 음효·양위로 부정 부중하고 과중(過中)하며 하진괘의 극이 되니 위태한 지위다. 공구수성하면 화는 면하게 된다.

九四 역시 진괘의 원동력이 될 터이나 양효·음위로 위부정하고 中에 미치지 못하며 군음(群陰) 사이에 빠져서 분발할 용기도 내지 못하는 한심한 효다.

六五는 주괘의 주효이고 천자위다. 유순중덕을 지녀 매사를 잘 촌탁해서 적의하게 처리하고, 능히 사직을 수호할 수 있는 덕을 가져서 일시적으로는 위태할 경우도 있으나 나중에는 吉하게 된다.

上六은 상진괘의 극이며 이 괘의 종극이 되니 가장 위험하다. 일찍이 경계해서 반신수덕하면 흉화를 면하게 된다.

艮爲山
艮 下
艮 上

_{간 기 배} _{불 획 기 신} _{행 기 정} _{불 견 기 인} _{무 구}
艮其背하여 不獲其身하고 行其庭하여 不見其人이니 无咎하니라

_{단 왈 간 지 야} _{시 지 즉 지} _{시 행 즉 행} _{동 정 불}
象에 曰 艮은 止也ㅣ니 時止則止하고 時行則行하고 動靜不
_{실 기 시} _{기 도 광 명} _{간 기 지} _{지 기 소 야} _{상 하 적}
失其時하여 其道光明하나니라 艮其止는 止其所也ㅣ니 上下敵
_응 _{불 상 여 야} _{시 이} _{불 획 기 신} _{행 기 정 불 견 기 인} _무
應하여 不相與也ㅣ라 是以로 不獲其身 行其庭不見其人 无
_{구 야}
咎也ㅣ니라

_{상 왈 겸 산} _간 _{군 자} _이 _{사 불 출 기 위}
象에 曰 兼山이 艮이니 君子ㅣ 以하여 思不出其位하나니라

_{초 육} _{간 기 지} _{무 구} _{이 영 정}
初六은 艮其趾니 无咎하고 利永貞하니라
_상 _왈 _{간 기 지} _{미 실 정 야}
象에 曰 艮其趾는 未失正也ㅣ니라
_{육 이} _{간 기 비} _{부 증 기 수} _{기 심 불 쾌}
六二는 艮其腓니 不拯其隨하여 其心不快니라

象에 曰 不拯其隨는 未退聽也일새니라

九三은 艮其限이니 列其夤하여 厲薰心하니라

象에 曰 艮其限은 危薰心也ㅣ니라

六四는 艮其身이니 无咎하니라

象에 曰 艮其身은 止諸躬也ㅣ니라

六五는 艮其輔ㅣ니 言有序하여 悔亡하니라

象에 曰 艮其輔는 以中正也ㅣ니라

上九는 敦艮이니 吉하니라

象에 曰 敦艮之吉은 以厚終也ㅣ니라

_{간기배} _{불획기신} _{행기정} _{불견기인} _{무구}
艮其背하여 **不獲其身**하고 **行其庭**하여 **不見其人**이니 **无咎**하니라

그 등에 그쳐서 그 몸을 얻지 못하고 그 뜰에 가서 그 사람을 보지 못함이니 허물이 없느니라

    艮爲山卦(간위산괘)는 艮下艮上(간하간상)의 괘다. 艮은 山이다. 그러므로 괘명을 艮이라고도 하나 소성괘와 구별하기에 艮爲山(간위산)☶이라 하여 괘형과 괘명을 기억하게 한다.

    艮은 그칠 간. 止의 뜻. 艮은 괘명이되 여기서는 그치다, 멈추다의 동사로 해석한다. 곧 멈추고 있어서 아무런 활동을 하지 않는다는 뜻이다. 곧 무념무행을 의미한다. 소성괘(삼효괘)의 간괘는 2음의 위에 1양이 있다. 양성(陽性)은 움직여 나아가고 음성(陰性)은 정지한다. 艮卦☶는 1양이 2음의 위에 있으니 한계에 이르러 더 올라갈 수는 없고 그 자리에 정지하고 있는 상이다. 이와 반대로 震卦☳는 1양이 2음의 밑에 있어서 성대한 활동을 하면서 위로 올라가게 된다. 곧 震은 움직여 나아가는 괘인 것이다. 진위뢰괘☳와 간위산괘☶는 종괘다. 곧 진위뢰괘를 한 바퀴 아래위로 돌려놓은 것이 간위산괘다. 진위뢰괘는 동괘(動卦)가 되므로 初九가 성괘의 주효가 되고 간위산괘는 지괘(止卦)가 되니 上九가 성괘의 주효가 된다.

    〈서괘전〉에는 "震者는 動也ㅣ니라 物不可以終動이요 止之리라 故로 受之以艮이니 艮者는 止也ㅣ니라" 했다. 곧 震은 동괘다. 만물은 움직임으로써 마칠 수는 없다. 움직인 다음에는 정지하게 된다. 그러므로 진괘 다음에 간괘로서 받았으니 艮은 그침의 의미라는 것이다. 사람도 낮에는 활동하고 밤이 되면 정지해서 휴식한다. 곧 動이 있어 靜이 있고 靜이 있어 動이 있게 된다. 靜은 動의 연장이요 動은 靜의 연장이 되니 靜과 動은 만물의 상도(常道)다. 지건불식(至健不息)은 자연의 운행 곧 천행(天行)이다.

    수동적인 만물은 생자필유사(生者必有死)요 형자필유멸(形者必有滅)이다. 生은 이 우주의 밖에서 튕겨 들어오는 것도 아니고 死도 이 우주의 밖으로 튕겨 나가는 것이 아니다. 곧 死는 형상(形相)의 변화에 불과하다. 만물은 시시각

각으로 변화하기 때문이다. 陽이 변해서 陰이 되고 음이 변해서 양이 되는 것처럼 항구적으로 변화하는 것이 만물이요 역리요 천행이다. 생산자와 소비자, 해체자가 있어서 자급자족하게 되고 자연은 쉬지 않고 변화한다. 그러나 만물은 생멸로써 일단 구별되는 것 또한 사실이다.

정전에는 이렇게 말하고 있다.

> 1양이 2음의 위에 있으니, 陽은 움직여 위로 나아가는 것인데 艮卦는 그 陽이 이미 위에 이르러 멈추어 있다. 陰은 고요히 머무르는 것이니 1양이 위에서 멈추고 2음이 밑에 조용히 있음으로써 간괘가 된다. 그렇다면 풍천소축(風天小畜), 산천대축(山天大畜)에서의 멈춤〔畜止〕의 의미와는 무엇이 다른가. 요컨대 畜止는 말려서 못하게 함이니 곧 힘으로 억지하는 것이고, 艮止는 安止의 뜻이니 그 마땅한 곳에 멈춤이다.
> 一陽이 居二陰之上하니 陽은 動而上進之物이라 旣至於上則止矣라 陰者는 靜也ㅣ니 上止而下靜故로 爲艮也ㅣ라 然則畜止之義와 何異오 曰 畜止者는 制畜之義니 力止之也ㅣ오 艮止者는 安止之義니 止其所也ㅣ라

■ 艮其背하여 不獲其身하고 行其庭하여 不見其人이니 无咎하니라

이것은 아무런 활동도 하지 않고 무욕의 경지에 정지(靜止)하고 있는 사람의 심정을 비유한 말이다. 背는 등 배. 獲은 얻을 획. 여기서는 '의식'(意識)과 같은 의미다. '艮'은 山으로 해석하지 않고 止로 해석한다. 간괘는 산처럼 정지하여 움직이지 않으니 그러므로 '그치다'의 의미를 가지게 된다.

네 번 계속 사용된 其 자는 모두 자신을 가리킨다. '其背'(기배). 이목구비 등 사람의 감각기관은 모두 몸의 앞쪽에 있다. 따라서 등을 돌리고 있다는 것은 곧 바깥으로의 감각을 차단한다는 의미가 된다. 이러한 상태는 스스로를 의식하지 못하는 단계로 나아가니 그리하여 '艮其背 不獲其身'(간기배 불획기신)이라 했다. '行其庭 不見其人'(행기정 불견기인)은 뜰에 나가서 사람을 보지 못한다는 뜻.

이상의 단사는 고요히 멈춰 있는 이의 심중(心中)상태를 비유한 말이다. 불교의 '無心之敎'(무심지교)는 속세에 무관심한 경지를 의미하기도 하나 단사의 의미는 이와는 약간 다르다. 곧 至動(震卦)에 대한 至靜(艮卦)을 표현한 말이다.

몸밖의 사물을 보고 듣고 인식함으로써 스스로에 대해서도 의식하게 된다. 그 대상물을 등져서 인식하지 못한다면 곧 자기 자신의 존재도 의식할 수 없게 된다. '艮其背 不獲其身'은 무아(無我)의 경지를 의미하고, '行其庭 不見其人'은 무물(無物)의 경지를 의미한다. 이는 곧 '靜止'의 극치다. 無我, 無物의 경지에 있으니 그러므로 无咎라 했다.

정전에는 '外物不接 內欲不萌'(외물부접 내욕불맹)이라 했다. 곧 바깥의 사물과 접하지 않으니 속에서 욕망이 싹트지 않는다는 것이다. 內欲不萌은 養聖의 길이 되나 斯文의 도리는 다만 진실무망의 도리를 굳게 지키면서 바깥의 사물을 널리 깊이 섭렵하고 겪어 스스로 진리를 터득하면 출처어묵(出處語默)이 스스로 법도에 부합하리라. 곧 '格物致知'(격물치지)가 진리터득의 요체가 되며 至命(지명)은 궁리진성(窮理盡性)의 귀결이 된다.

象에 曰 艮은 止也ㅣ니 時止則止하고 時行則行하고 動靜不失其時하여 其道光明하나니라 艮其止는 止其所也ㅣ니 上下敵應하여 不相與也ㅣ라 是以로 不獲其身 行其庭不見其人 无咎也ㅣ니라

象에 가로되 艮은 그침이니 때가 그쳐야 할 때면 곧 그치고 때가 행해야 할 때면 곧 행하고 動과 靜에 그 때를 잃지 아니하여 그 道는 光明하느니라. '艮其止'는 그 곳(그칠 곳)에 그침이니 上下가 敵應하여 相與하지 아니함이라. 이로써 '不獲其身 行其庭 不見其人 无咎也'ㅣ니라

■ 象에 曰 艮은 止也ㅣ니 時止則止하고 時行則行하고 動靜不失其時하여 其道光明하나니라

'其道'(기도)는 곧 동정지도(動靜之道)다. 군자의 출처어묵이 모두 동정지도다. 진괘와 간괘는 종괘가 되니 그러므로 '時止則止(艮卦) 時行則行(震卦) 動靜不失其時'라 했다. '時止則止'(시지즉지)는 천지비괘처럼 비색할 때는 군자

는 때에 따라 멈추게 되고, '時行則行'(시행즉행)은 지천태괘처럼 군자의 도리가 행해질 때는 때에 따라 군자는 나아가서 행도(行道)한다는 뜻이다. 물론 "時止則止 時行則行"은 艮, 震의 동정을 말한 것이나 예를 들어서 말하면 이와 같다는 의미다.

《주역술의》에는 "艮互震이니 止中之動이요 有時行象이라" 했다. 곧 간괘의 3, 4, 5효의 호괘는 진괘니 멈춘 가운데 움직임이요 때에 맞춰 움직이는 상이라는 것이다. 즉 호괘를 들어 '時行則行'(시행즉행)을 설명한 말이다. 그러나 이보다는 차라리 괘종설로 해석하는 것이 적절하다. 단전에는 종종 '柔進而上行'(유진이상행) 또는 '剛上而柔下'(강상이유하)라는 문구가 보이는데 모두 괘종설에 근거한 표현들이다.

- 艮其止는 止其所也ㅣ니 上下敵應하여 不相與也ㅣ라 是以로 不獲其身 行其庭不見其人 无咎也ㅣ니라

이상은 단사를 해석한 말이다. '艮其止'(간기지)의 '止'에 대해서는 '背'(배)의 오자라는(곧 艮其止가 아니고 艮其背라는) 설이 있다. 《주자본의》에 "晁氏云 艮其止는 當依卦辭作背라" 했다. 곧 '艮其止'의 '止'자에 대하여 괘사(단사)의 '背'에 의거한 것이라는 주장을 소개한 것이다. 또 "此釋卦辭易背爲止하여 以明背卽止也ㅣ라" 했으니, 즉 괘사의 背 자를 止 자로 바꾸어 놓은 것은 '背'가 곧 '止'를 뜻한다는 점을 명백히 하기 위함이라는 것이다.

'艮其止'(간기지)는 '止其所也'(지기소야)의 의미라 했다. 止其所也는 정지해야 할 곳에 정지한다는 뜻. 《대학》에는 '知其所止'(지기소지)라는 말이 있다. 止於仁(지어인), 止於敬(지어경), 止於孝(지어효), 止於慈(지어자), 止於信(지어신)이 모두 知其所止의 의미다. '止其所也'는 '知其所止'와 같은 의미다. '上下敵應'(상하적응). 아래위의 각 효가 모두 응효가 되지 못해 음은 음끼리 양은 양끼리 서로 적대한다는 뜻이다.

공영달은 《주역정의》에서 이렇게 쓰고 있다.

'背'를 '止'로 바꿈으로써, 등(背)은 사물을 볼 수 없다는 것을 밝혔으니 이는 곧 가히 멈출 곳이다. 단전(彖傳)의 '艮其止'라 한 것은 그 멈추어 있어야 할 바에 멈추어 있다는 뜻이다. 그러므로 "艮其止는 止其所也ㅣ라" 했다. 무릇 응한다는 것은 1음과 1양이 상하괘에 있어 적대하지 않는 것이다. 이 괘는 위아래의 각 자리가 모두 적으로서 대치하여 서로 어울리지 않으니 그러므로 단전에는 "上下敵應하여 不相與也ㅣ라" 했다. 그러나 여덟 종류의 순전(純全)한 괘(八純卦)는 모두 六爻가 불응이 되는데 하필 간괘에 유독 '上下敵應 不相與'라 한 까닭은 무엇인가. 말하자면 이 괘는 이미 정지하여 서로 교류하지 않고 사귀려 해도 우뚝 서서 응하지 않으니 靜止의 뜻과 서로 맞다. 그러므로 이런 점을 중요하게 여겨 밝힌 것이다.

易背爲止하여 以明背者無見之物이니 卽是可止之所也ㅣ라 艮其止는 是止其所也ㅣ라 故로 曰艮其止는 止其所也ㅣ라 凡應者는 一陰一陽이 二體不敵이니 今上下之位는 爻皆峙敵하여 不相交與라 故로 曰上下敵應不相與也ㅣ라 然이나 八純之卦는 皆六爻不應이어늘 何獨於此言之요 謂此卦旣止而不交하고 交又峙而不應하니 與止義相協이라 故로 兼取以明之라 (《周易折中》 참조)

八純卦(팔순괘)는 건위천·곤위지·진위뢰·손위풍·감위수·이위화·간위산·태위택이다. 이 팔순괘는 모두 무응이 된다.

象에 曰 兼山이 艮이니 君子ㅣ 以하여 思不出其位하나니라
象에 가로되 兼山이 艮이니 군자는 이로써 생각이 그 位를 나가지 않느니라

■ 象에 曰 兼山이 艮이니

'兼山'(겸산)은 산이 중첩되었다는 뜻. 곧 艮下艮上이 간위산괘의 괘상이라는 의미다.

■ 君子ㅣ 以하여 思不出其位하나니라

'思不出其位'(사불출기위)는 자신의 地位에서 벗어나지 않도록 생각한다는 뜻. 《중용》 제14장에 "군자는 현재의 지위에 맞추어 행동하고 그밖의 것은 원

하지 않는다. 부귀든 빈천(貧賤)이든 적행(狄行)이든 환난이든 현재에 순응하여 행동할 뿐이다. 군자는 소기위(素其位)로 행세해서 자득하지 않음이 없다"(君子는 素其位而行이요 不願乎其外니라 素富貴行乎富貴하고 素貧賤行乎貧賤하고 素夷狄行乎夷狄하고 素患難行乎患難하나니 君子는 無入而不自得焉이니라)했다. 곧 군자는 知其所止로 자신이 해야 할 도리를 지킬 뿐이니 이런 것이 곧 '思不出其位'인 것이다.

初六은 艮其趾니 无咎하고 利永貞하니라
초육   간기지   무구   이영정
初六은 그 발에 그침이니 허물이 없고 永貞이 이로우니라

趾는 발 지. 복사뼈 이하의 부분을 趾라 한다. '艮其趾'(간기지)는 그 발에 정지(靜止)하고 있다는 뜻. 간괘의 六爻는 사람의 몸에서 상을 취했다. 이 점에서는 택산함괘의 경우도 마찬가지여서 이 두 괘는 비슷하면서도 조금 다르다. 함괘는 감도(感度)의 깊고 얕음을 말했고 간괘는 주로 신분의 고저, 곧 존비귀천의 지위에 따라 그 정지하는 도리가 다름을 말했다.

初六은 최하위가 되니 비천한 지위이고 시대로 말하면 艮初가 된다. 그러니 사람의 몸으로 말하면 趾의 상이다. 무슨 행동을 할 때는 발이 먼저 움직인다. 初六은 그 발에 멈추고 있으니 무슨 행동을 하지 않는다는 의미다. 〈繫下〉 제1장에 "吉凶悔吝者는 生乎動者也ㅣ라" 했다. 곧 길흉회린은 행동함으로써 생긴다는 의미다. 행동하지 않으면 길흉회린은 생기지 않는다. 初六은 '艮其趾'로 행동하지 않으니 그러므로 无咎하다 했다.

'利永貞'(이영정)은 영구히 늘 정도(貞道)를 굳게 지켜야 이롭다는 뜻이다. 初六은 음유하고 비천하며 음효·양위로 위부정이 되니 그러므로 '利永貞'이라 했다. 계언이다.

《주역술의》에는 이렇게 씌어 있다.

함괘와 간괘는 모두 사람의 몸에서 상을 취했다. 初六은 최하위이므로 趾가 되고 '艮其趾'는 곧 행하지 않는다는 뜻이다. 吉凶悔吝은 행동해서 생긴다. 妄動하지

않을 수만 있다면 가위 허물이 없다. 그러나 初六은 성질이 유약하니 오래도록 올곧을 수 있을까 심히 걱정스럽다. 정도를 영구히 지켜서 禮가 아닌 것은 행하지 말아야 하니 그것이 곧 艮止의 利가 된다.

> 咸艮은 皆以人身取象이라 初在下故로 爲趾요 艮其趾는 不行也ㅣ라 吉凶悔吝은 生乎動이니 能不妄動하면 可以无咎라 然이나 質柔恐不能久也ㅣ니 永守正道하여 非禮勿履하면 則艮止之利也ㅣ라

象에 曰 艮其趾는 未失正也ㅣ니라
象에 가로되 '艮其趾'는 아직 正(정도)를 잃지 아니함이니라

'未失正'(미실정). 아직은 정도(正道)를 잃지 않았다는 뜻. 그러나 미래는 확실치 않다는 의미다. '利永貞'을 보충한 말이다.

六二는 艮其腓니 不拯其隨하여 其心不快니라
六二는 그 장딴지에 그침이니 그가 따르는 이를 구원하지 못하여 그 마음이 不快함이니라

腓는 장딴지 비. 六二는 初六의 위가 되니 장딴지의 象이 된다. 장딴지는 上體(九三)가 움직이면 그에 따라갈 뿐이고 스스로 행동할 수는 없다. 곧 九三의 움직임에 따라갈 수밖에 없다.

六二는 음효·음위로 하괘의 중효가 되니 유순중정의 덕을 가졌다. 그러나 艮時에는 이렇듯 스스로 움직일 수 없는 腓의 상태가 된다. 상괘에 응여가 없고 다만 九三과 음양 상비하게 되니 이런 상이 된다.

'不拯其隨'(부증기수). 拯은 건질 증. 救와 같은 뜻. 不拯(부증)은 구하지 못한다는 뜻이다. 其隨(기수)는 그가(六二) 따라가는 사람. 곧 九三을 가리키고 두 其 자는 六二 자신을 가리킨다. 九三은 양효·양위로 부중 과중이 되고 과강이 되며 하간괘의 주효가 되니 그러므로 완고하게 정지하여 있다. 3, 4, 5효의 호괘는 진괘니 九三은 움직여 나아가야 할 효다. 곧 단전에서 말

한 '時行則行'(시행즉행)의 효가 된다. 九三은 단전에 말한 '動靜不失其時'(동정불실기시)의 원칙을 마땅히 따르지 않아 시기를 잃게 된다. 六二는 움직여 나아가도록 권하지만 九三은 艮主가 되니 듣지 않는다. 그러므로 六二는 九三을 구하지 못하고 하는 수 없이 九三의 주장을 좇게 되는 것이다(不拯其隨). 그러니 六二의 마음이 유쾌할 수 없다. 그러나 길흉에 대해서는 말하지 않고 있다. 六二는 유순중정의 덕을 가져서 본시는 길한 효이겠으나 장딴지처럼 자주성이 없고(음유하므로) 九三의 행동 여하에 따라서 길흉회린이 생기기 때문이다.

《주역술의》는 이렇게 해설하고 있다.

六二는 발의 위에 있으므로 장딴지가 된다. 장딴지는 그 윗몸을 좇아 움직이게 되니 음유한 六二가 九三에 따라 행동하는 것과 같다. 六二는 中正의 德을 가져서 능히 그 장딴지에 멈출 수 있으나 九三에는 過剛, 不中, 過中으로(列夤薰心) 지나친 행동을 할까 걱정스러움이 있다. 六二는 음효·음위로 그 성질이 유약하고 陰位에 있으므로 九三을 救할 수 없다. 그러니 그 마음이 불쾌하다. 이는 자신은 올바르나 남을 올바르게 할 능력은 없는 者다.

    二在趾上故로 爲腓라 腓之爲物은 隨上體而動이니 如二之陰이 隨九三而動也ㅣ라 六二中正하여 能艮其腓者요 三有列夤薰心之憂라 二는 質柔位陰하여 不能拯之라 是以로 其心不快라 此는 正己而不能正人者也ㅣ라

象에 曰 不拯其隨는 未退聽也ㄹ새니라
象에 가로되 '不拯其隨'는 아직 물러나 듣지 않기 때문이니라

'未退聽也'(미퇴청야)는 물러나 듣지 않는다는 뜻. 곧 九三에 관한 말이니 즉 六二의 충고를 듣지 않는다는 뜻이다.

九三은 艮其限이니 列其夤하여 厲薰心하니라
九三은 그 한계에 그침이니 그 夤(인)을 찢어서 위태로워 마음을 그을림이니라(마음이 불안함이니라)

限은 한계 한. 신체의 상부와 하부의 한계라는 뜻. 限은 넓적다리(股)와 허리(腰)의 사이, 곧 골반 근처가 된다. 來註에는 "上身與下身相界限이니 卽腰也ㅣ라" 했으니 곧 허리로 보았다. 그러나 九三은 어디까지나 하괘의 상효이니 허리로 보는 것은 무리가 있다.

列은 裂(찢을 렬)과 같은 뜻. 夤은 조심할 인, 한계, 끝의 뜻. 여기서는 연락(連絡)의 의미다. 厲는 위태할 려. 薰은 熏과 통용한다. 熏은 태울 훈. 그을릴 훈. '熏心'은 마음을 그을리다는 뜻이니 곧 애를 태운다는 의미다.

九三은 양효·양위로 하괘의 상효이니 과강이 되고 부중 과중이며 하간괘의 주효요 하간괘의 간극(艮極)이 된다. 그러므로 艮時에 완고하게 멈추어서 유순중정의 덕을 가진 六二의 권유도 듣지 않는다. 3, 4, 5효의 호괘는 震卦니 九三은 응당 행동해야 할 효다. 인사로써 말하면 九三은 대부(大夫)의 지위가 되니 응당 아래위의 뜻을 연락해야 할 직분에 있으면서도 艮時라 해서 완고하게 정지하여 있으니 곧 상하가 비색(否塞)상태에 이르게 된다. 사람의 몸으로 말하면 상하체는 항상 굴신(屈身)해야 하거늘 九三은 완고하게 고정시키고 있으니 곧 상하체의 이어진 부분이 분열된 것과 같은 상태가 된다. 그러므로 위험하고 그 마음은 연기로 그을리는 것과 같게 된다.

來註에는 이렇게 씌어 있다.

'限'은 곧 한계다. 윗몸과 아랫몸이 서로 잇닿아 있는 경계이니 곧 허리다. '夤'이란 이음의 뜻이니 허리가 이어져 끊어지지 않는 것을 말한다. 허리는 몸을 굽히는 이음매이니 당연히 움직여야 하고 그쳐 있다는 것은 부당하다. 만약 '艮其限'(간기한)하면 윗몸은 윗몸대로 아랫몸은 아랫몸대로 있을 뿐 서로 연이어지지 않는다. '列'이라는 것은 찢어지고 끊어져서 위아래가 서로 연속되지 않아 그 양단(兩段)이 판연하다. 薰은 熏과 같으니, 불 연기가 올라가는 것이다. '薰心'(훈심)은 마음이 불안하다는 의미다.

> 限者는 界限也ㅣ라 上身與下身相界限이니 卽腰也ㅣ라 夤者는 連也ㅣ니 腰之連屬不絶者也ㅣ라 腰之在身엔 正屈伸之際니 當動하고 不當止라 若艮其限則上自上下自下하여 不相連屬矣라 列者는 列絶而上下不相連屬하여 判然其兩段也ㅣ라 薰은 如熏同이니 火煙上也ㅣ라 薰心者는 心不安也ㅣ라

象에 曰 艮其限은 危薰心也ㅣ니라
象에 가로되 '艮其限'은 위태로워서 마음이 불안함이니라

'危薰心也'(위훈심야)는 연기로 그을리는 것처럼 그 마음이 불안하고 위태하다는 뜻. '艮其限'(간기한)을 설명한 말이다.

六四는 艮其身이니 无咎하니라
六四는 그 몸에 그침이니 허물이 없느니라

'身'은 몸 전체를 뜻하기도 하고 상반신을 의미하기도 한다. 여기서는 상반신의 가슴 이하를 이르는 것으로 본다. 《주역술의》에는 "함괘의 제 4위는 가슴의 위치요 간괘의 4위도 또한 같다. '艮其心'(간기심)이라 하지 않고 '艮其身'(간기신)이라 한 것은 心은 볼 수 없으되 身은 마음의 구역이 되기 때문이다"(咸四心位요 艮四亦然이라 不曰艮其心而曰艮其身者는 心不可見而身者는 心之區宇也ㅣ라) 했다. 곧 허리 위 가슴 아래의 부분을 '身'으로 해석한다.

六四는 음효로서 음위에 있고 상괘의 초효가 되니 위정 지정한 대신이다. 그러나 柔에 지나치고 재덕과 결단성이 부족하여 주저하는 성질을 가졌다. 그리하여 응당 천하의 백성을 안정시켜야 할 재상의 지위인데도 그저 '艮其身'의 상태로 있는 것이다. 무슨 일을 벌이는 것도 아니고 功을 세우는 것도 아니니 특별히 허물될 일도 없다. 그러므로 无咎라 했다.

《주역절중》에 이광지는 택산함괘와 천화동인괘와 간위산괘를 대조하여 이렇게 설명하고 있다.

> 함괘의 九五는 그 자리가 심장의 위가 된다. 그러므로 '咸其脢'(함기매)라는 것은 背다(매는 背의 뜻). 간괘의 六四도 또한 心上에 있으니 마찬가지로 背象이 된다. 그런데도 '艮其背'(간기배)라 하지 않은 이유는 그것이 바로 간괘의 괘의(卦義)이기 때문이다. 중정의 덕을 가지지 않으면 마땅하지 않다. 六四는 비록 자리는 그러하나 중덕을 지니지 못했다. 그러므로 다만 '艮其身'이라 했을 뿐이다. (…) 同人

의 단사에 '同人于野'(동인우야)라 했으니 동인의 上九는 비록 바로 野位(야위)가 되나 그 덕이 미치지 못한다. 그러므로 '同人于野'의 버금이 되는 표현으로 '同人于郊'(동인우교)라 한 것이다. 간괘의 괘의에서 '艮其背'라고 한 것은 이 九四의 효가 설사 그 자리로는 맞다 해도 그 덕이 이르지 못했다. 그러므로 '不獲其身'(불획기신)의 버금이 되니 '艮其身也'(간기신야)라 했다.

>   咸五居心上故로 咸其脢者는 背也ㅣ라 此爻亦居心上하니 則亦背之象矣나 不言
>   艮其背者는 艮其背爲卦義요 非中正之德이면 不足以當之라 四雖直其位而德非
>   中故로 但言艮其身而已라 (…) 同人之卦義에 曰于野로되 上九雖直野位而其德
>   未至故로 次於野而曰郊라. 此之卦義에 曰艮背는 此爻雖直背位而其德이 亦未
>   至故로 次於不獲其身而曰艮其身也ㅣ라

동인괘의 '同人于野'(동인우야)는 동인을 함에는 거추장스럽지 않은 광야에서 공명정대(지공무사)하게 해야 한다는 의미다. 郊는 근교를 의미하니 野에 못 미친다. 그러므로 지공무사는 못 되는 것이다. '艮其背'(간기배)는 지정(至靜 : 지공무사)을 의미하는 데 반해 '艮其身'(간기신)은 艮其背의 버금이 되니 무아(無我 : 不獲其身)의 상태는 못 된다. 세 괘를 대조한 해석이 흥미롭다.

象에 曰 艮其身은 止諸躬也ㅣ니라
象에 가로되 '艮其身'은 이것을 몸에 그침이니라

諸는 어조사 저. 여기서는 "이것을 …에"의 뜻. 躬은 몸 궁. 身과 같다. '止諸躬也'(지저궁야)는 心이라 하지 않고 다만 몸에 그침이라는 뜻. 이광지의 해석이 타당하다.

來註에는 "躬은 身이니, 九四는 사람들을 다스릴 수 없고 일을 이룰 수도 없어 오직 몸에 그쳐있을 뿐이다. 그러므로 효사에는 '艮其身'이라 했고 상전에는 '止諸躬'(지저궁)이라 했다"(躬은 卽身也ㅣ니 不能治人하고 不能成物하여 惟止諸躬而已라 故로 曰艮其身하고 象에 曰止諸躬이라)

六五는 艮其輔ㅣ니 言有序하여 悔亡하니라
六五는 광대뼈에 그침이니 말이 차례가 있어서 悔가 없어지느니라

輔는 도울 보. 여기서는 협골(頰骨) 곧 광대뼈의 뜻. 六五는 六四 보다 위가 되니 협골이라 했다.
六五는 상괘의 중효가 되니 유순중덕을 가진 천자다. 곧 천하 만민을 得其所止(그 안정될 바를 모두 얻음)로 이끌어야 할 천자위가 되나 음유하고 재덕이 부족하며 음효·양위로 위부정이 된다. 그러므로 단사의 '艮其背 不獲其身'에 마땅할 수 없는 효가 되고 '艮其輔'(간기보)라 했다. 그러므로 悔가 된다. '艮其輔'는 그 협골에 멈추고 있다는 의미다. 말을 할 때 움직이는 협골에 멈추어 있으니 이는 쉽게 말을 하지 않음이요, 말을 할 때도 질서가 있고 도리에 당연한 말을 하게 된다(言有序). 음유하고 재덕이 부족하며 위부당하니 응당 후회로울 일이 있게 되나 중덕을 가져서 '言有序'(언유서)하니 그러므로 悔亡이 된다.
《주역술의》에는 이렇게 씌어 있다.

'艮其輔'는 망령되이 말하지 않는 것이니 이르는 바 입모습에 멈춘다는 의미다. 말을 망녕하게 하지 않음으로 出言이 필연코 차례가 있다. 艮時에 당면해서 그 절도에 適中하니 입은 비록 움직이더라도 마음은 멈추고 있어 곧 실언으로 뉘우칠 일은 없게 된다. 初六의 艮趾는 신중하게 행동함이요 六五의 艮輔는 말을 삼가함이니 행동하여 无咎하고 말하여 无悔하니 군자의 도가 구비되었다.
　　艮其輔는 不妄言也ㅣ니 所謂口容止也ㅣ라 言不妄出故로 出必有序라 當其時하여 中其節하니 口雖動而心止則失言之悔 皆亡矣라 艮趾는 愼行也ㅣ오 艮輔는 謹言也ㅣ니 行无咎하고 言无悔하니 君子之道備矣라

象애 曰 艮其輔는 以中(正)也ㅣ니라
象에 가로되 '艮其輔'는 中(中正)하기 때문이니라

'中正'(중정)은 중덕과 위정(位正)을 겸하는 것이다. 《주자본의》에는 "正 자는 연문이라" 했다. 《주역술의》에는 "五艮輔는 以中而得艮止之正也ㅣ라" 했다. 곧 六五 艮輔는 중덕으로써 艮止의 정(正)을 얻는다는 것이다. 또는 '以中正也'(이중정야)는 '以正中也'(이정중야)니 곧 六四 상전의 '止諸躬也'의 躬자와 '以正中也'의 中 자는 운자이므로 '以正中也'가 옳다는 설도 있다. 주자의 설을 따르면 곧 '艮其輔는 以中也ㅣ니라'가 된다. 주자의 설을 취한다. 六五는 중덕을 가져서 '言有序 悔亡'이 된다.

上九는 敦艮이니 吉하니라
上九는 敦艮이니 길하니라

敦은 돈독(敦篤)할 돈. '敦艮'(돈간)은 효명. 地는 중후하고 山은 그 위에 한 층 더 중후하니 그러므로 敦艮이라 했다. 또 하괘도 山이고 상괘도 山이다. 上九는 간극(艮極)이 되니 가장 높은 산이다. 그러므로 敦艮이 된다.

上九는 간위산괘의 주효다. 혹은 성괘의 주효로 보는 설도 있다. 上九는 간괘의 상효가 되고 간위산괘의 극상이 된다. 무위(無位)의 효이나 敦艮의 상이 된다. 세속에 계루되지 않고 머물러야 할 바에 머무르는 돈독한 효다. 그러므로 길하게 된다.

程傳에는 이렇게 말한다.

上九는 강실(剛實)한 효로서 상위에 있고 또 간괘의 주효다. 艮止의 종극에 있으니 그침이 지극히 견실하다. 敦은 독실함을 의미한다. 곧 靜止의 지극한 상태에 있으니 그러므로 지나치지 않고 돈실하다. 사람의 멈추는 일이란 끝까지 오래도록 그렇게 지속하기란 어렵다. 그러므로 절개가 혹 만년에 옮겨가기도 하고 혹 지킴이 마지막에 잃기도 하고 일이 혹 오래됨에 폐기되기도 한 것은 사람의 동일한 걱정이다. 上九는 능히 종극까지 돈후하여 止道에서 가장 선한 것이다. 이것이 바로 上九가 吉한 까닭이다. 艮의 여섯 효에서 上九가 가장 길한 효다.

九以剛實居上而又成艮之主요 在艮之終하니 止之至堅篤者也ㅣ라 敦은 篤實也ㅣ니 居止於極故로 不過而爲敦이라 人之止에 難於久終故로 節或移於晩하고

守或失於終하고 事或廢於久는 人之所同患也ㅣ라 上九는 能敦厚於終하여 止道之至善하니 所以吉也ㅣ오 六爻之德은 唯此爲吉이라

결국 同人의 '同人于野'(동인우야)와 같이 艮卦에도 '艮其背 不獲其身'(간기배 불획기신)의 무심(無心)에 해당되는 효는 없다.

象에 曰 敦艮之吉은 以厚終也ㅣ니라
<small>상   왈 돈간지길   이후종야</small>

象에 가로되 '敦艮之吉'은 끝까지 돈후(敦厚)하기 때문이니라

'厚終'(후종)은 끝까지 돈후하다는 의미다. 정자의 설에서 보았듯 끝까지 돈후하기는 어려운 일이다. 上九는 '以厚終'(이후종)으로 길하게 된다.

艮爲山卦(간위산괘)를 요약하여 정리해 보자.

이 괘의 六爻는 모두 응여가 없다. 初六은 음효·양위로 위부정하고 하천한 지위다. 경망한 행동을 하지 않고 자기 자리에 정지하여 있으면 무구하리라.

六二는 음효·음위로 유순중정의 덕을 가졌으나 艮時에 응여가 없으니 정지하고 있을 뿐이다. 즉 때를 얻지 못한 대인이니 안타까운 일이다.

九三은 양효·양위로 과강이고 또한 과중이며 하간괘의 상효가 되니 정지(靜止)에 치우쳐 완고한 효가 된다. 곧 궁변통구의 도리를 모르는 어리석은 효다. 그러므로 매우 위태하니 좋게 이끌어 주는 이를 따르게 되면 길하리라.

六四는 음유하고 재덕이 부족하니 스스로의 지조는 지킬 수 있을지언정 치천하의 능력은 지니지 못한 대신이다. 그러나 음효·음위로 위정하니 어떻든 무구하다.

六五는 음효·양위로 위부정하다. 그러나 중덕을 가져서 말에 질서가 있고 도리를 지키는 군자다. 无悔(무회)하리라.

上九는 양효·음위로 강유의 조절이 잘 되어 돈후하게 멈추어 있으니 유종의 미를 지닌 길한 효다. 艮卦는 무아(無我), 무물(無物)을 계시한 괘다.

風山漸

艮下
巽上

漸은 女歸吉하고 利貞하니라

彖에 曰 漸은 之進也ㅣ니 女歸吉也ㅣ라 進得位는 往有功也ㅣ오 進以正은 可以正邦也ㅣ라 其位는 剛得中也ㅣ오 止而巽은 動不窮也ㅣ니라

象에 曰 山上有木이 漸이니 君子ㅣ 以하여 居賢德善俗하나니라

初六은 鴻漸于干이니 小子ㅣ 厲하고 有言无咎하니라
  象에 曰 小子之厲는 義无咎也ㅣ니라

六二는 鴻漸于磐이니 飮食衎衎이요 吉하니라
  象에 曰 飮食衎衎은 不素飽也ㅣ니라

九三은 鴻漸于陸이니 夫征不復하고 婦孕不育이니 凶하고

이 어 구
利禦寇하니라

象에 曰 夫征不復은 離群醜也ㅣ오 婦孕不育은 失其道也
ㅣ새요 利用禦寇는 順相保也ㅣ새니라

六四는 鴻漸于木이니 或得其桷이면 无咎하리라

象에 曰 或得其桷은 順以巽也ㅣ니라

九五는 鴻漸于陵이니 婦三歲不孕하되 終莫之勝이요 吉하니라

象에 曰 終莫之勝吉은 得所願也ㅣ니라

上九는 鴻漸于(陸이니)逵ㅣ니 其羽可用爲儀요 吉하니라

象에 曰 其羽可用爲儀吉은 不可亂也ㅣ새니라

漸^점은 女歸吉^{여귀길}하고 利貞^{이정}하니라

漸은 여자가 시집감에 길하고 貞함에 이로우니라

    漸卦(점괘)는 艮下巽上(간하손상)의 괘다. 상손괘는 風이고 하간괘는 山이다. 風과 山과 괘명의 漸을 합해서 風山漸(풍산점)이라 하여 괘형과 괘명을 기억하게 한다.

    漸은 점점 점. 급진(急進)과는 반대의 뜻이니 곧 점진(漸進)한다는 의미다. 상손괘는 風 또는 木이고 하간괘는 山이다. 산상유목(山上有木), 곧 산 위에 나무가 있는 것이 점괘의 상이다. 이 나무는 이미 어느 정도 성장한 나무다. 이 산 위의 나무는 뜨거운 햇볕에도 견디고 엄동설한과 폭풍우에도 견디면서 점점 성장해서 구름을 굽어 볼 정도로 커진다. 조금씩 조금씩 연년세세로 성장해서 긴 세월의 수명을 가지게 된다.

    易書에는 삼진괘(三進卦)가 있으니 화지진괘(火地晉卦)와 지풍승괘(地風升卦)와 이 풍산점괘의 그것들이다. 화지진괘는 태양이 성대하게 동천에 떠올라서 서쪽 하늘로 넘어가는, 곧 하루의 괘가 된다. 가장 성대하고 급진하므로 그 수명은 단 하루일 뿐이다. 지풍승괘는 씨앗이 땅속에서 터서 땅을 뚫고 올라와 급성장하는 괘다. 이것은 보통의 나무로 해석하나 일년초로 비유하면 이해하기 쉽다. 점진하는 漸卦는 장구한 수명을 가지게 된다. 인간 만사가 이와 같다. 급진하면 급쇠하게 되고 점진하면 장구한 세월을 누리게 된다. 물론 올곧음을 지켜야 가능한 이야기다.

    상하괘로 나누어서 말하면 하간괘는 고요히 멈추어 있다. 止其所也(지기소야), 곧 당연히 멈추고 있어야 할 자리에 멈추어 있는 것이다. 예컨대 산 위의 나무는 그 뿌리를 땅속에 깊이 박고 있으니 안정된 상태로 정지하여 있는 象이 된다. 상손괘는 손순해서 사리에 순종하며 사람을 대함에 온순하며 환경에 순응해서 임기응변으로 일을 잘 처리하게 된다. 이것을 단전에는 '止而巽'(지이손)이라 했다. 곧 하간괘의 지덕(止德)과 상손의 손덕(巽德)이 합해서 차츰, 그리고 확실히 성장해서 장구한 수명을 가지는 山上의 큰 나무처럼 크게 자란

다는 의미다. 止其所也로 고요히 멈추어 안정된 다음에 손덕(巽德)으로써 임기응변으로 점차 성장한다. 가정, 단체, 국가 등 인간 만사는 모두 이 법칙을 떠나서 장구한 복록을 누릴 수는 없다.

六爻로 나누어서 말하면 유순중정의 덕을 가진 六二와 강건중정의 대덕을 가진 九五가 상응 상조해서 漸道가 완수된다. 또 상손괘는 장녀고 하간괘는 소남이다. 이 艮少男(간소남)은 上巽女(상손녀)의 밑에 있으니 겸하하는 상이 된다. 곧 艮少男은 禮(謙下)로써 巽長女(손장녀)에게 구혼하고 巽長女는 巽順해서 禮(六禮)에 정한 순서에 좇아 결혼을 승락하는 상이다. 이 모두에는 점진의 의미가 들어 있다. 그러므로 괘명은 漸이라 했다.

〈서괘전〉에는 "艮은 그치다는 뜻이니 사물은 그침으로 끝날 수 없다. 그러므로 점괘로서 받았으니 漸은 나아간다는 의미다"(艮者는 止也ㅣ니라 物不可以終止라 故로 受之以漸이니 漸者는 進也ㅣ니라) 했다. 사물은 動한 다음에는 靜(止)하고 靜한 다음에는 또 動하게 된다. 진괘(震卦)는 動하고 간괘(艮卦)는 靜하며 漸卦는 점진(動)의 괘다. 그러므로 진괘 다음에 간괘를 두고 간괘 다음에 또 점괘를 두었다는 의미다. 점괘는 바른 도리를 굳게 지키고 禮에 따라서 점점 진행한다는 의미다.

〈잡괘전〉에는 "漸은 여자가 남편될 이를 기다려서 禮에 좇아 출가하는 것이다"(漸은 女歸待男行也ㅣ라) 했다.

■ 漸은 女歸吉하고 利貞하니라

禮에 따라서 정도(貞道)를 굳게 지키고 점진하므로 女歸(여귀 : 여자가 시집감)는 吉하다. 제가(齊家)와 치국평천하의 도리도 이와 다를 바 없다.

우리나라의 혼례 곧 전안례는 점괘에서 취한 예법이다. 혼례에는 六禮가 있다. 납채(納采)·문명(問名)·납길(納吉)·납징(納徵)·청기(請期)·친영(親迎)이 육례다. '납채'는 서면(書面)으로 혼인을 청하는 일. '문명'은 신부의 생모(자친)의 성씨를 묻는 예. '납길'은 가묘(家廟 : 사당)에 점쳐 길조를 얻게 되면 신부될 집에 알려 혼사를 정하는 일. '납징'은 정혼한 표시로 신부집에 보내는 예물. '납폐'(納幣)라 하기도 했다. '청기'는 신랑집에서 택일을 해서 묻는 서면을 신부집으로 보내는 일. '친영'은 신랑이 신부집에 가서 신부를 맞아 오는 예이다.

우리들의 선조가 혼례에 이 전안례를 지켜온 데에는 주자의 영향이 컸던 것 같다. 딱히 이 육례뿐만은 아니지만 우리나라의 예법에는 지나친 면이 많고 허식 또한 많다. 禮의 기본은 성신(誠信)이며 사고방식은 '時中'(시중)이라야 한다. 시대에 적합한 예의법식이 아니면 허례가 되기 쉽고 폐해가 심하게 된다.

象에 曰 漸은 之進也ㅣ니 女歸吉也ㅣ라 進得位는 往有功也ㅣ오 進以正은 可以正邦也ㅣ라 其位는 剛得中也ㅣ오 止而巽은 動不窮也ㅣ니라

象에 가로되 漸은 가서 나아감이니 여자가 시집감에 길함이라. 나아가서 位를 얻음은 가서 功이 있음이요 나아감에 바름으로써 함은 이로써 나라를 바르게 함에 가하니라. 그 位는 剛이 中을 얻음이요, 멈추어서 손순함은 動해서 궁하지 않음이니라

■ 象에 曰 漸은 之進也ㅣ니 女歸吉也ㅣ라

之는 갈 지. 《주자본의》에는 "之字는 의심스러우니 혹시 '漸'자가 아닐까 싶다"(之字는 疑衍이라. 或是漸字아) 했다. 來註에는 "之字는 作漸字라" 했다. 곧 之자는 漸자라는 것이다. 혹은 '漸之進也는 女歸吉也ㅣ라'로 읽으면 같은 의미의 해석이 된다. '女歸'(여귀)는 출가(出嫁)의 의미라 했다. 곧 결혼은 六禮의 순서를 좇아 점차로 행해야 길하리라는 의미다. 이상은 괘명과 괘사를 설명한 말이다.

■ 進得位는 往有功也ㅣ오 進以正은 可以正邦也ㅣ라

이상은 괘종으로 괘사를 설명한 말이다. '進得位'(진득위)는 나아가서 위를

얻는다는 뜻. 곧 九五를 가리킨다. 귀매괘(歸妹卦)의 하태괘의 九二가 위로 나아가서 점괘의 九五가 되고 바른 도리로 나아가 정방(正邦)을 하게 되니 그러므로 '往有功'(왕유공)이라 했다. 九五는 주괘의 주효가 되니 단전은 이것을 들어서 말했다. 六二도 이 괘의 주효가 되니 단사의 '女歸吉 利貞'은 이 九五와 六二에 대한 말이다. '進以正'(진이정)은 바른 도리로써 나아가다는 뜻이니 곧 利貞을 설명한 말이다.

■ 其位는 剛得中也ㅣ오 止而巽은 動不窮也ㅣ니라

'其位'(기위)는 九五의 지위. '剛得中'(강득중)은 '以剛居剛而得中'(이강거강이득중)의 의미니 곧 강건중정의 덕을 가졌다는 의미다. '止而巽'(지이손)은 상하의 괘덕을 말하고 있다. 즉 하간괘는 지덕(止德)을 가졌고 상손괘는 손덕(巽德)을 가졌다는 의미다. '動不窮'(동불궁)은 행동을 함에 궁색하지 않다는 뜻. 止而巽해서 動不窮의 효과를 얻게 된다.

來註에는 이렇게 씌어 있다.

점괘는 귀매괘와 종괘를 이룬다. 두 괘가 동체(同體)이니 문왕이 종합해서 일괘로 했다. 그러므로 잡괘전에서 漸에 대해서는 여자가 남편될 이를 기다려 시집간다 했고 歸妹에서는 여자의 궁극적인 일이라 했다. 말하자면 귀매의 하태괘가 위로 나아가 점괘의 상손괘로 되었고 九五의 位를 얻게 되었다. 그런데 다만 득위할 뿐만 아니라 위정, 중덕까지 얻은 것이다.

> 本卦綜歸妹하여 二卦同體를 文王이 綜爲一卦라 故로 雜卦曰漸은 女歸待男行也ㅣ오 歸妹는 女之終也ㅣ라 言歸妹下卦之兌 進而爲漸上卦之巽하여 得九五之位也ㅣ라 然이나 不惟得位요 又正又中也ㅣ라

象에 曰 山上有木이 漸이니 君子ㅣ 以하여 居賢德善俗하나니라

象에 가로되 山의 위에 나무가 있는 것이 漸이니 군자는 이로써 어진 덕에 居하여 풍속을 착하게 하느니라

■ 象에 曰 山上有木이 漸이니

'山上有木'. 산 위에 나무가 있음이 점괘의 괘상이다. 이 산의 나무는 점점 성장해서 大木이 되고 장구한 세월을 가지게 된다. 곧 '止而巽'으로 점진하기에 이와 같은 효과를 얻게 된다.

■ 君子ㅣ 以하여 居賢德善俗하나니라

居는 있을 거. 곧 '집념'과 같은 뜻이 된다. '賢德'(현덕)은 현명한 덕. 賢德은 우뚝 서 있는 하간괘의 산의 상에서 취한 말이고 '善俗'(선속)은 상손괘의 바람처럼 틈만 있으면 들어가고 손순한 덕으로 세상 사람들을 감화시킨다는, 곧 상손괘의 상에서 취한 말이다.

주자는 "두 가지, 즉 '居賢德'(거현덕)과 '善俗'(선속) 모두 당연히 점진해서 이루는 일이다. '賢' 자는 연문(衍文)이 아닌가 의심스럽다. 혹은 善자 밑에 탈자가 있는 것 같기도 하다"(二者는 皆當以漸而進이라 疑賢字衍이라 或善下有脫者ㅣ라) 했다. 곧 '居德 善俗'(거덕 선속)이 아니면 '居賢德 善風俗'(거현덕 선풍속)이라야 할 것 같다는 지적이다. 문맥으로 보면 주자의 설이 당연하다.

《주역절중》에 풍당가(馮當可)는 "居는 쌓는다는 뜻이다. 德이 점점 쌓여 풍속은 점점 善하게 된다. 내괘(內卦)의 艮止는 명덕을 가진 이가 안에 머무르고 있고 외괘(外卦)의 巽入은 풍속을 선하게 하는 이가 외부로 나아가는 상이니 간괘를 본받아 덕에 처(處)하고 손괘를 본받아 풍속을 선하게 한다"(居는 積也ㅣ라 德以漸而積하고 俗以漸而善이니 內卦艮止는 居德者ㅣ 止諸內也ㅣ오 外卦巽入은 善俗者ㅣ 入於外也ㅣ니 體艮以居德하고 體巽以善俗이라) 했다. 곧 '居德'(거덕)은 간괘의 상이고 '善俗'(선속)은 손괘의 상이라는 지적이다.

初六은 鴻漸于干이니 小子ㅣ 厲하고 有言无咎하니라
초육은 기러기가 물가에 나아감이니 小子는 위태하고 말썽은 있으되 허물은 없느니라

風山漸

점괘의 6 효사에는 모두 漸자가 들어 있다. 이런 예로는 井卦와 鼎卦, 진괘(震卦), 간괘(艮卦)를 들 수 있으니 효사의 절묘한 표현이라 하겠다.

鴻은 큰기러기 홍. 雁(기러기 안)의 큰 것이 鴻이다. 干은 물가 간(본디 뜻은 방패). 2, 3, 4효의 호괘는 坎水(감수)다. 初六은 호괘의 밑이 되니 곧 물가가 된다. 3, 4, 5효의 호괘는 이괘(離卦)니 날아가는 새다. 이 두 호괘는 물가(또는 물 위)의 홍·안(鴻雁)의 상이 된다. 그러므로 '鴻漸于干'(홍점우간)이라 했다. 鴻漸于干은 기러기가 물가에 나아간다는 뜻이다. 이 괘의 6 효사는 기러기가 낮은 곳으로부터 점점 높은 곳으로 올라가서 드디어 구름 위를 질서정연하게 비상하는 것으로 되어 있다. '鴻漸于干'은 初六의 효상이다.

문왕 단사에는 '女歸'(여귀)라 했고, 공자의 대상전에는 '山上有木'(산상유목)이라 했으며, 周公의 효사에는 六爻의 상을 鴻이라 했다.

문왕은 육례(六禮)의 순서를 하나씩 밟아 예를 행하는 데 비유해서 '女歸'라 했고, 공자는 상하의 괘상으로 '山上有木'이라 했으니 산 위의 나무는 점점 확실하게 성장해서 구름을 굽어볼 정도로 자라 장구한 세월을 누리는 것으로 해석한 것이다. 한편 기러기는 가을철에 북쪽으로부터 날아와서 따뜻한 봄철이 되면 다시 북방으로 날아간다. 기러기가 오고감에는 일정한 때가 있고 또 날아가는 데에도 떼지어 줄 맞춰 날아가니, 대기의 흐름까지 정확히 이용해서 높은 산맥까지 쉽게 넘어간다. 가고옴에 그 기류(氣流)의 때를 어기지 않고, 비상(飛翔)에 질서정연하고 어지러움이 없다. 그러므로 周公 효사는 鴻을 점괘의 상으로 했다. 三聖이 저마다 각각으로 점괘의 상을 말했으나 그 내용은 다를 바 없다.

'小子厲'(소자려). 初六은 가장 아래의 효가 되니 사람에 비유하면 소자(小子)의 상이 된다. 2, 3, 4효의 호괘(감괘)의 밑이 되니 또한 물가(干)가 된다. 初六이 만일 성덕군자라면 처신할 바를 스스로 판단해서 도리에 어김없이 점진하겠지만 그러나 음효·양위로 위부정하고 음유하며 최하위인 데다가 위에는 응원자(應比의 효)가 없고 감험(坎險)이 앞에 있으니 매우 위험하다. 따라서 세인(世人)들의 가타부타하는 말들이 많을 수밖에(有言) 없다. 하지만 漸時에 점진하고자 하는 이상 의리상으로는 无咎하다는 의미다. 이상은 점사다. 《주자본의》에는 이렇게 씌어 있다.

기러기가 날아가는 데에는 질서가 있어서 나아감에는 점진(漸進)한다. 干은 물가다. 밑에서 비로소 나아가기 시작하니 아직은 안정된 데가 없고 또 상위에 응여가 없다. 그러므로 그 상이 이와 같고 그 점사는 곧 '小子厲'(소자려)의 상이 된다. 비록 다소의 말은 있겠으나 의리상으로는 허물이 없다.

> 鴻之行은 有序而進有漸이라 干은 水涯也ㅣ라 始進於下하니 未得所安而上復无應이라 故로 其象이 如此而其占則爲小子厲니 雖有言而於義則无咎也ㅣ라

象에 曰 小子之厲는 義无咎也ㅣ니라
象에 가로되 '小子之厲'는 의리로 허물이 없음이니라

'小子之厲'(소자지려)라지만 의리로는 허물이 없다는 뜻.

六二는 鴻漸于磐이니 飮食衎衎이요 吉하니라
六二는 기러기가 넓은 바위에 나아감이니 음식하며 간간(衎衎)함이니 길하니라

磐은 너럭바위 반. 初六 효사의 干에 비해 磐은 더욱 안정된 넓은 큰 바위라는 의미다. '鴻漸于磐'(홍점우반)은 기러기가 넓은 바위에 나아간다는 뜻이다.

六二는 음효·음위로 유순중정의 덕을 가졌고 주괘의 주효다. 강건중정의 대덕을 가진 九五 천자와 음양상응해서 반석처럼 안정된 곳으로 천천히 나아가고 급격한 맹진(猛進)을 하지 않는다. 유순중정의 덕을 가졌기 때문이다. 九五도 주괘의 주효다.

'飮食衎衎'(음식간간). 衎은 즐길 간. 衎衎은 즐기는 모양. 飮食衎衎은 먹고 마시며 즐기고 기뻐한다는 뜻이다. 六二는 안정된 반석 위로 나아가 飮食衎衎하며 몸을 기르고 덕을 키우며 때를 기다리고 있다. 六二와 九五는 이 괘의 주효가 되고 함께 협력해서 漸道를 완성하게 된다. 六二는 단사의 '女歸吉'에 해당되는 효고 九五의 배필이 된다. 그러므로 '飮食衎衎 吉'이라 했다. 다시 來註를 인용해 보자.

磐은 큰 바위다. 하간괘의 상은 石이니 바위의 상이다. 기러기가 물가에서부터 점점 나아가 반석에 다다랐으니 위험한 물가로부터는 멀어진 것이다. 2, 3, 4효의 호괘는 감괘요 음식의 상이다. 그래서 곤괘(困卦) 九二와 수괘(需卦) 九五, 미제(未濟) 上九에 '酒食'(주식)을 말했고 감괘 六四에 준주(樽酒 : 술단지에 담은 술)를 말한 것이다.

> 磐은 大石也ㅣ라 艮爲石이니 磐之象也ㅣ라 自干而磐則遠于水而漸進矣라 中爻爲坎이니 飮食之象也ㅣ라 故로 困卦九二에 言酒食하고 需卦九五에 言酒食하고 未濟上九에 言酒食하고 坎卦六四에 言樽酒라

象에 曰 飮食衎衎은 不素飽也ㅣ니라

象에 가로되 '飮食衎衎'은 소포(素飽)하지 않음이니라

素는 본시 소, 부질없을 소, 곧 '다만', '헛되이'의 뜻이다. 飽는 배부를 포 '不素飽'(불소포)는 그 지위에서 하는 일 없이 녹(祿)만 축내고 있는 것은 아니라는 뜻. 飮食衎衎을 오해할까 염려해서 '不素飽'라 했다.

九三은 鴻漸于陸이니 夫征不復하고 婦孕不育이니 凶하고 利禦寇하니라

九三은 기러기가 육(陸地)에 나아감이니 지아비가 가서 돌아오지 아니하고 지어미가 아이 배더라도 기르지 못함이니 흉하고 도둑을 막음이 이로우니라

陸은 곧 육지니 평원(平原)을 의미한다. 정전(程傳)에도 "陸은 平原也ㅣ라" 했다. 九三은 하간괘의 상효가 되니 山을 의미하나 여기서는 六二보다 높은 곳에 있는 들판으로 본다. '鴻漸于陸'(홍점우륙)은 효상이고 이하는 점사다. '夫征不復'(부정불복)과 '婦孕不育'(부잉불육)은 단사의 '女歸'(여귀)를 받아서 한 말이다. 곧 하간괘는 소남이므로 九三은 夫가 되고, 상손괘는 장녀니 六四는 婦가 된다.

九三은 양효·양위로 過剛(과강)이고 부중 과중이 되며 상위에 응효가 없

다. 그러므로 九三은 漸時인데도 점진하지 않고 급진(急進)하는 象이 된다. 아래 세 효는 九三의 동류다. 九三은 그 동류들을 버리고 六四와 사정(私情)을 통하게 되고 동류들이 있는 곳(하괘)으로 되돌아오지 않는다. 그러므로 '夫征不復'(부정불복)이라 했다.

'婦孕不育'(부잉불육). 九三과 六四는 불의(不義)의 부부가 되니 설사 六四가 아이를 배더라도 그 아이를 기를 수는 없다.

'利禦寇'(이어구)는 도둑을 막음이 이롭다는 뜻. 하간괘의 세 효의 입장에서 六四는 동류가 아니고 도둑이 된다. 九三은 도둑이 되는 六四와의 불의를 끊고 들판의 자기의 본래 자리로 되돌아가서 바른 도리를 지켜야 한다. 그 도둑의 유혹을 막는 것이 유리한 것이다. 이 九三, 六四의 부부와는 달리 九五와 六二는 이상적인 부부다. 단사의 '女歸吉'(여귀길)은 九五와 六二에 대한 말이다.

象에 曰 夫征不復은 離群醜也ㅣ오 婦孕不育은 失其道也ㄹ새요 利用禦寇는 順相保也ㄹ새니라

象에 가로되 '夫征不復'은 무리를 떠나서 추함이요 '婦孕不育'은 그 바른 도리를 잃기 때문이요, '利用禦寇'는 순해서 서로 돕기 때문이니라

醜는 동류 추. '群醜'(군추)는 여러 동류. '離群醜'(이군추). 여러 무리를 떠나서 추하다는 뜻. 곧 初六, 六二의 동류를 떠난다는 뜻. 그러므로 추하다 했다. 즉 '夫征不復'(부정불복)은 九三이 하간괘의 여러 동류들을 떠나 六四에게로 간다는 의미로 본 것이다. '失其道也'(실기도야)는 바른 도리를 잃기 때문이라는 뜻. 곧 '婦孕不育'(부잉불육)을 설명한 말이다. 九三은 六四와 불의(不義)의 관계를 가졌기 때문이라는 의미다.

寇는 도둑 구. 九三 자신의 과강이 스스로에 대한 寇가 되기도 하고 또 불의의 사교(私交)를 가진 六四가 寇이기도 하다. 六四보다는 오히려 자신의 과강을 寇로 탓할 만하다. '順相保也'(순상보야)는 바른 도리에 순종하면 자신은

물론이고 그 일족과 모든 동류가 서로 보전하리라는 의미다. 곧 '利用禦寇'(이용어구)를 설명한 말이다.

來註에는 "夫는 九三을 가리킨다. 艮이 少男인데다 九三은 또 양효이므로 남편이라 했고, 巽은 장녀인데 六四는 또 음효이니 아내라 했다. 이 괘는 '女歸'의 괘이므로 부부로써 말했다"(夫는 指三爻라 艮爲少男이요 又陽爻故로 謂之夫하고 婦는 指六四라 巽爲長女요 又陰爻故로 謂之婦라 本卦女歸故로 以夫婦言之라)했다.

한편 《주역절중》에서 이광지는 이렇게 말하고 있다.

이 괘는 여자가 시집가는 의미가 되니 곧 반드시 음양상응이라야 괘의(卦義)와 합일한다. 그러므로 初六은 무응이어서 厲라 했고 六二는 유응으로 편안하다 했으며 九三은 다시 무응으로 그 지위(三位는 大夫位)까지 더욱 높아졌으니 厲만으로 그칠 수는 없게 된다. 上九는 외괘(外卦)에 있어 九三과 여응하지 않으니 夫征不復(부정불복)과 같고 그 집을 돌보지 않는다. 九三은(上九의 妻로 봄) 성질이 剛해서 유순한 도리를 잃고 있어 아내로서 아이를 배고 낳아도 능히 양육하지 못하고 그 아이를 돌보지 않으리라.

此卦는 以女歸爲義하니 則必陰陽相應이 乃與義合이라 故로 初之厲者는 無應也ㅣ오 二之安者는 有應也ㅣ오 三亦無應而位愈高하니 則不止於厲而已라 上九는 在卦外하여 不與三應하니 如夫征而不復이요 不顧其家也ㅣ라 三은 剛質失柔道하니 如婦有産孕而不能養育이요 不恤其子也ㅣ리라

곧 돌아오지 않는 남편은 上九로, 九三은 아내로 보아 해석한 예가 된다. 충분히 가능한 추리라 하겠다. 易書는 널리 부연하여 따져 봐야 한다.

六四는 鴻漸于木이니 或得其桷이면 无咎하리라
六四는 기러기가 나무에 나아감이니 혹은 그 桷을 얻으면 허물이 없으리라

나무는 들판보다 한층 더 위가 된다. 六四는 손괘(巽卦)의 주효가 되니 巽木, 곧 나무다. 그러므로 '鴻漸于木'(홍점우목)이라 했다. 桷은 가지 각. 곧

평평한 나뭇가지의 뜻. 기러기의 발 모양은 발가락이 이어 붙어 있기 때문에 (연지: 連趾) 나뭇가지를 잡기 어렵다. 따라서 나무는 이 기러기에게는 불안한 곳이 된다. 그러나 우연히 편평한 나뭇가지가 있으면 안식할 수 있어 无咎하리라는 의미다.

六四는 음유하고 中位(중위)에 못 미치니 주저하는 결점이 있다. 그러나 음효·음위로 위정하고 손괘의 주효가 되니 손순한 덕을 가졌다. 그러므로 '或得其桷 无咎'(혹득기각 무구)가 된다. 또 '或' 자는 단지 그 가능성을 지적한 표현이니, 六四는 九五와 음양 상비하고 九三과도 음양 상비가 되기 때문이다. 곧 九五와 상비(相比)하면 '得其桷'이 되어 허물이 없겠지만 어쩌다 九三과 상비하면 '失其道'가 되고 흉하게 되리라.

《주자본의》에는 "기러기는 나무에서 살지 않는다. 桷은 편평한 나뭇가지이니 혹시 이런 가지를 얻게 되면 안식할 수 있다. 六四는 강효를 타고 있되 손순하므로 그 상이 이렇게 된다"(鴻不木棲라 桷은 平柯也ㅣ니 或得平柯則可以安矣리라 六四는 乘剛而順巽故로 其象이 如此ㅣ라) 했다.

象에 曰 或得其桷은 順以巽也ㅣ니라
象에 가로되 '或得其桷'은 순해서 손순하기 때문이니라

六四는 상손괘의 주효가 되고 음효 음위가 되니 그러므로 '順以巽'(순이손)이라 했다. '順以巽'은 순해서 손순하다는 뜻. ('順以巽'의 경우에는 以〔때문〕자가 들었기에 토(吐)를 "順以巽也ㅣ니라"하고 "順以巽也ㄹ새니라" 하지 않는다.)

《주역절중》에 李光地는 "六四 역시 무응이다. 그러나 六四는 九五를 받들어서 대체로 吉하게 되었으니 이는 음으로서 양을 받드는 것이 여자가 시집가는 도리에 맞기 때문이다. 손순해서 윗사람을 섬기니 높은 지위에 있어도 위태하지 않다. 그러므로 나무가 모인 가운데에서 평평한 가지를 얻은 상이 된다"(六四는 亦無應者也ㅣ라 然이나 六四는 承九五하여 例皆吉者는 以陰承陽은 合於女歸之義矣라 順以事上하여 高而不危라 故로 有集木得桷之象이라) 했다.

九五는 鴻漸于陵이니 婦三歲不孕하되 終莫之勝이요 吉하니라
_{구오 홍점우릉   부삼세불잉   종막지승   길}

九五는 기러기가 능에 나아감이니 지어미(六二)가 三년을 아이 배지 못하되 마침내 이를 이기지 못함이요 길하니라

'陵'은 큰 언덕 릉. 곧 천자위에 비유한 말이다. '鴻漸于陵'(홍점우릉). 기러기는 한층 더 높은 언덕으로 나아간다. 九五는 양효로서 양위에 있고 점괘의 중효다. 곧 강건중정의 덕을 가진 천자요 이 괘의 주효다.

'婦'는 九五와 음양상응하는 六二를 가리킨다. 점괘는 女歸의 괘가 되니 應이 있는 효를 길하다 했다. 바로 이 九五와 六二가 유일한 유응의 관계가 된다. 九五는 夫가 되고 六二는 婦가 된다. 또 사회적 지위로 말하면 九五는 천자위고 六二는 충의를 가진 신하가 된다. 이 두 효는 상응 상조해서 漸道를 완성시키는, 곧 주괘의 주효다.

'婦三歲不孕'(부삼세불잉)은 九五와 六二를 약혼관계로 보고 말한 것이다. 곧 아내될 이가 3년 동안이나 성혼을 못하고 있다는 것이다. 이는 주변에 방해자가 있기 때문이다. 괘상으로 말하면 九三은 六二와 비효 사이가 되고 六四는 九五와 비효 사이가 되니 九三과 六四가 방해한다는 뜻을 암시하고 있다. '三歲'(삼세)는 딱히 3년이라기보다는 오랜 기간을 의미한다.

'終莫之勝'(종막지승). 終은 '마침내'. 莫은 아닐 막. 不과 같으나 어세(語勢)가 더 강하다. 九五와 六二의 상응을 이간시키려고 九三과 六四가 방해를 놓더라도 종내 그들이 이길 수는 없다. 그러므로 吉하다 했다.

《주역술의》에는 이렇게 쓰고 있다.

九五는 艮山의 위가 되니 그러므로 陵이 된다. 六二는 九五의 정응(正應)이니 그 아내가 된다. 離의 數는 三이다(乾·兌·離·震·巽·坎·艮·坤의 셋째라는 뜻). 아내(六二)는 3, 4, 5효의 호괘인 이괘의 밖이 되니 그러므로 아이를 배지 못한다 했다. 九五는 천위가 되니 鴻漸于陵(홍점우릉)의 상이다. 九五와 六二의 상응은 본시 상합인데, 九三과 六四가 중간에서 艮止(간지)하려 하고 2, 3, 4효의 호괘는 감괘니 六四는 함정에 빠뜨리려고 한다. 그러므로 九五 천자는 六二 신하의 충신

을 깨닫지 못해 등용하지 않으니, 마치 아내가 남편에게 화답하지 못해서 아이를 갖지 못하는 것과 같다. 三歲는 오랫동안이라는 의미다. 정응은 필연코 상합하게 되리니 九三과 六四는 마침내 이기지 못할 것이고 군신(九五와 六二)이 서로 만나 협력해서 치천하화민(治天下化民)을 성취할 수 있게 되리라. 그러므로 吉하다.

 五在艮上故로 爲陵이라 六二正應이니 其婦也ㅣ라 離數三이니 婦在互離之外故로 不孕也ㅣ라 五居尊位하니 如鴻漸陵이요 與二相應은 原相合也ㅣ라 三四在中하여 艮以止之하고 坎以陷之故로 臣不見信而不用하니 猶婦不見答而不孕也ㅣ라 三歲는 言其久也ㅣ라 正應必合이니 三四終莫之能勝焉이요 君臣遇合하여 而治化可成故로 吉也ㅣ라

象에 曰 終莫之勝吉은 得所願也ㅣ니라
象에 가로되 '終莫之勝'은 원하는 바를 얻음이니라

'終莫之勝吉'(종막지승길)은 九三과 六四가 방해해도 九五와 六二의 상응을 이간시킬 수는 없다는 의미다. 그러므로 길하다 했다. '得所願也'(득소원야)는 소원성취를 의미한다.

上九는 鴻漸于(陸이니) 逵ㅣ니 其羽可用爲儀요 吉하니라
上九는 기러기가 규(逵)에 나아감이니 그 깃은 의칙(儀則)으로 삼을 수 있고 길하니라

 陸(륙)은 逵(규)의 오자다. 逵는 한길 규, 아홉 갈래 갈라진 길 규. 사통팔달의 큰 길을 말한다. 곧 천공(天空)을 의미하며 운로(雲路 : 구름이 지나가는 길)다. 이 陸 자에 대해 唐의 공영달은 "九三과 上九는 모두 괘상(卦上)에 있으니 그래서 아울러 陸이라 했다"(上九與三은 皆處卦上故로 並稱陸이라) 했다. 잘못된 해석이다. 주자는 "陸은 逵이며 '雲路'를 이른 것이다"(陸은 當作逵니 謂雲路也ㅣ라) 했다. 정자도 같은 해석이다. 程·朱의 설을 좇아서 '鴻漸于逵'(홍점우규)로 정정한다.
 '其羽可用爲儀'(기우가용위의). 기러기들이 질서정연하게 줄을 지어서 천공

을 날아가는 그 광경은 가히 의칙(儀則)으로 삼을 만하다.

　上九는 양효·음위로 위부정이 되나 여기서는 음양 조절로 한편에 치우치지 않는 '中和'(중화)의 상태로 본다. 응효는 없으나 점괘의 상효가 되니 점진의 극치를 의미한다. 기러기로 말하면 천공을 비상하는 상이 되고, 인사로 말하면 세속 밖에서 초연히 소요하는 성인군자의 상이 된다.

　《주역술의》에서는 이렇게 말하고 있다.

　　陸은 당연히 逵 자다. 逵는 운로(雲路)다. 상손괘는 바람인데 게다가 (上九는) 높은 자리다. 기러기가 이미 언덕에서 바람을 타고 높이 날아 점점 운로에 나아간다. 기러기의 낢이 명명(冥冥)함은 그가 평소에 품은 뜻이 그러하기 때문이다. 다만 上九는 5위의 위가 되니 높은 자리이긴 하나 지위는 없다. 그러므로 실제로 쓸데는 없으나 오직 그 날아가는 날개들의 모양만은 볼 만하다. 떼지어 질서가 있고 飛翔에는 문채(文彩)를 이루니 이러한 진퇴거취는 일세(一世)의 의표(儀表)가 되기에 충분하다. 무엇이 이 보다도 더 吉할 것인가. 이는 고상한 사람, 뛰어난 선비가 초연히 세속 밖에 있으면서 은연중에 사람들의 세상에 이익을 가져다주는 것과 같다.

　　　陸은 當作逵니 雲路也ㅣ라 巽爲風이요 又爲高하니 鴻己漸陵하고 乘風而高하여 則漸于逵矣라 鴻飛冥冥은 是其素志라 但在五上하니 高而无位로 無所可用이요 惟觀其羽之飛也ㅣ라 群而有序하고 翔而成文하여 進退去就 足爲一世之儀表니 吉孰大焉이리요 此는 高人逸士 超然人事之外하여 而隱然有益於世者也ㅣ라

　　　　　　　상　왈　기우가용위의길　　　불가난야
　　象에 曰 其羽可用爲儀吉은 不可亂也ㄹ새니라

　象에 가로되 '其羽可用爲儀吉'은 어지럽힐 수(可)는 없기 때문이니라.

　떼지어 날아가는 기러기들의 아름다운 모양을 누가 흩뜨려 놓을 수 있겠는가. 성인군자의 처신하는 바는 모두 정도에 어김이 없으니 누구든 그 마음을 어지럽게 할 수는 없으리라(不可亂也의 뜻). 찬탄하는 말이다.

　간괘는 사람의 몸에서 그 상을 취했으니 初六은 趾(지), 六二는 腓(비), 九

三은 限(한), 六四는 身(신), 六五는 輔(보)라 하고, 上九는 敦艮(돈간)이라 했다. 점괘는 기러기가 干으로 부터 磐(반), 陸(육), 木(목), 陵(능)으로 점점 올라가서 上九에는 '逵'(규)에 그 상을 취했다.

〈繫下〉 제 2장에 "가까이는 사람의 몸에서 그 상을 취하고 멀리는 사물에서 그 상을 취했다"(近取諸身하고 遠取諸物이라) 했다. 간괘의 경우는 근취저신(近取諸身)이고 점괘는 원취저물(遠取諸物)이 된다. 64괘는 이 외에도 天地, 鳥獸之文으로 괘상과 효상을 취했다.

風山漸卦(풍산점괘)䷴는 기러기가 물가에서 높은 곳으로 점진해서 逵(규)에 이르는 상을 취했다. 女歸(여귀)의 괘가 되니 유응한 효를 길하다 한다.

初六은 음효·양위로 위부정하고 무응하고 최하위가 되니 인사로 말하면 소자(小子)가 된다. 지각이 미숙하니 위태한 바는 있으나 무구하게 된다.

六二로부터 九五까지의 네 효는 여귀에 적당한 나이가 된다. 그러므로 이 4효는 미묘한 갈등이 생긴다. 六二는 음효·음위로 유순중정의 덕을 가졌고 九五와 응해서 대길한 효다.

九三은 양효로서 양위에 있어 과강이 되고, 그러므로 점진하지 않고 과진하게 되어 흉하다. 九三은 六四와 比하고 六二와도 比하는 효다.

六四는 음효·음위로 위정 지정하고 상손괘의 주효가 되니 손순한 덕을 가졌다. 그러나 九五를 섬기느냐 또는 九三과 比親하는가에 따라 길흉이 나누어지게 된다.

九五는 양효·양위로 강건중정의 덕을 가졌고 또한 六二와 응해서 대길한 爻다. 그러나 九五가 응하는 六二는 九三이 比親하고 있고, 또 比하는 六四 역시 九三이 비친하고 있으니 九三은 숨어서 九五를 방해하기만 한다. 그러므로 九五는 크게 불쾌하게 생각하고 있다.

上九는 양효·음위로 내강외유의 군자요 세속 밖에서 초연히 소요하는 성현의 상이 되니 대길하나 노경에 이르렀으니 女歸의 대상은 될 수 없고, 初六 또한 아직 어리니 역시 여귀의 대상 밖이 된다.

간괘(艮卦)의 九三은 응당 움직여야 하나 움직이지 않으니 위태롭게 되어

애를 끓게 되는 반면에 점괘(漸卦)의 九三은 움직여서는 안 되는데도 지나치게 움직이니 흉하다. 이 두 효는 '動靜不失其時'(동정불실기시)에 위반하는 효가 된다. 그러므로 흉하다. 점괘의 六二로부터 九五까지의 二男二女는 서로 應比하면서 또는 반발하여 미묘한 상관관계를 가졌다. 인사도 이와 같다. 그리하여 九三에는 '夫征不復 婦孕不育'(부정불복 부잉불육)이라 하고 九五에는 '婦三歲不孕 終莫之勝'(부삼세불잉 종막지승)이라 했으며, 六四에는 '或得其桷 无咎'(혹득기각 무구)라 하고 六二에는 '飮食衎衎'(음식간간)이라 했으니, 이렇듯 지극히 묘한 표현에 성인이 지닌 지혜의 심오한 일단(一端)을 엿볼 수 있다. 효사는 모두 효상에서 취했다.

雷澤歸妹

兌下
震上

歸_{귀매}妹는 征_{정흉}凶하고 无_{무유리}攸利하니라

象_상에 曰_왈 歸_{귀매}妹는 天_{천지지대의야}地之大義也ㅣ니 天_{천지불교}地不交하면 而_{이만물}萬物이 不_{불흥}興하리니 歸_{귀매}妹는 人_{인지종시야}之終始也ㅣ라 說_{열이동}以動하여 所_{소귀}歸는 妹_{매야}也ㅣ오 征_{정흉}凶은 位_{위부당야}不當也ㄹ새요 无_{무유리}攸利는 柔_{유승강야}乘剛也ㄹ새니라

象_상에 曰_왈 澤_{택상유뇌}上有雷ㅣ 歸_{귀매}妹니 君_{군자}子ㅣ 以_이하여 永_{영종지폐}終知敝하나니라

初_{초구}九는 歸_{귀매이제}妹以娣니 跛_{파능이}能履요 征_{정길}吉하리라
　象_상에 曰_왈 歸_{귀매이제}妹以娣는 以_{이항야}恒也ㅣ오 跛_{파능이길}能履吉은 相_{상승야}承也ㄹ새니라

九_{구이}二는 眇_{묘능시}能視니 利_{이유인지정}幽人之貞하니라
　象_상에 曰_왈 利_{이유인지정}幽人之貞은 未_{미변상야}變常也ㅣ니라

六_{육삼}三은 歸_{귀매이수}妹以須ㅣ니 反_{반귀이제}歸以娣니라

　　　　　상　왈　귀매이수　　미당야
　　　象에 曰 歸妹以須는 未當也일새니라

　　구사　　귀매건기　　지귀유시
　九四는 歸妹愆期니 遲歸有時하니라

　　　　　상　왈　건기지지　　유대이행야
　　　象에 曰 愆期之志는 有待而行也ㅣ니라

　　육오　　제을귀매　　기군지몌　　불여기제지몌량　　　월기망
　六五는 帝乙歸妹에 其君之袂ㅣ 不如其娣之袂良이요 月幾望
　　길
이니 吉하니라

　　　　　상　왈　제을귀매　　불여기제지몌량야　　　기위재중
　　　象에 曰 帝乙歸妹에 不如其娣之袂良也는 其位在中하여
　　이귀행야
　以貴行也ㅣ니라

　　상육　　여　승광무실　　　사　규양무혈　　　무유리
　上六은 女ㅣ 承筐无實하고 士ㅣ 刲羊无血하니 无攸利하니라

　　　　　상　왈　상육무실　　승허광야
　　　象에 曰 上六无實은 承虛筐也ㅣ니라

귀매 　　　정흉　　　무유리
歸妹는 征凶하고 无攸利하니라

歸妹는 가면 흉하고 이로운 바가 없느니라

　　歸妹卦(귀매괘)는 兌下震上(태하진상)의 괘다. 상진괘는 雷고 하태괘는 澤이다. 雷와 澤과 괘명의 歸妹를 합해서 雷澤歸妹(뇌택귀매)䷵라 하여 괘형과 괘명을 기억하게 한다.

　　歸妹(귀매)는 돌아가는 여동생이라는 뜻이니 곧 여동생의 출가(出嫁)를 의미한다. 여자의 경우는 시집간 집이 자기 집이라는 의미에서 于歸(우귀), 女歸(여귀), 歸妹(귀매)라 이른다. 귀매괘는 하태괘의 소녀가 상진괘의 장남에게 출가한다는 의미로 괘명을 귀매라 했다.

　　상하괘로 말하면 상진괘는 장남이고 하태괘는 소녀다. 또 상진괘의 덕은 動이고 하태괘의 덕은 說이다. 震長男이 크게 활동하니 兌少女는 그것을 보고 기뻐해서 사모하는 상이다. 곧 兌少女는 震長男을 기뻐해서 마음이 움직이게 된다. 귀매괘는 이런 괘상이어서 점괘처럼 '止而巽'(지이손)하지 않고 '說以動'(열이동)하게 되니 점괘처럼 육례의 절차를 밟지 않는다. 이 兌少女는 震長男을 기뻐하고 사모해서 뒤를 좇으니 이러한 '說以動'이 큰 결점으로 된다.

　　六爻로 나누어서 말하면 제2위로부터 5위까지 모두 위부정이 된다. 九二와 九四는 양효로서 음위에 있고 六三과 六五는 음효로서 양위에 있으니 모두 위부정이 되고 점괘와 정반대가 된다. 이것도 큰 결점이 된다.

　　또한 六三은 九二의 위에 있고 六五는 九四의 위에 있으니 승강(乘剛)이 된다. 곧 음이 양을 억압하는 상이다. 곧 귀매괘는 說以動, 위부당(位不當), 승강(乘剛)이 귀매괘의 '征凶 无攸利'(정흉 무유리)의 까닭이 된다.

　　〈서괘전〉에는 "漸者는 進也ㅣ니라 進必有所歸리라 故로 受之以歸妹니라" 했다. 곧 漸이란 나아감이다. 나아가면 필연코 돌아갈 바가 있으리라. 그러므로 귀매괘로서 받았다 했다. 바른 도리로 귀매하면 복을 받게 되고 도리에 거스르면 화를 입는다. 사물은 모두 인과응보의 법칙 아래 존재하기 때문이다.

　　정전(程傳)에는 이렇게 말하고 있다.

64괘 중에 남녀가 배우자로 합하는 의의를 말한 괘가 넷이 있으니 함괘와 항괘, 점괘, 귀매괘가 그것들이다. (…) 함괘와 항괘는 부부의 도이고, 점괘와 귀매괘는 남녀의 情이다. 咸은 멈춤으로써 기쁘고, 歸妹는 움직임으로써 기쁘니 괘의는 모두 기쁨이다. 항괘와 점괘는 부부의 정의(正義)다. 항괘는 공손하게 움직이고 漸은 멈추어 공손하니 그 괘의는 모두 손순이다. 그러므로 남녀의 도리와 부부의 의리는 이 네 괘에 구비되었다.

>卦有男女配合之義者ㅣ 四하니 咸 恒 漸 歸妹是也ㅣ라 (…) 咸恒은 夫婦之道요 漸 歸妹는 女歸之義라 咸與歸妹는 男女之情이니 咸은 止而說하고 歸妹는 動於說하니 皆以悅也ㅣ라 恒與漸은 夫婦之義也ㅣ니 恒은 巽而動하고 漸은 止而巽하니 皆以巽順也ㅣ라 男女之道와 夫婦之義는 備於是矣라

■ 歸妹는 征凶하고 无攸利하니라

征은 갈 정. 行은 일반적으로 가다, 행하다의 의미고, 征은 구차히 말하면 바른 행위를 의미한다. 이 괘는 九二로부터 六五까지 가장 중요한 중간 4효가 모두 위부정이 되고 또한 六三과 六五는 승강이 되고 또 '說以動'(열이동)이 그 결점이 된다. 그러므로 무슨 일을 도모하면 흉할 것이요 이되는 바가 없다.

象에 曰 歸妹는 天地之大義也ㅣ니 天地不交하면 而萬物이 不興하리니 歸妹는 人之終始也ㅣ라 說以動하여 所歸는 妹也ㅣ오 征凶은 位不當也ㄹ새요 无攸利는 柔乘剛也ㄹ새니라

象에 가로되 歸妹는 천지의 정도(正道)니 천지가 사귀지 않으면 만물이 흥성하지 아니하리니 歸妹는 사람의 마침과 시작이라. 기뻐함으로써 動하여 시집가는 바는 여동생이요, '征凶'은 位가 부당(不當)하기 때문이요, '无攸利'는 柔가 剛을 탔기 때문이니라.

- 象에 曰 歸妹는 天地之大義也ㅣ니 天地不交하면 而萬物이 不興하리니 歸妹는 人之終始也ㅣ라

'天地之大義也'(천지지대의야). '大義'(대의)는 정도(正道)를 말한다. 歸妹 곧 결혼은 천지의 정도다. 하늘과 사람은 하나의 이치로 연결되었으니(天人一理) 그러므로 귀매는 천지의 정도라 한 것이다. 천지음양이 서로 사귀지 않으면 만물은 절멸하리니 곧 귀매 즉 결혼은 인도(人道)의 처음과 끝이 된다. 始終(시종)은 시작이 있으면 곧 끝이 있다는 뜻이고, 終始(종시)는 끝나면 또 시작이 있다는 의미다.

〈잡괘전〉에 "歸妹는 女之終也ㅣ라" 했다. 곧 歸妹는 출가한 집, 곧 시가(媤家)가 자기의 집이고 자기 집에 돌아갔으니 평생을 거기서 살게 되니 여자의 운명은 이로써 결정된다는 의미다. 결혼은 비록 여자 일생의 끝이 될지라도 새 생명이 탄생하게 되리니 곧 결혼은 '女之終始'(여지종시)가 된다. 천지를 인륜에 비유하면 곧 부부가 된다. 그러므로 귀매는 '天地之大義'(천지지대의)가 되고 또 새 생명이 탄생하게 되니 '歸妹는 人之終始'가 된다. 천지가 정도(진실무망)로써 운행하므로 만물이 생성화육하게 되고 남녀가 정도를 굳게 지켜서(人道의 정도는 오륜이다) 가정이 화목하게 되고 행복한 인류사회가 된다.

- 說以動하여 所歸는 妹也ㅣ오 征凶은 位不當也ㄹ새요 无攸利는 柔乘剛也ㄹ새니라

'說以動'(열이동). 兌少女가 성대한 활동을 하는 震長男을 기뻐해서 아양떠는 태도로써 접근한다는 의미다. '所歸'(소귀)는 돌아가는 바, 곧 于歸(우귀), 女歸(여귀)와 같은 뜻. '所歸 妹也'(소귀 매야)는 단사의 歸妹, 곧 괘명을 설명한 말이다.

'征凶'(정흉)은 위부당에서 비롯했다는 설명이니 즉 九二부터 六五까지의 위부정을 말한다. '无攸利'(무유리) 곧 이로운 바가 없다는 것은 유효가 승강(乘剛)했기 때문이라는 의미다. 단사의 '无攸利'를 설명한 말이다.

來註에는 이렇게 씌어 있다.

괘명을 해석하고 다시 거듭 괘덕으로써 해석했으며 또 괘체로써 괘사를 해석했다. 이른바 歸妹는 본시 천지의 대의다. 대개 만물이 홀로 생성하는 도리는 없다. 그러므로 남녀가 가정을 이룸은 본시 천지의 영구불변하는 도리요 이로써 그 정도가 된다. 왜냐하면 남녀가 서로 사귀지 않으면 만물은 생기지 않으니 그래서는 人道 또한 사라지게 된다. 이 歸妹는 비록 여도(女道)의 끝이 된다 하나 낳고 키우는 일은 이로써 단초가 되니 실은 인도의 시작이 되고 이것이 천지의 대의(大義)가 되는 까닭이다. 그러나 歸妹가 설사 천지의 정도라 할지라도 다만 '說以動'이란 곧 여자가 남자에 앞서서 시집감이니 이것은 누이의 자위(自爲)요 정리(正理)가 아니고 실은 사정(私情)이니 이런 까닭으로 괘명을 歸妹라 했다.

> 釋卦名하고 復以卦德釋之하고 又以卦體釋卦辭라 言所謂歸妹者는 本天地之大義也ㅣ라 蓋物无獨生獨成之理라 故로 男有室女有家는 本天地之常經이요 是乃其大義也ㅣ라 何也ㅣ오 蓋男女不交則萬物이 不生而人道滅息矣라 是歸妹者는 雖女道之終而生育之事 于此造端이니 實人道之始요 所以爲天地之大義也ㅣ라 然이나 歸妹는 雖天地之正理로되 但說以動則女先乎男하여 所歸在妹니 乃妹之自爲요 非正理而實私情矣니 所以名歸妹라

象에 曰 澤上有雷ㅣ 歸妹니 君子ㅣ 以하여 永終知敝하나니라
象에 가로되 못 위에 우뢰가 있음이 歸妹니 군자는 이로써 終을 길게 하고 폐해를 아느니라

■ 象에 曰 澤上有雷ㅣ 歸妹니

兌澤(태택)이 밑에 있고 震雷(진뢰)가 위에 있는 것이 귀매의 괘상이다. 震長男이 크게 활동하고 있으니 兌少女는 그것을 기뻐해서 그를 열렬히 사모하게 된다. 이런 것이 귀매의 괘상이다.

■ 君子ㅣ 以하여 永終知敝하나니라

'永終'은 永善其終, 곧 그 終을 영구히 善하게 한다는 뜻. '知敝'는 폐해를 안다는 뜻. '永終知敝'(영종지폐). 군자는 모든 일을 행함에 그 일이 오랫동안 지속되도록 생각하고 나중에 어떤 폐해가 생길지를 알아 그 점을 충분히 고려

한다는 것이 영종지폐(永終知敝)의 뜻이다. 일시적 흥분은 오랫동안 지속되지 않기 때문이다. 來註에는 "欲善其終이면 必愼其初라" 했다. 곧 그 종말이 좋도록 하려면 필연코 그 시초에 신중히 해야 한다는 의미다.

初九는 歸妹以娣니 跛能履요 征吉하니라
_{초구} _{귀매이제} _{파능이} _{정길}

初九는 귀매(歸妹)에 娣로써 함이니 절뚝발로도 능히 밟게 되고 가면 길하리라

娣는 여동생 제. 제후(諸侯)와 성혼한 젊은 여성이 출가할 때에는 친족 가운데 젊은 두 여성이 함께 가게 된다. 이들을 娣 또는 姪이라 한다. 來註에는 "曲禮에 世婦姪娣는 蓋以妻之妹와 從妻라" 했다. 《예기》의 곡례(曲禮)편에 후궁의 질제(姪娣)는 대개 처의 누이와 사촌이라 했다는 것이다. 娣(제)는 정부인이 아니고 첩과 비슷한 존재다. 初九는 양효로서 양위에 있으니 현명한 여성이다. 그러나 무응 무비하여 정부인이 될 수는 없다. 곧 娣가 되어서 정부인(正夫人)을 따라가게 되니 '歸妹以娣'(귀매이제)는 이런 의미다. 이것이 初九의 효상이다.

'跛能履'(파능이). 跛는 절뚝발이 파. 履는 밟을 리. 절뚝발이라도 걸어갈 수는 있다는 뜻이다. 정부인이 못 되는 初九는 다만 군명(君命)에 순종해서 정부인을 돕고 범사(凡事)를 거들게 된다. 이럴 수밖에 없음을 비유해서 '跛能履'(파능이)라 했다. '征吉'(정길)은 자신의 분수를 알아 娣가 되어서 간다면 吉하리라는 의미다.

정자와 주자, 내자 모두는 이 괘의 六爻를 출가하는 여성으로 해석했다. 《주역술의》에는 九二를 六五 귀매의 夫라 하고 九四를 귀매의 兄이라 했다. 일리가 있는 말이나 취하지 않는다. 程·朱의 설을 좇기로 한다.

象에 曰 歸妹以娣는 以恒也ㅣ오 跛能履吉은 相承也ㄹ새니라
_상 _{왈 귀매이제} _{이항야} _{파능이길} _{상승야}

象에 가로되 '歸妹以娣'는 항도(恒道)이기 때문이요, '跛能履吉'은 서로 돕기 때문이니라

'以恒也'(이항야). 初九는 하천하고 응·비가 없어 娣(제)로써 정부인을 따라갈 수밖에 다른 도리는 없으니 그리하여 娣의 도리를 지키는 것이 항도(恒道)이기 때문이라는 뜻. '相承也'(상승야). 서로 돕는다는 뜻. 절름발이도 가까운 곳까지는 걸어갈 수 있다. 곧 자기의 분수에 맞는 일은 할 수 있으니 初九는 娣로서 따라가 정부인과 더불어 군명(君命)을 받들어 서로 도와야 하기 때문이라는 뜻.

九二는 眇能視니 利幽人之貞하니라
九二는 애꾸눈으로도 능히 본다는 것이니 유인(幽人)의 貞이 이로우니라

眇는 애꾸눈 묘. '眇能視'는 애꾸눈으로도 능히 볼 수 있다는 뜻. 九二는 강건중덕을 가진 현명한 여인이다. 六五와 음양상응하니 곧 六五의 정부인이 된다. 그러나 六五는 음유(陰柔)하기 때문에 이 九二의 현부(賢婦)의 의견을 잘 이해하지 못한다. 그러므로 비유해서 '眇能視'(묘능시)라 했다. 이 귀매괘는 점괘(漸卦)와 종괘를 이룬다. 점괘에서 六二는 婦, 九五는 夫가 되니 종괘인 귀매괘는 응당 九二는 夫, 六五는 婦라 해야 바른 해석이 될 듯하나 정자와 주자, 내자 모두 이 여섯 효를 전부 출가하는 여성으로 해석했으니 선유(先儒)의 의견을 따른다. 來註에는 '是乃賢女'(시내현녀), 곧 현명한 여성이라 했다.
'利幽人之貞'(이유인지정)은 심산유곡에 숨어사는 사람처럼 재덕을 드러내지 않고 貞道를 굳게 지키면 이롭다는 의미다. 九二는 六五와 응하고 六三과 비하며 初九의 위에 있으니 初九보다는 길한 효가 된다. 다만 하괘의 兌卦에 속하고 응효인 六五는 음유하고 재덕이 부족하니 九二의 강건중덕은 발휘할 길이 없게 된다. 그러므로 '利幽人之貞'(이유인지정)이라 했다. '眇能視'(묘능시)는 효상이 되고 '利幽人之貞'(이유인지정)은 점사다.
來註에는 "九二는 강건중덕을 지녔으니 최하위이며 (…) 무응인 初九보다 낫다. 다만 응효인 六五는 음유하고 음효·양위로 위부정하니 이 九二의 현녀(賢女)는 배필이 좋지 못하다. 그러므로 내조의 功을 크게 이룰 수 없게 된

다. 그러므로 애꾸눈으로도 능히 볼 수 있다 해도 능히 먼 데까지 볼 수 없는 상이다. 그러므로 점자는 幽人之貞이라야 이롭고 可하다"(九二는 陽剛得中하니 (…) 優于初之无應矣라 但所應者ㅣ 陰柔不正하니 是乃賢女所配不良일세 不能大成內助之功이라 故로 有眇者能視而不能遠視之象이니 (…) 故로 占者ㅣ 利而幽人之貞이 可也ㅣ라) 했다.

象에 曰 利幽人之貞은 未變常也ㅣ니라
象에 가로되 '利幽人之貞'은 아직 상도(常道)를 변하지 않음이니라

'未變常'(미변상)은 妻로서의 정도에 변하지 않고 바른 도리를 지킨다는 의미다. 처가 아닌 현신으로 九二를 해석해도 내용은 같다. 혼암한 군왕을 섬기는 현신은 지나친 행위를 하다가는 화를 받기 쉽다. 그러므로 幽人之貞이 이롭다.

六三은 歸妹以須ㅣ니 反歸以娣니라
六三은 귀매에 기다림으로써 함이니 돌아오면(反) 시집감에 娣로써 함이니라

須는 기다릴 수. 待와 같다. 六三은 음효로서 양위에 있으니 위부정하고 부중 과중이 되며 하태괘의 열주가 되니 아양을 부리며 아첨하는 여인의 象이 된다. 하지만 上六이 응위가 되나 같은 음효로서 무응이 되어 결혼할 상대자가 없다. 그러므로 헛되이 기다릴 뿐이다. '歸妹以須'(귀매이수)는 이런 의미다. 六三은 부중 과중 음유하고 하태괘의 說主가 되니 곧 '說以動'의 효가 되고 또 上六(應位)도 같은 음이니 결혼상대자가 없기에 불길한 효가 된다.

이 '須'(수)를 천첩(賤妾)으로 해석하기도 한다. 來註에는 '須는 賤妾之稱'이라 했다. 《주자본의》에도 "더러 '須'를 천한 여자, 곧 賤妾으로 본다"(或曰須는 女之賤者라) 했다. 아마 '反歸以娣'(반귀이제)를 잘못 해석한 데서 비롯한 오해일 듯싶다. '反歸以娣'는 결혼 상대자를 기다리다가 여의치 못해 반성하고 시집가는데 娣로서 간다는 의미다.

《주자본의》에는 "六三은 음유하고 부중 과중하며 또 하태괘의 說主가 된다. 부정한 여인에 장가들 사람은 없다. 그러므로 나아갈 바를 얻지 못하고 반성해서 娣로서 歸하는 상이다. 더러 須는 천한 여자라고 한다"(六三은 陰柔而不中正하고 又爲說之主ㅣ라 女之不正은 人莫之取者也ㅣ라 故로 爲未得所適而反歸爲娣之象이라 或이 曰須는 女之賤者ㅣ라) 했다. 더러 '須'를 천한 여자라 한다는 말은 누군가(或)가 그렇게 말했다는 뜻이고 정말 그렇다는 의미는 아니라는 뜻이다. 정자 또한 "須는 待也ㅣ라" 했다.

象_상에 曰_왈 歸妹以須_{귀매이수}는 未當也_{미당야}ㄹ새니라
象에 가로되 '歸妹以須'는 아직 위당(位當)이 못되기 때문이니라

'未當'(미당)은 위부당의 의미다. 六三은 음효·양위로 부중 위부당이 되기 때문에 '歸妹以須'(귀매이수)라 했다는 의미다.

九四_{구사}는 歸妹愆期_{귀매건기}니 遲歸有時_{지귀유시}하니라
九四는 귀매의 시기(時期)를 어김이니 시집감을 기다림(遲)은 때가 있느니라

愆은 어길 건. 九四는 양효니 재덕을 가졌고 대신의 위(位)가 되니 명문가의 여성이기 쉽다. 그러나 양효·음위로 위부정하고 상괘의 하효가 되니 주저하며 결단성이 부족하다. 응위가 되는 初九와는 같은 양효로 무응이 된다. 그러므로 알맞은 배필이 없어 혼기를 놓친 것이다. '歸妹愆期'(귀매건기)는 이런 의미다. 遲는 늦을 지. 여기서는 기다릴 지. 곧 待와 같은 뜻으로 본다. '遲歸有時'(지귀유시). 시집감은 때가 있으니 기다린다는 뜻. 재덕을 지닌 명문가의 현녀니 때를 기다리고 있으면 필연코 성혼하게 되리라. 九四는 비록 응효는 없어도 六三 또는 六五와는 比하고 있으니 그러므로 '遲歸有時'(지귀유시)라 했다.
《주자본의》에는 "九四는 양효로서 상체(上體)에 있으나 정응이 없다. 이 현녀는 경솔하게 사람을 좇지는 아니하여 혼기가 지나서도 시집가기를 기다리

는 상이다. 六三과는 정반대다"(九四는 以陽居上體而无正應하되 賢女不輕從人하여 而愆期以待所歸之象이요 正與六三相反이라) 했다.

象에 曰 愆期之志는 有待而行也ㅣ니라
象에 가로되 '愆期之志'는 기다림이 있어서 (기다려서) 행하느니라

'有待而行'(유대이행)은 점괘의 '女歸待男行'(여귀대남행)과 같은 뜻이다. 즉 신랑의 영접을 기다려서 결혼한다는 의미다. 비록 혼기는 늦었으나 혼배를 기다려서 禮를 좇아 성혼하려 함이다. 九四는 이런 효상이다.

六五는 帝乙歸妹에 其君之袂ㅣ 不如其娣之袂良이요 月幾望이니 吉하니라
六五는 帝乙이 여동생을 시집보냄에 그 君의 소매는 그 娣의 소매의 좋음과 같지 못하고 달이 기망(幾望)이니 길하니라

'帝乙歸妹'(제을귀매)는 천자 제을(帝乙)의 여동생이 시집간다는 뜻. 六五는 이 괘의 주괘의 주효다. 음효로서 양위에 있으니 강유가 조화되고 상괘의 중효니 중덕을 가졌다. 곧 유순중덕을 가진 황녀다. '其君'(기군)은 六五를 가리킨다. 제후의 부인을 일러 '小君'(소군)이라 한다. 袂는 소매 메. 의복의 뜻. '其君之袂'(기군지메)는 六五의 의상을 말함.
'不如其娣之袂良'(불여기제지메양)은 시집가는 六五의 의상은 그 娣의 아름다운 의상에 못 미친다는 뜻. 곧 은나라의 천자 제을의 여동생이 降嫁(강가: 皇女나 王女가 신하에게 시집감)할 때 그 皇女(其君)의 의복이 함께 따라가는 娣의 아름다운 의복보다 오히려 못했다는 이야기다. 이 六五의 황녀는 의상 따위로 장식하지 않고 오로지 고상한 덕성을 지녀 정순하다는 의미다. 천자의 황녀의 降嫁에 관한 예절은 제을의 시대에 정해졌다 한다.
'月幾望'(월기망). 망월(望月)은 이미 가득 차서 곧 기울게 되니 그 직전의

기망(幾望)이야말로 가장 상서로운 것으로 본다. 15夜月을 望月이라 하고, 16夜月을 旣望이라 하고, 望月에 이르기 직전의 14夜月을 幾望이라 한다. 황녀의 신분으로 그 치장의 호화로움을 낮추니 곧 月幾望과 같다. 그러므로 吉하다. 《정자역전》에서는 이렇게 말하고 있다.

> 六五는 존위에 있으니 고귀한 누이다. 밑으로 九二와 응하니 降嫁의 상이다. 王姬가 신하의 집안으로 시집가는 일이란 예로부터 이러하다. 제을 천자 때에 혼인의 예절을 제정해서 남녀의 본분을 밝혔으니 설사 지극히 귀한 신분의 여자라도 유순한 도리를 잃거나 교만한 생각을 갖지 않도록 했다. 그러므로 역서에서 존위의 음이 겸손하게 下嫁함을 곧 帝乙歸妹라 했으니 태괘(泰卦) 六五에도 이와 같이 말했다. 귀한 신분의 여인이 시집갈 때 오직 예절에 좇아서 겸손히 강가(降嫁)함은 곧 존귀하고 높은 덕이요, 치장하여 꾸밈으로써 사람들로 하여금 즐겁게 해서는 안 될 일이다. 娣媵(제잉)은 얼굴 치장을 일삼는 이다. 의상이란 용자(容姿)를 꾸미는 것이니 六五의 존귀한 황녀는 예절을 숭상할 뿐 치장을 숭상하지 않는다. 그러므로 그 옷이 娣의 옷에 못 미치는 것이다. 良은 美好의 의미다. 月望(望月)은 음의 극성을 의미한다. (…) 고귀한 六五는 영극(盈極)에 이르지 아니하여 곧 남편에 저항하지 않으리니. 그러므로 吉하고 이는 존귀한 여인이 처세하는 도리다.
>
> 六五居尊位하니 妹之貴高者也ㅣ라 下應於二하니 爲下嫁之象이라 王姬下嫁는 自古而然이라 至帝乙而後正婚姻之禮하여 明男女之分하니 雖至貴之女라도 不得失柔巽之道와 有貴驕之志라 故로 易中陰尊而謙降者는 則曰帝乙歸妹니 泰六五是也이라 貴女之歸에 唯謙降以從禮는 乃尊高之德也ㅣ오 不事容飾以說於人也ㅣ오 娣媵者는 以容飾爲事者也ㅣ라 衣袂는 所以爲容飾也ㅣ니 六五尊貴之女는 尙禮而不尙飾이라 故로 其袂不及其娣之袂良也ㅣ라 良은 美好也ㅣ라 月望은 陰之盈也ㅣ니 (…) 五之貴高는 常不至於盈極하여 則不亢其夫리니 乃爲吉也ㅣ오 女之處尊貴之道也ㅣ라

象에 曰 帝乙歸妹不如其娣之袂良也는 其位在中하여 以貴行也ㅣ니라

象에 가로되 '帝乙歸妹 不如其娣之袂良也'는 그 位가 中에 있어서 貴로써 행함이니라

六五는 상괘의 중효로서 유순중덕을 가졌으니, 그리하여 고귀한 帝妹로서 下嫁함에 어찌 장식할 필요가 있겠는가. 중덕이 가장 귀중하다. 來註에는 "在中은 중덕을 말했고 以貴는 帝妹의 의미고 行은 降嫁의 의미다. 이에 중덕을 가졌고 존귀한 지위가 되니 이로써 下嫁함이니 또 어찌 그 장식을 숭상함이 필요하리오"(在中者는 德也ㅣ오 以貴者는 帝女之貴也ㅣ오 行者는 嫁也ㅣ라. 有是中德하고 有是尊貴하여 以之下嫁하니 又何必尙其飾哉리오) 했다.

上六은 女ㅣ 承筐无實하고 士ㅣ 刲羊无血하니 无攸利하니라
上六은 여자가 광주리를 받으니 실물(實物)이 없고 士가 양을 찌르니 피가 없으니 이로운 바가 없느니라

筐은 광주리 광. 刲는 찌를 규. '女承筐无實'(여승광무실)은 여자가 광주리를 받으니 안이 비어 있고 실물이 없다는 뜻. '士刲羊无血'(사규양무혈)은 士가 羊을 베어 가르니 피가 없다. 곧 죽은 지가 오래된 羊이니 피가 있을 수 없다는 의미다. '无攸利'(무유리)는 이로운 바가 없다는 의미다.

上六은 음효니 재덕을 지니지 못했고 상진괘(동괘)의 상효가 되니 동극(動極)이 된다. 그러므로 망동(妄動)하게 된다. 더구나 응효가 없으니 적합한 배우자가 없는 셈이다. 上六은 하는 수 없이 어떤 남자와 약혼을 해서 예물을 받았는데 그것이 빈 광주리였던 것이다. 또한 약혼자인 남자가 연회에 쓰려고 양을 베어 갈랐으나 피가 없고 식용으로 쓸 수 없는 羊이다. 곧 六三은 응위가 되나 과중하고 위부정(지부정)하고 같은 음효니 설사 上六이 약혼한다 해도 성혼되지 않는다.

升卦(하손괘)에서는 실질이 있어서 땅속에서 싹이 터서 착실하게 성장하게 되나 이 上六은 진극(震極)이 되니 망령되이 아첨하는 여인이니 진실한 결과를 얻을 수 없다. 정성과 믿음이 없는지라 설사 일이 이루어질 듯해도 물거품처럼 사라져 버릴 것이다. 정성과 믿음이 있어야 비로소 진실한 결과를 얻게 된다.

《주자본의》에 "上六은 음유하고 귀매의 종극에서 무응하니 약혼해도 이루어지지 않는다. 그러므로 그 상이 이와 같아서 점에 利할 바가 없게 된다"(上六은 以陰柔로 居歸妹之終而无應하니 約婚而不終者也ㅣ라. 故로 其象이 如此而於占에 爲无所利也ㅣ라) 했다.

象에 曰 上六无實은 承虛筐也ㅣ니라
象에 가로되 '上六无實'은 빈 광주리를 받음이니라

'无實'(무실)은 실물(實物)이 없다는 뜻. 그러므로 '承虛筐'(승허광)이라 했다. '承虛筐'은 빈 광주리를 받는다는 뜻.《주역절중》에 胡炳文은 이렇게 말한다.

程傳에는 여자가 시집가는데 끝을 보지 못한다 했고(女之終也의 반대)《朱子本義》에는 약혼해도 성혼에 이르지 못한다 했으니, 대개 士라 하고 女라 함은 부부가 되지 못한다는 의미다. 먼저 女를 말하고 나중에 士를 말한 것은 그 죄가 여인에 있기 때문이다. 그러므로 无攸利의 占辭가 되고 象辭에 말한 '征凶 无攸利'와 같은 말이 된다.
程傳에 以爲女歸之无終이라하고 本義에 以爲約婚而不終이라하니 蓋曰士曰女는 未成夫婦也ㅣ라 先女而後士는 罪在女也ㅣ라 故로 无攸利之占이니 與卦辭 同이라

이 설명에 따르면 곧 上六이 괘사의 '征凶 无攸利'에 해당되는 효가 된다.

雷澤歸妹卦(뇌택귀매괘)를 간략히 다시 정리해 보자.
初九는 시대의 초엽이고 하천하며 응·비가 없으니 歸妹의 대상에 속하지 않는 효가 된다.
九二는 양효·음위로 위부정하고 응효인 六五 또한 음유하고 재덕이 부족하니 자신이 지닌 강건중덕을 발휘할 수 없게 된다. 안정하고 바른 도리를 굳

게 지키면 실패는 없으리라.

　六三은 음효·양위로 위부정하고 과중이 되며 하태괘의 상효가 되니 망령된 행위를 하기 쉽다. 근신하면 화는 면하리라.

　九四는 양효·음위로 강유가 조화되고 양효니 재덕을 가졌다. 소인(六三)을 멀리하고 음양 상비하는 六五를 섬기며 때를 기다리면 소원을 이루게 되리라.

　六五는 유순중덕을 가져서 歸妹의 이상적인 효가 되므로 대길하다.

　上六은 시대의 종말이 되고 진극(震極)이 되며 역시 응·비가 없으니 이 또한 歸妹의 대상 밖이다.

雷火豐

離下
震上

^풍 ^형   ^{왕 격 지}   ^{물 우 의 일 중}
豐은 亨하니라 王假之니 勿憂宜日中하니라

^{단 왈 풍 대 야}   ^{명 이 동}   ^고   ^풍   ^{왕 격 지}
象에 曰 豐은 大也ㅣ니 明以動이라 故로 豐이니라 王假之는
^{상 대 야}   ^{물 의 우 일 중}   ^{의 조 천 하 야}   ^{일 중 즉 측}   ^{월 영}
尙大也ㅣ오 勿宜憂日中은 宜照天下也ㅣ라 日中則昃하고 月盈
^{즉 식}   ^{천 지 영 허}   ^{여 시 소 식}   ^{이 황 어 인 호}   ^{황 어}
則食하나니 天地盈虛도 與時消息이어늘 而況於人乎ㅣ며 況於
^{어 귀 신 호}
於鬼神乎아

^{상 왈 뇌 전} ^{개 지} ^풍   ^{군 자} ^이   ^{절 옥 치 형}
象에 曰 雷電이 皆至ㅣ 豐이니 君子ㅣ 以하야 折獄致刑하나니라

^{초 구} ^{우 기 배 주}   ^{수 균 무 구}   ^{왕 유 상}
初九는 遇其配主하야 雖旬无咎하고 往有尙하니라
^상   ^{왈 수 균 무 구}   ^{과 균 재 야}
象에 曰 雖旬无咎는 過旬災也ㅣ니라
^{육 이}   ^{풍 기 부}   ^{일 중 견 두}   ^{왕 득 의 질}   ^{유 부 발 약}
六二는 豐其蔀하야 日中見斗ㅣ니 往得疑疾하리니 有孚發若하면
^길
吉하리라

象에 曰 有孚發若은 信以發志也ㅣ니라

九三은 豐其沛하여 日中見沫ㅣ니 折其右肱하면 无咎하리라

象에 曰 豐其沛는 不可大事也ㅣ오 折其右肱은 終不可用也ㅣ니라

九四는 豐其蔀하여 日中見斗ㅣ니 遇其夷主하면 吉하리라

象에 曰 豐其蔀는 位不當也ㅣ새요 日中見斗는 幽不明也ㅣ새요 遇其夷主는 吉行也ㅣ니라

六五는 來章이리니 有慶譽하여 吉하니라

象에 曰 六五之吉은 有慶也ㅣ니라

上六은 豐其屋하여 蔀其家ㅣ니 闚其戶하니 闃其无人이요 三歲不覿이리니 凶하니라

象에 曰 豐其屋은 天際翔也ㅣ오 闚其戶闃其无人은 自藏也ㅣ니라

<u>풍</u> <u>형</u> <u>왕격지</u> <u>물우의일중</u>
豐은 亨하니라 **王假之**니 **勿憂宜日中**하니라
豐은 형통하니라. 왕이라야 이에 이르니 근심하지 말고 日中이 마땅하니라

豐卦(풍괘)는 離下震上(이하진상)의 괘다. 상진괘는 雷고 하리괘는 火다. 雷와 火와 괘명의 豐을 합해서 雷火豐(뇌화풍)䷶이라 하여 괘형과 괘명을 기억하게 한다.

豐은 풍년 풍. 크다(大), 성대하다는 뜻. 주자는 '豐은 大也'라 했다. 크다는 해석이다. 정전(程傳)에는 '豐爲盛大'(풍위성대)라 했다. 성대하다는 해석이다. 豊은 豐의 속자. 豐자는 밑의 豆자는 木으로 만든 제기고, 위의 豐은 산 위에 나무가 무성한 형상이라 한다. 곧 제기의 위에 제수를 산처럼 많이 쌓아 놓고 제사를 지내는 형상의 글자라는 것이다. 豐은 성대하고 풍부하다는 의미를 지녔다. 곧 풍괘는 풍부하고 성대함에 대처하는 도리를 말했다.

상하괘로 나누어서 말하면 하리괘는 火 곧 태양이다. 태양은 밝으니 明 곧 문명을 의미한다. 상진괘는 雷다. 雷는 動. 곧 성대한 활동을 한다는 의미를 가졌다. 또 하리괘의 火, 곧 明은 명지(明智 : 총명한 지혜)를 의미한다. 명지를 지녀 사물의 상태와 사회정세를 잘 파악하는 능력을 가졌다. 그러나 행동하지 않으면 그 명지는 쓸 곳이 없고, 또 무지함에도 성대한 활동을 하면 실패하기 쉽다. 곧 총명한 지혜로써 성대한 활동을 해야 풍성(豐盛)한 성과를 얻게 된다. 이 괘는 문명(明智)의 덕과 성대한 활동을 하는 성능을 구비해서 풍성을 이루게 된다. 이러한 '明以動'(명이동)이 이 괘의 요체가 된다.

또 상진괘는 雷고 하리괘는 火, 곧 번개(電)니 합해서 뇌전(雷電)이 된다. 번갯불이 크면 클수록 우뢰는 더욱 커져서 상승효과를 내게 된다. 그러나 성대한 뇌전도 일시적 현상일 뿐 오랫동안 계속되는 것은 아니다. 사물은 비록 풍대하다 해도 영구히 계속되는 것은 아니다. 富는 모두가 원하나 한 집안의 富도 영구히 계속되는 것은 아니다. 흥망성쇠는 인간상사다.

앞의 귀매괘는 출가의 괘다. 여인은 출가한 후에 안정된다. 〈서괘전〉에는 "사물은 안정된 연후에 차츰 성대하게 된다. 그러므로 귀매괘 다음에 풍괘로

서 받았으니 豐은 성대함의 의미다"(得其所歸者ㅣ 必大라 故로 受之以豐이니 豐者는 大也ㅣ니라) 했다. 풍대(豐大)는 누구나 원하는 바이나 그 풍대도 영구히 계속될 수는 없다. 풍괘는 풍대함을 의미하는 괘인데도 그러나 효사에는 시원한 말이라곤 없으니 이러한 정황을 여실히 계시하고 있다.

〈잡괘전〉에는 '豐多故'(풍다고)라 했다. 즉 풍괘는 고구(故舊)가 많다는 의미다. 풍대하면 사람도 사물도 많이 모이게 된다. 관혼상제에 모여드는 사람들의 상태를 보면 그 세력의 정도를 알 수 있다.

■ 豐은 亨하니라 王假之니 勿憂宜日中하니라

'豐亨'(풍형). 풍괘는 성대하고 형통하리라. '王假之'(왕격지). 王, 곧 천자라야 이에 이르리라. 假은 格(이를 격)과 같으니 곧 至와 같은 뜻이다. 존위에 있고 부유하여 사해지내(四海之內)를 영유하고 풍대한 경지에 이르게 되는 것은 오직 왕(천자)이라야 가능하다는 의미다.

'勿憂'(물우)는 근심하지 말라, 걱정하지 말라는 뜻. 성한 것은 반드시 쇠하고 찬 것은 반드시 기운다. 이는 자연의 법칙이니 그러므로 '勿憂'(물우)라 했다. '宜日中'(의일중)은 日中이 마땅하다는 뜻. 곧 태양은 日中이 되면 중천에서 만물을 널리 비추니 왕은 이처럼 자신의 도덕과 명지를 천하에 널리 베풀어 만민이 그 은택을 입도록 힘써야 할 것이고 쓸데없는 걱정일랑 하지 말라는 것이다. 흥망성쇠는 자연의 법칙이니 성자필쇠(盛者必衰)라 해서 걱정함은 어리석은 일이라는 의미다. 곧 때에 마땅한 도리로 처신하라는 뜻이다.

정전(程傳)에는 "豐은 성대하다는 의미다. 진상이하(震上離下)로 괘를 이루었으니 震은 움직임이요 離는 밝음이다. 밝음으로써 활동하고 활동해서 능히 밝음은 모두 풍대를 이루는 길이다. 그 밝음이란 천하를 비추기에 충분하고 그 움직임은 크게 형통하기에 충분하니 이리하여 능히 풍대를 이루게 된다"(豐은 盛大之義라 爲卦震上離下하니 震은 動也ㅣ오 離는 明也ㅣ라 以明而動하고 動而能明이 皆致豐之道ㅣ라 明足以照하고 動足以亨하여 然後에 能致豐大也ㅣ라) 했다. 곧 성왕의 능사를 말했다.

_{단 왈 풍 대야 　　　명이동　　고 풍　　　왕격지}
象에 曰 豊은 大也ㅣ니 明以動이라 故로 豊이니라 王假之는
_{상대야　　　물의우일중　의조천하야　　일중즉측　　　월영}
尙大也ㅣ오 勿宜憂日中은 宜照天下也ㅣ라 日中則昃하고 月盈
_{즉식　　　천지영허　　여시소식　　　　이황어인호　　황어}
則食하나니 天地盈虛도 與時消息이어늘 而況於人乎ㅣ며 況於
_{귀신호}
鬼神乎아

象에 가로되 豊은 성대함이니 明(명지)으로써 動(활동)함이라. 그러므로 豊(豊大)하느니라. '王假之'는 大(豊大)를 숭상함이요, '勿憂宜日中'은 마땅히 천하를 비춤(照臨)이니라. 日中이 되면 곧 기울어지고 달이 차면 곧 食(月食)하나니 천지의 차고 빔도 때와 함께 줄고 늘거늘 하물며 사람에 있어서며 하물며 귀신에 있어서랴

- ■ 象에 曰 豊은 大也ㅣ니 明以動이라 故로 豊이니라

상하의 괘덕으로 괘명을 설명한 말이다. 곧 풍괘는 풍대를 상징한 괘니 하리괘는 밝음이고 상진괘는 움직임이다. 이러한 '明以動'(명이동)으로써 풍대하게 된다. 그러므로 괘명을 豊이라 했다.

- ■ 王假之는 尙大也ㅣ오 宜日中은 宜照天下也ㅣ니라

'尙大也'(상대야). 단사의 '王假之'(왕격지)를 설명한 말이다. '尙大'(상대)는 大를 숭상한다는 뜻이니 곧 재덕이 성대한 성왕이라야 豊大에 이르게 된다는 뜻이다. '宜照天下也'(의조천하야)는 단사의 '宜日中'(의일중)을 설명한 말이다. 곧 태양이 하늘 한가운데(日中)서 천하를 비추는 것처럼 재덕이 성대한 성왕은 천하만민에게 그 은택이 미치도록 선정을 베풀어야 한다는 의미다.

- ■ 日中則昃하고 月盈則食하나니 天地盈虛도 與時消息이어늘 而況於人乎ㅣ며 況於鬼神乎아

여기서는 자연계의 영허(盈虛)의 도리를 말했다. '日中則昃'(일중즉측). 해

가 중천에 이르면 차츰 서쪽으로 기울게〔昃〕된다. '食'(식)은 월식(月食)을 가리킨다. '月盈則食'(월영칙식)은 달이 망월(望月)이 되면 기울어진다는 뜻. '天地盈虛'(천지영허). '盈'(찰 영)은 춘생하성(春生夏盛)을 가리키고 '虛'(허)는 추쇠동고(秋衰冬枯)를 뜻한다. '與時消息'(여시소식)의 消는 衰, 息은 盛의 뜻이다. 곧 消는 천지의 虛를, 息은 천지의 盈을 의미한다. 천지영허도 시간에 따르는 것을 하물며 사람, 귀신도 이 도리를 떠날 수는 없다. 성자필쇠요 생자필사며 형자필멸이요 제행무상이다. 於는 "…에 있어서"의 뜻.

來註에는 "鬼神은 天地의 變化다. 운동은 풍운뇌우와 같다. 대개 양은 숨을 내쉼〔噓〕이요 음은 숨을 들이마심〔吸〕과 같으니 이는 모든 것에 해당한다" (鬼神은 是天地之變化요 運動者는 如風雲雷雨니 凡陽噓陰吸之類ㅣ 皆是라) 했다. 곧 천지, 귀신, 풍뢰(風雷), 허흡(噓吸)이 모두 음양지도(陰陽之道)요, 유·무, 적극·소극은 음양지도를 달리 이르는 말일 뿐이다.

상 왈 뇌전 개지 풍 군자 이 절옥치형
象에 曰 雷電이 皆至ㅣ 豐이니 君子ㅣ 以하여 折獄致刑하나니라
象에 가로되 우뢰와 번개가 함께(皆) 이름이 豐이니 군자는 이로써 옥사를 처결하여 형벌을 이루느니라

■ 象에 曰 雷電이 皆至ㅣ 豐이니

'雷電이 皆至ㅣ 豐이니'. 皆至는 함께 이르다, 곧 뇌와 전이 함께 이르다는 뜻. 이것이 豐卦의 괘상이다. 곧 이하진상(離下震上)이 풍괘의 괘상이라는 뜻이다.

■ 君子ㅣ 以하여 折獄致刑하나니라

'折獄'(절옥)은 선악곡직(善惡曲直)을 판결한다는 뜻. '致刑'(치형)은 형벌을 집행한다는 뜻이다. 折獄은 하리괘의 명지에서 취한 상이고 致刑은 상진괘의 雷에서 취한 상이다.

初九는 遇其配主하여 雖旬无咎하고 往有尙하니라
_{초구   우기배주   수균무구   왕유상}

初九는 그 配主(배주)를 만나서 비록 균등(旬)하다 해도 허물이 없고, 가면 숭상 받음이 있으리라

이 괘의 효사는 初九와 六二, 九三의 아래 세 효는 명덕(明德: 이괘의 상)을 가진 효로, 九四와 九五, 上六의 세 효는 높은 지위에 있음에도 지혜가 밝지 못한 효로 보고 있다.

'遇其配主'(우기배주). 그 配主를 만나다. 配는 배필, 배우(配偶)의 뜻. '配主'는 初九의 배우가 되고 주로 협력할 효이니 곧 九四를 가리킨다.

'雖旬无咎'(수균무구). 旬 자에 대해서 來註에서는 '十日爲旬'(십일위순)이라 했다. 곧 上旬(상순), 下旬(하순) 등의 '旬'이라는 것이다. 정자와 주자는 "旬은 均也ㅣ라" 했다. 곧 旬은 勻(고를 균)의 誤字라는 주장이다.

初九 효사에는 '遇其配主'(우기배주)라 하고 九四 효사에는 '遇其夷主'(우기이주)라 했으니 이 두 효는 같은 양효로도 응여(상응)한다는 의미다. 初九는 명지의 효가 되고 九四는 진괘의 동주(動主)가 되어 두 효의 협력으로 '明以動'(명이동)이 된다. 그 자격으로 말하면 동등, 균등하다는 의미로 勻(均)이 된다는 해석이다. 우리는 정자와 주자의 설을 좇기로 한다.

'雖勻无咎'(수균무구)는 初九와 九四가 동덕(同德)으로 협력하면 무구하다는 의미다.

'往有尙'(왕유상). 初九는 九四와 협력하면 공적을 세우게 되고 칭찬을 받게 되리라. '往'은 初九가 九四에게로 가는 것을 말한다. '有尙'(유상)은 가상(嘉尙)할 바 있다는 뜻.

初九는 양효로서 양위에 있으니 위정하고 양강재덕을 지녔으며 하리괘의 초효가 되니 곧 명덕을 가졌다. 明初(하이괘의 초효)에서 九四의 震主(動主)와 서로 만나 협력하게 되니 곧 '明以動'(명이동)의 효가 된다. 初九와 九四는 같은 양효니 동덕, 곧 균등한 덕을 가졌다. 이 두 효의 협력으로 풍대를 이루게 된다. 그러므로 '往有尙'(왕유상)이라 했다.

《주자본의》에는 "配主는 九四를 가리킨다. 旬은 均(균)이니 初九와 九四가 모두 양효라는 것을 말한다. 豐時에 당면하여 明과 動이 서로 돕는다. 그러므로 初九의 九四를 만남은 비록 모두 양강인데도 그 占이 이와 같다."(配主謂四라 旬은 均也ㅣ니 謂皆陽也ㅣ라 當豐之時하여 明動相資故로 初九之遇九四는 雖皆陽剛而其占如此也ㅣ라) 했다.

_{상 왈 수균무구 과균재야}
象에 曰 雖旬无咎는 過旬災也ㅣ니라
象에 가로되 '雖旬无咎'는 균등을 지나치면 재앙이 있느니라

同德, 곧 균등한 재덕을 가져서 无咎하다 했으니(雖旬无咎), 그러한 균등한 관계를 넘어서 서로 우열을 다투게 되면 재화를 받게 되리라는 것이 '過旬災也'의 의미다.

_{육이 풍기부 일중견두 왕득의질 유부발약}
六二는 豐其蔀하여 日中見斗ㅣ니 往得疑疾하리니 有孚發若하면
_길
吉하리라
六二는 그 부(蔀)를 성대하게(豐)하여 대낮에 斗(北斗七星)를 봄이니, 가면 의질(疑疾)을 얻으리니 정성을 가져서 발약(發若)하면 길하리라

■ 六二는 豐其蔀하여 日中見斗ㅣ니

蔀는 덮을 부. 덮어서 어둡고 캄캄하다는 뜻. 이 蔀에 대해 주자는 '障蔽也'(장폐야)라 했다. 즉 障蔽(장폐), '가리고 덮다'의 의미라는 것이다. 정전(程傳)에는 '用障蔽之物'(용장폐지물)이라 했다. 곧 가리고 덮는 데 쓰는 물건이라는 뜻이다. 《주역술의》에는 "손괘의 상은 (2, 3, 4효의 호괘는 巽卦) 초목인데 여기에 진괘를 겸했으니 (상괘는 진괘) 草木蕃鮮(초목번선), 곧 초목이 무성한 상이다"(蔀는 蔽也ㅣ니 巽은 草木이요 兼震하니 蕃鮮象이라) 했다. 來註에는 "蔀는 풀의 이름이다. 2, 3, 4효의 互巽은 풀의 상인데 위에는 진괘가 있다. 震은 곧 우거진

초목이니 번성한 상이다"(蔀는 草名이라 中爻巽은 草之象也ㅣ라 (…) 雷在上하니 震爲蕃艸니 蕃盛之象이라)했다. 艸는 草와 같다.

이 蔀에 대해서는 《주역술의》와 來子의 설을 취해서 초목이 무성하여 집이 덮이고 집안이 어둡고 캄캄하다는 의미로 본다. 그러므로 '日中見斗'(일중견두), 곧 대낮에 북두칠성이 보일 정도라는 것이다.

■ 往得疑疾하리니 有孚發若하면 吉하리라

'往得疑疾'(왕득의질). 六二는 무리하게 왕진하면 암매(暗昧)한 六五로부터 의심을 받을지도 모르고 또한 동주(動主)인 九四의 미움을 받게 되리라. 疑는 의심할 의, 疾은 미워할 질. 여기서는 미움을 받는다는 뜻.

'有孚發若'(유부발약). 六二는 정성을 다해서 六五의 마음을 깨우쳐 열어야(發若) 한다. 發若의 若은 조사. 동덕상응이 되기에 '有孚發若'이라 했다.

六二는 음효로서 음위에 있으니 위정 지정하고 하괘의 중효로서 유순중정의 덕을 지녔으며, 하리괘의 중효로서 문명의 주효(主爻)가 된다. 단사의 '宜日中'(의일중)의 日中에 해당하는 효로서 또한 명주(明主)가 되어 총명한 효다. 富는 누구나 원하는 바이며 풍성하면 할수록 사람들의 마음은 물질에 의존하기 쉽고 정신 쪽으로는 혼매(昏昧)하기 쉽다. 부유사해지내(富有四海之內)의 천자도 오랫동안 그 자리에 있으면 세정(世情)에 혼매하기 쉽다. 영웅호걸이 만년(晚年)에 실패한 역사적인 예는 허다하다.

이 괘는 豐卦이니 사회 전체가 이미 혼매 상태에 있다. 六二와 응위가 되는 六五는 성대한 사회의 천자이며 음유(陰柔)로 혼매한 천자다. 그러므로 유순중정의 덕을 지닌 총명한 六二이지만 무리하게 나아가면(이미 사회가 豐其蔀〔풍기부〕의 상태가 되었으니) 六五 천자의 의심을 사기 쉽고 動主의 九四에게 미움을 받게 되리라. 그러므로 六二는 유순중정의 덕을 굳게 지키며 정성을 다해서 六五의 마음을 계발하도록 노력해야 한다. 조급한 왕진은 불행을 부르기 쉽다. 효사는 이런 정태를 말했다.

《주자본의》에는 이렇게 씌어 있다.

雷火豐

六二는 豐時에서 하리괘의 주효가 되니 지극히 밝은 효가 되나 위에서 응하는 六五는 유암(柔暗)하다. 그러므로 '豐其蔀 日中見斗'의 상이 된다. 蔀는 障蔽(장폐)니 크게 덮고 가리우므로 대낮인데도 어둡다. 위로 나아가 六五를 좇아 봉사하려 하면 필연코 혼암한 六五는 도리어 의심하게 되리니 오직 성의를 쌓음으로써 六五로 하여금 느낄 수 있도록 하면 吉하리라. 占者는 마땅히 이와 같이 해야 한다. 六二는 허중(虛中)의 효가 되어 有孚의 상이다.

六二는 居豐之時하여 爲離之主하니 至明者也而上應六五之柔暗故로 爲豐蔀見斗之象이라 蔀는 障蔽也ㅣ니 大其障蔽故로 日中而昏也ㅣ니 往而從之則昏暗之主 必反見疑리니 唯在積其誠意하여 以感發之則吉하다 戒占者ㅣ 宜如是也ㅣ라 虛中은 有孚之象이라

_{상 왈 유부발약   신이발지야}
象에 曰 有孚發若은 信以發志也ㅣ니라
象에 가로되 '有孚發若'은 信으로써 뜻을 발함이니라

'有孚發若'(유부발약)이라 했으니 이는 곧 진심으로써 六五 군왕을 감동시켜 그 마음을 열어 깨우친다는 의미다.

'信以發志'(신이발지). 六二는 信으로써 六五의 뜻을 깨우치게 한다는 뜻. '信'은 六二의 성실한 진심을, '志'는 六五 군왕의 마음을 가리킨다.

_{구 삼 풍 기 패   일 중 견 매   절 기 우 굉   무 구}
九三은 豐其沛하여 日中見沫ㅣ니 折其右肱하면 无咎하리라
九三은 그 패(沛)를 성대하게 하여 대낮에 沫(작은 별)을 봄이니 그 오른팔을 꺾으면 허물이 없느니라

■ 九三은 豐其沛하여 日中見沫ㅣ니

沛는 늪 패, 성한 모양 패. 정전에는 "고본에 沛 자를 旆(음은 패, 大將이 세우는 기) 자로 바꾸어 놓은 이가 있다. 왕필(王弼)이 이를 휘장이라 했으니 이는 즉 旆로 본 것이다"(沛字는 古本에 有作旆字者하니 王弼이 以爲幡幔이라 하니 則是旆也ㅣ라) 했다. 주자도 "沛는 一作旆니 爲幡幔也ㅣ라" 했다. 정자의 의견과 같다.

來註에는 "沛는 澤이다. 3, 4, 5효의 호괘는 兌卦의 澤이니 沛의 상이다. 三爻(九三)은 澤水다. 그러므로 沬(매)의 상이다. 왕필이 효상을 모르기에 沛로써 旆라하니 後儒도 모두 旆라 했다"(沛는 澤也ㅣ라 (…) 中爻兌爲澤이니 沛之象也ㅣ라 (…) 三爻澤水故로 以沬象之라 (…) 王弼이 不知象하여 (…) 以沛爲旆하니 後儒亦以爲旆라) 했다. 또한 "2, 3, 4효의 호괘는 巽木이 되니 六二 효사는 초목의 상으로 蔀라 하고 3, 4, 5효의 호괘는 태택수(兌澤水)가 되니 六三 효사는 澤水가 되니 그러므로 沬의 상이다"(二爻는 巽木 故로 以草象之하고 三爻는 澤水 故로 以沬象之라) 했다.

즉 못가의 습지에는 초목이 무성하게 된다. 九三은 六二의 위가 되니 九三의 초목은 六二의 그것보다 더욱 크고 무성하다. 沛는 이런 상태를 의미한다. 沬는 어스레할 매, 별 이름 매. 來註에는 물거품이라 했으나 정자, 주자는 모두 '小星'(소성) 즉 작은 별이라 했다.

唐代 이정조의 《주역집해》에 "九家易에 말하길 무척 어두운 것을 沛라 하고 沬는 북두칠성의 자루 뒤에 있는 작은 별이다"(九家易에 曰 大暗謂之沛요 沬는 斗杓後小星也ㅣ라) 했다. 우리 또한 〈구가역〉(九家易)의 說을 좇아 沛는 큰 어둠, 沬는 작은 별로 해석한다.

■ 折其右肱하면 无咎하리라

'折其右肱'(절기우굉)은 오른쪽 팔뚝을 꺾는다는 뜻. 折은 꺾을 절. 肱은 팔뚝 굉. 대체로 무슨 일을 할 때는 오른쪽 팔을 쓰게 되니, 오른쪽 팔뚝을 꺾는다는 것은 곧 큰일을 벌일 수 없음을 비유한 말이다. 즉 일을 벌이지 않으면 허물이 없다는 뜻이다.

九三은 양효·양위로 과강이 되고 부중 과중이며 하리화(下離火)의 상효이니 불꽃처럼 과열하는 성질을 가졌다. 응효는 음유한 상효의 소인이니 상대할 수 없다. 六五의 군왕은 음유한 데다 때는 이미 日中見沬처럼 혼암한 때가 되니 강건재덕을 가진 九三은 그 재덕을 쓸 곳이 없다. 과열한 성격으로 대사를 도모하더라도 그 응원자가 上六의 소인이라면 필연코 실패하리니 오히려 자신의 오른팔을 꺾은 것처럼 일을 못 하게 되면 실패할 일도 없고 무구하리라는 의미다. '折其右肱'은 이것을 비유한 말이다. 즉 무모한 행동을 삼가라는 계언(戒言)이다.

이 괘의 여섯 효는 初九와 九四가 '明以動'(명이동)으로 풍성을 이루게 되는 반면 六二와 六五는 음유하여 풍대(豊大)를 이룰 기량을 지니지 못했고, 九三은 그 기량은 지니고 있으나 上六의 음유한 소인의 응원으로는 매사를 실패하리니 折其右肱이 오히려 무구하다. 영웅호걸도 때를 타서 대성하게 된다.

象에 曰 豐其沛는 不可大事也ㅣ오 折其右肱은 終不可用也ㅣ니라

象에 가로되 '豐其沛'는 큰 일은 不可하고 '折其右肱'은 마침내 쓸 수 없느니라

■ 象에 曰 豐其沛는 不可大事也ㅣ오

豐其沛(풍기패)처럼 혼암(昏暗)한 사회니 대사를 도모하면 실패하리라는 의미다.

■ 折其右肱은 終不可用也ㅣ니라

'終不可用也'(종불가용야)는 종신토록 쓸 수 없으리라는 의미다. 곧 '折其右肱'(절기우굉)을 설명한 말이다. 이런 경우에는 군자는 '安土樂天'(안토낙천)의 도리를 지켜야 한다.

九四는 豐其蔀하여 日中見斗ㅣ니 遇其夷主하면 吉하리라

九四는 그 부(蔀)를 성대하게 하여 대낮에 斗를 봄이니 그 이주(夷主)를 만나면 길하리라

■ 九四는 豐其蔀하여 日中見斗ㅣ니

아래의 세 효는 이괘(離卦)이므로 명지를 지닌 것으로 보고 위의 세 효는 진괘(震卦)로서 주동(主動)의 효가 되나 명지는 못 가진 것으로 본다. 六二의 '豐其蔀'(풍기부)의 상태는 六五의 책임이고, 九三의 '豐其沛'(풍기패)의 상태는 上六의 책임이 된다. 九四의 경우는 양효로서 강건재덕을 가졌고 상진괘(上震卦)의 동주(動主)가 되므로 성대한 활동을 할 수는 있다. 그러나 명지를 지니지 못해 '豐其蔀 日中見斗'의 상이 된다. 六二가 '豐其蔀 日中見斗'가 되는 것은 六五의 탓이지만 九四의 경우는 스스로가 밝은 지혜를 지니지 못했기 때문이다.

■ 遇其夷主하면 吉하리라

遇는 만날 우. 夷는 무리 이. 곧 동류(同類)의 뜻이다. '夷主'(이주)는 응위가 되는 初九를 가리킨다. 九四와 初九는 같은 양효니 동덕(同德)이라는 의미로 初九를 가리켜 夷主라 했다. 初九 효사에는 '配主'(배주)라 하고 九四 효사에는 '夷主'(이주)라 했으니 모두 동덕을 지녀 자신이 존경할 만한 사람을 이른 말이다. 下가 上을 配主라 하고 上이 下를 夷主라 한다.

九四와 初九는 같은 양효로서 비록 응위이더라도 상응하기는 어려우나 두 효가 상응 협조해서 비로소 풍도(豐道)가 완성된다. 初九는 이명(離明)의 효고 九四는 진괘의 동주다. 단전에 말했듯 豐道는 '明以動'으로 이루어진다. 그러므로 初九에는 '遇其配主 往有尙'(우기배주 왕유상)이라 했고 九四에는 '遇其夷主 吉'(우기이주 길)이라 했다.

공영달의 《주역정의》에는 "初位에서 제4위로 가는 것은 곧 九四가 주가 되는 것이므로 '遇其配主'라 했고 4위에서 初位로 가는 것은 곧 初九가 주가 되므로 遇其夷主라 했다"(據初適四는 則以四爲主故로 曰遇其配主하고 自四之初는 則以初爲主故로 曰遇其夷主也ㅣ라) 했다. 어떻든 初九와 九四가 상응 협조해서 풍성함을 이루게 된다.

$$\overset{\text{상}}{\text{象}}\text{에 }\overset{\text{왈}}{\text{日}}\overset{\text{풍기부}}{\text{豐其蔀}}\text{는 }\overset{\text{위부당야}}{\text{位不當也}}\text{ㄹ새요 }\overset{\text{일중견두}}{\text{日中見斗}}\text{는 }\overset{\text{유불명야}}{\text{幽不明也}}\text{ㄹ새요}$$

$$\overset{\text{우기이주}}{\text{遇其夷主}}\text{는 }\overset{\text{길행야}}{\text{吉行也}}\text{ㅣ니라}$$

象에 가로되 '豐其蔀'는 位가 不當하기 때문이요, '日中見斗'는 그윽해서 不明(총명하지 못함)하기 때문이요, '遇其夷主'는 길한 行이니라

■ 象에 日 豐其蔀는 位不當也ㄹ새요

九四는 양효로서 음위에 있으니 위부당이 된다. 또 비효(比爻)는 혼암한 군왕(六五)이니 그러므로 豐其蔀의 효상이 된다. 곧 '豐其蔀'(풍기부)는 위부당의 효상을 설명한 말이라는 의미다.

■ 日中見斗는 幽不明也ㄹ새요

九四는 하리괘의 밖(卦外)이 되고 상진괘의 한 효가 되니 어둡고 명지를 못 가졌다. 그러므로 日中見斗의 상이 된다. 곧 日中見斗와 같이 혼암해서 명지를 못 가졌기 때문이라는 의미다. 九四는 강건재덕을 가졌으나 하리괘의 밖이 되므로 이런 효상이 된다.

■ 遇其夷主는 吉行也ㅣ니라

'吉行'(길행)은 길한 행동. 初九의 夷主를 만나서 상응 협조하면 '明以動'으로 풍성을 이루게 된다. 그러므로 吉한 행동이라 했다.

$$\overset{\text{육오}}{\text{六五}}\text{는 }\overset{\text{내장}}{\text{來章}}\text{이리니 }\overset{\text{유경예}}{\text{有慶譽}}\text{하여 }\overset{\text{길}}{\text{吉}}\text{하나라}$$

六五는 章이 오리니 경사와 명예가 있어서 길하나라

'來章'(내장)은 명덕을 가진 현인이 오리라는 뜻. 來章의 章은 밝을 장.
六五는 주괘의 주효다. 하리괘의 세 효는 모두 명지를 가졌으니 이 '來章'이라 함은 유순중덕을 가지고 또 문명의 주가 되고 응위(應位)가 되는 六二의

현인을 가리킨 말이다. 六五와 六二는 동덕상응(同德相應)이 된다.

　六五는 음효·양위로 위부정이고 음효니 음유하며 상진괘의 한 효가 되니 명지를 못 가진 혼암(昏暗)한 군왕의 상이 된다. 그러므로 일시적이나마 '豐其蔀 豐其沛'의 사회가 되었다. 이런 상태에 이르면 음유하고 재부족한 六二와 六五만으로는 그 혼암한 사회를 구하기 어렵다. 이에 初九와 九四의 강건재덕을 가진 군자들의 '明以動'으로 길조가 나타나게 되니, 음유한 六五 천자도 스스로 회오(悔悟)해서 자신이 가진 유순중덕으로 현인에 겸하여 六二를 비롯한 여러 현인들을 불러 모은다. '有慶譽, 吉'(유경예 길)은 군왕이 크게 기뻐하고 큰 명예를 얻게 되어 길하다는 의미다. 단사의 '王假之 勿憂宜日中'(왕격지 물우의일중)은 이 六五에 대한 말이다.

　《주역절중》에 항안세는 "六二는 위에 있는 六五가 혼암하기 때문에 豐其蔀가 되니 위(六五)에 있어서 혼암함이요 六五는 밑에 있는 六二의 명지로써 밝게〔章〕되니 밑(六二)에 있어서 밝음〔明〕이다"(六二는 以五爲蔀하니 在上而暗也ㅣ오 六五는 以二爲章하니 在下而明也ㅣ라)했다.

　이광지는 이렇게 말한다.

六五는 임금의 지위다. 단사에서 말하는 '王假之'란 바로 이 효의 자리이니, 즉 六五 괘주를 가리킨다. 그 괘의의 중요한 바는 명지로써 천하를 비춘다는 것이다. 六五는 비록 明體(下離明을 가리킴)는 아니나, 그러나 밑의 문명의 주효가 되는 六二와 응하고 六五 자신도 유순중덕을 지녀 六二의 章明(장명)을 취함으로써〔資〕 스스로를 도우니 곧 단사에서 말한 '勿憂宜日中'은 실은 이 효와 의합(義合)한다.
　六五는 君位也ㅣ라 象辭所謂王假之者는 卽此位요 則五乃卦主也ㅣ라 卦義所重은 在明以照天下니 六五는 雖非明體나 然이나 下應六二爲文明之主하고 而五有柔中之德하여 能資其章明以自助하니 則卦義所謂勿憂宜日中者는 實與此爻義合이라

象에 曰 六五之吉은 有慶也ㅣ니라
象에 가로되 '六五之吉'은 경사가 있느니라

六五 천자는 천하의 현인들을 불러모아 그들의 도움을 받으니 크게 길하고 경사가 있을 것이다. 來註에는 "경사가 있으면 바야흐로 영예도 있게 되나 복경(福慶)이 없이 영예가 있을 수는 없다. 경사를 들어 말한 것은 영예가 그 속에 있기 때문이다"(有慶이면 方有譽니 未有无福慶而有譽者요 擧慶則譽在其中矣라) 했다.

上六은 豐其屋하여 蔀其家ㅣ니 闚其戶하니 闃其无人이요 三歲不覿이리니 凶하니라

上六은 그 집을 성대하게 하여 그 집을 (잡초가) 덮음이니 그 지게문을 엿보니 고요해서 그 사람이 없고(볼 수 없고) 세 해라도 보지 못하리니 흉하니라.

■ 上六은 豐其屋하여 蔀其家ㅣ니

'豐其屋'(풍기옥)은 성대한 가옥. 부귀하게 되면 방문객도 늘고 거주하는 집은 필히 성대하게 된다. 蔀는 六二 효사의 蔀 자와 같다. '蔀其家'(부기가)는 초목이 우거져 그 집을 뒤덮는다는 의미다. 來註에는 "명이(明夷) 上六에 '처음에는 하늘에 오르다 나중엔 지옥으로 들어간다' 했으니 이 효가 그와 같다. '豐其屋'은 초등우천(初登于天)과 같고 '蔀其家' 이하는 후입우지(後入于地)와 같다"(此爻與明夷初登于天 後入于地로 相同이라 (…) 豐其屋者는 初登于天이요 蔀其家以下는 後入于地라) 했다.

上六은 음유하고 무위(无位)이며 풍괘의 궁극에 처하여 상진괘의 동극(動極)이 된다. 그러므로 來註와 같이 번성할 때는 승천의 권세를 가져서 집도 풍대했으나 나중에는 쇠퇴해서 지옥에 들어가는 상이 된다.

■ 闚其戶하니 闃其无人이요 三歲不覿이리니 凶하니라

闚는 엿볼 규, 窺와 같다. 戶는 지게문 호. 闃은 고요할 격. 覿은 볼 적. 見과 같다. '闚其戶'(규기호). 그 지게문을 엿보다. '闃其无人'(격기무인). 고요

하고 쓸쓸해서 거주하는 사람이 보이지 않고 빈집과 같다는 뜻이다.

'三歲不覿'(삼세부적)은 오랫동안 그 집에 드나드는 사람을 볼 수 없다는 뜻이다. 三歲는 꼭 三年이라는 의미가 아니라 오랫동안이라는 뜻이다. 고금동서를 막론하고 성대한 후에는 쇠퇴하고 쇠퇴하면 이와 같은 비참한 상태에 이르게 된다.

象^상에 曰^왈 豐其屋^{풍기옥}은 天際翔也^{천제상야}ㅣ오 闚其戶闃其无人^{규기호격기무인}은 自藏也^{자장야}ㅣ니라

象에 가로되 '豐其屋'은 하늘 끝까지 남이요, '闚其戶闃其无人'은 스스로 감춤이니라

■ 象에 曰 豐其屋은 天際翔也ㅣ오

際는 사이 제. '天際'(천제)는 하늘 끝. 翔은 날 상. 빙빙 돌 상. '天際翔'(천제상)은 하늘 끝까지 높이 훨훨 날아다니는 것처럼 성대한 세력을 가졌다는 뜻. '豐其屋'은 이와 같이 성대함을 말한다는 것이다.

■ 闚其戶闃其无人은 自藏也ㅣ니라

'自藏'(자장)은 스스로 감추다. 곧 스스로 숨는다는 뜻. 이런 비참한 상태에 이른 것은 남이 한 일이 아니고 자기 스스로가 그런 상태에 이르도록 한 것이다. 곧 '自取之'(자취지)다. 그러므로 自藏이라 했다. 지극히 흉한 효가 아닐 수 없다. 흥망성쇠는 유수(有數)하다 해도 대체적으로는 自取(自藏)의 경우가 많다.

雷火豐卦(뇌화풍괘)䷶의 여섯 효를 요약해 보자.

하리괘는 명지를 가졌고 상진괘는 활동력을 지녔으니 명지와 활동력이 서로 협화하여 풍대를 이루게 된다. 모든 것은 성대한 후에는 쇠퇴하게 된다. 천행이다.

初九는 양효·양위로 위정 지정하고 명지를 가졌으며, 응위인 九四는 양효·음위로 위부정이기는 하나 진괘의 주효가 되니 성대한 활동력을 지닌다. 이 두 효가 서로 협조함으로써 '明以動'으로 풍대하게 된다.

六二는 음효·음위로 유순중정의 덕을 가졌고 하리괘의 주효가 되니 명지를 지녔다. 六五가 음유해서 화협이 쉽게 이루어지지는 않으나, 그러나 六五는 유순중덕을 지녀서 겸하하는 마음으로 六二의 현인을 부른다. 그리하여 그 보좌를 받아 풍성을 이루게 되고 六二와 六五는 함께 경예(慶譽)를 얻게 된다.

九三은 과중 과강이 되고, 응여하는 上六은 음유하고 혼매하니 그 응원을 기대할 수 없다. 자신이 가진 강건재덕을 쓸 곳이 없게 되지만 양효·양위로 위정하니 허물이 없다.

上六은 풍괘의 궁극이고 상진괘의 동극이 되며 음유혼매해서 自藏(자장)하게 되어 대흉하다.

_여旅는 _{소 형}小亨하고 _여旅는 _{정 길}貞吉하니라

_{단 왈 여 소 형}彖에 曰 旅小亨은 _{유 득 중 호 외}柔得中乎外하여 _{이 순 호 강}而順乎剛하고 _{지 이 리 호 명}止而麗乎明
이라 _{시 이}是以로 _{소 형 여 정 길 야}小亨旅貞吉也ㅣ니 _{여 지 시 의}旅之時義ㅣ _{대 의 재}大矣哉ㄴ저

_{상 왈 산 상 유 화}象에 曰 山上有火ㅣ _여旅ㅣ니 _{군 자}君子ㅣ _이以하여 _{명 신 용 형 이 불 유}明愼用刑而不留
_옥獄하나니라

_{초육}初六은 _{여 쇄 쇄}旅瑣瑣니 _{사 기 소 취 재}斯其所取災니라
_{상 왈 여 쇄 쇄}象에 曰 旅瑣瑣는 _{지 궁 재 야}志窮災也ㅣ니라
_{육 이}六二는 _{여 즉 차}旅卽次하여 _{회 기 자}懷其資하고 _{득 동 복 정}得童僕貞이니라
_{상 왈 득 동 복 정}象에 曰 得童僕貞은 _{종 무 우 야}終无尤也ㅣ니라

九三은 旅焚其次하고 喪其童僕貞이니 厲하니라

　象에 曰 旅焚其次는 亦以傷矣요 以旅與下에 其義喪也ㅣ니라

九四는 旅于處하고 得其資斧로되 我心不快니라

　象에 曰 旅于處는 未得位也ㅣ니 得其資斧로되 心未快也ㅣ니라

六五는 射雉一矢亡하되 終以譽命이니라

　象에 曰 終以譽命은 上逮也ㅣ니라

上九는 鳥焚其巢ㅣ니 旅人이 先笑後號咷ㅣ요 喪牛于易이니 凶하니라

　象에 曰 以旅在上은 其義焚也ㅣ오 喪牛于易은 終莫之聞也ㅣ니라

旅는 小亨하고 旅는 貞吉하니라
旅는 조금 형통하고 旅는 貞해야 길하니라

旅卦(여괘)는 艮下離上(간하이상)의 괘다. 상리괘는 火고 하간괘는 山이다. 火와 山과 괘명의 旅를 합해서 火山旅(화산려)☲☶라 하여 괘형과 괘명을 기억하게 한다.

旅는 나그네 려. 곧 기려(羈旅 : 羈는 나그네 기). 旅는 타지방 또는 타국에 여행하는 일. 오늘날의 여행은 즐기는 측면이 많으나 옛날의 여행은 걸어서 산 넘고 물 건너 낯선 타향, 또는 타국을 가는 일이었으니 무척 괴롭고 힘든 일이었다. 여괘는 바로 그러한 상태를 말하고 있다. 위의 旅 자는 여괘를 가리키고, 밑의 旅 자는 여행의 뜻.

상하괘로 말하면 하간괘는 山이다. 山은 멈추어 있다. 상리괘는 火, 곧 태양이다. 태양은 움직이고 있다. 곧 하간괘는 멈추어 있는 객사(客舍)의 상이고 상리괘는 태양처럼 움직이는 여행자의 상이다. 그러므로 괘명을 旅라 했다.

來註에는 "旅는 여행이다. 괘됨이 山이 안에 있고 火가 밖에 있다. 안에 있는 것은 주인이 되고 밖에 있는 것은 손(客)이 된다. 山은 멈추어 있어서 움직이지 않으니 사관(舍館)과 같고, 火는 움직이며 멈추지 않으니 행인과 같다. 그러므로 괘명을 旅라"(旅는 羈旅也ㅣ라 爲卦 山內而火外라 內爲主요 外爲客이라 山止而不動은 猶舍館也ㅣ오 火動而不止는 猶行人也ㅣ라 故로 曰旅라) 했다.

뇌화풍괘(雷火豊卦)는 우뢰와 번개가 상승작용으로 성대(豊의 뜻)하게 된다는 의미로 괘명을 豊이라 했으니 타당한 괘명이다. 그러나 산상유화(山上有火〔日〕)의 괘명을 旅라 함은 맥락이 통하지 않는 것 같기도 하다.

六爻로 나누어서 말하면 六五는 상괘의 중효로서 음효니 유순하다. 곧 유순중덕을 지니고 九四와 上九의 두 강효와 친비하여 그에 순종하는 상이 된다. 初六과 九四는 유응이 되나 이 밖의 각 효는 무응이 되어 응원자가 없는 상이다. 곧 六二는 유순중정의 덕으로써 九三의 강효에 순종하니 비록 응효는 없어도 비교적 무난한 여행을 하거나 또는 우거(寓居)하게 된다. 유순중덕으로써 양강(陽剛)에 순종하는 것이 요건이 된다.

　여행중 또는 우거에서는 이와 같이 양강에 순종하고 경솔한 행동을 하지 않으며 명덕(상괘의 明德)으로 시세(時勢)와 인정에 따르게 된다. 이러한 괘덕을 가져서 旅道가 원만하게 이루어지는 것이다. 중심이 되는 六二, 六五의 두 음효는 중위(中位)는 얻었으나 응원자가 없으니 큰일을 벌일 수는 없으나, 지덕(止德)을 지녀 망령되이 행하지 않고 명덕으로 시세와 인정에 순응하며, 유순중덕과 강효에 순종하는 4덕을 지녀서 소사(小事), 곧 작은 일은 길하게 된다.

　〈서괘전〉에는 "豊은 성대한 괘다. 성대함이 극상(極上)에 이르게 되면(窮大) 필연코 쇠해지고 드디어 자신이 거처할 집조차 잃어버리고 정처없는 나그네 생활을 하게 된다. 그래서 풍괘 다음에 여괘로서 받았다"(豊은 大也ㅣ니라 窮大者ㅣ 必失其居ㅣ리라 故로 受之以旅ㅣ니라) 했다.

　豊卦는 성대함을, 旅卦는 쇠퇴를 의미한다. 그러므로 풍괘에는 '勿憂宜日中'이라 했다. 풍성할 때에는 태양이 중천에서 비추는 것처럼 널리 덕을 베풀어야 한다. 그러면 쇠극(衰極)에 이르러서도 비참한 꼴을 면할 수 있다. 성한 때에는 거만하기 쉽고 쇠함이 극에 이르면 아첨하기 쉽다. 성쇠(盛衰)를 막론하고 바른 도리를 지키는 것이 군자의 도다.

　〈잡괘전〉(雜卦傳)에는 '親寡旅也ㅣ라' 했다. 풍성할 때에는 친지들이 모여들어 성황을 이루나 극쇠에 이르면 친지들도 등을 돌려 쓸쓸하게 떠도는 생활을 하게 된다.

■ 旅는 小亨하고 旅는 貞吉하니라

　'旅小亨'은 여괘는 소형하리라는 점사고 '旅貞吉'은 여행에는 정도를 지켜야 길하다는 뜻이다. '小亨'(소형)은 조금 형통하다, 또는 작은 일은 형통한다, 또는 유순한 태도를 취해서 형통한다는 세 가지 뜻을 지녔으나 결국은 같은 내용이 된다. 중심이 되는 六五와 六二가 유효니 큰일을 벌일 수는 없으나 유순중덕을 지녀 강효에 순종하고 또는 止德(하간괘)으로써 경망한 행동을 하지 않으며 명덕(상리괘)을 지녀 시세(時勢)와 인정에 순응하니 그러므로 '旅 小亨 旅貞吉'이라 했다. 곧 단사에 맞는 행위를 하면 길하고 그렇지 않으면 흉화를 받게 된다. 단사는 旅道를 정확하게 표현했다.

《주자본의》에는 이렇게 씌어 있다.

旅는 여행이다. 山이 밑에 멈추어 있고 火가 위에서 타고 있어 가서 거기 멈추어야 할 처소가 없는 상이다. 그러므로 괘명을 旅라 했다. 중심이 되는 六五는 밖의(외괘의 뜻) 中을 얻어 아래위 2양에 순종하고 下艮(山)은 멈추어 離明(상리괘)에 붙어 있다. 그러므로 그 占이 小亨하고 旅의 정도를 능히 지켜서 곧 길하다.
旅는 羈旅也ㅣ라 山止於下하고 火炎於上하여 爲去其所止而不處之象故로 爲旅라 以六五得中於外而順乎上下之二陽하고 艮止而離麗於明故로 其占이 可以小亨而能 守其旅之貞則吉이라

象에 曰 旅小亨은 柔得中乎外하여 而順乎剛하고 止而麗乎明이라 是以로 小亨旅貞吉也ㅣ니 旅之時義ㅣ 大矣哉ㄴ저

象에 가로되 '旅小亨'은 柔가 밖에서(外卦에서) 中을 얻어서 剛에 순하고 멈추어 있어서 明(離)에 붙음이라. 이로써 '小亨旅貞吉也'니 旅의 때와 의가 큼일진저.

■ 象에 曰 旅小亨은 柔得中乎外하여 而順乎剛하고

이것은 괘종설(卦綜設)이다. '柔得中乎外'(유득중호외)는 풍괘의 하리괘가 위로 올라가서 외괘가 되고 六五는 유중을 얻는다는 의미다.
'而順乎剛'(이순호강). 六五는 九四, 上九의 강효에 순종한다는 뜻이다.

■ 止而麗乎明이라

止는 하간괘의 지덕(止德). 明은 상리괘의 명덕. 곧 상하의 괘덕을 말했다. 즉 하간괘는 멈추어 있어 상리괘의 명덕에 붙는다는 뜻이다. 유순중덕을 지니고(柔得中乎外) 강효에 순종하며, 하간괘의 지덕으로 경망한 행동을 하지 않

고 상리괘의 명덕으로 시세와 인정에 순종해서 旅道가 이루어진다.

■ 是以로 小亨旅貞吉也ㅣ니

상이괘의 유중지덕(柔中之德)과 순강(順剛)의 덕, 하간괘의 지덕(止德)과 리호명(麗乎明)의 덕. 곧 이 사덕(四德)으로 해서 '小亨 旅貞吉'이라 했다.

■ 旅之時義ㅣ 大矣哉ㄴ저

旅의 때와 그 의의(意義)는 정말 크다는 뜻이다.
來註에는 이렇게 씌어 있다.

여행하는 사이에 유순득중(柔順得中)의 도리를 지키면 욕(辱)을 당하지 않고 강자(剛者)에 순종하면 화는 초래하지 않을 것이니 그 멈추어야 할 곳을 알아 망동(妄動)하지 않아야 하고 또한 명지로써 시세와 인정에 적의한 바를 인식해야 한다. 이 네 가지는 旅에 처하는 정도(正道)이다. 이 정도가 있으니 단전에 말한 '是以小亨'은 만약에 점자가 이 旅의 정도를 능히 지키게 되면 곧 길해서 형통하리라.
　　羈旅之間에 柔得中은 不取辱이요 順乎剛은 不招禍요 止而不妄動하고 明而識時得宜라 此四者는 處旅之正道也ㅣ라 有此正道하니 是以占者小亨은 若占者ㅣ 能守此旅之正道則吉而亨矣라

象에 曰 山上有火ㅣ 旅ㅣ니 君子ㅣ 以하여 明愼用刑而不留獄하나니라

象에 가로되 산 위에 火가 있음이 旅니 군자는 이로써 밝히고 신중히 형벌을 써서 옥(獄)에 머무르지 않게 하느니라

■ 象에 曰 山上有火ㅣ 旅ㅣ니

艮下離上이 旅卦의 괘상이다.

■ *君子ㅣ* 以하여 明愼用刑而不留獄하나니라

明은 상리괘의 상이 되고 愼은 하간괘의 상이다. 愼은 삼갈 신.

'明愼用刑'(명신용형)은 죄의 유무와 경중(輕重)을 명백하게 판정해서 신중히 형법을 쓴다는 의미다. '不留獄'(불유옥). 감옥에 오랫동안 유치(留置)하지 않는다는 뜻. 이것은 여괘(旅卦)에서 취한 상이다.

다시 來註를 인용해 보자.

형을 밝힌다는 것은 곧 죄의 경중(輕重)에 관한 말이요 형을 신중히 한다는 것은 죄로써 들고남에 관한 말이다. '不留'라는 것은 이미 형벌을 명백하게 재결하여 단정한 후에는 罪에는 마땅히 罪를 묻고 용서해야 할 경우에는 즉시 용서하여 오랫동안 감옥에 엄금(淹禁)하여 두지 않는 것을 말한다. 여괘와 풍괘는 종괘다. 풍괘는 雷火다. 그러므로 折獄致刑(절옥치형)이라 했다. 明은 火(離火)의 상이고 愼은 止(艮止)의 상이며 不留獄은 여괘의 상이다.

明其刑은 以罪之輕重言이요 愼其刑은 以罪之出入言이요 不留者는 旣決斷于明刑之後에 當罪則罪하고 當宥卽宥하여 不留滯淹禁也ㅣ라 因綜豊雷火故로 亦言用刑이라 明者는 火之象이요 愼者는 止之象이요 不留者는 旅之象이라

初六은 旅瑣瑣니 斯其所取災니라
초육 여쇄쇄 사기소취재

初六은 나그네가 쇄쇄(瑣瑣)하니 이것이 그 재앙을 취하는 바이니라

瑣는 자질구레할 쇄. '瑣瑣'는 생각이 좁고 얕은 모양. '旅瑣瑣'(여쇄쇄)는 여행을 함에 생각이 좁고 인색하며 행동이 비천하다는 뜻. '斯其所取災'(사기소취재)는 이것이 그 재화를 스스로 취하는 바라는 뜻이다.

《주역술의》에는 "간괘의 상은 작은 돌멩이가 된다. 그러므로 瑣瑣, 즉 자질구레하다 했고, 初六은 離火의 九四와 응효이므로 災라 했다"(艮爲小石이라 故로 曰瑣瑣요 應離火故로 災也ㅣ라)고 쓰고 있다.

初六은 음효로서 양위에 있어 위부정하고 최하위이다. 초위가 대체로 아동(兒童) 또는 소자(小子)의 상인 데다 음유하므로 '旅瑣瑣'의 상이 된다. 그러하므로

재화를 스스로 부르게 된다는 의미다. 대개 사람은 스스로를 업신여기면 남도 자기를 업신여기게 되고 자신이 비열한 행위를 해서 남도 자기를 모욕하게 된다.

여괘의 六爻는 대개 旅中에 유순한 덕을 가져야 길하게 된다. 따라서 강효 곧 九三, 九四, 上九는 모두 불길하고 六二와 六五가 길한데, 初六은 같은 유효임에도 하천하고 瑣瑣해서 재화(災禍)를 부르게 되는 것이다.

《주역절중》에 이광지는 "易書에서 초효는 小子의 상을 많이 취했으니 여괘의 초효는 곧 사내아이 종의 상이다"(易中初爻는 多取童稚小子之象하니 在旅則童僕之象이라) 했다.

象에 曰 旅瑣瑣는 志窮災也 l 니라

象에 가로되 '旅瑣瑣'는 뜻이 궁한 재앙이니라

'志窮災也'(지궁재야)는 뜻이 궁박(窮迫)하면 스스로 재화(災禍)를 부른다는 의미다.

六二는 旅卽次하여 懷其資하고 得童僕貞이니라

六二는 나그네가 숙소에 나아가서 그 노자를 품고 사내아이 종의 貞을 얻음이니라

'旅卽次'(여즉차). 卽(즉)은 나아간다는 뜻. 곧 就와 같은 뜻이다. 次(차)는 며칠간 머무는 숙소, 즉 객사(客舍), 여관을 말한다. 來註에는 "卽은 就, 次는 여사(旅舍)다. 간상(艮象)은 문(門)이다. 六二는 艮止의 중효가 되니 숙소로 가서 안정하는 상이다"(卽者는 就也 l 오 次者는 旅之舍也 l 라 艮爲門이라 二居艮止之中하니 卽次得安之象也 l 라) 했다.

'懷其資'(회기자)는 여행자금을 지닌다는 뜻. 來註에는 "2, 3, 4효의 호괘는 손괘니 이삼배(利三倍)의 괘가 되어 懷資의 상이다"(中爻巽이니 爲近市利三倍는 懷資之象也이라) 했다.

'得童僕貞'(득동복정). 貞正한 사내아이 종을 얻는다는 뜻. 곧 여행중에 자신을 돌봐 주는 신실한 심부름꾼을 얻는다는 의미다. 《주역술의》에는 "艮의 象은 소남(少男)이므로 童이라 했고 初六은 六二를 받드는〔承〕 효가 되므로 僕(복)이 되며, 初六은 유순하고 艮止의 한 효로서 지덕을 지녀 경망되이 행하지 않으므로 童僕의 貞이 된다"(艮少男故로 爲童이요 初承二니 其僕也ㅣ오 柔而能止 童僕之貞也ㅣ라) 했다.

六二는 음효로서 유순하고 음효로서 음위에 있으며 하괘의 중효다. 곧 유순중정의 덕을 가졌으니 六五 다음 가는 선덕을 구비한 대길한 효다.

程傳을 인용해 보자.

六二는 유순중정의 덕을 가졌으니 유순하면 많은 사람들이 상여(相與)하게 되고 중정(中正)하면 처신에 마땅한 바를 잃지 않는다. 그러므로 능히 지닌 것을 보전하게 되고 童僕 또한 극진히 충성하고 믿으니 비록 六五의 문명지덕으로써 상하(九四와 上九)의 도움을 받는 것만 같지는 못하나 이 역시 旅時에 처한 善者다.
　二有柔順中正之德하니 柔順則衆與之하고 中正則處不失當故로 能保其所有하고 童僕亦盡其忠信하니 雖不若五有文明之德하여 上下之助로되 亦處旅之善者也ㅣ라

象에 曰 得童僕貞은 終无尤也ㅣ니라
象에 가로되 '得童僕貞'은 마침내 허물이 없음이니라

尤는 허물 우. '旅卽次 懷其資'(여즉차 회기자)의 2구를 생략해 다만 '得童僕貞'(득동복정)이라 했다. 六二는 유순중정의 덕을 가져 '終无尤'(종무우)의 효가 된다.

九三은 旅焚其次하고 喪其童僕貞이니 厲하니라
九三은 나그네가 그 숙소를 불태우고 그 사내아이 종의 貞을 잃음이니 위태하니라

火山旅　433

'旅焚其次'(여분기차). 旅中의 숙소가 불타 버렸다는 뜻. '喪其童僕貞'(상기동복정)은 돌봐 주던 동복(童僕)이 충실하게 심부름을 해주지 않는다는 뜻이다. 厲는 위태할 려.

九三은 양효・양위로 하괘의 상효가 되어 부중 과강 또는 중강(重剛)이 된다. 여행중에는 유순하고 겸하해야 하는데도 이 九三은 六二의 유순중정과 정반대가 되는 것이다. 그러므로 위태하다고 했다.

정전(程傳)에는 이렇게 쓰고 있다.

나그네로서 처신하는 도리는 우선 유순하고 겸하해야 한다. 九三은 과강 부중하고 또 하괘의 上 곧 하간괘의 상효가 되니 스스로를 높이는 상이다. 여행 중에 지나치게 강하여 스스로를 높이면 곤란한 재화에 이르는 길이다. 스스로 높인다는 것은 곧 윗사람에게 순종치 않음이요 그러므로 윗사람이 상여(相與)하지 않으리니 上이 도와주지 않아서 숙소가 불타는 상이 되고 안정할 바를 잃게 된다. 상리괘(上離卦)는 불타는 상이다. 과강은 곧 아랫사람을 학대하게 되리니 그러므로 下(童僕)의 배반(離)으로 동복의 貞信을 잃게 됨은 그(동복) 마음을 잃음을 이름이라. 이와 같은 것은 곧 위태한 길이다.

　　處旅之道는 以柔順謙下爲先이라 三은 剛而不中하고 又居下體之上하고 與艮之
　　上하니 有自高之象이라 在旅而過剛自高는 致困災之道也ㅣ라 自高則不順於上
　　故로 上不與而焚其次하여 失所安也ㅣ니 上離爲焚象이라 過剛則暴下故로 下離
　　而喪其童僕之貞信은 謂失其心也ㅣ라 如此는 則危厲之道也ㅣ라

　　　　　　　상　왈　여분기차　　역이상의　　이려여하　기의상야
　　　　　象에 曰 旅焚其次는 亦以傷矣요 以旅與下에 其義喪也ㅣ니라
　　　　　象에 가로되 '旅焚其次'는 또한 매우(以) 상비(傷悲)함이요, 나그네로써 下
　　　　　와 相與함에 그 도리를 잃음이니라

'亦以傷矣'(역이상의)는 또한 매우(以) 상비(傷悲)하다는 뜻. 以자는 매우, 심(甚)히의 뜻이다.

'其義喪也'(기의상야). 그 도리를 잃는다는 뜻. 義는 옳을 의. 곧 바른 도리. 나그네길에 童僕과 고락을 함께 해야할 것을(以旅與下) 九三은 부중 과강

으로 하포(下暴)하면 이는 곧 바른 도리를 잃는 일이다. 그리하여 동복은 貞信을 지키지 않게 되고 九三은 스스로 곤궁하게 된다.

九四는 旅于處하고 得其資斧로되 我心不快니라
<small>구사 여우처 득기자부 아심불쾌</small>

九四는 나그네가 여기에 처소로 하고 그 자부(資斧)을 얻으되, 내 마음은 不快하니라

于는 여기에, 이에의 뜻. 處는 거처, 처소. 이 '處'에 대하여 임시의 처소로 해석하는 학자도 있으나, 어느 정도 오랜 기간 머무는 곳으로 해석하는 것이 옳다. 곧 六二와 九三의 '次'(차)보다는 장기간의 숙소다. '于'(우)는 '此'(차)와 같은 뜻. '于處'(우처)는 여기를 장기간의 처소로 삼는다는 뜻. 資(자)는 여행중의 자금, 즉 노자. 斧는 도끼 부. 곧 자신의 몸을 지키는 기물(器物)을 말한다.

旅時에는 유순중정이 가장 길하다. 九四는 양효·음위로 양강(陽剛)한 효고 위부정이며 中에 미치지 못한 효다. 이것이 九四의 결점이다. 응효인 初六은 하천하고 지부정(이음거양)하니 도움을 주고받을 상대가 못 되고 오직 六五와 음양 상비(相比)로 그의 신임을 얻어 '旅于處 得其資斧'(여우처 득기자부)는 되었다. 그러나 자신이 지닌 강건재덕은 발휘할 수 없으니 그 마음은 불쾌하다. 곧 양강, 위부정, 부중이 결점이 된다.

《주역절중》에 장제생(蔣悌生)은 이렇게 말하고 있다.

무릇 괘효로 말하면 양강이 모두 음유를 이기게 되나 유독 여괘만은 그렇지 않다. 六二와 六五는 유순함으로써 길하고 九三, 上九는 모두 양강함으로써 흉하다. 여괘의 여섯 효에서는 六五가 가장 좋고 六二가 그 다음이며, 上九가 가장 흉하고 九三이 그 다음이고, 九四는 비록 그 처소는 얻었다 해도 잠시(姑) 그 몸을 편안히 함에 족할 뿐이요 어찌 그 뜻을 다 완수함을 얻으리오.

凡卦爻는 陽剛이 皆勝陰柔로되 惟旅卦不然이라 二五는 皆以柔順得吉하고 三上은 皆以陽剛致凶이라 六爻는 六五最善하고 二次之요 上九最凶하고 三次之요 九四는 雖得其處나 姑足以安其身而已요 豈得盡遂其志리오

$$\text{상 왈 여우처 미득위야   득기자부   심미쾌야}$$
象에 曰 旅于處는 未得位也ㅣ니 得其資斧로되 心未快也ㅣ니라
象에 가로되 '旅于處'는 아직 位를 얻지 못함이니 '得其資斧'로되 마음은 아직 유쾌하지 않음이니라

■ 象에 曰 旅于處는 未得位也ㅣ니

'未得位'(미득위). 九四는 양효로서 음위에 있으니 위정을 얻지 못했다는 뜻. 인사로 말하면 처소는 얻었으나 관위(官位)는 아직 얻지 못했다는 의미다.

■ 得其資斧로되 心未快也ㅣ니라

'心未快也'(심미쾌야)는 제 자리를 얻지 못해 자신이 가진 강건재덕을 발휘하지 못하니 그러므로 마음이 불쾌하다는 말이다. 旅中에 유순한 덕을 못 가졌으니 그러므로 未得位가 되고 心未快가 된다. 반구저신(反求諸身)이 부족한 효다.

$$\text{육오   석치일시망   종이예명}$$
六五는 射雉一矢亡하되 終以譽命이니라
六五는 꿩을 쏘아서 한 화살을 잃되 마침내 이로써 예명(譽命)이 있느니라

射는 쏠 석. 雉는 꿩 치. 雉는 상리괘의 상이며 離錯坎(이착감)이 되니 矢(시)는 감괘(坎卦)의 상이다.
공영달은 《주역정의》에 이렇게 쓰고 있다.

六五는 나그네 신세인데 나아가 귀한 자리에(五位) 있으니 그 자리는 끝까지 보전할 수 없다. 이것을 꿩을 쏘는 데 비유하니 딱 하나밖에 없는 화살로 쏘았으나 돌아오지 않아 그 화살을 잃고 결국 그 꿩은 손에 넣지 못했다는 것이다. 이를 일러 '射雉一矢亡'(석치일시망)이라 한 것이다.
　六五以羈旅之身으로 進居貴位하니 其位終不可保라 譬之射雉에 惟有一矢로 射之而復亡失其矢하여 其雉終不可得故로 曰射雉一矢亡也ㅣ라

'終以譽命'(종이예명). 정자에 따르면 '譽'(예)는 훌륭한 소문〔令聞〕이고 '命'은 복록(福祿)이다.

來註에는 "六五는 여행의 때에 당면해서 그 음유(陰柔)한 까닭으로 꿩을 쏘았지만 꿩은 날아가고 화살만 잃은 상이 된다. 그러나 문명의 덕(상리괘의 주효이므로)과 유순중덕을 가져서 九四에 순비(順比)하고 六二에 순응한다. 그러므로 끝내는 명예와 복록을 얻는다고 했다. 점자는 모든 일에 시작은 흉하고 끝은 좋다는 것을 알 수 있으리라"(六五當羈旅之時에 以其陰柔故로 有射雉雉飛矢亡之象也ㅣ라 然이나 文明得中하여 能順乎四而應乎二라 故로 終以譽命이라 占者ㅣ 凡事에 始凶終吉을 可知矣라) 했다.

六五는 음효니 유순하고 상괘의 주효로서 중덕을 가졌다. 또 상리괘의 주효가 되니 문명의 주인이 되며 이 여괘의 주괘의 주효도 되고 강건재덕을 가진 九四, 上九와는 음양 상비(相比)하게 된다. 六爻 중에서 가장 길한 효다. 여괘는 기려(羈旅)의 괘가 되니 六五를 천위로 보지 않고 여행중인 한 사람으로 해석한다. 단전의 '柔得中乎外而順乎剛'(유득중호외이순호강)은 이 六五를 가리킨 말이다. 단사의 '旅小亨 旅貞吉'도 물론 주괘의 주효인 이 六五에 대한 말이다.

象에 曰 終以譽命은 上逮也ㅣ니라

象에 가로되 '終以譽命'은 上에 미침이니라.

逮는 미칠 체. '上逮'(상체)는 위에 미치다는 뜻. 《주자본의》에는 "上逮란 그 예명(譽命)이 위에 들린다는 뜻이다"(上逮는 言其譽命이 聞於上也ㅣ라) 했다. 정자와 주자는 '命'을 왕의 명령으로 해석하지 않고 복록으로 해석했으나 이 5위는 천위로 보지 않는다. 《주역절중》에 "벗에게 신실하면 명예를 얻게 되고 위의 신임을 얻으면 유명(有命)하리라"(信於友則有譽오 獲乎上則有命이라) 했다. 이때 '有命'은 군명(君命) 또는 임명(任命)을 뜻함이 분명하다. 사괘(師卦) 上六에 '大君有命'(대군유명)이라 한 것도 역시 마찬가지로서, 이 '譽命'(예명)에 대해서는 제현(諸賢)의 의견이 다르나 역시 임금의 명으로 해석하는 것이 옳을 듯하다. 《주역절중》의 이광지의 설이 적절하다.

上九는 鳥焚其巢ㅣ니 旅人이 先笑後號咷ㅣ요 喪牛于易이니 凶하니라
上九는 새가 그 집을 태움이니 나그네가 먼저는 웃다가 뒤에는 목놓아 욺이요, 소를 역(場)에서 잃음이니 흉하니라

巢는 집 소. '鳥焚其巢'(조분기소)는 새의 집이 불탄다는 뜻. 새[鳥]는 이괘(離卦)의 상이며 또한 이괘는 火다. 2, 3, 4효의 호괘(互卦)는 손괘(巽卦)이니 木의 상이다. 새가 손목의 위에 있으니 巢의 상이 되고 上九는 이괘의 상효가 되니 불의 꼭대기가 된다(離上). 그러므로 새집[鳥巢]이 불타는 상이 된다.

上九는 상리괘의 상효가 되니 조분기소(鳥焚其巢)의 상이 되고 양효·음위로 위부정이다. 여괘의 종극에 처해서 양강하여 스스로를 높이는 상이니 흉을 면할 수 없다. 旅時에 처해서는 유순함이 가장 중요하다.

'旅人先笑後號咷'(여인선소후호도). 號는 부르짖을 호. 咷는 울 도. '號咷'(호도)는 목놓아 울다는 뜻이다. '旅人'(여인)은 上九를 가리킨다. 巽木의 위에 집을 지은 상이니 '鳥巢'(조소)가 되고 나그네에게는 처소가 된다. 上九는 처소를 얻어서 처음에는 기뻐 웃으나(先笑), 그 처소가 불타 버렸으니 목놓아 울게 된다(後號咷).

'喪牛于易'(상우우역). 喪은 잃을 상. 易은 場. 場(경계 역)은 작은 경계, 곧 마당의 경계를 말하니 喪牛于易은 자기집 마당의 경계에서 소를 잃는다는 뜻이다. 상리괘는 牛다. 소는 사람에게 순종해서 노역하는 짐승이다. 소를 마당의 경계에서 잃는다는 것은 旅時에 가장 중요한 순한 덕을 스스로 버린다는 의미와 또 한편 과강하여 자기에게 순종하며 노역해 주는 사람을 잃는다는 의미도 가졌다. 그러므로 흉하다 했다.

이 점에 관해 來註의 해설을 인용해 보자.

上九는 나그네길의 궁극의 때에 당면해서 괘(여괘)의 상위에 있으니 곧 스스로 고만(高慢)하고 상리괘의 극상에 있어 곧 조급하고 경망하니 단전에 말한 '柔中順剛

止而麗明'(유중순강 지이여명)과는 상반된다. 그러므로 처소를 얻어서는 鳥焚其巢(조분기소)로 몸둘 곳이 없고 즐거운 웃음이 한 순간에 바뀌어 목놓아 우는 象이 되고, 노자를 가졌어도 喪牛于易(상우우역)처럼 잃어버리며 지켜 줄 사람이 없다. 머무르고자 하나 거처할 곳이 없고 다른 곳으로 가려 하나 노자가 없다. 무슨 흉이 이와 같으리요.

> 上九當羇旅窮極之時에 居卦之上則自高하고 當離之極則躁妄하니 與柔中順剛止而麗明者로 相反이라 故로 以之卽次則无棲身之地요 有鳥焚其巢하여 一時變笑爲號咷之象하고 以之懷資則无守衛之人하여 有喪牛于易之象하니 欲止無地하고 欲行無資하니 何凶如之리오

象에 曰 以旅在上은 其義焚也ㅣ오 喪牛于易은 終莫之聞也ㅣ니라

象에 가로되 나그네로써 上에 있음은 그 도리가 불탐이요, '喪牛于易'은 마침내 이것을 듣지 못함이니라.

■ 象에 曰 以旅在上은 其義焚也ㅣ오

義는 옳을 의. 곧 志, 의미, 도리, 이치, 법도, 정도, 사리(事理)에 마땅함 등의 의미를 가졌다. '其義焚也'(기의분야). 그 사람의 행위는 도리로써 말하면 나그네 입장에서 겸하고 유순해야 할 텐데 윗자리에 있어 곧 교만한 행위를 하니 사람들의 미움을 사게 된다. 말하자면 높은 나무의 위에 있는 새집〔鳥巢〕이 불타는 것과 같은 상이다.

■ 喪牛于易은 終莫之聞也ㅣ니라

'終莫之聞也'(종막지문야)는 마침내 소의 소식을 전해주는 사람도 없고 그 소식을 들을 수 없다는 의미다. 上九는 교만해서 사람들의 미움을 사게되니, 마치 자기에게 순종하는 소(자기를 돌봐 주는 사람을 말한다)를 제 마당 가까운 곳에서 잃은 것과 같다. 그리하여 동정하여 힘쓰거나 알려 주는 사람도 없어 영영 그 소를 잃고 만다는 의미다. 교만하면 스스로 재앙을 부르게 된다.

火山旅卦(화산려괘)☲☶의 六爻를 다시 정리해 보자.

初六은 음효·양위로 위부정하고 하천하며 마음이 좁고 인색해서 스스로 궁곤(窮困)을 부르게 된다.

六二와 六五는 여행 중에 유순중덕을 지녀 겸하고 순강(順剛)하니 사람들의 호감을 사서 길하다.

九三은 부중 중강(이양거양)이 되니 上九의 다음 가는 흉한 효다.

九四는 양효·음위로 위부정이 되고 初六의 음유한 소인과 상응하여 그가 가진 강건재덕은 활용치 못하므로 불만을 가지고 있으나, 六五에 순비(順比)하여 어느 정도 안정은 된다. 그러나 큰일은 벌일 수 없다.

上九는 여행중 괘극(卦極)이요 상리괘의 상효로서 분소(焚巢)의 상이고 교만한 상이 되니 가장 흉한 효다. 양강이 위에 있어 자고(自高)함으로 가장 흉하다.

^손 ^{소형} ^{이유유왕} ^{이견대인}
巽은 小亨하니라 利有攸往하고 利見大人하니라

^{단 왈 중손이신명} ^{강손호중정이지행} ^{유개순호강}
彖에 曰 重巽以申命하고 剛巽乎中正而志行하고 柔皆順乎剛
^{시이 소형 이유유왕 이견대인}
이라 是以로 小亨 利有攸往 利見大人하니라

^{상 왈 수풍 손 군자 이 신명행사}
象에 曰 隨風이 巽이니 君子ㅣ 以하여 申命行事하나니라

^{초육 진퇴 이무인지정}
初六은 進退니 利武人之貞하니라
^{상 왈 진퇴 지의야 이무인지정 지치야}
象에 曰 進退는 志疑也ㅣ오 利武人之貞은 志治也ㄹ새니라

^{구이 손재상하 용사무분약 길무구}
九二는 巽在牀下ㅣ니 用史巫紛若하면 吉无咎하니라
^{상 왈 분약지길 득중야}
象에 曰 紛若之吉은 得中也ㄹ새니라

^{구삼 빈손 인}
九三은 頻巽이니 吝하니라

　　　　　　　상　　왈　빈손지린　　　지궁야
　　　　象에 曰 頻巽之吝은 志窮也ㄹ새니라
　　　육사　회망　　　전획삼품
　　　六四는 悔亡하고 田獲三品하리라
　　　　　　　상　왈 전획삼품　　유공야
　　　　象에 曰 田獲三品은 有功也ㅣ니라
　　　구오　정길회망　　무불리　　무초유종　　　선경삼일
　　　九五는 貞吉悔亡하고 无不利하고 无初有終하리니 先庚三日이요
　　　후경삼일　　길
　　　後庚三日이니 吉하니라
　　　　　　　상　왈　구오지길　위정중야
　　　　象에 曰 九五之吉은 位正中也ㄹ새니라
　　　상구　손재상하　　상기자부　　정흉
　　　上九는 巽在牀下하여 喪其資斧ㅣ니 貞凶하니라
　　　　　　　상　왈　손재상하　　상궁야　　상기자부　　정호흉야
　　　　象에 曰 巽在牀下는 上窮也ㅣ오 喪其資斧는 正乎凶也ㅣ니라

<u>손</u> <u>소 형</u>   <u>이 유 유 왕</u>   <u>이 견 대 인</u>
巽은 小亨하니라 利有攸往하고 利見大人하니라

巽은 조금 형통하니라. 갈 바 있음에 이롭고 大人을 봄이 이로우니라

　巽卦(손괘)는 巽下巽上(손하손상)의 괘다. 상괘도 風이고 하괘도 風이다. 다만 손괘라 하기도 하나 소성괘와 구별하기 위해서 괘명을 巽爲風(손위풍)☴이라 하여 괘형과 괘명을 기억하게 한다.

　巽은 공손할 손. 손괘의 상은 風이고 괘덕은 入(들어감) 또는 손순(공손하고 유순함)이다. 곧 공손하고 유순해서 사람들에게 겸하므로 마치 바람(風)이 틈만 있으면 들어가는 것처럼 어디라도 들어갈 수 있는 타고난 능력을 지녔다. 그러므로 어떤 상황 또는 어떤 사람에게도 순응하는 도덕이요, 또 윗사람이 아랫사람에게 순응하는 도덕도 된다. 곧 아래위가 서로 순종하고 순응한다. 한편이 순종하려 해도 반대편이 순응하지 않으면 순종의 도리는 이루어지지 않는다. 순도(順道)는 수도(隨道)와 같다. 시대, 지위, 재덕(才德)에 순응해서 적절하게 대처하는 것이 곧 손괘의 도리다. 손괘는 손순, 손하함에 대한 도리를 가르치고 있다. 그러므로 괘명을 巽이라 했다.

　또 손괘는 위로부터의 명령을 의미하기도 한다. 이는 風의 상에서 취한 해석이다. 風은 두루 널리 불어 미치며 작은 틈에도 쉽게 들어가니 상부의 명령이 널리 선포되는 것과 같다. 그러므로 巽卦는 명령의 상이 된다.

　손괘는 2 양의 밑에 1 음이 숨어 엎드려 있는 상이다. 그러므로 은복(隱伏)하다, 들어가다의 의미가 생기고 손순하므로 사람들에게 巽下, 곧 몸을 낮추는 상이 된다. 즉 入, 손순의 의미가 생긴다. 아래위의 괘가 모두 손괘니 그러므로 손순하고 또 손순하다는 의미가 생긴다. 손하고 유순해서 사람들 사이에 받아들여지고 사람들의 심정에 깊이 미치며 시대와 지위 환경에 순종함으로써 巽道가 완성하게 된다.

　이 괘를 六爻로 나누어서 말하면 九二는 양강중덕을 지녔고 九五는 양강중정의 덕을 가졌으며, 초六의 음효는 양강중덕을 가진 九二에 순종하는 상이 되고 六四는 양강중정의 덕을 가진 九五에 순종하는 상이 된다. 九二와 九五

가 양강중덕을 가져서 初六, 六四가 순종하므로 巽道가 잘 행해지게 된다. 巽時라 해서 무조건 남에게 순종하는 것이 손도가 아니다. 강건중정의 덕을 가지고 손순하면서도 시대와 지위, 환경에 따라 순응해야 참다운 巽道가 완성된다. 딱히 손괘에서뿐만 아니라 이 도리는 어느 시대라도 지녀야 할 바른 도리다. 강건중정의 덕을 가진 九五는 이 괘의 주괘의 주효가 되고 九二는 九五 다음의 중요한 효가 되며 初六과 六四는 성괘의 주효가 된다. 이 初六과 六四가 있어서 이 괘가 성립되기 때문이다.

〈서괘전〉에는 "旅而无所容이라 故로 受之以巽이니 巽者는 入也ㅣ니라" 했다. 곧 자기의 거처할 집조차 잃어버리고 정처없는 나그네가 되면 몸둘〔容〕 곳조차 없게 된다. 그러므로 몸을 낮추고〔巽下〕 사람들에게 공손하게 하여 비로소 사람들이 용납하게 된다. 그러므로 여괘 다음에 손괘로서 받았으니 巽은 '들어가다' 또는 사람들의 심정을 얻게 된다는 의미다.

程傳에는 "여행 중에는 친한 이가 적다. 손순하지 않으면 어찌 몸둘 곳을 찾겠는가. 진실로 능히 손순하면 비록 괴로운 나그네길이라도 어디든 가서 들어가지 못하겠는가. 그러므로 여괘 다음에 손괘를 둔 바다. 괘됨이 1 음이 2 양의 밑에 있어서 양에 손순하니 이것이 巽卦가 되는 까닭이다."(羈旅親寡하니 非巽順이면 何所取容이리요 苟能巽順이면 雖旅困之中이라도 何往而不能入이리요. 巽所以次旅也ㅣ라 爲卦一陰在二陽之下하여 巽順於陽하니 所以爲巽也ㅣ라) 했다.

■ 巽은 小亨하니라 利有攸往하고 利見大人하니라

'小亨'(소형)은 '조금 형통하다', '작은 일은 형통하다', '비소(卑小)해서 형통하다'는 세 가지의 의미를 가졌다. 손괘는 小卦(陰卦)니 능동적이라기보다는 수동적인 괘다. 그러므로 크게 형통할 수는 없으나 작게는 형통한다. 또는 작은 일은 형통한다. 그러나 큰일은 벌일 수 없고, 비소(卑小)해서 형통한다는 것은 몸을 낮추어서 사람들에게 순종하므로 조금은 형통하리라는 의미다.

《주역절중》에 이광지는 "소형(小亨)의 까닭은 고괘(蠱卦)는 괴극(壞極)한 것을 갱신함으로 그 형통함이 크고, 손괘(巽卦)는 다만 부서진 것을 수리하고 폐지(廢止)된 것을 세울 뿐이다"(亨之所以 小者는 如蠱則壞極而更新之라 故로 其亨이 大하고 巽은 但修敝하고 擧廢而已라) 했다.

'利有攸往'(이유유왕). 이 괘는 손하(巽下)하고 유순해서 사람들에게 순종하게 되니 이런 도리로써 처신하면 나아가도 이롭게 되리라.

'利見大人'(이견대인). 유순, 손하는 사람들로부터 받아들여지는 좋은 방도이기는 하나 어느 사람에게나 무조건 순종할 일은 아니다. 공명정대한 인덕을 가진 대인을 뵙고 그 대인에게 순종해야 형통하게 되고 이롭다. 여기서 대인은 강건중덕을 가진 九五와 九二를 가리킨다.

《주자본의》에는 이렇게 씌어 있다.

> 손괘의 상은 入이다. 1 음이 2 양의 밑에 엎드리고 있으니 그 속성은 순순함으로써 入이 되고 그 象은 風이니 또한 들어가는 의미를 가졌다. 손괘는 음효가 괘주가 되고 그 점은 (음소양대이므로) '小亨'이 된다. 음유로서 양강에 순종하므로 利有攸往이 된다. 그러나 필연코 순종해야 할 바를 알고 순종해야 그 올바름을 얻게 되니, 그러므로 利見大人이라 했다.
> 巽은 入也ㅣ라 一陰이 伏於二陽之下하니 其性은 能巽以入也ㅣ오 其象은 爲風이니 亦取入義라 陰爲主故로 其占이 爲小亨하고 以陰從陽故로 又利有所往이라 然이나 必知所從하여 乃得其正故로 曰 利見大人也이라

象에 曰 重巽以申命하고 剛巽乎中正而志行하고 柔皆順乎剛이라 是以로 小亨 利有攸往 利見大人하니라

象에 가로되 重巽으로써 命을 거듭(申)하고 剛이 中正에 손순하여 뜻이 행해지고, 柔가 모두 剛에 순종함이라. 이로써 '小亨, 利有攸往, 利見大人'하니라

■ 象에 曰 重巽以申命하고

괘형(卦形) 상으로 말하면 하손괘의 위에 또 상손괘가 있으니 '重巽'(중손)이

다. '申命'(신명)의 申은 거듭할 신. 申命은 곧 정녕반복(丁寧反復)해서 명령을 전달한다는 뜻이다. '重巽'은 손하손상의 괘형에서 취한 말이고 '申命'은 바람의 상에서 취한 말이다.

■ 剛巽乎中正而志行하고

이 句는 주로 九五에 대한 말이다. 九五는 양효로서 강건하고 중정의 도리에 손순하여 행위가 신하들과 만백성의 심의에 부합하니 그러므로 그 뜻하는 바가 행해지게 된다.

■ 柔皆順乎剛이라 是以로 小亨 利有攸往 利見大人하니라

유효는 모두 강효에 순종한다. 初六은 九二에 순종하고 九四는 九五에 순종한다. 이로써 '小亨, 利有攸往, 利見大人'이 된다. 이 句는 단사의 '小亨 利有攸往 利見大人'을 설명하고 있으며 그 요지(要旨)는 '柔皆順乎剛'(유개순호강)이다. 程傳의 설명을 들어 보도록 하자.

重巽은 상하괘가 모두 손괘니 上은 순도(順道)로서 출명(出命)하고 下는 상명(上命)을 받들어서 순종하니 상하가 모두 순하여 重巽의 상이다. 또 重은 중복(重複)의 의미다. 군자는 重巽의 뜻을 본받아서 그 명령을 거듭 반복한다. 申은 중복한다는 뜻이니 丁寧(친절함)을 이름이오, 괘재(卦才)로써 말함이다. 양강이 손괘(巽卦)에 있어서 중정을 얻었으니 이것이 중정지도(中正之道)에 손순함이 된다. 양성(陽性)은 상진한다. 그 뜻하는 바는 中正之道로써 상진하고 또 상하의 유효, 곧 初六과 六四는 강효에 손순하여 괘재가 이와 같으니 비록 內柔(內剛의 반대)로도 小亨할 수 있다. 손순의 도는 어디든 능히 들어갈 수 있으니 그러므로 단사에는 '利有攸往'이라 했고, 손순은 비록 善道가 되나 필연코 순종할 바를 알아야 하니 능히 강건중정의 대인에 손순하면 이롭다. 그러므로 단사에 '利見大人'이라 했다. 곧 양강중정의 덕을 가진 九五, 그리고 양강중덕을 가진 九二와 같은 대인이다.

重巽者는 上下皆巽也ㅣ니 上順道以出命하고 下奉命而順從하여 上下皆順하니

重巽之象也ㅣ라 又重爲重複之義라 君子 體重巽之義하여 以申複其命令이라 申은 重複也ㅣ니 丁寧之謂也ㅣ오 以卦才言也ㅣ라 陽剛居巽而得中正하니 巽順於中正之道也ㅣ라 陽性은 上이니 其志以中正之道로 上行也ㅣ오 又上下之柔ㅣ 皆巽順於剛하니 其才如是하여 雖內柔로도 可以小亨也ㅣ라 巽順之道는 无往不能入故로 利有攸往하고 巽順은 雖善道로되 必知所從하여 能巽順於陽剛中正之大人則爲利故로 利見大人也ㅣ니 如五二之陽剛中正이 大人也ㅣ라

象에 曰 隨風이 巽이니 君子ㅣ 以하여 申命行事하나니라
象에 가로되 隨風이 巽이니 군자는 이로써 命을 거듭하여 일을 행하느니라

■ 象에 曰 隨風이 巽이니

隨는 따를 수. '隨風'(수풍)은 따르는 바람. 곧 앞의 바람(하손괘)이 지나가면 그 후에 또 바람(상손괘)이 불어오게 되니 곧 바람이 연이어 분다는 의미다. 하손풍(下巽風)과 상손풍이 중복되는 것이 곧 손괘의 괘상이다.

■ 君子ㅣ 以하여 申命行事하나니라

'申命'은 명령을 거듭하다는 뜻. '행사'는 일을 행하다는 뜻. 군자는 이 괘상을 본 받아서 명령을 내릴 때는 신하와 백성들에게 그 뜻을 잘 이해하도록 정녕 반복해서 설득하고 타이르며, 그리하여 일이 시행되도록 한다.
《주역절중》에 호원(胡瑗)은 이렇게 말한다.

손괘의 괘체는 상하가 모두 손괘(風)다. 바람이 사물의 속으로 들어감에 이르지 않음이 없고 순종하지 않는 바가 없으니 그러므로 '隨風이 巽'이라 했다. 군자는 이 손풍의 상을 법도로 삼아서 명령을 정녕반복한 후에 천하에 행사하면 바람처럼 이르지 않는 바가 없고 불순자도 있을 수 없다.
　巽之體 上下皆巽이니 如風之入物에 無所不至하고 無所不順故로 曰隨風이 巽이라 君子ㅣ 法此巽風之象하고 以申其命行其事於天下하면 無有不至而無有不順者也ㅣ라

巽爲風　447

初六은 進退니 利武人之貞하니라
초육   진퇴   이무인지정
初六은 進退함이니 武人의 貞이 이로우니라

'進退'(진퇴)는 곧 확고한 절개와 지조를 지니지 못해 앞으로 나아가다가 갑자기 뒤로 물러서고 물러가다가 갑자기 앞으로 나아가는 그런 상태를 이른다. '武人'(무인)은 곧 군인이니, 군인은 군율(軍律)에 따라 질서 정연하게 움직인다. '利武人之貞'(이무인지정). 군인처럼 바른 도리를 굳게 지키면 이롭다는 의미다.

初六은 巽時에서 최하위가 되니 하천하고 또 음효로서 양위에 있으니 음유하면서 또한 위부정이 된다. 그러므로 初六은 절조(節操)가 확고하지 못하고, 그리하여 '進退'(진퇴)의 상이 된다. 또 음양 상비(相比)로 九二의 대인에 순종하려다 그만두고 뒤로 물러서는 것과 같은 행동을 하게 된다. 巽時라 하여 상대자를 가리지 않고 과손(過巽)한다면 이는 너무나 절조가 없는 일이며, 자신이 지켜야 할 바른 도리를 굳게 지킴으로써 사람다운 위의(威儀)를 잃지 않게 된다.

〈설괘전〉에는 "巽은 爲進退 爲不果라" 했다. 곧 손괘는 나아가다 물러서다 하여 과단결행(果斷決行)을 못한다는 것이다. 初六은 하손괘의 주효가 되니 설괘전의 설명과 같은 상이 된다. 그러므로 武人之貞이라야 이롭다 했다. 곧 무인처럼 올곧음을 굳게 지켜 강건중덕을 가진 九二의 대인에 순종하면 이롭다는 것이다. 다시 來註를 인용해 보자.

손괘는 진퇴의 상이다. 初六이 변하면 하손괘는 순강의 건괘가 된다. 그러므로 武人이라 했다. 이괘(履卦)의 六三이 변하면 건괘가 되니 역시 武人이라 한 것과 같다. 武人之貞이 이롭다는 것은 양강지정(陽剛之貞)이 이롭다는 말과 같다. 初六은 아래에 있는 음유한 효로서 손괘(하손괘)의 주효가 되고 그 비하손순함이 지나친 이다. 이로써 의심 많고 결단을 내리지 못하는(狐擬)마음을 지니니 매사에 옳고 그름과 가부를 적용하지 못한다. 그러므로 진퇴의 상이 된다. 대체로 강하지도 못하고 과단성도 부족하기 때문이다. 진실로 능히 武人之貞과 같게 하면 그 일방으로 치우친 유약함을 바로잡게 되어 과손(過巽)에 이르지 않으리라. 그러므로 점자에게는 이와 같이 가르친 것이다.

> 巽爲進退니 進退之象也ㅣ라 變乾純剛故로 曰武人이라 故로 履六三變乾하니 亦曰武人이라 (…) 利武人之貞은 如云利陽剛之正也ㅣ라 初六은 陰柔居下爻하여 爲巽之主하니 乃卑巽之過者也ㅣ라 是以로 持狐疑之心하여 凡事에 是非可否를 莫之適從하니 故로 有進退之象하니 蓋以剛果之不足也ㅣ라 苟能如武人之貞則有以矯其柔懦之偏하여 不至于過巽矣리라 故로 敎占者如是라

象에 曰 進退는 志疑也ㅣ오 利武人之貞은 志治也ㄹ새니라
象에 가로되 '進退'는 뜻이 의혹(疑惑)함이요, '利武人之貞'은 뜻이 다스려지기 때문이니라

■ 象에 曰 進退는 志疑也ㅣ오

'志疑'(지의)는 마음에 의심을 가진다는 뜻. 初六이 나아가다 물러서다 한다 했으니, 이는 확고한 절조를 지니지 못해 심중이 의혹으로 어지럽기 때문이다.

■ 利武人之貞은 志治也ㄹ새니라

'志治'(지치)는 '志疑'와 반대로 뜻이 확고하다는 의미이다. 무인의 올곧음처럼 확고한 뜻을 가지면 이롭다. 初六의 음유함과 하천(下賤), 과손(過巽)을 경계한 말이다.

九二는 巽在牀下ㅣ니 用史巫紛若하면 吉无咎하니라
九二는 손순해서 상 아래에 있음이니, 史巫를 씀이 紛若하면 길하고 허물이 없느니라

'巽在牀下'(손재상하). 九二는 하손괘에 있으니 손하하는 상이 되고 응위(應位)에 있는 九五는 같은 양효로서 무응이다. 오직 初六과 음양 상비(相比)해서

그에게 손하하는 상이 되며, 또 음위가 되니 용모 태도가 지극히 손순하다. 그러므로 과손(過巽)이 된다. 또 손괘는 木(巽木)이다. 위의 두 양효는 牀, 곧 침상이 되고 初六은 牀足이 된다. 九二는 과손해서 初六에 하손한다. 곧 初六의 상 밑에 있다는 의미로 '巽在牀下'라 했다. 九二의 과손을 지적한 말이다.

'用史巫紛若'(용사무분약). 史는 사관(史官). 여기서는 축문, 제문 등을 읽어서 사람의 뜻을 신기(神祇)에 전달하는 사람을 이른다. 巫는 무당이니 곧 '史巫'(사무)는 사람의 뜻을 神에게 전달하고 신탁을 사람에게 전달하는 사람을 가리킨다. 紛은 어지러워진 모양 분. '紛若'(분약)은 그 수가 많음을 말한다.

九二는 손재상하(巽在牀下)의 상으로서 지나치게 巽한 폐는 있으나 강건중덕을 지녀 '用史巫紛若'(용사무분약)처럼 민의를 위에 아뢰고 위의 뜻을 아래로 전달하여 정성을 다해 상하의 의사가 소통되도록 도모한다. 곧 과손(過巽)은 有咎가 되나 '用史巫紛若'을 하기에 유구가 무구로 되고 길하게 된다. 손괘의 형태는 상(牀)의 상이 되고 2, 3, 4효의 호괘는 태괘(兌卦), 곧 口說이다. 그러므로 '史'가 곧 태괘의 상이 된다. 또한 손괘는 태괘를 거꾸로 한 형상이다. 兌는 입이 위를 향하고 있으니 史의 상이 되고, 巽은 입이 밑을 향하고 있으니 巫의 상이 된다.

《주역절중》에 이광지는 이렇게 말하고 있다.

'牀下'(상하)라는 것은 즉 음사(陰邪)가 엎드린 바니 상 밑으로 들어가 깊이 살피게 된다. 이에 있어서 이미 史占으로써 알게 되고 거듭 무당의 푸닥거리〔巫祓〕로써 물리치니 비록 물요(物祅)와 신괴(神怪)가 있다 하더라도 함부로 해를 끼치지 못하리라. '紛若'(분약)은 곧 신명(申命)을 행사함에 자주, 섬세하게 다 함을 비유한 말이다. 九二와 九五는 모두 단전에서 말하는 '剛巽乎中正而志行者'(강손호중정이지행자)요 괘주다. 그러므로 능히 申命 행사의 도를 다함이 이와 같다.

　　牀下者는 陰邪所伏也ㅣ니 入於牀下則察之深矣라 於是에 旣以史占而知之하고
　　復以巫祓而去之하여 雖有物祅神怪라도 無能爲害矣라 紛若者는 以喩申命之頻
　　煩而行事之纖悉也ㅣ라 二與五는 皆所謂剛巽乎中正而志行者요 卦之主也ㅣ라
　　　故로 能盡申命行事之道 如此ㅣ라

^상　　^왈　^{분 약 지 길}　　　^{득 중 야}
象에 曰 紛若之吉은 得中也글새니라
象에 가로되 '紛若之吉'은 中을 얻었기 때문이니라

'得中'(득중)은 중덕을 얻었다는 뜻. '紛若之吉'(분약지길)은 효사의 '用史巫紛若 吉无咎'(용사무분약 길무구)를 줄여 이른 말이다. 九二는 강건중덕을 지녔으므로 비록 상하에 손순하더라도 지켜야할 바른 도리를 굳게 지키기에 吉无咎가 된다는 의미다. 주공(周公) 효사에 '用史巫紛若'이라 한 것을 공자는 효상에 따라 '得中也'(득중야)라 했다.

^{구 삼}　^{빈 손}　　^인
九三은 頻巽이니 吝하니라
九三은 頻巽이니 吝하니라

'頻巽'(빈손). '자주 손순하다'의 뜻. 이는 다시 말하면 손순과 거만을 자꾸 되풀이한다는 의미다. '頻巽'은 효명이다.

　九三은 양효·양위로 하손괘의 상효며 부중 과중 중강의 효가 되어 거만하고 불손한 성질을 지녔다. 그러나 巽時인 이상 손순하려는 노력은 하니 일시적으로는 그것이 가능하더라도 본시 근성(根性)이 그러하여 다시 거만해지곤 하므로 자주 손순과 거만을 거듭하는 것이다. 그러므로 吝하다 했다.

　來註에는 이렇게 씌어 있다.

'頻'은 數(자주 삭)의 뜻이다. 九三은 하손괘와 상손괘의 사이에 있으니 下巽이 다 하면 또 上巽이 오니 '頻巽'(빈손)의 상이다. 효사에 頻巽이라 했으니 곧 자주 손덕(巽德)을 잃는다는〔頻失〕 것을 알 수 있다. 이 손괘 九三의 '頻巽'과 복괘(復卦) 六三의 '頻復'(빈복)은 頻 자는 같으나 그 내용은 다르다. 頻復은 마침내 道로 돌아온다는 뜻이고 頻巽은 종내 不巽이 된다는 뜻이다.
　　頻者는 數也ㅣ라 三居兩巽之間하여 一巽旣盡하고 一巽復來하니 頻巽之象이라 曰頻巽이면 則頻失을 可知矣라 頻巽與頻復은 不同類하니 頻復者는 終于能復也ㅣ오 頻巽者는 終于不巽也ㅣ라

손괘 九三의 '頻巽'(빈손)과 복괘(復卦) 六三의 '頻復'(빈복)을 대조한 설명으로 참고할 만하다.

象에 曰 頻巽之吝은 志窮也ㄹ새니라
象에 가로되 '頻巽之吝'은 뜻이 궁하기 때문이니라

九三은 '志窮'(지궁 : 부중 과중 중강)하기에 '頻巽 吝'이 된다. 來註에는 "志窮이란 곧 마음은 비록 손순하고자 하나 손순의 덕을 얻지 못한 것을 말한다"(志窮者는 言心雖欲巽而不得巽也ㅣ라) 했다. 스스로의 마음을 제어하지 못하면 재화가 임박해도 피할 도리가 없게 된다.

六四는 悔亡하고 田獲三品하리라
六四는 悔가 없어지고 사냥하여 三品을 얻으리라

'悔亡'(회망)은 본시 있었던 悔가 사라진다는 뜻. 田은 '사냥'〔獵〕을 뜻한다. '田獲三品'(전획삼품)은 사냥해서 三品을 얻는다는 뜻.

來註에는 이 '三品'(삼품)에 대해 "그 첫 번째〔初〕는 손괘니 닭이 되고, 두 번째는 2, 3, 4효의 호괘가 태괘니 羊이며, 세 번째는 3, 4, 5효의 호괘는 이괘(離卦)니 꿩이다"(初巽爲鷄요 二兌爲羊이요 三離爲雉也ㅣ라) 했다. 사출어상(辭出於象)의 해석이다. 또 唐代 공영달(孔穎達)은 "三品者는 一曰乾豆요 二曰賓客이요 三曰充君之庖廚ㅣ라" 했다. 정자와 주자도 같은 해석을 하고 있으니, 즉 첫 번째는 건두(乾豆 : 구운 고기를 말려 콩과 함께 담은 음식), 즉 제수(祭羞)로 쓰는 것이요, 두 번째는 빈객(賓客), 곧 손을 대접할 때 쓰는 것. 세 번째는 군왕의 주방〔庖廚〕용이라는 것이다.

'田獲三品'(전획삼품)은 사냥해서 많은 금수를 잡아 제수에도 쓰고 손님을 접대하는 데에도 쓰며 군왕의 주방에도 쓰게 되니 그러므로 큰 공적을 이루었다는 것을 비유한 말이다.

六四는 음효로서 유약하고 중음(重陰 : 음효·음위)이 된다. 初六과는 같은 음효여서 무응이고, 九三의 양효를 타고 올라 있으니 응당 유회(有悔)할 것이다. 그러나 음효·음위로 위정하고 상손괘의 주효(主爻)가 되니 손순의 도리를 굳게 지키며, 또한 九五 천자와 음양 상비(相比)로 손순해서 심복하는 대신(大臣)이다. 그러므로 '悔亡'(회망)이 된다.

곧 이 六四는 위정 지정하고 손순의 도리를 굳게 지키며 위아래의 양강(陽剛)에 순종하니 회망(悔亡) 정도가 아니라 큰 공까지 세우게 되리라. 즉 강도(剛道)로써 잘 대처하면 당연히 대성(大成)하겠거니와, 유도(柔道)도 六四처럼 선처하면 길하게 된다는 증좌다.

《주역술의》에는 이렇게 씌어 있다.

六四는 重陰이 되니 마땅히 悔가 있다. 그러나 이음거음으로 위정이고 능히 손순하여 初六과는 동덕순응하여(初六은 九二와 比하고, 六四는 九三과 비하여) 九二와 九三의 강효에 손순한다. 그러므로 그들의 마음을 얻게 되어 이로써 九五 天子에 손순하니 이 九四의 대신은 자신의 재능을 쓰기보다 오히려 무리의 책략과 힘을 모아 임금을 섬기므로 悔亡으로 그치는 것이 아니라 큰 공(功)을 이루게 되리라. 소준(蘇濬)이 말하길 뇌수해괘(雷水解卦) 九二의 '田獲三狐'(전획삼호)는 소인을 물리친다는 의미고 이 六四의 '田獲三品'은 군자를 등용한다는 의미라 했다.

六四는 重陰이니 宜有悔也ㅣ라 柔正能巽하여 與初同德而順乎二三之剛이라 故로 能俱獲其心하여 以上巽乎五하니 是大臣은 不自用才而用人之才요 合群策群力以事君하니 則不止悔亡이요 而其功有大者矣라 蘇濬曰 田獲三狐는 去小人也ㅣ오 田獲三品은 用君子也ㅣ라

象에 曰 田獲三品은 有功也ㅣ니라
象에 가로되 '田獲三品'은 功이 있음이니라

위의 《주역술의》의 설명과 같이 '田獲三品'은 下卦三爻의 협력을 얻다라는 뜻이고, '有功'은 下三爻의 협력을 얻어서 九五 天子를 섬기게 되니 그러므로 '有功'하다는 뜻이다.

初六은 하손괘의 주효가 되고 六四는 상손괘의 주효가 되니 이 둘은 동덕을 지니는 셈이다. 그러나 初六은 하천하고 음효·양위로 위부정이 되어 확고한 신념을 지니지 못하는 데 반해 이 六四는 음효·음위로 위정한 대신(大臣)이요, 九二, 九三의 현인들에게 손순해서 그들의 협력을 얻어 九五 천자를 보좌하니 큰 공을 세우게 된다. 初六과 六四는 같은 巽主임에도(각기 상괘와 하괘의 巽主)이와 같은 차이가 생긴다.

九五는 貞吉悔亡하고 无不利하고 无初有終하리니 先庚三日이요 後庚三日이니 吉하니라

九五는 貞해서 길하고 悔가 없어지고 이롭지 않음이 없고 처음은 없고 마침은 있으리니, 庚에 앞섬이 삼일이요 庚에 뒤짐이 삼일이니 길하니라

■ 九五는 貞吉悔亡하고 无不利하고 无初有終하리니

'貞吉悔亡'(정길회망). 貞道를 굳게 지켜서 吉하고 悔가 사라진다는 뜻. '无不利'(무불리)는 불리함이라곤 없다. 곧 모든 일이 유리하다는 뜻. 이는 貞吉의 효과다. '无初有終'(무초유종)은 巽時에서 九五는 손괘의 주괘의 주효가 되어 매사에 손순해야 하니 그러므로 시초에는 일이 뜻대로 되지 않았으나 나중에는 뜻대로 일이 잘 수행된다는 의미다.

九五는 손위풍괘의 주괘의 주효다(初六은 하손괘의 주효가 되고 六四는 상손괘의 주효가 된다). 즉 손위풍괘가 성립된 후에 이 괘를 주재하는 효다. 그러나 九五 역시 손괘의 한 효가 되니 사람들에게 손하해야 할 시대인 것이다. 그러므로 유약한 측면을 지녀서 대사를 경륜함에 약간의 지장이 생기기 쉬우니 그것이 悔가 된다. 그러나 九五는 양효·양위로 위정하고 상괘의 중효이다. 곧 강건중정의 대덕을 지녀 정도를 굳게 지키므로 시초에는 뜻대로 일이 잘 수행되지 않는 경우도 있으나 나중에는 悔亡이 되고 일이 뜻대로 잘 수행되어 무불리하게 된다.

■ 先庚三日이요 後庚三日이니 吉하니라

'先庚三日이요 後庚三日이니'. 庚(경)에 사흘 앞서고 사흘 뒤진다는 것은 곧 7일을 의미한다. 곧 '先庚三日'(선경삼일)은 하손괘의 세 효를 의미하고 '後庚三日'은 상손괘의 세 효를 의미한다. 한 괘는 六爻로 되었으니 이 괘의 六爻가 끝나면 또 다른 괘로 변하게 된다. 이를 '七日來復'(칠일래복)이라 하고 天行(천도운행)이라 한다. 손괘는 손하하는 괘가 되므로 '无初有終'(무초유종)이요 무불리가 되고 길하다는 것이 '先庚三日 後庚三日 吉'의 의미다.

庚(일곱번째 천간 경)은 다만 십간(甲・乙・丙・丁・戊・己・庚・申・壬・癸)의 庚자를 이용했을 뿐 별다른 의미는 없다. 산풍고괘(山風蠱卦)의 '先甲三日 後甲三日'(선갑삼일 후갑삼일)과 같고, 지뢰복괘에 '反復其道 七日來復'(반복기도 칠일래복)을 단사에는 "七日來復은 天行也ㅣ라" 했으니 모두 같은 의미다.

來註에는 "'先庚三日 後庚三日'은 고괘(蠱卦)를 자세히 보라. 九五가 변하면 외괘(상손괘)는 간괘가 되고 상간・하손(上艮下巽)으로 산풍고괘가 된다. '先庚'을 丁, 즉 丁寧(친절함)으로, '後庚'을 癸 즉 곧 규탁(揆度 : 헤아림, 癸는 揆와 같다)으로 해석한 것은 그 설이 鄭玄으로부터 비롯하나 그런 설은 성립되지 않는다"(先庚後庚은 詳見蠱卦하라 五變則外卦爲艮成蠱矣라 先庚은 丁이요 後庚은 癸는 其說이 始于鄭玄하니 不成其說이라) 했다. 선유의 대다수는 정현의 주장을 좇아 丁寧, 揆度으로 해석하나 모두 잘못이다.

來註에는 또 "명령을 내림에 있어서는 그 관계되는 바가 가볍지 않다. 반드시 그 시초를 탐구〔原〕하여 그 종말을 생각해야 한다. '先庚三日 後庚三日'은 명령을 내릴 때는 마치 바람이 만물에 부는 것처럼 들어가지 않는 곳이 없어야 하고 고동(鼓動)하지 않는 사물이 없도록 해야 한다"(命令之出은 所係匪輕하니 必原其所以始하여 慮其所以終이라 先庚三日 後庚三日은 庶乎命令之出이 如風之吹物하여 无處不入하며 无物不鼓動矣라) 했다.

象에 曰 九五之吉은 位正中也닐새니라
象에 가로되 '九五之吉'은 位가 正中하기 때문이니라

九五는 양효·양위로 위정이 되고 상괘의 중효니 중덕을 가졌다. '正中'(정중)은 中正과 같다. 운문이므로 正中이라 했다.

上九는 巽在牀下하여 喪其資斧ㅣ니 貞凶하니라
上九는 손순해서 상밑에 있어서 그 자부(資斧)를 잃음이니, 貞해도 흉하니라

九二에서 말한 '牀下'(상하)는 初六의 상 밑이라는 뜻이고 上九의 牀下는 六四의 상 밑이라는 뜻이다. 上九는 六四의 상 밑에서 손순하다는 것이 '巽在牀下'(손재상하)의 의미다. 上九는 六四와는 응·비가 되지 않으니 연고(緣故)가 없는데도 전획삼품(田獲三品)의 공적을 이룬 이 六四의 대신에게 아첨하고 있는 것이다.

'喪其資斧'는 그 가진 자부(資斧)를 잃는다는 뜻. 資는 자산(資產), 斧는 보신구(保身具). 자부는 강건재덕을 가리킴. 비록 巽時라 할지라도 바른 도리를 굳게 지키며 의례(儀禮)로써 손순해야 할 터인데, 도리에 어기며 아첨하는 행동을 하니 이래서는 자신이 가진 강건재덕(資斧)을 잃게 된다. 이런 심지로써는 비록 바른 도리라 해도 흉하리라(貞凶)는 의미다.

上九는 양효·음위로 위부정이 되고 또한 巽時의 궁극이며 응·비가 없어 고립무원이므로 이런 효상이 된다. 자신이 지닌 강건재덕을 굳게 지키고 예절을 고수하면 고괘(蠱卦) 上九의 '不事王侯高尙其志'(불사왕후고상기지)와 같은 효가 되리라 한다.

象에 曰 巽在牀下는 上窮也ㅣ오 喪其資斧는 正乎凶也ㅣ니라
象에 가로되 '巽在牀下'는 上해서 궁함이요, '喪其資斧'는 참으로 흉함이니라

'上窮'(상궁). 손위풍괘의 상효로서 궁극이 된다는 뜻. 그러므로 지나치게 손하해서 사람들(혹은 六四)의 상 밑에 무릎을 꿇고 손순하니 그래서는 자신이 지닌 가장 중요한 강건재덕(資斧)을 잃게 되어 참으로(正乎) 흉하다는 의미다.

손순은 선덕(善德)이다. 그러나 누구에게나 무조건 상 아래 무릎을 꿇는 것이 선덕이 아니다. 바른 도리를 굳게 지키면서 손순해야 할 자리에는 손순해야 하고 과손(過巽)은 아첨이 된다.

巽爲風卦(손위풍괘)☴의 六爻를 다시 정리해 보자.

初六은 하손괘의 주효가 되나 하천하고 유약하며 음효·양위로 위부정해서 도리를 모르니 효사는 무인(武人)과 같은 확고한 지조를 가져야 한다고 했다.

九二는 양효·음위로 내강외유의 효가 되고 중덕을 가져서 바른 도리로 상하에 손순한다. 그러므로 길하다.

九三은 양효·양위로 중강(重剛)이 되고 하손괘의 상효여서 부중 과중의 효가 된다. 그러므로 지나친 행위를 하게 되고 손도(巽道)를 지키지 못하는 불길한 효다.

六四는 상손괘의 주효가 되고 음효·음위로 위정해서 현인들에게 손순하며, 그들의 협력을 얻어 음양 상비(相比)로 九五 천자를 보좌하여 공적을 이루게 되니 길하다.

九五는 양효·양위로 위정 지정하고 상괘의 중효가 되니 곧 강건중정의 대덕을 가진 천자요 주괘의 주효가 되어 대길한 효다.

上九는 손위풍괘의 종극이 되니 도리를 지키지 못하고 지나치게 손하(巽在牀下)하는 효가 된다. 이 괘의 여섯 효 중에서 가장 흉한 효다. 바른 도리를 지키지 않으면 일시적으로는 더러 성할지라도 필연코 궁곤하게 된다.

兌_태는 亨_형하니 利貞_{이정}하니라

彖_단에 曰_왈 兌_태는 說也_{열야}ㅣ니 剛中而柔外_{강중이유외}하고 說以利貞_{열이이정}하니 是以_{시이}로 順乎天而應乎人_{순호천이응호인}이라 說以先民_{열이선민}하면 民忘其勞_{민망기로}하고 說以犯難_{열이범난}하면 民忘其死_{민망기사}하리니 說之大_{열지대}는 民勸矣哉_{민권의재}ㄴ저

象_상에 曰_왈 麗澤_{이택}이 兌_태니 君子_{군자}ㅣ 以_이하여 朋友講習_{붕우강습}하나니라

初九_{초구}는 和兌_{화태}니 吉_길하니라
　　象_상에 曰_왈 和兌之吉_{화태지길}은 行未疑也_{행미의야}ㄹ새니라
九二_{구이}는 孚兌_{부태}니 吉_길하고 悔亡_{회망}하니라
　　象_상에 曰_왈 孚兌之吉_{부태지길}은 信志也_{신지야}ㄹ새니라

六三은 來兌니 凶하니라

　　象에 曰 來兌之凶은 位不當也글새니라

九四는 商兌니 未寧하고 介疾有喜하니라

　　象에 曰 九四之喜는 有慶也ㅣ니라

九五는 孚于剝이니 有厲하니라

　　象에 曰 孚于剝은 位正當也ㅣ니라

上六은 引兌니라

　　象에 曰 上六引兌는 未光也ㅣ니라

_태 _형 _{이 정}
兌는 亨하니 利貞하니라

兌는 형통하니 貞함에 이로우니라

　　兌爲澤卦(태위택괘)는 兌下兌上(태하태상)의 괘다. 상괘도 태괘고 하괘도 태괘다. 兌卦라 하기도 하고 소성괘의 兌卦와 구별하기에 兌爲澤(태위택)☱이라 하여 괘형과 괘명을 기억하게 한다.

　　兌는 기뻐할 태. 悅·說(기뻐할 열)과 같은 뜻이다. 괘상으로 말하면 兌는 澤(못 택) 곧 澤水다. 못 가에는 澤水로 말미암아 초목이 무성하고 그 가지 끝까지(枝莖, 末梢) 윤택하게 한다. 초목뿐 아니라 모든 생물은 물이 있어서 생존하게 된다. 곧 모든 생물은 물을 기뻐한다. 그러므로 태괘는 悅의 의미가 생긴다. 인류으로 말하면 소녀(少女)다. 아름다운 소녀는 누구든 기뻐한다. 역시 悅의 의미를 가졌다.

　　괘형으로 말하면 1 음이 2 양의 위에 있으니 입을 열고 웃고 있는 상이 된다. 역시 悅의 의미를 가졌다. 앞선 손괘(巽卦)는 입이 밑에 있으니 입을 닫고 있는 손순한 상이 된다. 巽·兌는 종괘(綜卦)가 되므로 이와 같은 해석이 된다. 또 上少女(상태괘)는 입을 열고 웃고 있고 下少女(하태괘)도 입을 열고 웃고 있는 상이다. 즉 자열타열(自悅他悅), 자기도 기뻐하고 남도 기뻐한다는 의미를 지닌다. 대개 悅 자는 자동사와 타동사의 양면으로 쓰는 경우가 많다. 이 悅 자도 '스스로 기뻐하다' 또는 '남을 기쁘게 하다'의 양면으로 해석하게 된다. 기뻐함이란 대단히 좋은 일이기는 하나 지나치면 실도(失道)가 된다.

　　《중용》에 "희로애락(喜怒哀樂)이 아직 발현하지 않음을 중용지도라 하고, 희로애락을 발현하되 그 모두가 절도(節道)에 적중함을 화도(和道)라 한다. 중용지도는 인도(人道)의 대본(大本)이 되고 화도는 인류의 달도(達道)다"(喜怒哀樂之未發을 謂之中이요 發而皆中節을 謂之和니 中也者는 天下之大本也ㅣ오 和也者는 天下之達道也ㅣ라) 했다. '達道'는 오달도(五達道)를 의미하고 오달도는 삼달덕(三達德)으로 하여 이루어지며 삼달덕은 誠으로 말미암아 이루어진다. 여기서 말한 中은 곧 역서의 중도(中道)다. 역리(易理)를 궁구하면 이 도리의 본말, 표리, 거세(巨細)를 터득하게 될 것이니 곧 中道, 和道 외에 따로 人道가 있을 수 없다. 태괘의 六爻도 잘 살펴보면 중도, 화도를 지키는 효는 길하고 이 도리에 어기면 悔·吝·凶이 된다.

〈서괘전〉에는 "巽者는 入也ㅣ니라 入而後에 說之리라 故로 受之以兌니 兌者는 說也ㅣ니라" 했다. 손괘는 들어감이다. 여괘(旅卦)에서 거처할 집도 없어 방랑하던 나그네가 안주할 곳에 들어가니 기뻐하게 된다. 그러므로 여괘·손괘 다음에 태괘로 받았으니 兌는 곧 기뻐함이다.

來註에는 "兌는 기뻐함이다. 1음이 2양의 위에 앉아 있으니 그 기쁨이 밖으로 나타나고 있다. 그러므로 兌卦가 된다"(兌는 悅也ㅣ니 一陰이 進于二陽之上은 喜悅之見于外也ㅣ라 故로 爲兌이라) 했다.

〈잡괘전〉에는 '兌見而巽伏也'(태현이손복야)라 했다. 태괘는 소녀가 두 남자의 위에 앉아 사랑을 받아 웃고 있으니 그 기쁨이 외면에 나타나는 상이다. 또 아래의 二男도 이 소녀를 기뻐하는 상이다. 소녀도 기뻐하고 두 남자도 기뻐하니 이는 자열타열의 의미를 지닌다. 손괘는 이와 반대로 위에 있는 두 남자의 억압을 받아 그 발밑에 엎드려서 입〔口〕을 밑으로 향하여 다물고 손순하고 있는 상이다. 그러므로 '巽伏也'라 했다. 兌少女와 巽長女(또는 老女)의 차이가 그런 결과를 가져온다고 하겠다.

■ 兌는 亨하니 利貞하니라

위에서 이미 설명한 대로 태괘는 自悅 他悅, 上悅 下悅의 괘가 되므로 일이 순조롭게 진행하고 형통하게 된다. "知之者ㅣ 不如好之者요 好之者ㅣ 不如樂之者라" 한다. 곧 안다는 것은 좋아함과 같지 못하고 좋아함은 즐김과 같지 못하다는 것이다. 곧 悅은 중심열(中心悅)을 의미하고 樂은 여인동락(與人同樂)을 의미한다. 兌悅(태열)은 自悅·他悅, 上悅·下悅을 의미하니 悅과 樂의 양의(兩義)로 해석할 수 있다. 兌樂은 과불급이 없어야 오랫동안 보존하게 된다. 열락이 지나치면 慢心이 생기기 쉽고 부정한 길에 빠지기 쉽다. 그러므로 貞道를 굳게 지켜야 이롭다 한 것이다. 홍진비래(興盡悲來)이기 때문이다.

그러므로 '利貞'이라 했다.

《주자본의》에서는 이렇게 말하고 있다.

兌는 기뻐함이니 1 음이 2 양의 위에 나아가 있음은 기쁨이 밖으로 드러나는 상이다. 태괘의 상은 澤이니 만물을 기쁘게 함에서 취한 상이다. 또한 坎水가 아래로 흘러가는 것을 막는(제방이 있어서 澤이 됨) 상에서 취한 것이다(태괘의 괘형). 괘체는 강효가 가운데 자리에 있고 유효가 바깥 자리에 있으니 강중(剛中)이므로 기뻐해서 형통하고 유외(柔外)이므로 올곧음에 이롭다. 대개 悅은 형통하게 되나 망령된 기쁨은 경계하지 않을 수 없다. 그러므로 그 점사(占辭)가 이와 같다.

> 兌는 說也ㅣ니 一陰이 進乎二陽之上은 喜之見乎外也ㅣ라 其象爲澤은 取其說萬物이요 又取坎水而塞其不流之象이라 卦體는 剛中而柔外니 剛中故로 說而亨하고 柔外故로 利於貞이라 蓋說은 有亨道而其妄說은 不可以不戒라 故로 其占如此ㅣ라

象에 曰 兌는 說也ㅣ니 剛中而柔外하고 說以利貞하니 是以로 順乎天而應乎人이라 說以先民하면 民忘其勞하고 說以犯難하면 民忘其死하리니 說之大는 民勸矣哉ㄴ저

象에 가로되 兌는 기뻐함이니 剛은 中에 있고 柔는 밖에 있고, 기뻐하면서도 貞해야 이로우니, 이로써 天에 순종하고 사람에 응함이라. 기뻐함으로써 백성에 앞서면 백성은 그 노고(勞苦)를 잊을 것이고, 기뻐함으로써 험난(險難)을 범하면 백성은 그 죽음도 잊으리니 기뻐함의 큼은 백성이 힘씀(근면노력)일진저

■ 象에 曰 兌는 說也ㅣ니 剛中而柔外하고 說以利貞하니 是以로 順乎天而應乎人이라

'兌는 說也'. 이는 괘덕으로써 괘명을 설명한 말이다. '剛中'(강중) 이하는 괘체로써 설명하고 있다.

'剛中而柔外'(강중이유외). 상하괘 모두 양효가 가운데 있고 음효가 바깥에

있다는 뜻이다. 곧 九二, 九五가 중위(中位)를 얻고 六三, 上六이 외위(外位)에 있다는 것인데, '剛中'은 내강(內剛)을 의미하고 '柔外'는 외유(外柔)를 의미하기도 하니 곧 내강외유의 군자지도의 의미로도 통한다. 곧 내심은 강건하면서도 외모는 유화(柔和)하니, 자신에 대하여는 조금도 도리에 어기는 행위가 없도록 엄정하고 남에 대해서는 너그럽고 부드러운 것이다. 작은 잘못이 점점 커지므로 자신에 대해서는 엄정하게 계신(戒愼)해야 하고 남에 대해서는 누구든 잘못을 범하기 쉬우니 관대하고 온유한 마음으로 대해야 한다. 이것이 참다운 사람의 도리다.

'剛中'(강중)은 또한 강효가 중위(中位)에 있으니 강건중덕을 가졌다는 의미다. 또 '剛中而柔外'(강중이유외)는 강건중덕을 가진 군자가 정부의 중심 요직에 있다는 등 여러 면으로 해석할 수 있으며, 태괘(兌卦)가 형통하게 되는 근본적 요인이기도 하다.

'利貞'(이정). 열락은 때로는 과열(過悅)하기 쉬우니 정도를 굳게 지켜야 그 열락(悅樂)을 오래도록 보전할 수 있다. 그러므로 단사는 '利貞'이라 했다. '說以利貞'(열이이정). 說은 悅과 같으니 곧 기뻐하면서도 정도를 굳게 지켜야 이롭다는 의미다.

태괘는 '剛中而柔外'(강중이유외)와 '悅以利貞'(열이이정)으로 형통한다. 이 도리는 곧 천도(天道)에 순종하고 인도에 순응하는 도리다. 천인일리(天人一理)이니, 그러므로 '是以로 順乎天而應乎人'이라 했다. 곧 이로써 천도(天道)에 순종하고 인도(人道)에 순응한다는 것이다.

■ 說以先民하면 民忘其勞하고 說以犯難하면 民忘其死하리니 說之大는 民勸矣哉ㄴ저

이 句는 열락(悅樂)을 이용하는 도리를 말했다.
'說以先民 民忘其勞'(열이선민 민망기노). 민사(民事)에 대한 일을 군왕이 솔선하면 백성은 그 노고도 잊어버리고 열심히 노력하리라는 의미다.
'說以犯難 民忘其死'(열이범난 민망기사). 자열타열(自悅他悅)의 도리를 취한

다면 설사 군왕이 국난을 범해도 백성들은 죽음도 잊고 협력할 것이다. '民忘其死'(민망기사)는 왕과 백성이 한마음이 된다는 비유의 말이다. 곧 悅道를 찬양하는 말이지, 성인이 백성들의 노고와 죽음을 원한다는 말은 아니다.

인심(人心)을 열복(悅服)하게 함은 위정(爲政)의 근본이 되나 利貞이 아니면 사망(邪妄)이 된다. '說之大는 民勸矣哉 ㄴ저'. 위정자로서 백성이 스스로 근면노력함이 가장 큰 기쁨이 된다. 곧 열도(悅道)의 극치를 말했다.

《주역절중》에 왕필(王弼)은 "기뻐하더라도 강중(剛中)의 도리에 어기면 아첨이 되고 강건하면서 화열(和悅)의 도리에 어긋나면 사납고 방자하기 쉽다. '剛中而柔外'(강중이유외)는 기뻐하면서도 貞道를 굳게 지켜서 이롭게 되는 소이가 된다. 강중(剛中)으로 말미암아 利貞하고 유외(柔外)로 말미암아 說亨이 된다"(說而違剛則諂이요 剛而違說則暴이라 剛中而柔外는 所以說以利貞也ㅣ라 剛中故로 利貞이요 柔外故로 說亨이라) 했다.

象에 曰 麗澤이 兌니 君子ㅣ 以하여 朋友講習하나니라
象에 가로되 麗澤이 兌니 군자는 이로써 붕우와 강습하느니라

■ 象에 曰 麗澤이 兌니

麗는 붙을 리(이), 짝지을 려. '麗澤'(이택)은 두 못이 짝을 짓고 있다는 뜻. 상태괘는 澤이며 하태괘도 澤이니 이 둘의 못이 짝을 짓고 있는 것이 곧 태괘의 상이라는 의미다.

■ 君子ㅣ 以하여 朋友講習하나니라

'朋友'(붕우)는 벗. 동창을 朋이라 하고 동지를 友라 한다. '講習'(강습)은 학문, 예술 등을 연구, 학습한다는 뜻. 군자는 두 못이 짝을 짓고 있는 태괘의 상을 본받아 붕우와 함께 배우고 익힌다.

공영달은 "동문을 朋이라 하고 동지를 友라 한다. 붕우가 모여 도의를 배우

고 익히는 것은 서로의 기쁨의 성대함이 이보다 더할 수 없다"(同門曰朋이요 同志曰友라 朋友聚居하여 講習道義는 相說之盛이 莫過於此也ㅣ라) 했다.

初九는 和兌니 吉하니라
初九는 和兌니 길하니라

和는 《중용》에 '和也者는 天下之達道也ㅣ라' 했으니 바로 그 和자다. 곧 화도(和道)다. '和兌'(화태)는 화열(和悅)과 같다. 화도로써 기쁘다, 또는 기뻐하면서도 화도에 어김이 없다는 뜻. 또는 화도를 굳게 지키므로 길하다는 뜻이다. 和兌(화태), 孚兌(부태), 來兌(내태), 商兌(상태), 引兌(인태)는 모두 효명(爻名)이다.

초구는 양효로서 양위에 있으니 위정 지정하고, 悅時의 가장 아래에 있으니 겸허하며 무응·무비하니 계루됨이 없다. 그러므로 화도를 굳게 지키면서 자열(自悅)하는 상이 된다. 그러므로 길하다.

정전(程傳)에는 "和道로써 기뻐하며 사사로움에 치우치지 않으니 悅樂의 正道다. 양강(陽剛)하니 비천하지 않고 아래 자리에 있으니 능히 손순하며 悅時에 있으므로 능히 화열(和悅)하고, 응효가 없으니 사사로움에 치우치지 않는다. 悅時의 처신이 이와 같으니 이런 것이 바로 吉한 까닭이 된다"(以和爲悅而无所偏私는 說之正也ㅣ라 陽剛則不卑하고 居下則能巽하고 處說則能和하고 无應則不偏하여 處說如是하니 所以吉也ㅣ라) 했다.

象에 曰 和兌之吉은 行未疑也일새니라
象에 가로되 '和兌之吉'은 행위(行爲)에 아직 의심됨이 없기 때문이니라

초구는 悅時에 위정 지정하고 화도를 굳게 지키며 무계루(無係累), 무편사(無偏私)하며 自悅하니, 그 행하는 바에 의혹을 살 것이 없다. 그러므로 효사는 '和兌 吉'이라 한 것이다.

《주역집해》에 우번(虞翻)은 "四變應初는 震爲行이오 坎爲疑故로 行未疑라" 했다. 곧 九四가 변하면(양이 음으로 바뀌어 六四가 되는 것을 말함) 初九와 음양상응하게 되니 2, 3, 4효의 호괘는 진괘니 行이 되고 4, 5, 6효의 호괘는 감괘니(4효변은 六四가 되며 따라서 호괘는 坎卦가 됨) 疑가 된다. 그러므로 '行未疑'(행미의)라 했다는 것이다. 사출어상(辭出於象)도 지나치면 억지가 되기 쉽다.

<u>구 이</u>　<u>부 태</u>　<u>길</u>　<u>회 망</u>
九二는 孚兌니 吉하고 悔亡하니라
九二는 孚兌니 길하고 悔가 없어지느니라

孚는 정성 부. '孚兌'(부태)는 心中에 정성이 가득하여 화열한다는 의미다.
九二는 양강재덕(陽剛才德)을 가졌고 하괘의 중효로서 중덕을 가졌다. 즉 兌時에 강건중덕을 지녀 스스로 기뻐하는 상이 된다. 또 양효는 양실(陽實), 곧 내심에 정성이 충만한 것으로 해석한다. 그러므로 '孚兌'(부태)라 했으며 그리하여 길한 까닭이 된다. 양효로서 음위에 있고 六三의 '來兌'(내태)와 음양 상비(相比)의 사이가 되므로 悔의 소지가 있다. 그러나 九二는 강건중덕을 지녀 정성이 심중에 충만하므로 화열의 정도를 굳게 지키니 悔亡이 된다. 來註에는 이렇게 씌어 있다.

이 괘에는 응여가 없으니 오로지 음양 상비로써만 말했다. 九二는 강중(剛中)으로 孚가 되나 음위(陰位)에 있어 悔가 된다. 앞에 六三의 來兌가 있어 사사로운 관계로 서로 접근하고 또한 음위에 있어 위부정이 되니 悔를 면치 못하는 까닭이 된다. 그러나 강중지덕(剛中之德)을 지녀 그 정성과 믿음으로 자신의 사심(私心)을 극복하여 비록 소인과 교접(交接)하더라도 정도를 스스로 지켜 잃지 않으니, 요컨대 '和해도 同類는 되지 않는다'는 것이다. 占者는 이와 같이 할 수 있다면 孚로써 悅하여 길하고 悔亡하리라.

本卦는 無應與하니 專以陰陽相比言하여 剛中爲孚요 居陰爲悔라 蓋來兌在前하여 私係相近하고 因居陰不正하니 所以不免悔也ㅣ라 (…) 然이나 剛中之德으로 孚信內克하여 雖見小人이라도 自守不失正하니 所謂和而不同矣라 占者ㅣ 能如是하여 以孚而悅則吉而悔亡矣라

兌爲澤　467

象에 曰 孚兌之吉은 信志也글새니라
象에 가로되 '孚兌之吉'은 뜻을 (스스로) 믿기 때문이니라

'信志'(신지)는 곧 九二가 자신이 지닌 성심을 스스로 믿는다는 의미다. 來註에는 "마음에 깃들여 있는 것이 뜻〔志〕이니 信志는 곧 誠心 두 글자다. 九二는 강실(양실)하고 하괘의 중효가 되어 성신(誠信)이 강중지지(剛中之志)에서 생겨난다. 어찌 또 소인을 기뻐해서 성신을 스스로 잃을 것인가. 혁괘 九四와 효사는 같으나 의미는 다르다. 혁괘 九四의 효사는 남이 믿는다는 의미고 이 九二의 효사는 자신이 지닌 성신을 스스로 믿는다는 의미다" (心之所存이 爲志니 信志는 卽誠心二字ㅣ니 二剛實居中하여 誠信이 出于剛中之志하니 豈又悅小人而自失이리요 革九四와 辭同義異하니 革則人信이요 孚則己信이라) 했다.

六三은 來兌니 凶하니라
六三은 來兌니 흉하니라

來는 위에서 밑으로 내려오는 것을 뜻하고, 밑에서 위로 올라가는 것은 往이라 한다. 來註에 "自內至外를 爲往이요 自外至內를 爲來라" 했고 정자와 주자도 같은 의견이다. '來兌'(내태)는 즉 내려와서 기뻐한다는 의미다.

六三은 음효로서 양위에 있으니 위부정 지부정이 되고 부중 과중이 되며 하태괘의 悅主가 된다. 上六과는 같은 음효로 무응이 되므로 음양 상비(相比)하는 九二에게로 와서 아첨하여 그 환심을 사고자 한다. 그래서 함께 기뻐하려 하니 '來兌'는 곧 이런 의미다. 이런 행위는 즉 자작얼(自作孼: 스스로 초래한 재앙)이 되어 흉하다. 《주역술의》, 《주역절중》에서는 '來兌'에 대하여 '기뻐하여 사람들을 오게 한다'고 해석하나 취하지 않는다.

《주자본의》에는 "六三은 음유하고 과중하며 위부정하고 열주(悅主)가 된다. 위에는 응효가 없어서 九二에게로 내려와 悅을 구하니 흉도(凶道)다"(陰

柔不中正하고 爲兌之主ㅣ라 上无所應而反來就二陽하여 以求說하니 凶之道也ㅣ라) 했다.

^상^왈 ^{내태지흉} ^{위부당야}
象에 曰 來兌之凶은 位不當也ㄹ새니라
象에 가로되 '來兌之凶'은 位가 不當하기 때문이니라

六三은 음효·양위로 위부정하고 부중 과중하며 하태괘의 상효가 되어 지나치게 열락하는 悅主가 된다. 그러므로 '來兌'(내태)는 흉하다 했다.

^{구사} ^{상태} ^{미령} ^{개질유희}
九四는 商兌니 未寧하고 介疾有喜하니라
九四는 商兌니 아직 편하지 않고 병(疾)을 막으면(介) 기쁨이 있으리라

商은 헤아릴 상. 헤아리다, 짐작하다의 뜻. '商兌'(상태)는 열락할 방편을 헤아린다는 뜻. '未寧'(미령). 마음이 평안하지 않다는 뜻. 介는 이쪽과 저쪽 사이를 나누는 경계로서 곧 경계를 막다(隔)는 의미다. 疾은 병 질. 곧 자기에게 禍(疾)를 끼치는 六三을 가리키고 있다. 그리하여 '介疾'(개질)은 禍(疾)를 가져오는 六三을 막는다는 뜻이 된다.

九四는 양강재덕을 지녔으나 양효·음위로 위부정이 된다. 또 상괘의 하효로서 中에 미치지 못한다. 그러므로 결단성이 부족하여 매사에 주저하는 성질을 지닌다. 初六과는 같은 양효로서 무응이고 오직 六三과는 음양 상비(相比)의 사이가 된다. 위에는 九五 천자가 있으니 응당 九五에 종사해야 할 터이나 같은 양효로 무비(無比)가 되고, 음양 상비(相比)하는 六三은 悅主가 되니 교언영색으로 九四를 유인한다. 그러므로 九四는 九五에 순종할 마음이 없는 것은 아니나 悅主인 六三에 이끌려 심중이 불안하게 되는 것이다(未寧). 그러나 六三은 禍(疾)를 가져올 소인이다. 이 소인을 버리고 강건중정의 대덕을 가진 九五 천자를 섬기면 有喜(유희), 곧 경사가 있으리라는 것이 '介疾有喜'(개질유희)의 의미다. 來子가 지적했듯 태괘의 각 효는 응효는 없고 다만 有比

로 복잡한 관계가 생긴다.
《주자본의》에는 이렇게 쓰고 있다.

九四는 위로는 강건중정의 덕을 가진 九五 천자를 받들고 있고 밑으로는 음유하고 간사한 六三과 친비하고 있다. 그러므로 쉽게 결심하지 못하고 기뻐할 바를 헤아리고 있다. 그러나 본질은 강건하니 단단하게(介然) 정도를 지켜서 음유하고 간사한 六三을 미워하게 된다. 이와 같이 하면 기쁨이 있으리라. 象占이 이와 같으니 깊이 경계한 말이다.
　　四上承九五之中正而下比六三之柔邪하니 故로 不能決而商度所說하여 未能有定이라 然이나 質本陽剛故로 能介然守正而疾惡柔邪也ㅣ니 如此則有喜矣라 象占이 如此하니 爲戒深矣라

象에 曰 九四之喜는 有慶也ㅣ니라
象에 가로되 '九四之喜'는 경사가 있음이니라

九四는 '介疾'(개질), 즉 화를 가져올 六三을 버리고 강건중정의 대덕을 가진 九五 천자를 보좌하면 자신에 기쁨이 있을 뿐만이 아니라 만민에 혜택이 미치게 되고 국가에 큰 경사가 있게 되리라는 의미다.

九五는 孚于剝이니 有厲하니라
九五는 剝(上六)을 믿음이니 위태함이 있으리라

孚는 정성 부. 剝은 벗길 박, 깎을 박. 여기서는 음효의 박양(剝陽)을 의미하니 즉 양을 깎아 낸다, 즉 괴롭힌다는 의미로 剝이라 했다. 즉 上六을 가리킨다. '孚于剝'(부우박)의 剝은 박양(剝陽)의 뜻이니 上六을 가리킨 말이다. '孚于剝이니'는 '上六을 믿으니'의 뜻. '有厲'(유려)는 위태하다는 의미다. '孚于剝 有厲'는 上六의 소인을 믿으니 위태하다는 뜻이다.
九五는 양효로서 양위에 있으니 위정하고 상괘의 중효로서 곧 강건중정의

대덕을 가진 천자요 이 괘의 주괘의 주효다. 밑에 응효는 없고 上六의 간사함을 알면서도 음양 상열하고 너그럽게 받아들이는 태도를 가지게 된다. 그러나 아첨하는 소인은 무슨 화를 가져올지도 모르니 그러므로 '有厲'라 했다. 初九는 무계루하기에 和兌라 했고 九五는 上六과 음양 상비(相比)가 되므로 '有厲'라 했다.

이 효에 대하여 來註는 唐 현종의 예를 들고 있다. 그는 총명한 천자였으나 이임보(李林甫)의 간사함을 알면서도 그를 등용해서 큰 화를 입게 되었다. 來註는 또한 "九五는 양강중정의 덕을 가졌고 悅時에 존위에 있으나 上六과 밀접하게 가깝다. 上六은 음유하고 悅主가 되며 悅極에 있으니 곧 망령된 기쁨으로 陽을 해치는 자이다. 그러므로 점자를 경계했다. 만약에 上六을 믿는다면〔孚于剝〕위태하리라"(九五는 陽剛中正하고 當悅之時而居尊位하나 密近上六이라 上六은 陰柔爲悅之主ㅣ오 處悅之極하니 乃妄悅以剝陽者也ㅣ라 故로 戒占者ㅣ니 若信上六則有危矣라) 했다.

象에 曰 孚于剝은 位正當也ㅣ니라
象에 가로되 '孚于剝'은 位가 정당함이니라

'位正當'(위정당)은 '位正中'(위정중)과 같다. 효사에는 '有厲'라 했거늘 상전에는 '位正當'이라 했으니 이는 곧 九五는 강건중정의 덕을 가져서 오히려 吉하다는 해석이 된다. 주공은 上六과의 음양 상비(相比)를 경계해서 '有厲'라 했고 공자는 강건중정의 덕을 가져서 吉하다고 한 것이다.

來註는 이괘(履卦)의 九五 효사와 같은 경우임을 지적하고 있다. 이괘(履卦) 九五에는 "夬履니 貞厲하니라" 했고 상전(象傳)에는 "夬履貞厲는 位正當也ㅣ니라" 했으니 곧 내지덕은 이괘(履卦) 九五의 '貞厲'(정려)와 태괘(兌卦) 九五의 '有厲'를 같은 뜻으로 본 것이다. 물론 '貞厲'와 '有厲'는 그 뜻이 다소 다르겠으나 이 두 효는 함께 강건하여 지나치면 안 된다는 의미로 성인이 경계한 말이다.

上六^{상육}은 引兌^{인태}니라
上六은 引兌니라

'引兌'(인태)는 끌어당겨서(九五를) 기뻐하다, 또 행복을 얻고자 하다는 의미다. 上六은 음유하고 열주(悅主)가 되며 열극(悅極)에서 교언영색으로 九五 천자를 기쁘게 하여 자신의 욕망을 이루고자 하는 소인이다. 그러므로 引兌라 했다. 길흉을 말하지는 않았다.

上六이 九五를 완전히 유인하게 되면 九五 천자가 위험할 것은 물론이요 이 上六도 큰 화를 면치 못할 것이다. 반면에 九五 천자의 대덕에 감화하여 바른 도리를 지키게 되면 길할 것이니 아직은 길흉회린을 단정할 바가 아니다. 그러므로 화복(禍福)을 말하지 않은 것이다.

《주자본의》에는 "上六은 說主가 되니 음유로써 說極에 있어서 아래의 2 양을 끌어당겨 서로 기뻐하고자 하나 필연코 그들은 허락하지 않으리라. 그러므로 九五에는 경계하는 말을 했고 이 上六에는 길흉을 말하지 않았다"(上六은 成說之主니 以陰居說之極하여 引下二陽相與爲說而不能必其從也ㅣ라 故로 九五當戒而此爻不言其吉凶이라) 했다.

象^상에 曰^왈 上六引兌^{상육인태}는 未光也^{미광야}ㅣ니라
象에 가로되 '上六引兌'는 아직 光大하지 않음이니라

'未光'(미광)은 광명정대(光明正大)하지 않다는 뜻, 上六의 小人은 대덕을 가진 천자를 유인해서 자신의 열락을 만족시키려 하니 이렇듯 사리사욕을 도모하는 것은 그 마음이 광명정대하지 않기 때문이다. 개과천선을 권하는 말이다.

兌爲澤卦(태위택괘)☱의 六爻를 다시 정리해 보자.
初九는 양효·양위로 위정 지정하고, 悅時에 처해 응·비가 없으니 무계루

(無係累)하여 스스로 도리를 굳게 지키며 열락하니 길하다.

九二는 강건중덕을 지녀 六三의 유인에도 동요하지 않는 길한 효다.

六三은 음효·양위로 위부정 지부정하고 부중 과중한 소인이다. 九四를 유인하려 해도 九四는 동요하지 않으며, 九二와 함께 열락하고자 해도 그 역시 허락하지 않아 흉한 효다.

九四는 양효·음위로 위부정이 되고 상괘의 하효가 되니 中에 미치지 못해 결단성이 부족하며, 따라서 九五 천자를 섬기고자 하나 六三의 유인을 거절하기 어려워 주저하고 있다. 九五에 승순(承順)하면 길하리라.

九五는 강건중정의 대덕을 가졌고 주괘의 주효요 천위(天位)가 된다. 다만 上六의 유인(誘引)에 동요하지 않아야 吉하다.

上六은 悅主요 열극(悅極)이어서 음유하고, 재부족하여 매우 위험한 지위다. 스스로 반성해서 개과천선하면 재화를 면하리라. 이 괘에 응효는 없으니 六三과 上六의 소인에 상비(相比)하는 효는 조심해야 한다.

風水渙

坎下
巽上

  환 형   왕격유묘   이섭대천   이정
渙은 亨하니라 王假有廟ㅣ니 利涉大川하고 利貞하니라

  단 왈 환형 강래이불궁   유득위호외이상동
象에 曰 渙亨은 剛來而不窮하고 柔得位乎外而上同할새니라
  왕격유묘 왕내재중야   이섭대천 승목유공야
王假有廟는 王乃在中也ㄹ새요 利涉大川은 乘木有功也ㅣ니라

  상 왈 풍행수상 환   선왕 이 향우제입묘
象에 曰 風行水上이 渙이니 先王이 以하여 亨于帝立廟하니라

  초육 용증마장   길
初六은 用拯馬壯하면 吉하니라
  상 왈 초육지길 순야
象에 曰 初六之吉은 順也ㄹ새니라
  구이 환분기궤   회망
九二는 渙奔其机하면 悔亡하리라
  상 왈 환분기궤 득원야
象에 曰 渙奔其机는 得願也ㅣ니라
  육삼 환기궁 무회
六三은 渙其躬하면 无悔하니라

象^상에 曰^왈 渙其躬^{환기궁}은 志在外也^{지재외야}ㄹ새니라

六四^{육사}는 渙其群^{환기군}이니 元吉^{원길}하고 渙有丘^{환유구}하리니 匪夷所思^{비이소사}ㅣ니라

象^상에 曰^왈 渙其群 元吉^{환기군 원길}은 光大也^{광대야}ㅣ니라

九五^{구오}는 渙汗其大號^{환한기대호}하여 渙王居^{환왕거}ㅣ니 无咎^{무구}하니라

象^상에 曰^왈 王居无咎^{왕거무구}는 正位也^{정위야}ㄹ새니라

上九^{상구}는 渙其血^{환기혈}하며 去逖出^{거적출}하면 无咎^{무구}하리라

象^상에 曰^왈 渙其血^{환기혈}은 遠害也^{원해야}ㅣ니라

$\underset{환}{渙}$은 $\underset{형}{亨}$하니라 $\underset{왕\ 격\ 유\ 묘}{王假有廟}$ㅣ니 $\underset{이\ 섭\ 대\ 천}{利涉大川}$하고 $\underset{이\ 정}{利貞}$하니라

渙은 형통하니라. 왕이 종묘에 이르니(지극하니) 大川을 건넘에 이롭고 貞함에 이로우니라

渙卦(환괘)는 坎下巽上(감하손상)의 괘다. 상손괘는 風이고 하감괘는 水다. 風과 水와 괘명의 渙을 합해서 風水渙(풍수환)이라 하여 괘형과 괘명을 기억하게 한다.

渙은 흩어질 환. 散(흩어질 산)과 같은 뜻이다. 주자는 이 '渙'에 대하여 '散'이라 했고, 정자와 내자는 '離散'(이산)이라 했으며, 〈서괘전〉과 〈잡괘전〉에서는 '離'라 했다. 곧 渙은 헤어지다, 흩어지다의 의미다.

괘상으로 말하면 감하손상의 괘가 되니 水上有風(수상유풍), 곧 바람이 불어서 물이 흩어지는 상이다. 사물이 흩어진다는 것은 좋은 면과 좋지 못한 양면을 지닌다. 집안의 어려움으로 가족이 뿔뿔이 흩어지거나, 국난(國難)으로 백성이 흩어지거나, 국정(國政)에 대한 불만으로 민심이 괴리(乖離)되는 등의 渙은 불길을 의미한다. 또 여태까지 사리사욕을 위해서 국민을 괴롭게 하던 악인들의 무리를 해산시켜 선정이 시행되면 민심은 안정되고 국가는 안태(安泰)하리니 이런 것은 좋은 면의 渙이 된다.

개인에 대하여도 역시 마찬가지다. 괴롭고 근심되는 것이 해소되면 마음이 기쁠 것이요 혹은 어떤 사정으로 가족이나 벗과 영별(永別)하게 된다면 이는 비통한 일이니, 渙散은 이러한 양면의 의미를 가졌다. 자연계에는 명암(주야)이 교체하고 인생에는 고락(苦樂)이 번갈아 든다. 이렇듯 渙은 명암의 양면을 가졌다. 딱히 환괘뿐만 아니라 64괘는 모두 이와 같은 명암의 양면을 지닌다. 잘 이용하면 길하고 잘못 이용하면 불길하게 된다.

〈서괘전〉에는 "兌卦는 기뻐하는 괘다. 기뻐한 후에는 흩어지게 된다. 그러므로 兌卦 다음에 渙으로써 받았으니 渙은 離散한다는 의미다"(兌者는 說也ㅣ니라 說而後에 散之리라 故로 受之以渙이니 渙者는 散也ㅣ니라) 했다. 말하자면 기쁜 연회(宴會)도 끝나면 사람들은 각각 흩어진다. 상봉이 있어 이별이

있고 이별이 있어 또 상봉도 있게 된다. 또 심중에 기쁨이 넘치게 되면 사람들은 자연히 마음이 이완되고 오만함이 심해져서 여태까지 친하던 벗도 가졌던 財貨도 흩어지기 쉽다. 흥망성쇠는 상리(常理)다.

  천하태평의 태괘(泰卦) 다음이 天地否塞(천지비색)의 비괘(否卦)가 되고, 부패를 의미하는 고괘(蠱卦) 다음은 물대(物大)를 의미하는 임괘(臨卦)가 되며, 건난(蹇難)을 상징하는 건괘(蹇卦) 다음으로 해결을 의미하는 해괘(解卦)가 온다. 또 '旅而无所容'(여이무소용)의 여괘(旅卦) 다음에는 공손해야 할 손괘(巽卦)를 두었다. 그러므로 〈繫上〉 제2장에 군자는 역서(易序), 즉 괘서(卦序)가 있으므로 편안히 거처할 수 있다고 했다. 군자는 앉아서 시대의 변화를 미리 알 수 있다. 그러므로 '易은 逆數也ㅣ니라' 했다(說卦傳 제3장 참조).

■ 渙은 亨하니라

  渙은 離散의 의미다. 곧 이산해서 형통한다, 또는 이산시켜서 형통한다는 자동, 타동의 양면으로 해석한다. 위에서 이미 말했듯 혹은 국난(國難)이 있으면 그것은 무슨 원인이 있어서 생긴다. 그러므로 그 원인을 잘 살펴 찾아 그것을 해소시키면 점차 형통하게 된다. '渙 亨'은 즉 이런 의미다.

  정전(程傳)에는 "사람의 기운은 근심하면 맺히고 모이며, 기뻐하면 풀어지고 흩어지게 된다. 그러므로 悅은 흩어지다의 의미를 가졌다"(人之氣憂則結聚하고 說則舒散이라 故로 說有散義라) 했다. 괘서(卦序)로 말하면 渙散의 원인은 열락에 있으니 정전에 이른바 결취(結聚)의 도리를 취하면 渙散이 도리어 聚渙(취환 : 흩어진 것이 모임)이 될까 싶다. 역리는 한 예를 들어서 상징적으로 말하고 있으니 유추(類推)하여 스스로 도리를 터득해야 한다.

  환괘에서 九二는 강건중덕을 가진 현인이고 六四는 유순, 지정해서 九五 천자를 보좌하며, 九五 천자는 강건중정의 대덕을 가졌으니 이 세 효가 협력해서 渙散된 인심을 수습하므로 국정이 잘 수행되고 형통하게 된다. 어느 시대든 위대한 인재가 있어서 국운이 왕성하게 된다.

■ 王假有廟ㅣ니 利涉大川하고 利貞하니라

'王'은 천자. 곧 九五를 가리킨다.8) 假은 이를 격. 지극하다는 뜻. '有'(유)는 조사(助詞). '廟'(묘)는 사당 묘. 곧 종묘(宗廟)다.

'王假有廟'(왕격유묘)는 천자가 선조(先祖)의 종묘에 이르러서 망념과 잡념을 떨쳐 버리고(渙散) 정성을 다해 제사를 받든다는 의미다. 천자가 이처럼 정성을 다해 국정을 거행하면 흩어졌던 만인의 민심은 모여 결속되고 악폐(惡弊)는 흩어지며 국운이 왕성해지고 형통하리라는 의미다. 곧 제정일치(祭政一致)를 말했다.

《중용》말장에 "詩에 曰不顯惟德을 百辟其刑之라 하니 是故로 君子는 篤恭而天下平이라" 했다. 곧 詩(周頌 烈文篇)에 말하기를 겉에 나타내지 않는 문왕의 유심현원한 그 덕을 제후들(百辟)은 본받게 되니, 그러므로 군자는 인정이 도탑고 공손하여 천하가 저절로 평안하게 된다는 뜻이다. '王假有廟'와 이 구절은 그 의미가 거의 같다.

'利涉大川'(이섭대천). 험난한 큰 강을 건넘에 이로우니 이것은 '王假有廟'의 효과다. '利貞'(이정). 渙 시대에 처하였으니 정도를 굳게 지켜야 이롭다는 의미다.

《주역술의》에는 "바람이 물 위에 이는 것이 환괘의 상이다. 九五는 왕이고 3, 4, 5효의 호괘는 간괘(艮卦)가 되니 廟가 되고 하감괘는 물이요 상손괘는 나무〔木舟〕다. 하감괘의 착괘는 이괘(離卦)니 배〔舟〕가 되고 2, 3, 4효의 호괘는 진괘(震卦)니 움직이는 상이다. 그러므로 건너감에 이롭다 했다"(風行水上이 曰渙이니 五爲王이요 艮爲廟요 坎爲川이요 巽爲木이니라 離舟震行故로 利涉也ㅣ라) 했다. 역시 사출어상(辭出於象)이라 하나 지나치면 부회(傅會 : 이치에 당치 않는 것을 억지로 끌어다 맞춤)가 되기 쉽다.

---

8) '王'자에 대하여 혹자는 이렇게 말한다. "王은 往이다. 천하의 사람들이 王을 향하여 가서 그에게 귀순(歸順) 한다는 의미다. 후세에는 제후(諸侯)를 王이라 했으나 夏・殷・周 시대에는 천자(天子)를 王이라 했다. 또 이 글자의 형태는 三은 天地人의 三才를 나타내고 가운데의 세로 한 줄은 三才를 통일한다는 뜻이 되니 곧 天子다."

風水渙

^단 ^왈 ^{환형} ^{강래이불궁} ^{유득위호외이상동}
象에 曰 渙亨은 剛來而不窮하고 柔得位乎外而上同할새니라
^{왕격유묘} ^{왕내재중야} ^{이섭대천} ^{승목유공야}
王假有廟는 王乃在中也글새요 利涉大川은 乘木有功也ㅣ니라

象에 가로되 '渙亨'은 剛이 와서 궁하지 않고, 柔가 位를 밖에 얻어서 위(九五)와 함께(同)하기 때문이니라. '王假有廟'는 王이 곧 中에 있기 때문이요, '利涉大川'은 木(木舟)을 타서 공이 있음이니라

■ 象에 曰 渙亨은 剛來而不窮하고 柔得位乎外而上同할새니라

'剛來而不窮'(강래이불궁). 강효가 내려와서 하괘의 중효(중덕을 가짐)가 되니 그러므로 궁곤하지 않다. 이는 九二를 가리킨 말이다.

'柔得位乎外'(유득위호외). 유효는 밑에서 외괘(상괘)로 올라가 이유거유(以柔居柔)로 위정을 얻었다. 주로 六四에 대한 말이다.

'上同'은 종상(從上 : 윗사람에게 순종함)과 같다. 곧 六四는 음양 상비(相比)로 九五 천자를 보좌한다는 뜻이다. 환괘는 이런 내용을 가져서 형통한다는 의미다.

환괘☷와 절괘(節卦)☵는 종괘다. 절괘의 상감괘(上坎卦)가 밑으로 내려와서 환괘의 하감괘(下坎卦)가 되고, 절괘의 九五가 곧 환괘의 九二가 되며, 절괘의 九二가 곧 환괘의 九五가 되었으니, 단전의 '剛來而不窮'은 이것을 말했다. 또 절괘의 하태괘가 위로 올라가서(外卦) 환괘의 六四가 되어 이 六四는 음양 상비(相比)로 九五 천자를 보좌한다는 것이 '柔得位乎外而上同'(유득위호외이상동)의 의미다. 곧 절괘와 환괘의 괘종(卦綜)으로 '渙 亨'을 설명한 말이다.

■ 王假有廟는 王乃在中也글새요 利涉大川은 乘木有功也ㅣ니라

단사의 '王假有廟, 利涉大川'을 설명한 말이다. '王乃在中也'(왕내재중야)는 왕이 곧 중덕(중정)을 가졌다는 뜻. 곧 문왕은 九五 효상을 '王假有廟'라 했으나, 공자는 九五는 중정의 덕을 가짐을 말했다는 의미다. 곧 강건중정의 대덕을 가진 九五 천자는 종묘에서 지성으로써 제사를 모시고 국정을 베풂에도 이

와 같이 지성으로써 만민을 위한 선정을 한다. 그러므로 환산된 인심이 취결되고 형통한다는 의미다. 이는 九五가 중정의 덕을 가졌기 때문이다.

'乘木有功'(승목유공). 나무로 만든 배를 이용해서 험난한 큰 강을 건너감과 같이 공을 세우리라는 의미다. 곧 하괘의 감수(坎水) 위에 상괘의 손목(巽木)이 있으니 상하의 괘상으로써 '利涉大川'을 설명했다.

來註는 다음과 같이 말한다.

괘종으로써 괘사를 해석한 바, 이 괘는 절괘와 종괘가 되니 渙, 節 두 괘는 同體(체가 같음)다. 문왕이 종합해서 일괘로 했다. 그러므로 잡괘전에 渙은 離散이라 했고 節은 止('知其所止'의 止)라 했다. '剛來不窮'은 절괘의 상감괘의 九五가 밑으로 내려와서 환괘의 九二가 된다는 것을 말했고 강효가 내려와서 또 하괘의 중효가 되어 궁곤에 이르지 않는다는 것을 말했다. '柔得位乎外而上同'은 절괘의 하태괘의 六三의 유효가 위로 올라가서 환괘의 상손괘의 六四가 되어 九五와는 음양상비로 그를 보좌한다는 의미다. '王乃在中'(왕내재중)으로 말하면, 3, 4, 5효의 호괘는 간괘로서 간괘는 문궐(門闕)이니 문궐 안은 곧 廟다. 이제 九五는 상괘의 중효가 되니 이것은 문궐 內가 된다. 그러므로 王乃在中이라 했다. '乘木'(승목)이라 한 것은 상손괘의 巽木은 하감수를 타고 있는 상이니 乘木이라 했다. '有功'(유공)은 곧 건너감에 이롭다는 것이니 이것은 괘종의 덕을 가졌기 때문이다. 그러므로 능히 왕이 중정의 덕을 가져서 지성으로 神을 감격하게 하고 또 천하의 민심을 모으게 된다. '乘木有功'은 위험을 무릅씀으로써 이를 도모하여 이로써 천하의 난을 구제하는 것이니 이런 것이 渙의 형통하는 까닭이다.

以卦綜釋卦辭라 本卦綜節하니 二卦同體라 文王이 綜爲一卦라 故로 雜卦에 曰 渙은 離也ㅣ오 節은 止也ㅣ라 剛來不窮者는 言節上卦坎中之陽이 來居于渙之二也ㅣ라 言剛來亦在下之中하여 不至於窮極也ㅣ라 柔得位乎外而上同者는 節下卦兌三之柔 上行而位渙之四하여 與五同德으로 以輔左乎五也ㅣ라 (…) 王乃在中者는 中爻艮爲門闕이니 門闕之內는 卽廟矣라 今九五ㅣ 居上卦之在中하니 是在門闕之內矣라 故로 曰 王乃在中也ㅣ라 乘木者는 上卦巽木이 乘下坎水也ㅣ라 有功者는 卽利涉也ㅣ니 因有此卦綜之德이라 故로 能王乃在中하여 至誠以感之하여 以聚天下之心이라 乘木有功은 冒險以圖之하여 以濟天下之難이니 此는 渙之所以亨也ㅣ라

상　왈 풍행수상　환　　선왕　이　　향우제입묘
象에 曰 風行水上이 渙이니 先王이 以하여 亨于帝立廟하니라

象에 가로되 바람이 물 위에 행함이 渙이니 先王이 이로써 天帝에 향사
(享祀)하며 묘를 세우느니라

■ **象에 曰 風行水上이 渙이니**

환괘의 상손괘는 風이고 하감괘는 水다. 물 위에 바람이 불면 파도가 일어
나서 물이 흩어진다. 이것이 환괘의 괘상이다.

■ **先王이 以하여 亨于帝立廟하니라**

'亨于帝立廟'. 천제(天帝)를 향사하고 묘를 세워서 선조향사를 한다는 뜻이
다. 선왕은 지성으로써 제사를 올리고 천제와 선조의 신령에 감통(感通)하게
된다. 천신(天神)에도 감통하거늘 하물며 일반 백성과는 말할 나위가 없다는
의미다.

來註에는 "왕된 이가 천제에게 제사를 올려 천신과 상접하고 묘당(廟堂)을
세워서 조선(祖先)과 상접함은 모두 자기의 정신을 모아 흩어진 天人을 합치
는 일이다. 바람이 하늘 위에 있음은 천신의 상이요 물이 땅밑에 있음은 인귀
(人鬼)의 상이다. 천제를 향사(享祀)함은 곧 하늘과 사람의 감통이요 立廟亨
祀(입묘향사)는 유명(幽明)의 감통(感通)이다"(王者ㅣ 享帝而與天神接하고 立廟
而與祖考接은 皆聚己之精神하여 以合天人之渙也ㅣ라 風在天上은 天神之象이요
水在地下는 人鬼之象이라 亨帝則天人感通이요 立廟則幽明感通이라)했다.

초 육　용증마장　　길
初六은 用拯馬壯하면 吉하니라

初六은 구제함에 마장(馬壯)을 쓰면 길하니라

拯은 구조(救助)할 증. 壯은 장할 장. 성할 장. '馬壯'(마장)은 장성한 말.
'用拯馬壯'(용증마장)은 성장한 말을 이용해서 구조한다는 뜻. '馬壯'은 강건중

덕을 지닌 九二를 가리키는 말이다.

初六은 음효·양위로 위부정하고 六四와는 같은 음효로 무응이 되니 세태(世態)가 아직 크게 渙散된 상태는 아니다. 다행히 初六은 강건중덕을 지닌 九二의 현인(마장)과 음양 상비의 사이가 되므로 그 마장(九二)에 순종하면 길하리라.

《주자본의》에는 "初六은 환괘의 초효가 되니 환산의 시초다. 渙始를 구제하기는 힘으로 하더라도 쉬운 일이고 또한 九二의 馬壯과 음양 상비하니 길함을 알 수 있다. 初六은 渙時를 구제할 재덕자는 아니나, 다만 九二의 현인에 능히 순종한다. 그러므로 그 象占이 이와 같다"(居卦之初하니 渙之始也ㅣ라. 始渙而拯之는 爲力旣易하고 又有馬壯하니 其吉可知라 初六은 非有濟渙之才라도 但能順乎九二故로 其象占이 如此ㅣ라) 했다.

象에 曰 初六之吉은 順也ㄹ새니라
象에 가로되 '初六之吉'은 순하기 때문이니라

初六은 음유하고 재덕이 부족하며 하천하니 渙時를 구제할 능력은 못 가졌으나 그래도 길하다 함은 오직 강건중덕을 가진 九二 현인에 순종해서 그 도움을 받기 때문이다.

九二는 渙奔其机하면 悔亡하리라
九二는 渙(渙時)에 그 机(궤)에 의지하면(달려가면) 悔가 없어지리라

奔은 달릴 분. 곧 달리다, 빨리 향해서 가다의 뜻이다. 机는 책상 궤. 여기서는 几(안석 궤)와 같다. 곧 앉을 때에 몸을 기대는 기구. '渙奔其机'(환분기궤)는 渙時에 그 机(几)에 달려가서 의지한다는 뜻.

九二는 渙時에 처해 坎中(九二는 하감괘의 중효니 험중이 된다)에 빠져 있으니 응당 悔가 있게 된다. 九五는 같은 양효여서 무응이 되고 오직 初六과 음양 상비의 사이가 된다. 그러므로 九二는 初六에게로 달려가서 의지한다는 것이 '渙奔其

机'(환분기궤)의 의미다. 初六에게 九二는 馬壯이 되고 九二로서는 初六이 의지할 机(几)와 같다. 初六은 九二의 승효(承爻 : 받드는 효)가 되기 때문이다.

강건중덕을 지닌 九二는 천하가 渙散된 이 때에 자기의 신분에 적당한 지위에서 아래의 백성들을 편안히 토닥여 안정시키니 그러므로 有悔했던 것이 悔亡이 된다. 실은 悔亡이 될 뿐 아니라 장차 渙時를 구제할 단서가 되고 나중에는 九五 천자에 귀순하게 된다. 강건중덕을 가진 九二가 아랫사람들과 합력(合力)한 결과다.

정전(程傳)에는 이렇게 씌어 있다.

제효(諸爻)에 모두 渙이라 한 것은 渙時를 이름이다. 渙離의 때에 九二는 험중(감괘 중효는 험중이 된다)에 처하여 있으니 有悔를 알 수 있다. 만약 능히 달려가서 안정될 곳으로 나아가게 되면 후회할 일은 사라지리라. 机(几)는 몸을 눕혀 기댐으로써 편안히 하는 것이다. 俯(누울 부)는 밑으로 나아감이고 奔은 급히 가는 것이다(달린다는 뜻). 九二와 初六은 비록 응효는 아니나 渙時에 양쪽이 다 응여가 없어 음양 상비로 서로 구하니 곧 서로 의뢰(依賴)하는 사이다. 그러므로 九二는 初六을 机(几)로 보고(目) 初六은 九二를 馬壯이라 했다. 九二는 급히 初六에게로 나아가서 안정이 되면 곧 그 悔가 능히 사라지리라. 初六은 비록 坎體(감괘)의 一爻이나 험중에 있지 않다. 더러 의심하여 "初六은 유약하여 보잘것없는데 어찌 족히 의뢰할 수 있느냐" 하나 대개 渙時에는 힘을 합해서 이기게 된다. 선유는 모두 九五를 机라 하나 잘못이다. 방금의 渙離의 때에 九二와 九五 같은 양효들이 어찌 쉽게 동조하겠는가. 만일 동조하게 되면 渙離를 구제하는 공은 당연히 막대하리니 어찌 悔亡만으로 그칠 것인가. 机는 나아가서 눕는 것을(俯就) 이른다.

　諸爻皆云渙은 謂渙之時也ㅣ라 在渙離之時에 而處險中하니 其有悔可知라 若能奔就所安則得悔亡也ㅣ라 机者는 俯憑以爲安者也ㅣ라 俯는 就下也ㅣ오 奔은 急往也ㅣ라 二與初는 雖非正應이나 而當渙離之時에 兩皆无與하여 以陰陽親比相求하니 則相賴者也ㅣ라 故로 二目初謂机하고 初謂二爲馬라 二急就於初以爲安하면 則能亡其悔矣라 初雖坎體而不在險中也ㅣ라 或疑初之柔微何足賴로되 蓋渙之時에는 合力爲勝이라 先儒皆以五爲机하나 非也ㅣ라 方渙離之時에 二陽이 豈能同也리오 若能同則成濟渙之功이 當大하리니 豈止悔亡而已리요 机謂俯就也ㅣ라

象에 曰 渙奔其机는 得願也ㅣ니라
象에 가로되 '渙奔其机'는 원함을 얻음이니라

九二는 渙離時에 험중에 처하여 있으니 우선 안정을 도모해야 한다. 음양상비로 初六에 의뢰하게 되었으니 悔亡이 되고 이로써 원한 바를 얻게 된다는 의미다.

六三은 渙其躬하면 无悔하니라
六三은 그 몸을 환산(渙散)시키면 悔는 없느니라

躬은 몸 궁. '渙其躬'(환기궁)은 그 몸을 渙散시킨다는 뜻이니 곧 '분골쇄신', 자기의 일신을 돌보지 않고 헌신적인 노력을 한다는 의미다. '渙'은 괘명의 渙 자이나 여기서는 환산시킨다는 동사로 해석한다.

六三은 음효·양위로 위부정하고 부중 과중이 되니 불길함이 통례이다. 그러나 六三은 험난한 감괘의 상효가 되니 장차 험중에서 벗어날 효상이 되고 또 上九와 음양상응해서 渙時를 구제하는 데에 일신을 돌보지 않고 헌신적인 노력을 하여 '无悔'가 된다. 그러므로 의리상으로 길흉은 말하지 않았다. 《주역절중》에 이광지는 이렇게 말하고 있다.

易卦 중에 六三이 上九와 상응해서 吉한 爻는 드물다. 오직 渙時에만은 상괘에 응효가 있음이 곧 신상(身上)의 일을 잊고 上에 순종(徇은 따를 순, 복종할 순)하는 象으로 된다. 건괘(蹇卦) 六二에 "王臣蹇蹇은 匪躬之故라" 하니 또한 蹇難의 때에 당하여 九五와 상응하여 이 爻와 의의가 같다.

易中六三이 應上九는 少有吉義라 惟當渙時則有應於上者는 忘身徇上之象也ㅣ라 蹇之二曰 王臣蹇蹇은 匪躬之故라하니 亦以當蹇難之時에 而與五相應하니 此爻之義와 同之라

'匪躬之故'(비궁지고)는 자신의 이득을 위함이 아니라는 의미. 곧 '渙其躬'

(渙其躬)은 '匪躬之故'(비궁지고)와 그 내용이 같다는 해석이다.

_상 _왈 _{환기궁}   _{지재외야}
象에 曰 渙其躬은 志在外也ㄹ새니라
象에 가로되 '渙其躬'은 뜻이 밖에 있기 때문이니라

'志在外也'(지재외야). 뜻하는 바가 밖에 있다는 것은 곧 六三이 상응하는 上九에 뜻을 두고 있다는 말이다. 六三은 渙을 구제하려는 뜻을 가지고 상응하는 上九에 협력하려 한다. 제환(濟渙)을 위해 일신(一身)을 돌보지 않으니 그러므로 그 일이 이루어지는 여부는 접어두더라도 无悔가 된다. '无悔'에 대해서는 정전(程傳)에 "悔亡은 본시 悔가 있었으나 스스로 닦아 반성하여 悔가 없게 된다는 의미고, 无悔는 본시 悔가 없다는 의미다"(悔亡者는 本有而得亡이요 无悔者는 本无也ㅣ라) 했다.

_{육사} _{환기군} _{원길} _{환유구}   _{비이소사}
六四는 渙其群이니 元吉하고 渙有丘하리니 匪夷所思ㅣ니라
六四는 그 무리를 환산시킴이니 크게 길하고 渙(渙時)에 언덕처럼 (많은 사람들을) 保有하리니 범인(凡人)의 생각할 바가 아니니라

六四는 음효로서 음위에 있으니 위정 지정한 대신(大臣)이다. 또 손괘의 주효로서 손순하는 덕을 지녔다. 밑에는 응효가 없으니 계루가 없고, 오직 음양상비(相比)로 九五 천자에 손순 복종하여 보좌하니 곧 渙時를 구제할 대신이다. 단전에 '柔得位乎外而上同'(유득위호외이상동)은 이 六四를 가리킨 말이다. 六四는 밑에 응효가 없고 九五가 유일한 비효가 되기에 이런 상이 된다.
  '渙其群'(환기군)의 渙은 渙散. 其는 六四를 가리키는 대명사. 群은 무리 군. 곧 군취(羣聚: 떼를 지어 모임), 군당(群黨), 단체(團體) 등을 말한다. 즉 六四는 자신이 관여하는 당파나 단체 등을 渙散시킨다는 것이 '渙其羣'의 의미다. 나라 안에 여러 의견과 당파가 난립하여 여론이 분분하고 민심이 산란되어 통일되지 않는 이 때에 六四는 자신의 당파와 단체 등을 해산하여 장차

통일의 동기로서 작용한다. 그러므로 대길(원길)하게 된다.

有는 보유(保有)의 뜻. 丘는 언덕 구. 3, 4, 5효의 호괘는 艮山이다. 그러므로 丘라 했다. 匪는 非. 夷는 무리 이. 여기서는 '보통, 평범'의 뜻이다. '渙有丘'(환유구)는 渙時에 六四는 사당(私黨) 등을 渙散하니 도리어 언덕처럼 산처럼 많은 사람들이 모인다는 뜻. 곧 六四는 사당(私黨)을 해산시키니 천하 만민은 이 대신(大臣)의 공명정대한 덕행에 신복(信服)하여 도리어 丘처럼 山처럼 많은 사람들이 모이게 된다는 의미다. '渙其群'의 渙 자는 渙散의 뜻이고, 밑의 '渙其丘'의 渙 자는 渙時의 뜻이다.

'匪夷所思'(비이소사)는 평범한 사람의 생각으로는 미칠 바가 아니라는 의미다. 六四의 대신은 공명 정대한 심덕으로 사당을 해산하고 九五 천자를 보좌하므로 渙散되었던 국가가 통일되게 되었다.

《주자본의》에는 이렇게 씌어 있다.

六四는 이음거음으로 위정 지정하고 위로는 九五 천자를 받들고 있으니 마땅히 渙時를 구제할 적임자다. 밑에 응효가 없으니 능히 붕당을 해산시킬 수 있는 상이다. 점자는 이와 같이 하면 아주 좋고 吉하다. 다시 말하자면 그 작은 무리들을 해산하여 큰 무리를 이루게 하고 그 흩어진 자들로 하여금 언덕처럼 모이게 하니 이는 보통 사람의 사려로는 미칠 바가 아니다.

> 居陰得正하고 上承九五하니 當濟渙之任者也ㅣ라 下无應與하니 爲能散其朋黨之象이라 占者ㅣ 如是則大善而吉이라 又言能散其小群하여 以成大群하고 使所散者ㅣ 聚而若丘하니 則非常人思慮之所及也ㅣ라

象에 曰 渙其群元吉은 光大也ㅣ니라
象에 가로되 '渙其群元吉'은 光大함이니라

六四는 심덕이 광명정대(光明正大)하여 자기의 붕당을 해산하니 '渙有丘'가 이루어지고, 有丘로 말미암아 나라 안이 취결통일하게 되어 원길을 얻게 된다. '光大'는 光明正大의 뜻.

사물은 어떤 원인으로 말미암아 그 결과가 생기며 그 결과는 또 새로운 원인으로 작용하게 된다. 우주와 인생의 모든 사실은 인연과(因緣果), 곧 인과 관계로 성립된다.

구 오　　환 한 기 대 호　　　환 왕 거　　　무 구
九五는 渙汗其大號하여 渙王居ㅣ니 无咎하니라
九五는 환한(渙汗)이 그 크게 호령(號令)하여 渙時에 왕이 居(假)함이니 허물이 없느니라

'渙汗'(환한)은 천자의 칙명(勅命). 汗은 땀 한. '大號'(대호)는 큰 호령, 곧 천자의 조칙(詔勅 : 천자의 명령서)를 말한다.

땀은 전신(全身)에서 나오지만 일단 몸 밖에 나오게 되면 다시 몸 속으로 되돌아 들어가지는 않는다. 천자의 조칙(詔勅)도 이와 같다. '大號'는 상손괘의 風象에서 취한 말이다. 천자의 조칙이 한번 내리면 바람처럼 이르지 않는 곳이 없고 땀처럼 다시 되돌아오지 않는다. 곧 다시는 변할 수 없고 온 천하에 이르게 된다는 것을 땀에 비유한 말이다. '渙汗其大號'(환한기대호)는 이런 의미다.

'渙王居'(환왕거)는 渙時에 처하는 도리는 '王居'(왕거), 곧 단사의 '王假有廟'와 같은 의미다.

九五는 강건중정의 대덕을 가진 천자로 주괘의 주효다. 九二와 六四는 성괘의 주효가 된다. 단전에 '王假有廟는 王乃在中也'는 이 九五를 가리키고 있다. 밑에 응효는 없으나 공명정대한 덕을 지닌 六四의 대신의 보좌를 받아서 천하에 큰 명령을 내려 渙散된 민심을 결집시키고 나라 안을 통일시키는 대인이다. 나라 안이 渙散의 상태에 이르게 되는 것은 九五 천자의 책임이므로 허물이 있게 마련이나 六四의 대신 등의 협력으로 渙時를 구제하게 되었으니 그러므로 무구라 했다. 六三 이상의 효는 모두 渙을 구제하는 일에 온 마음과 힘을 쏟는 爻들이다. 물론 九五가 중심이 되므로 주괘의 주효가 된다.

象에 曰 王居无咎는 正位也일새니라
象에 가로되 '王居无咎'는 位가 바르기 때문이니라

'正位'(정위)는 位正과 같은 의미. 九五 천자는 강건중정의 대덕을 지녔다. 정전에는 "再云渙者는 上謂渙之時요 下謂處渙如是則无咎也ㅣ라" 했다. 곧 효사의 두 渙 자를 설명한 말로서, 거듭하여 渙을 말한 것은 '渙汗其大號'(환한기대호)의 渙 자는 渙時의 의미고 '渙王居'(환왕거)의 渙 자는 처환(處渙), 즉 渙時에 처하는 도리가 이와 같으면 무구하다는 의미라는 것이다. 그러나 위의 정자의 설명은 잘못이다. '渙汗'(환한)은 천자의 칙령이고 '渙王居'(환왕거)의 渙자는 渙時를 가리키고, '王居'는 처환(處渙)의 도리 곧 '王假有廟'를 가리킨 말이다.

上九는 渙其血하며 去逖出하면 无咎하리라
上九는 그 피를 환산시키며 가서 먼 데에 나가면 허물이 없느니라

'血'은 하감괘(下坎卦)의 상이다. 六三은 하감괘의 상효(上爻)니 血의 상이다. 上九는 상손괘의 상효가 되니 風의 상이다. 즉 上九는 응효인 六三이 자신에게 해를 끼칠까 우려하여 巽風으로써 血(六三)을 渙散시킨다는 것이 '渙其血'(환기혈)의 의미다. 逖은 멀 적. 遠과 같다. '去逖出'(거적출)은 곧 六三의 해를 피해 멀리 가라는 의미다. 그렇게 하면 무구하리라.

上九는 양효로서 음위에 있으니 오히려 내강외유의 군자다. 제환(濟渙)이 이미 (九五에서) 이루어진 이 때에 上九는 무관위(無官位)의 지위가 되니 오직 자기를 해칠 우려가 있는 사람들을 피해 은서(隱棲)하는 상이다. 곧 은군자(隱君子)의 상이다.

《주역절중》에 이광지는 이렇게 말하고 있다.

택지취괘(澤地萃卦)는 聚(모일 취)가 그 괘의(卦義)가 된다. 그러므로 괘의 종말인

上六에 이르러 탄식하여 눈물 콧물을 흘리는(齎咨涕洟) 양으로 萃를 구함은 천명의 정도요 인심의 안정을 위함이다. 환괘는 이산의 의미다. 그러므로 괘의 종극(上九)에 이르러 드디어 해를 멀리하고 다른 곳으로 가서 허물을 피하니 이 또한 樂天의 智요 安土의 仁이다. 예로부터 군자는 심신을 정결히 하여 윤리를 어지럽히지 않고 또한 濡首(유수 : 머리를 적심 ; 미제괘(未濟卦)의 上九 참조)로써 화를 밟지 않음은 각각 그 때에 들어맞게(惟) 할 뿐이다.

> 萃는 以聚爲義라 故로 至卦終而猶齎咨涕洟하여 以求萃者는 天命之正이요 人心之安也ㅣ라 渙은 以離爲義라 故로 至卦終而遂遠害하여 離去以避咎者는 亦樂天之智요 安土之仁也ㅣ라 古之君子ㅣ 不潔身以亂倫은 亦不濡首以蹈禍니 各惟其時而已矣라

요약하면 취괘(萃卦)는 모인다는 의미의 괘로서 종말에는 오히려 흩어지게 되어 탄식하며 눈물 콧물을 흘리게 되고, 환괘는 흩어지는 괘인데 종말에는 모이게 된다. 萃, 渙의 두 괘를 대조해서 설명하고 끝으로 군자의 안토낙천의 도리를 말했으니 경청할 말이다.

象에 曰 渙其血은 遠害也ㅣ니라
象에 가로되 '渙其血'은 해를 멀리함이니라

흐트러진 나라 안의 질서가 九五에서 이미 濟渙하여 통일이 되었으니, 上九는 세상 밖에서 소요(逍遙)하는 상이 된다. 그러므로 은퇴해서 害를 멀리한다는 의미다. 세태가 안정된 것은 다행한 일이다. 이런 경우에는 비록 재덕을 지닌 군자라도 일을 꾸며서는 난을 유발하기 쉬우니 멀리 은서(隱棲)해서 안토낙천하는 것이 군자의 도다.

風水渙卦(풍수환괘)䷺의 六爻를 다시 정리해 보자.
初六은 渙初가 되고 渙散이 심각하지 않은 이 때에 비록 음유하비(陰柔下卑)하나 강건중덕을 가진 九二의 현인과 음양 상비(相比)해서 그 지도에 순종하니 吉하다.

강건중덕을 가진 九二는 상위에 응효가 없고 험중(險中)에 빠져있으니 (하감괘의 坎中) 음양 상비하는 初六을 의지해서 서로 도우면 悔亡하게 된다.

六三은 음효·양위로 위부정하고 과중부중으로 불길한 효다. 그러나 渙時를 우려하는 진실한 마음을 지녀 양강재덕을 가진 上九와 음양상응해서 진심갈력하므로 无悔가 된다.

六四는 상손괘의 주효가 되고 음효·음위로 공명정대한 대신(大臣)이다. 음양 상비로 九五 천자를 보좌해서 渙時를 구제하는 길한 효다.

九五는 주괘의 주효가 되고 강건중정의 대덕을 가진 천자다. 六四를 비롯한 여러 현인들의 보좌를 받아서 이에 濟渙이 완성되고 대길한 효다. 단사의 '王假有廟'(왕격유묘)는 이 九五를 가리킨 말이다.

上九는 양효·음위로 내강외유의 군자요 渙時의 종말이 되니 이미 濟渙이 성립된 후가 된다. 그러므로 은서(隱棲)하여 안토낙천하는 은군자다.

^절 ^형 ^{고절} ^{불가정}
節은 亨하니라 苦節은 不可貞이니라

^단 ^{왈 절형} ^{강유분이강득중} ^{고절불가정} ^{기도궁}
象에 曰 節亨은 剛柔分而剛得中일새요 苦節不可貞은 其道窮
^야 ^{열이행험} ^{당위이절} ^{중정이통} ^{천지}
也ㄹ새니라 說以行險하고 當位以節하고 中正以通하느니라 天地
^{절이사시성} ^{절이제도} ^{불상재} ^{불해민}
節而四時成하나니 節以制度하여 不傷財하며 不害民하나니라

^상 ^{왈 택상유수} ^절 ^{군자} ^이 ^{제수도} ^{의덕행}
象에 曰 澤上有水ㅣ 節이니 君子ㅣ 以하여 制數度하며 議德行
하나니라

^{초구} ^{불출호정} ^{무구}
初九는 不出戶庭하니 无咎하니라
^상 ^{왈 불출호정} ^{지통색야}
象에 曰 不出戶庭은 知通塞也ㅣ니라
^{구이} ^{불출문정} ^흉
九二는 不出門庭하니 凶하니라
^상 ^{왈 불출문정흉} ^{실시극야}
象에 曰 不出門庭凶은 失時極也ㄹ새니라

六三은 不節若하여 則嗟若하니 无咎하니라
象에 曰 不節之嗟를 又誰咎也ㅣ리오

六四는 安節이니 亨하니라
象에 曰 安節之亨은 承上道也ㅣ새니라

九五는 甘節이니 吉하고 往有尙하니라
象에 曰 甘節之吉은 居位中也ㅣ새니라

上六은 苦節이니 貞凶하고 悔亡하리라
象에 曰 苦節貞凶은 其道窮也ㅣ새니라

節은 亨하니라 苦節은 不可貞이니라
節은 형통하니라. 苦節은 貞이라 할 수 없느니라

節卦(절괘)는 兌下坎上(태하감상)의 괘다. 상감괘는 水고 하태괘는 澤이다. 水와 澤과 괘명의 節을 합해서 水澤節(수택절)☵☱이라 하여 괘형과 괘명을 기억하게 한다.

節은 마디 절. 본디의 뜻은 대나무의 마디라는 의미다. 대나무는 마디의 하나 하나가 맺어져 있다. 이 대나무의 마디처럼 사물에는 제한과 규율, 법도가 있어 그 범위 내에서 행동해야 한다. 곧 절도(節度), 절의(節義), 절조(節操), 정절(貞節), 예절(禮節), 조절(調節) 등은 모두 이 죽절(竹節)에 비유한 것이다.

《주자본의》와 來註에는 '節은 有限而止也'라 했다. 곧 節은 한도 내에 머물러 있어야 한다는 의미다.

이 괘의 하태괘는 澤이고 상감괘는 水다. 못 속에 물이 고여 있는 상이다. 못은 크든 작든 물을 담는 용적(容積)에는 한도가 있게 마련이다. 못에 한도 이상의 물이 흘러들면 넘치거나 또는 둑이 터지는 경우도 있다. 즉 못에 물을 담는 데는 일정한 한도가 있다는 점에서 '절도'의 의미가 생겨 괘명을 節이라 했다.

절도를 정하여 사물을 절제(節制)하는 데에는 스스로를 절제하는 경우도 있고 또는 타인, 단체, 국가에 관한 절도를 정하여 수절(守節)하도록 하는 경우도 있다. 곧 自節(자절), 他節(타절)이 모두 절괘에 관한 일이다. 또 그러한 두 경우에 모두 무형(無形)의 심적 절제도 있고 유형의 물적 절제도 있으니 그 모두가 이 절괘에 관한 일이다. 경문은 간단하나 이 절괘가 지닌 내용은 광대하다. 깊이 연구하고 널리 응용할 일이다.

상하괘의 괘덕으로써 말하면 하태괘는 화열하는 덕을 가졌고 상감괘는 험난의 괘다. 곧 '說以行險'(열이행험), 기쁨으로써 험난한 일을 행한다는 의미다. 절도와 규율은 그것에 복종하는 입장에서는 어느 정도 험난의 의미를 지닌다. 自節로 말하면 어떤 절도나 규율을 정해서 스스로를 수양할 경우에는 스스로 기쁘게 지킬 수 있는 것이라야 오랫동안 지속할 수 있을 것이요, 그 규율이 지나치게 엄정하다면 지속되기 어려운 일이다. 他節도 역시 이와 같으리니 곧 집단과 국가의 제도나 규율도 실천 가능한 범위 안이라야 모두가 기뻐하며 실행할 것이요 지나치게 엄정하면 오랫동안 계속하기는 어려운 일이다. 그러므로 '說以行險'(열이행험)할 만한 정도의 절도, 규율이라야 오래 지속된다.

　'說以行險'이 이 절괘의 요체가 된다. 이 도리에 지나치면 단사에 말한 '苦節'(고절)이 되고 苦는 說의 반대가 되니 결코 오래도록 지속될 수 없다. 그러므로 '苦節은 不可貞이라' 한 것이다.

　여섯 효로 나누어서 보면 이 괘에는 양강(陽剛)이 세 효 있고 음유(陰柔)가 세 효 있으니 음양이 균등하다. 또한 九二는 양강중덕을 지녔고 九五는 강건중정의 대덕을 가져서 節道 곧 절도(節度)와 규율의 도리가 잘 이행된다. 또 밑에 있어야 할 음괘(태괘)는 밑에 있고 위에 있어야 할 양괘(감괘)는 위에 있으니 곧 '說以行險'(열이행험)의 괘상이다. 그러므로 절괘는 형통하게 된다.

　〈서괘전〉에는 "渙者는 離也ㅣ니라 物不可以終離리라 故로 受之以節이니라" 했다. 곧 渙은 渙散하다의 의미니 사물은 흩어지는 것으로 끝날 수는 없다. 그러므로 환괘 다음에 절괘로서 받았다. 태괘는 기뻐하는 괘로서 기쁨이 영구히 지속될 수는 없고, 사람들은 모여서 기뻐한 다음에는 각각 흩어지게 되며 흩어진 다음에는 또 모일 수도 있다(萃卦의 뜻). 모여서 기뻐하고 흩어지는 데는 어떠한 절도와 규율이 있으니 그것을 서로가 굳게 지킴으로써 상호관계(相互關係)가 오래 지속된다. 그러므로 인간 만사에는 절도와 규율이 필요하다.

　환괘와 절괘는 종괘다. 사물은 궁(窮)하면 변화하고 변화하면 통하게 되고 통하면 오래도록 지속되고 오래 지속되면 다시 궁하게 된다. 이것이 자연의 법칙이요 역리(易理)이다. 곧 '궁변통구'의 도리이다. 그러므로 〈잡괘전〉에는 "渙은 離也ㅣ오 節은 止也ㅣ니라" 했다. 곧 기뻐한(兌卦) 다음에는 흩어지게 되고(渙卦), 흩어지면 절제로써(節卦) 제지하게 된다는 의미다. 어두운 밤이 가면 밝은 낮이 오고 밝은 낮이 가면 또 어두운 밤이 오게 된다.

- 節은 亨하니라 苦節은 不可貞이니라

'節 亨'. 적합한 절도와 규율을 정해서 그것을 굳게 지킴으로써, 즉 '說以行險'(열이행험)으로 절괘는 형통한다는 의미다. 곧 무조건 형통한다는 의미가 아니다. 하괘는 태괘니 기뻐하는 괘고 상괘는 감괘니 험난의 괘다. 험난은 곧 절도와 규율 등을 의미한다. 이 절도와 규율이 사리(事理)에 적합해야 사람들은 이를 기뻐하며 지킬 것이다. 그리해야 일이 잘 수행되고 형통하게 된다.

그러나 절도와 규율이 지나치게 엄격하면 사람들은 그것을 지키느라 심한 고통을 당하게 된다. 이것이 '苦節'(고절), 즉 지키기에는 매우 고통스러운 절도라는 뜻. 苦節은 오래 지키기 어렵다. 그러므로 '不可貞'(불가정), 즉 貞道라 할 수 없다.

절도와 규율은 개인 또는 집단, 국가에 따라 각각 다를 수도 있고 시대에 따라 다를 수도 있으려니와 가장 중요한 것은 우주생생지리(宇宙生生之理)와 人道상 또는 중용지도에 어김이 없어야 하며, 인류의 장구한 역사에 비추어도 어김이 없어야 비로소 바른 절도, 규율이라 할 수 있다.

절도와 규율(험난의 뜻)을 의미하는 상감괘는 주효가 중앙에 있으니 중덕을 가진 상이 된다. 곧 절도와 규율이 중화(中道와 和道)에 적합하다는 상이다. 그러므로 사람들은 이를 기뻐하며(하태괘의 和悅) 지키니 형통하게 된다. 만일 절도와 규율이 中和의 도리에 어긋나 지나치게 엄격하면 '苦節'(고절)이 되어 정도(貞道)라 할 수 없다. 그러므로 '苦節은 不可貞이라' 한 것이다.

《주자본의》에는 이렇게 말하고 있다.

節은 한계에서 멈춘다는 의미다. 하태상감(下兌上坎)으로 괘가 이루어져 澤上有水의 상이니 못이 물을 수용하는 데에는 한계가 있다. 그러므로 節이라 했다. 절괘는 본시 스스로 형통할 도리를 가졌다. 또 그 괘체는 3음3양으로 음양이 각각 반이고 2위와 5위는 모두 양효로서 중덕을 가졌다. 그러므로 점사는 형통하다 했다. 그러나 그 절도와 규율이 너무 심하면 곧 苦節이 되니 그러므로 다시 경계하길 정도라 해서 지킬 수는 없다.

節은 有限而止也ㅣ라 爲卦下兌上坎은 澤上有水니 其容有限故로 爲節이라 節

固自有亨道矣요 又其體陰陽各半而二五皆陽故로 其占이 得亨이라 然이나 至於
太甚則苦矣리니 故로 又戒以不可守爲貞也ㅣ라

彖에 曰 節亨은 剛柔分而剛得中일새요 苦節不可貞은 其道窮
也ㄹ새니라 說以行險하고 當位以節하고 中正以通하느니라 天地
節而四時成하나니 節以制度하여 不傷財하며 不害民하나니라

彖에 가로되 '節亨'은 剛과 柔가 나누어져서 剛이 中을 얻기 때문이요, '若節不可貞'은 그 도가 궁하기 때문이니라. 기뻐함으로써 험(險難)을 행하고 位에 마땅해서 절도(節度)로써 하고, 中正함으로써 통하느니라. 천지가 절제(節制)해서 사시가 이루어지나니, 절도(節度)로써 법도(法度)를 제정(制定)하여 재물을 상하지 않게 하며 백성을 해되지 않게 하느니라

■ 彖에 曰 節亨은 剛柔分而剛得中일새요

'剛柔分'(강유분)은 강효와 유효가 반씩 나누어져 있다는 의미다. 곧 六三과 六四, 上六 세 효는 유효고 初九와 九二, 九五의 세 효는 강효니 강유가 잘 조절된다. '剛得中'(강득중). 九二와 九五의 두 강효는 중덕을 가졌다. 이런 것이 절괘가 형통하는 까닭이라는 의미다. 九二와 九五의 두 강효가 중덕을 지닌 것이 가장 중요하다.

■ 苦節不可貞은 其道窮也ㄹ새니라

절도와 규율이 지나치게 엄격하면 괴롭고 힘들게 되고 그러므로 오래도록 지키기 어렵다. '其道窮也'(기도궁야). 그러니 도리상 곤궁한 일이라는 것이다. 또한 '苦節'(고절)은 어떤 고난에 당면해도 굳게 지키는 절개와 지조를 의미하기도 하는데, 이러한 苦節은 논리상으로는 선덕(善德)이라 할 수 있으나 예절은 和가 가장 중요하다. 어떻든 中和의 도리에 어긋나면 '苦節不可貞'(고절불가정)이 된다. 이상은 단사를 설명한 말이다.

- **說以行險하고 當位以節하고 中正以通하느니라**

'說以行險'(열이행험). 하태괘는 悅(說)德을 가졌고 상감괘는 험난의 괘다. 곧 험난한 일도 기뻐하며 행한다는 뜻. 상하의 괘덕을 설명했다.

'當位以節'(당위이절)은 주괘의 주효인 九五에 대한 설명이다. 當位는 위당, 위정과 같다. '以節'(이절). 그로써 九五 천자는 모든 일을 행함에 절도에 맞게 한다.

'中正以通'(중정이통). 九五는 양효·양위로 위정하고 상괘의 중효니 곧 이런 덕으로써 절도에 맞는 규율을 정하고 中和의 도리로써 정치를 베푸니 일이 잘 통하게 된다는 의미다. 이상은 九五에 대한 설명이다.

- **天地節而四時成하니니**

천지의 도리도 절제가 있어서 四時가 이루어지고 만물이 생성화육하게 된다.

- **節以制度하여 不傷財하며 不害民하나니라**

'節以制度'(절이제도), 절도에 맞는 법규를 제정하여 '不傷財'(불상재), 재물을 상실하지 않게 하고 '不害民'(불해민), 가혹한 조세 등으로 국민에게 해를 끼치지 않는다. 위정자는 '天地節而四時成'(천지절이사시성)의 도리를 본받아 절도에 맞는 법규를 제정해서 재정이 궁핍하지 않도록 하여야 한다. 가혹한 세금으로 국민들을 곤궁케 하지 않도록 하며 안락한 생활로 이끈다는 의미다. '天地節' 이하는 성인이 節道를 이용하는 도리를 말했다.

《주역절중》에 이광지는 이렇게 쓰고 있다.

'悅以行險'(열이행험)에 대해서는 선유의 諸說이 있으나 그 뜻하는 바가 명확하지 않다. 대개 절괘는 막힘〔阻塞〕이 있어 행하기 어려운 상이다(상괘에 坎險이 있다는 뜻). 이르는 바의 험난해서도 그 형통하는 까닭은 곧 그 편안하게 나아가는 長所(善)를 가져서 억제(拘迫)하는 괴로움이 없기 때문(以)이니 이르는 바의 '說而行險'이다. '當位'는 그 자리로써 말한 것이고(九五는 天位), '中正'은 그 덕으로써 말했다(九五는 중정의 덕을 가짐). 位當하면 곧 천하의 권세에 절도가 있음이요 中

正하면 곧 천하민의 뜻에 통할 수 있음이다. 기쁘면 고통스럽지 않고 통하면 궁하지 않는다.

> 說以行險은 先儒說義未明이라 蓋節은 有阻塞難行之象이니 所謂險也而其所以亨者는 則以其有安適之善而無拘迫之苦니 所謂說也ㅣ라 當位는 以位言하고 中正은 以德言이라 當位則有節天下之權하고 中正則能通天下之志라 (…) 說則不苦而通則不窮矣라

곧 지나치게 엄격하지 않은, 편안하게 적응할 수 있는 법도, 규율이라야 천하민(天下民)의 뜻에 통달하여 형통한다는 설명이다.

象에 曰 澤上有水ㅣ 節이니 君子ㅣ 以하여 制數度하며 議德行하나니라

象에 가로되 못 위에 물이 있음이 節이니 군자는 이로써 수도(數度)를 제정하며 덕행을 의논하느니라

■ 象에 曰 澤上有水ㅣ 節이니

'澤上有水'(택상유수), 곧 태하감상(兌下坎上)이 절괘의 괘상이다.

■ 君子ㅣ 以하여 制數度하며 議德行하나니라

'制數度'는 '數'(셀 수)는 많고 적음, '度'(법 도)는 고저장단의 기준, 곧 상하귀천의 등급에 따라 가옥, 의복, 기물(器物), 예식 등에 정해져 있는 규칙을 말한다. '議德行'(의덕행)은 덕행을 의론한다는 뜻. 德은 득어심(得於心), 곧 마음 속에 체득한 도덕이며 行은 그 도덕이 밖으로 나타난 행위를 말한다.

못 속에 물을 담고 있는 것이 절괘의 상이다. 못은 그 크기에 따라 저수량이 한정되어 있고, 그 제한을 넘어서면 물은 넘쳐흐르게 된다. 곧 물을 담는 데는 일정한 절도가 있는 것이다. 군자는 이 도리를 본받아 상하 귀천의 등급에 따라서 일정한 수와 척도를 제정하고 또 심중에 체득한 도덕과 그 외면에

나타나는 행위에도 적의(適宜)한 바를 생각해서 부덕한 행위가 없도록 한다.

'制數度'(제수도)는 상하 귀천에 대한 제도를 말했고 '議德行'(의덕행)은 군자 자신이 절도를 체득해서 이용하는 일단(一端)을 말했다.

정전(程傳)에는 "數는 多少를 말함이고 度는 법제다. 議德行이라는 것은 중심에 지닌 것이 德이고 밖으로 나타나는 것이 行이다. 사람의 덕행은 도리에 마땅하면 곧 절도에 맞음(中節)이다. 議는 정도(程度)에 맞게 하여 중절(中節)을 구한다는 말이다"(數는 多寡요 度는 法制라 議德行者는 存諸中爲德이요 發於外爲行이라 人之德行은 當義則中節이라 議는 謂適度求中節也ㅣ라) 했다.

초구 불출호정 무구

初九는 不出戶庭하니 无咎하니라
初九는 뜰(戶庭)에 나가지 아니하니 허물이 없느니라

'戶庭'(호정)은 창밖에 있는 뜰. '不出戶庭'(불출호정)은 창밖 뜰 너머로 나가지 않는다는 뜻. 그러므로 무구하다는 뜻이다.

初九는 양효로서 양위에 있으니 위정 지정하고 양효로서 강건재덕을 지녔다. 그러나 節時의 시초요 하천한 지위다. 그러므로 근신해서 스스로 절도(節度)를 지킨다. 六四의 응효는 坎險(六四는 상감괘의 一爻) 속에 있으니 위험하여 그에게 나아갈 수 없다. 비위(比位)인 九二는 같은 양효로 무비가 되니 위로 나아가지 못하는 상이다. 그러므로 初九는 근신하고 스스로 절제해서 '戶庭'(호정)의 밖을 나가지 않는다. 初九는 강건재덕을 지녔고 때와 지위를 자각하여 절도를 지키는 지자(智者)다. 그러므로 허물이 없다.

來註에는 이렇게 씌어 있다.

3, 4, 5효의 호괘는 간괘니 문이다. 문은 밖에 있고 戶는 안에 있으니 그러므로 두 효는 문의 상이 되고 이 효는 戶의 상을 취했다. 九二의 양효가 앞에 있으니 戶를 닫고 가리어 막아 나가지 못하는 상이다. 또한 응효인 六四는 험난 속에 있으니 역시 나갈 수 없음이요 불출(不出)의 상이다. 이 初九의 효상은 그 해당되는 바가 드넓다. 학문을 함에 곧 문장을 속에 품고 외면에 나타내지 않음(含章)이요, 처사함

에는 주머니의 주둥이를 잡아매듯(括囊) 하는 것이요, 말을 함에는 간략히 하고 입을 다무는 일이요, 재산을 씀에는 검약(儉約)함이요, 몸을 세움에는 은거함이요, 전쟁에서 진(陣)을 침에는 견고하게 성벽(城壁)을 쌓는 일이다. 계사상전 제 8장에는 다만 말과 관련된 두 가지 만을 말했다. (계사 제8장 "不出戶庭 无咎" 이하 참조) 无咎는 곧 몸을 보전하고 때를 잃지 않는다는 의미다.

中爻艮爲門이라 門在外 戶在內故로 二爻取門象이요 此爻取戶象이라 前有陽爻하여 蔽塞閉戶하니 不出之象이라 又應四하여 險難在前하니 亦不當出이요 亦不出之象也ㅣ라 此象所該者廣하니 在爲學에 爲含章이요 在處事에 爲括囊이요 在言語에 爲簡默이요 在用財에 爲儉約이요 在立身에 爲隱居요 在戰陣에 爲堅壁이라 繫辭에 只以言語二事言之라. 无咎者는 不失身이요 不失時也ㅣ라

象에 曰 不出戶庭은 知通塞也ㅣ니라
象에 가로되 '不出戶庭'은 통하고 막힘을 앎이니라

'不出戶庭'(불출호정)은 창문앞 뜰에 나가지 않는다는 뜻. '知通塞'(지통색)은 道가 행해질 때인가 아니면 행해지지 않을 때인가를 잘 안다는 의미다.

來註에는 "道에는 나아감과 멈춤이 있고 때에는 통함과 막힘이 있다. '不出戶庭'(불출호정)이란 그 때가 막히어 통하지 않음을 안다는 것이다. 이 塞 자는 공자가 내괘의 상에서 취했다"(道有行止하고 時有通塞하니 不出戶庭者는 知其時之塞而不通也ㅣ라. 此塞者는 乃孔子ㅣ 取內卦之象이라) 했다. 내괘의 상에서 취했다는 것은 곧 하태괘의 初九가 九二의 양효에 막혀 있는 것을 말한다.

九二는 不出門庭하니 凶하니라
九二는 門庭을 나가지 아니하니 凶하니라

'不出門庭'(불출문정)은 문 안의 뜰에 나가지 않는다는 뜻. 戶庭보다는 조금 먼 셈이 된다. 九二는 양효로서 하괘의 중효가 되니 곧 강건중덕을 가졌다. 그러나 응위인 九五는 같은 양효여서 무응이 된다. 六三과는 음양 상비(相比)

가 되니 이는 初九의 폐색(蔽塞)과 달라서 통로가 열려 있는 상이다. 또 九二는 이미 관위를 가졌고 강건중덕도 지녀 도를 행할 때인데도 문정을 나가지 않으니 그 때를 잃음이 심각한 효가 된다. 그러므로 흉하다 했다.

來註에는 "성현의 도는 중용의 덕을 귀하다 했다. 그러므로 나라에 도가 행해지고 있을 때는 그 말이 족히 홍성하고, 나라에 도가 없을 때는 그 침묵이 족히 용납된다. 九二는 禹와 稷(禹는 夏禹氏. 稷은 堯 임금의 명신. 周의 조상이다)의 지위에 있는데도 안자(顔子)와 같은 절조(節操)를 고수하고 있다. 初九는 무구하고 九二는 흉함을 알 수 있다"(聖賢之道는 以中爲貴故로 邦有道에 其言이 足以興이요 邦无道에 其默이 足以容이라 九二는 當禹稷之位하여 守顔子之節이라 初之无咎하고 二之凶을 可知矣라) 했다.

象에 曰 不出門庭凶은 失時極也일새니라

象에 가로되 '不出門庭'은 때를 잃음이 극심(極甚)하기 때문이니라

九二는 강건중덕을 가졌고 官位에 있으니 스스로 나아가서 국가 사회를 위해 진력해야 할 때다. 그럼에도 그 통색(通塞)의 도리를 모르고 근신하며 움직이지 않으니 실시(失時)함이 지극히 심하다. 그러므로 흉한 것이다.

《주역절중》에 곽옹(郭雍)은 初九 상전의 '通塞'으로서 初九의 무구와 九二의 흉을 설명하고 있다.

초九는 일을 벌이기에 마땅치 않은 자리이고 九二는 강중(剛中)의 덕을 지녀 일할 자리에 있으니 그 길이 같을 수 없다. 그러므로 初九가 不出戶庭하는 것은 막힘을 아는 것이나 九二가 不出門庭하는 것은 通함을 모르는 일이다. 初九는 막힘을 알기에 无咎하고 九二는 통함을 모르기에 곧 실시(失時)의 흉이 된다.

> 初爲不當有事之地而二以剛中居有爲之位하니 其道不可同也ㅣ라 故로 初以不出戶庭은 爲知塞而二以不出門庭은 爲不知通이라 知塞故로 无咎하고 不知通則有失時之凶矣라

^{육삼} ^{부절약} ^{즉차약} ^{무구}
六三은 不節若하여 則嗟若하니 无咎하니라

六三은 不節若하여(節若하지 못하여) 곧 嗟若(차약 : 탄식함)하니 허물이 없느니라

'不節若'(부절약)은 여태까지의 부절(不節)을 반성하는 것, 또는 그런 것 같기도 하다는 미묘한 표현이다. '節若', '嗟若'(차약)의 若 자는 조사(助辭)로서 의미는 없다. 嗟는 탄식할 차.

六三은 음효로서 양위에 있으니 위부정하고 또 과중 부중하며 하태괘의 상효가 되어 열극(悅極)이 된다. 곧 지나치게 열락하는 상이다. 못〔澤〕으로 말하면 하태괘의 상효는 물이 넘쳐흐르는 상이 된다. 곧 六三은 마음이 느스러져서 열락이 심하고 돈을 쓰는 데에도 낭비가 심하여 澤水가 넘쳐흐르는 것처럼 절제할 줄 모르는 象이 된다. 그러므로 不節이라 했다. 이런 상태가 계속되면 필연코 곤궁하게 되리니 자신이 이제까지 한 행위를 반성해서 탄식하여 절도를 지키게 되면 무구하리라는 것이 '則嗟若 无咎'(즉차약 무구)의 의미다.

《주역절중》에 장자(張子 : 号는 橫渠)는 "정위에 있지 못하여 실절이 된다. 그러나 그 부절을 반성해서 탄식하게 되면 허물이 없게 되리라"(處非其位하여 失節也ㅣ라 然이나 能嗟其不節하여 則亦无咎也ㅣ라) 했다.

또 이언장(李彦章)은 "임괘(臨卦) 六三은 臨道를 잃음을 이미 걱정하고 절괘의 六三은 절도를 잃음에 탄식하여 모두 허물이 없게 된다. 보과(補過)함으로써 선자(善者)가 되는 것이 역(易)의 이치다"(臨之六三은 失臨之道而旣憂之하고 節之六三은 失節之道而嗟若하여 皆得无咎하니 易은 以補過爲善者也ㅣ라) 했다.

또 정여해(鄭汝諧)는 이렇게 말하고 있다.

六三은 올라가 2양을 타고 있고(乘剛) 澤水가 넘쳐흐르는 곳이 되며 또한 中을 지나쳐 있으니 절제를 잃은 바가 세 가지가 된다. 이렇듯 절제치 못함을 알고 근심하며 탄식하여 스스로 후회하니 그 누가 허물을 삼을 것이며, 下體(하태괘)의 극이 되니 극이 되면 곧 마땅히 변화하게 마련이다. 그러므로 이렇게 그 뜻을 밝혀 놓았다.

進乘二陽하여 處澤之溢하고 過乎中而不節者ㅣ 三也ㅣ라 知其不節而能傷嗟以自悔하니 其誰咎之哉리요 下體之極이니 極則當變故로 發此義라

이상 三子의 설을 깊이 연구해 보면 효의(爻義)를 스스로 알게 되리라.

象에 曰 不節之嗟를 又誰咎也ㅣ리오
象에 가로되 '不節之嗟'를 또 누가 미워(咎)하리요(책망하리요)

사람은 누구든 허물을 범하기 쉬우나 개과천선이 무엇보다 중요하다는 것을 성인은 가르치고 있다. 咎는 허물 구. 미워하다, 책망하다의 뜻.

六四는 安節이니 亨하나라
六四는 安節이니 형통하느니라

'安節'(안절)은 절도규율에 안거(安居)한다는 뜻. 六四는 음효·음위로 위정지정하고 음효로서 온유한 재상(宰相)이다. 음양 상비(相比)로 九五 천자에 순종하고 九五 천자가 정한 절도와 규율을 좋아해서 순종하여 지킨다. 그러므로 형통하게 된다. 不節(부절), 安節(안절), 甘節(감절), 苦節(고절)은 효명이다.

《주역절중》에 유염(兪琰)은 "六三은 위부정하고 兌澤의 극상에 있으니 이는 곧 물이 넘쳐흐르는 상으로서 부절이 되고, 六四는 위정 지정해서 九五 천자를 받들어 순종하니 그러므로 안절(安節)이 된다"(六三은 失位而處兌澤之極하니 是乃溢而不節하고 六四는 當位而順承九五之君故로 爲安節이라) 했다.

象에 曰 安節之亨은 承上道也ㅣ새니라
象에 가로되 '安節之亨'은 위의 도(九五)를 받들기 때문이니라

承은 받들 승. '承上道'(승상도)는 九五 천자가 정한 절도 규율을 받들어서 순종하기 때문에 '安節之亨'(안절지형)이 된다는 뜻이다. 承은 받들 승.

九五는 甘節이니 吉하고 往有尙하니라
九五는 甘節이니 길하고 가면 숭상 받음이 있느니라

'甘節'(감절)은 감미(甘美)한 절도 규율. 九五는 이 괘의 주괘의 주효도 되고 성괘의 주효도 된다. 이 九五가 있어서 절괘가 성립되고 또한 성립된 후의 주재자가 되기 때문이다. 九五는 양효로서 양위에 있고 상괘의 중효가 되니 강건중덕의 대덕을 가진 천자다. 九五 천자는 강건중정의 도리로써 법도와 규율을 제정해서 자신도 안이행지(安而行之)하고 六四의 재상을 비롯한 천하민이 기뻐 따르니(하태괘는 悅卦) 곧 감미한 법도와 규율, 즉 '甘節'(감절)이 된다. 그러므로 자신도 吉하고 '往有尙'(왕유상)이 된다. 즉 아래 백성들로부터 크게 숭상을 받게 되리라는 의미다.

九五는 강건중정의 대덕을 가지고 지정(志正)한 六四의 재상과 음양 상비로 그 보좌를 받아 중화(中和)의 도리에 맞는 법도와 규율을 제정한다. 그러므로 자신도 그 법규를 즐겨 행하게 되어 길하고 往有尙(왕유상)이 된다. 이에 節道가 완성되었다.

공영달은 《주역정의》에서 이렇게 말한다.

'甘'은 고통이 없음을 이름한 말이다. 九五는 존위에 있으며 정위(正位)를 얻고 중도(中道)를 이행하니 능히 중정(中正)의 덕으로써 節道를 이루는 주효(主爻)고 곧 단전에서 말하는 '節以制度 不傷財 不害民'에 해당하는 효다. 節度를 제정하여 국민에게 해를 입히지 않으니 이는 곧 苦가 아니고 甘이요 吉을 얻는 까닭이 된다. 그러므로 甘節吉이라 했다. 이로써 행하면 그 가는 바에 모두가 가상(嘉尙)하리라. 그러므로 '往有尙'이라 했다.

> 甘者는 不苦之名也ㅣ라 九五는 居於尊位하여 得正履中하니 能以中正爲節之主요 則當象曰節以制度 不傷財 不害民之謂也ㅣ라 爲節而无傷害則是는 不苦而甘이니 所以得吉이라 故로 曰甘節吉이라 以此而行하면 所往에 皆有嘉尙이리니 故로 曰 往有尙也ㅣ라

곧 단전의 '當位以節 中正以通 節以制度 不傷財 不害民'은 이 九五에 대한 말이다.

象^상에 曰^왈 甘節之吉^{감절지길}은 居位中也^{거위중야}ㄹ새니라
象에 가로되 '甘節之吉'은 位가 中에 있기 때문이니라

'居位中'(거위중)은 상괘의 중위에 있다는 뜻. 곧 중정의 덕을 가졌다는 의미다. 소상전은 대체로 효위(爻位)로써 설명한 경우가 많다.

上六^{상육}은 苦節^{고절}이니 貞凶^{정흉}하고 悔亡^{회망}하리라
上六은 苦節이니 貞해도 凶하고 悔는 없게 되리라

'苦節'(고절)은 '甘節'(감절)과는 정반대가 된다. 九五는 감수(甘守)할 수 있는 節道를 제정하니 '甘節'이라 했고, '苦節'은 절제하기에 매우 괴롭고 쓸쓸하다는 뜻이다.

上六은 절괘의 궁극이 되고 또 상감괘의 상효가 되니 곧 험극(險極 : 감괘의 궁극)이 된다. 그러므로 자제하여야 할 절도가 심히 엄혹하여 지키기에 매우 괴롭고 고달프나 그것을 굳게 지키기에 '苦節'(고절)이라 했다. 이러한 苦節은 비록 정도이긴 하나 자신으로서는 망신이요 그러므로 '貞凶'(정흉)이라 했다. 그러나 스스로 바른 도리로 굳게 지키고 있으니, 즉 방종하여 절도를 무시하거나 행악(行惡)함이 아니니 스스로 후회할 일도 없다. 그러므로 '悔亡'(회망)이라 했다. 단사에 '苦節 不可貞'은 이 上六을 가리키고 있다.

《주자본의》에는 "上六은 절괘의 궁극이 되므로 苦節이 된다. 이미 과중하고 궁극(窮極)에 처하여 있으니 그러므로 비록 바른 도리라 해도 凶을 면치 못한다. 그러나 예절은 본디 사치보다는 오히려 검소해야 하니 그러므로 비록 悔가 있었더라도 마침내 悔亡하게 된다"(居節之極故로 爲苦節이라 既處過極故로 雖得正而不免於凶이라 然이나 禮奢寧儉故로 雖有悔而終得亡之也ㅣ라) 했다.

來註에는 "도의는 화복(禍福)보다 중대하다. 그러므로 대과(大過)의 上六에는 '큰 강을 건너려 하다 머리 위까지 물 속에 빠지게 되었으나 무구하다' 했고 이 괘의 上六에는 '悔亡'이라 했으니 예절의 득실은 事의 길흉보다 더욱 중대함을 밝힌 것이다"(道義重于禍福故로 大過上六에 過涉滅頂无咎而此曰悔亡이라하니 見禮之得失은 重于事之吉凶也ㅣ라) 했다. 즉 '過涉滅頂'(과섭멸정)도 역시 苦節에 가깝다. 이 上六은 백이(伯夷)와 숙제(叔齊) 또는 멱라수(汨羅水)에 투신한 굴원(屈原)과도 같은 효가 된다.

象에 曰 苦節貞凶은 其道窮也ㄹ새니라
象에 가로되 '苦節貞凶'은 그 도가 궁하기 때문이니라

上六은 절괘의 궁극이 되고 또 상감괘의 험극이 된다. 그러므로 '其道窮'(기도궁), 곧 節道가 궁곤하다 했다. 단사의 '苦節 不可貞'은 이 上六을 가리키고 있다.

《주역절중》에 육진기(陸振奇)는 "하괘의 通, 塞 두 글자와 상괘의 甘, 苦의 두 글자를 잘 보면 節道를 알 수 있다. 통하는 데는 맛이 달고 막히는 데는 맛이 쓰다. 막힘이 극에 이르면 필연코 무너지게 되니 六三이 이에 해당하고, 달콤함을 잃으면 씁쓸함이 되니 上六이 이에 해당한다"(觀下卦通塞二字와 上卦甘苦二字로 可以知節道矣라 通處味甘하고 塞處味苦라 塞極必潰故로 三受焉하고 甘失反苦故로 上受焉이라) 했다.

水澤節卦(수택절괘)䷻의 六爻를 다시 정리해 보자.
初九는 양효·양위로 위정해서 행지(行止), 통색(通塞)의 도리를 자각해서 바른 절도를 굳게 지켜 무구하다.
九二는 강건중덕을 지녔으나 上에 응효가 없고 양효·음위로 위부정해서 전진해야 할 때에 문 밖의 뜰을 나서지 않으니 때를 잃어 흉하게 된다.
六三은 음효·양위로 위부정하고 하태괘의 상효가 되니 지나치게 열락하는 상이 된다. 그러나 음양 상비로 九二 현인의 지도를 받아 개심하고 절도를 굳게 지키면 무구하리라.

六四는 음효·음위로 위정 지정한 재상이다. 음양 상비로 九五의 성천자를 보좌하니 길한 효다.

九五는 이 괘의 괘주요 강건중정의 대덕을 가진 성천자로서 효상은 甘節(감절)이 되고 대길하다.

上六은 절극(節極)이며 상감괘의 험극이 되니 苦節(고절)의 상이어서 흉하다. 그러나 음효·음위로 지정하니 비록 貞凶이나 悔亡이 된다. '貞凶 悔亡'에 관한 來子의 설명도 보았거니와, 聖言은 과연 유심현원(幽深玄遠)하다.

```
       風澤中孚
         ䷼
        兌 下
        巽 上
```

　　　　중부　　돈어길　　　　이섭대천　　　이정
　　　中孚는 豚魚吉하고 利涉大川하고 利貞하니라

　　　　　　　단　왈　중부　유재내이강득중　　　열이손　　부내화방야
　　　　象에 曰 中孚는 柔在內而剛得中하고 說而巽하여 孚乃化邦也
　　　　　　　　　　　돈어길　신급돈어야　　　이섭대천　　승목주허야
　　　ㅣ니라 豚魚吉은 信及豚魚也ㅣ오 利涉大川은 乘木舟虛也ㅣ오
　　　　　　중부이이정　내응호천야
　　　　中孚以利貞은 乃應乎天也ㅣ니라

　　　　　　　상　왈　택상유풍　　중부　군자　이　　　의옥완사
　　　　象에 曰 澤上有風이 中孚니 君子 以하여 議獄緩死하나니라

　　　초구　우길　　　유타불연
　　　初九는 虞吉하고 有他不燕하리라
　　　　　　　상　왈　초구우길　　지미변야
　　　　象에 曰 初九虞吉은 志未變也ㄹ새니라

　　　구이　　명학재음　　　　기자화지　　아유호작　　오여이미지
　　　九二는 鳴鶴在陰이어늘 其子和之로다 我有好爵하니 吾與爾靡之
　　　하리라

象에 曰 其子和之는 中心願也ㅣ니라
_상　_왈　_{기자화지}　_{중심원야}

六三은 得敵하여 或鼓或罷하며 或泣或歌ㅣ니라
_{육삼}　_{득적}　_{혹고혹파}　_{혹읍혹가}

象에 曰 或鼓或罷는 位不當也ㄹ새니라
_상　_왈　_{혹고혹파}　_{위부당야}

六四는 月幾望이요 馬匹亡하니 无咎하니라
_{육사}　_{월기망}　_{마필망}　_{무구}

象에 曰 馬匹亡은 絶類上也ㅣ니라
_상　_왈　_{마필망}　_{절류상야}

九五는 有孚攣如하니 无咎하니라
_{구오}　_{유부련여}　_{무구}

象에 曰 有孚攣如는 位正當也ㄹ새니라
_상　_왈　_{유부련여}　_{위정당야}

上九는 翰音登于天이니 貞凶하니라
_{상구}　_{한음등우천}　_{정흉}

象에 曰 翰音登于天이어늘 何可長也ㅣ리오
_상　_왈　_{한음등우천}　_{하가장야}

_{중부} _{돈어길} _{이섭대천} _{이정}
中孚는 豚魚吉하고 **利涉大川**하고 **利貞**하니라

中孚는 豚魚(信及豚魚)하면 길하고 大川을 건넘에 이롭고 貞함에 이로우니라

中孚卦(중부괘)는 兌下巽上(태하손상)의 괘다. 상손괘는 風이고 하태괘는 澤이다. 風과 澤과 괘명의 中孚를 합해서 風澤中孚(풍택중부)☵라 하여 괘형과 괘명을 기억하게 한다.

中孚의 中은 中心이요 孚는 정성이다. 곧 중심에 정성이 충만해서 사람들이 자연히 감동하게 되는 상태를 의미한다. 孚는 爪(손톱 조)와 子의 합자다. 새(鳥)가 알을 품고 발톱으로 그 알을 굴려 부화(孵化)시켜 새끼를 깐다는 의미다. 곧 큰 새가 알을 성심으로 품고 굴리는 그 정성이 알 속에 있는 생명을 태어나게 하니, 이야말로 진정한 정성인 것이다.

또 이 괘는 卵의 형상이라 한다. 중앙의 두 음효는 난황(卵黃)이 되고 2효와 5효의 두 양효는 난백(卵白)이 되며, 초효와 상효의 두 양효는 난각(卵殼: 알의 겉껍질)이라 한다. 中孚는 심중에 정성이 충만해서 자연히 사람들을 감동시켜 신복하게 한다. 이것이 중부괘의 도리다.

괘상으로 말하면 중간의 두 음효는 공허하니 이는 사사로운 욕심이라고는 조금도 없는 것으로 본다. 그러니 또한 천리 본연의 정성을 의미하는 것이다. 또한 중부괘의 대상(大象)은 이괘(離卦)다. 이괘 역시 가운데가 비었으니(中虛) 역시 中孚가 된다. 그러므로 괘명을 中孚라 했다.

아래위의 괘상으로 말하면 하태괘는 澤이고 상손괘는 風이다. 곧 못 위에 바람이 부는 상이다. 못 위에서 바람이 불면 못의 물은 자연히 움직이게 된다. 바람에게는 못의 물을 움직이려는 뜻이 없으나 못의 물은 스스로 움직이게 된다. 이와 같이 성인군자가 달리 남을 감동시키려는 의도가 없더라도 지극한 정성을 지니면 사람들은 자연히 그에 감동해서 심복하게 된다. 천리 본연의 誠은 이런 효과를 낳는다.

상하의 괘덕으로 말하면 하태괘는 열덕(說德)을 가졌고 상손괘는 손덕(巽德)을 가졌다. 곧 아래의 백성(下兌卦)은 위의 군왕과 대신이 베푸는 덕행과

은택을 기뻐하여 따르고 위의 군왕, 대신은 아래 백성의 뜻과 습속을 존중하여 손순하는 상이 된다. 아래는 위를 기뻐하고 위는 아래를 믿고 따른다. 그러므로 상하가 화합하게 된다. 상하의 한 편이 불순하면 화도(和道)는 성립되지 않는다. 단전에는 이렇듯 화합하는 상태를 '說而巽'(열이손)이라 했다. 중부괘는 '說而巽'(열이손)으로 모든 일이 잘 수행된다.

여섯 효로 나누어서 말하면 하괘의 중효인 九二는 강건중덕을 가졌고 상괘의 중효인 九五는 강건중정의 대덕을 가져서 곧 상하의 중효가 충실하니 이는 중실(中實), 곧 중심에 진실한 誠을 가진 것으로 해석한다. 九二와 九五의 중실한 두 효가 있어서 中孚의 도가 완성된다.

〈서괘전〉에는 "節而信之리라 故로 受之以中孚ㅣ니라" 했다. 곧 절괘는 죽절(竹節)이 하나의 구간마다 여문 마디〔節〕를 맺는 것처럼 심중에 일정한 절제를 지녀 사람들의 신망을 얻게 된다. 그러므로 절괘 다음에 중부괘로서 받았으니 中孚는 믿다, 신망하다, 신복(信服)하다의 의미다.

〈잡괘전〉에는 "中孚는 信也ㅣ니라" 했다. 곧 中孚는 중심에 정성이 충만해서 사람들이 신망, 신복한다는 의미다.

■ 中孚는 豚魚吉하고 利涉大川하고 利貞하니라

'豚魚'(돈어)는 돼지와 물고기. 이 豚魚에 대해서 강돈(江豚), 즉 돌고래로 보는 설도 있으나 취하지 않는다. '豚魚吉'(돈어길)이란 돼지와 물고기처럼 무지한 미물도 감응하게 되어 吉하다는 의미다. 곧 지극한 정성으로 말미암아 하잘것없는 생물도 믿음으로써 응하니 사람이야 오죽하겠는가. 그러므로 吉하다는 의미다.

'利涉大川'(이섭대천). 큰 강을 건넘에 이롭다. 곧 豚魚까지도 믿고 감응하니 백성들은 이 군왕과 대신의 지극한 정성에 감동해서 진심갈력하리니 그 어떤 간난(艱難) 속에도, 곧 험난한 큰 강도 쉽게 건너가는 것처럼 일이 잘 수행되리라는 의미다.

'利貞'(이정). 올곧아야 이롭다. 부정은 흉사(凶邪)의 길이 되니 필연코 정도를 굳게 지켜야 이롭고 오래도록 보전하리라는 의미다. 中孚는 심중에 털끝만큼도 사욕이 없고 정성이 충만하니 豚魚 같은 미물도 믿고 응하게 되어 吉하다. 이와 같은 상태에 이르면 험난한 큰 강도 쉽게 건너가는 것처럼 일이 잘 수행되리라. 그러나 바른 도리를 굳게 영구히 지켜야 吉하다.

《주자본의》에는 이렇게 씌어 있다.

孚는 믿음이다. 괘 됨이 2음(六三과 六四)이 속에 있고 4양이 바깥에 있으니 九二와 九五의 두 양효는 모두 中을 얻었다. 괘 전체로 말하면 가운데의 두 효는 음효니 중허(中虛)하고 二體(상하의 괘체)로 나누어 말하면 중효(中爻)가 充實하니 모두 정성과 믿음(孚信 : 中虛는 無私의 정성, 中實은 중심에 정성이 충만함)의 상이다. 또 하태괘는 열덕(悅德)으로서 上에 순응하고 상손괘 또한 아래에 순응하니 이 또한 정성의 의미가 된다. 豚魚는 무지한 생물이다. 또 巽木이 澤水 위에 있고 바깥은 튼실하며(外 4양) 안(六三과 六四)은 비어 있으니 이 모두는 배와 노의 象이다. 믿음성이 豚魚도 감응시킬 수 있으면 험난을 섭력(涉歷)해서도 그 정도(貞道)를 잃지 않으리라. 그러므로 점자는 능히 돈어의 감응을 이루게 되면 곧 吉해서 큰 강을 건넘에 이로울 것이요 또 필연코 利貞하니라.

孚는 信也ㅣ라 爲卦二陰在內하고 四陽在外而二五之陽이 皆得其中이라 以一卦言之하면 爲中虛요 以二體言之하면 爲中實하니 皆孚信之象也ㅣ라 又下說以應上하고 上巽以順下하니 亦爲孚義라 豚魚는 无知之物이라 又木在澤上하고 外實內虛하니 皆舟楫之象이라 至信可感豚魚하면 涉險難而不失其貞이라 故로 占者ㅣ 能致豚魚之應則吉而利涉大川이요 又必利於貞也ㅣ라

象에 曰 中孚는 柔在內而剛得中하고 說而巽하여 孚乃化邦也ㅣ니라 豚魚吉은 信及豚魚也ㅣ오 利涉大川은 乘木舟虛也ㅣ오 中孚以利貞은 乃應乎天也ㅣ니라

彖에 가로되 中孚는 柔가 안에 있고 剛이 中을 얻고, 기뻐해서 손순하여 정성이 (있어) 곧 나라를 化하게 하느니라. '豚魚吉'은 信이 豚魚에 미침이요, '利涉大川'은 나무의 빈배〔舟虛〕를 탐이요, '中孚以利貞'은 곧 天에 응함이니라

■ 象에 曰 中孚는 柔在內而剛得中하고 說而巽하여 孚乃化邦也ㅣ니라

'柔在內'(유재내)는 六三과 六四의 두 음효가 괘의 안쪽에 있다는 뜻으로 이는 곧 중허(中虛)의 정성을 말한다. '剛得中'(강득중). 九二 九五의 두 양효는 중위를 얻었으니 곧 심중에 정성이 충만하다. 곧 중실(中實)의 정성이 된다. '柔在內而剛得中'(유재내이강득중)은 가운데 4효의 中虛와 中實을 설명한 것이다.

'說而巽'(열이손). 하태괘는 열덕(悅德)을 가졌고 상손괘는 손덕을 가졌다. 즉 하민은 上을 기뻐하여 믿고 따르며 上은 아래 백성의 의사와 습속 등을 존중해서 그들에게 손순한다. 곧 열덕과 손덕으로 상하가 화합 일치한다는 의미다. '孚乃化邦'(부내화방). 孚는 有孚, 곧 정성이 충만하다는 뜻. '化邦'(화방)은 나라 안을 교화, 감화시킨다는 의미다. 孚는 원인이 되고 化邦은 그 효과다.

■ 豚魚吉은 信及豚魚也ㅣ오 利涉大川은 乘木舟虛也ㅣ오 中孚以利貞은 乃應乎天也ㅣ니라

'信及豚魚'(신급돈어)는 돼지나 물고기와 같은 미물도 믿게 되리라는 뜻. '乘木舟虛也'(승목주허야). '舟虛'(주허). 中孚의 괘상은 가운데가 빈 배〔舟〕의 상이다. 六三과 六四는 그러한 배의 내부가 되고 바깥의 네 양효는 튼실한 배의 외부가 된다. 하태괘는 澤水고 상손괘는 風이다. 澤水 위의 나무배는 巽風(상손괘는 風)을 타고 험난한 큰 강도 쉽게(利) 건너가게 될 것이다. 이것은 '利涉大川'을 설명한 말이다.

'乃應乎天也'(내응호천야)는 곧 천도에 호응한다는 뜻. 誠은 천도다. 《중용》에 "誠은 하늘의 道며 誠하려 함은 사람의 道다"(誠者는 天之道也ㅣ오 誠之者는 人之道也ㅣ라) 했다. 즉 誠은 천도(天道)이고, 사람은 천도의 誠을 본받아서 誠하도록 노력한다는 뜻이다. 《중용》에는 또 善을 선택하여 굳게 지켜야 한다(擇善而固執之)고 했다. '誠之'(성지)는 천도에 순종하고자 함이요, '中孚以利貞'(중부이리정)도 이와 같은 의미다. 그러므로 "中孚以利貞은 乃應乎天也ㅣ라" 했다.

^상 ^왈 ^{택상유풍} ^{중부} ^{군자 이} ^{의옥완사}
象에 曰 澤上有風이 中孚니 君子 以하여 議獄緩死하나니라

象에 가로되 못 위에 風이 있음이 中孚니, 군자는 이로써 獄(刑獄)을 의논하여 死를 너그럽게 하느니라

■ 象에 曰 澤上有風이 中孚니

중부괘는 兌下巽上(태하손상)의 괘다. 곧 못(兌澤) 위에 바람(巽風)이 이는 것이 中孚의 괘상이다. 못 위에 바람이 불면 물결이 일게 된다. 중심에 정성이 지극한 성인군자는 자연히 사람들의 마음을 감동시키게 된다. 이것이 中孚의 괘상이다.

■ 君子 以하여 議獄緩死하나니라

'議獄'(의옥). 곧 죄의 유무를 조사하고 성심으로 평의(評議)한다는 뜻. 緩은 너그러울 완. '緩死'(완사)는 형벌을 결정함에 가엾이 여겨 은혜를 베푸는 심정으로 가능한 한 너그러이 처리한다는 의미다. 하태괘는 입(口)이 되니 평의(評議)하는 상이 되고, 상손괘는 〈설괘전〉에 '不果'(불과)라 했으니 그러므로 緩의 의미가 생긴다.

《주자본의》에는 "바람이 불면 물은 그것을 느껴서 받으니 이는 中孚의 괘상이요 '議獄緩死'(의옥완사)는 중부괘가 지닌 정성의 의미다"(風感水受는 中孚之象이요 議獄緩死는 中孚之意라) 했다.

《주역절중》에 楊萬里는 "바람은 형체가 없으면서도 깊이 잠겨 있는 것을 두드려 깨울 수 있고 誠은 형상이 없으나 능히 인물을 감동케 한다. 中孚의 감정이 가장 크게 나타나는 것은 생명을 사랑하여 죽이지 않는 데 있다. '議獄'(의옥)은 옥중에 있는 이를 구제하여 나오게 하는 일이요 '緩死'는 死中(死刑)에서 구제해서 살리는 일이다"(風無形而能鼓幽潛하고 誠無象而能感人物이라 中孚之感이 莫大於好生不殺이니 議獄者는 求其入中之出이요 緩死者는 求其死中之生이라) 했다.

初九는 虞吉하고 有他不燕하니라
_{초구}　_{우길}　　_{유타불연}

初九는 우우(憂虞)하면 길하고 다름이 있으면 불안하리라

虞는 헤아릴 우. 근심하다, 걱정하다의 의미를 지닌다. 燕은 제비 연. 잔치(宴), 또는 편히 즐기다. 편히 쉬다의 뜻. 程子는 "虞는 헤아린다는 뜻이니 그 가능성을 잘 헤아려 믿음을 가진 후에 좇는다는 의미다"(虞는 度也ㅣ니 度其可信而後從也ㅣ라) 했다. 이 '虞'에 대해서는 여러 설이 있으나 虞의 본래 의미는 우우(憂虞)의 뜻이다.

初九는 하천한 자리이나 양효・양위로 위정 지정하고 六四의 대신(大臣)과는 음양 상응의 사이가 된다. 初九는 中孚의 시초에 응효인 六四의 시비선악을 깊이 살펴서 지정한 대신임을 확인한 후에 상종하면 길하리라는 것이 곧 '虞吉'(우길)의 의미다. 中孚時라 하여 무조건 상대방을 맹신해서는 안 된다는 성인의 계언이다.

'有他不燕'(유타불연). 만약 六四를 믿고 상종하다가 다소의 불만으로 생각을 달리하면(有他) 不燕하리라. '有他'(유타)는 생각을 달리하다, 곧 六四를 배반한다는 뜻이다. '不燕'(불연)은 불안하다. 곧 너그러운 마음으로써 편안하게 있을 수는 없다는 뜻. 권세를 가진 六四의 대신을 배반한다면 不燕함은 물론이다.

《주역절중》에 순상(荀爽)은 "虞는 편안하다는 뜻이다. 初九는 六四와 상응하니 마땅히 스스로 편안하다. 六四에게 다른 뜻이 없으면 吉하고 다른 뜻이 있으면 불안하리라. 그러므로 '有他不燕(유타불연)이라 했다"(虞는 安也ㅣ라 初應於四하니 宜自安虞라 無意於四則吉하고 有意於四則不安故로 曰有他不燕也ㅣ라) 했다.

象에 曰 初九虞吉은 志未變也일새니라
_상　_왈　_{초구우길}　　_{지미변야}

象에 가로되 '初九虞吉'은 뜻이 아직 변하지 않기 때문이니라

'志未變'(지미변). 뜻이 변하지 않다. 효사의 '有他不燕'을 받은 말이다. 初

九는 양효·양위로 위정 지정하니 공자는 그 뜻이 변하지 않으리라 본 것이다. 周公은 初九를 경계하여 '有他不燕'이라 했고 공자는 中孚의 괘상으로 판단하여 '志未變'(지미변)이라 했으니 두 성인의 의견은 상호보완(相互補完)된다.

九二는 鳴鶴在陰이어늘 其子和之로다 我有好爵하니 吾與爾靡之하리라
(구이) (명학재음) (기자화지) (아유호작) (오여이미지)
九二는 우는 학이 그늘에 있거늘 그 아들이 화답하도다. 나는 좋은 벼슬을 가졌으니 그대와 이를 함께(靡)하리라

■ 九二는 鳴鶴在陰이어늘 其子和之로다

중부괘의 대상(大象)은 이괘(離卦)다. 이괘는 새의 괘형이 된다. 중간의 두 효는 새의 몸이 되고 아래위의 네 양효는 새의 날개가 된다. 3, 4, 5효의 호괘는 간괘(艮卦)니 山이다. 하태괘는 澤이다. 九二는 하태괘의 중효가 되니 澤中(못 가운데)이 된다. 산 아래의 못 가운데는 음습한 곳이며 거기 있는 새가 곧 학(鶴)이다. 하태괘는 口의 상이고 口說(구설)의 상이다. 九二는 사람으로 말하면 중덕을 가진 군자요 새로 말하면 고상한 鶴의 상이 된다.

산 아래 못 가운데의 음습한 곳에서 鶴이 울고 있다는 것이 '鳴鶴在陰'(명학재음)의 의미다. '和'는 화답(和答 : 詩歌로 응답함)의 의미며, '其子和之'(기자화지)는 그 아들이 이에 화답하다, 곧 九五 아들이 九二 아버지에 화답한다는 뜻이다.

九二는 강건중덕을 지닌 하괘의 중효로서 九五와 함께 중부괘의 주괘의 주효가 된다. 양효로서 음위에 있으니 강유가 조절되어 柔에 지나치지도 않고 剛에 지나치지도 않으니 중덕을 가진 내강외유의 군자다. 그러므로 이와 같이 善한 효상이 된다.

■ 我有好爵하니 吾與爾靡之하리라

爵은 벼슬 작. '好爵'(호작)은 좋은 작위 또는 천작(天爵 : 하늘이 준 벼슬, 곧 천리 본연의 미덕, 誠). 인간의 작위는 인작(人爵)이요, 천리 본연의 미덕은 天이

부여한 천작이다.

爾는 너 이, 그대 이. 너로 부르기 난감할 때의 상대방을 부르는 말.

靡는 함께할 미. 함께한다는 것은 곧 나눈다는 의미를 가졌다.

'其子'(기자)와 '吾'(오)는 모두 九五를 가리키는 말이다. 鶴이 산하택중(山下澤中)의 그늘에서 울고 있으니 九五의 아들은 그에 화답하여 나는 좋은 작위를 가졌으니 그대와 나누어서 함께 화락(和樂)하리라는 의미다.

九二는 九五와 같은 양효니 응하기 어려우나 만일 상응하면 큰 사업을 성취하게 된다. 中孚時에 九二와 九五는 함께 주괘의 주효가 되고 중실한 정성을 함께 지녀 동성상응(同聲相應)하며 동기상구(同氣相求)하니(乾卦 문언전 참조) 그로써 상응이 가능하여 九二의 효사는 이처럼 화락이 넘치는 것으로 된다. 길흉을 말하지 않았으나 이보다 더 트인 길은 없다.

〈繫上〉제 8장에 공자는 이 효사를 인용해서 "군자가 거실에서 선한 말을 하면 천리(千里) 밖에 있는 사람도 믿어 응하리니, 하물며 가까이 있는 사람은 말할 나위가 없다. 거실에서 불선(不善)한 말을 하면 천리 밖에 있는 사람도 등을 돌리리니 하물며 가까이 있는 사람은 말할 나위가 없다"(君子ㅣ 居其室하여 出其言善이면 則千里之外應之리니 況其邇者乎아 居其室하여 出其言不善이면 則千里之外違之리니 況其邇者乎아) 했다. 혼후(渾厚)한 성언(聖言)이다.

《주역절중》에 정여해(鄭汝諧)는 이렇게 쓰고 있다.

九二는 홀로 응효가 없으니 아직 사람들에게 믿음이 없는 것 같으나 효의 가장 길함이 九二와 같음이 없다. 스스로 빛내려는 이는 그 진실을 잃고 스스로 덕을 감추는 이는 그 덕이 빛나게 된다. 사물을 감화하는 일에 무심해도 사물이 모두 감응하는 것은 지성지도(至誠之道)다. 九二는 강건하되 온유한 자리에 있고 그 자리가 중위(中位)이며 또 2음의 밑에 숨어 엎드리고 있으니(겸손의 뜻), 아마(蓋) 고요히 명덕(明德)을 감추어서 구함이 없는 이요, 구함이 없어도 物이 스스로 감응함이니 그러므로 '鳴鶴在陰而其子和之者'(명학재음이기자화지자)요, 감응에 천도(誠)로써 함이다.

二獨無應하니 若未信於人而爻之最吉이 莫二若也ㅣ라 自耀者는 其實喪하고 自晦者는 其德章이니 無心於感物而物無不感者는 至誠之道也ㅣ라 二는 以剛履柔

하여 其居得中하고 且伏於二陰之下하니 蓋靜晦而無求者요 無求而物自應故로 鳴鶴在陰而其子和之者요 感以天也ㅣ라

象에 曰 其子和之는 中心願也ㅣ니라
象에 가로되 '其子和之'는 中心으로 원함이니라

九二는 충실한 정성을 지녔고 九五 또한 충실한 정성을 가졌으니 '其子和之'(기자화지)는 곧 사망(邪妄)이 없는 진심으로 원하는 것이라는 의미다. 九二와 九五는 서로 지성(至誠)으로써 감응한다.

六三은 得敵하여 或鼓或罷하며 或泣或歌ㅣ니라
六三은 적을 만나서 혹은 북을 두드리다가 혹은 그만두며, 혹은 울다가 혹은 노래하느니라

得은 만날 득. 逢과 같다. 敵은 원수 적. 서로 싸우거나 해치려 하는 상대방. 또는 재덕(才德)이 비슷비슷해서 서로 필적하여 화합하지 않는 상대.
六三은 음효로서 양위에 있으니 위부정 지부정하고 과중 부중하며 하태괘의 상효가 되니 열극(悅極)이 된다. 또 대부(大夫)의 자리이나 구설이 많고 아첨하는 효가 된다. 六四와는 相比 자리에 있으나 같은 음효여서 무비가 되고 오히려 六三의 필적(匹敵)이 된다. 하지만 六四는 음효·음위로 위정한 재상이요 음양 상비(相比)로 九五 천자를 보좌하고 있다. 또 상괘의 하효가 되니 매사를 신중히 처리하며 상손괘의 주효가 되니 겸손한 덕을 가졌다. 다만 中孚時에는 이 六三이 같은 음효이기에 六四에 반발하여 적대하게 된다. 그러므로 스스로 만든 적이라는 의미로 '得敵'(득적)이라 했다.
鼓는 북 고, 북 두드릴 고. 罷는 그만둘 파. 그친다는 뜻. '或鼓或罷'(혹고혹파). 六三은 六四를 적으로 생각하여 북을 치면서 공격하려 한다(或鼓). 그러다가 또 생각해 보면 六四는 재상(宰相)인지라 세(勢) 부족을 알고 그만둔다(或罷).

'或泣或歌'(혹읍혹가). 그러다가는 또는 六四가 공격해 오지 않을까 비탄에 잠겨 눈물을 흘리고, 공격해오지 않으니 기뻐서 노래를 부른다(或歌). 六三은 진실한 정성을 지니지 못하니 동덕(同德)의 六四를 오해해서 이런 경망한 행위를 하게 되는 것이다.

'得敵'의 敵에 대하여 정자와 주자, 내자는 모두 上九를 가리킨다고 하나 이는 잘못이다. 이 점에 대해서는 공영달의 지적이 정확한 것으로 보인다. 그는 《주역정의》에서 이렇게 쓰고 있다.

六三은 少陰(兌少女)의 상효가 되고 六四는 長陰(巽長女)의 하효가 되니 같은 음효로써 서로 대립해서 상비하지 못하므로 적(得敵)이라 했다. 六三은 이음거양하니 나아가려 하는 자다. 그러나 나아가려 하나 적이 막고 있으니 그러므로 혹은 북을 두드리고, 六四는 이음거음하니 위정 지정하고 九五 천자를 받들고 있으니 六三이 이길 상대가 아니다. 그래서 그만두고 이길 수 없음을 알아 퇴각하나 자신을 침범하여 욕보일까 두려우니 그러므로 혹은 눈물을 흘린다. 六四는 손순한 덕(六四는 상손괘의 주효)을 지녀서 與物에 겨루지 아니하며 물러가도 해치지 않음을 알고 그래서 六三은 또 노래를 부르는 것이다. 상대의 힘(才德)을 헤아리지 못하고 진퇴에 항도가 없으니 고달픔을 알 수 있다.
    三居少陰之上하고 四居長陰之下하여 對而不相比, 敵之謂也ㅣ라 以陰居陽은 欲進者也ㅣ니 欲進而閡敵故로 或鼓也ㅣ오 四履正而承五하니 非己所克故로 或罷也ㅣ오 不勝而退에 懼見侵陵故로 或泣也ㅣ오 四履乎順하여 不與物校하며 退而无見害故로 或歌也ㅣ니 不量其力하고 進退无恒하니 憊可知也ㅣ라
    (閡는 멈출 해, 막힐 해. 《논어》에 '犯而不校'라는 말이 있다. 곧 침범해도 겨루지 않는다는 뜻.)

象에 曰 或鼓或罷는 位不當也_{ㄹ새니라}
<small>상 왈 혹고혹파 위부당야</small>

象에 가로되 '或歌或罷'는 位가 부당하기 때문이니라

六三은 음효로서 양위에 있으니 위부정하고 부중 과중이 되며 하태괘의 열극(悅極)이 되니 모두 위부당이 된다. 주공은 실례를 들어서 설명했으나 공자는 周公 효사가 '位不當'을 설명한 말이라는 뜻. 간결한 설명이다.

<u>육 사</u> <u>월 기 망</u> <u>마 필 망</u> <u>무 구</u>
六四는 月幾望이요 馬匹亡하니 无咎하니라

六四는 달이 幾望(十四夜月)이요 말의 匹(匹敵)이 없어짐이니 허물이 없느니라

'月幾望'(월기망)은 음력 14일 밤의 달을 가리킨다. 보름달을 망월(望月)이라 하고, 16일 밤의 달은 기망(旣望)이라 한다. '望月'이란, 보름달이 동쪽 하늘에 있고 해는 서쪽에 있어 일월이 서로 바라보는 형국이어서 이름 붙여진 것이다. 곧 해와 달이 대치함이니 음이 양을 핍박한다는 의미가 된다. '幾望月'(기망월)은 望에 이르지 않은 겸허한 태도를 가리킨다. 여기서는 겸손한 재상(宰相)에 비유한 말이다.

'馬匹亡'(마필망). 馬匹(마필)은 말의 짝. 옛날 사두마차에는 가능한 한 같은 색깔의 말을 썼으나 같은 색의 말이 없을 경우에는 가운데의 두 마리와 바깥쪽의 두 마리를 각각 같은 색으로 했다고 한다. 이것이 馬匹의 의미다. 곧 '馬匹亡'(마필망)은 같은 종류의 말이 없게 된다는 의미다.

六三과 六四의 중간 2효가 바로 마필의 상이다. 六四의 입장에서 '馬匹亡'이라 하면 같은 음효인 六三의 소인이 없어진다는 뜻이 된다. 곧 지정하고 겸손한 六四의 재상은 같은 음효인 六三의 소인을 버리고 九五 천자를 받들어 보좌하게 되니 그러므로 무구하다 했다.

六三의 '得敵'의 敵은 六四를 가리키고 六四의 '馬匹亡'은 六三을 가리킨 말이다. 2, 3, 4효의 호괘는 진괘(震卦)니 馬의 상이다. 六三과 六四는 같은 互震(2, 3, 4효의 호괘는 진괘)이니 馬匹의 상이 된다. 馬匹亡은 匹敵(필적)이 없어지고 홀로 九五와 음양 상비하게 되고 또 겸손과 성심으로(中孚卦) 九五 천자를 섬기므로 허물이 없게 된다.

공영달은 《주역정의》에서 이렇게 말한다.

'月幾望'이라는 것은 六四는 中孚時에서 손덕(巽德)으로 대처하고 태열(兌悅)에 응하며 위정하고 손순해서 九五 천자를 받든다. 또한 안으로는 六三(하태괘의 주효, 곧 元首)을 떨어뜨리고(毗) 밖으로는 덕화(德化)를 베풀고 음덕(陰德: 이음거음의 위정이며 상손괘의 주효임, 곧 손덕)이 충만하여 盛하니 望月에 거의 다다른

風澤中孚 523

달과 같다. 그러므로 月幾望이라 한 것이다. '馬匹亡无咎'는, 六三이 나를 적으로 알고 와서 나를 공격하더라도 내가 만약에 六三과 다투게 되면 자신의 성대한 바를 잃게 되니 그러므로 六三의 동류(同陰)를 '馬匹亡'처럼 버리고 위로 九五 천자를 섬기고 六三과 다투지 않으니 이에 无咎를 얻게 된다. 그러므로 '馬匹亡 无咎'라 했다.

> 月幾望者는 六四居中孚之時하여 處巽應說하고 得位履順하여 上承於五하니 內 毗元首하고 外宣德化하여 充乎陰德之盛이 如月之近望故로 曰月幾望也ㅣ라 馬匹亡无咎者는 三與己敵進來攻己라도 己若與三校戰則失其所盛故로 棄三之 類를 如馬之亡匹하고 上承其五하여 不與三爭하니 乃得无咎故로 曰馬匹亡无咎 也ㅣ라

象에 曰 馬匹亡은 絶類上也ㅣ니라
_{상 왈 마필망   절류상야}

象에 가로되 '馬匹亡'은 類(匹敵)를 끊고 올라감이니라

上은 上進, 곧 九五 천자를 받든다는 뜻. 六四의 재상은 동류(六三의 소인)에 대한 사사로운 정을 버리고 성심으로 九五 천자를 섬긴다. 그것이 '絶類上 也'(절류상야)의 의미다.

九五는 有孚攣如하니 无咎하니라
_{구오   유부련여   무구}

九五는 정성을 가져서 연여(攣如)하니 허물이 없느니라

九五는 九二와 함께 이 괘의 주효가 된다. 攣은 이어질 련. '攣如'(연여)는 연이어져 끊어지지 않는다는 뜻. 곧 서로가 사모한다는 뜻.

九五는 양효로서 양위에 있고 상괘의 중효가 되니 강건중정의 대덕을 가진 천자다. 이 천자는 정성이 지극해서 사람들은 스스로 감복하게 되고 九二의 현인과 일치협력해서 천하의 백성들로 하여금 서로 모이게 하며 깊이 믿고 따르게 하니 이에 中孚의 道가 완성되어 허물이 없게 된다.

《주역본의》에는 "九五는 강건중정의 덕을 가졌고 중부괘의 중실한 효가 되

며 존위에 있으니 中孚의 주효다. 밑으로는 九二의 현인과 상응해서 동덕으로써 서로 돕는다. 그러므로 그 상점(象占)이 이와 같다"(九五는 剛健中正하고 中孚之實而居尊位하니 爲孚之主者也ㅣ라 下應九二與之同德故로 其象占이 如此ㅣ라) 했다. 동덕상응은 건괘(乾卦)의 九二와 九五의 상응과 같은 의미다.

象에 曰 有孚攣如는 位正當也ㄹ새니라
象에 가로되 '有孚攣如'는 位가 정당하기 때문이니라

九五는 강건중정의 덕을 가졌고 존위에 있으니 그러므로 '位正當'(위정당)이라 했다. 來註에는 "이는 이괘(履卦)의 九五 효사와 같지 않다. 周公 효사는 이괘(履卦) 九五에는 '夬履, 貞厲'(쾌리 정려)라 하고 중부괘 九五에는 '有孚攣如, 无咎'(유부연여 무구)라 했다"(與履不同하니 履周公爻辭에 乃貞厲라 하고 此則无咎라) 했다. 곧 이괘(履卦)의 상괘는 건괘로서 夬履(쾌리)의 상이 되니 경계해서 貞厲라 했고 중부괘의 九五에는 有孚攣如의 상(이 괘의 상괘는 손순한 손괘)이 되어 그러므로 无咎라 했으니 내용이 다르다는 의미다. 이는 履時와 中孚時의 시대 차이가 있기 때문이다. 그런데 공자의 소상전에는 함께 '位正當'이라 한 것이다. 강건중정의 대덕은 시대의 차이가 있어도 거의 보편타당성을 지녔다는 해석이 아닐까 싶다.

上九는 翰音登于天이니 貞凶하니라
上九는 닭의 우는 소리가 하늘에 오름이니 貞해도 凶하니라

翰은 날개 한. '翰音'(한음)은 닭의 별칭(別稱)이다. 닭은 날개를 치면서 울기 때문에 翰音이라 한다. 닭의 우는 소리는 높은 곳까지도 들리나 그 몸은 높이 날지 못한다. 그러므로 이 구절은 실질(實質)이 부합하지 않는다는 의미의 비유적인 말이 된다. 〈설괘전〉에 "巽은 爲鷄라" 했으니 손괘는 닭의 상이다. 그러므로 翰音이라 했다.

'翰音登于天'(한음등우천)은 닭의 우는 소리가 천상에 올라간다는 뜻. 上九는 천위(天位)가 되니 그러므로 '登于天'이라 했다.

上九는 양효로서 음위에 있으니 위부정이 되고 中孚의 궁극이 되며 과중부중이고 손극(巽極)이 된다. 그러므로 지나친 행위를 하게 되고 실질적 재덕이 없으면서도 명성과 평판이 높다는 의미로 '翰音登于天'이라 했다. 이래서는 설사 올바르다 해도 흉하리라는 의미다.

《주자본의》에는 이렇게 씌어 있다.

上九는 中孚의 궁극에 있어서 변화할 줄을 모르니 비록 올바름을 얻었다 해도 역시 흉도(凶道)이다. 그래서 그 상점(象占)이 이러하다. 鷄를 翰音이라 이른 것은 곧 손괘(상손괘)의 상이다. 손괘의 궁극에 있음은 곧 하늘에 오른 것이니, 닭은 하늘에 오르지 못할 동물인데도 오르려 함은 곧 믿을 바가 아닌 것을 믿고 변화의 도리를 모르니 역시 이와 같은 것이다.

居信之極而不知變하니 雖得其貞이라도 亦凶道也ㅣ라 故로 其象占이 如此라 鷄曰翰音은 乃巽之象이라 居巽之極은 爲登于天이니 鷄非登天之物而欲登天은 信非所信而不知變이 亦猶是也ㅣ라

象에 曰 翰音登于天이어늘 何可長也ㅣ리오
象에 가로되 '翰音登于天'이어늘 어찌 오래갈 수 있으리요

'何可長'(하가장). 어찌 장구(長久)할 수 있겠느냐. 곧 진실한 정성을 못가지고 겉치레만 하고 있으니 머지않아 화(禍)를 받게 되리라는(貞凶) 의미다.

風澤中孚卦(풍택중부괘)䷼의 六爻를 간단히 정리해 보자.
初九는 中孚의 시초에 양효·양위로 위정 지정하고 六四의 위정 지정한 재상과 음양상응해서 길한 효다.
九二는 양효·음위로 강유(剛柔) 조절이 된 내강외유의 군자요 하괘의 중효가 되며 강건중덕의 대덕을 가진 九五 천자와 동덕 상응해서 대길한 효다. 중부

괘의 대상은 이괘(離卦)니 새의 상이다. 학은 고상한 새고 닭은 소리만 클 뿐 높이 날지 못한다. 그러므로 九二는 학의 상이요 上九는 鷄의 상이 된다.

六三은 음효로서 양위에 있으니 위부정 지부정이 되고 부중 과중하고 하태괘의 상효(주효)가 되어 열극(悅極)이 된다. 그러므로 중심에 충실한 정성이 없고 경망한 성질을 가져서 흉한 효다.

六四는 상손괘의 주효가 되고 음효·음위로 위정 지정해서 동류의 소인(六三)을 멀리하고 음양 상비로 九五 천자를 진심으로 보좌하니 길한 효다.

九五는 양효·양위로 강건중정의 대덕을 가졌고 中孚時의 주괘의 주효가 된다. 九二의 현인과 동덕 상응하고 六四의 지정한 재상의 보좌를 받아서 이에 中孚之道가 완성되는 대길한 효다.

上九는 양효·음위로 위부정하고 中孚의 괘극(卦極)이 되며 손극(巽極)이 되니 머지않아 쇠퇴의 길로 들어설 것임을 모르는 효다. 곧 자신의 재덕을 오신(誤信)하고 시대가 바뀌는 것을 모르니 이래서는 비록 바른 일이라 해도 불성사(不成事)가 되고 흉하리라.

雷山小過
艮下
震上

_{소 과} _형 _{이 정} _{가 소 사} _{불 가 대 사} _{비 조 유 지 음}
小過는 亨하고 利貞하니라 可小事하고 不可大事하니라 飛鳥遺之音
_{불 의 상} _{의 하} _{대 길}
하니 不宜上하고 宜下하니 大吉하니라

_단 _왈 _{소 과} _{소 자 과 이 형 야} _{과 이 리 정} _{여 시 행 야}
彖에 曰 小過는 小者過而亨也ㅣ오 過以利貞은 與時行也ㄹ새니
_{유 득 중} _{시 이} _{소 사 길 야} _{강 실 위 이 부 중} _{시 이}
라 柔得中이라 是以로 小事吉也ㅣ오 剛失位而不中이라 是以로
_{불 가 대 사 야} _{유 비 조 지 상 언} _{비 조 유 지 음} _{불 의 상} _{의 하}
不可大事也ㅣ니라 有飛鳥之象焉하니 飛鳥遺之音 不宜上 宜下
_{대 길} _{상 역 이 하 순 야}
大吉은 上逆而下順也ㄹ새니라

_상 _{왈 산 상 유 뢰} _{소 과} _{군 자} _이 _{행 과 호 공} _상
象에 曰 山上有雷ㅣ 小過ㅣ니 君子ㅣ 以하여 行過乎恭하며 喪
_{과 호 애} _{용 과 호 검}
過乎哀하며 用過乎儉하나니라

_{초 육} _{비 조} _{이 흉}
初六은 飛鳥ㅣ니 以凶하니라

　　　　　　상　　왈　　비조이흉　　　불가여하야
　　象에 曰 飛鳥以凶은 不可如何也ㅣ니라
　　육이　　과기조　　　우기비　　　불급기군　　　우기신　　　무구
六二는 過其祖하여 遇其妣니 不及其君하여 遇其臣이면 无咎하니라
　　　　　　상　　왈　　불급기군　　　신불가과야
　　象에 曰 不及其君은 臣不可過也ㅣ니라
　구삼　　불과방지　　종혹장지　　　흉
九三은 弗過防之니 從或戕之하면 凶하니라
　　　　　　상　　왈　　종혹장지　　　흉여하야
　　象에 曰 從或戕之하면 凶如何也오
　구사　　무구　　　불과우지　　왕려필계　　　물용　　　영정
九四는 无咎하니라 弗過遇之니 往厲必戒하며 勿用하고 永貞하니라
　　　　　　상　　왈　　불과우지　　위부당야　　　왕려필계　　종불가장야
　　象에 曰 不過遇之는 位不當也ㅣ오 往厲必戒는 終不可長也ㄹ
　　새니라
　육오　　밀운불우　　　자아서교　　　공익취피재혈
六五는 密雲不雨하여 自我西郊ㅣ니 公弋取彼在穴이니라
　　　　　　상　　왈　　밀운불우　　　이상야
　　象에 曰 密雲不雨는 已上也ㄹ새니라
　　상육　　불우과지　　　비조리지　　　흉　　　시위재생
上六은 弗遇過之니 飛鳥離之하여 凶하니 是謂災眚이니라
　　　　　　상　　왈　　불우과지　　　이항야
　　象에 曰 弗遇過之는 已亢也ㅣ니라

小過는 亨하고 利貞하니라 可小事하고 不可大事하니라 飛鳥遺之音하니 不宜上하고 宜下하니 大吉하니라

小過는 형통하고 貞함에 이로우니라. 작은 일은 가능하고 큰일은 불가능하니라. 나는 새가 소리를 남기니 올라감은 마땅하지 않고 내려옴이 마땅하니 크게 길하니라

　小過卦(소과괘)는 艮下震上(간하진상)의 괘다. 상진괘는 雷고 하간괘는 山이다. 雷와 山과 괘명의 小過를 합해서 雷山小過(뇌산소과)라 하여 괘형과 괘명을 기억하게 한다.
　小過는 소자(小者)가 무슨 일을 함에 지나치다, 또는 소사를 벌임에 지나치게 하다, 또는 지나친 바가 크지 않다는 의미를 가졌다. 그러나 小過는 기본적으로 소자가 무슨 일을 조금 지나치게 한다는 의미다. 大는 양을, 小는 음을 가리키는 바, 곧 小過는 음효가 양효보다 수가 많으니 음소(陰小)가 과하다는 의미가 된다. 이상의 의미로 괘명을 小過라 했다.
　택풍대과괘(澤風大過卦)는 양대(陽大)의 수가 많아서 괘명을 大過라 했다. 양대가 대인이라면 음효는 소인이 된다. 소인을 모두 악인으로 규정할 수는 없고 대인을 모두 군자로 규정할 수도 없다. 소인에는 소인으로서 좋은 바도 있고 좋지 못한 바도 있을 것이며 대인에게도 또한 좋은 바와 좋지 못한 바가 있으니 일률적으로 그 선악과 길흉을 정할 수는 없다.
　소인은 기량(器量)이 작고 대인은 기량이 크다고 볼 수는 있다. 기량이 커서 모두 吉한 것도 아니고 작아서 不吉한 것도 아니나, 일반적으로 기량이 작으면 작은 일에 집착하기 쉽고 기량이 크면 큰일에 집념을 가지기 쉽다고 할 수는 있다. 그러나 소사와 대사, 기량의 작고 큼을 막론하고 貞道라야 유종의 미를 가지게 되고 길하게 된다.
　음효와 양효의 수가 같은 수화기제괘(水火旣濟卦)는 여섯 효가 모두 위정하고 상하 상비 상응해서 水火相濟로 완성된 괘다. 그러므로 괘명을 旣濟라 했다. 그러나 완성된 괘라 해서 무조건 대길한 것도 아니다. 또 화수미제괘

(火水未濟卦)는 既濟와 정반대로 여섯 효가 모두 위부정이 되고 水火相濟가 되니 미완성을 의미한다. 그러므로 괘명을 未濟라 했다. 그러나 미완성의 괘라 해서 무조건 불길한 것도 아니다.

뇌화풍괘(雷火豊卦)는 풍대한 괘가 되나 계사에는 불길한 말이 많고 화산여괘(火山旅卦)는 풍괘의 정반대의 괘가 되나 모두 불길한 것도 아니다.

또 화천대유괘(火天大有卦)는 태양이 하늘 위에서 사방을 비추는 성대한 괘로서, 하나밖에 없는 음효가(六五) 5 양대를 통솔하므로 양대가 과하다 해서 불길한 것도 아니고, 양대의 한 효(九五)가 다섯 음효를 통솔하는 수지비괘(水地比卦)도 음소(陰小)가 과해서 흉한 것도 아니다.

易道에서 가장 중요한 것은 때(時)다. 그 때에 적합해야 길하고 부적합하면 흉이 된다. 그러므로 단사에는 종종 '時義 大矣哉라' 했다. 시의(時義)에 맞는 중용지도를 시중(時中)이라 한다. 時中이라야 대길하게 된다. 양효와 음효의 많고 적음이 큰 문제가 아니요 易理의 심오한 이치는 時中에 있다.

〈서괘전〉에는 "有其信者ㅣ 必行之리라 故로 受之以小過ㅣ니라" 했다. 곧 中孚는 孚信(부신)의 괘가 되니 그 孚信에 사람들은 믿고 따르게 된다. 그러므로 心中에 정성이 충만한 사람은 사람들의 신용을 얻게 되고 자신이 하고자 하는 사업을 추진하면 필연코 잘 수행되며 과인(過人)의 일을 하게 된다. 그러므로 중부괘 다음에 소과괘를 두었다. 곧 小過는 小者가 조금 지나치다는 의미니 그 뜻을 확장하면 소사가 과하다 또는 조금 과하다는 의미가 생긴다. 곧 小者가 하는 일은 소사가 되니 소사가 과하다는 것. 곧 過(지나침)가 작다는 의미가 된다. 小過는 小者過(小者가 조금 지나침)에 귀일한다. 조금 지나칠 뿐이므로 일이 잘 수행될 수도 있으나(조금 지나쳐도 무방한 일이라면) 크게 지나치면 일이 잘 수행되지 않을 경우가 많다. 서괘전의 의미는 대략 이와 같다.

정전(程傳)에는 "이 괘가 이루어진 바는 山 위에 雷가 있으니 높은 곳에서 천둥이 울려 그 소리가 범상한 정도를 넘어선다. 그러므로 小過가 되는 것이다. 또 음소(陰小)가 천자 위에 있고 양대가 실위(失位)하여 부중(不中)하니 곧 小者가 보통의 상태를 넘어서 있다. 개략적으로 말하면 小者가 과하고 또 소사에 過하며 또 지나친 바가 작다는 의미다"(爲卦 山上有雷하여 雷震於高하

니 其聲이 過常故로 爲小過라 又陰居尊位하고 陽失位而不中하니 小者過其常也ㅣ
라 蓋爲小者過하고 又爲小事過하고 又爲過之小ㅣ라) 했다.

〈잡괘전〉에는 '小過는 過也ㅣ라' 했다. 곧 小過는 지나치다는 의미다. 크게
지나치면 실패할 우려도 클 것이나 小者가 조금 지나치면 오히려 행사에 유리
할 경우도 있다.

■ 小過는 亨하고 利貞하니라

곧 小者(陰小)가 조금 지나친 것은 때로는 형통하게 된다. 그러나 貞道를
굳게 지켜야 가능하다는 의미다.

■ 可小事하고 不可大事하니라

곧 小過時에는 小者가 중위(中位)를 얻고 大者가 중위를 잃었기 때문이다.
작은 일이란 여러 가지가 있겠으나 한 예를 들어서 말하면 사소한 일상의 일로
볼 수 있고 큰일이란 곧 인류 전체에 관한 중대한 일로 해석할 수도 있다. 곧
小過는 小者에 알맞은 일을 해야 하고, 대사를 경륜해서는 안 된다는 의미다.

■ 飛鳥遺之音하니 不宜上하고 宜下하니 大吉하니라

이 괘는 새〔鳥〕가 날개를 길게 펴고 날아가는 괘형이다. 가운데의 두 양효
는 몸의 부분이 되고 아래의 두 음과 위의 두 음은 좌우의 날개가 된다. 그러
므로 '飛鳥'(비조)라 했다. 遺는 남길 유. '遺之音'(유지음)은 소리를 남긴다는
뜻. '飛鳥遺之音'(비조유지음)은 새는 이미 날아가 버렸으나 그 우는 소리는 남
아 있어서 밑에까지 들리고 있다는 뜻.

'不宜上宜下'(불의상의하). 새가 하늘로 높이 날아간들 안정될 바를 얻기는
어려우니 밑으로(地上에) 내려오게 되면 안정된 처소와 먹을 것도 얻게 되리
라는 의미다. 지나친 행위는 불리하다는 것을 가리키는 말이다. 조금 지나친
것은(小過) 무방하나 크게 지나치면 불리하다. 곧 '知其所止'(지기소지)라, 멈
출 곳을 알아 거기 멈춰야 吉을 얻게 된다. 上 곧 올라간다는 것은 거만불손

(倨慢不遜)을 의미하고, 下 곧 내려온다는 것은 겸양공손(謙讓恭遜)을 의미한다. '不宜上宜下'(불의상의하)는 간단한 말이나 한 개인의 언행은 물론이요 인류 대사(大事)에도 널리 적용해야 할 말이다.

《주역절중》에 이광지는 이렇게 쓰고 있다.

大過는(택풍대과괘를 가리킴) 대사에 과하고 小過(小過卦)는 소사에 과함이니 대사는 천하국가에 관계되는 일을 이르는 것이고 소사는 평소에 쓰고 행하는 일이다. '不宜上宜下'(불의상의하)는 나는 새가 위로 올라가면 편안히 머물 곳이 없고 내려오면 깃들여 머물 곳이 있음이다. 인사에 있어서는 스스로 높이는 이는 올바름을 잃고 도리에서 멀어지며 스스로를 낮추는 이는 올바름을 얻어 실정(實情)에 가까우리니 이로써 대길하다.

大過者는 大事過也ㅣ오 小過者는 小事過也ㅣ니 大事는 謂關繫天下國家之事요 小事는 爲日用常行之事라 (…) 不宜上宜下는 在飛鳥則上無止戾하고 下有棲宿이라 在人事則高亢者는 失正而遠於理하고 卑約者는 得正而近乎情이리니 是以大吉也ㅣ라

象에 曰 小過는 小者過而亨也ㅣ오 過以利貞은 與時行也ㄹ새니라 柔得中이라 是以로 小事吉也ㅣ오 剛失位而不中이라 是以로 不可大事也ㅣ니라 有飛鳥之象焉하니 飛鳥遺之音 不宜上宜下大吉은 上逆而下順也ㄹ새니라

象에 가로되 小過는 작은 것이 지나쳐서 형통함이요, 지나침으로써 貞함에 이로운 것은 때와 함께 행하기 때문이니라. 柔가 中을 얻음이라. 이로써 작은 일은 길하고 剛이 位를 잃어 中이 되지 않음이라. 이로써 큰 일은 불가하니라. 나는 새의 象이 있으니 '飛鳥遺之音不宜上宜下大吉'(비조유지음불의상의하대길)은 올라감은 거스름이 되되 내려옴은 순하기 때문이니라

■ 象에 曰 小過는 小者過而亨也ㅣ오

이것은 단사의 '小過 亨'을 설명한 말이다. 小過는 小者가 과해서 형통한다

는 의미다. 小事는 때로는 조금 지나치게 해서 일이 순조롭게 수행되는 수도 있다.

■ 過以利貞은 與時行也ㄹ새니라

過함으로써 利貞하다는 것은 '與時偕行'(여시해행) 곧 시세(時勢)에 순응해서 적의한 도리를 취한다는 의미다. 세상일은 자칫 좌우의 한편으로 치우치기 쉽다. 예를 들면 왼쪽으로 굽은 나무를 바르게 할 때에는 똑바로 세우는 것으로는 되지 않는다. 오른편으로 조금 지나치게 굽혀 두어야 장차 바르게 성장하게 된다. 시대의 폐습을 교정할 때는 이렇듯 반대편으로 조금 지나치게 해야 장차 정도(正道)를 얻게 된다. 小過는 바로 이런 의미를 가졌다.

小過時에 큰일을 경륜할 수는 없으되 작은 일은 이렇게 교정하여 형통하는 경우가 많다. 다만 때에 적중한 도리를 취해야 한다. 《주역정의》에는 "過而得以利貞은 應時宜也ㅣ니 施過於恭儉이 利貞者也ㅣ라" 했다. 곧 過해서 利貞을 얻는다는 것은 시의에 적응함이니 대상전에서 말한 '行過乎恭 用過乎儉'이 利貞이 된다는 것이다.

■ 柔得中이라 是以로 小事吉也ㅣ오 剛失位而不中이라 是以로 不可大事也ㅣ니라

'可小事 不可大事'(가소사 불가대사)를 설명한 말이다. 六二와 六五가 중요한 중위(中位)에 있으니 이 두 효는 음소(陰小)의 효다. 그러므로 소사라면 조금 지나쳐도 길할 것이다. 그러나 아래위의 강효(양대)가 모두 실위(失位)해서 부중이 되니 그러므로 대사는 불가능하다는 의미다. 일상의 평범한 일은 음소(陰小)로도 길을 얻을 수 있으나 천하대사는 강건중정을 가지지 않으면 불가능하다.

■ 飛鳥遺之音 不宜上 宜下大吉은 上逆而下順也ㄹ새니라

이 괘는 새가 날개를 펴고 하늘을 날고 있는 상이다.

'飛鳥遺之音'(비조유지음). 새는 이미 날아가 버렸으나 그 우는 소리는 지상까지 들리고 있다. 말하자면 이 새가 하늘로 올라가는 것은 도리를 거스르는 일이요 밑으로 내려오는 것은 도리에 순응하는 일이다. 사람의 일로 말하면 곧 음유한 소인이 재덕이 부족하면서도 윗자리로 올라가려 하는 것은 도리에 거스르는 일이다. 6 효사는 모두 過됨이 없도록 가르치고 있다. '上逆'(상역)은 '不宜上'(불의상)을 가리키고 '下順'(하순)은 '宜下'(의하)를 가리킨 말이다.

《주역정의》에는 이렇게 씌어 있다.

이는 六五가 강효인 九四를 올라타고 六二가 양효인 九三을 받들고 있는 괘상에 따라(就) '不宜上宜下 大吉'(불의상의하 대길)의 뜻을 해석한 것이다. 올라감은 즉 승강(乘剛)으로써 도리에 거스르는 일이 되고(不宜上) 내려오면 곧 양대를 받듦이 되니 순리가 된다(宜下). 베푼 바가 불순(不順)에 지나치면 흉화(凶禍)가 막대할 것이고 순리에 조금 지나치면 過가 다시 변해서 吉이 된다.

此就六五乘九四之剛하고 六二承九三之陽으로 釋所以不宜上宜下大吉之義也ㅣ라 上則乘剛逆이오 下則承陽順이라 施過於不順은 凶莫大焉이오 施過於順은 過更變而爲吉이라

象에 曰 山上有雷ㅣ 小過ㅣ니 君子ㅣ 以하여 行過乎恭하며 喪過乎哀하며 用過乎儉하나니라

象에 가로되 산 위에 雷가 있음이 小過니, 군자는 이로써 행실은 공손함에 지나치게 하고 초상은 슬퍼함에 지나치게 하고 씀(財貨)에는 검소함에 지나치게 하느니라

■ 象에 曰 山上有雷ㅣ 小過ㅣ니

艮山(간산)의 위에 震雷(진뢰)가 있는 것이 小過의 괘형이다. 큰 산 위에 작은 雷가 있으니 작은 것이 큰 것의 위에 있는 象이다. 그러므로 小者가 過하고 小事에 過하며 또 약간 지나침을 나타내는 괘상이다.

■ 君子ㅣ 以하여 行過乎恭하며 喪過乎哀하며 用過乎儉하나니라

군자는 이 도리를 본받아서, 행동할 때에는 조금 지나치게 공손하고 상을 입었을 때에는 조금 지나치게 슬퍼하며 돈을 쓸 때에는 조금 지나치게 검약한다.

크게 지나치면 역리(逆理)가 된다. '哀而不傷 樂而不流'(애이불상 낙이불류)가 중용의 道다. 行(행), 喪(상), 用(용)은 행사(行事)에 관한 일이니 진괘(震卦)의 動象(동상)이 되고, 恭(공), 哀(애), 儉(검)은 일정한 절도와 규율 등에 머무는 것이니 간괘(艮卦)의 止象(지상)이 된다.

정전(程傳)에는 "當過而過는 乃其宜也ㅣ오 不當過而過는 則過也ㅣ라" 했다. 곧 도리상 당연히 과해야 할 경우에 과함은 곧 바른 일이고 당연히 과해서는 안 될 경우에 과하면 곧 지나침이 된다.

初六은 飛鳥ㅣ니 以凶하니라
초육은 나는 새니 이로써 흉하니라

'飛鳥以凶'(비조이흉)은 飛鳥로 말미암아 흉하다. 또는 飛鳥함으로써 흉하다는 의미다. 來註에는 '以'는 '因'의 뜻이라 했다(以 자는 因也 곧 '이로써'의 뜻). 이 괘는 나는 새의 상이다. 九三과 九四의 두 양효는 새의 몸이 되고 初六과 六二, 六五와 上六의 네 음은 날개가 되며, 또 初六과 上六은 날개의 뾰족한 끝이 된다. 또 九三, 九四는 강건재덕을 가진 군자로 보고 初六, 六二, 六五, 上六의 네 음효는 기량이 작은 소인으로 보고 말했다.

初六은 음효로서 양위에 있으니 위부정이 된다. 九四와 음양상응하니 그 九四 대신(大臣)의 응원을 얻어서 마치 새가 높이 날듯 출세하여 영화를 누리고자 한다. 하천하고 재덕이 부족하며 지부정한 이 初六의 소인이 이런 망념을 가지고 행동하면 일시적으로는 九四 대신의 원조로 다소의 이익을 얻을지 모르나 도리어 그것이 흉화의 원인이 된다. 하천하고 재덕이 부족하고 지부정한 初六이 飛鳥와 같은 행위를 하고자 하니 그러므로 '飛鳥以凶'이라 했다. 이 괘의 각 효사는 재덕이 부족하고 기량이 작은 이는 가능한 한 밑으로 내

려가야 함을 말하고 있다. 위로 올라가면 흉화를 받게 된다는 것이다. 《주역절중》에 항안세는 이렇게 말한다.

初六과 上六의 두 효는 음과(陰過)하여 中을 얻지 못했다. 이로써 흉하다. 괘상으로 보면 이 두 효는 모두 새 날개의 끝이 된다. 初六은 하간괘의 하효가 되니 당연히 멈추어 있어야 하는데 도리어 날아오르니 이 날아오름으로써 흉에 이르게 된다. 그러므로 '飛鳥以凶'이라 한 것이다. 上六은 상진괘의 상효가 되니 그 날아오른 정도가 심히 높아서 곧 그물에 걸릴 象이다. 그러므로 '飛鳥離之凶'(비조리지흉)이라 했다.

初上二爻는 陰過而不得中이라 是以로 凶也 l 라 以卦象觀之하면 二爻皆當鳥翅之末이라 初六은 在艮之下하여 當止而反飛하니 以取致凶故로 曰飛鳥以凶이요 上六은 居震之極하여 其飛已高하니 則麗於網罟故로 曰飛鳥離之凶이라
(翅는 날개 시)

象에 曰 飛鳥以凶은 不可如何也 l 니라
象에 가로되 '飛鳥以凶'은 어찌할 수 없음이니라

'不可如何'(불가여하). 어찌할 수 없다는 뜻. 멈추어 있어야 하는데도 분수를 모르고 경망하게 날아오르니 스스로 재화를 부르는 것을 어찌할 수 없다. '飛鳥以凶'은 바로 이런 의미다.

六二는 過其祖하여 遇其妣니 不及其君하여 遇其臣이면 无咎하니라
六二는 그 할아버지(九四)를 지나가서 그 증조모(六五)를 만남이요 그 임금(六五)에 미치지 아니하여 그 신하(九三)를 만남이니 허물이 없느니라

祖는 祖父. 妣는 죽은 어미 비. 六二로써 말하면 九三은 父가 되고 九四는 조부(祖父)가 되며 六五는 九四의 妣가 되니 곧 증조모가 된다. '過其祖'(과기조)는 九四를 지나쳐 간다는 뜻. '遇其妣'(우기비)는 六五를 만난다는 뜻이다.

六五는 군위(君位)가 되니 그러므로 '其君'(기군)이라 했다. '其臣'(기신)은 九三을 가리키고 있다. 곧 六二는 六五와 응위가 되나 같은 음효로 무응이 된다. 그러므로 '不及其君'(불급기군)이라 했다. '遇其臣'(우기신)은 그 신하를 만난다는 뜻. 곧 六二는 九三과 음양 상비하고 있음을 말한다.

六二는 음효·음위로 위정하고 하간괘의 중효(中爻)가 되니 곧 유순중정의 덕을 가졌다. 六五와는 응위가 되니 過其祖(九四)하여 遇其妣(六五)할 수도 있으나 이는 上位에 있는 九三과 九四를 무시하는 일이 된다. 그러므로 六二는 겸양해서 직접 임금(六五)을 배알하지 않고 그 신하인 九三을 음양 상비로 만나게 되니 无咎하다는 것이다.

小過時에 六二는 크게 지나친 행위를 하지 않고 멈추어 있어야 할 자리에 멈추어 있으니(知其所止) 그러므로 无咎하게 된다. 말하자면 六五를 君이라 하면 九四는 재상이 되고 六三은 대부(大夫)가 되며 六二는 소신(小臣)이 되니 小臣이 대부와 재상을 무시하고 직접 임금을 만나게 되면 이는 스스로 재화를 부르는 짓이 된다. 역사상에도 이런 사건은 허다할 것이다.

《주역절중》에 이광지는 "小過의 괘의는 주로 과공(過恭), 과검(過儉)에 있으니 즉 처도(妻道)요 신도(臣道)다. 六二는 유순중정의 덕을 가졌다. 그러므로 과불급을 저울질하여 中을 얻었으니 이 괘의 六爻 중에서 가장 선한 효다"(小過之義는 主於過恭過儉이 妻道也ㅣ오 臣道也ㅣ라 二當其位而有中正之德故로 能權衡於過不及而得其中하니 於六爻에 爲最善이라) 했다.

또 오왈신(吳曰愼)은 "六二는 중정해서 효사는 과불급으로써 말했으니, 대개 과해야 마땅할 경우에는 과해야 하고 불급해야 마땅할 때에는 불급해야 한다. 六二는 이것을 저울질해서 과불급이 없는 중도를 취한다. 그래서 마침내 과불급의 치우침이 없다"(六二中正而爻辭는 以過不及言之하니 蓋當過而過하고 當不及而不及이니 此는 權之所以取中而卒無過不及之偏矣라) 했다.

象에 曰 不及其君은 臣不可過也ㅣ니라

象에 가로되 '不及其君'은 신하(臣下)는 過해서는 不可하니라

'臣不可過也'(신불가과야)는 신하로서는 過(過行, 過犯)해서는 불가하다는 의미다. 《주역절중》에 호병문은 "小者는 때로 과해도 괜찮으나 신하가 君에 과행해서는 안 된다"(小者ㅣ有時而可過어니와 臣之於君엔 不可過也ㅣ라) 했다.

九三은 弗過防之니 從或戕之하면 凶하니라
(구삼) (불과방지) (종혹장지) (흉)

九三은 지나지 못해서 이것을 막음이니 좇아서 혹은 이것을 상하게 하면 흉하니라

九三과 九四는 양효로서 강건재덕을 가졌으나 小過時에는 아래위의 4음에 가리어 재덕을 발휘하지 못하고 세력이 약한 군자가 된다.

'弗過'(불과)는 음의 세력이 성해서 양이 음을 넘어설 수 없다, 곧 양의 세력이 매우 약하다는 의미다. '防之'(방지)는 음의 세력을 막는다는 뜻, 九三은 하간괘의 주효가 되니 艮은 멈춤의 의미다. 밑에서 올라오는 2음을 막아 멈추게 한다는 의미다.

九三은 양효·양위로 위정은 되나 과강이고 하괘의 상효로서 부중 과중하니 지나친 경향이 있다. 강건재덕을 지녔으니 지정하여 아래 두 음의 세력을 막으면 허물이 없으리라. 戕은 죽일 장. 상하게 하다의 뜻.

'從或戕之'(종혹장지)는 아래의 두 陰을 막다가 뒤쫓아 그들을 격멸(擊滅)하려 하면 흉하리라는 의미다.

九三은 부중 과중 중강이 되니 과격한 성질을 가졌기에 경계한 말이다. 비록 강건재덕을 지니고 있다 하나 세력이 성한 소인들을 격멸할 수는 없고 도리어 흉화를 받게 되리라는 계언(戒言)이다. 역사상 이런 예는 허다하다. 비록 小過時라 해도 행위가 대과(大過)하면 흉화를 면할 수 없다. 또 九三은 上六과 음양상응이 되니 만일 上六과 함께 높이 날게 되면 혹은 장해(戕害)를 입게 되고 흉하리라.

'從或戕之'를 이렇게 해석할 수도 있다. '弗過防之'(불과방지)는 九三이 가진 강건재덕과 위정(位正)의 면으로 설명한 것이고 '從或戕之 凶'(종혹장지 흉)은 九三의 부중·과중 과강을 경계한 말이다.

《주역술의》에는 "九三과 上六이 상응하면 재앙이 있을 것이다. 함께 날게 되면 필연코 해치려는 자가 있을 것이니 단사의 '不宜上宜下'(불의상의하)는 이것을 말한 것이다"(三與上應하면 有災眚者也ㅣ라 (…) 俱飛라면 必有戕之者矣리니 不宜上宜下는 此之謂也ㅣ라)라고 했다. 곧 上六과 상응하여 함께 날면 不宜上으로 흉하고 유순중정의 덕을 가진 六二와 음양 상비하면 宜下가 되니 무구하다는 의미다.

<small>상 왈 종혹장지 흉여하야</small>
象에 曰 從或戕之하면 凶如何也오
象에 가로되 '從或戕之'하면 흉은(어찌할고) 어찌하느냐

'凶如何'(흉여하). 곧 흉화를 면치 못하리라는 뜻이다. 음의 세력을 격멸하려 하면 자멸할 것이고 또 上六과 상응상종해도 흉화를 받게 되리라는 의미다.

<small>구사 무구 불과우지 왕려필계 물용 영정</small>
九四는 无咎하니라 弗過遇之하고 往厲必戒하며 勿用하고 永貞하니라
九四 허물이 없느니라. 지나지 못해서 이것을 만남이니 가면 위태하니 반드시 경계하며 쓰지 말고 길이 貞해야 하느니라

九四는 양효로서 음위에 있으니 내강외유의 군자다. 곧 강건재덕을 지니고 용모와 태도가 온화한 재상이다. 그러나 不過(불과)·遇之(우지)·往厲(왕려)·必戒(필계)·勿用(물용)·永貞(영정)의 爻辭는 바른 도리를 지켜야 허물이 없다는 의미다.

'弗過'는 九三에서와 같다. 곧 九四는 성한 음의 세력을 넘어설 수 없다. 음의 세력에 미치지 못하는 것이다. '遇之'(우지)의 之는 六五를 가리키는 대명사이니 곧 六五를 만난다는 뜻이다. 음양 상비로 九四는 六五를 만나게 된다. 九四는 음의 세력에 엄폐되어 있으니 그들은 상극과도 같은 존재다. 그러나 九四는 겸양심을 가진 내강외유의 군자이므로 음의 세력에 '弗過'할 줄도 알고 그들과 '遇之'해도 충돌하지 않으며 적절하게 대응하게 된다.

'往厲'는 음의 세력이 성한 이때에 나아가서 무슨 행사를 하게 되면 위태롭다는 의미다. '必戒'는 반드시 경계해서 무리하게 일을 해서는 안 된다는 의미다. '勿用'은 자신이 가진 재덕을 나타내어 사용하지 말라는 당부이며 '永貞'은 영구히 정도를 굳게 지키라는 의미다. 이렇듯이 하면 비록 음의 세력이 성한 小過時일지라도 허물이 없으리라는 의미다.

《중용》제 27장에 "나라가 有道하면 그 발언이 흥기(興起)하고, 나라가 无道하면 그 침묵(沈默)이 족히 용신(容身)하리니 詩(大雅 丞民篇)에 가로되 이미 명철해서 그 몸을 보전한다 했으니 그 말은 이것을 이름일진저"(國有道에 其言이 足以興이요, 國無道에 其默이 足以容이니 詩에 曰 旣明且哲하여 以保其身이라 하니 其此之謂與인저) 했다. 때에 적합한 도리를 취하는 것이 時中의 도리다.

象에 曰 弗過遇之는 位不當也ㅣ오 往厲必戒는 終不可長也ㄹ새니라

象에 가로되 '不過遇之'는 位가 부당(不當)함이요, '往厲必戒'는 마침내 길이 갈 수 없기 때문이니라

■ 象에 曰 弗過遇之는 位不當也ㅣ오

'位不當'. 九四는 강효로서 유위에 있고 상괘의 하효가 되니 중위(中位)를 얻지 못했다. 음의 세력이 성한 小過時에 득위하지 못했으니 성한 음을 만나 겸양한 태도로 대응해야 화를 면한다.

■ 往厲必戒는 終不可長也ㄹ새니라

'終不可長'(종불가장)은 마침내 장구할 수는 없다는 뜻으로 '往厲必戒'(왕려필계)를 다시 당부한 말이다. 소인의 세력이 성한 이때에 나아가서 무슨 행사를 하면 그 몸을 장구히 보전하기는 어렵다는 의미다.

六五는 密雲不雨하여 自我西郊ㅣ니 公弋取彼在穴이니라
六五는 구름이 빽빽해도 비는 내리지 않으니 나의 서쪽 교외로부터 함이니 公이 익(弋)해서 저 구멍에 있는 것을 취함이니라

■ 六五는 密雲不雨하여 自我西郊ㅣ니

'密雲不雨'(밀운불우)는 구름이 빽빽해도 비는 내리지 않는다는 뜻. '自我西郊'(자아서교)는 나의 서쪽 교외에서 구름이 성하게 일어나고 있다는 뜻. 곧 密雲不雨하기에 自我西郊하다는 뜻이다.

六五는 음효로서 양위에 있으니 위부정이 된다. 상괘의 中爻로서 중덕을 가졌고 六二와 함께 이 괘의 주효이며 천위에 있으나, 음효여서 재덕이 부족하여 천하를 경륜할 기량은 못 가졌으되 중허(中虛 : 심중에 사욕이 없음)한 성심을 가져서 최선의 노력을 하고 있다. '密雲不雨 自我西郊'란 바로 이러한 상태를 비유한 것이다. 또한 3, 4, 5효의 호괘는 태괘니 택기(澤氣), 곧 구름이다. 태괘의 방위는 西方이다. 또 호괘는 외괘에 있으니 곧 성밖(郊)이 된다. 그러므로 '密雲不雨 自我西郊'가 되니, 이는 곧 사출어상의 설명이다.

풍천소축괘(風天小畜卦)에서도 역시 '密雲不雨 自我西郊'라 했는데, 이는 손풍(巽風)이 불어서 음양이 잘 조화되지 않기 때문에 비롯한 괘상이고, 이 소과괘의 경우는 음이 너무 높이 위로 올라가서 음양의 조화가 잘 되지 않는 괘상이다. 음양조화가 이루어질 때 비는 오게 된다.

■ 公弋取彼在穴이니라

'公'(공)은 六五를, '彼'(피)는 九三과 九四를 가리킨다. 弋은 주살 익. 즉 오늬에 줄을 매어 쏘는 화살이다.

소과괘의 대상은 감괘니 穴(혈)의 상이 되고 九三과 九四는 감혈중(坎穴中)이 된다. 이는 즉 公(六五)은 坎穴中에 있는 九三과 九四의 현인들을 주살로 잡아 얻듯 등용하라는 의미다. 六五 자신은 재덕이 부족하니 九三과 九四의 현인들을 등용해서 그들의 보좌를 얻어 천하에 은택을 베풀도록 해야 한다.

六五는 九三, 九四와는 응효가 안 되니 특별한 수단으로 그들을 구해야 한다. '公弋取彼在穴'(공익취피재혈)은 이런 것을 비유한 말이다.

정자는 "在穴은 指六二也ㅣ라" 했다. 곧 구덩이에 있는 것은 六二라는 것이다. 주자 또한 "弋取六二라" 했으니 같은 의견이다. 정자와 주자는 六五의 응위는 六二가 되니 즉 六二를 익취(弋取)한다고 해석했다. 그러나 六五와 六二는 같은 음이어서 음양 조화가 못 되니 '密雲不雨'의 상태는 해결되지 않는다. 弋取는 九三과 九四를 가리킨 말이다.

象에 曰 密雲不雨는 已上也ㄹ새니라

象에 가로되 '密雲不雨'는 심(甚)히 올라갔기 때문이니라

已(이)는 '매우 심히'의 뜻. '已上'(이상)은 위로 심히 올라가다의 뜻. 특히 이 六五 효사에 대한 해석은 선유의 의견도 각각 달라서 자못 난감하나, 대략 이렇게 정리될 수 있겠다. 즉, 小過에서는 조금 지나친 것은 무방하나 음유하고 재덕이 부족하면서도 六五처럼 천위에 오르게 되면 이는 효사(爻辭)에 말한 '不宜上宜下'의 도리에 어김이 되고 大過(小過의 반대)가 된다. 그러므로 음양이 서로 조화되지 않아 密雲不雨의 상태가 되고 따라서 소상전에는 '已上'이라 했다. 이 상태를 해결하려 하면 六五는 음양 상화(相和)를 도모해야 한다. 다행히 九三과 九四의 2 양(양강현인)이 밑에(坎穴中) 있으니 公(六五)은 공손하게 밑으로 내려가(下於賢) 두 현인에 간원(懇願)해서 그들의 보좌를 받게 되면 이는 곧 단사에서 말한 '不宜上宜下 大吉'이 된다.

上六은 弗遇過之하고 飛鳥離之하여 凶하니 是謂災眚이니라

上六은 만나지 않고 이것을 지남이니, 나는 새가 이에(그물에) 걸려서 흉하니, 이를 災眚(재생)이라 이르느니라

上六은 小過의 궁극의 지위에 있으니 六五보다 더욱 극심하게 과한 효다.

그러므로 재생(災眚)을 받게 된다.

'弗遇過之'(불우과지). 上六은 九三과 상응이 되나 그를 멸시하여 만나려 하지 않고 그를 지나쳐 높은 곳에 올라가 있다. '飛鳥離之'(비조리지). 離는 걸릴 리. 새가 높이 올라가다가 그물에 걸린다. 그러므로 흉하다 했다. '是謂災眚'(시위재생). 災는 천재. 眚은 재앙 생. 곧 자신이 만든 禍다. 上六은 小過時에 끝까지 올라가 버렸으니 그 과함이 무척 심한 효다. 그러므로 천재(天災)와 인화(人禍)를 함께 받게 된다는 것이다.

《주역절중》에 호원(胡瑗)은 이렇게 말한다.

上六은 지나쳐서 마지 않으니 마치 새가 높이 날아 그 멈출 바를 모르고 궁극에 다달아 흉화에 걸린 것과 같다. 밑으로 되돌아와 안정될 바를 도모할 줄 모르니, 이는 마치 사람에 대해 인정(人情)으로 가까이하지 못하고 심(甚)히 거만한 행동을 하는 것과 같다. 그러므로 밖에서 오는 재앙과(天災) 자초한 손화(損禍)를 모두 당하게 된다.

> 上六은 過而不已하니 若鳥之高翔에 不知所止하여 以至窮極而離於凶禍하고 不能反於下하여 以圖其所安하니 猶人之不近人情하고 亢已而行故로 外來之災와 自招之損을 皆有之也ㅣ라

天災라면 어떻게 면할 수도 있으나 스스로 초래한 자작얼(自作孼)은 면할 수 없다.

象에 曰 弗遇過之는 已亢也ㅣ니라
象에 가로되 '弗遇過之'는 심히 거만(倨慢)함이니라

亢은 거만할 항. 已는 매우 이, 대단히 이(甚). '已亢'(이항)은 심히 거만해졌다는 의미다. 上六은 응효인 九三의 현인을 기피하고 그를 지나쳐 높이 날고 있으니 그 거만한 심성이 무척 심하다. 그러므로 天災와 人禍를 함께 받게 된다.

雷山小過 545

雷山小過卦(뇌산소과괘)☲의 六爻를 간단히 정리해 보자. 이 괘는 새의 상이다. 初六과 六二, 六五와 上六은 새의 날개가 되고 九三과 九四는 새의 몸이 된다. 初六과 上六은 날개의 끝 부분이 된다.

初六은 음효·양위로 위부정하고 재덕이 부족한 소인이다. 九四와 음양상응하니 그 힘을 믿어 하천함을 모르고 높이 날고 있는 상이 된다. 그러므로 흉하다.

六二와 六五는 이 괘의 주효다. 六二는 음효·음위로 하괘의 중효가 되니 곧 유순중정의 덕을 가져서 지나친 행위를 하지 않는다. 九三의 현인과는 음양 상비로 그를 받들게 되니 곧 이 괘의 여섯 효 중에서 최선의 효가 된다.

九三은 양효·양위로 지정한 군자다. 반면 부중 과중이며 중강이 되어 무슨 일에든 지나친 행동을 하는 경향을 가졌으니 小過는 무방하나 大過를 하게 되면 흉하리라.

九四는 양효로서 음위에 있으니 내강외유의 덕을 가졌고 小過時에 지나친 행위를 하지 않아 무구한 효다. 비록 강건재덕은 지녔으나 소과시에 큰일을 도모하면 흉하니 재덕을 감추고 정도를 굳게 지켜야 길하다.

六五는 음효·양위로 위부정이 되고 음효로서 천위에까지 이르렀으니 小過時에 지나침이 심하여 위험한 지위다. 그러나 허심의 誠을 가졌으니 공겸심(恭謙心)으로 九三, 九四의 강건재덕을 가진 현인에게 간원해서 그들의 보좌를 얻게 되면 큰 경사가 있으리라.

上六은 小過의 궁극이고 극도로 거만한 효다. 그러므로 흉하다. 마치 새가 높이 날다가 그물에 걸리듯 큰 재화를 입게 된다.

水火旣濟

離下
坎上

旣濟는 亨小하고 利貞하고 初吉終亂하니라

象에 曰 旣濟亨은 小者亨也ㅣ오 利貞은 剛柔正而位當也ㄹ새요 初吉은 柔得中也ㄹ새요 終止則亂은 其道窮也ㄹ새니라

象에 曰 水在火上이 旣濟니 君子ㅣ 以하여 思患而豫防之하나니라

初九는 曳其輪이라가 濡其尾니 无咎하니라
　象에 曰 曳其輪은 義无咎也ㅣ니라

六二는 婦喪其茀하되 勿逐이어다 七日得이리라
　象에 曰 七日得은 以中道也ㅣ니라

九三은 高宗이 伐鬼方하여 三年克之니 小人은 勿用이니라

象에 曰 三年克之는 憊也ㅣ니라

六四는 繻有衣袽하고 終日戒니라

象에 曰 終日戒는 有所疑也ㅣ니라

九五는 東鄰殺牛ㅣ 不如西鄰之禴祭에 實受其福하니라

象에 曰 東鄰殺牛는 不如西鄰之時也ㅣ오 實受其福은 吉大來也ㅣ니라

上六은 濡其首ㅣ니 厲하니라

象에 曰 濡其首厲어늘 何可久也리오

<small>기 제　　형 소　　　이 정　　　초 길 종 난</small>
旣濟는 亨小하고 利貞하고 初吉終亂하니라
旣濟는 작은 일은 형통하고 貞함에 이롭고, 처음은 길하고 마침은 어지러우니라

旣濟卦(기제괘)는 離下坎上(이하감상)의 괘다. 상감괘는 水고 하감괘는 火다. 水와 火와 괘명의 旣濟를 합해서 水火旣濟(수화기제)䷾라 하여 괘형과 괘명을 기억하게 한다.

旣濟의 旣는 이미 기. 濟는 건널 제. 물을 건넌다는 의미다. 이쪽 기슭에서 저쪽 기슭으로 건너간다는 의미이니 즉 물을 건너가는 일이 성취된다는 뜻이다. 이를 전용(轉用)해서 일이 성취되었다는 의미로 濟라 한다. 즉 '旣濟'는 이미 이루어졌다, 일이 모두 성취되었다는 의미다. 기제괘는 일이 이미 완성된 경우에 처하는 도리를 설명했다.

이 괘의 상괘는 감괘니 水고 하괘는 이괘니 火다. 水火는 상생상극의 원리를 지니고 있으니 잘 조화하면 만물을 생성화육하게 된다. 이는 남녀가 정기를 합하여 새 생명을 탄생시키는 것과 같다. 만물은 때로는 상극하고 때로는 상생한다. 잘 조화되면 상생이 되고 부조화는 상극이 된다. 64괘도 모두 이와 같아서 잘 이용하면 吉하고 잘못 이용하면 凶, 悔, 吝이 된다.

기제괘는 坎水가 위에 있고 離火가 밑에 있어서 수화 상생의 원리로 만사만물이 완성된다는 의미의 괘다. 괘상으로 말하면 六爻는 모두 위정이 되고 모두 상응, 상비해서 완성된 괘다. 또 六二는 유순중정의 덕을 가졌고 九五는 강건중정의 덕을 가졌으며 또한 이 두 효가 음양상응하니 그야말로 완벽한 괘다. 그러므로 괘명을 旣濟라 했다.

우주 삼라만상은 시시각각으로 변화한다. 성극(盛極)이 되면 또 쇠해질 전조(前兆)가 나타난다. 고락(苦樂), 성쇠(盛衰), 생사(生死)가 모두 일리(一理)다. 우리 모두는 이 고락, 성쇠, 생사 속에서 진리를 터득하도록 노력해야 한다.

〈서괘전〉에는 "有過物者ㅣ 必濟리라 故로 受之以旣濟니라" 했다. 사람은 정성을 가져서 사람들의 신망(信望)을 얻게 되고 신망을 얻음으로써 일이 잘 수행된다. 일을 수행함에 있어서는 묵은 폐단을 제거해야 하고, 그러기 위해서는 반대편

으로 조금 지나칠 만큼 치우쳐야 굽은 것을 바르게 할 수 있다. 사물은 약간 지나치게 하여 올바르게 되면 필연코 제물(濟物 : 사물을 구제함)이 가능해지리라. 그러므로 소과괘 다음에 기제괘로서 받았다. 旣濟는 사물의 완성을 의미한다.
이 괘에 대하여 정전에서는 이렇게 말한다.

> 기제괘는 서괘전에서 "有過物者ㅣ 必濟라 故로 受之以旣濟니라" 했으니 사물에 지나칠 수 있다면 필히 그것을 완수(完遂)할 수도 있으리라. 그러므로 小過卦 다음에 기제괘로 받은 것이다. 괘됨이 물이 불 위에 있으니 수화가 서로 사귀어 用을 이루게 되고 각각 그 用이 적당하게 되므로 旣濟가 되고 천하 만사가 이미 이루어진 때이다.
>
> > 旣濟는 序卦에 有過物者ㅣ 必濟라 故로 受之以旣濟니라하니 能過於物하면 必可以濟라 故로 小過之後에 受之以旣濟也ㅣ라 爲卦 水在火上하니 水火相交則爲用矣요 各當其用故로 爲旣濟요 天下萬事已濟之時也ㅣ라

〈잡괘전〉에는 "旣濟는 定也ㅣ라" 했다. 즉 모든 사물이 그 있어야 할 바에 있어서 안정되었다는 것이다. 응·비도 완전히 구비하였으니 모든 것이 완성되어 안정된 것이 사실이다. 그러나 이는 실은 易理상의 이론에 불과할 뿐 현상계에서는 실제로 완성이란 있을 수 없다. 그러므로 기제괘의 다음에 미제괘(未濟卦)로 받게 되니 未濟는 미완성을 의미한다.

■ 旣濟는 亨小하고 利貞하고 初吉終亂하니라

주자는 "亨小'는 당연히 '小亨'의 뜻이고 대저 이 괘와 여섯 효의 점사는 모두 경계의 의미를 지니고 있다"(亨小는 當爲小亨이라 大抵此卦及六爻占辭는 皆有警戒之意라) 했다. 반면 정자는 "小 자가 亨 자의 밑에 있는 것이 당연하다. 만약에 '小亨'이라 하면 형통한 바가 작다는 의미가 된다"(小字在下ㅣ 語當然也ㅣ라 若言小亨則爲亨之小也ㅣ라) 했다. 곧 旣濟는 완성을 의미하므로 小亨의 반대가 된다. 來註에도 亨小로 해석했으니 우리는 정자와 내자의 설을 취한다. '亨小'는 작은 일은 형통한다는 의미다.

기제괘는 六爻가 모두 정위에 있고 응·비가 되며 六二는 유순중정의 덕을 가졌고 九五는 강건중정의 덕을 가져 완성된 괘다. 그러므로 성대한 발전을 더 할 여지는 없으며 따라서 작은 일은 성사할 수 있으나 큰일은 도모할 때가 아니다. 그러므로 '亨小'라 했다. '利貞'. 貞하지 못하면 기왕의 완성된 일도 파괴된다. 旣濟는 군신 상하가 모두 정위(正位)에 있어서 바른 도리를 지키니 그러므로 완성되어 있다. 그러나 평화가 오랫동안 계속되면 인심은 문란해지고 필연코 난(亂)이 일어나게 된다. 하괘는 이명(離明)의 괘가 되니 평화를 의미하고 상괘는 감험(坎險)의 괘가 되니 난을 의미한다. 그러므로 '初吉終亂'(초길종난)이라 했다.

《주역정의》에는 "사람들 모두가 편안히 있을 때 위난(危亂)을 생각한다거나 시종 한결같이 삼가는 일은 불가능하다. 그러므로 오늘날 旣濟의 初에 비록 모두가 吉을 얻기는 하나 만약 진덕수업(進德修業)하지 않으면 종극에 이르러서는 위란(危亂)이 미치리라"(人皆不能居安思危하며 愼終如始故로 戒以今日旣濟之初에 雖皆獲吉하되 若不進德修業하면 至於終極則危亂及之라) 했다.

象에 曰 旣濟亨은 小者亨也ㅣ오 利貞은 剛柔正而位當也ㅣ새
요 初吉은 柔得中也ㅣ새요 終止則亂은 其道窮也ㅣ새니라
象에 가로되 '旣濟亨'은 작은 것이 형통함이요, '利貞'은 剛과 柔가 바르고 位當하기 때문이요, '初吉'은 유가 중을 얻기 때문이요 종말에 그치면 곧 어지러움은 그 도가 궁하기 때문이니라

■ 象에 曰 旣濟亨은 小者亨也ㅣ오

이 구절에 대해 《주자본의》에는 '濟下疑脫小字'(제하의탈소자)라 했다. 곧 旣濟 밑에 소자가 빠졌다는 것이다. 다시 말해 '旣濟小亨'(기제소형)이 맞다는 것이다. 그러나 우리는 원문 그대로 읽기로 한다.

'小者亨也'(소자형야). 작은 일은 어느 시대라도 시시로 변화하고 환경과 인물에 따라 처방이 다를 수도 있으니 이 기제 時에는 큰일은 몰라도 작은 일은

잘 조화하면 형통하게 된다. 일반 서민의 풍속, 습관, 의식 등은 사소한 일 같기도 하나 그런 것이 문란하게 되면 국가의 기본이 되는 제도와 규율도 지켜 나가기 어렵다. 큰일을 등한시해도 된다는 것이 아니라, 인간만사는 작은 일들로 말미암아 쇠퇴하게 되는 경우도 많은 것이다.

《중용》제12장에 "《모시 대아》(毛詩 大雅)의 한록(旱麓)편에 말하기를 솔개가 날아 하늘에 이르고 물고기는 소(淵)에서 뛴다 했으니, 이는 그 상하에 이치가 밝게 드러남을 말한 것이다"(詩云 鳶飛戾天이어늘 魚躍于淵이라하니 言其上下察也ㅣ니라) 했다. 곧 대소장단(大小長短)을 두루 살필 줄 알아야 한다는 말이다.

■ 利貞은 剛柔正而位當也ㅣ오

이 괘의 여섯 효는 모두 강효는 양위에 있고 유효는 음위에 있어서 당연히 있어야 할 지위를 얻고 있다. 즉 六爻 모두가 위정하고 상응 상비하고 있는 것이다. 단사의 '利貞'은 이것을 말했다는 의미다.

■ 初吉은 柔得中也ㅣ오

柔는 유효. 中은 중덕. '柔得中'(유득중)은 六二를 가리키는 말이다. 六二는 음효·음위로 하리괘의 중효가 되니 곧 유순중정의 덕을 가졌고 文明之主가 된다. 그러므로 어떤 일에도 유순중정의 덕으로 대처하니 길하게 된다. 旣濟時에서 하리괘는 初가 되고 상감괘는 終이 된다. 하리괘는 '初吉終亂'(초길종난)의 初가 되니 그러므로 '初吉'이라 했다.

■ 終止則亂은 其道窮也ㅣ니라

평화가 오래도록 계속되면 인심은 나태해지고 드디어 발전이 멈추게 된다. 발전이 멈추면 분란(紛亂)이 일어나게 된다. '終止則亂'(종지즉난)은 이런 의미다. 곧 '初吉終亂'의 終亂을 설명한 말이다. 물은 흐르므로 썩지 않는다. 늘 일신(日新)하고 우일신(又日新)해야 평화가 유지된다. 괘상으로 말하면 하리 괘는 문명의 괘가 되니 '初吉'(초길)이요 상감괘는 감험(坎險)의 괘가 되니 '終亂'(종난)이 된다.

'其道窮'(기도궁)은 기제의 도가 이미 궁극에 이르렀다는 의미다. 그 도가 이미 쇠퇴해서 궁극에 이르러 발전이 멈추고 종내 어지러워진다는 의미다. 來註에는 이렇게 씌어 있다.

문왕 단사에는 '終亂'(종난)이라 하고 공자 단전에는 '終止則亂'(종지즉난)이라 하니 두 성인이 易을 찬조(贊助)하는 뜻이 깊다. '其道窮'(기도궁)은 인사로써 말하면 나태함이 경신(敬愼)을 이기면 곧 흉하리니 이것은 인도(人道)의 이치가 곤궁하고, 천리로써 말하면 극성하게 되면 필연코 쇠퇴하리니 이는 천도의 운이 곤궁하게 되는 것이다. 괘체(卦體)로써 말하면 수재화상(水在火上)으로 종내는 물은 밑으로 흘러가고 밑에 있는 불은 위로 타오르니 이는 괘체의 형세(形勢)가 궁한 것이 된다. 지금의 旣濟의 뒤에는 당연히 태만심(怠慢心 : 止心)이 생기게 되리니 어찌 종난(終亂)이 되지 않겠는가. 그러므로 '其道窮'이 된다.

> 文王이 曰終亂이요 孔子 曰終止則亂이라하니 聖人贊易之旨甚矣라 其道窮者는 以人事言하면 怠勝敬則凶하리니 此는 人道之理窮也ㅣ오 以天理言하면 盛極則必衰리니 此는 天道之數窮也ㅣ라 以卦體言하면 水在火上은 終必潤下하고 火在下는 終必炎上이리니 此는 卦體之勢窮也ㅣ라 今當旣濟之後에 止心旣生하니 豈不終亂이리요 故로 其道窮이라

象에 曰 水在火上이 旣濟니 君子ㅣ 以하여 思患而豫防之하나니라

象에 가로되 물이 불의 위에 있음이 旣濟니 군자는 이로써 근심될 것을 생각해서 미리 이것을 막느니라

■ 象에 曰 水在火上이 旣濟니

이하감상(離下坎上)이 旣濟다. 곧 불의 위에 물이 있는 것이 기제의 괘상이다. 이는 수화상생(水火相生)을 의미한다. 반대로 불이 물 위에 있다면 불은

위로 타올라가고 물은 밑으로 흘러가게 되니 이는 수화가 조화되지 않는 미생(未生 : 相生의 반대)을 의미하게 된다. 다음에 나오는 괘는 화재수상의 괘가 되니 그러므로 '未濟'가 된다.

■ 君子丨 以하여 思患而豫防之하나니라

'思患'(사환)은 患을 생각한다는 뜻. 患은 근심 환. '豫防之'(예방지)는 이것을 예방한다는 뜻이다. 상감괘는 험난의 괘다. 그러므로 思患이라 했으니 장차 환란이 생길지도 모르므로 그것을 예방한다는 의미다. 하리괘는 문명의 괘로서 길하나 상감괘는 우환(憂患)의 괘가 되고 旣濟의 종말이 되니 '終亂'에 대처한다는 것이다.

來註에는 "患은 건난(蹇難)의 일이니 상괘는 감험(坎險)의 상이고 防은 기미를 살피는 일이니 이명(離明)의 상이다. 思는 마음에 관한 말이고 豫는 일에 관한 말이다. 思患은 우려하여 피하려는 것이요 豫防은 잘못이 없도록 앞서서 도모함이다"(患者는 蹇難之事니 象坎險하고 防者는 見幾之事이 象離明이라 思는 以心言하고 豫는 以事言이라 思患者는 慮乎其後요 豫防者는 圖乎于先이라)했다.

初九는 曳其輪이라가 濡其尾니 无咎하니라
初九는 그 수레바퀴를 끌다가 꼬리를 (물에) 적심이니 허물이 없느니라

曳는 끌 예. 輪은 수레바퀴 윤. 濡는 젖을 유. '曳其輪'(예기륜)은 수레바퀴를 끌다의 뜻. '濡其尾'(유기미)는 꼬리가 물에 젖다의 뜻. 두 其자는 初九를 가리키는 대명사. 2, 3, 4효의 호괘는 감괘니 거륜(車輪)의 상이다. 감괘는 水 또는 여우의 상이다. 상효는 앞이 되고 초효는 뒤가 된다. 初九는 2, 3, 4효의 호괘의 밑이 되니 여우의 꼬리가 된다. 여우는 坎水의 뒤에서 수레바퀴를 끌다가 그 꼬리가 감수에 젖게 되는 상이다.

初九는 양효로서 양위에 있으니 위정하고 상괘의 六四와 음양상응하는 효

다. 初九는 火體(이괘)의 한 효가 되니 화성(火性)은 불꽃으로서 위로 타오른다. 곧 初九는 강성과 화성을 지녀 전진하는 성질을 가졌다. 그러나 初九는 旣濟時가 되고 하위(下位)가 되며 지정하기에 스스로 경망한 행위를 삼가며 사람들에게도 신중하도록 권한다.

이런 것을 비유해서 '曳其輪 濡其尾 无咎'라 했다. 여우는 물을 건널 때에는 꼬리를 높이 들고 물에 젖지 않도록 해서 건너간다. 꼬리가 물에 젖으면 물을 건너가지 못하는 것이다. '曳其輪'은 수레바퀴를 뒤로 끈다는 뜻이니 곧 사람들이 전진하지 않도록 권유한다는 의미고 '濡其尾'는 여우 자신이 꼬리가 물에 젖어서 전진하지 못한다는 의미다. 初九는 이처럼 신중히 처사하니 허물이 없다.

주자는 "바퀴는 밑에 있고 꼬리는 뒤에 있으니 初九의 상이다. 바퀴를 뒤로 끌면 수레는 전진하지 못하고 꼬리가 물에 젖으면 여우는 물을 건너갈 수 없다. 旣濟의 시초에 이와 같이 근신하고 경계하니 无咎의 道이다. 점자는 이와 같이 하면 허물이 없으리라"(輪在下하고 尾在後하니 初之象也ㅣ라 曳輪則車不前하고 濡尾則狐不濟라 旣濟之初에 謹戒如是하니 无咎之道라 占者ㅣ 如是則无咎矣리라) 했다.

象에 曰 曳其輪은 義无咎也ㅣ니라
象에 가로되 '曳其輪'은 의리상 허물이 없음이니라

만사 만물이 이미 성취된 기제 時에는 그 완성된 상태를 유지하도록 노력해야 하며 경망한 행동은 환란의 동기가 되기 쉽다. 初九는 그 도리를 잘 알고 수레바퀴를 뒤로 끄니 그러므로 의리상 허물이 없다.

六二는 婦喪其茀하되 勿逐이어다 七日得이리라
六二는 부인이 그 덮개를 잃되 쫓지 말아라. 7일 만에 얻으리라

喪은 잃을 상. 茀은 덮개 불. 곧 翟茀(적불; 수레 덮개. '翟'은 꿩 적)이다.

逐은 쫓을 축. 뒤쫓다는 뜻. '勿逐'(물축)은 쫓지 말라는 뜻이며, '七日得'(칠일득)은 이레 후에는 잃은 덮개를 찾아서 얻게 되리라는 뜻이다.

六二는 음효로서 음위에 있고 하괘의 중효로서 유순중정의 덕을 지녔으며 하리괘의 離主 곧 문명의 주효가 되고 九五와 함께 주괘의 주효가 된다. 九五와 음양상응해서 그에게로 가려 하나 마차의 덮개를 잃어 버렸다. 그러나 덮개를 찾으려고 뒤쫓아가면 도리어 수난을 당하기 쉬우니 쫓지 말고 그대로 두면 이레 후에는 되돌아오게 되리라는 의미다. 七日은 이레를 단정한 것이 아니요 다만 일정한 기간을 의미할 뿐이다.

易에는 七日을 天行이라 한다. 곧 천도운행의 도리라는 의미. 1효를 1일로 본다면 상효까지는 六日이 되고 七日이면 본래 자리에 되돌아온다는 의미로 '七日得'(칠일득)이라 했다. 七日得, 七日來復, 先甲三日後甲三日, 先庚三日後庚三日은 모두 天行의 의미다.

六二는 初九에 승강(乘剛)하고 九三에 승강(承剛)하며 九五와 상응하고 있다. 六二는 음양상응하는 九五에게로 가고자 하나 음양 상비하는 初九와 九三에게 견제된다는 의미로 '婦喪其茀'(부상기불)이라 했고, 상비(相比)보다 상응이 더 강력하다는 의미로 '勿逐七日得'(물축칠일득)이라 했다. 곧 六二는 유순중정의 덕과 文明의 덕을 가져서 진퇴존망의 도리를 잘 알고 무리한 행위를 하지 않으며 때를 기다리니 곧 '七日得'(칠일득)이 된다.

初九에는 '曳其輪'이라 하고 六二에는 '勿逐'(물축)이라 했으니 모두 경망한 행동을 경계한 말이다. 來註에는 이렇게 씌어 있다.

六二는 유순중정의 덕을 지니고 위로 강건중정의 임금에 음양상응하고 있으니 본시 九五의 婦다. 다만 初九에 승강(乘剛)하고 九三에 승강(承剛)하여 九五와 상합을 못하고 있다. 그러므로 '婦喪其茀'(부상기불)로 九五에게로 갈 수 없는 상이다. 그러나 六二와 九五는 함께 중정의 德을 지녀 상응이 되니 어찌 상합 못할 리가 있겠는가. 다만 때를 기다릴 뿐이다. 그러므로 점자에 경계하길 쫓아가지 않아도 마땅히(宜令) 스스로 얻게 되리니 또 이 象도 가졌다.

二以中正之德而上應中正之君하니 本五之婦也ㅣ라 但乘承皆剛하니 與五不得相合故로 有婦喪茀은 不能行之象也ㅣ라 然이나 上下中正이 豈有不得相合之理

요 但俟其時耳라 故로 又戒占者하여 勿可追逐하면 宜令其自得也ㅣ니 又有此象이라

象에 曰 七日得은 以中道也ㅣ니라
象에 가로되 '七日得'은 中道이기(中道를 지키기) 때문이니라

六二는 중용의 도로써 일에 처신하므로 七日得이 된다. 周公 효사는 모든 사물에 비유해서 효상과 점사를 말했으나 공자 단전은 대체로 위당, 위정, 위부당, 위부정, 이중(以中), 이중도(以中道) 등으로 간결하게 설명했다.

來註에는 "中道는 하괘의 중위에 있다는 뜻이니 이것은 六二의 덕이다. 세상을 구제하는 재덕이 나에게 있으니 그러므로 구하지 않아도 스스로 얻게 된다"(中道者는 居下卦之中하니 此는 六二之德也ㅣ오 濟世之具在我라 故로 不求自得이라) 했다.

九三은 高宗이 伐鬼方하여 三年克之니 小人은 勿用이니라
九三은 高宗이 鬼方을 쳐서 3년 만에 이김이니, 소인은 쓰지 말지니라

九三은 양효로서 양위에 있으니 위정하고 심덕이 바르다. 그러나 이미 과중 부중이요 중강(重剛)이 된다.

'高宗'(고종)은 武丁, 곧 쇠해진 殷나라를 다시 盛하게 한 천자다. 이 고종은 나라 안을 안정시킨 후에 북방 이민족인 '鬼方'(귀방)을 정벌해서 3년이라는 장기간에 걸쳐 겨우 이기게 되었다. '小人은 勿用'. 소인은 이와 같이 해서는 안 된다. 九三은 지나친 행위를 하기 쉬우니, 타이르길 고종의 영재(英才)로도 鬼方을 정벌하는 데 3년이라는 긴 세월에 걸쳐 겨우 이겼으니 범인(凡人)으로서는 과강한 행위를 하면 화를 받게 되리라는 경계의 말이다.

來註에 따르면 '鬼方'은 북방 이민족의 나라로서 夏는 훈육(獯鬻: 獯은 오랑캐 이름 훈, 鬻은 팔 육. 賣와 같은 뜻)이라 불렀고 殷은 鬼方, 周는 험윤(獫狁),

漢은 흉노(匈奴), 魏는 돌궐(突厥)이라 했다 한다. 아울러 來註에는 다음과 같이 씌어 있다.

既濟時에는 천하가 무사하다. 九三은 이강거강(以剛居剛)하니 그러므로 伐國의 상이 된다. 그러나 험함(險陷 : 상감괘의 험난)이 앞에 있으니 신속하게 이기기는 어렵다. 그러므로 三年克之의 상이다. 고종의 현명함으로도 용병의 어려움이 이와 같거늘 하물며 既濟無事의 이때에 소인을 임용해서 내치(內治)를 버려두고 변방에서 공을 세우려 임금이 몸소 나서면 兵은 궁곤하게 되고 民은 괴롭게 됨을 면치 못하리라. 그러므로 용병의 어려움을 이미 말해서 경망한 행동은 안 된다는 점을 타이르고 또 사람을 쓰는 것도 불가불 상심(詳審)해야 함을 말했다. 점자에 既濟時에 대처(對處)함에는 마땅히 이와 같이 해야 함을 가르치며 깊이 경계했다.
既濟之時에 天下无事矣라 三은 以剛居剛故로 有伐國之象이라 然이나 險陷在前하니 難以驟克故로 又有三年方克之象이라 夫以高宗之賢으로도 其用兵之難이 如此而況既濟無事之世에 任用小人하여 捨內治而幸邊功하면 未免窮兵廣民矣라 故로 既言用兵之難하여 不可經動而又言任人不可不審也ㅣ라 教占者ㅣ 處既濟之時에 當如此戒之深矣라

象에 曰 三年克之는 憊也ㅣ니라
象에 가로되 '三年克之'는 피곤함이니라

憊는 고달플 비. 곧 피곤하다는 뜻. 경솔한 행동을 경계한 말이다.

六四는 繻有衣袽하고 終日戒니라
六四는 (물이) 새는데 헝겊을 가지고 (헝겊으로 막고) 종일 경계함이니라

繻는 고운 명주 유. 袽는 해진 헝겊 녀. '衣袽'(의녀)는 해진 헝겊. 繻 자에 대해 정자는 "繻는 當作濡라" 했다. 唐의 공영달은 "王註에 云繻는 宜曰 濡라"했다. 곧 魏나라 왕필(王弼)의 주석에 繻는 마땅히 濡라는 것이다. 濡는 젖을 유. 물이 샌다는 뜻. 《주자본의》와 《주역술의》에도 이 글자는 역시 濡

로 해석되고 있다. 제현(諸賢)의 주장을 좇아 繻는 濡로 정정한다.

'衣袽'(의녀)는 해진 헝겊(걸레). '濡有衣袽'(유유의녀)는 물이 새는데 해진 헝겊으로 막는다는 의미다.

3, 4, 5효의 호괘는 이괘(離卦)☲니 가운데가 비어서 배(舟)의 상이 된다. 상감괘는 강이고 물이다. 배를 타고 강을 건너려 하는데 배의 작은 틈에서 물이 새 들어오니 헤어진 헝겊으로 물을 막고 그래도 걱정이 되어서 '終日戒'(종일계) 즉 종일토록 경계한다는 의미다. 선현(先賢)의 해석에 따라 '濡有衣袽'(유유의녀)로 보면 대략 이런 내용이 된다. 무리한 해석처럼 보이기도 하나 그 대의(大義)는 이와 같으리라고 생각한다.

六四는 음효로서 음위에 있으니 위정하다. 그러나 旣濟時가 이미 중간 시기가 지나고 감험(坎險:상감괘는 험난의 괘)의 초효가 되니 환난을 경계해서 항상 그에 대한 준비를 해야 无咎하고 吉을 얻게 되리라는 경계의 말이다.

來註에는 繻를 襦(엷은 비단 유)로 해석했다.

六四는 하리괘의 문명時를 지나 상감괘의 험난時로 들어가는 시점에 음효·음위로 득정(得正)하니 濟의 도가 장차 개혁될 것이며 또한 坎險이 앞에 임박함을 알고 의심하며 두려워한다. 그러므로 고운 비단 옷을 벗고 해진 옷을 입어 종일토록 경계하는 상이다. 점자는 반드시 이와 같이 하면 旣濟를 보전할 수 있다.

　　六四는 當出離入坎之時에 陰柔得正하니 知濟道將革하며 坎陷臨前하니 有所疑懼故로 有有繻不衣하고 乃衣其袽하여 終日戒懼之象이라 占者ㅣ 必如是하면 方可保旣濟也ㅣ라

곧 繻를 濡로 해석하지 않고 襦 자로 해석했으나 대의는 왕필이나 정자의 해석과 큰 차이가 없다. 그러나 繻는 濡로 해석한다.

象에 曰 終日戒는 有所疑也ㅣ니라
象에 가로되 '終日戒'는 의심되는 바가 있음이니라

'有所疑也'(유소의야)는 세태가 바뀌어 장차 화환(禍患)이 오지 않을까 의심한다는 뜻이다. 來註에는 "疑者는 疑禍患之將至也ㅣ라"했다.

_{구 오} _{동 린 살 우} _{불 여 서 린 지} _{약 제} _{실 수 기 복}
九五는 東鄰殺牛ㅣ 不如西鄰之 禴祭에 實受其福하니라
九五는 동쪽 이웃에서 소를 잡음은 서쪽 이웃의 약제(禴祭)에 실제로 그 복을 받음과 같지 못하니라

禴은 종묘 제사 이름 약. 곧 종묘에서 올리는 하제(夏祭), 또는 불시제(不時祭)를 말하니 약소하다는 의미를 가졌다. '殺牛'(살우)는 소를 잡아서 제수로 쓴다는 뜻. 곧 '東隣'(동린)에서는 소를 잡아 제사를 성하게 지내도 '西隣'(서린)의 약소한 제사로 실질적인 복을 받음만 같지 못하다는 뜻.

東鄰, 西鄰에 대해서는 선유의 의견이 다르다. 주자는 "東陽西陰은 言九五居尊位而時已過하니 不如六二之在下而始得時也ㅣ오 又當文王與紂之事ㅣ라"했다. 곧 東陽, 西陰이라 하니 이는 九五(東陽)가 존위에 있으나 시기가 이미 지나서 六二(西陰)의 하위에서 得時함과 같지 못하다는 말이요, 또는 문왕(六二)과 주왕(紂王:九五)에 해당한다는 것이다. 곧 東陽을 九五(紂王)로 西陰을 六二(文王)로 해석했다.

來註에서는 이렇게 말하고 있다.

'殺牛'(살우)는 성대한 제사고 禴은 간소한 제사다. '實受其福'(실수기복)이라는 말은, 양실음허(陽實陰虛)하고 양대음소(陽大陰小)인데 小象에 '吉大來也'(길대래야)라 했으니 大 자는 곧 實 자와 같고 吉 자는 즉 福 자와 같으니 '吉大來也'의 大 자와 '實受其福'의 實 자는 모두 九五를 가리킨다. 말하자면 이와 같이 줄여 절약하면 九五는 吉하고 福을 받게 되리라.

殺牛는 盛祭요 禴은 薄祭다 實受其福者는 陽實陰虛요 陽大陰小니 小象에 曰吉大來也ㅣ라하니 大字는 卽實字요 吉字는 卽福字니 大與實은 皆指九五也ㅣ라 言如此損約則五吉而受其福矣라

이 해석은 東鄰, 西鄰을 문왕과 紂의 일로 보지 않는 해석이며 九五에게

사치와 성만(盛滿)을 금하고 질소검약(質素儉約)을 권유하는 것으로 보고 있다. 《주역절중》에 요순목(姚舜牧)은 이렇게 말한다.

人君이 旣濟時에 당면해서 치국평천하의 盛滿을 향유하게 되면 교만과 사치심이 생기기 쉽고 성경심(誠敬心)이 필연코 부족하게 된다. 그러므로 성인이 兩鄰(東鄰과 西鄰)의 일을 빌려서 훈계했다. 이에 이르길 東鄰殺牛라 했으니 어쩌면 그토록 盛하며, 西鄰禴祭라 했으니 어쩌면 그토록 薄한가. 그러나 神은 항상 흠향하지 않고 정성이 지극해야 흠향한다. 소를 잡은 자가 오히려 검소한 제사를 올려 실제로 복을 받는 이만 못하다 하니 진실로 神에게 제사를 드리는 일이란 그 정성에 있을 뿐 바치는 제물에 있는 것이 아니기 때문이다. 다스림을 보전하는 일이란 실질로써 함이요 문식(文飾)으로 하는 것이 아니니, 이는 대개 하늘에 빌어 命을 보전하는 道를 가르치고 있다.

  人君이 當旣濟時하여 享治平之盛하면 驕奢易萌而誠敬이 必不足故로 聖人이 借兩鄰以爲訓이라 若曰東鄰殺牛이라하니 何其盛也며 西鄰禴祭이라하니 何其薄也ㅣ오 然이나 神無常享하고 享於克誠이라 彼殺牛者ㅣ 反不如禴祭者之實受其福이라하니 信乎享神者는 在誠이요 不在物이라 保治者는 以實이요 不以文이니 此蓋敎之以祈天保命之道ㅣ라

九五는 양효로서 양위에 있고 상괘의 중효가 되니 강건중정의 대덕을 가진 천자요 유순중정의 덕을 가진 六二와 음양상응해서 대길한 효다. 그러나 旣濟의 성극이 이미 지나갔으니 장차 세태가 변화하게 된다. 그러나 성경심을 가지고 질소(質素)한 마음으로 검약하면 복을 받게 되리라. 聖人은 '東鄰殺牛'(동린살우)와 '西鄰禴祭'(서린약제)를 예로 들어 이를 설명했다. 九五는 대길한 효다.

象에 曰 東鄰殺牛는 不如西鄰之時也ㅣ오 實受其福은 吉大來也ㅣ니라

象에 가로되 '東隣殺牛'는 西隣의 때에(때를 얻음과) 같지 못하고 '實受其福'은 길함이 크게 옴이니라

- ■ 象에 曰 東鄰殺牛는 不如西鄰之時也ㅣ오

  旣濟의 성황(盛況)이 이미 지나간 이때에 '東鄰殺牛'는 시대에 불의(不宜)하고 '西鄰禴祭'는 시대에 적의하다는 의미다.

- ■ 實受其福은 吉大來也ㅣ니라

  九五는 검소한 제사를 지내도 성경심으로 하면 실질적으로 복을 받게 된다. 이는 시대에 적의하기 때문이다. 모든 일을 함에는 시중(時中)이라야 吉하게 된다.

上六은 濡其首ㅣ니 厲하니라
上六은 그 머리를 적심이니 위태하니라

濡는 젖을 유. '濡其首'(유기수)는 곧 머리까지 물에 빠진다는 의미다. 厲는 위태할 려.

上六은 旣濟의 종말이 되니 태평 상태가 변해서 어지러워져 가는 때다. 上六은 음유하고 재덕이 부족하면서도 가장 높은 지위에 있으니 태평과 안락에 취해 있는 상이 되고 무리한 행위를 하다가 깊은 물(상감괘)에 빠져서 머리까지 빠지는 상이 되니 위태하다. 初九는 '濡其尾'(유기미)로 의구심을 가져서 물을 건너려 하지 않으니 무구한 데 반해, 이 上六은 태평과 안락에 취해서 거만하고 삼갈 줄 모르니 무리하게 강을 건너려 하다가 깊은 강물에 머리까지 빠진 상태와 같으니 위태롭다.

來註에는 이렇게 씌어 있다.

初九는 기제괘의 시초다. 그러므로 말하되 '그 꼬리를 적신다'고 한 것은 심중에 두려워하고 위태롭게 여기는 바가 있어서 감히 갑자기 건너지 않는 것이다. 上六은 기제괘의 종극이 된다. 그러므로 '그 머리를 적신다'라고 한 것은 그 뜻이 이미 거만하여 오직 건너갈 것만 생각하는 것이다. 대과(大過)의 上六은 澤水가 깊어서 滅頂(멸정)이 되고 기제 上六은 坎水(江水)가 깊어서 濡首가 된다. (대과괘 上六과 기제괘 上六을 대조해서 설명하고 있다.) 기제의 종극은 바로 終亂(단사의 '初吉終亂'의 終亂)이 된다. 그러므로 여우가 물을 건너가다가 머리까지 빠지는 상이다. 그 머리가 빠졌으니 그 몸은 이미 다 빠진 것이다. 점자는 이와 같이 하면 위태함을 가히 알 것이다.

> 初九는 卦之始라 故로 言濡其尾者는 心有所畏懼而不敢遽涉也ㅣ오 上六은 卦之終이라 故로 言濡首者는 志已盈滿而惟知其涉也ㅣ라 大過上六은 澤水之深矣라 故로 滅頂이요 旣濟上六은 坎水之深矣라 故로 濡首ㅣ라 旣濟之極은 正終亂之時也ㅣ라 故로 有狐涉水而濡首之象이라 旣濡其首하니 已溺其身이라 占者ㅣ如是하면 危可知矣라

象에 曰 濡其首厲어늘 何可久也리오
象에 가로되 '濡其首厲'하거늘 어찌 장구할 수 있으리오

태평과 안락이 계속된 후에는 필연코 쇠난(衰亂)이 오게 되니 이를 모르고 거만한 행동을 하게 되면 흉화(凶禍)를 면할 수 없다.

이 괘의 하리괘는 文明의 괘고 상감괘는 水, 험난의 괘다. 곧 문명시대가 지나가면 험난한 시대가 오게 된다. 또 위에는 물이요 아래는 불이니, 물이 성해서 넘치게 되면 불은 꺼지고 아래의 불이 성하면 물은 증발해서 없어진다. 곧 水火는 상생과 상극의 양면을 지녔다. 잘 조화되면 만물이 생성화육하게 된다. 64괘는 모두 이와 같이 양면을 지녔으니 잘 이용하면 吉하고 잘못 이용하면 悔, 吝, 凶이 된다.

水火旣濟卦(수화기제괘)를 다시 간략히 정리해 보자.

初九는 양효로서 양위에 있으니 위정하고 기제 초에 머지않아 험난이 올 것을 예측하여 신중히 처사하니 허물이 없다.

六二는 음효·음위로 위정하고 하괘의 중효로서 유순중정의 덕을 지녔으며 또한 하리괘의 중효가 되니 문명지주(文明之主)가 되고 또 九五와 음양상응하니 주괘의 주효도 되고 길한 효다.

九三은 양효·양위로 위정은 되나 부중 과중 중강으로 지나친 행위를 하기

쉽다. 문명의 극(하리괘의 상효)이 되니 성극(盛極)이 지나가려는 이때에 지나친 행위를 하면 흉화를 받게 된다.

六四는 상감괘(험난의 괘)의 한 효가 되니 이미 험난의 속에 있다. 그러나 음효·음위로 위정하니 항상 계구근신(戒懼謹愼)하면 무구하게 되나 거만심은 화를 부른다. 〈繫下〉제11장에는 "두려워하는 마음으로 종시하여 그 무구함을 요망하니 이를 일러 易道라 한다"(懼以終始하여 其要无咎하니 此之謂易之道也ㅣ라) 했다.

九五는 양효로서 양위에 있고 상괘의 중효가 되니 곧 강건중정의 덕을 가졌고 九二와 함께 주괘의 주효도 된다. 이에 기제時가 변천할 것도 예측하고 근검절약하여 모든 일을 성실하게 처리하니 대길한 효다.

上六은 시대의 변천을 모르고 음유하면서도 거만한 행동을 하니 흉화를 받게 된다.

火水未濟

坎下
離上

未濟_{미제}는 亨_형하니라 小_소狐_호汔_흘濟_제라가 濡_유其_기尾_미하면 无_무攸_유利_리하니라

象_단에 曰_왈 未_미濟_제亨_형은 柔_유得_득中_중也_야ㅣ오 小_소狐_호汔_흘濟_제는 未_미出_출中_중也_야ㅣ오
濡_유其_기尾_미 无_무攸_유利_리는 不_불續_속終_종也_야ㅣ니 雖_수不_부當_당位_위라도 剛_강柔_유應_응也_야ㅣ니라

象_상에 曰_왈 火_화在_재水_수上_상이 未_미濟_제니 君_군子_자ㅣ 以_이하여 愼_신辨_변物_물居_거方_방하나니라

初_초六_육은 濡_유其_기尾_미니 吝_인하니라
象_상에 曰_왈 濡_유其_기尾_미는 亦_역不_부知_지極_극也_야ㅣ새니라

九_구二_이는 曳_예其_기輪_륜이니 貞_정吉_길하니라
象_상에 曰_왈 九_구二_이貞_정吉_길은 中_중以_이行_행正_정也_야ㅣ니라

六_육三_삼은 未_미濟_제니 征_정凶_흉하고 利_이涉_섭大_대川_천하니라

　　　　　　상　　왈　미제정흉　　위부당야
　　　　象에 曰 未濟征凶은 位不當也ㄹ새니라
　　　구사　정길회망　　　　진용벌귀방　　　삼년유상우대국
　　九四는 貞吉悔亡하니라 震用伐鬼方하여 三年有賞于大國이니라
　　　　　　상　　왈　정길회망　　지행야
　　　　象에 曰 貞吉悔亡은 志行也ㅣ니라
　　　육오　정길무회　　　군자지광　　유부길
　　六五는 貞吉无悔하니 君子之光이요 有孚吉하니라
　　　　　　상　　왈　군자지광　　기휘길야
　　　　象에 曰 君子之光은 其暉吉也ㅣ니라
　　　상구　유부우음주　　　무구　　유기수　　유부실시
　　上九는 有孚于飮酒하면 无咎하고 濡其首하면 有孚失是리라
　　　　　　상　　왈　음주유수　　역불지절야
　　　　象에 曰 飮酒濡首는 亦不知節也ㅣ니라

未濟는 亨하니라 小狐汔濟라가 濡其尾하면 无攸利하니라
(미제) (형)   (소호흘제)   (유기미)   (무유리)
未濟는 형통하니라. 작은 여우가 거의 건너다가 그 꼬리를 적시면 이로운 바가 없느니라

未濟卦(미제괘)는 坎下離上(감하이상)의 괘다. 상이괘는 火고 하감괘는 水다. 火와 水와 괘명의 未濟를 합해서 火水未濟(화수미제)☲☵라 하여 괘형과 괘명을 기억하게 한다.

濟는 '물을 건너다', 곧 이쪽 기슭에서 저쪽 기슭으로 건너간다는 의미다. 이를 전용해서 사물이 완성된다는 의미로 쓰는 글자다. 旣濟는 사물의 완성을 의미하고 未濟는 사물의 미완성을 의미한다. 濟는 본디 물을 건넌다는 뜻이므로 기제괘의 初九에는 '濡其尾'(유기미)라 했고 上六에는 '濡其首'(유기수)라 했다. 미제괘의 단사에는 '小狐汔濟 濡其尾'(소호흘제 유기미)라 하고 初六 효사에는 '濡其尾'라 했으며 上六에는 역시 '濡其首'라 했으니 이 두 괘는 종괘가 되므로 비슷한 말이 보이고 모두 濟의 의미를 품고 있다.

旣濟는 이쪽 기슭에서 저쪽 기슭으로 이미 건너갔다는 의미가 되고 未濟는 건너가는 도중이라는 의미가 되니 곧 미완성에 대처하는 도리를 말했다. 그러므로 괘명을 未濟라 했다.

기제와 未濟는 종괘다. 기제괘☲☵의 상감괘가 밑으로 내려오고 하이괘가 위로 올라가서 미제괘☲☵가 되었다. 기제괘는 물이 위에 있고 불이 밑에 있으니 불은 물을 데워 삶는 등으로 음식을 만들게 하니 이는 물과 불이 서로 도운 결과다. 즉 수화상생이다. 미제괘는 불은 위에 있고 물은 밑에 있어서, 불은 위로 타오르고 물은 밑으로 흘러가니 서로 돕지 못해 화수상극이 된다. 旣濟는 모든 사물이 완성해서 안정된 상태고 未濟는 사미성(事未成)으로 불안정한 상태가 된다.

기제괘를 되돌아보면 初九는 양효·양위, 제 2위는 음효·음위 등으로 초효에서 上六까지 모두가 정위를 얻고 있다. 또 初九는 六四와 음양상응하고 六二는 九五와 음양상응하며 九三은 上六과 음양상응하니 곧 여섯 효가 모두

상응하고 있다. 또한 初九는 六二와, 六二는 初九 및 九三과, 九三은 六二 및 六四와 상비(相比)하는 등으로 모든 효가 음양 상비하니 64괘 중에 유일하게 완성된 괘다. 그러므로 괘명을 既濟라 했다.

미제괘는 이와 반대로 初六은 음효·양위, 九二는 양효·음위 등으로 여섯 효 모두가 위부정이다. 곧 64괘 중에 유일하게 불안정한 괘가 되므로 괘명을 未濟라 했다. 상응과 상비는 기제괘와 같으나(六爻가 전부 음양상응하고 음양 상비함) 기제괘의 경우에는 괘주가 되는 가장 중요한 제 5위에 양효가 있어서 (陽得位) 이로써 기제괘의 대길한 까닭이 되는 반면, 미제괘는 제 5위에 음효가 있으니(剛失位) 이것이 미제괘의 중대한 결함이 된다. 그러나 既濟卦는 이미 완성되었으므로 그 이상의 큰 일을 도모할 여지가 없는 데 반해 未濟卦는 완성된 것이라곤 없으므로 크게 발전할 여지가 있다.

未濟의 좋은 점은 六五의 유순중덕을 가진 효와 강건중덕을 가진 九二가 음양상응하고 아래위가 일치협력해서 고신궁난(苦辛窮難)을 타개하여 발전하게 된다는 점이다. 국난(國難)에 영웅이 나타나고 윤리가 문란할 때 성인이 나타난다. 평화가 오랫동안 지속되면 백성들은 점점 태만해지고 장차 사회가 문란하게 된다. 그러므로 기제괘의 단사에 '初吉終亂'(초길종난)이라 했다. 未濟는 이와 반대로 완성된 것이 없는 괘가 되어 노력하면 발전할 여지가 있다. 그러므로 既濟와 未濟는 정반대가 된다.

〈서괘전〉에는 "物不可窮也ㅣ라 故로 受之以未濟終焉이니라" 했다. 곧 사물은 窮盡(끝까지 다함)할 수는 없다. '생자필사 형자필멸'이라 하나 이것은 우주 내의 생멸변화의 일단을 말했을 뿐이다. 그러므로 '物不可窮'(물불가궁)이라 했다. 사물은 끝나면 또 새로 시작한다. 곧 '終則有始'(종즉유시)는 천행(天行)이다. 그러므로 기제괘 다음에 미제괘를 두었으니 未濟는 새출발을 의미하기도 한다. 그러나 64괘는 이 미제괘로 마친다. 다시 未濟가 끝나면 乾, 坤, 屯, 蒙으로 되돌아가게 되고 유구히 순환하게 된다.

〈잡괘전〉에는 "未濟는 男之窮也ㅣ니라" 했다. 기제괘는 여섯 효가 모두 위정이 되나 미제괘는 여섯 효 모두 위부정이 되고 특히 5위에 음효가 있어서 양효는 실위(失位)가 된다. 그러므로 男(陽은 남성)은 궁곤하다는 의미로 '男之窮也'(남지궁야)라 했다. 곧 양효가 그 자리를 잃어 곤궁하니 큰일은 도모할 수 없게 된다. 그러나 그러한 중에도 절차탁마(切磋琢磨)하면 대성할 수도 있다.

■ 未濟는 亨하니라 小狐汔濟라가 濡其尾하면 无攸利하니라

狐는 여우 호. '小狐'(소호)는 작은 여우, 곧 어린 여우다. 감괘는 穴, 숨어 엎드리는〔隱伏〕상이다. 여우는 구멍 속에서 숨어사는 동물이다. 未濟는 미성(未成)을 의미하니 그러한 상태의 여우가 곧 어린 여우다.

汔은 거의 흘. 汔濟는 거의 건너다. 또는 건너가는 도중이라는 뜻. '无攸利'(무유리)는 이로운 바가 없다. 곧 불리하다는 뜻.

여우가 물을 건너갈 때는 꼬리를 물에 젖지 않도록 높이 쳐들고 물을 건너간다. 큰 여우와 달리 어린 여우는 경험이 부족하니 경망하게 물을 건너가다가 꼬리를 물에 적시게 되고 물을 건너가지 못하여 실패하게 된다. '小狐汔濟 濡其尾'(소호흘제 유기미)는 이런 의미로서 경망한 행위를 경계한 말이다.

이 괘는 여섯 효가 모두 상응, 상비한다. 유순중덕을 가진 六五는 상이괘의 주효가 되니 곧 문명지주가 되며 이 괘의 주효가 되고 음효로서 유순하여 거만한 행동을 하지 않는다. 또한 중덕을 가졌으니 적의한 처사를 하게 되고, 또 강건중덕을 가진 九二의 현인과 음양상응해서 그 보좌를 받게 되며 아래위가 일치협력해서(상응상비의 뜻) 일이 잘 진전하게 된다. 단사의 '未濟 亨'은 이런 의미다.

그러나 경망한 행위를 하면 실패하리라는 것이 '小狐汔濟 濡其尾 无攸利'의 의미다. 만사가 미성(未成)하고 여섯 효가 모두 실위하고 있는 이때에 유순하고 겸손한 덕으로써 신중히 대처하고 상하가 일치협력하면 차츰 발전하게 되리라는 것을 단사는 가르치고 있다.

《주자본의》에는 이렇게 씌어 있다.

未濟는 일이 이루어지지 않는 때다. 불은 위로 타오르고 물은 밑으로 흘러가니 서로 사귀지 못하여 서로 이용할 수 없다. 이 괘의 여섯 효는 모두 실위(失位)하니 그러므로 未濟가 된다. 汔은 幾(거의 기)와 같은 뜻이다. 거의 건너가려 할 때에

火水未濟

꼬리를 적심은 未濟(물을 건너지 못함)와 같다.
未濟는 事未成之時也ㅣ라 水火不交하여 不相爲用이라 卦之六爻는 皆失其位故는 爲未濟라 汔은 幾也ㅣ라 幾濟而濡尾는 猶未濟也ㅣ라

정전(程傳)에는 "未濟의 때에 구제(求濟)하는 도리는, 지극히 근신하면 능히 형통할 것이요 만약 어린 여우처럼 과감하고 경망한 행위를 하면 구제는 불가능하리니 구제가 불가능하게 되면 이로울 바가 없다"(未濟之時에 求濟之道는 當致愼則能亨이요 若如小狐之果則不能濟也ㅣ리니 旣不能濟면 无所利矣ㅣ라) 했다.

象에 曰 未濟亨은 柔得中也ㅣ오 小狐汔濟는 未出中也ㅣ오 濡其尾 无攸利는 不續終也ㅣ니 雖不當位라도 剛柔應也ㅣ니라

象에 가로되 '未濟亨'은 柔가 中을 얻음이요, '小狐汔濟'는 아직 가운데(險中)를 나오지 못함이요. '濡其尾无攸利'는 계속해서 끝내지 못함이니, 비록 位는 마땅하지 않다 하더라도 剛과 柔가 응하니라

■ 象에 曰 未濟亨은 柔得中也ㅣ오

이것은 단사의 '未濟亨'(미제형)을 설명한 말이다. '柔得中也'(유득중야)는 유효가 中을 얻는다는 뜻. '柔'는 물론 유효인 六五를 가리킨다. 六五는 음효니 유순하고 상괘의 중효로서 중덕을 지녔고 상이괘의 주효로서 문명지덕을 지녔으며, 또한 이 괘의 주괘의 주효도 되고 천위에 있다. 이러한 六五로 말미암아 未濟는 형통하게 된다는 것이다.

단사는 대체로 주괘의 주효를 들어 말하는 경우가 많다. '未濟 亨'은 六五에 대한 말이다. 그러므로 단전에는 '柔得中也'(유득중야)라 했으니 곧 주괘의 주효인 六五로 말미암아 未濟는 형통한다는 의미다. 그러나 때로는 성괘의 주효를 말하는 경우도 있다. 예컨대 천풍구괘(天風姤卦)䷫에 "姤는 女壯이니 勿用取女ㅣ니라" 했는데 이는 성괘의 주효가 되는 初六을 말한 것이다. 이처

럼 단사는 주괘의 주효를 들어 말하는 경우도 있고 성괘의 주효를 들어 말하는 경우도 있다.

- 小狐汔濟는 未出中也ㅣ오

'中'은 험중(險中). '未出中也'(미출중야)는 아직 험중(하감괘)을 나가지 못했다는 뜻. 狐는 감괘의 상이다. '小狐'(소호)는 어린 여우. 初六은 최하위가 되니 '小狐'의 상이 된다. 어린 여우는 지각이 부족하여 경망스레 물을 건너려 하다가 꼬리가 물에 젖게 되어 건너가지 못한다. 그러므로 '未出中'이요 또한 險中에서 빠져 나오지 못한다는 의미가 된다. 인사로 말하면, 혼란할 때에 재덕이 부족하면서도 경망하고 거만하여 사태를 신중히 생각지 않고 돌발적인 행동을 하면 실패한다는 비유의 말이다.

- 濡其尾 无攸利는 不續終也ㅣ니

'不續終也'(불속종야). 계속해서 일의 종말을 못 가진다는 뜻. 續은 계속의 뜻. '不續終'은 단사의 "濡其尾 无攸利"를 설명한 말이다. 이 괘는 상리화(上離火)는 위로 타오르고 하감수(下坎水)는 밑으로 흘러가니 화수상성(火水相成)이 못 되고 또 여섯 효 모두가 위부정이 되므로 이런 괘상이 된다. 이것이 未濟의 未濟되는 까닭이다.

- 雖不當位라도 剛柔應也ㅣ니라

미제괘의 여섯 효는 모두 위부당(위부정)하나 각각의 음효와 양효가 모두 음양상응한다. 그러므로 미제는 형통하게 된다. '未濟 亨'은 '柔得中'(유득중)과 '剛柔相應'(강유상응)으로 형통한다. 그러나 '小狐汔濟, 濡其尾'라면 '无攸利'(무유리)가 되고 '未濟不亨'(미제불형)이 된다. 곧 미제괘의 亨하는 도리와 不亨하는 그 양면을 단사는 말하고 있다. 64괘는 모두 이와 같이 잘 이용하면 吉하고 잘 이용 못하면 悔, 吝, 凶이 된다.

《주역술의》에서는 미제時와 기제時에 공경하고 삼가는 태도가 중요하다는 점을 강조하고 있다.

未濟가 능히 형통하게 되는 까닭은, 六五가 유순중덕을 지녔으니 유순하고 괴곽하지 않음으로써 일을 실패하지 않고, 유효(六五)가 中함은 곧 나약하여 실기(失機)하는 일이 없으리니 이것이 바로 구제할 수 있는 재덕이 된다. 그러므로 未濟는 형통하게 된다. 어린 여우가 물을 건너가다가 오히려 험중(險中)에서 아직 나오지 못하고 그 꼬리가 물에 젖게 되어 이로운 바가 없다 했으니, 이는 곧 처음에는 비록 건너갈 수 있을 것처럼 생각했으나 결국은 능히 계속해서 끝을 맺지 못하게 되는 것이다. 그러나 어찌 끝내 건널 수 없겠는가. 괘의 六爻를 보면 비록 음효와 양효 모두가 제 자리를 잃었으나 강·유가 저마다 상응하고 있으니 오히려 능히 동심협력함으로써 함께 구제하는 공을 이루게 된다. 다만 敬愼을 소중히 여겨야 그 끝마침을 확보하게 된다. 旣濟와 未濟는 모두 유순득중(柔順得中)으로써 적의하다 하고 그 끝을 극복하지 못하는 일을 경계했으니 聖人의 사람들에게 경신해서 구제(濟를 구함)하도록 가르치는 마음(聖心)이 진실로 기제와 미제를 분별하지 않았다.

未濟之所以能亨者는 六五以柔得中하니 柔則不愎以愼事하고 柔而中則不懦以失幾리니 此能濟之才也ㅣ라 故로 亨이라 小狐幾濟에 尙未出於險中하고 乃濡其尾而无攸利는 則始雖能涉이나 究不能繼續而成其終矣라 然이나 豈終不可濟哉리오 卦之六爻는 雖陰陽皆失其位而剛柔各爲相應하니 猶能同心協力하여 以成共濟之功이리니 但貴敬愼以保其終耳라 旣濟未濟는 皆以柔得中爲宜하고 以不克終으로 爲戒하니 聖人의 敎人敬愼求濟之心이 固不分於旣濟未濟也ㅣ라

象에 曰 火在水上이 未濟니 君子ㅣ 以하여 愼辨物居方하나니라
象에 가로되 불이 물 위에 있음이 未濟니 군자는 이로써 신중히 物(사물)을 변별하며 方(方所)에 있게 하느니라

■ 象에 曰 火在水上이 未濟니

坎下離上(감하리상), 곧 火가 水의 위에 있는 것이 未濟의 괘상이다. 수재

화상(水在火上)은 물과 불이 서로 도와 旣濟가 되고 화재수상(火在水上)은 불과 물이 서로 돕지 않으니 未濟가 된다. 불은 위로 타오르고 물은 밑으로 흘러가서 화수상합(火水相合)이 못되기 때문이다.

■ 君子丨 以하여 愼辨物居方하나니라

'辨物'(변물)은 사물의 성질과 능력을 변별하는 것. '居方'(거방)의 居는 있을 거. 여기서는 置(두다)의 뜻이다. 方은 방소(方所)의 뜻. 곧 군자는 이 도리를 본받아서 신중히 만물의 성능과 각기의 특수성을 변별하여 적당한 방소와 지위에 그들을 둔다. 그래서 점차 未濟의 상태를 갈아서(改新) 旣濟의 상태에 이르게 한다는 의미다.

'愼'(신)은 坎의 상이고 '辨'은 離의 상이다. 곧 未濟는 여섯 효가 모두 위부정하고 陽 실위가 되니 '愼辨物居方'(신변물거방)을 하면 이에 위정이 되고 陽 득위가 되어 旣濟로 바뀌게 된다. 이러한 일은 특히 윗사람의 일이요 일반 서민은 자신이 해야 할 임무를 진심으로 실행할 뿐이다.

하해(何楷)는 "愼辨物者는 物以群分也丨오 愼居方者는 方以類聚也丨라" 했다. 곧 繫上 머릿장의 '方以類聚 物以群分'을 인용한 말로써 '愼辨物'은 物以群分(물이군분)의 뜻이고 '愼居方'은 方以類聚(방이유취)와 같다는 말이다.

初六은 濡其尾니 吝하니라
初六은 그 꼬리를 적심이니 吝하니라

初六은 음효로서 양위에 있으니 위부정하고, 음유하고 재덕이 부족한 데다 하괘의 초효가 되어 하천하다. 그러나 양위(陽位)에 있어 재덕이 부족하면서도 기(氣)는 강하다. 九四와 음양상응하니 九四에 의뢰심을 갖고 무리하고 경망스럽게 나아가려 한다. 신중히 처사해야 할 未濟의 초에 경망한 행동을 하니 吝, 곧 일이 잘 수행되지 않는다.

비유해서 말하면 어린 여우가 자신의 역량도 헤아리지 않고 경망하게 江을 건너려 하다가 꼬리를 물에 적시어 강을 건너지 못하는 것과 같다. 그러므로 吝하다 했다. 단사의 "小狐汔濟에 濡其尾하여 无攸利하니라"는 물론 괘 전체에 대한 말이나 이 初六에도 해당되는 말이다.

감괘는 水다. 이 小狐는 물 속에 있어 밖으로 나가지 못하고 있는 상이다. 또 初六은 뒤(後)가 되니 여우 꼬리의 상이 되고 上九는 앞이 되어 여우 머리의 상이 된다.

旣濟와 未濟는 종괘다. 그러므로 기제의 시작이 미제의 끝이 되고 기제의 끝이 미제의 시작이 된다. 곧 旣濟는 '初吉終亂'(초길종난)이요 未濟는 '初亂終吉'(초난종길)이다. 두 괘는 모두 어린 여우의 괘상이 된다. 기제 初九에는 '濡其尾 无咎'라 했고 미제 初六에는 '濡其尾 吝'이라 했다. 기제의 上六에는 '濡其首 厲'라 하고 미제의 上九에는 '有孚于飮酒 无咎'(유부우음주 무구)라 했다.

來註에는 "初六은 음유하고 재부족하며 하천한 지위에 있으니 未濟의 시기에 당면해서 스스로의 才力을 헤아리지 않고 모험하여 나아가려 하니 이래서는 물을 건널 수 없을 것이요 吝道가 된다"(初六은 才柔又無其位하니 當未濟之時하여 乃不量其才力而冒險以進하니 不能濟矣요 吝之道也ㅣ라) 했다.

象에 曰 濡其尾는 亦不知極也ㄹ새니라

象에 가로되 '濡其尾'는 또한 종극(終極)을 알지 못하기 때문이니라

'亦不知極也'(역부지극야)는 또한 종극(終極)을 알지 못하기 때문이니라.

初六은 자신의 재능과 도덕, 지위와 시대, 환경을 제대로 자각하지 못하니 그 끝이 어찌 될 줄도 모르고 경망한 행동을 한다는 말이다.

《주자본의》에는 "이 구절의 極자는 명확하지 않다. 아래위의 글을 고려해 보아도 운자도 맞지 않는다. 혹시 외람되나 敬자가 아닐까 싶다. 지금은 일단 제외한다"(極者는 未詳이라 考上下韻하니 亦不叶이라 或恐是敬字아 今且闕之라) 했다.

《주역절중》에 명나라 장진연(張振淵)은 주자의 설에 찬성해서 "일은 필연코 시작을 敬愼하게 해야 그 후로 끝까지 잘 진행될 수 있다. 初六이 꼬리를 적

시게 된 까닭은 그 때가 맞지 않아서가 아니고 그 마음이 敬愼할 줄 모르기 때문이다"(事必敬始而後에 可善其用於終이라 初所以致尾之濡는 不是時不可爲요 心不知敬愼故耳라) 했다.

여기서 운자란 九二 상전의 '中以行正'(중이행정)의 正 자, 六三 상전의 '位不當'(위부당)의 當 자, 九四 상전의 '志行'(지행)의 行 자를 가리킨다. 그러므로 주자는 初六 상전에는 '不知極也'(불지극야)가 아닌 '不知敬也'(불지경야)가 맞지 않을까 한다는 것이다.

來註에는 "極은 終極이니, 곧 단사에 濡其尾 无攸利는 不續終也ㅣ라 했으니 그 才力은 헤아리지 않고 나아가서 그 꼬리를 적시고 말았으니 또한 그 종말에 건너지 못할 것을 알지 못함을 말한다"(極者는 終也ㅣ니 即象辭濡其尾无攸利는 不續終也ㅣ라하니 言不量其才力而進하며 以至濡其尾하니 亦不知其終之不濟者也ㅣ라) 했다. 來子說을 취한다.

九二는 曳其輪이니 貞吉하니라
九二는 수레바퀴를 끎이니, 貞해서 길하니라

'曳其輪'(예기륜)은 나아가려 하는 車를 뒤에서 끌어당겨서 급거(急遽)히 나아가지 못하게 한다는 뜻. 九二는 양효니 강건재덕을 가졌고 하괘의 중효가 되니 중덕을 지녔으며 양효로서 음위에 있으니 곧 내강외유의 군자다. 그러므로 일을 행함에 과불급이 없고 적절하게 처사하게 된다. 세태가 불안정한 未濟의 때에 처해서 경망한 행동을 하지 않고 바른 도리를 굳게 지키니 길한 효다. 또 위로는 음양상응으로 六五 천자를 도와서 장차 未濟사회를 구제할 현인이다. 그러나 지금은 신중히 기다리며 나고 듦과 말하고 입을 다무는(出處語默) 도리에 적의하니 그러므로 길하다.

또 한편 九二는 감험(坎險 : 하감괘) 속에 빠져 있는 상이 되니 이와 같은 효사가 된다. 곧 曳其輪처럼 하여 貞吉하다는 의미다.

《주역술의》에는 이렇게 씌어 있다.

九二는 六五와 상응해서 마땅히 세상을 구제하는 이다. 中을 얻음으로써 때와 역량을 헤아려 初六이 경망하게 건너려다 꼬리를 적신 前例에 징개(懲改 : 잘못에 혼나 스스로 고침)하게 된다. 그러므로 수레바퀴를 끌어 나아가지 않으나 이는 나아가지 않는 것이 아니라 나아갈 수 있는 시기를 기다려서 나아가려 함이다. 이것은 出處의 바른 도리로서 굳게 지킬 수만 있다면 필연코 吉을 얻게 되리라. 대개 편안하고 고요함(寧靜)은 이로써 원대한 임무에 견딜(致遠) 수 있고 정돈하여 여유있게 지냄(整暇)은 이로써 時變을 制御(좌우함)할 수 있으니, 曳輪의 貞은 곧 세상을 구제할 재능(具)이 된다.

九二應五하여 宜濟者也ㅣ라 以其得中으로 量時度力하여 懲初之輕濟而濡尾故로 曳其輪而不進하니 非不進也ㅣ오 待其可進而進也ㅣ라 此는 出處之正이니 能固守之하면 必獲吉焉이라 蓋寧靜은 可以致遠이요 整暇는 可以制變이니 曳輪之貞은 卽濟世之具也ㅣ라

象에 曰 九二貞吉은 中以行正也ㅣ니라
象에 가로되 '九二貞吉'은 中으로 正을 행하기 때문(以)이니라

'行正'(행정)의 正은 운자다. '中以行正'(중이행정)은 中道(中德)로써 일을 바르게 행한다는 의미다. 곧 중효로서 위정이라는 의미의 중정(中正)과는 다른 말이다.

六三은 未濟니 征凶하고 利涉大川하니라
六三은 아직 건너지 못함이니 가면 흉하고, 대천을 건넘에 이로우니라

하감괘는 水고 험중(險中)이 된다. 六三은 하감괘의 상효가 되니 아직 坎水 속에 빠져 있어 험중을 떠나지 못한 상태다. 그러므로 아직 건너지 못한 효상이 되어 未濟라 했다.

六三은 음효로서 양위에 있으니 위부정하고 과중 부중하며 음유하고 재덕이 부족하여 지나친 행위를 하기 쉽다. 이런 상태로 하물며 未濟의 감험 속에 있으면서 지나친 행위를 하게 되면 흉화를 받는다. '征凶'(정흉)은 이런 의미다.

'利涉大川'(이섭대천). 하괘는 坎水고 2, 3, 4효의 호괘는 離니 배〔舟〕의 상이 된다. 곧 물 위에 뜬 배의 象이다. 六三은 上九의 賢人과 음양상응하고 九二와 九四와는 음양 상비하고 있으니 험난한 큰 강을 건너감에 있어서는 그들(응·비의 제효)과 일치협력하여 배를 이용하면 쉽게 건너가게 되리라는 의미다.

《주자본의》에는 "어쩌면 利 자의 위에 不 자가 있는 것이 아닌가 의심스럽다"(或疑利字上에 當有不字라) 했다. 곧 '利涉大川'이 아니라 '不利涉大川'(불리섭대천)이라는 견해다. 六三의 효상으로 본다면 '征凶 不利涉大川'이 바른 것 같으나 원문 그대로 읽기로 한다.

來註에는 이렇게 씌어 있다.

初六은 꼬리를 적셔서 가더라도 건너지 못하고 九二는 수레바퀴를 끌어당겨 가지 않는다. 그러므로 六三에 이르러 곧 坎極이 되니 물이 더욱 깊어졌다. 그러므로 필연코 나무에 의지하여 건너가야 바야흐로 건널 수 있다. 만약 나무에 의지하지 않고 직행하면 그 꼬리를 적셔 흉하리라.
　　初는 濡其尾하여 行而未濟也ㅣ오 二는 曳其輪하여 不行也ㅣ라 故로 至于三則 坎之極이니 水益深矣라 故로 必賴木以渡之라야 方可濟也ㅣ라 若不賴木而直行則濡其尾而凶矣라

《주역술의》에는 "旣濟의 九三은 앞뒤(六二와 六四)가 모두 음효이므로 소인을 쓰는 일을 경계했고 未濟의 六三은 앞뒤가 모두 양효이므로 군자를 쓰도록 권했다"(旣濟九三은 承乘皆陰故로 戒用小人하고 未濟六三은 承乘皆陽故로 勸用君子也ㅣ라) 했다. 이것은 '利涉大川'을 긍정한 말이다.

承은 承剛, 乘은 乘剛의 뜻. 곧 六三은 下坎卦의 上爻가 되니 머지않아 坎險은 끝나고 離明의 때가 오기 때문이다.

象에 曰 未濟征凶은 位不當也ㄹ새니라
象에 가로되 '未濟征凶'은 位가 부당하기 때문이니라

'位不當'(위부당)은 위부정과 같다. 六三은 하감괘의 상효가 되니 험극(險極)이 되고 과중 부중하며 음유하며 위부정이 된다. 그러므로 효사는 '未濟征凶'(미제정흉)이라 했다.

九四는 貞吉悔亡하니라 震用伐鬼方하여 三年有賞于大國이니라
九四는 貞해서 길하고 悔가 없어지느니라. 震(震動)함으로써 鬼方을 정벌하여 三年만에 대국의 상이 있음이니라

■ 九四는 貞吉悔亡하니라

六三은 未濟상태의 극상(하감괘의 極上)이었으나 이 九四에 이르러서는 미제時가 이미 절반을 지나 이제 세태가 차츰 좋은 쪽으로 바뀌게 된다. 九四는 강건재덕을 가졌고 양효·음위로 강유의 조절이 되니 곧 내강외유의 재상이다. 음양 상비로 六五 천자를 도와서 국태민안을 도모하게 된다. 그러므로 '貞吉悔亡'(정길회망)이라 했다.

■ 震用伐鬼方하여 三年有賞于大國이니라

'震用伐鬼方'(진용벌귀방)은 북방 이민족을 성한 세력으로써 정벌한다는 뜻. '三年有賞于大國'(삼년유상우대국)은 3년만에 이기고 대국에 봉하는 상을 받다는 뜻. 震은 진동(震動). 곧 성한 세력으로써 성한 활동을 한다는 뜻, '鬼方'(귀방)은 북방 이민족. 나라 안이 불안정할 때는 외적이 침입하기 쉽다. 그러나 미제時도 절반이 지나 안정된 이때에 九四의 재상은 천자의 신임을 얻어서 (九四와 六五는 음양상비한다는 뜻) 국경에 침입한 이민족을 성한 세력으로 정벌하게 된다. 곧 내치(內治)가 안정된 후에는 외적을 막는 일이 국태민안의 기본 정책이 된다.

旣濟와 未濟는 종괘다. 곧 기제 九三이 미제의 九四가 된다. 그러므로 이 효사는 기제 九三에 "高宗이 伐鬼方하여 三年克之라" 했던 것과 비교할 만한 내용이 된다. 《주역술의》에는 다음과 같이 씌어 있다.

旣濟와 未濟는 종괘다. 미제 九四는 곧 기제의 九三이다. 그러므로 '伐鬼方'(벌귀방)의 상이 같다. 제 4위는 무척 위태로운 자리다. 그러므로 震이라 했다. 논공행상으로써 大國에 봉하게 되었으니 그러므로 '有賞于大國'(유상우대국)이라 했다. 九四는 六三, 六五와 상비하고 初六과 음양상응하니 응·비가 모두 유효로서 응당 悔가 된다. 위로는 유순중덕을 가진 六五 천자를 받들어서 九四는 居柔(四는 柔位)의 貞을 지키고 경망한 행동을 하지 않으며 군신이 서로 도와 안정(安靜)함으로써 濟時를 기다리니 그러므로 행사가 모두 길해서 비유(比柔), 응유(應柔)의 悔가 없게 된다(以上은 貞吉悔亡에 대한 설명). 그러나 미제時에 무사할 수는 없다. 九四가 변하면(變爻) 2, 3, 4효의 호괘는 진괘가 되고 진괘는 동괘(動卦)다. 그러므로 震動之才로써 鬼方을 정벌해서 3년 동안이나 태만하지 않아 기어코 行賞으로 대국에 봉하게 되니 곧 貞으로써(四位柔貞) 常道에 대처하고 진동으로써 때의 변화에 대응해서 濟道를 얻었다. 伐鬼方은 같다. 기제 九三은 그 고달픔과 피곤함을 우려하고 이 未濟 九四는 行賞으로써 封大國을 기뻐함은 기제 九三의 강효는 하리괘의 상효가 되어 병사(兵士)를 쓰는 우두머리가 되기 때문이다(離卦의 상은 戈兵). 그러므로 高宗을 말했고, 이 미제 九四의 강효는 상리괘의 하효가 되니 兵을 거느리는(將) 신하다. 군왕이 큰 것을 좋아하면 안 되고 신하가 편안할 생각을 품어서는 안 되는 이유는 그 자리가 같지 않기 때문이다. 旣濟는 안정함으로써 보전함이 마땅하고 未濟는 떨쳐 일어남으로써 통달하게 되니 기제와 미제는 때가 같지 않기 때문이다. 때와 자리가 같지 않으면 그 의의가 다르다는 것이 易書의 가르침이다.

旣未相綜하니 未四卽旣三也ㅣ라 故로 伐鬼方之象同이라 四多懼故로 震也ㅣ라 封以大國而又賞之故로 曰有賞于大國也ㅣ라 四比應皆柔하니 宜有悔焉이라 上承五柔主也하여 四守其居柔之貞하고 不躁於動하니 君臣相得하여 安靜以俟其濟則事皆吉而比柔應柔之悔亡矣라 然이나 未濟之時에 非無事也ㅣ라 四變爲震하니 能動者也ㅣ라 故로 又用其震動之才하여 以伐鬼方에 三年不懈하여 以期有賞于大國則用貞以處常하고 用震以應變而濟道得矣라 伐鬼方一也ㅣ니 旣三憂其憊而此喜其賞者는 彼剛在離上하니 主兵者也ㅣ라 故로 曰高宗하고 此는 剛在離下하니 將兵之臣也ㅣ라 君不可以好大하고 臣不可以懷安은 位不同也ㅣ라 旣濟는 則宜用靜以保之하고 未濟는 則宜用動以通之는 時不同也ㅣ라 時位不同而義異는 易敎也ㅣ라

> 象^상에 曰^왈 貞吉悔亡^{정길회망}은 志行也^{지행야}ㅣ니라
>
> 象에 가로되 '貞吉悔亡'은 뜻이 행해짐이니라

'志行'(지행)은 뜻하는 바가 이루어진다는 의미다. 九四의 재상은 유순중덕을 가진 九五 천자를 받들어서 그 신임을 얻어 뜻하는 바를 수행하게 되니 그러므로 貞吉하고 悔亡이 된다.

> 六五^{육오}는 貞吉无悔^{정길무회}하니 君子之光^{군자지광}이요 有孚吉^{유부길}하니라
>
> 六五는 貞해서 길하고 悔가 없음이니 군자의 빛남이요 정성이 있어 길하니라

六五는 미제괘의 주효다. 또 상리괘의 주효이니 문명지주(文明之主)가 된다. 또 상괘의 중효로서 중덕을 가졌다. 곧 유순중덕을 가진 문명지주요 천위(天位)다. 단전에 '未濟亨 柔得中也'는 이 六五를 가리킨 말이다. 또 九二의 현인과 음양상응하고 九四의 현인 재상과 음양 상비해서 그들의 보좌를 받아 미제의 상태를 구제하게 된다. 그러므로 貞吉하고 无悔가 된다.

'君子之光 有孚吉'(군자지광 유부길). 六五는 군자의 덕이 빛나서 널리 천하를 비추게 되니 지극한 정성(虛中之誠)을 지녀 천하만민이 심복한다. 그러므로 길하다. 이에 제세(濟世)의 공이 이루어졌다.

《주역술의》에는 이렇게 씌어 있다.

六五는 유순중덕을 지니므로 올곧고 상리괘의 문명지주가 되므로 '光'이라 했으며 하감괘는 충실한 誠을 가지므로 '有孚'라 했다. 六五는 제세(濟世)의 주효가 되니 未濟가 已濟(이제 : 已는 旣와 같은 뜻)로 된다. 유순한 덕과 중덕을 지니고 안정해서 치화(治化)의 이루어짐을 기다리니 德과 時가 함께 음성하게 된다. 그러므로 매사가 모두 길하고 无悔하게 된다. 六五는 이괘(離卦)의 문명지덕과 중덕을 얻었으니 성덕의 빛이 밝게 나타난다(見은 現). 또 능히 九二의 강중지신(剛中之臣)과 음양상응해서 충성을 다하고 質孚(질부)를 숭상해서 六五의 君德(군덕)을 보좌하니 곧 君子之光은 모두 孚誠(부성)의 나타남이다. 군신이 마음을 한가지로 하고

강·유가 서로 도우니(相用) 곧 하감괘는 상리괘의 문명을 받들고 상리괘는 하감괘의 質(孚)을 취해서 坎孚(감부)는 위로 올라가고 離明(이명)은 밑으로 내려가(天氣下降, 地氣上升과 비슷한 뜻) 旣濟의 공이 이루어진다.

> 柔中故로 貞이요 離明故로 光이요 坎實故로 孚也ㅣ라 五位濟主니 未濟者已濟矣라 執柔守中하여 安靜以俟治化之成하고 德與時俱隆故로 事皆吉而无悔焉이라 離明得中하니 盛德之光이 煥然著見하고 又能下應剛中之臣이 盡忠尙質하여 以輔主德하니 則君子之光은 皆孚誠之著也ㅣ라 君臣이 同心하고 剛柔互用하니 則坎承離文하고 離資坎質하여 坎升離降而旣濟之功이 成矣라

象에 曰 君子之光은 其暉吉也ㅣ니라
象에 가로되 '君子之光'은 그 빛나서 길함이니라

'暉'는 빛날 휘. '其暉吉也'(기휘길야)는 六五는 제세지주(濟世之主)요 문명지주(文明之主)가 되니 그 광채(光彩)가 널리 비치게 되어 그러므로 吉하다. 곧 효사의 '君子之光 有孚吉'을 설명한 말이다.

上九는 有孚于飮酒하면 无咎하고 濡其首하면 有孚失是리라
上九는 정성이 있어 이에(于) 술을 마시면 허물이 없고 그 머리를 적시면 정성이 있어도 옳음(도리)을 잃으리라

上九는 강건재덕을 가졌고 離卦의 상효가 되니 문명이 지극한 군자다. 지위는 은서한 군자. 또는 은퇴한 천자(태상황)다. 미제 사회가 이미 기제 사회로 되었으니 세태는 안정되고 이 上九는 한가하고 일이 없는 입장이다. 上九는 정성을 갖고 술을 마시며 자적(自適)하고 있다. 곧 안토낙천의 경지다. 그러므로 무구하게 된다.

'濡其首'(유기수)는 기제 上六에도 보인다. 곧 어린 여우가 강을 건너려다 물에 빠지는 것과 같은 경망한 행동을 하면 비록 有孚라도 바른 도리를 잃게 되니 흉하리라는 의미다. 이제 막 천하가 겨우 旣濟된 이때에 설사 강건재덕

을 가졌다 하더라도 대사를 도모하려는 야망을 가지면 고요한 연못에 풍파를 이루는 상태가 되니 이것은 허용될 일이 아니라는 것이다. 오히려 술을 마시며 유유자적하면 허물이 없으리라는 가르침이다.

《주역절중》에 이간(李簡)은 "未濟之終에 甫及旣濟而復以濡首戒之하니 懼以終始 其要无咎는 此之謂易之道也ㅣ라" 했다. 곧 未濟의 끝에 비로소(甫) 旣濟에 이르게 되었거늘 또다시 濡首(유수)로써 경계하니 곧 항상 공구근신(恐懼謹愼)해서 무구(无咎)를 요망하는 바 이것이 易道라는 것이다(〈繫下〉제11장 참조).

또 《주역절중》에 정여해(鄭汝諧)는 이렇게 말한다.

旣濟는 처음엔 길하고 종내 어지러워지고 未濟는 처음에 어지럽고 종내 길하게 된다. 괘체로써 말하면 기제는 하리괘의 문명으로부터 상감괘의 험난에 이르고 미제는 하감괘의 험난에서 상리괘의 문명에 이르게 된다. 괘의(卦義)로써 말하면 처음에 이룬 것은 필연코 종말에는 어지럽게 되고 처음에 어지러운 것은 필연코 종말에는 이루게 되니 천도(天道)와 사물의 도리가 원래 그러하다.

> 旣濟는 初吉終亂하고 未濟則初亂終吉이라 以卦之體言之하면 旣濟는 則出明而之險하고 未濟는 則出險而之明이라 以卦之義言之하면 濟於始者는 必亂於終하고 亂於始者는 必濟於終이니 天之道와 物理ㅣ 固然也ㅣ라

象에 曰 飮酒濡首는 亦不知節也ㅣ니라
象에 가로되 '飮酒濡首'는 또한 節(節度)을 알지 못함이니라

'亦不知節也'(역부지절야)는 또한 절도(節度)를 모른다는 뜻. 문명지극(文明之極)에 처하는 군자가 小狐(소호)의 머리까지 물에 빠지는 것처럼 환락(歡樂)에 빠진다면 이것은 절도를 모르는 일이다.

火水未濟卦(화수미제괘)는 선유의 설명과 같이 기제괘의 정반대(旣濟와 未濟는 종괘다)가 된다. 아래 세 효는 감험(坎險) 속에 있다.

初六은 음효·양위로 위부정하고 하천하며 음유한데 재덕이 부족하면서도 자신의 역량을 모르고 경망한 행위를 하니 위태하다.

九二는 하괘의 중효가 되니 강건중덕을 가진 군자다. 坎險 속에 있음을 자각하고 경망한 행위를 하지 않으며 바른 도리를 굳게 지키니 吉하다.

六三은 음효·양위로 위부정하고 과중 부중하고 하괘(坎險卦)의 종극이 되니 가장 험난한 곳이다. 경망한 행동을 하면 흉하리라.

위의 세 효는 이괘(離卦)가 되니 문명의 괘다. 하감괘의 험난은 지나가고 이제 문명 사회가 시작하게 된다. 九四는 강건재덕을 가진 재상이다. 음양 상비로 유순중덕을 가진 六五 천자를 보좌해서 큰 공을 세우게 된다.

六五는 상리괘의 문명지주가 되는, 유순중덕을 가진 천자다. 九二의 강건중덕을 가진 현인과 음양상응하고 강건재덕을 가진 九四의 재상과 음양 상비하니 그들의 보좌를 받아서 세상을 구제하는 주재자가 되고 대길하다.

上九는 강건재덕을 가진 군자다. 이미 六五에서 旣濟의 공이 이루어졌으니 이 군자는 안토낙천하고 유유자적하는 상이 되어 길한 효다. 만일 무슨 큰 야심을 가지고 행동하게 되면 흉화(凶禍)를 받게 되리라.

易에는 三易이 있으니 조화지역(造化之易), 재인지역(在人之易), 역서지역(易書之易)이 그것이다. 조화지역은 자연지역이고 재인지역은 성인이 자연지역을 터득해서 심중에 가지고 있는 심역(心易)이다. 성인이 후세를 걱정하여 이에 심역을 저술한 것이 곧 易書다.

학자는 역서를 숙독해서 그 원리를 통효(通曉)하게 되면 성인의 심역(재인지역)에도 통효하게 되고 장차 조화지역에도 통달하게 되니, 그럼으로써 궁리진성지명(窮理盡性至命)의 경지에 이르게 되고 자연의 생성화육지도(生成化育之道)를 더불어 돕게 되리라.

이렇듯 易書는 인류 역사상 다시 그 유례를 볼 수 없는 신성한 경전이다. 이로써 周易 64괘의 經文 解義를 마친다.